行政法与行政诉讼法

Administrative Law
and Administrative
Litigation Law

主　编　章剑生

北京大学出版社
PEKING UNIVERSITY PRESS

图书在版编目(CIP)数据

行政法与行政诉讼法/章剑生主编.—北京:北京大学出版社,2014.8
(21世纪法学规划教材)
ISBN 978-7-301-24491-3

Ⅰ.①行… Ⅱ.①章… Ⅲ.①行政法－中国－高等学校－教材 ②行政诉讼法－中国－高等学校－教材 Ⅳ.①D922.1 ②D925.3

中国版本图书馆 CIP 数据核字(2014)第 152911 号

书　　　　名：	行政法与行政诉讼法
著作责任者：	章剑生　主编
策 划 编 辑：	白丽丽
责 任 编 辑：	邓丽华
标 准 书 号：	ISBN 978-7-301-24491-3/D·3616
出 版 发 行：	北京大学出版社
地　　　　址：	北京市海淀区成府路205号　100871
网　　　　址：	http://www.pup.cn
新 浪 微 博：	@北京大学出版社
电 子 信 箱：	law@pup.pku.edu.cn
电　　　　话：	邮购部 62752015　发行部 62750672　编辑部 62757785　出版部 62754962
印 　刷 　者：	北京富生印刷厂
经 　销 　者：	新华书店
	787 毫米×1092 毫米　16 开本　34.25 印张　834 千字
	2014 年 8 月第 1 版　2014 年 8 月第 1 次印刷
定　　　　价：	58.00 元

未经许可,不得以任何方式复制或抄袭本书之部分或全部内容。
版权所有,侵权必究
举报电话:010-62752024　电子信箱:fd@pup.pku.edu.cn

丛书出版前言

秉承"学术的尊严,精神的魅力"的理念,北京大学出版社多年来在文史、社科、法律、经管等领域出版了不同层次、不同品种的大学教材,获得了广大读者好评。

但一些院校和读者面对多种教材时出现选择上的困惑,因此北京大学出版社对全社教材进行了整合优化。集全社之力,推出一套统一的精品教材。

《21世纪法学规划教材》即是本套精品教材的法律部分。本系列教材在全社法律教材中选取了精品之作,均由我国法学领域颇具影响力和潜力的专家学者编写而成,力求结合教学实践,推动我国法律教育的发展。

《21世纪法学规划教材》面向各高等院校法学专业学生,内容不仅包括了16门核心课教材,还包括多门传统专业课教材,以及新兴课程教材;在注重系统性和全面性的同时,强调与司法实践、研究生教育接轨,培养学生的法律思维和法学素质,帮助学生打下扎实的专业基础和掌握最新的学科前沿知识。

本系列教材在保持相对一致的风格和体例的基础上,以精品课程建设的标准严格要求各教材的编写;汲取同类教材特别是国外优秀教材的经验和精华,同时具有中国当下的问题意识;增加支持先进教学手段和多元化教学方法的内容,努力配备丰富、多元的教辅材料,如电子课件、配套案例等。

为了使本系列教材具有持续的生命力,我们将积极与作者沟通,结合立法和司法实践,对教材不断进行修订。

无论您是教师还是学生,在适用本系列教材的过程中,如果发现任何问题或有任何意见、建议,欢迎及时与我们联系(发送邮件至bjdxcbs1979@163.com)。我们会将您的意见或建议及时反馈给作者,供作者在修订再版时进行参考,从而进一步完善教材内容。

最后,感谢所有参与编写和为我们出谋划策提供帮助的专家学者,以及广大使用本系列教材的师生,希望本系列教材能够为我国高等院校法学专业教育和我国的法治建设贡献绵薄之力。

北京大学出版社
2012年3月

编 者 说 明

应北京大学出版社约请,由我担任这部教材的主编,负责本部教材的编写。经过全体参编者的共同努力,现在这部教材可以定稿付梓了。

这部教材具有如下特点:(1)体系化。虽然本部教材名称为《行政法与行政诉讼法》,但它并非是行政法和行政诉讼法这两个"部门法"的简单组合,而是对处于行政法之下"行政实体法""行政程序法"和"行政诉讼法"三大部分内容作一个体系化的初步尝试,故本部教材也可以称为"行政法总论"。(2)实用性。本教材在系统阐述行政法基本概念、原理和知识的基础上,以现行有效的行政法规范(包括最高人民法院司法解释)为基础,通过案例阐述法规范的内容,旨在提升学生解决实际问题的能力,一改以往许多法学教材没有行政法法规范引用、案例分析的状况。(3)相关知识的拓展。在本部教材中,我们穿插了大量与正文相关的知识点、典型案例和行政法理论研讨的争点,在每章的最后又列出"扩展阅读"的文献资料,使学生在阅读本教材过程中可以加深、扩展对正文内容的理解。

为了使学生能够更好地掌握本部教材的主要内容,我们建议:(1)在阅读本部教材过程中,配备一本常用法律、法规手册,熟读相关的法律、法规和规章。(2)进一步阅读本教材引用的案例全文以及相关的论文,以便更好地理解相关的行政法概念、原理。(3)尽可能多地阅读每章最后"扩展阅读"中的文献资料,扩大自己的学术视野。

对于本部教材可能存在的不足之处,敬请读者提出批评意见。

本书各章撰写分工如下(以编写章节为序):

章剑生,浙江大学光华法学院教授、博导,法学博士(第1、2章)

贾媛媛,桂林电子科技大学法学院副教授,法学博士(第3章)

李春燕,浙江财经大学法学院副教授,法学博士(第4、5、6章)

汪利红,华东政法大学教授、博导,法学博士(第7、8、11章)

章志远,苏州大学王健法学院教授、博导,法学博士(第9章)

杜仪方,浙江工业大学法学院副教授,法学博士(第10章)

于立深,吉林大学法学院教授、博导,法学博士(第12、21章)

宋华琳,南开大学法学院教授,法学博士(第13章)

杨登峰,南京师范大学法学院教授、博导,法学博士(第14、15章)

杨伟东,国家行政学院教授、博导,法学博士(第16、17章)
凌维慈,华东师范大学法律系副教授,法学博士(第18章)
高慧铭,郑州大学法学院副教授,法学博士(第19、20章)
张旭勇,浙江财经大学法学院教授,法学博士(第22、23章)
全书最后由章剑生统稿。

章剑生

2014年2月27日

目录

1　第一章　行政法绪论

- *1*　第一节　行政
- *9*　第二节　行政权
- *13*　第三节　行政法

20　第二章　依法行政原理

- *20*　第一节　宪法中的依法行政原理
- *25*　第二节　依法行政原理的基本内容
- *30*　第三节　依法行政原理支配的基本原则

35　第三章　行政法法源

- *35*　第一节　行政法法源概述
- *36*　第二节　行政法成文法法源
- *42*　第三节　行政法不成文法法源

49　第四章　行政机关

- *49*　第一节　行政机关概述
- *59*　第二节　中央行政机关
- *64*　第三节　地方行政机关

70　第五章　行政相对人

- *70*　第一节　行政相对人概述
- *74*　第二节　行政相对人权利
- *80*　第三节　行政相对人义务

第六章　国家公务员　84

- 84　第一节　公务员与公务员法概述
- 91　第二节　公务员的条件与法律地位
- 99　第三节　公务员的基本制度

第七章　行政决定　104

- 104　第一节　行政决定概念及其理论体系
- 112　第二节　行政决定定型化
- 114　第三节　行政决定的成立与生效
- 116　第四节　行政决定的合法要件和违法
- 122　第五节　行政决定附款
- 125　第六节　行政决定变更
- 128　第七节　行政决定消灭
- 133　第八节　行政决定效力

第八章　非行政决定的其他行政行为　138

- 138　第一节　制定行政规范
- 155　第二节　行政事实行为
- 163　第三节　行政合同

第九章　行政处罚　172

- 172　第一节　行政处罚概述
- 175　第二节　行政处罚原则
- 188　第三节　行政处罚的种类与设定
- 189　第四节　行政处罚实施机关
- 191　第五节　行政处罚的适用
- 196　第六节　行政处罚程序

第十章　行政许可　203

- 203　第一节　行政许可概述
- 208　第二节　行政许可原则
- 211　第三节　行政许可的设定
- 215　第四节　行政许可实施机关
- 216　第五节　行政许可程序

第十一章 行政强制 — 227

- 227　第一节　行政强制概述
- 231　第二节　行政强制的原则
- 234　第三节　行政强制的种类和设定
- 243　第四节　行政强制措施实施程序
- 251　第五节　行政强制执行实施程序
- 256　第六节　申请法院强制执行程序

第十二章 政府信息公开 — 260

- 260　第一节　政府信息公开的主体和原则
- 264　第二节　政府信息公开范围、方式和程序
- 273　第三节　政府信息公开的监督与救济

第十三章 行政程序 — 279

- 279　第一节　行政程序概说
- 288　第二节　正当程序的基本要求
- 301　第三节　行政程序的基本过程

第十四章 行政责任 — 308

- 308　第一节　行政责任概述
- 309　第二节　行政赔偿
- 325　第三节　行政补偿

第十五章 行政复议 — 331

- 331　第一节　行政复议概述
- 340　第二节　行政复议范围
- 348　第三节　行政复议参加人
- 351　第四节　行政复议机关及其管辖
- 352　第五节　行政复议程序

第十六章 行政诉讼概述 — 365

- 365　第一节　行政诉讼(法)的概念、特征和法源
- 368　第二节　行政诉讼的目的
- 371　第三节　行政诉讼的原则

第十七章　行政诉讼主体　377

- 377　第一节　法院
- 387　第二节　行政诉讼原告
- 392　第三节　行政诉讼被告
- 395　第四节　共同诉讼人和第三人

第十八章　行政诉讼客体　398

- 398　第一节　行政诉讼客体概述
- 400　第二节　行政诉讼受案范围的判断框架
- 405　第三节　行政诉讼可诉范围
- 413　第四节　行政诉讼不可诉范围

第十九章　行政诉讼行为　424

- 424　第一节　撤诉
- 430　第二节　诉讼不停止执行
- 433　第三节　对妨碍行政诉讼行为的强制措施
- 436　第四节　财产保全与先予执行
- 439　第五节　诉讼中止与诉讼终结

第二十章　行政诉讼证据　442

- 442　第一节　行政诉讼证据概述
- 444　第二节　行政诉讼举证责任
- 448　第三节　证据调取和保全
- 451　第四节　质证和认证

第二十一章　行政诉讼依据　458

- 458　第一节　法院审判依据
- 463　第二节　行政规章参照
- 467　第三节　行政规定引用
- 468　第四节　司法解释援引
- 470　第五节　法规范冲突的适用规则

477　第二十二章　行政诉讼裁判

- 477　第一节　行政诉讼判决概述
- 482　第二节　行政诉讼判决体系的发展演变
- 489　第三节　行政诉讼判决适用条件
- 508　第四节　行政诉讼裁定与决定

512　第二十三章　行政诉讼程序

- 512　第一节　一审程序
- 523　第二节　二审程序
- 527　第三节　再审程序
- 530　第四节　行政诉讼期间、送达
- 532　第五节　行政诉讼执行程序

第一章

行政法绪论

> ✦ **学习目标**
> 通过本章的学习,学生可以掌握以下内容:
> 1. 行政的内涵及外延、行政的分类
> 2. 行政权的内涵及相邻关系、行政权的类型
> 3. 行政法的概念、内外关系、逻辑基点与相邻关系
>
> ✦ **关键概念**
> 行政　行政权　行政法　干预行政　给付行政　规划行政

第一节　行　政

一、行政的概念

国家法律体系以宪法统率,由宪法相关法、民法、商法、行政法、经济法、社会法、刑法和诉讼与非诉讼程序法构成。① 其中,行政法数量之多、涉及领域之广、复杂程度之高,是其他任何一个部门法所不能相提并论的。

行政法是有关行政的法。何谓行政?在西文中,"administration"有"管理""经营"等含义,在讨论与行政法有关的问题时,我们将它译为"行政"。在汉语中,"行",意为"实行"、"施行",如所谓"令行禁止";"政",意为"权力"或外化为一种"命令"的权力,如"于是帝尧乃求人,更得舜。舜登用,摄行天子之政"。② 所以,汉语中的"行政"都与国家权力或者国家事务有关。尽管许多人曾经为定义"行政"作过学术努力,但至今也没有形成一个关于行政的"通说"概念;对于行政概念的表述,不同的人有不同的解释。③ 形成这个状况的原因是国

---

① 参见国务院法制办公室编:《法律法规全书》(第10版),中国法制出版社2012年版,第1—35页。
② 参见范忠信:《中国传统行政法制文化研究导论》,载《河南省政法管理干部学院学报》2008年第2期。
③ 一直以来,许多人都想在内容上一劳永逸地给"行政"作一个具有普适性的定义,但基本上是不成功的。"放弃了从内容上予以定义的学说,在日本成为多数派。"〔日〕盐野宏:《行政法总论》,杨建顺译,北京大学出版社2008年版,第2页。

家之间的传统、体制、结构、文化甚至习惯的差异性,所以,在行政法上一个放之四海而皆准的行政概念可能并不存在。关于行政的概念,我们大致可以从以下几个方面进行描述①:

(一) 行政是国家活动的中心:行政国家

在现代国家中,行政是国家活动的中心,行政国家由此产生。在世界范围内,大约自20世纪初始,许多国家尤其是西方市场经济发达的国家都完成了从立法国家——以议会立法为国家活动中心的国家模式——向行政国家的转变。

中国并没有如同西方国家那样,经历一个国家中心从立法到行政的变迁过程。1949年之后,无论是传统的社会主义计划经济还是后来的社会主义市场经济,行政集权一直是中国政治的特色。在没有自由主义传统的中国,形成这种以行政为中心的集权体制基本上没有遇到来自社会方面的阻力;在"富国强民"的意识形态支配下,行政集权体制获得了不可置疑的正当性。当下中国是一个高度集权的行政国家。

在行政国家中,国家活动的中心是行政,虽然立法、司法有制约行政的功能或使命,但它们经常要服从行政的需要。在中国,为了"把我国建设成为高度文明、高度民主的社会主义国家"②,我们必须优先发展经济,确保经济持续增长。在发展经济过程中,立法、行政、司法各司其职,在宪法、法律规定的框架内行使自己的法定职权;但行政一直是主导、推动经济发展的国家力量,立法、司法在相当程度上处于"服务"行政的地位。③

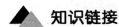

知识链接

德国"行政国家"的演变

德国行政法治的急剧变革始于第二次世界大战以后,其法治形象经历了从"绝对领袖国家"到"福利国家",再向"社会法治国家"的转变。第二次世界大战前德国的行政法治可分为两个阶段:纳粹上台之前,德国的行政法治处于奥托·迈耶所描绘的"警察国家"状况;纳粹上台之后,德国"成为某种社会力量或者'政党'的执行机器,对个人生活领域、行为和财产的干预失去了法律限制"。此时,行政机关的特殊性被剥夺,原则上只是领袖及其政党的御用机器,变成了完全的"绝对领袖国家"形象,实质上是一种非法治的国家形象。第二次世界大战后,德国行政活动不断扩张,行政机构急剧膨胀,以满足日益增长的个人需要和要求。国家开始通过行政来"提供个人需要的社会安全,要为公民提供作为经济、社会和文化等条件的各种给付和设施"。与之相关联的是一系列的福利立法。如1951年的《解雇保护法》、

---

① 翁岳生教授对行政的特征作如下几个方面描述:(1) 行政是广泛、多样、复杂且不断形成社会生活的国家作用——形成性与整体性;(2) 行政是追求公共利益的国家作用;(3) 行政是积极主动的国家作用;(4) 行政应受法的支配——合法性与合目的性之兼顾;(5) 行政的运作注重配合及沟通;(6) 行政系作成具体决定的国家作用。参见翁岳生编:《行政法》(上),台湾元照出版公司2006年版,第10—17页。
② 《宪法》序言第7段。
③ 在中国,如最高人民法院《关于当前形势下做好行政审判工作的若干意见》(法发[2009]38号)规定:"各级人民法院要切实增强为大局服务的意识,认真审理好因金融危机应对措施引发的行政诉讼案件。要深刻领会党和政府的各项大政方针、决策部署,全面了解相关政策、措施的出台背景,密切跟踪分析形势,及时调整行政审判为大局服务的思路和方法,注意克服就案办案、孤立办案的倾向。"

1953 年的《严重伤残法》、1957 年的《农民养老救济法》、1968 年的《全体雇员的保险义务》和 1975 年颁布的《社会法典》。这些立法对社会福利、社会救济和社会补偿制度作了具体而系统的规定,全面展示了"福利国家"的法治形象,即"行政国家"。而自 20 世纪 60、70 年代以后德国的行政法治得到了更加迅速的发展。如 1960 年颁布的《行政法院法》,建立了德国统一的行政法院制度,是行政法制变革的开始;1976 年颁布的《行政程序法》,是德国行政法的基本法,则表明德国行政法进入成熟阶段。之后,德国的国家行政主要为《基本法》第 20 条和第 28 条所确认的社会国家原则所指引,以社会任务为主要内容,在给付活动和社会塑造活动中表现遵守权利的界限和约束,开始呈现出"社会法治国家"的法治形象。(资料来源:韩春晖:《从"行政国家"到"法治政府"》,载《中国法学》2010 年第 6 期)

(二)行政的多元性:执行兼及立法、司法

在人民主权理论下[①],由人民选举产生的代表组成的人民代表大会制定法律,由它所产生的行政机关、司法机关适用于个案。在这一宪法规定的框架性制度中,行政在适用法律过程中与公民、法人或者其他组织发生的法律争议,则由司法来裁判。但是,这种传统的宪政框架在现代国家中已经被作出重大修正,作为执行法律的行政兼及了立法、司法功能。

在《宪法》中,行政除了执行外还有立法的内容[②],全国人大常委会还多次将部分立法权授予国务院,所以,立法性行政权具有宪法依据。[③]《宪法》中没有司法的概念,而是用"审判""检察"来指代如西方国家宪法中的"司法"内容。如果我们不承认"检察"是一种行政权的话,那么《宪法》中的"行政"的确没有任何"审判""检察"的内容。但是,这并不影响全国人大及其常委会将某些类似的或者具有"审判"功能的权力授予行政机关行使。[④] 所以,行政机关拥有的司法性行政权也是有法律依据的。需要关注的问题是,面对行政的多元性与行政的执行性之间的紧张关系,我们需要通过相关的法律制度予以缓解:立法性行政权需要导入公众参与等制度,使得立法性行政权——制定行政法规和行政规章等——获得民意基础;司法性行政权需要导入防止偏见、听取意见等制度,使得司法性行政权具有相对中立的地位,确保行政机关作出公正的裁决。

(三)行政的形成性:社会秩序的整合

所谓社会秩序,本质上是个人之间关系的总和。社会秩序不稳定是常态,其根本原因是人在利己本性驱使下,在利益的追求过程中对既定规则的破坏,从而满足自己利己的本性需求。作为国家活动的行政担当了社会秩序的整合角色。这里的"整合"不仅仅在于行政要修

---

① 《宪法》第 2 条第 1 款规定:"中华人民共和国的一切权力属于人民。"
② 参见《宪法》第 89 条第 1 项。
③ 1983 年全国人大常委会《关于授权国务院对职工退职退休办法进行部分修改和补充的规定》;1984 年全国人大常委会《关于授权国务院改革工商税制和发布有关税收条例(草案)的决定》;1985 年全国人大常委会《关于授权国务院在经济体制改革和对外开放方面可以制定暂行的规定或者条例的决定》。
④ 《专利法》第 57 条规定:"取得实施强制许可的单位或者个人应当付给专利权人合理的使用费,或者依照中华人民共和国参加的有关国际条约的规定处理使用费问题。付给使用费的,其数额由双方协商;双方不能达成协议的,由国务院专利行政部门裁决。"

复已经失衡的社会秩序,更要有目的地形成、塑造一种有利于个人全面发展的社会秩序。

在传统行政法上,行政的形成性主要是通过强制的方式来实现的,如行政处罚、行政强制措施、行政强制执行等。但在现代行政法上,行政的形成性又增加了一种与行政相对人"合意"的方式,且这种方式在现代行政法上的地位越来越重要,如行政合同、行政协商等。法律对于行政的形成性依据也不再"斤斤计较",广泛的裁量权被授予了行政机关,行政机关获得了行政形成社会的相当空间。在这里,"法律希望(如有可能)对司法中合乎法律的裁决作出明确的规定,却尽可能有意地给行政留出自由选择的余地,使行政在其中可进行合目的性的行为"[①]。

(四)行政强制性的弱化:沟通协商

行政强制性在"命令—服从"这一传统行政模式中得到了充分体现,"强制性"差不多成了行政的全部内容。行政强制性意味着行政相对人必须无条件地服从行政主体发出的命令,即使不服也只能在事后的行政救济程序中表达。所以,在过去的行政法理论上,行政法律关系上的"不对等性"是表述行政强制性的另一个说法。[②] 行政强制性在整合社会秩序过程中的功能不可或缺,但它偏向于行政权有效率地行使,对行政相对人权利保障方面则不够充分。

中国从20世纪90年代开始,因民主宪政观念的不断扩散,个人在行政法上的主体性地位得到了国家的承认。1996年《行政处罚法》首次规定了听证制度,为个人可以"站着"和国家行政主体说话提供了法律保障,行政也懂得了与个人商量着办事的重要意义。"沟通协商"制度通过行政程序这一载体进入了行政过程,将原有行政的强制性渐渐削弱,去"不对等性"成了传统行政法转向现代行政法的一个重要标志。如《民用爆炸物品管理条例》第20条规定:"经销爆破器材的供应点,由物资主管部门、公安机关和有关单位协商定点,由所在地县、市公安局核发《爆炸物品销售许可证》,向所在地县、市工商行政管理局办理登记手续,领取营业执照,方准销售。出售爆破器材时,必须验收公安机关签发的《爆炸物品购买证》。"当然,去"不对等性"并不否定行政决定的单方性,行政机关保护个人权利的任务通常都是由行政决定的这种单方性来完成的。

(五)行政主动性的强化:生存照顾

行政可以分为依职权行政和依申请行政,前者的功能在于行政主动干预个人活动,旨在形成社会秩序,如行政处罚;后者则是行政在被动审查个人请求的基础上给予利益,如行政许可。这两项内容构成了一种与自由市场经济发展相适应的行政模式。但到了20世纪之后,西方国家的行政开始主动担当起对个人"生存照顾"的服务行政之职责[③],行政发展出了有关福利给付的内容,即不需要个人请求,行政也必须履行给予其利益的法定职责。

中国自20世纪90年代以来因市场经济竞争出现了大量的"失败者"和贫富差距的现象,风险社会同时给个人带来了许多不确定的伤害,这些事实都在客观上要求行政扩大生存

[①] 〔德〕拉德布鲁赫:《法学导论》,米健等译,中国大百科全书出版社1997年版,第130页。
[②] 参见罗豪才主编:《行政法学》,中国政法大学出版社1989年版,第15页以下。
[③] 参见陈新民:《公法学札记》(增订新版),法律出版社2010年版,第39页以下。

照顾对象的范围。1999年国务院《城市居民最低生活保障条例》的实施回应了上述部分的需求。以关注民生、推进公平、正义为主题的2007年国务院《政府工作报告》,标志着中国政府的行政中新添了"生存照顾"与"提供发展机会"的两项内容。《宪法》第45条关于公民"获得物质帮助权"的规定获得了国家实质性的重视,明确把它纳入了行政的内容。当下的社会保障、公共教育和公共医疗卫生是行政"生存照顾"的主要内容。

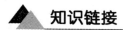 知识链接

生存照顾与给付行政

给付行政是由德国行政法学者福斯多夫(Ernst Forsthoff)在1938年发表的《作为给付主体的行政》一文中首先提出的。作为给付行政的开山之作,该文是从国家的职能和行政的目的来阐述给付行政的,他将给付行政建立在"生存照顾"这一概念之上。给付行政理论的起源与"生存照顾"理念密切相关,给付行政的疆域即取决于对"生存照顾"范围的认知。福斯多夫提出"生存照顾"概念和给付行政理论后不久,给付行政的现实和理论就得到了发展。1944年,德国另一学者将"济助"也列入"生存照顾"之范畴,并将公立医院济助贫病之行为称为"济助性生存照顾"。第二次世界大战结束之后,纳粹政权覆灭,经济复苏,人民收入增长,代表"最好政府最少干涉"的新自由主义思想又重新抬头。福斯多夫原先认可的"领袖制""民族正义"等思想,以及排斥自由主义、主张国家权力中心应置于行政而非立法之上的观点已不合时宜。基于环境变化及对行政体察的深入,福斯多夫在1959年的另一篇论文中对"生存照顾"的现代意义,提出了"辅助性"理论的见解。他指出,现代的社会和20世纪30年代的社会在本质上已有极大的差异。除了在国家陷入战争及灾难的非常时期外,在和平时期,应由"社会之力"来解决其成员的生存照顾问题,而非依赖国家及行政的力量。国家只有在社会不能凭己力维持稳定时才充当一种"国家补充功能"。福斯多夫这一修正在70年代得到了重视,逐渐成为显学。其时,宪法学者彼得斯极力提倡,国家追求、实现公益的行为,必须在社会的个人凭自己的努力都无法获得利益,也因此使公益无法获得时,方得为之,故而是一种次要性的补助性质的辅助行为。辅助性理论一方面使得给付行政从理念上得到一种范围限制,另一方面也体现了立法和法治原则对给付行政的调控作用。(资料来源:李国兴:《超越"生存照顾"的给付行政》,载《中外法学》2009年第6期)

（六）行政的公益性:公共利益

在宪法规定的框架性制度下,行政向人民代表大会负责,更要向人民负责,因此,公共利益构成了行政目的的核心。如在行政征收、征用中,《宪法》第13条第3款规定:"国家为了公共利益的需要,可以依照法律规定对公民的私有财产实行征收或者征用并给予补偿。"对于行政而言,公共利益直接决定了行政的合法性、正当性。因此,行政本质上可以说是人民实现公共利益的一种制度性工具。

行政的公益性并不意味着行政可以随意否定公民的正当利益需要,或者要求公民无条

件地服从公共利益的需要;相反,行政在追求公共利益的同时,必须关注公民利益量的增长和质的提升,以回应"尊重和保障人权"这一宪法条款的要求。公民利益的范围是行政追求公共利益时不可逾越的边界。公共利益有时是全体公民的利益,有时是部分公民的利益,特别情形下甚至还可以是特定公民的利益,如由警车引导运送危重病人的救护车为其提供快速道路的通行。公民固然应当服从公共利益的需要,但公民利益因服从而受到损失的,必须以国家合理补偿为前提,两者之间构成一种"唇齿"关系。

(七)行政的多样性:应对复杂的现代社会

在行政统管一个人"从摇篮到坟墓"全过程的现代社会中,行政已经渗透到了社会的每个角落。科学技术中知识的"不确定性"给人们的生活带来了风险,如药品、食品的安全等,需要行政发展出多样性方式以应对这种风险。若行政等到风险成为客观事实之后再出面补救,社会不可避免要为此支付沉重的代价,因此,行政需要采用多种手段进行事先预防。同时,在全球化时代的当下,行政限于国内事务的时代已经一去不复返了,面对复杂的国际社会事务,行政需要具有国际视野并能够对国际事务迅速作出有效的决断。

行政的多样性并不意味着行政可以片段化、零碎化,相反在现代社会中行政更需要:(1)有一个统一的行政法律体系,以满足行政多样性中依法行政的需要;(2)在"行政一体化"的原则下各行政机关之间精诚合作,共同应对复杂的现代社会。

(八)行政的科技性:行政手段的科技化

现代科学技术的发达对社会发展产生的影响,是行政手段的科技化趋势十分明显。科技发展给人类社会带来巨大财富与进步的同时,也带来了许多负面效果,这些负面效果有的甚至影响到了人类社会的正常发展。因此,科技的安全性和伦理性日益受到人们的关切,前者如高速铁路、民航客运和移动手机等,后者如"克隆人"与"安乐死"以及人体器官的出售与移植等。行政需要采用与科技发展相适应的手段,解决科技的安全性和伦理性所带来的各种问题,保护人类免受科技发展所带来的伤害。

办公自动化、电子政务是行政手段科技化的基本趋势之一,国家相关的立法也随之而出,如《电子签名法》《电子认证服务管理办法》等,《行政许可法》也规定了有关"电子政务"的行政许可。[①]

二、行政的分类

在对行政进行了上述特征描述之后再作分类,主要是为了从另外一个角度认识行政,从而把握行政的主要内容,以弥补行政不能定义的欠缺。因采用分类标准不同,如主体、领域、内容等,行政的类别也有所不同。以下对行政所作的分类,其标准是对行政相对人的影响或者行政的功能。

[①] 《行政许可法》第33条规定:"行政机关应当建立和完善有关制度,推行电子政务,在行政机关的网站上公布行政许可事项,方便申请人采取数据电文等方式提出行政许可申请;应当与其他行政机关共享有关行政许可信息,提高办事效率。"

（一）干预行政

干预行政是行政机关通过限制甚至剥夺行政相对人权益的方式来维护社会秩序，实现行政任务的一种行政行为。在西方行政法史上，干预行政与自由市场经济之间具有十分密切的关系，即行政不得干预市场活动，除非有法律规定。在中国，行政与市场之间的关系一直到20世纪80年代改革开放之后才出现，之前如在"法律是统治阶级的工具"支配下的"治安行政"具有不同于干预行政的思想、理念。

干预行政通常发生在两种情形下：其一，对可能发生危险的预防、控制，如行政许可、行政强制措施等；其二，对已经发生的违法行为作出处置，如行政处罚、责令改正等。可见，干预行政对于个人来说最大的影响是他的权益受到限制或者剥夺，因此，它需要有明确的法律依据。早先的法律依据都是由国家立法机关提供的，后来因国家立法机关提供的法律不能满足行政需要了，它只好授权行政机关在授权范围内进行"立法"，所以，干预行政的部分法律依据可以由行政机关自己制定。

因干预行政通常使个人权益受到限制或者剥夺，所以，在行政救济制度中，具有干预行政效果的行政行为如行政处罚、行政强制措施、行政许可等，一直是行政救济客体的核心内容[1]，行政法体系也通常都是围绕着干预行政这个中心展开的。

（二）给付行政

给付行政是行政机关通过给予行政相对人利益的方式来实现行政任务的一种行政行为。给付行政是伴随着现代国家行政任务的变化而产生的一种行政类型。简言之，在世界范围内，第二次世界大战之后，照顾个人的生存，促进个人的发展成为西方国家必须履行的基本职责之一，由此，给付行政获得了发展的空间。

给付行政因涉及国家财政的支出，给付公平性成为它的一个关注点。在社会行政法相对成熟的德国，据日本学者分析，在现代行政法上，公物法、社会法（社会保障、社会救助、社会福利）与资助法（补贴）共同构成了给付行政的三驾马车。给付行政被分为设施行政、社会行政和资助行政。[2] 在中国，给付行政有两个面向：其一，针对特定人的经济资助。即特定人因经济等的原因发生了生存或者发展的困难时，国家负有给付的义务，如给大学毕业生发放"创业基金"等。这种给付经常会附带某些条件，行政相对人不具备条件的，就不能获得经济资助。其二，为不特定公众提供公共设施、公共信息等，如举办公立学校、公共图书馆、供水、供电等"普遍而稳定提供"。[3] 它的目的是改善人民的物质和精神生活。

作为行政机关行使行政权的一种行政方式，给付行政同样必须接受依法行政原理支配，但是，给付行政的授益性使得它在依法行政原理之下，不可能有与干预行政相等的地位。宪

---

[1] 参见《行政诉讼法》第11条。
[2] 〔日〕大桥洋一：《行政法学的结构性变革》，吕艳滨译，中国人民大学出版社2008年版，第192页。
[3] 中国台湾地区"司法院"大法官释字第428号。

法具有最高的法律效力,行政机关必须在宪法规范中找到给付行政的"宪法性依据"。① 法律②、法规③构成了给付行政的"原则性法依据"。所以,从实务角度看,行政规定通常是给付行政的"具体性法依据"④,它在数量上远远多于法律、法规和规章,而且它也得到了法院在个案中的支持。

案例研究

行政规定作为给付行政的依据

在阅读如下行政案件的裁判理由之后,分析法院将行政规定作为裁判依据是否成立? 在张晓美与武汉市汉南区人力资源和社会保障局不履行行政给付法定职责纠纷上诉案中,法院认为:"根据国务院第259号《社会保险费征缴暂行条例》第5条、劳动和社会保障部《社会保险登记管理暂行办法》第3条、国务院33号文第9条规定,被上诉人对本辖区内养老保险的具体业务和养老保险基金具有管理的职责。根据国务院33号文第1条、第7条,武政66号文第56条规定,现行社会养老保险制度实行省、市、县(区)三级管理体制,国家除对省、市、县(区)三级养老保险管理体制等某些原则做了规定外,对各地实行基本养老保险基金统筹的具体问题没有做统一规定。各地根据具体情况制定符合当地实际的实施方案。24号文正是在这样的背景下制定。根据24号文规定,2008年1月1日起,张晓美的基本养老保险被纳入汉南区区级统筹管理。上诉人张晓美1997年7月退休后,其退休金由街道发放,并未纳入区级统筹管理。上诉人认为其于1997年退休之时,养老保险即已进入区级统筹管理的理由不能成立。根据71号、102号文规定,对于从企业职工基本养老保险统筹基金中解决资金来增加基本养老保险金的退休退职人员,不仅要在2006年12月31日前、2007年12月31日前办理退休退职手续,且在执行上述两文之时其基本养老保险已进入区级统筹管理。显然,上诉人不符合该适用条件。上诉人认为汉南社保局不履行行政给付法定职责的理由不能成立,本院不予支持。"(资料来源:湖北省武汉市中级人民法院《行政判决书》[2010]武行终字第103号)

(三)规划行政

规划行政是行政机关基于行政法的任务而面向未来作出预先安排的一种行政行为。规

---

① 如《宪法》第45条规定:"中华人民共和国公民在年老、疾病或者丧失劳动能力的情况下,有从国家和社会获得物质帮助的权利。国家发展为公民享受这些权利所需要的社会保险、社会救济和医疗卫生事业。国家和社会保障残废军人的生活,抚恤烈士家属,优待军人家属。国家和社会帮助安排盲、聋、哑和其他有残疾的公民的劳动、生活和教育。"

② 如《社会保险法》第2条规定:"国家建立基本养老保险、基本医疗保险、工伤保险、失业保险、生育保险等社会保险制度,保障公民在年老、疾病、工伤、失业、生育等情况下依法从国家和社会获得物质帮助的权利。"

③ 如《农村五保供养工作条例》第2条规定:"本条例所称农村五保供养,是指依照本条例规定,在吃、穿、住、医、葬方面给予村民的生活照顾和物质帮助。"

④ 如国务院办公厅《关于印发2011年公立医院改革试点工作安排的通知》(国办发[2011]10号)规定:"非公立医疗机构凡执行政府规定的医疗服务和药品价格政策,符合医保定点相关规定,应按程序将其纳入城镇基本医疗保险、新型农村合作医疗、医疗救助、工伤保险、生育保险等社会保障的定点服务范围,签订服务协议进行管理,并执行与公立医疗机构相同的报销政策。"

划行政是现代国家中的一种新类型行政,无论从形式上还是内容上它都难以归入干预行政或者给付行政之中,所以,在学理上把它单列出来是必要的、妥当的。

规划行政的核心是行政机关在法律框架内,为了完成行政任务而作出的政策性判断,具有强烈的合目的性导向。规划行政所指对象具有较大的时空跨越性、范围不确定性。如城市规划、土地利用规划等有一种法拘束效果,但是这种法拘束效果对于特定人来说并不是当即发生的,因此它不是行政决定,所以,规划行政有"立法"的某些特征。因规划行政形成过程中所涉利益状况错综复杂,在规划行政作出过程中引入公众参与机制十分必要。① 对于行政机关来说,在规划行政中平衡各方利益与其说是行政的一种手段,倒不如说是一种细腻入微的行政艺术。通过这种"行政艺术"将可能发生的利益冲突消解在规划行政过程中,可以确保日后规划行政的平稳实施。

第二节 行 政 权

一、行政权的概念

行政权伴随着人类社会的发展已经有了相当长的历史;而人类社会的文明进步则须臾离不开行政权的作用,这一点已为大量历史事实所充分证明。在人类社会进入 20 世纪尤其是第二次世界大战以后,因经济、社会和政治的原因引发的行政权的大规模扩张,已经成为一种不可抑制的态势。在这样的现实状态中,关于行政权的概念如何表述,在学理上一直难以统一。如有学者认为:"行政权即指执行、管理权,主要是指国家行政机关执行国家法律、管理国家内政外交事务的权力。"② 也有学者认为:"行政权是指由国家或其他行政主体担当的执行法律、对行政事务主动、直接、连续、具体管理的权力,是国家权力的组成部分。"③ 其实,如同行政一样,行政权同样是一个难以用定义方式加以界定的概念,所以,如下几个方面的论述大致可以揭示出行政权概念的基本内容:

(一)控制社会秩序的行政权

在现代国家中,行政权是国家权力的中心,社会控制的基本力量必然是行政权。行政权是行政法的"知识核心",它构成了行政法体系的内核,行政法的原则、制度、规则等都是围绕着行政权来展开的。

在宪法规定的框架性制度中,人民代表大会制定的法律为行政权控制社会秩序提供基本的合法性依据,但行政权的大部分法依据都是由行政权自己创设的,如行政法规、行政规章与行政规定。由此,行政权在控制社会秩序过程中不仅仅是对个案作出行政决定,同时也在法律授权下制定具有普遍约束力的法规则。相对于法院被动地通过裁判个案方式来恢复失范的社会秩序来说,行政机关则每天都在积极地面对着失范的社会秩序,通过法律赋予的行政权解决一个个法律争议,将失范的社会秩序控制在人们可以容忍的限度之内;没有行

---

① 《城乡规划法》第 26 条规定:"城乡规划报送审批前,组织编制机关应当依法将城乡规划草案予以公告,并采取论证会、听证会或者其他方式征求专家和公众的意见。公告的时间不得少于 30 日。"
② 姜明安主编:《行政法与行政诉讼法》(第 5 版),北京大学出版社、高等教育出版社 2011 年版,第 6 页。
③ 应松年、薛刚凌:《论行政权》,载《政法论坛》2001 年第 4 期。

权的这些日常作用,社会难以形成一个良好的秩序。

(二) 回应民主诉求的行政权

在宪法规定的框架性制度中,行政民主性涉及行政行为合法性基础的问题。行政权源于人民的授予,所以,行政权只有回应人民的意愿,它的合法性才能获得人民的认可。人民代表的选票可以决定行政权的去留、走向,这是行政民主性的核心。关于这个部分的制度性保障,宪法、法律等都已经作出明确的规定。但是,在现代行政国家中,代议制的危机在以行政权为中心的宪法规定的框架性制度中没有良策予以消解,中国也不例外。由于帝制法律传统的影响,中国的行政权向来比较专断,它习惯于在封闭的办公室里作行政决策,很少顾及门外人民代表、公众的意见,因此它的民主基础事实上向来不太厚实。近年来兴起的"决策民主化"作为一种行政体制改革的口号被提了出来,但具体落实的机制却一直是付之阙如;即便有了一些行政规章的规定,它的实际效果也并不明显。行政法必须关注这一点,并用具体制度、规则加以落实。

(三) 具有裁量内容的行政权

在现代社会中,行政权扩张是行政法上一个不可逆转的趋势。它的一个结果是行政权在内容上发生了重大的质变,即裁量性行政构成了行政权的核心。在行政法上,"裁量主要服务于个案正当性"①,即行政机关通过裁量性行政,在适用具有普遍性法效力的规则时,充分顾及个案中的具体情形,从而在个案中体现法的公正性。行政裁量问题主要集中在行政决定中,但它不限于行政决定,其他行政行为中也存在着裁量。

对于行政机关来说,行政裁量本质上是不"自由"的,它附有公正裁量义务。行政裁量是指当法规范的构成要件成就之时,即可能发生几种法效果由行政机关自主选择,行政机关依据个案的具体情况选择其中它认为最为妥当的法效果。如《反不正当竞争法》第22条规定:"经营者采用财物或者其他手段进行贿赂以销售或者购买商品,构成犯罪的,依法追究刑事责任;不构成犯罪的,监督检查部门可以根据情节处以1万元以上20万元以下的罚款,有违法所得的,予以没收。"依照这一规定,工商行政管理机关可以根据个案的具体情形如违法情节、后果、社会危害性等因素,在1万元以上20万元以下的处罚幅度内选择一个具体的金额作出行政处罚决定。②

裁量性行政权容易导致滥用。历史经验与现实个案已经充分证明,行政机关行使行政裁量权,如果仅仅依赖于公务员个人的道德戒律或者政治觉悟,那么,行政裁量很可能会变质为专横的、不可捉摸的权力,进而偏离设定行政裁量权的立法目的。因为,行使行政裁量权的公务员无论有多么强的自律能力,都不能保证他在行政裁量过程中不渗入一点私心杂念,况且"自律能力"本身是一种不具有可操作性的判断标准。因此,当立法者为行政机关设定行政裁量权时,应尽可能通过预设制度性装置减少滥用裁量权后果的发生。

---

① 〔德〕毛雷尔:《行政法学总论》,高家伟译,法律出版社2000年版,第127页。
② 《行政处罚法》第4条第2款规定:"设定和实施行政处罚必须以事实为依据,与违法行为的事实、性质、情节以及社会危害程度相当"。

案例研究

本案中县交通局的工作人员行为是否构成滥用职权

原告王丽萍是开封市金属回收公司下岗工人,现在中牟县东漳乡小店村开办一个养猪场。2001年9月27日上午,王丽萍借用小店村村民张军明、王老虎、王书田的小四轮拖拉机,装载31头生猪,准备到开封贸易实业公司所设的收猪点销售。路上,遇被告县交通局的工作人员查车。经检查,县交通局的工作人员以没有交纳养路费为由,向张军明、王老虎、王书田3人送达了"暂扣车辆凭证",然后将装生猪的3辆两轮拖斗摘下放在仓寨乡黑寨村村南,驾驶3台小四轮主车离去。卸下的两轮拖斗失去车头支撑后,成45度角倾斜。拖斗内的生猪站立不住,往一侧挤压,当场因挤压受热死亡两头。王丽萍通过仓寨乡党庄村马书杰的帮助,才将剩下的29头生猪转移到收猪车上。29头生猪运抵开封时,又死亡13头。王丽萍将13头死猪以每头30元的价格,卖给了开封市个体工商户刘毅。同年11月22日,王丽萍向县交通局申请赔偿,遭县交通局拒绝,遂提起诉讼,请求判令县交通局赔偿生猪死亡损失10500元、交通费损失1700元。(资料来源:《最高人民法院公报》2003年第3期)

二、行政权的分类

在传统宪法理论上,行政权就是执行法律的国家权力。但是,在现代宪法理论上,行政权在内容、功能上发生了重大变化,使得行政权不再那么"单纯"。根据行政权的内容、功能不同,我们可以把它分为执行性行政权、立法性行政权和司法性行政权,分述如下:

(一)执行性行政权

执行性行政权是行政机关的一项传统的、基本的权力,它的功能是实现人民代表大会的意志(法律)。如《宪法》第85条规定:"中华人民共和国国务院,即中央人民政府,是最高国家权力机关的执行机关,是最高国家行政机关。"在执行性行政权行使过程中,行政机关代表国家作为一方当事人,依法处理与行政相对人有关的个别性行政事务。在传统行政法上,执行性行政权的行为方式主要有行政处罚、行政强制措施、行政强制执行、行政许可等;在现代行政法上又增加了行政合同、行政指导、行政接管①等新类型行为。但无论如何,执行性行政权仍然是现代行政权的核心部分。

(二)立法性行政权

传统的宪法理论认为,立法是创制规定公民权利和义务法规范的国家活动,基于"人民主权"的原理,它必须以全体公民同意为前提,由人民选举出来的代表组成的大会行使立法

---

① 《征信业管理条例》第34条规定:"经营个人征信业务的征信机构、金融信用信息基础数据库、向金融信用信息基础数据库提供或者查询信息的机构发生重大信息泄露事件的,国务院征信业监督管理部门可以采取临时接管相关信息系统等必要措施,避免损害扩大。"

权。但是,基于现代社会的重大变迁,现代宪法理论已经修正了上述理论,承认行政机关在法定条件下具有立法性行政权。① 它的理由大致是:其一,因行政事务复杂、多变,使得立法机关的立法"供不应求",影响了行政机关维护社会秩序的合法性、有效性。其二,中央政府施政所需要的统一性与地方差异所需要的灵活性之间具有紧张关系,所以,必须下放给地方政府部分立法权,才能缓解这种紧张关系。其三,行政事务常识性与专业技术性之间的紧张关系,使得人民代表大会不能制定出解决行政专业性问题的法规范,这些法规范的制定权应当赋予行政机关。

在宪法规定的框架性制度中,立法性行政权分为制定行政法规和行政规章。制定行政规定是否属于立法性行政,没有制定法上的依据,学理上也是争论不休的。但在实务中,行政规定却有事实上的法规范效力,并获得法院的认可。②

 知识链接

行政规定作为法院阐述裁判理由的依据

在北京国玉大酒店有限公司诉北京市朝阳区劳动和社会保障局工伤认定行政纠纷案中,法院认为:"劳动和社会保障部《关于实施〈工伤保险条例〉若干问题的意见》(劳社部函[2004]256号)第1条规定:'职工在两个或两个以上用人单位同时就业的,各用人单位应当分别为职工缴纳工伤保险费。职工发生工伤,由职工受到伤害时其工作的单位依法承担工伤保险责任。'根据该规定,下岗、待岗职工又到其他单位工作的,该单位也应当为该职工缴纳工伤保险费;下岗、待岗职工在其他单位工作时发生工伤的,该单位应依法承担工伤保险责任。本案中,陈卫东从馄饨侯公司下岗后,到上诉人国玉酒店公司担任停车场管理员,并与该公司签订了劳动协议。陈卫东作为劳动者,国玉酒店公司作为用人单位,双方的劳动关系清楚。因此,国玉酒店公司也应当为陈卫东缴纳工伤保险费。如果陈卫东在国玉酒店公司工作期间发生工伤事故,国玉酒店公司应依法承担工伤保险责任。"(资料来源:《最高人民法院公报》2008年第9期)

(三) 司法性行政权

司法是指法院在个案中适用法规范并作出裁判的一种国家活动。为了保证司法的公正、公平,法院必须是独立于法律争议双方当事人的第三者,与该法律争议没有任何法律上的利害关系。行政机关在宪法上没有这样的独立地位,所以,它不能行使司法权。

在现代社会中,或许是专业性所限,或许是为了减轻法院的负担,也可能是为了提高解决法律争议的效率,有时立法机关通过立法将某些法律争议的"首次裁断权"交给了行政机

---

① 《宪法》第89条第1项规定:国务院有权"根据宪法和法律,规定行政措施,制定行政法规,发布决定和命令"。第90第2款规定:"各部、各委员会根据法律和国务院的行政法规、决定、命令,在本部门的权限内,发布命令、指示和规章。"

② 行政规定是指除去行政法规、行政规章以外的其他规范性文件。如《行政处罚法》第14条规定:"除本法第9条、第10条、第11条、第12条以及第13条的规定外,其他规范性文件不得设定行政处罚。"

关,由此行政机关获得了如同法院一样居中处理法律争议的权力,即司法性行政权。如《土地管理法》第 16 条规定:"土地所有权和使用权争议,由当事人协商解决;协商不成的,由人民政府处理。单位之间的争议,由县级以上人民政府处理;个人之间、个人与单位之间的争议,由乡级人民政府或者县级以上人民政府处理。"

由于行政机关行使司法性行政权的地位如同法院一样,因此它也需要遵循诉讼法上的一些原则性规定,如听取意见、回避、管辖、证据审查等。基于司法最终解决原则,对行政机关基于"首次裁断权"作出的行政决定不服的,行政相对人可以依法向法院提起诉讼。

 知识链接

什么是行政权

行政权是指由国家或其他行政主体担当的执行法律,对行政事务主动、直接、连续、具体管理的权力,是国家权力的组成部分。对此,可从以下几方面把握:第一,行政权的主体主要是国家,尤其是重要的行政事务,如军事、外交、货币管理等都由国家担当。但除国家外,单一制国家中的地方公共团体、公法人以及联邦制国家的各州都是行政权的担当者。以往学术界一致将行政权界定为国家行政机关的权力,是因为我国将行政机关视为行政主体,加上我国行政组织形态不发达之故。第二,行政权是对行政事务实施主动、直接、连续、具体管理的权力。现代国家的权力有三类:立法权、行政权和司法权。立法权与司法权都涉及行政事务,如行政事务的创设和处理都需要立法加以规制,行政法律规范的最终实施依赖于司法权的保障,但行政权对行政事务的处理则具有独特性。行政权是以一种主动、直接、连续、具体的方式对行政事务进行管理。第三,行政权是国家权力的组成部分,是对国家立法权和司法权以外权力的理论概括。从这一意义上说,行政权具有抽象性和整体性。此外,行政权还具有法定性。在人类法治社会出现以前,行政权是自由的,不受任何约束。但现代社会,由依法行政所要求,行政权的设定、行使都受到法律的严格规制(法律保留原则)。(资料来源:应松年等:《论行政权》,载《政法论坛》2001 年第 4 期)

第三节 行 政 法

一、行政法的概念

在世界范围内,行政法源于大约 19 世纪后半期的欧洲大陆,当然,它的思想渊源可以追溯到中古时期,甚至更为久远的古希腊与罗马。依照法律传统、行政案件审判制度的不同,行政法的类型可以分为以法德为代表的大陆法系行政法和以英美为代表的普通法系行政法。其他国家如日本,它在第二次世界大战之前师法德行政法,如设立专门的行政法院审理行政案件,但在二战之后则转向美国,如改为由普通法院审理行政案件。所以,日本行政法具有了"混合法"的特征。纵观世界行政法史,大约以 20 世纪之初为时间界点,行政法大致可以分为传统行政法和现代行政法。

在中国,1912年之前的帝制时代中,因国家管理需要有行政,也有与之相关的行政法规范,如《唐六典》等,但是它没有行政法,或者说没有近现代意义上作为控制行政权的行政法。1912年辛亥革命之后建立了中华民国,颁布了《中华民国临时约法》,立宪体制形式上获得了社会各界的认同,它为中国行政法的生成提供了制度基础。但由于时局动荡不安,中华民国时期的行政法发展极为有限。由于它主要是经日本继受德国的行政法,所以,从法系类型的归属上中华民国时期的行政法属于大陆法系。1949年之后,形成了具有浓厚的大陆法系特色的中国台湾地区行政法。

1949年中共中央发布了《关于废除国民党的"六法全书"与确立解放区司法原则的指示》之后,中国的法制尤其是清末民初西学东渐而来的近现代中国法制到此戛然而止。在延续革命根据地的法制和移植苏联社会主义法制的基础上,中国开始了一种全新的法制建设,行政法也是如此。为了行政管理的需要,除1967年到1978年外,国家也颁布了为数不少的行政管理法规范。[①] 这些行政管理法规范在内容上受到了中国古代法家思想和苏联"维辛斯基法学"的影响,成为无产阶级手中进行阶级斗争的工具。若在去掉政治化色彩之后,也可以表述为行政机关单向管理个人的强制性工具。1989年《行政诉讼法》的颁布,可以看作是行政法作为独立部门法形成的一个标志。之后,《国家赔偿法》《行政处罚法》《行政复议法》《行政许可法》《政府信息公开条例》《行政强制法》等法律、法规制定和实施,使得中国行政法逐渐发展起来。

由于行政法与一国政治体制、法律传统等因素关系十分密切,所以,在学理上一直没有一个如同民法、刑法一样可以跨区域、跨国界的概念。就中国而言,对行政法的概念可以作如下描述:

(一) 与行政权有关的"法"

行政法是规范行政权的法规范的总称。用于规范行政相对人行为的法规范,与行政机关是否合法行使行政权有关,它们也是行政法的组成部分。行政法的全部内容都是围绕着控制行政权,保护行政相对人权利这一核心而展开的,所以,行政机关行政权行使只要与公民有关就都需要行政法调整。另外,与行政权相关的其他行政法律关系也属于行政法调整的范围,如行政机关之间的关系等,在学理上有"内部行政法"之说。

行政法体系框架是以行政权以及与行政权相关的行为为中心而展开的,不属于行政权但由行政机关实施的公务行为以及有关公物的利用等法律关系,一直被保留在私法领域之中,如政府采购[②]、兴建公共设施、公共停车泊位的利用等。

如果一个国家还有不能在法庭上做被告的行政机关,那么这个国家的法治是有缺陷的;即使有所谓的"依法行政"之理念、原则,最终也可能沦为中国法律传统上法家式的"治法"。独立的司法审查对于行政法来说的确是至关重要的,甚至可以说是其他任何制度都无法替代的。从1982年《民事诉讼法》(试行)开始,我们在制度上把纠正行政违法的责任部分安排给了法院。所以,在这个意义上说,中国开始有了自己的"行政法"。

---

① 参见《行政法概要》编写组编:《行政法资料选编》,法律出版社1984年版,第3—204页。
② 《政府采购法》第43条规定:"政府采购合同适用合同法。采购人和供应商之间的权利和义务,应当按照平等、自愿的原则以合同方式约定。"

（二）与行政权有关的"公法"

行政法是公法，这是学理上公认的一个命题。一般来说，法规范所调整的法律关系主体之间为上下关系的是公法，对等关系的则是私法。如《治安管理处罚法》《道路交通安全法》《城乡规划法》《环境保护法》等中的法律关系主体之间为上下关系，是行政法的内容。但是，在社会保障法、教育法、税法等法域中，这种区分可能是不明显的。因为，在这些法域中，只要行政权发生作用都必须受到这些法规范限制，此时，我们可能并不需要先区分何为公法抑或私法再来考虑是否行使行政权。

依照大陆法系国家的法律（罗马法）传统，法可以分为公法与私法。关于划分的标准至今已形成了数十种学说，如主体说、利益说、目的说等。[①] 尽管公、私法之间的界分标准有多种学说不断问世，但它们从来都不会影响到"行政法是公法"这一命题的成立。实务中行政机关有时利用私法来实现行政目的，这种私法在形式上也是"有关行政权的法"，比如调整国有土地有偿出让合同的法规范。当然，这部分的法规范并不是行政法的主要内容，但它的确是行政法的完整性所不可缺少的。进而言之，凡行政案件由无专业要求的普通法院而不是由行政法院审理的国家中，强调公、私法的二元结构实益似乎并不彰显。

二、行政法的内外结构

将行政法置于国家法律体系之中，就需要考察它与宪法的关系；由于行政法所调整的领域十分广泛，所涉及的行政事务也十分繁杂，所以，它的内部结构也呈现出不同于民法、刑法的特征。关注这个问题，有助于加深对行政法概念的理解。

（一）与宪法的关系

行政法始于行政权要受法律约束之时。行政权之所以要受法律的约束，最为根本的原因是国家承认公民的基本权利是它行使权力的边界；没有宪法公开确认公民的基本权利，行政法也就无从生根。行政法上的许多制度归根结底是保障宪法的制度，尤其是对公民基本权利的保障。当然，行政法并非亦步亦趋于宪法，有时，即使宪法"死"了，行政法仍然能够坚强地"活"下去。故德国行政法鼻祖奥托·麦耶教授说："宪法消失，行政法长存。"[②]

宪法的成熟度基本上决定了行政法发展的深度与广度。然而，宪法具有原则性之特点，它对国家和社会发生作用的路径只能借助于从属于它的部门法，如行政法可以使宪法的原则规定发挥其应有的作用。因此，行政法历来被当作宪法具体化的技术法。中国宪法的实施状况不尽如人意，在相当程度上牵制着行政法的发展，使行政法发展过程中屡现"玻璃窗"效应。消解这一现象的制度性机制通常被寄希望于国家设立宪法法院，这也是他国行政法发展的经验之一。

（二）非法典化

在客观上，行政法不存在如同民法、刑法一样的统一法典，国外的状况也大致如此。行

[①] 参见蔡志方：《行政救济与行政法学》（2），台湾三民书局1993年版，第1—88页。
[②] 陈新民：《公法学札记》（增订新版），法律出版社2010年版，第1页。

政法非法典化是指国家不能制定一部如民法、刑法一样的"中华人民共和国行政法"。与民法、刑法的另一个不同是,行政法仅仅是一个法学理论上的概念,它并无制定法上的依据。所以,把行政法看作是由各种法律、法规和规章等法规范汇合而成的一个部门法,是比较接近于实际状况的。

(三) 行政法总论与分论

行政法包括行政法总论和以问题为导向的行政法分论(或称部门行政法)。行政法总论指导部门行政法的研究,而部门行政法则反过来可以修正、推进行政法总论的发展,它们之间形成了一个良性互动的关系。行政法总论为部门行政法解决具体问题提供了一个法学理论框架。行政法总论可以分为行政实体法、行政程序法和行政诉讼法。

依照行政法所涉的行政领域不同,可以划分出公安行政法、环境行政法、教育行政法、工商行政法、交通行政法、城建行政法等部门行政法。部门行政法是行政法中最活跃的部分,它们的发展经常会引起行政法总论中一般性原理的产生、消失和修正。而行政法总论的基本任务是塑造一个符合现代行政的理念,以及体现这个理念的体系性框架。现代行政法的理念是在行政权受到法约束的前提下,确保行政权有效率且有限制地行使,个人的主体性地位因此获得了确认,个人权利受到了法的无漏洞保护和实效性救济。通过这个体系性框架将这一现代行政法的理念转输到各个部门行政法之中,并借助于各个部门行政法的发展丰满行政法总论这一体系性框架的理论。

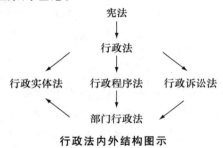

行政法内外结构图示

三、行政法的逻辑基点

20 世纪以来,行政权扩张已经成为世界范围内行政领域中一股无法遏制的发展趋势。在现代国家中,政府已经不能恪守原有"守夜人"的职责,它应当全面、积极地介入社会经济、政治与文化生活的各个领域,履行为个人提供"生存照顾"的行政职责。在这样的现代行政法理念支配下,行政权获得了空前的扩张,与公民权利零距离的接触面越来越大、点越来越密,行政权将公民"从摇篮到坟墓"的全过程基本纳入了自己的控制之下。在现代行政法任务中,"一个主要的问题仍是要遏制专制行为,而另一个问题则是要促使行政机关更诚实、迅速和更有效地行动;当行政法作为一个制动器时,那些维护公正的原则可以保留,但当要求行政机关为发动机而行动时,这些原则就远远不够了"[①]。所以,现代行政法必须同时关注"制动器"和"发动机"的问题,而不能仅仅是"制动器"——即传统行政法上消极控权的基本

---

① 〔法〕达维:《英国法与法国法:一种实质性比较》,潘华仿等译,清华大学出版社 2002 年版,第 117 页。

观念。因此,有效率的(发动机)但必须是有限制的(制动器)行政权是现代行政法必须关注的两个最为基本的观念,它们构成了行政法基本原则展开的逻辑基点。

(一) 有效率的行政权

在现代社会中,行政法必须确保行政权的效率性,即它能有效率地控制社会秩序,使社会得以正常地发展。对此,行政法必须授予行政机关足够的行政权,以满足其控制社会秩序的基本需要。在这里,对于行政权来说,行政法如同机车的"发动装置",它为行政权提供充足的动力。

行政法要服务于国家行政任务的实现,因而必须适应国家行政任务的转变,而国家行政任务的转变则反过来会对既有的行政法提出挑战,行政权有时会因为这种转变的需要而脱离法规范的约束,从而使行政权合法行使与国家行政任务实现之间产生紧张关系。这种内在的紧张关系有时会动摇法治原则,尤其是当国家处于社会转型时期,这种紧张关系更为引人注目。在社会转型过程中,国家一方面试图将部分行政权功能转移给社会,扶助或者扩大社会自治,以减轻国家行政的负担;另一方面因社会转型时期的各种行为规则的脆弱性使得国家要强化它的行政治理功能,将行政权的影响尽可能扩大到社会各个领域,达成有效率地控制社会秩序的行政任务。

(二) 有限制的行政权

在现代社会,行政法也必须强调行政权的有限制性,即对行政权必须加以控制,从而减少行政机关滥用行政权的可能性。控制行政权不能仅仅限于事后,更要重视事中、事先,如公众参与行政过程已经成为一种重要的控权机制。在这里,对于行政权来说,行政法如机车的"刹车装置",随时制止行政机关违法行使行政权。

控制行政权行使是传统行政法的基本使命。"无论在大陆法系还是在普通法系国度,贯穿于行政法的中心主题是完全相同的,这个主题就是对政府权力的法律控制。"①行政法是"控制行政权的法"这一命题,即使在今天也没有过时,它需要的是随着社会的发展而作出必要的修正而已——主要是增加确保行政权有效率地行使的内容。至此,"控制行政权"已不再是传统行政法上那种单一的事后司法审查,而是包括了事前、事中的行政程序内、外部控制行政权的多元控权机制。

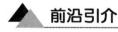

美国行政法发展的五种模式

我们要知道(行政法)未来的走向,必须先看清我们现在所处的位置。过去的这个世纪里,美国行政法成功地发展出了五种模式或者进路。(1)普通法模式。早期的行政法主要依赖公民对管制官员提出的普通法诉讼来作为对行政合法性的司法审查的手段。(2)传统的行政法模式。从19世纪开始,立法机关建立了铁路委员会和其他管制机关来处理工业化所带来的影响。侵权诉讼成为审查它们决定的较为棘手的方法。作为回应,法院和立法

---

① 〔印〕赛夫:《德国行政法》,周伟译,台湾五南图书出版有限公司1998年版,第104页。

机关发展出了我所称之为行政法的传统模式：行政机关在采取费率命令或者其他管制要求之前应当举行审判类型的裁决听证会。法院基于听证记录审查行政机关的事实结论，并决定它们所施加的这些要求是否符合法定的授权。（3）管制管理的新政模式。新政时期的国会设立了大量新的联邦管制机构，通过制定法授予它们广泛的权力。这一步骤强化了民主的焦虑，甚至到了危机的地步。行政机关被攻击为违宪的政府"第四分支"。虽然传统模式的运用可能确保行政机关在制定法权限内行事，这些权力的边界是如此广泛，以至于给予行政机关广泛的自由裁量权，并产生了可感觉到的民主赤字和专制权力的威胁。在1946年，国会制定了行政程序法。该法连同随后20年里的美国行政法，反映了行政法传统模式和对管制主义兰迪斯式的视角之间一种勉强的妥协。（4）利益代表模式。在20世纪60年代后期，作为对以下三个相互关联的发展的回应，行政法发生了一些根本性的变化：第一，拉尔夫·纳德尔（Ralph Nader）的批评被广为接受——管制机关未能保护公共的利益，被受管制产业俘获或者控制。第二，在环境、消费者、民权、劳工和其他领域内大量出现的寻求新法律的组织带来了公共利益的兴起。第三，新一波的环境、卫生、安全、民权和其他社会管制计划被国会采纳为"权利革命"的一部分。作为回应，行政机关常常根据国会的命令，从个案裁决转变到规章制定，并将其作为实施新的影响深远的管制计划的一种更为有限和外在的立法性程序。法院认定受管制的企业参与行政机关裁决程序以及获得司法审查的权利不应再像过去传统模式下那样受到限制，并且将这些权利扩展到新的公共利益支持团体。通过一种新的对行政机关裁量权的"严格审查"形式，法院要求行政机关对所参与的各种利益组织提交的事实性、分析性或者政策性报告作出处理和回应，运用由规章制定记录所支持的详细的理由来为他们的政策决定辩护。这种结果就是我所称的"利益代表模式"，它试图保证行政机关裁量权的公开和合理行使以回应，对所有相关利益团体的关注。（5）对管制的分析性管理。在利益代表模式达到其全盛时期的同时，里根总统在1981年发布了12291号行政命令，要求行政机关对拟议的新的主要规章和替代措施进行成本收益分析。这些分析行为以及行政机关对行政命令的遵守受管理和预算局评审，而非由法院来审查。这一行动反映了与纳德尔不同的看待政府失灵的观点，亦即众多基本上不受控制的、多头领导的联邦管制机构，受到狭窄视野的限制，受到"公共利益"支持者的推动，正在运用模糊的法规来推行更具侵犯性、僵化和成本高昂的管制要求，而不管它们对经济和美国国际竞争力带来的负担。这一措施没有完全解除管制，其对策就是对管制的决定行为进行规范，由总统执行机构通过成本效益分析行使的一体化的审查和监督来取消不合理的管制。这一体制，其目的在于对管制者进行管制，并没有通过正式的法律程序来运作，也不涉及司法审查的问题。这构成了一个行政式的行政法体系。（资料来源：〔美〕斯图尔特：《二十一世纪的行政法》，苏苗罕译，毕小青校，载《环球法律评论》2004年夏季号）

思考题：

1. 如何理解行政的概念？
2. 干预行政与给付行政的根本区别是什么？
3. 行政权的基本内容是什么？
4. 如何理解行政权"三分法"的内容与意义？

5. 如何理解行政法的概念？
6. 行政法的逻辑基点内容是什么？

拓展阅读：

1. 罗豪才等:《我国行政法的概念、调整对象和法源》,载《法学研究》1987 年第 4 期。
2. 姜明安:《行政的"疆域"与行政法的功能》,载《求是学刊》2002 年第 2 期。
3. 姜明安:《WTO 基本法律原则与中国行政法》,载《中国法学》2002 年第 1 期。
4. 石佑启:《论行政法与公共行政关系的演进》,载《中国法学》2003 年第 3 期。
5. 杨寅:《公私法汇合与行政法演进》,载《中国法学》2004 年第 2 期。
6. 罗豪才等:《平衡论:对现代行政法的一种本质思考——再谈现代行政法的理论基础》,载《中外法学》1996 年第 4 期。
7. 余凌云:《法院如何发展行政法》,载《中国社会科学》2008 年第 1 期。
8. 沈岿:《行政法理论基础回眸——一个整体观的变迁》,载《中国政法大学学报》2008 年第 6 期。
9. 刘飞:《试论民营化对中国行政法制之挑战——民营化浪潮下的行政法思考》,载《中国法学》2009 年第 2 期。
10. 杨解君:《当代中国行政法(学)的两大主题——兼答王锡锌、沈岿同志》,载《中国法学》1997 年第 5 期。
11. 翁岳生编:《行政法》(上),中国法制出版社 2002 年版,第 1 章。
12. 杨海坤、章志远:《中国行政法基本理论研究》,北京大学出版社 2004 年版,第 1、2 章。
13. 湛中乐:《现代行政过程论》,北京大学出版社 2005 年版,第 1、2 章。
14. 杨建顺:《行政规制与权利保障》,中国人民大学出版社 2007 年版,第 1、2 章。
15. 周佑勇:《行政裁量治理研究——一种功能主义的立场》,法律出版社 2008 年版。
16. 余凌云:《行政自由裁量权》(第 2 版),中国人民公安大学出版社 2009 年版。
17. 余凌云:《行政法讲义》,清华大学出版社 2010 年版,第 1、2 章。
18. 章剑生:《现代行政法基本理论》,法律出版社 2008 年版,第 1、2、3 章。
19. 〔新西〕塔格特:《行政法的范围》,金自宁译,中国人民大学出版社 2006 年版。
20. 〔日〕盐野宏:《行政法总论》,杨建顺译,北京大学出版社 2008 年版,第 1 编。

第二章

依法行政原理

> ✦ **学习目标**
>
> 通过本章的学习,学生可以掌握以下内容:
> 1. 依法行政原理的宪法基点
> 2. 依法行政原理的基本内容
> 3. 依法行政原理支配的行政法基本原则
>
> ✦ **关键概念**
>
> 依法行政　法治国家　基本人权　行政法基本原则

第一节　宪法中的依法行政原理

一、引言

宪法是国家的根本法,具有最高的法律效力,此为现代社会公民的常识。①《宪法》第3条第3款规定:"国家行政机关、审判机关、检察机关都由人民代表大会产生,对它负责,受它监督。"根据这一宪法规定,行政机关必须以人民代表大会通过的法律(决定)为行使行政权的依据,实现人民的意志,依法行政原理由此形成。

依法行政原理的核心是,行政权必须依法行使,否则它不具有合法性。基于依法行政原理而展开的行政法,在功能上是一个用于担保行政机关行使行政权合法性的框架性法律制度。无论如何,行政法总是控制行政权的法,尽管行政相对人的权利也要受到行政法的"控制",但这毕竟不是行政法的要旨。作为"动态宪法"的行政法,它的发展必须体现它所依赖的两个基本的宪法条款,即法治国家和基本人权。

在20世纪80年代初,国家提出了"有法可依,有法必依,执法必严,违法必究"的法制建设"十六字"方针。自1999年以来,国务院连续下发了《关于全面推进依法行政的决定》

---

① 《宪法》序言最后一段规定:宪法"具有最高的法律效力"。《立法法》第78条规定:"宪法具有最高的法律效力,一切法律、行政法规、地方性法规、自治条例和单行条例、规章都不得同宪法相抵触。"

(1999)、《全面推进依法行政实施纲要》(2004)、《关于加强市县政府依法行政的决定》(2008)和《关于加强法治政府建设的意见》(2010)等四个决定,旨在经过若干年的努力,逐步建成法治政府。①

 知识链接

"十六字"法制建设方针的提出

为了保障人民民主,必须加强社会主义法制,使民主制度化、法律化,使这种制度和法律具有稳定性、连续性和极大的权威,做到有法可依,有法必依,执法必严,违法必究。从现在起,应当把立法工作摆到全国人民代表大会及其常务委员会的重要议程上来。检察机关和司法机关要保持应有的独立性;要忠实于法律和制度,忠实于人民利益,忠实于事实真相;要保证人民在自己的法律面前人人平等,不允许任何人有超于法律之上的特权。(资料来源:《中共中央第十一届三中全会公报》)

二、法治国家

《宪法》第5条第1款规定:"中华人民共和国实行依法治国,建设社会主义法治国家。"1982年制定的《宪法》中并没有这一款的规定,它是1999年宪法修改的内容之一。法治国家不同于法制国家,后者的"法制"即法律制度,故凡有法律的国家都可以称之为"法制国家"。但是,法治国家的核心内容在于用法来限制国家权力,故法高于国家权力。

(一)规范解释

本条款中,依法治国为手段,法治国家为目标,此为本条款的内在逻辑关系,所以,无论是依法治国中的"国"还是法治国家中的"国家"都应当作同一解释,即国家权力。本条款内容具体可以解释如下:

1. 法产生国家权力

法治国家,即国家权力受法的统治。进而言之,所有国家权力产生于法,并受法的约束,受法的支配。所以,法绝不是国家手中的工具,用于对付不服从国家统治的个人;法也绝不是掌握国家权力的人的意志,而是全体人民的共同意志。唯有这样的共识,国家权力才能服从法的统治。当然,在法治国家中,相对于国家的个人或者组织也必须服从法,必须履行国家通过行使权力依法设定的义务,所以,《宪法》第51条规定:"中华人民共和国公民在行使自由和权利的时候,不得损害国家的、社会的、集体的利益和其他公民的合法的自由和权利。"但是,个人服从法并不是法治国家的核心问题。

---

① 自1978年十一届三中全会到1990年的13年间,在中共全会文件报告、全国人大常委会工作报告、全国政协会议工作报告、最高人民法院工作报告、最高人民检察院工作报告、国务院政府工作报告、地方政府工作报告中均未出现"依法行政"一词。最早正式提出"依法行政"一词的是1991年4月的最高人民法院工作报告,即"做好民事、行政审判和告诉申诉工作,保护公民、法人的合法权益,维护国家行政机关依法行政"。

作为国家权力之一的行政权,它同样是产生于法,所以,行政机关只有依法行政才能使得它的行政权具有合法性。为了监督行政机关依法行政,确保行政权的合法性,宪法在国家机关之间创设了一种分权机制,以避免所有国家权力被集中于一个国家机关行使。在这个分权机制之下,人民代表大会为行政机关提供行使权力的法依据,司法机关通过行政诉讼监督行政机关合法行使权力。

2. 产生国家权力的法是"善法"

"善法"是旨在保护个人自由发展的法。简言之,法治国家即"善法"之治的国家。不善之法主要有:其一,违反上位法之法。如行政法规设定限制人身自由的行政强制措施。[①] 其二,明显不合理之法。如因吸食、注射毒品曾被强制戒毒的人,将终身被禁止开办娱乐场所或者在娱乐场所内从业。[②]

"善法"产生的充分条件是民主立法程序。如果没有民主立法程序,那么国家制定的法中就有可能被加入助长国家权力"作恶"的条款。为了及时消除因民主立法程序挫折而产生的"不善之法",违宪审查(宪法诉讼)是法治国家一项不可阙如的制度。[③]

(二)法治国家与依法行政

1. 法治国家与行政权

基于人民代表大会制度下的"一府两院"体制,行政权的本质是人民有权要求行政机关履行的法定职责。行政权必须依法行使,否则法治国家就不能形成。进而言之,行政权必须受法律的约束,同时,它也受自己根据法律制定的行政法规、行政规章和行政规定的约束,地方行政权还同时要受到地方性法规的约束。在现代国家中,行政机关除了原有执行法律的权力外,还获得了一部分立法、司法的权力。因此,在法治国家中行政权是否依法行使,是一个直接关系到法治国家能否形成的根本问题。

2. 法治国家与行政法

凡法治国家中,必有一个以宪法为统率的,由民法、行政法、刑法和诉讼法为核心的法律体系。行政法体系是以依法行政原理为核心展开的,它旨在确保行政权的合法性,同时,也要求行政机关积极行使行政权,以回应社会需要。行政法源于行政需要受到法律约束之时,因此,它是法治国家理论与实践的产物。我国从20世纪80、90年代以来制定的《行政诉讼法》《国家赔偿法》《行政处罚法》《行政复议法》《行政强制法》和《政府信息公开条例》等法律、行政法规,更可以看作是法治国家理论与实践的产物。

---

① 1957年的《国务院关于劳动教养问题的决定》虽经全国人大常委会批准,但是它的法律地位仍然是行政法规,不是法律。把全国人大常委会批准的规范性文件"升格"为法律,没有宪法、法规依据。根据《立法法》第8条第5项的规定,自2000年7月1日起,国务院关于劳动教养的这一决定违反上位法的规定,应当废止。

② 《娱乐场所管理条例》第5条:"有下列情形之一的人员,不得开办娱乐场所或者在娱乐场所内从业:(1)曾犯有组织、强迫、引诱、容留、介绍卖淫罪,制作、贩卖、传播淫秽物品罪,走私、贩卖、运输、制造毒品罪,强奸罪,强制猥亵、侮辱妇女罪,赌博罪,洗钱罪,组织、领导、参加黑社会性质组织罪的;(2)曾经因犯罪被剥夺政治权利的;(3)因吸食、注射毒品曾被强制戒毒的;(4)因卖淫、嫖娼曾被处以行政拘留的。"

③ 《宪法》第67条第1项规定,全国人大常委会行使"解释宪法,监督宪法的实施"的职权。根据这一规定,全国人大常委会是违宪审查机关。

知识链接

法治是什么

国际法学家委员会(International Commission of Jurists)曾在1955年于希腊雅典,1959年于印度新德里先后召开规模较大的国际会议,专门讨论"法治"问题,并分别发表各自的宣言。

雅典会议的宣言是:(1)国家遵守法律。(2)政府应尊重个人在法治下的权利并为其实现提供有效的手段。(3)法官应受法治指引,无所畏惧地并无所偏袒地保护和执行法治,并抗拒政府或政党对法官独立的任何侵犯。(4)全球律师应保持他们专业的独立性,肯定个人在法治下的权利并坚持每一个被控告者应受公正的审理。

新德里会议的宣言是:兹庄严地重申国际法学家大会于1955年6月所通过的雅典宣言中所表达的原则,特别是独立的司法和法律专业对维护法治与适当执法的重要性;承认法治是一个主要由法律家负责发展和实施的动态概念,它不仅要由自由社会中个人民事和政治权利的维护和促进来实行,而且要建立个人的合法期望和尊严得以实现的社会、经济、教育和文化条件。号召各国法律家在各自社会中实现大会结论中所表达的各种原则。在这一会议的"结论"中分列了立法、行政、刑事诉讼程序以及司法和法律专业四个方面与法治的一些一般原则。

从以上两个宣言中,我们大体上可看出,它们所讲的法治的含义主要是:(1)法治来自个人的权利和自由,包括言论、出版、宗教、集会、结社的自由以及自由参加选举从而使法律由当选人民代表所制定并对所有人平等保护。(2)国家与政府要守法,保护个人在法治下的权利。(3)维护法治主要应依靠法官独立,法律专业(即律师)的独立。(资料来源:沈宗灵:《依法治国、建设社会主义法治国家》,载《中国法学》1999年第1期)

三、基本人权

《宪法》第33条第3款规定:"国家尊重和保障人权。"1982年制定《宪法》时也没有这一款的规定,它是2004年宪法修改的内容之一。2012年《国家人权行动计划》(2012—2015)宣称:"继续把保障人民的生存权、发展权放在首位,着力保障和改善民生,着力解决人民群众最关心、最直接、最现实的权利和利益问题,切实保障公民的经济、政治、社会和文化权利,促进社会更加公正、和谐,努力使每一个社会成员生活得更有尊严、更加幸福。"[1]它的发布可以看作是国家为落实"人权条款"而制定的具体行动方案。

(一)规范解释

人权,即人作为人而应当享有的权利。相对于法治国家限制权力而言,"国家尊重和保障人权"的核心内容在于保护个人权利,它具有限制国家权力的功能。它的具体内容可以分

---

[1] 国务院新闻办公室:《国家人权行动计划》(2012—2015),2012年6月。

解为：

1. 尊重人权

尊重人权,本质上是尊重个人在与国家关系上的主体地位,而不是把个人当作国家行使权力的工具,为国家权力所驱使。在基本人权入宪之后,"尊重"要求国家权力必须保持一种消极的姿态,如对作为人权核心的生命、自由和财产等权利,国家尤其应如同"守夜人"一样履行好看护职责,非经法律程序不可剥夺个人上述权利。尊重人权,国家应当遵循干预不得过度的原则。由此,在尊重人权面前,行政权若要作为(干预)必须具有法的依据。

2. 保障人权

保障人权,本质上是个人可以借助于国家权力为其体面的、有尊严的生存和发展获得一切所需要的物质、制度保障等条件。"保障"要求国家在人权面前必须有积极的作为,即利用既有的物质、制度保障等条件,助成个人实现人权。保障人权,应当遵循保护充分原则,由此,在保障人权面前,行政权若不作为(给付)必须具有法的依据。

（二）基本人权与依法行政

1. 基本人权与行政权

现代社会中,行政权既是基本人权的侵害者,也是基本人权的保障者。首先,在行政处罚、行政强制和行政征收等干预行政中,行政权以限制、剥夺个人人身、财产权为其基本内容,所以,它特别容易伤及个人的权利。其次,没有行政权,个人的权利也就失去了一种强有力的国家权力保障;有时,行政权是一种最为有效的、直接的权利保护手段。因此,在基本人权实现过程中,行政权是一把双刃剑,只有把行政权的终极目的定位于基本人权的实现,才能将行政权对基本人权实现的不利影响减小到最低限度。

2. 基本人权与行政法

行政法是控权法,但控权仅仅是它的手段,所以,在与宪法的关系上,行政法可以被当作基本人权的保护法、实现法来看待,如在《行政诉讼法》《行政处罚法》《行政许可法》和《国家赔偿法》等立法目的表述中,这一关系是十分明确的。行政法一方面为行政权划定了它的合法范围,旨在防止行政权侵害基本人权;另一方面通过各种制度与程序驱使行政机关积极地行使行政权,以满足个人实现基本人权的需要,如行政程序的参与机制、行政救济机制等。所以,一个发达的行政法体系是基本人权实现的基本前提。

 知识链接

基本人权概念在中国的演变

由于1957年后出现的社会政治环境的变化,20世纪50年代形成的基本权利概念与体系受到政治意识形态的深刻影响,失去了进一步发展的社会基础与环境。在长达二十多年的中国社会发展中,基本权利只作为宪法文本上的概念而存在,并没有转化为现实的利益关系。直至20世纪80年代后,伴随着宪法学的恢复与发展,作为学术概念的基本权利重新回到中国宪法学者的学术视野之中。20世纪80年代初,宪法学著作中有关基本权利概念的论述与研究是比较少的。如1983年吴家麟教授主编的《宪法学》将公民的基本权利和义务设为一编,但其内容只占全书篇幅的12%。当时,学术界普遍的看法是,宪法是国家的"总纲领、总章程",强调其在经济发展、社会进步中的工具性价值,宪法学界关注了宪法总论、国家制度等方面的内容,而忽略了其在人权保障方面的终极性价值。基本权利概念的系统化研究开始于20世纪90年代,其学术起点是基本权利概念与特别行政区居民基本权利的分析,而体系化的研究则始于2000年以后。2000年后基本权利研究呈现了专题化、理论化与体系化的趋势。随着对国外宪法学理论的大量借鉴与吸收,美国、德国、日本等国家的基本权利理论与相关的判例通过翻译等形式影响了我国宪法学界。

2001年最高人民法院作出"齐玉苓"一案的司法解释后,围绕基本权利概念与效力、宪法与私法、教育权的宪法救济、宪法与司法关系等问题引发了学术争议。但值得我们反思的问题是,当宪政、宪法、自由、权利等词汇成为大众话语的时候,我们似乎只是描述其语言本身的意义,很少从语言背后的价值去体验或感悟其内涵。比如,基本权利概念方面,我们介绍了大量的国外理论,但对学术概念的历史背景、与特定宪法体制之间的关系等问题缺乏必要的学术分析,习惯于用特定国家的学术术语描述与分析中国的基本权利现实。如我们强调了基本权利概念的"对抗性"价值,而忽略了宪法文化的差异性,也就是"对抗性"背后的"协调性"元素,没有客观地分析西方国家基本权利文化与传统,把"防御性"功能绝对化。

2004年人权概念入宪后,人权与基本权利的关系以及概念的定位作为新的学术命题纳入到宪法学的视野之中,于是,长期沉寂在文本的基本权利走向实践形态,给宪法学界带来了新的学术课题。人权概念的入宪使得我国宪法中原有的基本权利体系具有了极大的开放性,大大拓展了基本权利体系的主体范围和内容。这种开放性主要体现在:第一,人权概念入宪拓宽了我国宪法中的基本权利的主体范围。我国《宪法》第二章"公民的基本权利和义务",基本权利的主体是公民。在人权概念入宪后,宪法中的人权的主体就变成了"人",不仅仅是公民,也包括外国人和无国籍人等。这样一来,基本权利的主体范围也随之扩大。第二,人权概念的入宪拓宽了我国宪法中的基本权利内容。我国《宪法》以明示的方法列举了公民行使的27项基本权利。那么,是否公民的基本权利仅仅限于《宪法》所列举的这27项,学术界仍存有争论。从人权的价值性以及基本权利体系的开放性上看,对此应该作扩大解释,将没有写入宪法典但对人的尊严与价值又密不可分的那部分权利——如生命权、罢工权、迁徙自由、诉权等——从人权条款中解释出来。因此,从基本权利体系演进到人权体系,既反映了国家与执政党人权观和宪法观的深刻变化,同时也推动了中国宪法学的发展。
(资料来源:韩大元:《基本权利概念在中国的起源与演变》,载《中国法学》2009年第6期)

第二节 依法行政原理的基本内容

一、引言

《宪法》确立的人民代表大会制度是国家的根本政治制度。根据《宪法》的规定,人民代表大会是人民行使权力的国家机关,由人民代表大会产生的"一府两院"构成了国家的一个框架性基本制度。为了使行政能够体现民主原则,行政机关必须依照全国人大通过的法律行使权力,此即依法行政原理。

依法行政原理旨在要求行政机关行使行政权时受立法机关制定的法律约束,并接受法院、检察院对行政权的合法性监督,实现保障人权的目的。这是从这个宪法框架性基本制度中可以导出的一个必然的逻辑结论。依法行政原理确立了行政受法律支配的基本规则,并确保法的安定性以及行政目的的实现。就其重要性而言,行政法中的"依法行政"相当于民法中的"意思自治"和刑法中的"罪刑法定"。

 知识链接

依法行政的基本要求

(1)合法行政。行政机关实施行政管理,应当依照法律、法规、规章的规定进行;没有法律、法规、规章的规定,行政机关不得作出影响公民、法人和其他组织合法权益或者增加公民、法人和其他组织义务的决定。(2)合理行政。行政机关实施行政管理,应当遵循公平、公正的原则。要平等对待行政管理相对人,不偏私、不歧视。行使自由裁量权应当符合法律目的,排除不相关因素的干扰;所采取的措施和手段应当必要、适当;行政机关实施行政管理可以采用多种方式实现行政目的的,应当避免采用损害当事人权益的方式。(3)程序正当。行政机关实施行政管理,除涉及国家秘密和依法受到保护的商业秘密、个人隐私的外,应当公开,注意听取公民、法人和其他组织的意见;要严格遵循法定程序,依法保障行政管理相对人、利害关系人的知情权、参与权和救济权。行政机关工作人员履行职责,与行政管理相对人存在利害关系时,应当回避。(4)高效便民。行政机关实施行政管理,应当遵守法定时限,积极履行法定职责,提高办事效率,提供优质服务,方便公民、法人和其他组织。(5)诚实守信。行政机关公布的信息应当全面、准确、真实。非因法定事由并经法定程序,行政机关不得撤销、变更已经生效的行政决定;因国家利益、公共利益或者其他法定事由需要撤回或者变更行政决定的,应当依照法定权限和程序进行,并对行政管理相对人因此而受到的财产损失依法予以补偿。(6)权责统一。行政机关依法履行经济、社会和文化事务管理职责,要由法律、法规赋予其相应的执法手段。行政机关违法或者不当行使职权,应当依法承担法律责任,实现权力和责任的统一。依法做到执法有保障、有权必有责、用权受监督、违法受追究、侵权须赔偿。(资料来源:国务院《全面推进依法行政实施纲要》)

二、行政必须有法律的依据

(一)法律高于行政

行政机关由制定法律的人民代表大会产生,法律高于行政的规则由此确立。在此规则之下,行政必须无条件服从法律,执行法律。法律高于行政具有如下内容:

1. 行政受法律的拘束,不得违反法律

《宪法》第85条规定:"中华人民共和国国务院,即中央人民政府,是最高国家权力机关的执行机关,是最高国家行政机关。"第105条规定:"地方各级人民政府是地方各级国家权力机关的执行机关,是地方各级国家行政机关。"由此可知,最高国家权力机关制定的法律,应当拘束国务院及地方各级人民政府的行政。

2. 在尚未制定法律的行政领域中,由行政机关或者地方人大依法提供行政的法依据

即使是最精致、严密的法律,也不可能覆盖所有行政领域。但是,在依法行政原理之下行政不可以无法而行。可分为三种情形:(1)凡专属法律规定的事项且尚未制定法律的行政领域,行政机关或者地方人大不得为行政制定法依据。在此种情形下,鉴于《宪法》"具有最高的法律效力"①,它应当可以直接拘束行政,成为行政的法依据。(2)凡不专属法律规定事项尚未制定法律的行政领域,行政必须受行政法规、行政规章和行政规定拘束;地方行政还必须受地方人大及其常委会制定的地方性法规、自治条例和单行条例的拘束。(3)尚未制定法律的行政领域,如行政机关或者地方人大也尚未提供行政的法依据的,行政除应当受《宪法》规范拘束之外,还应当受法的一般原则等不成文法的拘束。

(二)法律产生行政

法律产生行政是基于行政机关产生于人大,并为人大的执行机关的宪法规定而确立的规则。法律产生行政具有如下内容:

1. 法律产生行政的方式

法律产生行政的方式有:(1)直接产生。即由法律或者地方性法规直接规定行政的法依据。(2)间接产生。即由人大及其常委会依法授权行政机关自己创制行政的法依据。间接产生行政的法律授权之所以具有合法性,是因为面对行政的法需求,人大及其常委会制定的法律或者地方性法规已经"供不应求"了,且行政的一些专业性、技术性法依据由行政机关在法律授权范围内制定更为妥当。

2. 给付行政也由法律产生

法律产生行政原本旨在防止行政侵害个人的合法权益,但给付行政对个人具有授益性,是否也必须由法律产生,在行政法学理上一直语焉不详。有时,行政机关对依靠"失业救济金"生活的个人拒绝给付,可能直接影响到个人及其家庭的生存权,又由于给付行政中个人的受益源于公共财政的支出或者公共财政的第二次分配,所以,为保障个人基本生存权,限制行政机关滥用公共财政的分配权,确立给付行政也应由法律产生的规则十分必要。

知识链接

德国法上的法律优先和法律保留

法律优先原则是指行政应当受现行法律的约束,不得采取任何违反法律的措施。法律优先原则无限制和无条件适用于一切行政领域,源自有效法律的约束力,由《基本法》第20条第3款规定予以确认。该款规定:"立法权受宪法的限制,执行权和司法权受法律和权利的限制。"根据保留原则,行政机关只有在获得法律授权的情况下才能实施相应的行为。该原则的要求比优先原则严格。优先原则只是(消极地)禁止违反现行法律,而保留原则是(积极地)要求行政活动具有法律依据。在法律出现缺位时,优先原则并不禁止行政活动,而

---

① 参见《宪法》序言第13段。

保留原则排除任何行政活动。(资料来源:[德]毛雷尔:《行政法学总论》,高家伟译,法律出版社 2000 年版,第 103—104 页)

三、行政必须有行政相对人参与

(一)为行政机关提供反思行政行为合法性的机会

在现代行政法理念之下,依法行政也可以表述为"依程序行政"。在依程序行政的原则之下,行政法律关系中行政相对人获得了与行政机关一样的主体性,有权参与行政过程。但这种"参与"并非是基于行政相对人与行政机关之间的利益对立,而是双方的一种"合作"需要。依法行政不仅仅要求行政行为结果的合法性,还包括行政过程的合法性。

行政相对人参与行政程序,可以让行政相对人越过自己选出的人民代表直接介入行政过程,向行政机关当面表达自己的意见、建议与要求。在这个过程中,行政相对人的权利成为约束行政权合法、正当行使的一种外在规范力量,并随时可以在法定范围内对行政权的行使是否合法、正当提出异议。① 这种异议的法律价值在于,它为行政机关依法行使职权提供了一个反思的机会。行政机关如能够理性地对待,则能够发现行政行为中不合法的情况并及时加以纠正,避免行政违法。

(二)提高行政相对人对行政行为的可接受性程度

行政行为可接受性的基本前提是行政行为的合法性。然而,在现代行政权基本上都是裁量权的情形下,行政行为仅仅在形式上符合法的规定显然是不够的。事实证明,行政行为是以"力"服人还是以"理"服人,直接决定了行政行为的实际效果。行政行为的合法性仅仅解决了以"力"服人的问题,行政相对人如有不服的,那么行政机关可以强制其服从,但这不能解决行政行为以"理"服人的问题。这个问题能否解决取决于行政行为是否有"理",尤其是对行政相对人不利的行政行为,只有合"理"的行政行为才能让行政相对人心服口服地接受,从而使行政行为的实际效果最大化。

行政机关作出有"理"的行政行为的前提是,行政必须有行政相对人参与,才能为行政相对人提供一个可以事先说理的过程,让行政相对人在这个过程中有秩序地发"怒"。这个说理过程只有行政程序才能提供,也只有行政程序才能保障行政相对人参与行政过程。

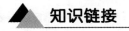

依法行政的基本要求

行政机关要"严格遵守法定权限和程序,完善公众参与政府立法的制度和机制,保证人

---

① 如《行政法规制定程序条例》第 12 条规定:"起草行政法规,应当深入调查研究,总结实践经验,广泛听取有关机关、组织和公民的意见。听取意见可以采取召开座谈会、论证会、听证会等多种形式。"又如,《行政处罚法》第 42 条规定:"行政机关作出责令停产停业、吊销许可证或者执照、较大数额罚款等行政处罚决定之前,应当告知当事人有要求举行听证的权利;当事人要求听证的,行政机关应当组织听证。"

民群众的意见得到充分表达、合理诉求和合法利益得到充分体现。除依法需要保密的外,行政法规和规章草案要向社会公开征求意见,并以适当方式反馈意见采纳情况。建立健全专家咨询论证制度,充分发挥专家学者在政府立法中的作用"。"制定对公民、法人或者其他组织的权利义务产生直接影响的规范性文件,要公开征求意见,由法制机构进行合法性审查,并经政府常务会议或者部门领导班子会议集体讨论决定;未经公开征求意见、合法性审查、集体讨论的,不得发布施行。""要把公众参与、专家论证、风险评估、合法性审查和集体讨论决定作为重大决策的必经程序。作出重大决策前,要广泛听取、充分吸收各方面意见,意见采纳情况及其理由要以适当形式反馈或者公布。完善重大决策听证制度,扩大听证范围,规范听证程序,听证参加人要有广泛的代表性,听证意见要作为决策的重要参考。"(资料来源:国务院《关于加强法治政府建设的意见》)

四、行政必须接受司法监督

（一）基本前提

在《宪法》确立的框架性基本制度中,司法是一种独立于行政之外的国家权力。在法治国家中,没有司法监督行政,依法行政原理是残缺不全的。行政接受司法监督需要确立两个基本前提:

（1）行政对法律争议没有最终决定权。即行政在法律授权范围内对法律争议作出的决定,不具有最终效力。行政相对人不服此决定的,有权请求法院进行司法审查。《行政诉讼法》把"法律规定由行政机关最终裁决的具体行政行为"划出行政诉讼受案范围,也与我国在加入WTO的议定书中已经作出的公开承诺不合。[①] 又如《行政复议法》第30条第2款规定:"根据国务院或者省、自治区、直辖市人民政府对行政区划的勘定、调整或者征用土地的决定,省、自治区、直辖市人民政府确认土地、矿藏、水流、森林、山岭、草原、荒地、滩涂、海域等自然资源的所有权或者使用权的行政复议决定为最终裁决。"[②]基于依法行政原理,上述有关行政对法律争议最终决定的法律规定应当废止。

（2）行政服从司法作出的最终裁判。一切组织和个人都必须服从司法作出的最终裁判是法治国家的基本要义。因现在某些法律制度安排不当,行政机关掌握着法院的人财物等资源,从而具有使法院"臣服"的实力,因此,行政机关遵守这一规则的法治意义尤为重大。如果行政机关对法院作出的最终裁判有异议,必须在服从司法的前提下遵循法定程序通过申诉来表达,不得在诉讼过程外向法院施加压力,谋求有利于自己的裁判。行政机关在行使行政权时,也不得作出与法院最终裁判相悖的行政决定,损害法的安定性。如果行政机关藐视法院的最终裁判,必将直接动摇法治国家的根基,基本人权更无着落。

[①] 《中国加入WTO议定书》第2条(D)之1规定:"中国应设立或指定并维持审查庭、联络点和程序,以便迅速审查所有与《1994年关税与贸易总协定》（'GATT1994'）第10条第1款、GATS第6条和《TRIPS协定》相关规定所指的法律、法规、普遍适用的司法决定和行政决定的实施有关的所有行政行为。"

[②] 又如《行政复议法》第14条规定:"对国务院部门或者省、自治区、直辖市人民政府的具体行政行为不服的,向作出该具体行政行为的国务院部门或者省、自治区、直辖市人民政府申请行政复议。对行政复议决定不服的,可以向人民法院提起行政诉讼;也可以向国务院申请裁决,国务院依照本法的规定作出最终裁决。"

（二）基本保障

要实现行政接受司法监督,宪法规定的框架性基本制度必须提供一个独立的、能动的司法体制。依法行政原理预设了若行政不依法,必须接受事后的司法监督的规则。司法不能受制于行政,否则司法监督将形同虚设。在以行政为中心的现代国家中,司法也不能完全囿于传统上的被动、消极,《宪法》规定了司法独立,但未见有司法能动的规范。

（1）司法独立。在法治国家中,法院不是政府的法院,是政府旁边的法院。为此,即使并非以分权理论为立宪基础的中国《宪法》,其第 126 条也规定:"人民法院依照法律规定独立行使审判权,不受行政机关、社会团体和个人的干涉。"司法权不是决策权、管理权,而是判断权。司法独立旨在实现司法的意志不受其他权力的支配,保证司法机关能够在法律体系的框架内对法律争议作出独立的判断。司法独立是从体制上抵制外部其他权力干预法院的独立判断的理由,也是保护法官不被外部其他权力随意调出法院,为法官提供一种职位保障的制度性基石。司法独立为当事人预测法院的裁判结果提供了可能性,是当事人接受不利裁判的基础,有助于将裁判对社会的不利影响降至最低限度。

（2）司法能动。在司法能动之下,"依法审判"并非要求司法亦步亦趋人民代表大会制定的法律,更不是无条件地服从行政机关制定的法。在疑难案件审理中,它要求司法"造法",为司法权的行使提供法的依据。在行政法上,司法能动是为行政相对人提供实效性法律救济的重要保障,在中国司法中并非没有这样的实践。① 尽管如此,我们仍然需要留意司法能动中"反民主"的过度张扬。司法能动如果没有明确的底线,它就有可能代行立法职能而日益恣意、专横,所以,在司法能动过程中,司法的自我克制仍然是不可或缺的,无论如何法官的一只脚必须留在法律框架之内。对于尚无自我克制的司法传统的中国法院来说,最困难的莫过于在司法能动过程中何时、何地让司法自我克制出场。

第三节　依法行政原理支配的基本原则

一、引言

基于国家权力源于人民授予的命题,行政权必须是有限制的,现代行政法的基本使命仍然是控制行政权,否则法治国家、基本人权如同沙滩上的楼阁。但是,行政权又必须是有效率的,它才能回应复杂多变的现代社会的需求;现代行政法需要发展出一系列的制度来满足这一需要。因此,有效率的但必须是有限制的行政权是现代行政法的理论基础②,它成为构建现代行政法基本原则的逻辑起点。基于现代行政法内容的不同功能,它可以分为行政实体法、行政程序法和行政诉讼法,这是推导现代行政法基本原则的逻辑结构。

现代行政法中的行政实体法、行政程序法和行政诉讼法之间具有相对独立性。这种独

---

① 如 2001 年最高人民法院发布的《关于公安机关不履行法定行政职责是否承担行政赔偿责任问题的批复》(法释[2001]23 号)是具有"造法"性质的司法解释,也是司法能动表现的例证之一。

② 关于现代行政法与"平衡论"的问题,进一步阅读罗豪才等:《平衡论:对现代行政法的一种本质思考——再谈现代行政法的理论基础》,载《中外法学》1996 年第 4 期;罗豪才等:《行政法"平衡"及"平衡论"范畴》,载《中国法学》1996 年第 4 期。

立性使得现代行政法的任何一项基本原则都不能贯穿于整个行政法所规范的行政行为的全过程,但是,它们之间也具有互相关联性;只有基于这种独立性、关联性所确立的现代行政法基本原则,才具有科学性、适用性。因此,以现代行政权"有效率的但必须是有限制的"为逻辑起点,在行政法内部结构中的每一个相对独立的部分分别设立现代行政法基本原则,从而形成一个具有内在联系的、开放性的现代行政法基本原则体系,才能适应现代社会政治、经济和文化发展所带来的变化。

二、行政实体法基本原则

（一）行政效力推定原则

行政效力推定是指行政机关作出的行政决定,只要不存在重大且明显的违法情形,就应当推定其为有效,所有的人都必须给予尊重,行政相对人必须履行行政决定所设定的义务。这一基本原则有如下内容:（1）法律应当根据客观需要给予行政机关充分授权,以满足行政机关依法行政的需要,如依法授予海关警察权[①],授予环境保护局对排污单位停止、限制供水、供电的决定权等。[②]（2）行政决定效力推定具有相对性,即确保行政机关能够将社会秩序的失范状态控制在社会可以容忍的限度内,因此"过分"追求秩序划一的行政决定将作为该基本原则的例外情形而存在,如行政决定无效。[③]（3）对已经依法送达的行政决定,在法定期限届满后行政相对人仍没有提起行政救济的,则该行政决定的法效力由此确定。但是,行政机关可以通过法定程序并依据法定事由变更、消灭法效力已确定的行政决定,这是奠定信赖利益保护和诚实信用作为现代行政法具体原则的法理基础。[④]

（二）行政职权法定原则

行政职权法定原则是指行政机关行使的行政权必须依法授予,任何法外的行政都不具有合法性。这一基本原则包含如下内容:（1）"法定"之中的法既包括人民代表大会制定的法律、地方性法规,也包括行政机关在法律授权下所制定的行政法规、行政规章。宪法的某些规范虽然也具有授权功能,但将它看作是国家机关之间的权力划分规范可能更为妥当;而行政规定仅仅是"法定"的具体化,虽然可以成为行政机关行使行政权的依据之一,但它不能创设行政权。[⑤]（2）法定行政职权之外的事务由个人之间通过自治的方式解决,行政机关可

[①] 《海关法》第4条第1款规定:"国家在海关总署设立专门侦查走私犯罪的公安机构,配备专职缉私警察,负责对其管辖的走私犯罪案件的侦查、拘留、执行逮捕、预审。"

[②] 《浙江省水污染防治条例》第51条规定:"排污单位拒不履行县级以上人民政府或者环境保护主管部门作出的责令停产、停业、关闭或者停产整顿决定,继续违法生产的,县级以上人民政府可以作出停止或者限制向排污单位供水、供电的决定。"

[③] 《湖南省行政程序规定》第161条规定:"具有下列情形之一的,行政执法行为无效：（1）不具有法定行政执法主体资格的；（2）没有法定依据的；（3）法律、法规、规章规定的其他无效情形。"

[④] 《行政许可法》第8条第2款规定:"行政许可所依据的法律、法规、规章修改或者废止,或者准予行政许可所依据的客观情况发生重大变化的,为了公共利益的需要,行政机关可以依法变更或者撤回已经生效的行政许可。由此给公民、法人或者其他组织造成财产损失的,行政机关应当依法给予补偿。"

[⑤] 《土地登记办法》第77条规定:"土地权利证书灭失、遗失的,土地权利人应当在指定媒体上刊登灭失、遗失声明后,方可申请补发。补发的土地权利证书应当注明'补发'字样。"如果申请人申请补发证书不符合条件,是否可以从此法规范中推出或者反向解释出行政机关有作出"不予补证"决定的职权,由此引发权力是否可以推定的问题。

以站在权利和自由的边界上站岗放哨,没有法定依据,行政权就不得擅自踏进个人的权利和自由的自治领地。(3)虽然给付行政中的有利行政行为使个人获得了利益,但这种行政行为实质上是行政机关支付公共财政的行为,因此,它同样应当受到行政职权法定原则的约束。

三、行政程序法基本原则

（一）行政裁量合理原则

行政裁量合理原则是指行政机关在法的授权范围内,将一般性原则或者条款适用于个案所作的一种最适当的法效果选择。这一基本原则包含如下内容:(1)行政裁量本质上是法为行政权保留了一个"自我决定"的空间。这意味着行政机关在法定条件下可以根据自己的判断作出其认为最为妥当的行政行为,从而提高行政权的效率。过去,人们在强调通过行政程序控制行政裁量时,往往忽视了行政程序的另一个功能,即有效保障行政裁量权的行使,如行政程序中的时效制度、简易程序和行政文书送达方式等等。现代行政法已经充分注意到了这一点,并把它们塑成了具体的行政程序法上的各项制度。(2)行政裁量是在行政程序规范下的一个行为过程,但"规范"并不能简单地等同于"束缚"、"限制"行政裁量权,积极地促进行政裁量权有效率地行使同样是"规范"这枚硬币的另一面。当然,我们不否认行政裁量合理原则也具有限制行政权的功能,居于其下位的若干具体原则如比例原则、禁止不当联结原则、禁止恣意原则等也都具有限制行政裁量权的功能。(3)行政裁量合理原则要求行政机关必须给行政相对人出示可理解的裁量理由,即行政行为所依据的事实、法律和裁量时所考虑的各种因素。说明理由不仅仅表明行政行为的合法性,更为重要的是为行政相对人接受对其不利的行政行为提供一种认同基础,从而减少事后行政复议与行政诉讼的可能性,提高行政效率。

（二）行政程序正当原则

行政程序正当原则是指通过设置正当行政程序规范行政权,为行政相对人提供最低限度的程序正义,促使行政机关在实现行政目的时采取更善的手段,从而提高行政行为为行政相对人可接受的程度。这一基本原则包含如下内容:(1)公平。即行政机关作出任何不利于行政相对人的行政行为之前,必须充分听取其意见。对行政相对人产生重大不利影响的行政行为应当采用较为正式的听证方式,对其他行政行为则可以采用相对灵活的方式,给行政相对人一个表达意见的机会就满足了这一原则的要求。(2)公正。即行政机关与所处理的案件有利害关系的,应当回避。"自己做自己案件的法官"无论做得多么公正,在形式上就不可能为当事人所接受。虽然诉讼程序有别于行政程序,但是这一规则在行政程序中仍然适用。(3)公开。即行政机关在行政程序中应当依法公开所有的政府信息。公开政府信息可以提升行政过程的透明度,有利于社会对行政权的监督,也有利于行政相对人在行政过程中维护自己的合法权益。

四、行政诉讼法基本原则

（一）司法审查有限原则

司法审查有限原则是指司法权在监督行政权时,其介入行政权领域的深度和广度必须保持一个限度,旨在保证行政权的行使有足以控制社会秩序的基本效率。这一基本原则包含如下内容:(1)受案范围有限。立法无论是采用列举还是概括的方式确定行政诉讼的受案范围,都不可能将所有的行政行为纳入司法审查。行政诉讼受案范围对法院来说意味着司法审查权的外围边界,对于行政机关来说则是它接受司法审查的法定义务范围,对于原告来说是他进行行政诉讼的诉权范围。(2)原告的限定。行政诉讼原告是发起行政诉讼程序的唯一力量;没有原告就不可能有行政诉讼,司法审查也就失去了基础。如果为了更严格地控制行政权,那么对原告不作任何限定是最佳方案;即使与自身的合法权益无关的行政行为,任何人只要愿意都可以诉诸法院请求司法审查,但这样可能会彻底地瓦解行政机关有效控制社会秩序的能力。因此,虽然有的国家或者地区的行政诉讼法规定了公益诉讼等客观诉讼,但对原告也并不是没有任何限制的。(3)审查范围有限。在一些行政案件中,法院只能就被诉行政行为的部分内容进行合法性审查。如在对学位授予行政争议案件中,学位论文本身是否达到授予学位的学术水平,不属于法院审查范围,但法院可以审查授予学位的程序是否合法。(4)判决功能有限。司法判决的基本功能在于,它应当能够彻底解决所针对的法律争议,否则司法判决就失去了其所存在的法律价值。然而,在行政诉讼中,司法判决的一个最大特点在于其不彻底性,它表现在法院原则上不能直接代替行政机关通过司法判决作出行政行为。这种司法判决的不彻底性正是司法审查有限原则的具体体现,但它并不损害行政诉讼司法判决的权威性。

(二)司法审查必要原则

司法审查必要原则是指应当有一个异质性的司法机关对行政权进行事后的控权,以确保行政权的行使符合依法行政原理。这一基本原则包含如下内容:(1)司法审查客体不仅是行政机关作出的行政决定,也包括行政机关作出的事实行为等其他行政行为。这是现代行政法上拓展司法审查范围的重要内容之一。以行政决定为中心的传统行政法,其司法审查势必局限于行政决定。但是,随着与行政职权有关的事实行为、行政合同行为等纳入现代行政法体系之中,这类行政行为也理所当然要纳入司法审查的范围。(2)由法院通过司法审查来确定行政机关行使行政权是否合法,在法院具有公正社会形象的前提下,可以提升行政相对人接受行政权对其产生的不利影响之程度。同时,也可以将行政相对人因为受到行政权不利影响的不满情绪,化解在司法审查过程中,从而达到稳定社会秩序的作用。(3)以撤销主义为中心的司法判决种类,已不适应现代行政法中司法审查的需要。为了满足司法审查必要原则,现代行政法需要发展出多元的司法判决种类。如在政府信息公开诉讼中,禁止性或者反公开诉讼的司法判决也是不可或缺的。

思考题:
1. 如何理解法治国家与依法行政的关系?
2. 如何理解基本人权与依法行政的关系?
3. 依法行政原理的基本内容是什么?
4. 怎样看待司法能动在依法行政原理中的地位?
5. 行政法基本原则是什么?怎样理解它是一个开放的法理体系?

拓展阅读：

1. 杨小君：《契约对行政职权法定原则的影响及其正当规则》，载《中国法学》2007 年第 5 期。
2. 杨小君：《契约对依法行政的影响》，载《法学研究》2007 年第 2 期。
3. 姜明安：《论行政自由裁量权及其法律控制》，载《法学研究》1993 年第 1 期。
4. 张明杰：《行政自由裁量权及其法律控制》，载《法学研究》1995 年第 4 期。
5. 吴英姿：《司法的限度：在司法能动与司法克制之间》，载《法学研究》2009 年第 5 期。
6. 章剑生：《现代行政法基本原则之重构》，载《中国法学》2003 年第 3 期。
7. 袁曙宏等：《西方国家依法行政比较研究——兼论对我国依法行政的启示》，载《中国法学》2000 年第 5 期。
8. 王锡锌：《依法行政的合法化逻辑及其现实情境》，载《中国法学》2008 年第 5 期。
9. 应松年：《依法行政论纲》，载《中国法学》1997 年第 1 期。
10. 马岭：《"依法行政"的"法"是什么法？》，载《中国人民公安大学学报》2004 年第 2 期。
11. 周佑勇：《行政法基本原则》，武汉大学出版社 2005 年版。
12. 金国坤：《依法行政环境研究》，北京大学出版社 2003 年版。
13. 陈骏业：《行政法基本原则元论》，知识出版社 2010 年版。
14. 城仲模主编：《行政法之一般法律原则》(1)、(2)，台湾三民书局 1999 年版。

第三章

行政法法源

> ✦ **学习目标**
>   通过本章的学习,学生可以掌握以下内容:
>   1. 行政法法源及其分类
>   2. 成文法源的种类及效力形式
>   3. 不成文法源的种类及效力形式
>
> ✦ **关键概念**
>   法源　行政法法源　成文法源　不成文法源　行政惯例　行政承诺　公共政策

第一节　行政法法源概述

一、行政法法源的概念

法源,即法律的来源,或者法律的表现形式。法源首先表述的是一种法的存在,即各法律部门法律规范的载体形式。其次,为了达到认识法的目的,法源成为法律逆向演绎的逻辑结果。也就是说,它是法律规范构成的来源,或者说是在法律制定之前,影响并构成法律的那些因素和成分。① 借用渊源一词,在法学上主要表达两层含义:一是指法律规范表现的形式,即法律规范出现在哪里、什么地方可以找到法律规范,这种意义的法源称为形式法源。二是指构成法律规范的资料来源于什么地方,这种意义的法源称为实质法源。

行政法的法源,即行政法规范的来源或出处,是指行政法规范的表现、存在的形式,亦即行政法规范的载体。凡载有行政法规范的各种法律文件或其他载体都是行政法的法源。一方面,作为行政行为基础的法规范载体,行政法法源表明的是行政法的存在形式,是行政法

---

① 中国台湾地区学者张家洋、李肇伟、吴庚等都有类似的见解。参见张家洋:《行政法》,台湾三民书局1990年版,第59页;李肇伟:《法理学》,作者印行1979年版,第12页;吴庚:《行政法之理论与实用》(增订10版),台湾三民书局2007年版,第39页。

规范的构成因素;另一方面,作为行政和司法适用的法规范,行政法法源是行政机关和司法机关对个案进行判断的法依据。但"法源"和"依据"并不等同,并非所有的行政法法源都当然是行政行为和司法裁判的依据,只有符合一定条件的法源才能成为行政和司法的依据,且前者的范围要大于后者。① 如对于司法裁判而言,只有那些具备合法性且可以为法官统一适用、明白表达或直接引用的行政法法源才是裁判的"依据"。

二、行政法法源的分类

就整个行政法法源的结构而言,可以分为成文法法源与不成文法法源。成文法也称为制定法,它是国家机关通过预定程序制定的规范性文件的总称。不成文法并不是指没有文字记载的法,它主要指习惯法、指导性案例、法理等。

在我国过去的主流法学中,法是由国家制定或者认可的、并由国家强制力保障实施的规则总称。"任何国家的法的本质都是统治阶级意志的体现,行政法也不例外,也是统治阶级意志和根本利益的体现。它是为统治阶级管理国家和巩固阶级专政服务的重要手段。"②然而,随着现代社会的发展与变迁,现代行政法法源的多样化已成为一个不争的事实。成文法法源的确定性固然可以为人们提供稳定的可预期性,满足法的安定性要求,但它也有自身难以克服的局限性:它既不能覆盖所有的人的活动领域,也不能及时满足社会发展的需求。面对行政的广泛性和复杂性,不成文法源的灵活性、多样性使其在一定程度上缓解了因成文法法源的局限性而产生的紧张关系。只要成文法的先天性缺陷不能从其自身获得克服,不成文法法源作为其局限性的有效补充,便具有了存在的正当性。如苏力教授所说:"至少在当代中国,已经不存在这样一个单一的文化结构系统,社会中总是存在着多元的法律规则体系,或者,即使是单一的规则也可能被人们选择性或竞争性地运用,即各个利益相关者会通过选择适用某些规则或者选择某种规则的解释来获得对自己最为有利的法律结果。"③当我们不再将"法"的来源仅仅限于国家的"制定"或者"认可"时,在现代行政法的法源谱系中,不成文法法源便具有了生存与成长的空间。

第二节　行政法成文法法源

我国是一个成文法国家,在行政法法源中,成文法法源构成了它的核心内容。因此,无论是依法行政还是依法审判,其中的"法"当首选成文法。行政法成文法法源主要有宪法、法律、法规等。

一、宪法

宪法是国家的根本法,具有最高的法律效力。宪法具有最高的法律效力,一切法律、行政法规、地方性法规、自治条例和单行条例、规章都不得同宪法相抵触;一切国家行政机关和

---

① 以司法实践中的侵权责任案件审理为例,成为法院审判依据的仅为行政法源中能在平等主体间创设具体法律关系的行政法规范。贾媛媛:《行政规范对侵权责任认定之规范效应研究》,载《政法论坛》2012 年第 5 期。
② 王珉灿主编:《行政法概要》,法律出版社 1983 年版,第 10 页。
③ 苏力:《中国当代法律中的习惯——从司法个案透视》,载《中国社会科学》2000 年第 3 期。

武装力量、各政党和各社会团体、各企业、事业组织都必须遵守宪法;一切违反宪法的行为,必须予以追究;任何组织或者个人都不得有超越宪法的特权。《宪法》《立法法》对此都有明确的规定。

宪法是最高位阶的法源,是行政法的当然法源。在所有部门法与宪法的关系之中,行政法与宪法的联系最为密切,故行政法有"动态宪法"之说。然而,在实务中,行政机关很少直接适用宪法作出行政行为,法院在裁判中通常亦不引用宪法,宪法更多的是间接地或潜在地制约与影响行政权。近年来,我们也可以看到法院在行政判决中引用宪法规范,作为论证判决理由的依据。①

 知识链接

最高人民法院关于刑事判决中不宜援用宪法作为论罪科刑依据的批复

1955年最高人民法院的《关于在刑事判决中不宜援用宪法作为论罪科刑的依据复函》内容如下:"新疆省高级人民法院:你院(55)刑二字第336号报告收悉。中华人民共和国宪法是我国国家的根本法,也是一切法律的'母法'。刘少奇委员长在关于中华人民共和国宪法草案的报告中指出:'它在我国国家生活的最重要的问题,规定了什么样的事是合法的,或者法定必须执行的,必须禁止的'。对刑事方面,它并不规定任何论罪科刑的问题,据此,我们同意你院的意见,在刑事判决中,宪法不宜援用。"(资料来源:王禹编著:《中国宪法司法化:案例评析》,北京大学出版社2005年版,第1页)

二、法律

法律是全国人大或者全国人大常委会通过,并由国家主席签署主席令予以公布的规范性文件。② 根据《立法法》的规定,法律包括全国人大制定的基本法律和全国人大常委会制定的非基本法,前者如《行政诉讼法》《行政处罚法》,后者如《药品管理法》《国家赔偿法》《行政监察法》。法律以不同层次和不同质的利益关系为调整对象,是国家法律体系的基本架构,是行政法的基本法源。

在法律中,并非所有的法规范都是行政法法源,只有调整法律主体为上下之间法律关系的、涉及公共利益的法规范,才是行政法法源。有的法律在整体上属于行政法法源,如《行政处罚法》《治安管理处罚法》等;有的法律中部分法规范属于行政法法源,如《土地管理法》《产品质量法》《广告法》等。

---

① 参见王禹编著:《中国宪法司法化:案例评析》,北京大学出版社2005年版。该书收集了我国近年来援引宪法作出判决的案例,即所谓"宪法司法化"的案例共33个。
② 参见《立法法》第23条、第41条。

理论探讨

全国人民代表大会常务委员会通过的"决定"是法律吗

根据《立法法》第7条的规定,全国人民代表大会常务委员会享有法律立法权。但实践中,全国人大常委会除了制定法律外,还制定一些名为"决定"的规范性文件,如《关于禁毒的决定》《关于维护互联网安全的决定》等。这些"决定"不是依照立法程序制定的,在法律位阶中无法找到其合适的"位置",但在行政、司法领域中它却发挥着与法律一样的效力。对于它是否属于法律,学理上还是有争议的。

三、法规

法效力仅次于法律的规范性文件,称为法规。根据《宪法》《立法法》的规定,法规可以分为行政法规、地方性法规、自治法规。分述如下:

(一)行政法规

行政法规是国务院制定并以国务院令的形式由总理签署发布的一种规范性文件。行政法规调整着国家经济、社会、文化等各方面的行政关系,它数量众多、涉及面广、内容具体,是行政法重要的法源。2001年国务院以《立法法》为依据,制定了《行政法规制定程序条例》,它是规范行政法规制定的一个程序性行政法规。

《宪法》第89条第4项规定,国务院"统一领导全国地方各级国家行政机关的工作"。又第110条第2款规定:"全国地方各级人民政府都是国务院统一领导下的国家行政机关,都服从国务院。"据此,国务院颁布的行政法规拘束地方各级行政机关。根据《行政诉讼法》第52条第1款的规定,行政法规可以作为法院审理行政案件的依据。

在实务中,国务院以"国发"或国务院办公厅以"国办发"名义发布的规范性文件,称为"法规性文件"。在最高人民法院的一些"答复"中,如最高人民法院在给河南省高级人民法院的《关于对审理农用运输车行政管理纠纷案件应当如何适用法律问题的答复》(法行[1999]第14号)中称:"你院(1999)豫法行请字第1号'关于审理农用运输车行政管理纠纷案件应当如何适用法律的请示报告'收悉。经研究,答复如下:机动车道路交通应当由公安机关实行统一管理;作为机动车一种的农用运输车,其道路交通管理包括检验、发牌和驾驶员考核、发证等,也应当由公安机关统一负责。人民法院审理农用运输车行政管理纠纷案件,涉及相关行政管理职权的,应当适用《中华人民共和国道路交通管理条例》和《国务院关于改革道路交通管理体制的通知》和有关规定。"在这个司法解释中,国务院《关于改革道路交通管理体制的通知》属于"国发"的规范性文件,最高人民法院认为它属于行政审判的依据,与行政法规的法律地位相当。

案例研究

法规性文件的法效力如何确定?

判断法规性文件的法效力应当采用什么标准或者原则,在学理上一直是有争议的,也没有通说性观点。在这样的情况下,最高人民法院在其裁判中所表达出来的观点,是否具有"判例"意义上的效力,也是可以探讨的。如在山东省莱芜发电总厂诉山东省莱芜市莱城区水利水产局行政征收再审案中,最高人民法院认为:"《水法》第34条第3款规定:'水费和水资源费的征收办法,由国务院规定。'也就是说,水费、水资源费的征收范围、征收标准等,应由国务院规定,其他部门无权规定。但目前国务院尚未制定水费和水资源费的征收办法。根据国务院办公厅发出的国办发[1995]27号《通知》的规定,在国务院发布水资源费征收和使用办法前,各省级人民政府制定的水费和水资源费的征收办法,可以作为各所在行政区域内征收水费和水资源费的依据,但不包括对中央直属水电厂的发电用水和火电厂的循环冷却水水资源费的征收。该《通知》是经国务院同意,以国务院办公厅名义下发的;根据《水法》的授权,国务院有权对征收水资源费的问题作出规定;国办发[1995]27号《通知》应当作为行政机关执法和人民法院审理有关行政案件的依据。"(资料来源:最高人民法院《行政判决书》([1998]行再字第1号)

(二)地方性法规

地方性法规是法定的地方人大及其常委会制定并公布的规范性文件。根据《宪法》《立法法》的规定,省、自治区、直辖市的人民代表大会及其常务委员会,在不与宪法、法律、行政法规相抵触的前提下,可以制定地方性法规,报全国人民代表大会常务委员会备案。此为省级地方性法规。省、自治区的人民政府所在地的市,经济特区所在地的市和经国务院批准的较大的市的人民代表大会及其常务委员会,根据当地的具体情况和实际需要,在不同宪法、法律、行政法规相抵触的前提下,可以制定地方性法规,报省、自治区的人民代表大会常务委员会批准后施行。此为较大市地方性法规。在法效力上,较大市地方性法规从属于省级地方性法规。地方性法规拘束其地域效力范围内所有的行政机关。

《行政诉讼法》第52条第1款规定,法院审理行政案件,以法律和行政法规、地方性法规为依据。地方性法规适用于法院审理本行政区域内发生的行政案件。由此可见,在行政诉讼中,地方性法规是重要的行政法成文法源。

(三)自治法规

自治法规分为自治条例和单行条例。自治条例是实行民族区域自治地方的组织法,它涉及基本组织原则、自治机关设置、职权、活动原则、工作制度等,如《湘西苗族自治州人民委员会组织条例》。单行条例是自治区、自治州和自治县人大根据本自治区域内的具体情况就某一方面的事务作出执行性规定的规范性文件。《立法法》第66条第2款规定:"自治条例和单行条例可以依照当地民族的特点,对法律和行政法规的规定作出变通规定,但不得违背法律或者行政法规的基本原则,不得对宪法和民族区域自治法的规定以及其他有关法律、行政法规专门就民族自治地方所作的规定作出变通规定。"

《行政诉讼法》第52条第2款规定:"人民法院审理民族自治地方的行政案件,并以该民族自治地方的自治条例和单行条例为依据。"这一规定确立了自治法规在行政诉讼法中的法源地位。

四、行政规章

行政规章分为部门规章和地方政府规章。部门规章是国务院各部、各委员会、中国人民银行、审计署和具有行政管理职能的直属机构,根据法律和国务院的行政法规、决定、命令在本部门的权限内按照规定的程序所制定的规定、办法、实施办法、规则等规范性文件的总称。地方政府规章是指由省、自治区、直辖市和较大的市的人民政府根据法律、行政法规和本省、自治区、直辖市的地方性法规,并按照规定的程序所制定的普遍适用于本地区行政区域行政管理的规范性文件。2001年国务院制定的《规章制定程序条例》是规范规章制定的一个行政法规,它在程序上对规章制定作了较为详细的规定,对规章的若干实体问题也作了规定。部门规章之间、部门规章与地方政府规章之间具有同等效力,在各自的权限范围内施行。[①]

相对于法律、法规来说,行政规章在内容上更为具体、操作性更强,所以,它是行政机关作出行政行为的重要依据。《行政诉讼法》第53条规定:"人民法院审理行政案件,参照国务院部、委根据法律和国务院的行政法规、决定、命令制定、发布的规章以及省、自治区、直辖市和省、自治区的人民政府所在地的市和经国务院批准的较大的市的人民政府根据法律和国务院的行政法规制定、发布的规章。"参照规章赋予了法院在行政诉讼中对规章的合法性审查权。合法的规章是法院审理行政案件的依据。

五、行政规定

行政规定,又称"其他规范性文件",是行政机关制定发布的,除行政法规、行政规章之外的规范性文件。从制定主体上,行政规定可分为两类:一是具有行政法规和规章制定权的行政机关制定的行政规定。二是没有行政法规和规章制定权的行政机关制定的行政规定。这一区分的法律意义是,前一种行政规定在实务中有时被视为具有与行政法规或者行政规章一样的法效力,如国务院制定发布的"法规性文件",后者则没有这样的法律地位。从内容上,行政规定可分为两种:一是仅仅规定行政机关内部分工、程序、责任等的内部文件,与相对人没有利害关系;二是涉及相对人的权利义务。对于后者,法律通常为行政规定作出特别规定。如《行政处罚法》第14条规定:"除本法第9条、第10条、第11条、第12条以及第13条的规定外,其他规范性文件不得设定行政处罚。"

尽管行政规定的法律位阶层次最低,《行政诉讼法》《行政复议法》和《立法法》对其效力均未作出明确规定,也尽管其合法性常因缺乏必要的程序保障而备受质疑,但行政规定作为行政法规范的载体是客观事实。最高人民法院《关于执行〈中华人民共和国行政诉讼法〉若干问题的解释》(以下简称《若干解释》)第62条第2款规定:"人民法院审理行政案件,可以在裁判文书中引用合法有效的规章及其他规范性文件。"这一司法解释明确了行政规定在行政诉讼中的地位。

[①] 参见《立法法》第82条。

▲ 前沿引介

行政规定的法效力

《行政复议法》第 7 条、第 26 条中的行政"规定"所指的不是一种具有共同性质的行政规范,即不具有法律规范性的行政规范,而是一类行政规范,即不具有行政法规或行政规章外在形式的所有行政规范。换而言之,行政规定作为无名规范虽然不具有行政法规或规章(有名规范)的外形,但绝不能够断言行政规定之中不存在法律规范。具体而言,行政规定因规范调整的对象属于行政职权体系之外或之内,由此导致行政规定是否涉及私人的权利义务,是否可能成为司法审判基准,从而在总体上可以被划分为属于法规命令的行政规定(其在功能上等同于法律规范)以及属于行政规则的行政规定(其不具有法律规范的功能)。进而,即使在属于行政规则(非法律规范)的范围之内,从规范适用的角度而言,当需要适用平等待遇等原则时,这些属于非法律规范的行政规定也可能发生外部效果,产生法律规范的功能。(资料来源:朱芒:《论行政规定的性质——从行政规范体系角度的定位》,载《中国法学》2003 年第 1 期)

六、法律解释

法律解释是有权机关就法律在具体运用过程中,为进一步明确界限或进一步补充,以及如何具体运用所作的解释。根据 1981 年第五届全国人大常委会第十九次会议通过的《关于加强法律解释工作的决议》,法律解释有以下四种:(1)立法解释。凡关于法律、法令条文本身需要进一步明确界限或作补充规定的,由全国人民代表大会常务委员会进行解释或用法令加以规定。(2)司法解释。它是属于法院审判工作和检察院工作中具体应用法律、法令的问题,分别由最高人民法院或最高人民检察院进行解释。(3)行政解释。它是不属于审判和检察工作中的其他法律、法令如何具体应用的问题,由国务院及主管部门进行解释。(4)地方解释。凡属于地方性法规条文本身需要进一步明确界限或作补充规定的,由制定法规的省、自治区、直辖市人民代表大会常务委员会进行解释或作出规定;凡属于地方性法规如何具体应用的问题,由省、自治区、直辖市人民政府部门进行解释。

《立法法》第 42 条规定:"法律解释权属于全国人民代表大会常委会。法律有以下情况之一的,由全国人民代表大会常务委员会解释:(1)法律的规定需要进一步明确具体含义的;(2)法律制定后出现新情况,需要明确适用法律依据的。"虽然《立法法》没有明确规定司法解释权和行政解释权,但是这两种法律解释在制度上是存在的。司法解释和行政解释属于应用解释,其解释与所解释的法条具有同等的法效力。

七、国际条约

国家间的条约和政府间的协定时常会涉及一国国内的行政管理,成为调整该国行政机关与公民、组织及外国人、外国组织之间行政关系的行为准则,因此,条约和协定中的某些与行政权有关的条款也是行政法法源。如《野生动物保护法》第 40 条规定:"中华人民共和国缔结或者参加的与保护野生动物有关的国际条约与本法有不同规定的,适用国际条约的规定,但中华人民共和国声明保留的条款除外。"最高人民法院《关于审理国际贸易行政案件若干问题的规定》第 9 条规定:"人民法院审理国际贸易行政案件所适用的法律、行政法规的具体条文存在两种以上的合理解释,其中有一种解释与中华人民共和国缔结或者参加的国际条约的有关规定相一致的,应当选择与国际条约的有关规定相一致的解释,但中华人民共和国声明保留的条款除外。"国际条约作为行政法法源时,需要处理好与国内法的关系,尤其需要注意"声明保留的条款"的适用范围。

第三节 行政法不成文法源

在传统行政法上,我们向来不承认行政法有不成文法源。但是,在现代行政法上,丰富的行政法实践已经表明,行政法不成文法源至少有指导性案例等,它们也是依法行政或者依法审判中的"法"。

一、指导性案例

指导性案例这一概念源于 2005 年最高人民法院《人民法院第二个五年改革纲要》。该纲要提出:"建立和完善案例指导制度,重视指导性案例在统一法律适用标准、指导下级法院审判工作、丰富和发展法学理论等方面的作用。最高人民法院制定关于案例指导制度的规范性文件,规定指导性案例的编选标准、编选程序、发布方式、指导规则等。"这是最高人民法院创制指导性案例的依据。2010 年最高人民法院发布《关于案例指导工作的规定》,在此规定中,最高人民法院把指导性案例定义为裁判已经发生法律效力,并符合以下条件的案例:(1)社会广泛关注的;(2)法律规定比较原则的;(3)具有典型性的;(4)疑难复杂或者新类型的;(5)其他具有指导作用的案例。对全国法院审判、执行工作具有指导作用的指导性案例,由最高人民法院确定并统一发布。

最高人民法院审判委员会讨论决定的指导性案例,统一在《最高人民法院公报》、最高人民法院网站、《人民法院报》上以公告的形式发布。

知识链接

最高人民法院指导案例第 6 号

黄泽富、何伯琼、何熠诉四川省成都市金堂工商行政管理局行政处罚案
关键词 行政诉讼 行政处罚 没收较大数额财产 听证程序
裁判要点
行政机关做出没收较大数额涉案财产的行政处罚决定时,未告知当事人有要求举行听证的权利或者未依法举行听证的,人民法院应当依法认定该行政处罚违反法定程序。
相关法条
《中华人民共和国行政处罚法》第 42 条
基本案情……略

关于指导性案例的效力，最高人民法院要求各级人民法院审判类似案件时应当参照。所谓"参照"，即在审理类似案件时若不适用指导案例，应当充分说明不适用的理由。当然，指导性案例制度不是比较法上的判例制度。

指导性案例确实有比较法上"判例"的外观，但是，与其说指导性案例的本质是创建判例制度的萌芽，毋宁说它是力助司法裁判从形式正义转向实质正义的一种制度性装置。在这个意义上不把指导性案例当作一种"法外"创新，而是旨在实现同案同判的一种司法解释，或许更为妥当。同案同判的诉求是民众一种朴素的平等观，为了回应这种具有实质正义内涵的平等观，各级法院其实一直在作各种各样的努力，类似于指导性案例制度的如郑州市中原区法院试行先例判决制度、天津市高级人民法院"判例指导制度"①和成都市中级人民法院"示范性案例制度"，等等。当然，指导性案例所导出的"法规范"不能离成文法太远，否则就可能被指责有"法官造法"的嫌疑。同时，指导性案例也不能亦步亦趋于成文法，否则指导性案例的功能就不可能彰显。指导性案例导出的"法规范"应当定位于消解成文法的局限性：以成文法为基础又不拘泥于成文法。因此，最高人民法院赋予指导性案例"参照"效力以实现同类同判的目的是妥当的。

 前沿引介

指导性案例与司法能动

司法能动主义在当今中国有其必然性和现实必要性。也正基于此，案例指导制度作为司法能动主义的重要表现，首先是由地方三级法院开始建立和实践的。与最高人民法院的相对沉稳相比，地方法院对案例指导制度的态度显得更为积极主动。但颇令人诧异又令人寻味的是，该制度发轫于基层法院。2002年，河南省郑州市中原区法院建立了"先例判决制度"。随之，天津市高级人民法院在民商事审判中实行"判例指导制度"。2003年，河南省郑州市中级人民法院建立"典型案例指导制度"，四川省成都市中级人民法院出台"裁判规则制度"，江苏省高级人民法院也建立"典型案例指导制度"。2004年，四川省高级人民法院建立"典型案例发布制度"。近年来，先后有二十多个高级人民法院颁布有关案例指导的文件。当然，高级人民法院在这场"扩权运动"中似乎还有"难言之隐"。目前我国司法解释权的主体在法院系统内只有最高人民法院，这是1981年全国人大常委会《关于法律解释工作的决议》《人民法院组织法》所规定的。1987年最高人民法院《关于地方各级人民法院不应制定司法解释性文件的批复》认为，"地方各级法院均不应制定司法解释性的文件。但对于审判实践中遇到的一些具体问题，在调查研究的基础上，可写一些经验总结性的文章，供审判人员办案时参考，或者召开一定范围的会议，总结交流经验。"地方高院可以通过发布指导性案例以取代现行通过发布地下甚至是不合法的"指导意见"，既能满足解决纠纷的需要，同时也使自己获得在本辖区范围内的政策话语权和规则制定权。（资料来源：李仕春：《案例指导制度的另一条思路》，载《法学》2009年第6期）

---

① 天津市高级人民法院：《关于在民商事审判中实行判例指导的若干意见》（2002年10月15日）。

二、行政惯例

行政惯例是行政机关在一个较长时期内处理相同事务时的重复行为逐渐形成的一种行为"规则",且这一行为"规则"得到了一定范围内行政相对人的认知、确信,从而产生了事实上的法效力。若行政惯例不涉及行政相对人权益的,则不是行政法法源上的行政惯例,如行政机关内部某些工作、文书的流程习惯。行政惯例是行政机关在行政实践中形成的、未获立法机关授权或认可的习惯性做法。从行政实践情况看,它通常产生于:

(1) 成文法"漏洞"。由于成文法在调整社会关系中不可能做到天衣无缝,在它的"漏洞"之处,便是行政惯例的产生之地,以补充依法行政之"法"的不足。随着成文法调整的面日益扩大,行政惯例的空间也越来越小。

(2) 与成文法不一致但有利于行政相对人。有时,从行政相对人角度看,行政机关的有些做法并不违反法律强制性规定,日积月累,行政相对人对其产生了一种合理信赖利益,那么,这种"做法"也是行政惯例。如吴小琴等诉山西省吕梁市工伤保险管理服务中心履行法定职责案。

 知识链接

对行政惯例的合理信赖应予适当保护

在吴小琴等诉山西省吕梁市工伤保险管理服务中心履行法定职责案中,最高人民法院行政审判庭的裁判要旨是,行政机关对特定管理事项的习惯做法,不违反法律、法规的强制性规定且长期适用形成行政惯例的,公民、法人或其他组织基于该行政惯例的合理信赖利益应予适当保护。(资料来源:最高人民法院行政庭编:《中国行政审判案例》(第4卷)第135号案例,中国法制出版社2012年版,第77—81页)

(3) 成文法滞后。由于经济、政治发展超过了成文法的修改速度,致使有的现行法明显滞后于行政实践,导致行政机关无成文法可依。为了满足行政相对人的正当需求而形成的行政机关习惯性做法,构成了行政惯例。如"街道办事处审批农民建房"。

 知识链接

街道办事处审批农民建房是行政惯例

原告沈金萍系浙江省海宁市海洲街道新庄社区(原伊桥乡新庄村)居民,其户口与其父沈松泉登记在一起。原告结婚后,户口未迁出,其丈夫户口未迁进。2003年6月,原告所在的新庄村土地被征用。2004年4月,沈松泉户因土地征用拆迁获准易地建造住宅,其建房家庭成员为6人(包括本案原告沈金萍在内)。2006年4月1日,原告填写"建房申请审批表",并送交到新庄社区。新庄社区后将原告的"建房申请审批表"上报至海洲街道办事处。

同年8月11日,海洲街道办事处经审核,以原告建房条件不符为由,将审批表通过社区退回原告。2006年8月25日,原告向海宁市人民政府申请行政复议。经复议,海宁市人民政府作出海政复议字[2006]14号行政复议决定,确认海宁市海洲街道办事处直接退回原告"建房申请审批表"的行为不符合法律规定。2006年12月22日原告向浙江省海宁市人民法院提起行政诉讼,请求法院撤销行政复议决定,并判令被告重新作出复议决定。经审理后法院认为:"申请人申请建房审批,需村(居)民小组、村(社区)和镇(街道)出具相关意见后,再逐级转呈海宁市规划建设局,是海宁市规划建设局审批建房申请的惯例。海宁市海洲街道办事处对原告申请建房不予转呈上报,有违公平原则。海宁市海洲街道办事处以原告建房条件不符合为由直接退回原告的申请材料,事实上是对原告的建房申请作出了不予许可,无法律法规依据。"(资料来源:浙江省海宁市人民法院《行政判决书》[2007]海行初字第7号)

三、法的原则

法的原则是尚未为制定法所吸纳但隐含在法条之中的法理。作为合乎正义的普遍原理而得到承认的诸原则,构成了法的原则。当法的原则成为制定法上的原则时,它就是成文法的一部分。法的原则不仅可以用来解释法规范,而且在成文法规范不存在时可以作为行政权的依据。正是由于法的原则具备的这一功能,欧陆诸国以及具有大陆法系背景的日本、我国台湾地区等都把法的原则列为行政法的不成文法源之一。

在我国,法的原则作为行政法的不成文法源之一,在司法审查中得到了法院的认可。如在田永诉北京科技大学拒绝颁发毕业证、学位证行政诉讼案中,虽然该案判决书并未出现"法的原则"的直接表述,但其裁判中的三个理由"适当原则""正当程序原则"和"信赖保护原则"正是法的原则的具体内容。[1] 而内蒙古自治区赤峰市松山区广源物资贸易货栈诉北京市公安交通管理局海淀交通支队西三环路队违法清理事故现场侵权行为赔偿案[2],则是司法实践中将法的原则明确作为不成文法源直接适用的有力例证。

四、行政承诺

行政承诺是指行政机关为了实现一定的行政目的,依职权向行政相对人承诺未来的作为或不作为。行政承诺类似民法之要约,而非民法之承诺,是行政机关为自己设定的一种义务。基于"允诺禁反言"的原则,该承诺应当视为行政机关的法定职责,一旦行政相对人的行为符合行政承诺的条件,行政机关应当兑现该承诺,否则构成不履行职责。另外,从行政相对人的信赖利益保护和合同制度的原理看,行政机关同样亦应兑现该承诺(职责)。如在张炽脉、裘爱玲诉浙江省绍兴市人民政府不履行招商引资奖励行政职责案中,法院认为,行政机关的奖励承诺系其应当履行的职责之一,承诺的内容可构成对其履行行为进行合法性审查的规范依据。[3]

一般来说,行政承诺主要由三个要素构成:(1)承诺内容含有一个在未来才发生的作为

---

[1] 《最高人民法院公报》1999年第4期。
[2] 浙江省海宁市人民法院行政判决书([2000]海行初字第67号)。
[3] 最高人民法院行政庭编:《中国行政审判案例》(第2卷),第56号案例,中国法制出版社2011年版,第97页。

或不作为行为;(2)承诺是行政机关自我约束的意思表示;(3)这种意思表示在性质上是一种义务。行政承诺具有以下特征:(1)行政承诺的对象既包括不特定的相对人也包括特定的相对人;(2)行政承诺的内容是行政机关将来的作为或不作为义务;(3)行政承诺是行政机关的自我义务设定,是具有法约束力的自律行为;(4)行政承诺是一种依职权作出的单方行为,对行政相对人来说,是给付性的、授益性的。

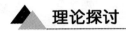

理论探讨

行政承诺的法律性质分歧

随着服务承诺制的推广,行政承诺作为现代行政管理的新型方式,逐渐引起学界和实务的广泛关注,其中行政承诺的法律性质由于事关服务承诺相对人的救济,故而引发了多种争论。

在德国,虽然《联邦行政程序法》第38条第1款认为行政承诺事关承诺之后的行政行为,是行政前行为,其本身不是行政行为,但德国学界仍然对行政承诺没有达成共识。一种观点以设立义务的特性为出发点,认为只要允诺中预示着一个行政行为,那么就与"预约合同"相同,应视为"预先行政行为"或"预先裁定",其本身也属于行政行为;另一种观点认为,许诺本身没有包含处理行为,只是向相对人许诺下一步的处理,其中蕴涵着一定的临时性,没有强制约束力,不符合行政行为的属性。此外,还有德国学者认为行政承诺仅仅是行政法上的意思表示行为。就我国而言,大多数学者认为其是行政行为,但却有抽象行政行为和具体行政行为之分和行政合同行为之争,甚至有学者认为不同情形下的行政承诺有着不同的法律性质。

为何学者对行政承诺的法律性质存在如此大的分歧呢?究其原因,大致有二:一是受民事合同理论的影响,混淆行政承诺与行政合同的区别;二是混淆行政前行为与行政行为的区别。行政承诺的性质类似于民法上之要约,系行政主体单方的意思表示,仅对承诺者产生拘束力。无论行政承诺的对象为特定人或不特定人,该承诺本身并未改变相对人的权利义务,只是行政机关依据承诺内容作出具体行政行为的"诱因性"前行为。正如德国《联邦行政程序法》所言,行政承诺是行政前行为而非行政行为。也正是由于行政承诺对行政机关而言所具有的这种义务约束性,使其具备了不成文法源的功能:一方面,行政承诺弥补了行政法规范的不足,成为行政主体应当履行的职责;另一方面,当行政承诺的履行条件出现而行政机关不履行该承诺义务时,该承诺即可成为对该不作为行政行为进行合法性审查的规范依据。如在王新民等243人诉浙江省临安市人民政府履行法定职责案中,法院认为:"临安市人民政府在[2000]47号《关于天目山自然保护区新扩区保护与开发有关问题协调会议纪要》中关于'对规划要求绝对保护的范围由市政府作适当补偿'的公开承诺合法有效,该承诺所确定的义务应视为其必须履行的法定职责",并据之判决支持原告要求被告履行该法定职责的诉讼请求(浙江省高级人民法院《行政判决书》[2003]浙行再字第3号)。在本案中,法院把"承诺"转化为"法定职责",故判决被告应当履行法定职责。最高人民法院行政审判庭在张炽脉、裘爱玲诉浙江省绍兴市人民政府不履行招商引资奖励行政职责案中,裁判要旨是,行政机关的奖励承诺系其应当履行的职责之一,承诺的内容可构成对其他履行行为进行合法性审查的规范依据。在本案中,法院把行政承诺当作了合法性审查的规范依据。可见,在司法实务中,行政承诺是一种"法"。(最高人民法院行政庭编:《中国行政审判案例》(第 2 卷)第 56 号案例,中国法制出版社 2011 年版,第 97 页)

思考题:

1. 行政法成文法源中种类及法效力位阶如何确定?
2. 为什么需要行政法不成文法源?
3. 如何理解指导性案例在法院审理类似案例时的"参照"?

案例应用:

1. 2006 年 3 月 1 日凌晨 3 点多,19 岁的韩某与 20 岁的罗某回到她们位于北京潘家园松榆东里某号的住所。之后不到 4 点钟朋友打其电话无人接听,怀疑两人在房内煤气中毒,便拨打 110 电话报警要求破门救人。到场民警以破门"不合程序"及要负法律责任为由,在 9 个小时内未采取措施救助,致使两个女孩严重一氧化碳中毒,生命垂危。为此,两女孩的父母以派出所民警"行政不作为"为由,起诉北京市公安局,要求其承担国家赔偿责任。北京市公安局以民警"完全依法办案","办案程序的合法性毋庸置疑"为由,拒不赔偿。其理由是:报警人是求助报警,而非刑事报警,而对于此类报警的一个惯常做法是:若没有得到房东的许可,警察不得破门而入,意即"求助报警,警察不破门而入"。

请问:警察在实施此类救助中形成的"求助报警,警察不破门而入"的习惯性做法,是否构成行政惯例?法院在案件审理中是否可以依据该惯例作出裁判?

2. 河北省石家庄市某工艺品店刚领到营业执照两天,当地的工商局即"按惯例"向其收取了 240 元的工商管理费。该店老板以预收管理费行为违反《个体工商户管理收费标准及其收入使用范围的规定》为由将石家庄市工商局某分局告上法庭。被告辩称,现行法律仅授予了工商局对个体工商户管理收费权,却没有规定具体的收费程序。根据我国的实际情况,相当多的个体户存在账目不清的问题,工商管理部门很难掌握其真正的营业额。为便于该管理费的收取,"预收工商管理费"成为工商行政机关在十多年的工商管理过程中形成的惯常做法。

请问:工商局的预收管理费行为是否"合法"?被告的辩称是否成立?

拓展阅读:

1. 应松年、何海波:《我国行政法的渊源:反思与重述》,载《公法研究》2004 年卷。
2. 章剑生:《论现代行政法之法源中的"行政惯例"》,载《政治与法律》2010 年第 6 期。
3. 周佑勇:《论作为行政法之法源的行政惯例》,载《政治与法律》2010 年第 6 期。
4. 张琪:《判例法的比较研究——兼论中国建立判例法的意义、制度基础与操作》,载《比较法研究》2002 年第 4 期。
5. 张骐:《论寻找指导性案例的方法——以审判经验为基础》,载《中外法学》2009 年第 3 期。
6. 彭中礼:《法律渊源词义考》,载《法学研究》2012 年第 6 期。

7. 张志铭:《关于中国法律解释体制的思考》,载《中国社会科学》1997年第2期。
8. 方洁等:《社团规章的行政法法源性论说》,载《行政法学研究》2006年第1期。
9. 方洁:《论行政法的不成文法源》,载《公法研究》2002年卷。
10. 李友根:《指导性案例为何没有约束力——以无名氏因交通肇事致死案件中的原告资格为研究对象》,载《法制与社会发展》2010年第4期。
11. 胡敏洁:《行政指导性案例的实践困境与路径选择》,载《法学》2012年第2期。
12. 王学辉等:《"指导性案例"在行政诉讼中的效力——兼论案例分类指导制度之构建》,载《行政法学研究》2006年第2期。
13. 费善诚:《论宪法的适用性》,载《法学家》1996年第3期。
14. 蔡定剑:《中国宪法司法化路径探索》,载《法学研究》2005年第5期。
15. 强世功:《宪法司法化的悖论——兼论法学家在推动宪政中的困境》,载《中国社会科学》2003年第2期。

第四章

行 政 机 关

> ✦ **学习目标**
> 通过本章的学习,学生可以掌握以下内容:
> 1. 行政机关的概念与特征
> 2. 行政机关组织法的一般内容
> 3. 中央行政机关与地方行政机关的类型、设立、撤销与合并程序
> 4. 中央行政机关与地方行政机关的关系
>
> ✦ **关键概念**
> 行政机关　行政机构　行政组织　行政机关组织法　中央行政机关
> 地方行政机关

第一节　行政机关概述

一、行政机关的概念与特征

行政机关在现代国家机关体系中占据着十分重要的地位,执行着国家权力机关制定的法律、决定和命令;同时,它管理着个人"从摇篮到坟墓"的绝大多数事务;个人离开行政机关,生存、发展必然发生危机,所以,在现代行政法上行政机关的地位十分显著。

(一) 行政机关的概念

在我国行政法上,"行政机关"属于法律概念,探究其内涵,我们必须回到相关的立法之中。在《宪法》中共计12次提到"行政机关"一词,如第3条第3款规定了国家行政机关与人民代表大会的关系,即"国家行政机关、审判机关、检察机关都由人民代表大会产生,对它负责,受它监督";第85条规定了国务院的性质与地位,即"中华人民共和国国务院,即中央人民政府,是最高国家权力机关的执行机关,是最高国家行政机关";第105条与第110条第1款规定的是地方各级人民政府与地方各级国家权力机关的关系,即"地方各级人民政府是地方各级国家权力机关的执行机关,是地方各级国家行政机关","地方各级人民政府对本级人

民代表大会负责并报告工作。县级以上的地方各级人民政府在本级人民代表大会闭会期间,对本级人民代表大会常务委员会负责并报告工作"。不过,令人遗憾的是,《宪法》没有以法律条文的形式直接规定行政机关的概念。同时,《行政诉讼法》《行政处罚法》《行政许可法》《国家赔偿法》《行政机关公务员处分条例》等法律、行政法规虽然多次提到"行政机关",但也没有专门解释行政机关的概念。

虽然立法对"行政机关"的概念保持沉默,但学者们通过解释《宪法》和法律的相关规定,还是发现了"行政机关"可以表述为:行政机关是国家机构体系中,依据宪法、行政组织法的规定设立,通过行使行政职权来执行权力机关的意志,进而对国家行政事务以及相关的社会公共事务进行组织、管理、指挥、协调和监督的国家机构。这一表述可以进一步分解行政机关这一概念:

1. 行政机关属于国家机构的范畴

《宪法》第 3 章以"国家机构"作为标题,具体规定了全国人民代表大会、国家主席、国务院、中央军事委员会、地方各级人民代表大会和地方各级人民政府、民族自治地方的自治机关以及人民法院和人民检察院等国家机构,其中国务院和地方人民政府被定位为"行政机关"。作为国家机构,行政机关必须承担一定的国家职能,即行政职能。

2. 行政机关是依法设立的国家机构

行政机关作为承担一定国家职能的国家机构,其设立必须依法进行。行政机关的设立,至少需要遵守《宪法》《国务院组织法》《地方各级人民代表大会和地方各级人民政府组织法》《国务院行政机构设置和编制管理条例》《地方各级人民政府机构设置和编制管理条例》等法律、法规的规定。

3. 行政机关是权力机关的执行机关

从《宪法》的规定可以看出,在国家机构体系中,行政机关与国家权力机关的关系最为密切——它是国家权力机关的执行机关,对国家权力机关负责。作为国家权力机关的执行机关,就是要执行国家权力机关通过的法律、决定和命令。国家权力机关是由人民通过民主选举产生的人民代表组成的民意机关,因此,行政机关对国家权力机关通过的法律、决定和命令的执行就是对民意的执行。也正因此,行政机关也就成为公共利益的代言人。

 知识链接

军事机关不是行政机关

根据《宪法》规定,军事机关不属于行政机关。在实务中,法院也是持这一观点。在张广武诉中国人民解放军总政治部、海军政治部侵权案中,起诉人在诉状中称:"1995 年我已任满现任职级的最低任职年限,由于本人所学专业与现任工作不对口,即向本单位提出了转业申请。本单位向我收取了培训费 3 万元,但总政治部最终未批准我转业。为此,请求法院判决中国人民解放军总政治部准许我退出现役,并确认收取我的培训费是否合法。"法院审查后认为:"因中国人民解放军总政治部和海军政治部属于军事机关,故张广武认为总政治部和海军政治部侵犯其合法权益而提起的诉讼,不属于人民法院主管范围。"(北京市高级人民法院《行政裁定书》[1996]高行审初字第7号)。在此案的上诉审中,最高人民法院驳回了起诉人张广武的上诉。(资料来源:最高人民法院《行政裁定书》[1996]行终字第3号)。

(二)行政机关的特征

在国家机关体系中,行政机关不同于其他国家机关的区别点,通常可以从它的特征中看出来。同时,研究行政机关的特征,也是为了进一步深化对行政机关概念的理解。行政机关的特征是:

1. 具有执行性和法律从属性

在宪法规定的框架性制度之下,行政机关由人民代表大会产生,以执行人民代表大会的意志为宗旨,因此具有执行性。同时,行政机关所执行的人民代表大会的意志往往已经转化为法律规范,因此这种执行性又具有了法律从属性的色彩。需要关注的是,"执行性"并不否认行政机关的适应性与创造性。因为,人民代表大会的立法大多非常抽象,甚至有时只是指明行政的方向与目标,而究竟如何达致该目标,需要行政机关贡献出自己的智慧。这样,行政机关就需要综合考虑国内政治、经济、文化、社会的方方面面,甚至考虑国际环境的变化与发展趋势,在经过利益权衡之后,作出选择。与此相关,有时,为了使人民代表大会的意志得到普遍实施,特定的行政机关还可以通过制定行政法规和行政规章来执行人民代表大会的意志。

2. 具有统一性和层级性

与人民代表大会关注法规范公平、司法机关关注个案公正不同,行政机关更为关注效率。在这一理念的指导之下,行政机关的组织体系建设在强调分工的同时,还突出行政机关组织体系内部的"领导—从属"关系。如,《宪法》第85条规定,"中华人民共和国国务院……是最高国家行政机关"。这就明确了国务院在行政机关组织体系中的地位。随后,《宪法》第89条在规定国务院的职权时,特别强调国务院有权"规定各部和各委员会的任务和职责,统一领导各部和各委员会的工作,并且领导不属于各部和各委员会的全国性的行政工作","统一领导全国地方各级国家行政机关的工作,规定中央和省、自治区、直辖市的国家行政机关的职权的具体划分",将国务院与各部、各委员、地方各级国家行政机关之间的领导—从属关系规定得淋漓尽致。同时,地方行政机关的组织建设依然遵循"领导—从属"关系,如《宪法》第110条第2款规定:"地方各级人民政府对上一级国家行政机关负责并报告工作。全国地方各级人民政府都是国务院统一领导下的国家行政机关,都服从国务院。"可见,行政机关在组织体系方面,虽然设立有不同层级——国务院、省级、市级、县级、乡镇级,但下级必须接受上级的领导,并且都要接受国务院的领导。这样,行政权的运行情况,最终都在国务院的掌控之下。统一性与层级性的结合,对提高行政效率发挥着重要作用。

3. 行政首长负责制

虽然行政效率的提高仰赖于以"领导—从属"关系理念来构建行政机关组织体系,但最终还要仰赖于单个行政机关行政效率的提高。提高单个行政机关的行政效率,必须从行政机关的决策体制入手。就行政机关的决策体制而言,一般包括委员会制与行政首长负责制。在委员会制之下,行政机关的决策权属于由一定数量委员所组成的委员会,而委员会通常会按协商一致的原则来行使决策权;在行政首长负责制之下,行政机关的最终决策权属于行政首长,虽然行政首长在最终决策前也会通过民主方式听取其他工作人员的意见和建议。可见,相比较而言,行政首长负责制具有权力集中、责任明确、行动迅速、效率显著等特点,虽然权力集中也增加了权力可能被滥用的机会。《宪法》第86条、第88条和第105条都对行政首长负责制作出了规定,即国务院实行总理负责制,各部、各委员会实行部长、主任负责制,地方各级人民政府实行省长、市长、县长、区长、乡长、镇长负责制。同时,为避免权力集中导致的权力滥用,我国的行政首长负责制特别强调对行政首长的监督,强调权力集中必须是民主基础上的集中。

 知识链接

我国行政首长负责制的历史变迁

1949年10月1日,中华人民共和国中央人民政府宣告成立。中央人民政府组成政务院,于同年10月21日成立,作为中央人民政府的执行机关。当时的政务院采取了委员会制的领导制度。在这种制度下,国家最高执行权由政务会议集体执掌,一切重要问题都要通过集体讨论,以少数服从多数的原则通过决议。1954年9月,第一届全国人民代表大会第一次会议通过的第一部《中华人民共和国宪法》规定:"中华人民共和国国务院,即中央人民政府,是最高国家权力机关的执行机关,是最高国家行政机关。"这样我国政府就由政务院体制转变为国务院体制,根据1954年《宪法》设置的国务院采取了部长会议制。部长会议由国家最高权力机关产生,对国家最高权力机关负责并报告工作。部长会议成员包括总理、副总理、各部部长和各委员会主任,以及其他有关成员。国务院一切重要问题由部长会议集体讨论决定。这又类似于委员会制。1982年《宪法》总结了新中国成立以来30余年的经验教训,根据新时期政府工作的特点,改革了政府领导体制,采取了行政首长负责制。新宪法规定:"国务院实行总理负责制。各部、各委员会实行部长、主任负责制。""地方各级人民政府实行省长、市长、县长、区长、乡长、镇长负责制。"民族区域自治地方的行政机关也同样实行首长负责制。(资料来源:田兆阳:《论行政首长负责制与权力制约机制》,载《政治学研究》1999年第2期)

(三) 行政机关与相关概念的区别

如果行政机关的特征偏重于行政机关外部关系的区别,那么这里它与相关概念区别的重点则在行政机关内部关系上。这些相关概念主要有:

1. 行政组织

行政组织是日常生活中经常使用的一个概念,它有广义和狭义之分。广义的行政组织,是指各种为了达到共同目的而负有执行性管理职能的组织系统,包括国家机关、企事业单位、群众团体、政党中负有管理职能的各类组织体构成的一个整体;狭义的行政组织仅指依据宪法和组织法建立的、行使国家行政权、管理国家事务和社会公共事务的行政机关构成的整体。行政法学研究的是狭义的行政组织。由此可见,行政组织是一个由行政机关构成的负有特定职能的系统,而行政机关是构成行政组织的基础单位。相应地,行政组织承担的行政事务具有整体性,享有全方位的行政权,而行政机关承担的行政事务大多限于某一方面,享有部分行政权。另外,行政组织除了指一种静态的组织形态外,有时还指一系列动态的行为——对公共行政的组织,即设置何种机关、通过何种形式来对国家事务和社会公共事务进行管理;行政机关概念则不具有动态意义。

2. 行政机构

《宪法》第 3 章以"国家机构"为标题,规定了立法机关、行政机关、审判机关、检察机关和军事机关,即"国家机构"是各类国家机关构成的统一体。与此相关,人们曾认为"行政机构"是各类行政机关构成的统一体。近年来,学界已经基本达成共识,即行政机构是行政机关的内部组成单位。如教育部内设的办公厅、政策法规司、发展规划司、财务司、职业教育与成人教育司、高等教育司等都属于行政机构。换言之,行政机构是行政机关的组成部分,具体承担各种事务性或业务性工作;即便可以代表所属的行政机关对外进行管理,但除非得到法律、法规的授权,否则必须以所属行政机关的名义进行。相反,行政机关则可以对外独立行使行政权。不过,相关立法似乎并不认可这一观点。如根据《国务院行政机构设置和编制管理条例》第 6 条的规定,国务院行政机构根据职能分为国务院办公厅、国务院组成部门、国务院直属机构、国务院办事机构、国务院组成部门管理的国家行政机构和国务院议事协调机构,其中,国务院办公厅协助国务院领导处理国务院日常工作,国务院组成部门、国务院直属机构、国务院组成部门管理的国家行政机构具有独立的行政管理职能,国务院办事机构不具有独立的行政管理职能,国务院议事协调机构仅仅在特殊情况下可以规定临时性的行政管理措施。显然,《国务院行政机构设置和编制管理条例》中的"行政机构"既包括能够独立行使行政权的行政机关,也包括不能独立行使行政权的学术意义上的行政机构。因此,彻底厘清"行政机关"与"行政机构"的关系,还需要法学界和实务部门的沟通与协调。

3. 行政主体

与"行政机关"是一个法律概念不同,"行政主体"是一个法学概念。虽然,法学界对"行政主体"这一概念有一个从认可到质疑的过程,但目前还是有学者依然对该概念持认可态度,认为行政主体特指依法拥有行政职权,能够以自己名义独立行使行政职权,并且能够对外独立承担法律责任的社会组织——包括行政机关和法律、法规授权的组织。从这一界定来看,行政主体是一个动态概念,它强调的是"正在行使"行政职权的组织体;而行政机关是一个静态概念,强调的是"可以行使"行政职权的组织体。可见,行政机关是行政主体的重要表现形式,但不是唯一表现形式。同时,行政机关除了扮演行政主体这一角色,还可以扮演行政相对人、民事主体等角色。总之,在某种意义上,行政主体与行政机关虽有交集,但任何一方都无法将另一方纳入体系之内。

> **知识链接**
>
> ### 大陆法系国家行政法上的"行政主体"
>
> 行政主体是大陆法系国家行政法上的一个基础性概念。它是指具有行政法上权利义务的,可以设置行政机关以便行使一定职权的组织体,并承担行政机关因行使职权产生的法律责任,如赔偿。如在法国,行政主体有国家、地方团体以及独立于国家、地方团体的,且不以地域为基础的公务人。德国的行政主体有联邦、各邦、地方自治团体、营造物等。日本、韩国、中国台湾地区等大陆法系行政法制的继受国或者地区,也基本上接受了这一行政主体理论。行政主体的核心在于它的权利能力,它的行为能力是通过它设置的行政机关来体现的,所以,行政机关仅仅是行政主体的"器官"(organ)。若将人比喻为行政主体的话,行政机关就是它的手足。如果依法赋予这个"器官"以对外行使的职权,那么它就是一个行政机关。行政机关可以自己的名义对外行使职权,但它行使职权所引起的法律责任则归于它所属的行政主体。一个行政主体可以有多个行政机关,但一个行政机关必须归属于某一个行政主体。

4. 派出行政机关、派出行政机构

"派出行政机关"这一概念来自《地方各级人民代表大会和地方各级人民政府组织法》(以下简称《地方组织法》)中的"派出机关"。该法第68条规定:"省、自治区的人民政府在必要的时候,经国务院批准,可以设立若干派出机关。县、自治县的人民政府在必要的时候,经省、自治区、直辖市的人民政府批准,可以设立若干区公所,作为它的派出机关。市辖区、不设区的市的人民政府,经上一级人民政府批准,可以设立若干街道办事处,作为它的派出机关。"可见,派出行政机关是指特定人民政府经法定程序设立的行政机关,包括行政公署、区公所和街道办事处。换言之,派出行政机关是行政机关的一种表现形式。另外,派出行政机关类似于一级人民政府,但又不同于一级人民政府,如它不具有所谓的同级人民代表大会,也不再设立工作部门。目前,我国对派出行政机关进行了一系列改革,其中撤销街道办事处是大势所趋。①

"派出行政机构"来自法律、法规中的"派出机构"。如《工商行政管理所条例》第2条规定:"工商所是区、县(含县级市,下同)工商行政管理局(以下简称区、县工商局)的派出机构。"与派出行政机关不同,派出行政机构的设置者不是一级人民政府,而是一级人民政府的工作部门。在性质上,派出行政机关也是行政机关,可以对外独立行使行政职权和独立承担法律责任;而派出行政机构只是"行政机构",原则上不能独立行使行政职权,除非得到法律、法规的授权。此外,在表现形式上,派出行政机关包括行政公署、区公所和街道办事处,而派出行政机构的表现形式非常多,如派出所、工商所、税务所、土管所等。

---

① 张然:《民政部:街道办撤销是趋势,铜陵模式有望全国推广》,载《京华时报》2011年9月5日。

▲ 理论探讨

开发区管理委员会是派出机关还是派出机构

　　从基本特征和实际运作上看,开发区管理委员会更类似于地方政府的派出组织。但我国的派出组织有派出机关和派出机构两种,开发区管理委员会属于哪一种呢？一般认为,派出机关是有权地方人民政府在一定行政区域内设立,代表设立机关管理该行政区域内各项行政事务的行政机构。笔者认为,在法律没有对开发区管理委员会作统一界定的情况下,在学理上将其界定为一级政府的派出机关更符合现实情况:

　　第一,从我国法律法规的规定和实践操作上看,派出机关一般指综合性的行政管理机关,行使多方面的行政管理职权,其管理的范围也比较广,比如省级政府的派出机关——地区行政公署就是作为省级人民政府的代表负责管理一定区域内的综合行政事务。相比之下,派出机构行使的职能较为单一,仅负责具体某一方面的工作。而开发区管理委员会所管事务较为复杂,所辖范围也比较宽,其拥有的权限与同级别的地方政府相差无几。必要之时,它还可以设立若干工作机构,如综合执法局、环保局等,这与地区行政公署非常相似。

　　第二,把开发区管理委员会界定为一级政府的派出机关,更有利于认识和把握管理委员会及其下设机构的行政主体地位。在实践中,各开发区管理委员会都设立了一些工作机构,负责开发区内具体某一方面的事务。这些工作机构在行使权力、实施行政行为时均以自己的名义进行,相应的责任也应当由其来承担。如果把开发区管理委员会定位为派出机构,那么它们就是"派出机构的机构",这不仅容易造成管理委员会下设机构在表达和称谓上的不便,也不利于其行政诉讼被告资格的认定。

　　第三,从法律规定上看,有学者认为地方政府的派出机关只有行政公署、区公所和街道办事处三种,开发区管理委员会没有得到地方组织法的确认,不符合组织法所规定的程序要求,所以"将其确定为地方人民政府的派出机关,于法无据"。这种看法似有一定道理,但作为体制改革中出现的新型管理模式和组织形式,在一定程度上对现有体制进行创新并无不妥。开发区管理委员会在探索开发区管理模式方面取得了宝贵经验,将其界定为一级政府的派出机关是对实践经验和规律的总结。（资料来源:潘波:《开发区管理委员会的法律地位》,载《行政法学研究》2006年第1期）

5. 公务员

　　行政机关是权力机关的执行机关。所谓"执行"是将一些观念、理念、规则转化为行为的过程。这一过程,必须通过具有认识能力、控制能力的自然人进行。行政机关与公务员发生关联,正是基于如上机理。在我国公务员有广义与狭义之分,前者指根据《公务员法》的规定,依法履行公职、纳入国家行政编制、由国家财政负担工资福利的工作人员;后者指在行政机关内部除勤杂人员以外的从事公务的工作人员,主要是行政机关聘用的事业编制人员。就行政机关与狭义公务员的关系来看,行政机关是由公务员组成的国家机构,是一个组织体,而公务员是具有某种特定身份的自然人;行政机关行使行政职权的行为都是通过公务员进行的,公务员执行公务行为的法律后果当然由其所属的行政机关承担。

二、行政机关的分类

因行政事务广泛、繁杂,相应地,行政机关的类别也不如法院那么单一。为此,地方人民政府应当设置不同的行政机关,分别行使上述各种行政事务的管理权。行政机关可以作如下若干分类:

(一) 中央行政机关与地方行政机关

根据所辖区域和事务范围,行政机关可以分为中央行政机关与地方行政机关。根据《宪法》《国务院组织法》《地方组织法》《国务院行政机构设置和编制管理条例》的规定,中央行政机关包括国务院、国务院组成部门、国务院直属机构、国务院组成部门管理的国家行政机构,地方行政机关包括一般地方行政机关(指地方各级人民政府、县级以上地方人民政府的工作部门以及派出行政机关)、民族自治地方的行政机关和特别行政区的行政机关。

中央行政机关与地方行政机关的划分意义在于合理界分二者的行政职权。在界分时,应当遵循《宪法》第3条第4款的规定,即"中央和地方的国家机构职权的划分,遵循在中央的统一领导下,充分发挥地方的主动性、积极性的原则"。

(二) 一般行政机关与部门行政机关

根据行政机关之间的隶属关系,行政机关可以分为一般行政机关与部门行政机关。一般行政机关包括国务院和地方各级人民政府,部门行政机关包括国务院组成部门、国务院直属机构、国务院组成部门管理的国家行政机构、县级以上地方人民政府的工作部门。

部门行政机关隶属于一般行政机关,一般行政机关有权向部门行政机关发布指示、命令,对部门行政机关进行监督。如根据《宪法》第89条第3项和第13项的规定,国务院统一领导各部和各委员会的工作,有权改变或者撤销各部、各委员会发布的不适当的命令、指示和规章。需要指出的是,不能因一般行政机关对部门行政机关享有领导权和监督权,就否认部门行政机关享有独立行使行政职权的资格。同时,一般行政机关与部门行政机关之间的相对独立性还表现在,一般行政机关不能直接行使专属于部门行政机关的行政职权,否则就构成了行政超越职权。如治安管理处罚权专属于公安机关,本级人民政府无权作出治安行政处罚决定。

(三) 综合性行政机关、执法性行政机关、管理性行政机关与监督性行政机关

根据行政机关行政职权的差异,行政机关可以分为综合性行政机关、执法性行政机关、管理性行政机关和监督性行政机关。综合性行政机关指国务院和地方各级人民政府,它们拥有广泛的行政职权,而且大多具有决策性,需要综合考虑辖区内政治、经济、文化、社会等各方面的情形。执法性行政机关指承担行政执法任务,直接与行政相对人发生法律关系的行政机关,如公安机关、工商行政管理机关、国土资源管理机关。管理性行政机关通常不直接与行政相对人发生关系,而是通过与其他行政机关发生关系,来实现对相关行政事项的调控,如财政机关、国务院机关事务管理局等。监督性行政机关指专门对行政法律规范的执行和遵守情况进行监督的行政机关。如根据《宪法》第91条和第109条的规定,国务院和县级以上的地方各级人民政府都设立审计机关,对行政机关的财政收支、国家的财政金融机构和

企业事业组织的财务收支等进行审计监督。又如,根据《行政监察法》第 2 条和第 7 条的规定,国务院和县级以上人民政府都设立监察机关,对国家行政机关及其公务员和国家行政机关任命的其他人员实施监察。①

三、行政机关组织法

行政机关是国家行政职能的承担者,其组建与运行情况直接关系到公共行政的质量。因此,如何组建行政机关及其内部机构,如何确定行政机关之间的关系及管辖分工,如何建立行政机关的基本工作制度,就成为国家法律制度建设的重要内容。行政机关组织法就是关于前述问题的法律规范的总称。我国尚未制定统一的行政机关组织法,而这类法律规范散见于《宪法》《国务院组织法》《地方组织法》《国务院行政机构设置和编制管理条例》《地方各级人民政府机构设置和编制管理条例》以及其他法律、法规之中。② 从确保行政机关能够依法、高效运转来看,行政机关组织法一般应包括以下内容:

(一)行政机关组织法的概念

法概念是构成法规范的元件,进而成为理解法规范的关键。因此,行政机关组织法至少应当对行政机关、行政机构、行政组织、行政授权、行政委托、行政代理等概念作出界定,为该法的正确适用奠定基础。这部分内容通常可以放置在法律的"附则"之中。

(二)行政机关组织法的原则

行政机关组织法的基本原则是对行政机关组织法基本精神的概括和升华,不仅应当折射宪政精神与行政法的基本原则,而且应当符合行政管理的客观规律。一般认为,行政机关组织法的基本原则包括三项:一是依法组织原则,即行政机关的职权与组建、内部机构设置、管辖关系、编制管理等工作都必须依法进行。该原则旨在保障行政相对人合法权益,促进责任政府的形成。二是行政分权原则,即采用分权方式组织行政,以便为行政相对人提供更多的参与行政管理的机会,同时防止因行政权的过度集中而带来行政专制与腐败。三是行政组织效率原则,即行政机关组织的设置、变更和撤销,应当以提高行政效率为宗旨。

 知识链接

行政任务取向的行政组织法

对行政组织法研究主线的探寻,必须考虑设立行政组织所追求的目标。大多数公共组织都有着多重目标,但总是存在核心目标,核心目标是组织内人员行动的方向,推动着公

---

① 当然,除专门行使监督职能的行政机关外,上级行政机关对下级行政机关也都拥有一定的监督权。不过,这类行政机关的主要职权不是监督,所以不放入监督性行政机关这一类别中。

② 实践中,国务院办公厅曾多次发布"三定方案"(定职能、定机构、定编制),对国务院所属行政机关与行政机构的设置目标、管理权限作出规定。一定程度上,"三定方案"发挥了行政机关组织法的功能。不过,在法律属性上,"三定方案"并非严格意义上的规章,更不是法律、法规,只是内部文件,是行政机关系统内的自律性约束,其权威性和适当性值得探讨。

共组织的绩效改革,也是行政组织法规范行政组织活动时,不可偏离的主轴。就行政组织而言,其核心目标当然是实现行政任务,尽管不同时期、不同层级、不同形态的行政组织所担负的行政任务有所差异,但从本质上看,都是达成特定行政任务的手段。秉承这一思路,当我们重新审视新、旧行政组织法研究的成果时,就会发现,行政任务在行政组织法研究中的长期空缺,正是传统行政组织法漠视中国单位制度下其他承担行政任务主体的原因所在,也导致了当下强调依法规范却忽略行政任务的单线型行政组织法研究进路。现在需要的是,根据行政任务的变迁,发展一种全方位的行政组织调控模式。考虑到此番公共行政改革意在促进行政组织的效能革新,行政组织法理论固然要对新生的及过去被忽视的其他行政组织形态加以研究,但更为关键和迫切的,是对促进行政效能的新举措,给出法治规范的分析框架。除过去已经讨论的行政组织概念、行政组织法意义之外,新的行政组织法,应围绕行政任务,就行政组织的设置、内部运作、财政、人员和监督方式,作出全面规范。(资料来源:郑春燕:《行政任务变迁下的行政组织法改革》,载《行政法学研究》2008 年第 2 期)

(三)行政机关的职权与类型

行政机关的职权涉及行政机关与其他社会组织在管理国家事务和公共事务方面的分工,以及中央行政机关与地方行政机关的职权分工,需要由行政机关组织法加以具体规定。同时,不同类型的行政职权,需要由不同的行政机关承担,因此行政机关组织法还需要规定行政机关的类型。

(四)行政职权行使中的基本制度

行政职权行使中的基本制度主要包括行政决策制度(行政首长负责制抑或委员会制)、行政授权、行政委托、行政代理、行政协助、行政管辖权冲突及其解决机制、行政组织程序制度等。这些制度的科学合理设置,可以保障行政职权的高效运行。

(五)行政机关的编制

行政机关的编制是指行政机关内部机构的设置及比例、工作人员的结构比例和定员等。行政机关的编制问题不仅关系到行政效率的高低,而且关系到公民税负的轻重,因此必须纳入法治的轨道。

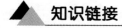

关于制定《行政编制法》的几点设想

在行政法律体系中,编制法与政府组织法、公务员法有着十分密切的联系:行政机关编制法是政府组织法的重要组成部分,它与《公务员法》一起共同支撑着政府组织法的运行。可以说,在行政主体这一法律规制体系中,《地方各级人民代表大会和地方各级人民政府组织法》是"母法",而《公务员法》和政府编制法是"母法"之下的"子法"。从法律体系配套的角度看，建立统一的编制法对于形成法律之间的协同效应——共同致力于政府结构与规模的调整和优化有着重要作用。笔者赞同单独设立一部专门的《行政编制法》，对政府机构编制管理工作的总定员、实体标准、程序与法律责任作统一的系统化规定，该法应当由以下几类重要规则组成：

一是确立行政区域公务员人数的总规模。编制制度建立的核心目的在于控制政府规模的无限膨胀，因此，对各级政府组成人员的控制是《行政编制法》的首要内容。我们可以借鉴日本编制立法的经验，在《行政编制法》中规定政府公务员的最高限额。同时，为适应行政管理工作实际，在具体人数的限制方面规定每一年度经总理向全国人大报告总编制数后由全国人大决定，原则上是总数逐年减少或持平，但不能增加，由全国人大控制总数。至于各级政党机关、人民团体以及政府直属的事业单位编制的控制，可以参照本法执行。

二是加强对编制的程序性管理。法治不仅要求公共权力的运行符合公正与理性的实体性要求，同时也必须满足程序公正的价值标准。特别是因为编制管理工作必须根据本地区、本部门实际情况有针对性地加以开展，这一特征决定了《行政编制法》对编制问题的规定，应当是更多地体现编制管理行为的程序性约束。因此，笔者建议《行政编制法》应当规定任何行政机关在进行人数的内部调整时，必须经历严格的编制提出、审查、论证和批准等程序，特别注意在论证和审批阶段，应当将所有机构编制数量的总和严格控制在总定员数量以下。法律还应当严格禁止越权审批机构编制、上级业务部门违反程序干预下级的机构编制等行为的发生。

三是制定行政编制管理的实体标准。为了有效规制行政编制的膨胀，防止出现精简与膨胀反复循环的局面，我们不仅需要对行政编制进行程序性管制，也仍然需要制定一些具有约束力的基本实体规范。当然，受到机构管理特征以及社会现实——社会高速发展时常引发局部的机构改革——的约束，行政机关编制法的实体规范较程序规范而言不易确定。具体而言，我们应当在法律上制定一系列禁止性条文，这些条文至少应当体现出如下几项具体规则：(1) 不准超编进人；(2) 不准擅自设立内设机构和提高内设机构的级别；(3) 不准违反领导职数配备的有关规定。

四是明确违法责任的承担。我国古代法律中早就有针对违反编制法律的处罚性规定。我们知道，没有法律责任规定的法律只会成为一纸空文，其效力难以得到保障。应在《行政编制法》设立专门的"法律责任"一章，对违反编制法律和相应配套制度的机构及其领导（包括其他主要责任人）处以相应的行政处分，触犯《刑法》者，追究其刑事责任。（资料来源：文正邦等：《行政编制制度的法典化趋势论析》，载《山东警察学院学报》2006 年第 6 期）

第二节　中央行政机关

一、中央行政机关概述

中央行政机关是国家行政体制的核心，其组织体系、职权划分与组织形式，直接制约着行政效率的高低和整个国家机构的运转情况。根据《宪法》《国务院组织法》的规定，中央行政机关包括国务院、国务院组成部门、国务院直属机构、国务院组成部门管理的国家行政机构。

二、中央行政机关类别

（一）国务院

国务院的前身是1949年10月21日成立的政务院。1954年《宪法》将"政务院"改称"国务院"。现行宪法（即1982年《宪法》）对国务院的性质、组成、决策体制、职权等作出了具体规定。1982年，《国务院组织法》颁行，国务院的组织机构建设逐渐规范起来。

1. 国务院的性质与组成

根据《宪法》的规定，国务院即中央人民政府，是最高国家权力机关的执行机关，是最高国家行政机关。这就奠定了国务院在国家机构体系与行政机关组织体系中的法律地位。

国务院实行任期制，每届任期与全国人民代表大会相同，即5年。国务院由总理、副总理、国务委员、各部部长、各委员会主任、审计长、秘书长组成。其中，总理的人选是由全国人民代表大会根据国家主席的提名来决定的，而国务院其他组成人员的人选则是由全国人民代表大会根据总理的提名来决定的。国务院所有组成人员都是由国家主席任命的，并且全国人民代表大会对他们有罢免权。在任期方面，总理、副总理、国务委员每届任期5年，连续任职都不得超过两届。

2. 国务院的决策体制

为提高行政效率，国务院实行总理负责制，总理领导国务院的工作，而副总理、国务委员协助总理工作。国务院工作中的重大问题，必须经国务院会议讨论决定。国务院会议分为国务院全体会议和国务院常务会议，其中国务院全体会议由国务院全体成员组成，国务院常务会议由总理、副总理、国务委员和秘书长组成。国务院会议由总理召集和主持。

3. 国务院的职权

《宪法》第89条规定了国务院的18项职权，即："（1）根据宪法和法律，规定行政措施，制定行政法规，发布决定和命令；（2）向全国人民代表大会或者全国人民代表大会常务委员会提出议案；（3）规定各部和各委员会的任务和职责，统一领导各部和各委员会的工作，并且领导不属于各部和各委员会的全国性的行政工作；（4）统一领导全国地方各级国家行政机关的工作，规定中央和省、自治区、直辖市的国家行政机关的职权的具体划分；（5）编制和执行国民经济和社会发展计划和国家预算；（6）领导和管理经济工作和城乡建设；（7）领导和管理教育、科学、文化、卫生、体育和计划生育工作；（8）领导和管理民政、公安、司法行政和监察等工作；（9）管理对外事务，同外国缔结条约和协定；（10）领导和管理国防建设事业；（11）领导和管理民族事务，保障少数民族的平等权利和民族自治地方的自治权利；（12）保护华侨的正当的权利和利益，保护归侨和侨眷的合法的权利和利益；（13）改变或者撤销各部、各委员会发布的不适当的命令、指示和规章；（14）改变或者撤销地方各级国家行政机关的不适当的决定和命令；（15）批准省、自治区、直辖市的区域划分，批准自治州、县、自治县、市的建置和区域划分；（16）依照法律规定决定省、自治区、直辖市的范围内部分地区进入紧急状态；（17）审定行政机构的编制，依照法律规定任免、培训、考核和奖惩行政人员；（18）全国人民代表大会和全国人民代表大会常务委员会授予的其他职权。"

从上述规定可以发现,《宪法》在列举国务院的职权时,并不关注各项职权之间的内在逻辑性,而旨在说明国务院是中央人民政府、最高行政机关以及国务院与全国人民代表大会及其常委会的关系,如特别强调国务院对所有行政机关都拥有领导权与监督权、对各项行政工作都拥有领导权和管理权。至于国务院通过何种方式来实现对行政机关、行政工作的领导、监督与管理,则可能是制定行政法规,也可能是制定行政措施、发布决定和命令等。

(二)国务院组成部门

1. 国务院组成部门的性质与决策体制

国务院组成部门是国务院的组成部分,它包括各部、各委员会、中国人民银行和审计署,依法分别履行国务院基本的行政管理职能。相比较而言,各部管辖的行政事务具有较强的专业性,而各委员会管辖的行政事务具有较强的综合性。国务院组成部门具有独立的行政管理职能,但对于工作中的方针、政策、计划和重大行政措施,应当向国务院请示报告,由国务院作出决定。

国务院各部、各委员会实行部长、主任负责制。各部部长、各委员会主任领导本部门的工作,召集和主持部务会议或者委员会会议、委务会议,签署上报国务院的重要请示、报告和下达的命令、指示,副部长、副主任协助部长、主任工作。

2. 国务院组成部门的设立、撤销与合并

国务院组成部门的设立、撤销或者合并,需要由国务院机构编制管理机关提出方案,经国务院常务会议讨论通过后,由国务院总理提出,并由全国人民代表大会决定;在全国人民代表大会闭会期间,由全国人民代表大会常务委员会决定。

知识链接

国务院机构改革

国务院组成部门的调整历来是行政机构改革的重点。迄今,国务院已经对其组成部门进行过七次大的改革,分别发生在 1982 年、1988 年、1993 年、1998 年、2003 年、2008 年和 2013 年。其中,2013 年的改革以"简政放权,转变政府职能"为宗旨。经过调整,目前共有 25 个组成部门,即外交部、国防部、国家发展和改革委员会、教育部、科学技术部、工业和信息化部、国家民族事务委员会、公安部、国家安全部、监察部、民政部、司法部、财政部、人力资源和社会保障部、国土资源部、环境保护部、住房和城乡建设部、交通运输部、水利部、农业部、商务部、文化部、国家卫生和计划生育委员会、中国人民银行、审计署。

3. 国务院组成部门的职权

国务院组成部门因管理的行政事务不同,它的职权也各不相同,但不外乎三个方面:

(1)部门规章的制定权。国务院组成部门可以根据法律和国务院的行政法规、决定、命令,在本部门的权限范围内,制定部门规章。部门规章规定的事项应当属于执行法律或者国务院的行政法规、决定、命令的事项,即部门规章只能进行执行性立法,而不能进行创设性立法。

（2）对本部门行政事务的管理权。作为国务院的组成部门,各部、各委员会有权根据法律和国务院的行政法规、决定、命令,在本部门的权限内,通过发布命令、指示和规章等方式,对行政事务进行管理。同时,对于地方各级人民政府中设置的相应的职能部门的行政事务,国务院组成部门有权依法进行领导或指导,以确保行政一体化。

（3）对本部门相关纠纷的裁决权。一方面,国务院组成部门可以依法对与本部门相关的特定的民事纠纷进行裁决;另一方面,国务院组成部门有权作为复议机关,对由自己及其下级行政机关的行政行为引发的行政争议,经当事人提出复议申请,依法进行复议,并作出复议决定。

（三）国务院直属机构

1. 国务院直属机构的性质

国务院可以根据工作需要和精简的原则,设立若干个直属机构,主管各项专门业务。虽然国务院直属机构具有独立的行政管理职能,但它们不是国务院的组成部门,因此其负责人不是国务院的组成人员,他们的任免由国务院自己决定。

2. 国务院直属机构的设立、撤销与合并

与国务院组成部门的设立、撤销与合并程序相比,国务院直属机构的设立、撤销与合并程序较为简单,由国务院机构编制管理机关提出方案,报国务院决定。当然,国务院机构编制管理机关提出设立方案时,应当对设立的必要性和可行性、承担的职能、与业务相近的国务院行政机关职能的划分以及编制情况作出说明;在提出撤销或合并方案时,应当对撤销或者合并的理由、撤销或者合并机构后职能的消失、转移情况以及撤销或者合并机构后编制的调整和人员的分流情况作出说明。目前,国务院的直属机构有16个。① 其中,国务院国有资产监督管理委员会是国务院直属特设机构,为正部级。这是我国加强国有资产监管、防止国有资产流失所采取的措施之一。

3. 国务院直属机构的职权

国务院直属机构的职权主要包括三个方面:一是具有行政管理职能的直属机构,可以根据法律和国务院的行政法规、决定、命令,在本部门的权限范围内,制定规章;二是作为某项业务的主管机关,国务院直属机构对该项业务拥有行政处理权;三是对与主管业务相关的纠纷,国务院直属机构拥有裁决权。

（四）国务院组成部门管理的国家行政机构

国务院组成部门管理的国家行政机构,一般被称为国务院部委管理的国家局,它由国务院组成部门管理,主管特定业务,行使行政管理职能。目前,该类行政机关共有16个。② 这些行政机关分别由不同的部、委员会管理,如国家粮食局与国家能源局由国家发展和改革委

---

① 即国务院国有资产监督管理委员会、海关总署、国家税务总局、国家工商行政管理总局、国家质量监督检验检疫总局、国家新闻出版广电总局、国家体育总局、国家安全生产监督管理总局、国家食品药品监督管理总局、国家统计局、国家林业局、国家知识产权局、国家旅游局、国家宗教事务局、国务院参事室、国家机关事务管理局。

② 即国家信访局、国家粮食局、国家能源局、国家国防科技工业局、国家烟草专卖局、国家外国专家局、国家公务员局、国家海洋局、国家测绘地理信息局、国家铁路局、中国民用航空局、国家邮政局、国家文物局、国家中医药管理局、国家外汇管理局、国家煤矿安全监察局。

员会管理,国家公务员局由人力资源和社会保障部管理,国家铁路局、中国民用航空局由交通运输部管理,等等。

国务院组成部门管理的国家行政机构的设立、撤销与合并程序与国务院直属机构相同,也是需要由国务院机构编制管理机关提出方案,报国务院决定。在职权方面,它们对自身主管的行政事务拥有管理权,对与之相关的纠纷拥有裁决权。不过,它们不具有规章制定权。

(五)国务院办公机构、办事机构和议事协调机构

在国务院的组织体系中,除了具有独立的行政管理职能的国务院组成部门、国务院直属机构、国务院组成部门管理的国家局等行政机关以外,还有三类不具有独立的行政管理职能的行政机构,即国务院办公机构、办事机构和国务院议事协调机构。国务院办事机构和议事协调机构的设立、撤销或者合并,都需要由国务院机构编制管理机关提出方案,报国务院决定。不同的是,国务院议事协调机构一般不单设实体性办事机构,不单独核定人员编制和领导职数。

1. 国务院办公机构

即国务院办公厅,它负责协助国务院领导处理国务院日常工作。它是根据《国务院组织法》的规定设立的,其职责、内设机构和人员编制则是由国务院批准的《国务院办公厅主要职责内设机构和人员编制规定》确定的。

2. 国务院办事机构

即协助国务院总理办理专门事项,不具有独立的行政管理职能的行政机构。国务院办事机构有4个,即国务院侨务办公室、国务院港澳事务办公室、国务院法制办公室、国务院研究室。根据《国务院关于机构设置的通知》(国发[2008]11号)的规定,国务院法制办公室承担"加强经济社会发展中紧迫性、重要性问题涉及的政府法制工作的职责"。

3. 国务院议事协调机构

即承担跨国务院行政机构的重要业务工作的组织协调任务的行政机构。它议事协调的事项,经国务院同意,由有关的行政机构按照各自的职责负责办理。在特殊或者紧急的情况下,经国务院同意,国务院议事机构可以规定临时性的行政管理措施。设立国务院议事机构,应当明确规定承担办事职能的具体工作部门;为处理一定时期内某项特定工作设立的议事协调机构,还应当明确规定其撤销的条件或者撤销的期限。如,根据《食品安全法》的规定,2010年国务院决定设立有15个部门参加的国务院食品安全委员会,作为国务院食品安全工作的高层次议事协调机构,同时设立国务院食品安全委员会办公室,具体承担委员会的日常工作。2013年国务院机构改革方案保留国务院食品安全委员会,但具体工作由国家食品药品监督管理总局承担。

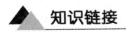
知识链接

《国务院组织法》修正内容

《国务院组织法》在内容扩充的同时,结构上必须作技术上的调整,就是变现行法的统篇不分章节的形式为分章节布局的形式。修正后的《国务院组织法》应当包括以下章节:

(1) 基本原则。修正后的《国务院组织法》中必不可少的一章应当是基本原则。该章除规定国务院的性质外,还要规定具体落实国务院属性必然涉及的内容,即国务院与全国人大及其常委会的关系、国务院与地方各级人民政府的关系以及国务院与其各组成部门之间的关系。(2) 国务院的领导体制。该章规定国务院的领导体制为总理负责制。应确立真正意义上的总理负责制,即总理能够有效实施直接领导,并亲自对全国人大及其常委会承担政治责任的职权—职责体系。(3) 国务院的领导方式。该章规定国务院的领导方式,应具体规定总理直接领导方式、会议集体审议后总理决定方式及会议集体讨论决定方式。此外还应规定会议的举行间隔、会期等。(4) 国务院的组成部门。国务院的组成部门,其实是政府的主要组成部门,对于国务院组成部门的规定,势必还会影响国家行政体系的总体结构设计。应以法律明文规定国务院的组成部门,即办公厅及十几个部的名称及基础职掌。考虑到国务院部门调整的需要,应规定部门调整的程序。(5) 国务院各部门的组织通则。即规定每个部委大致应由多少个司局组成,每个司局应设多少个处,每个处大致应有多少个人;各部委的领导体制、工作方式等。(6) 国务院的总编制数及国务院工资总额。为保证国务院能够适应其职能,应规定国务院总理对其人员的调配权、国务院总编制及工资总额的调整程序以及国务院总理对总编制及工资总额所承担的政治责任。(资料来源:张越:《修正〈国务院组织法〉片论》,载《行政法学研究》1999 年第 1 期)

第三节 地方行政机关

一、地方行政机关概述

地方行政机关设置,一方面要着眼于行政管理的需要,遵循高效、便民、精减原则,另一方面必须考虑现实状况、历史因素,遵循在中央统一领导下,充分发挥地方积极性的宪法原则。根据《宪法》、《地方组织法》的规定,地方行政机关分为一般地方行政机关、民族自治地方行政机关和特别行政区行政机关。

二、地方行政机关类别

(一) 一般地方行政机关

根据《宪法》第 105—109 条和《地方组织法》第 54—66 条的规定,一般地方行政机关包括地方各级人民政府及县级以上人民政府的工作部门。其中,地方各级人民政府是地方各级人民代表大会的执行机关,是地方国家行政机关,而县级以上人民政府工作部门是县级以上地方各级人民政府根据工作需要和精干的原则设立的行政机关,接受同级人民政府的统一领导。无论是地方各级人民政府,还是县级以上人民政府工作部门,它们都必须接受国务院的统一领导。

地方各级人民政府实行行政首长负责制,即省长、市长、县长、区长、乡长、镇长负责制,省长、市长、县长、区长、乡长、镇长分别主持地方各级人民政府的工作。地方各级人民政府的工作通过全体会议和常务会议讨论决定,其中常务会议的组成人员包括行政正职、副职和秘书长,而全体会议的组成人员还包括工作部门的行政正职。地方各级人民政府每届任期5年,其行政正职和副职由同级人民代表大会选举产生,其他政府组成人员由人民政府的行政首长提名同级人民代表大会决定任免。

在行政职能上,县级以上地方各级人民政府依照法律规定的权限,管理本行政区域内的经济、教育、科学、文化、卫生、体育事业、城乡建设事业和财政、民政、公安、民族事务、司法行政、监察、计划生育等行政工作,发布决定和命令,任免、培训、考核和奖惩行政工作人员;乡、民族乡、镇的人民政府执行本级人民代表大会的决议和上级国家行政机关的决定和命令,管理本行政区域内的行政工作。同时,上级人民政府对下级人民政府拥有监督权,如县级以上的地方各级人民政府有权改变或者撤销所属各工作部门的不适当的命令、指示和下级人民政府的不适当的决定、命令。

地方人民政府工作部门的设立、增减与合并,都必须按照法定程序进行。省、直辖市的人民政府的工作部门的设立、增加、减少或者合并,由本级人民政府报请国务院批准,并报本级人民代表大会常务委员会备案;县、市、市辖区的人民政府的工作部门的设立、增加、减少或者合并,由本级人民政府报请上一级人民政府批准,并报本级人民代表大会常务委员会备案。

(二) 民族自治地方行政机关

为保证少数民族人民实现自主管理本民族事务的权利,在少数民族聚居区设立民族自治地方,实行民族区域自治制度。

根据《宪法》和《民族区域自治法》的规定,民族自治地方包括自治区、自治州和自治县。民族自治地方行政机关是指自治区、自治州和自治县人民政府及其工作部门。民族自治地方的人民政府对本级人民代表大会和上一级国家行政机关负责并报告工作,在本级人民代表大会闭会期间,对本级人民代表大会常务委员会负责并报告工作。各民族自治地方的人民政府都是国务院统一领导下的地方行政机关,都必须服从国务院。民族自治地方的人民政府实行行政首长负责制,即自治区主席、自治州州长、自治县县长负责制,行政首长必须由实行区域自治的民族的公民担任。

民族自治地方的行政机关与一般行政机关相比,除具有一般行政机关所具有的行政职权外,还拥有一部分自治权。如《民族区域自治法》第20条规定:"上级国家机关的决议、决定、命令和指示,如有不适合民族自治地方实际情况的,自治机关①可以报经该上级国家机关批准,变通执行或者停止执行;该上级国家机关应当在收到报告之日起60日内给予答复。"又如,《民族区域自治法》第34条规定:"民族自治地方的自治机关在执行国家税法的时候,除应由国家统一审批的减免税收项目以外,对属于地方财政收入的某些需要从税收上加以照顾和鼓励的,可以实行减税或者免税。自治州、自治县决定减税或者免税,须报省、自治区、直辖市人民政府批准。"正是这部分法律规定的自主权,使民族区域自治制度的宗旨得以实现。

---

① 民族自治地方的自治机关除了指作为行政机关的自治区、自治州、自治县人民政府以外,还包括民族自治地方的人民代表大会。

（三）特别行政区行政机关

根据《宪法》第 31 条的规定,国家在必要时得设立特别行政区,而在特别行政区内实行的制度按照具体情况由全国人民代表大会以法律规定。香港特别行政区和澳门特别行政区已经成立,它们的制度分别由《香港特别行政区基本法》和《澳门特别行政区基本法》规定。

根据《香港特别行政区基本法》和《澳门特别行政区基本法》的规定,特别行政区政府是特别行政区行政机关,其首长是特别行政区行政长官。在与特别行政区立法会的关系方面,特别行政区政府必须遵守法律,对特别行政区立法会负责;执行立法会通过并已生效的法律;定期向立法会作施政报告;答复立法会议员的质询。《香港特别行政区基本法》还特别指出,特别行政区政府征税和公共开支须经立法会批准。在职权方面,特别行政区政府除制定并执行政策、管理各项行政事务、编制并提出财政预算和决算、拟定并提出法案、议案和附属法规以及委派官员列席立法会并代表政府发言外,还办理基本法规定的中央人民政府授权的对外事务。其中,特别行政区的行政机关在对外事务方面的职权是一般地方行政机关和民族自治地方的行政机关所没有的,也正是其"特别"之处。

三、中央行政机关与地方行政机关的关系

中央行政机关与地方行政机关之间的关系,不仅涉及中央行政机关与地方行政机关之间的职权划分,还涉及中央行政机关对地方行政机关的领导与监督。

（一）中央行政机关与地方行政机关之间的权限划分

《宪法》非常关注中央与地方的权限划分,确立了两项原则:一是以单一制为基础,以民族自治区和特别行政区为补充,即《宪法》在肯定我国是"统一的多民族国家"的基础上,规定"各少数民族聚居的地方实行区域自治","国家在必要时得设立特别行政区";二是规定"国家机构实行民主集中制的原则","中央与地方的国家机构职权的划分,遵循在中央的统一领导下,充分发挥地方的主动性、积极性的原则"。

就中央行政机关与地方行政机关的权限划分而言,《宪法》在第 89 条规定国务院的职权时指出,国务院"统一领导全国各级国家行政机关的工作,规定中央和省、自治区、直辖市的国家行政机关的职权的具体划分"。然后,《宪法》第 110 条第 2 款和《地方组织法》第 55 条第 2 款都明确指出,"全国地方各级人民政府都是国务院统一领导下的国家行政机关,都服从国务院"。甚至,《宪法》第 107 条还规定了地方各级人民政府的职权。不过,《宪法》《地方组织法》《香港特别行政区基本法》与《澳门特别行政区基本法》都没有具体列举哪些行政事务专属于中央行政机关或地方行政机关,哪些行政事务由中央行政机关与地方行政机关共同管辖。一般认为,国家在划分中央行政机关与地方行政机关的职权时,应考虑行政事务涉及的地域范围、行政机关领导或管理事务的能力、行政机关的职能、不同地方的特点以及行政事务本身的重要性。这样,外交事务、国防事务、货币与度量衡、国民经济与社会发展与布局规划等涉及全国利益的行政事务,由中央行政机关管辖;仅涉及特定地方利益的经济、教育、科学、文化、卫生、体育事业、城乡建设事业和财政、民政、公安、民族事务、司法行政、监察、计划生育等行政事务,由地方行政机关管辖;至于实施范围具有跨行政区域性质的行政

事务,如长江流域的水资源利用和污染防治问题,应由中央行政机关主持处理,召集地方行政机关共同管辖。同时,地方行政机关在处理行政事务时若在人力、物力、财力方面遇到困难,可以请求中央行政机关给予指导和帮助。

案例研究

结合中央行政机关和地方行政机关的职权划分
分析太湖水污染的防治之道

2007年夏天,太湖发生蓝藻危机,随后引发无锡市水危机。水危机发生后,无锡市人民政府以快刀斩乱麻之势,迅速采取了一系列强有力的治污措施。无锡市人民政府领导在接受《经济参考报》记者采访时乐观地表示:"只要假以时日,太湖治理的新的春天会看到的。"然而,又有人认为,太湖治理涉及环太湖沿岸两省一市,以无锡一城之力,恐难"让太湖水变清"。

(二) 中央行政机关对地方行政机关的领导与监督

在单一制的国家结构形式之下,不消说一般的地方行政机关,即便是拥有一定自治权的民族自治地方和特别行政区的行政机关,也都必须接受中央行政机关的领导和监督。

中央行政机关对地方行政机关的领导和监督主要通过三种方式实现:一是事前审批,即地方行政机关的重大行政决策必须报中央行政机关批准。如,就地铁的修建事宜而言,杭州市人民政府并没有最终决定权,而是必须报经国务院同意。二是事中检查,即中央行政机关对地方行政机关是否严格执行法律与国务院的行政法规、决定、命令的情况进行抽查或专项检查,及时发现问题。三是事后惩戒,即中央行政机关对地方行政机关的违法和不当的行政行为,有权予以撤销和变更,并进一步追究主管人员和直接责任人员的法律责任。

在论及中央行政机关对地方行政机关的领导和监督时,必须澄清的是,不能因此而否认地方行政机关的自主权。中央行政机关与地方行政机关都必须依法行使行政职权,地方行政机关在行使行政职权时,不受中央行政机关的非法干涉。而且,基于充分发挥地方积极性与主动性的考虑,中央行政机关应当给地方行政机关更多的自主权。

知识链接

毛泽东论中央与地方关系

中央和地方的关系也是一个矛盾。解决这个矛盾,目前要注意的是,应当在巩固中央统一领导的前提下,扩大一点地方的权力,给地方更多的独立性,让地方办更多的事情。这对我们建设强大的社会主义国家比较有利。我们的国家这样大,人口这样多,情况这样复杂,有中央和地方两个积极性,比只有一个积极性好得多。我们不能像苏联那样,把什么都集中到中央,把地方卡得死死的,一点机动权也没有。

中央要发展工业,地方也要发展工业。就是中央直属的工业,也还是要靠地方协助。至于农业和商业,更需要依靠地方。总之,要发展社会主义建设,就必须发挥地方的积极性。中央要巩固,就要注意地方的利益。

现在几十只手插到地方,使地方的事情不好办。立了一个部就要革命,要革命就要下命令。各部不好向省委、省人民委员会下命令,就同省、市的厅局联成一线,天天给厅局下命令。这些命令虽然党中央不知道,国务院不知道,但都说是中央来的,给地方压力很大。表报之多,闹得泛滥成灾。这种情况,必须纠正。

我们要提倡同地方商量办事的作风。党中央办事,总是同地方商量,不同地方商量从来不冒下命令。在这方面,希望中央各部好好注意,凡是同地方有关的事情,都要先同地方商量,商量好了再下命令。

中央的部门可以分成两类。有一类,它们的领导可以一直管到企业,它们设在地方的管理机构和企业由地方进行监督;有一类,它们的任务是提出指导方针,制定工作规划,事情要靠地方办,要由地方去处理。

处理好中央和地方的关系,这对于我们这样的大国大党是一个十分重要的问题。这个问题,有些资本主义国家也是很注意的。它们的制度和我们的制度根本不同,但是它们发展的经验,还是值得我们研究。拿我们自己的经验说,我们建国初期实行的那种大区制度,当时有必要,但是也有缺点,后来的高饶反党联盟,就多少利用了这个缺点。以后决定取消大区,各省直属中央,也是正确的。但是由此走到取消地方的必要的独立性,结果也不那么好。我们的宪法规定,立法权集中在中央。但是在不违背中央方针的条件下,按照情况和工作需要,地方可以搞章程、条例、办法,宪法并没有约束。我们要统一,也要特殊。为了建设一个强大的社会主义国家,必须有中央的强有力的统一领导,必须有全国的统一计划和统一纪律,破坏这种必要的统一,是不允许的。同时,又必须充分发挥地方的积极性,各地都要有适合当地情况的特殊。这种特殊不是高岗的那种特殊,而是为了整体利益,为了加强全国统一所必要的特殊。(资料来源:《毛泽东选集》第5卷,人民出版社1977年版,第275—276页)

思考题

1. 行政机关具有哪些特征?
2. 简述我国中央行政机关的类型及各自的职权。
3. 简述我国地方行政机关的类型及各自的职权。
4. 简述中央行政机关与地方行政机关的关系。

拓展阅读:

1. 应松年、薛刚凌:《行政组织法基本原则之探讨》,载《行政法学研究》2001年第2期。
2. 章剑生:《反思与超越——中国行政主体理论批判》,载《北方法学》2008年第6期。
3. 胡敏洁:《给付行政与行政组织法的变革》,载《浙江学刊》2007年第2期。

4. 林峰:《论香港特别行政区行政长官与立法机关之间的关系》,载《法学家》2007 年第 3 期。

5. 何颖:《中国政府机构改革 30 年回顾与反思》,载《中国行政管理》2008 年第 12 期。

6. 景朝亮:《试析大部制改革的几个预设性命题》,载《湖北社会科学》2013 年第 2 期。

7. 于安:《行政机关紧急权力和紧急措施的立法设计》,载《中国司法》2004 年第 7 期。

8. 应松年:《试论行政机关组织法》,载《政法论坛》1986 年第 1 期。

9. 应松年、薛刚凌:《行政机关编制法论纲》,载《法学研究》1993 年第 3 期。

10. 章志远:《民营化、规制改革与新行政法的兴起——从公交民营化的受挫切入》,载《中国法学》2009 年第 2 期。

11. 宋华琳:《公用事业特许与政府规制——中国水务民营化实践的初步观察》,载《政法论坛》2006 年第 1 期。

12. 〔日〕盐野宏:《行政组织法》,杨建顺译,北京大学出版社 2008 年版。

13. 任进:《行政组织法研究》,国家行政学院出版社 2010 年版。

14. 赵永茂等:《府际关系:新兴研究议题与治理策略》,社会科学文献出版社 2012 年版。

15. 孙谦、韩大元:《行政机关——世界各国宪法的规定》,中国检察出版社 2013 年版。

第五章

行政相对人

> ✦ **学习目标**
> 通过本章的学习,学生可以掌握以下内容:
> 1. 行政相对人的概念、法律地位
> 2. 行政相对人的权利
> 3. 行政相对人的义务
>
> ✦ **关键概念**
> 行政相对人　行政相对人的权利　行政相对人的义务

第一节　行政相对人概述

一、行政相对人概念

在我国行政法学史上,对于如何称谓行政法律关系中与行政机关相对应的一方当事人,即公民、法人或其他组织,学术界曾经争论良久,并先后出现了"行政客体"[①]"行政管理相对人"[②]"行政相对方"[③]"行政相对人"[④]等不同观点。最终"行政相对人"凭借其简洁、不易产生误解、能够清晰展示与行政机关之间的关系等优势,逐渐获得了行政法学界认同,并成为一种通说。

不过,这种认同更多是学术意义上的,而制定法上更倾向于使用"公民、法人或其他组织"这一表述方式,如《行政诉讼法》《行政复议法》《行政许可法》《行政强制法》《政府信息

---

① 应松年、朱维究主编:《行政法学总论》,工人出版社1985年版,第21页。
② 应松年主编:《行政法学教程》,中国政法大学出版社1988年版,第23页。
③ 罗豪才主编:《行政法学》,北京大学出版社1996年版,第19页。
④ 王连昌主编:《行政法学》,中国政法大学出版社1994年版,第124页。

公开条例》都把相对人称作"公民、法人或其他组织"。① 如《行政诉讼法》第 2 条规定:"公民、法人或者其他组织认为行政机关和行政机关工作人员的具体行政行为侵犯其合法权益,有权依照本法向人民法院提起诉讼。"

简言之,所谓行政相对人,是指在行政法律关系中,与行政机关相对应的、受行政职权的作用或行政行为影响的另一方当事人。在理解行政相对人的内涵时,需要注意以下三点:(1)行政相对人是行政法律关系的主体之一。作为行政法律关系主体,行政相对人拥有独立的法律地位,它在依法享有权利的同时,还应当承担法定义务。(2)在行政法律关系中,行政相对人需要受到行政职权的约束。虽然行政机关与行政相对人都是行政法律关系的主体,但基于维护公共利益的需要,法律允许享有行政职权的行政机关课予行政相对人义务,甚至可以直接对行政相对人采取强制措施,实施法律制裁。当然,我们不能因行政相对人需要接受行政机关的领导和指挥,而否认其独立的法律关系主体资格。(3)"行政相对人"是一个动态概念,用来表征在特定行政法律关系中与行政机关相对应的另一方当事人。至于"行政相对人"的具体形态,则既可能是组织,也可能是自然人。而且这些组织与自然人,不仅可以成为行政法律关系的主体,也可以成为民事法律关系的主体。

前沿引介

行政相对人不是行政权支配的客体

行政相对人权利充分强化和扩展,打破了原来长期存在的行政权力与公民权利不对等的格局,这主要表现为:

第一,行政主体只有权力而行政相对人只有义务的单方强权行政现象已不复存在。行政相对人权利的充分、全面发展,使得在任何一种具体行政法律关系中,行政主体与行政相对人双方都互有权利义务,他们之间的差别只是双方权利义务的性质、内容不同,各自权利义务分属于国家和个人或组织,不能像民事法律关系中的双方权利义务那样进行等值衡量和等价交换。如在行政处罚法律关系中,行政主体过去仅享有处罚权力而不履行任何义务,行政相对人只有接受处罚的义务,但当行政相对人享有了听证等行政程序权利之后,行政主体在行使行政处罚的权力同时,必须履行说明理由、允许行政相对人申辩以及接受监督的义务。

第二,行政相对人各类权利的充分扩展,使得大量以行政主体履行义务而行政相对人享受权利的法律关系形成,如行政机关对行政相对人提供服务或救助的法律关系等。从权利义务关系的结构讲,一方依法享有权利,另一方则有相应的义务。行政相对人权利是具有特定意义的概念,指由行政法所规定或确认的、在行政法律关系中由行政相对人享有并与行政主体的义务相对应的各种权利。行政相对人权利所具有的重要特征之一,就是它们是专门对应于行政主体的义务的权利。对于这些权利,行政主体必须履行义务才能使其得以实现。

---

① 近年,在人民法院和人民政府的法律文件中,也出现过"行政相对人"的提法,如最高人民法院《关于审理行政案件适用法律规范问题的座谈会纪要》(法[2004]96号)与《关于当前形势下做好行政审判工作的若干意见》(法发[2009]38号)、北京市高级人民法院《关于加强在行政审判中保护行政相对人合法权益的若干意见》(京高法发[2009]88号)、甘肃省白银市人民政府《关于保留全市行政许可项目和政府对行政相对人的备案制管理项目的公告》,等等。

行政主体义务因行政相对人权利的扩展而不断增加,从而形成另一种意义上的反向性不对等关系,它们使得行政主体从过去的权力本位转为义务本位,打破了以往国家权力对公民义务的单向度不对等格局,强化了行政相对人对行政主体的平衡地位。

第三,行政相对人权利的扩展增强了对行政权力的抗衡度,弱化了行政权力的专横性。行政相对人是贯穿于行政活动的具体过程中的重要主体,他们参与行政权力的运作过程并在其中运行其权利,因而成为行政活动中对行政权力的重要约束力量。行政相对人权利对行政权力的抗衡有多种表现,如参政议政、批评建议等实体权利,对控制、约束行政权力的滥用有预警功能、检查监督功能和促使其纠正错误的功能。行政相对人在行政过程中的听证等程序权利,能渗透并结合于行政权力之中,成为行政权力运行的必要组成部分,当行政权力缺乏行政相对人这种程序权利的融合时,将被归于程序违法而无效。从这个意义讲,它是一种参与行政权力运行的权利,具有阻止其在违反法定程序时生效的功能。权利对权力抗衡度的增长,在很大程度上均衡了双方的地位和力量对比关系。(资料来源:方世荣:《对当代行政法主体双方地位平等的认知》,载《法商研究》2002年第6期)

二、行政相对人范围

凡是公民和组织都可以成为行政相对人。因为,基于整合行政秩序,为经济、政治和文化发展提供稳定条件的需要,任何公民和组织都必须服从行政机关的管理。就行政相对人的范围而言,以下问题值得关注:

(一)非法人组织

《行政诉讼法》《行政复议法》《国家赔偿法》《行政许可法》《行政强制法》等都将行政相对人表述为"公民、法人或其他组织"。从逻辑上看,这里的"其他组织"指的就是不具有法人资格的"非法人组织"。不过,这个逻辑结论并非意味着所有的"非法人组织"都可以成为行政相对人,如当整个组织是法人时,法人内部的部分组织就不是行政相对人。也就是说,一个有限责任公司因具有法人资格,可以成为行政相对人,但该有限责任公司内部的一个机构(如人力资源办公室)就不能成为行政相对人。

(二)外国人与外国组织

虽然前述制定法中使用了"公民"一词,外国人不是我国公民,但具有外国国籍的人依然可以成为我国行政法上的行政相对人。行政权属于一国主权的组成部分,行政权的作用范围应遵循属地原则,即在一国领土之内发生的任何事情,都需要接受该国行政法规范的约束。因此,无论是外国人还是外国组织,都可以成为我国行政法律关系中的行政相对人。如根据《外国人入境出境管理法》的规定,公安机关对外国人进行管理,此时外国人就成为我国行政法上的行政相对人。

(三)国家机关

根据《民法通则》的规定,法人组织包括机关法人、事业单位法人、社会团体法人和企业法人等类型。实践中,我们经常见到的是社会团体法人与企业法人作为行政相对人,而很少见到国家机关作为行政相对人。事实上,在特定的情境中,国家机关可以成为行政职权的作用对象,进而成为行政相对人。如法院专司审判职责,在行使审判权时,当然不能成为行政相对人。但是,法院若扩建办公大楼,必须向规划部门申领建设工程规划许可证,此时,法院就成为规划部门的行政相对人。对规划部门颁发建设工程规划许可证行为不服的,法院可以依法提起行政诉讼。

 知识链接

法人的分类

机关法人,是指依法行使国家行政权力,并因行使职权的需要而享有相应的权利能力和行为能力的国家机关。事业单位法人,是从事非营利性的各项社会公益事业的各类法人,包括从事文化、教育、卫生、体育、新闻出版等公益事业单位。社会团体法人,是指由自然人或法人自愿组成,从事社会公益事业、文学艺术活动、学术研究、宗教等活动的各类法人,如中国法学会等。企业是指从事生产、流通、科技等活动,以获取盈利和增加积累、创造社会财富为目的的营利性社会经济组织,是国民经济的基本单位。企业法人就是这些组织中具备法人资格者。(资料来源:张玉敏主编:《民法》(第2版),高等教育出版社2012年版,第66页)

三、行政相对人分类

行政相对人作为一个集合概念,它包括了不同类别的行政相对人。对行政相对人作若干分类,可以加深对行政相对人的理解。行政相对人可以分为:

(一)自然人行政相对人与组织行政相对人

根据行政相对人的形态,行政相对人可分为自然人行政相对人与组织行政相对人。自然人行政相对人,包括公民和具有外国国籍或无国籍的外国人;组织类行政相对人,包括具有法人资格的组织和不具有法人资格的组织。个体工商户在行政法律关系中属于自然人行政相对人。

这一分类的法律意义在于,在某些行政法律关系中,行政相对人只能是自然人行政相对人或者只能是组织类行政相对人。如行政拘留这一行政处罚的行政相对人(被处罚人)只能是自然人,婚姻登记的当事人也只能是自然人,而吊销企业营业执照的行政相对人,只能是组织行政相对人。

(二)抽象相对人与具体相对人

鉴于在行政法学理上行政行为有抽象行政行为与具体行政行为之分,行政相对人也就有了抽象相对人与具体相对人之分。与抽象行政行为和具体行政行为的区别相关,抽象相对人具有不确定性,抽象行政行为对其权益的影响仅仅是一种可能性,这种可能性通常需要通过具体行政行为中介,才能成为现实;具体相对人具有确定性,具体行政行为对其权益的影响是一种客观事实。

抽象相对人与具体相对人的划分意义在于,二者的维权途径不同。对具体相对人而言,他不服具体行政行为时,可以通过依法申请行政复议或提起行政诉讼来维权;对抽象相对人而言,他不服抽象行政行为,只能通过启动人民代表大会或者行政系统内部的备案审查程序等来维护自己的合法权益。

(三) 行政对象人与行政相关人

行政行为在行政法律关系中对行政相对人不同的效力,形成了行政相对人不同的法律地位。基于其不同的法律地位,行政相对人分为行政对象人与行政相关人。行政对象人是指行政行为所直接指向的行政相对人。行政相关人是与行政行为有法律上利害关系的行政相对人。以行政处罚为例,接受行政处罚的一方为行政处罚行为直接针对的对象,是行政对象人;在行政处罚中,往往还存在受害方(即被处罚者的侵害对象),受害方不是行政处罚决定的对象人,但与行政处罚决定之间存在法律上的利害关系,受到行政处罚决定的间接影响,是行政相关人。

在《行政诉讼法》实施之初,行政法学上的行政相对人仅仅限于直接相对人。随着对行政决定效力理论的深入研究,以及保障个人、组织合法权益的呼声的高涨,在立法上遂把行政相关人也纳入行政相对人的范畴。如最高人民法院《若干解释》第13条规定:"有下列情况之一的,公民、法人或者其他组织可以依法提起行政诉讼:(1)被诉的具体行政行为涉及其相邻权或者公平竞争权的;(2)与被诉的行政复议决定有法律上利害关系或者在复议程序中被追加为第三人的;(3)要求主管行政机关依法追究加害人法律责任的;(4)与撤销或者变更具体行政行为有法律上利害关系的。"这一司法解释显然将"相邻权人""被害人"等行政相关人也划入了行政相对人。

第二节 行政相对人权利

一、行政相对人权利概述

所谓行政相对人的权利,指由行政法规范所规定与确认的,行政相对人在行政法律关系中能作出一定行为或要求行政机关履行一定义务的能力与资格。对这一概念,我们可从以下四个方面作进一步解释:(1)从权利来源上看,行政相对人的权利来自于行政法规范的规定与确认,是宪法赋予公民、组织的基本权利在行政法律关系中的具体细化。(2)从表现形式看,行政相对人的权利表现为行政相对人可以自主决定作出一定的行为,以及请求行政机关履行法定职责。(3)从实现方式来看,行政相对人的权利需要行政机关履行法定职责来予以保障。(4)从行政相对人的权利与公民、组织的民事权利的关系看,二者除在权利的运用范围和发生主体方面存在区别外,还会发生权利性质的转换。如公民、组织的某些权利,在行政领域中是行政相对人的权利,在民事领域中发生性质转换,成为民事权利;或者在民事领域中是民事权利,在行政领域中转化,成为只针对行政机关,并由行政机关履行特定法定职责时才能享有的行政相对人的权利。①

二、行政相对人权利的类型

行政相对人权利因行政法规范众多、且涉及的领域广泛,所以它是一个内容厚实、种类较多的权利综合体。从行政相对人权利的外在视角,根据不同的标准,行政相对人权利可以划分为如下不同类型:

(一) 实体性权利与程序性权利

从权利性质来看,行政相对人的权利可分为实体性权利(substantive rights)和程序性权利(procedural rights)。前者如财产权、人身自由权、生命权等,后者如申请权、陈述权、参与权等。实体性权利与程序性权利具有同等的法律价值,不得因程序性权利没有实体性权利内容而受到轻视;没有程序性权利保障,实体性权利也难以实现。

基于维护公共利益、提高行政效率的需要,在行政行使过程中,法律规定和确认了行政相对人的必要的实体性权利。与此同时,为了制约行政权,防止行政机关滥用职权,法律赋予行政相对人较多的程序性权利。而且,对侵害行政相对人程序性权利的程序违法行为,法律提供了必要的保障性制度。如根据《行政诉讼法》第 54 条的规定,对于"违反法定程序"的行政行为,人民法院可以判决全部撤销或部分撤销。又如,《行政处罚法》第 3 条第 2 款规定:"没有法定依据或者不遵守法定程序的,行政处罚无效",对"法定程序"与"法定依据"给予了同等对待。

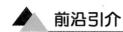

前沿引介

实体性权利和程序性权利

实体性权利是静态意义上的权利,即人们对某种实体利益所具有的受法律保护的资格和权能,这些利益包括生命、名誉、人格、自由和财产等等。实体性权利反映的是权利的目的或结果要素,它表明的是主体对于社会资源的合法拥有状态。就一般意义上讲,某人拥有权利意味着他拥有某种可以得到正当化的主张和请求,即某种利益应当得到社会的承认和保护。权利就是某种被保护的利益。当然,并非所有的利益都被当做权利而受到保护,因为实际的权利状态还依赖于特定的法律制度。在这里,由于我们探讨的是法律权利,我们必须将眼光投向法律制度。在任何法律制度中,都存在着这样一些利益,它们被认为对于维持或促进社会所期望的某种状态是如此重要,以至于社会有必要通过法律而对这些利益提供保障。这些法律制度通常被称为实体法制度。实体法指向某种社会所期望的结果和状态。

尽管我们通常从实体利益的角度来考虑权利,但不应该忽视程序性权利的存在及其意义,对于实体性权利的观念本身来说,程序是其不可缺少的一个方面。任何一种利益或实体性权利都必须通过程序而实现或获得保障。事实上,对权利问题的研究无法回避这样一些问题:人们应当如何行使权利?当某人所享有的权利受到侵害时,他依据受法律保护的某种

---

① 参见方世荣:《论行政相对人》,中国政法大学出版社 2000 年版,第 73—75 页。

资格或权能能够采取哪些行为以保护其权利？他应当按照什么样的方式、步骤、形式来行使这些权利？应当在何时行使这些权利？他应当向哪个国家机关请求对其提供法律保护？等等。这些问题的提出要求我们必须从权利行使和实现的角度来对待权利观念的另一方面，即程序性权利。在法律制度中，实体法总是通过相应的程序法制度而实施的，实体性权利义务也总是通过程序性权利义务而得到落实。（资料来源：王锡锌：《行政过程中相对人程序性权利研究》，载《中国法学》2001年第6期）

（二）人的权利与关涉物的权利

本质上，行政相对人的权利都是关涉人的权利，因为只有人才能成为权利主体。但仔细审视一些行政相对人后可以发现，行政相对人的某些权利，离开了标的之物，这种权利就失去了存在价值。基于这一认识，我国台湾地区学者将行政相对人的权利分为人的权利和关涉物的权利，前者如人身自由权、健康权、获得教师资格的权利，后者如获得建设工程规划许可证的权利、针对土地等不动产所享有的各种权利等。[①] 这一分类对区分权利的产生、变更及终止的法定要件具有重要价值。

（三）请求权、形成权与支配权

根据权利对行政法律关系的作用，参照民事权利的体系，可以将行政相对人的权利分为请求权、形成权和支配权。[②]

请求权，指行政相对人可以请求行政机关履行某种给付职责的权利。其中，给付内容非常广泛，包括各种法律利益的满足。如请求行政机关给予社会救助，请求行政机关确立某种行政法律关系等。形成权，指行政相对人行使该权利后，能够导致行政法律关系产生、变更、中止或消灭。如行政合同的变更权、解除权等。支配权，指行政相对人对权利的客体进行处分的权利，其核心是排除国家公权力的干涉。支配权主要表现为基本权利中的各种自由权和财产权，如人身自由和合法财产不受公权力非法干涉的权利等。

三、行政相对人权利的内容

从行政相对人权利的内在视角，我们可以从分类标准以外的角度理解行政相对人权利的内容。一般认为，行政相对人的权利包含以下内容：

（一）防御权

"防御权"概念最早出现于德国联邦宪法法院1958年的"吕特判决"，而后成为当代宪法学上普遍使用的概念。我国宪法中没有明确规定公民拥有防御权。但是，《宪法》明确规定"国家尊重和保障人权"，其中对国家"尊重义务"的规定，意味着国家对基本权利负有"不侵犯义务"，进而从侧面表明基本权利具有防御国家公权力侵害的功能。行政相对人的权利是公民基本权利在行政法律关系中的转化，因此，防御行政权的侵害成为行政相对人的一项

[①] 吴庚：《行政法之理论与实用》，中国人民大学出版社2005年版，第105页。
[②] 同上书，第102页。

重要权利。

从字面上看,防御权旨在防止和抵御来自作为公权力的行政权的侵害。如行政相对人对行政机关非法侵害其合法权益的行为有"停止侵害请求权",即有权要求行政机关停止侵害行为。① 又如行政相对人对行政机关实施的无效行政行为拥有抵抗权,即有权依法予以抵制。② 同时,作为对防御不能所产生的权益损害的补救,行政相对人可以选择行政复议、行政诉讼和行政赔偿等多种程序进行法律救济,而法律救济权又可以视作防御权的合理延伸。

(二)给付请求权

给付请求权,指行政相对人通过请求行政机关积极履行法定职责而获得各种利益和利益保障的权利。这里的给付,不限于财产给付,而是指所有法律利益的满足。

给付请求权产生于19世纪末20世纪初。当时,随着经济垄断的逐步发展和城市化进程的推进,个人依赖公共事业的程度越来越强,特别是在水、电等公共产品领域以及医疗保障、失业救济等社会保障领域。可以说,个人越来越依赖政府,希望政府能够承担起"生存照顾"的角色。甚至,德国公法学巨擘福斯多夫直言,"生存照顾乃现代行政之任务"。在这种社会背景之下,服务行政理念渐入人心,行政相对人的权利也由消极的防御权扩展出积极的给付请求权。

行政相对人的给付请求权大致包含三项内容:一是获得行政保护权,即行政相对人有得到合法、正当、平等保护的权利。如公民财物失窃后向公安机关报案,公安机关有法定职责及时立案和展开侦查,而不应选择性立案与侦查。二是行政受益权,即行政相对人有权依据法律从行政机关处获得某种利益。如法律规定给予相对人行政奖励的情形。③ 三是获得行政救助的权利。

(三)程序参与权

程序参与权,指行政相对人能够有效参与与自己有直接或间接利害关系行政行为(包括行政决定、行政决策、行政立法等)的作出过程,并能影响行政行为的进程和内容的权利。程序参与权的确立,与民主、宪政的发展趋势相关,也与国家对人权的尊重和保障相关,因为,"私人根据其所处的法律地位,有权站在国民或居民这种主权者的立场上,使自己的意见反映到行政决策中去"④,而"在国家机关作出各项实体决定时,公民只有被尊重为法律程序的主体,享有充分的陈述意见、辩论等参与机会,才能真正捍卫其基本人权"⑤。与此同时,在参与过程中,行政相对人更多地了解了行政行为作出的事实、法律依据,对行政行为的接受程度也会随之提高。

程序参与权的成功启动与有效运用,要求行政机关必须履行一定的法定职责:(1)告

---

① 《行政诉讼法》对诉讼不停止执行原则的例外情形的规定,就蕴含着行政相对人的停止侵害请求权。
② 如《税收征收管理法》第59条规定:"税务机关派出的人员进行税务检查时,应当出示税务检查证和税务检查通知书,并有责任为被检查人保守秘密;未出示税务检查证和税务检查通知书的,被检查人有权拒绝检查。"
③ 如《税收征收管理法》第13条规定:"任何单位和个人都有权检举违反税收法律、行政法规的行为。收到检举的机关和负责查处的机关应当为检举人保密。税务机关应当按照规定对检举人给予奖励。"
④ 〔日〕室井力:《日本现代行政法》,吴微译,中国政法大学出版社1995年版,第45页。
⑤ 方洁:《参与行政的意义——对行政程序内核的法理解析》,载《行政法学研究》2001年第1期。

知,即当行政行为有可能侵害行政相对人的实体性权利时,行政机关有职责将这种可能性以及行政相对人在这一过程中所享有的权利告知行政相对人。这一职责既是尊重行政相对人的主体性地位的表现,也为行政相对人维护实体性权利提供了可能性。就行政机关方面而言,告知应当及时、充分。(2)听取意见,即在行政过程中,行政机关应当采取各种方式,认真听取行政相对人的陈述和申辩,并接受其中具有合理性的意见。听取意见的方式,可以是口头形式的,也可以是书面形式的。就口头形式而言,听证是经常被提及的一种方式。听证的本质在于让当事人参与行政行为的过程,并充分发表辩论意见。因此,听证能够使得行政行为在充分交涉、全面讨论的基础上作出,以尽可能保证结果的公正。当然,听证有正式听证与非正式听证之分,并非只有像法院审判一样的正式听证会才是听证,事实上,为降低行政成本,实践中大量采用的是非正式听证,因为非正式听证已经可以实现听证制度所需要实现的功能——给相对人发表意见的机会。(3)说明理由,即行政机关应当向行政相对人说明作出行政行为的事实依据、法律依据和予以考虑的裁量因素。参与过程是一个行政相对人与行政机关不断进行交涉的过程。在这一过程中,行政机关应当不断地向行政相对人阐释作出行政行为的理由,以便获得行政相对人的理解与支持。

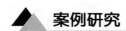
案例研究

交警能否对郭沛铭加重处罚

2007年7月23日,广东明境律师事务所司机郭沛铭送本所律师到大沙头电器市场取物,将车停在大沙头四马路,其在车旁边等候。仅几分钟,有广州市公安局交通警察大队东山支队的交警开车来到车旁,郭沛铭立即上前表示将车马上开走,但交警不同意,执意要开罚单。在其开完罚单准备交原告签名时,本所律师赶来,提出处罚200元太重,与交警协商看能否少罚,交警梁某说:"好",然后重新开了一张罚单交给郭沛铭。这张罚单是罚款200元、扣2分。同时,将原罚单0486502号违法行为第17条"机动车违反规定停放、临时停车、妨碍其他车辆通行的"变更为现罚单0486503号违法行为第95条"机动车违反禁止标志指示的",两相比较后此处罚行为更重。

郭沛铭承认有违章临时停放的过错,但认为其作为专职司机并没有离开,不妨碍交通和行人,按交通法规定应认定为最轻的违法行为,属规劝离开或警告,即使处罚,也不应按最高标准处罚,更不能仅因合理申辩而被重新加重处罚。于是,郭沛铭提起行政诉讼,请求撤销被告作出的0486503号行政处罚决定书,并赔礼道歉。庭审中,争议焦点之一是"当事人申辩,交警能否作出加重处罚"?(资料来源:练情情:《申辩被重罚,司机告交警乱罚款》,载《广州日报》2007年9月11日)

(四) 信息获取权

程序参与权为行政相对人与行政机关进行沟通提供了可能性,但参与效果如何,特别是行政相对人能否有效防范行政机关的侵权,与行政相对人自身的"信息装备"相关。也就是说,行政相对人只有充分掌握与行政过程有关的事实、法律信息,才能构筑起抵抗行政权侵害的堤坝。这就涉及行政相对人的信息获取权。

信息获取权,既包括政府信息公开请求权,也包括卷宗阅览权。前者如根据《政府信息公开条例》第13条的规定,除行政机关主动公开的政府信息外,行政相对人还可以根据自身生产、生活、科研等特殊需要,向国务院部门、地方各级人民政府及县级以上地方人民政府部门申请获取相关政府信息;后者如根据《行政复议法》第23条的规定,行政复议申请人、第三人可以查阅被申请人提出的书面答复、作出行政行为的证据、依据和其他有关材料,除涉及国家秘密、商业秘密或者个人隐私外,行政复议机关不得拒绝。

行政相对人的信息获取权与行政机关的信息公开义务相关联。鉴于政府信息的公开可能损害国家利益、公共利益以及第三人的合法权益,因此政府信息的公开并不是绝对的,相应的,行政相对人的信息获取权在实现程度上也受到一定限制。不过,任何对行政相对人信息获取权的限制,都应当具有法律依据。

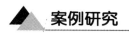

有关部门的做法错在哪里

据《南方周末》2000年10月12日报道,中共江西省委农工委机关杂志《农村发展论丛》杂志社,以2000年增刊的形式,出版了《减轻农民负担工作手册》(以下简称《手册》)。不到半个月,卖了近12000册,遍布江西省11个地区,购书者几乎全都是农民。8月11日,杂志社突然接到一个通知:停止销售,并收回已售的书。有关部门依据购书农民的登记地址,分头下乡,"不惜一切代价"收回《手册》;而一些地方政府部门包括公安机关也接到指令,要求"挨家挨户"收回《手册》,不可遗留。他们的口号是"书卖到哪里,(不良)影响消除到哪里"。到8月底,有11000余册《手册》在农村走了一圈后又被送回南昌,存在仓库等待销毁。

(五)申请回避权

申请回避权,指在特定情形下,如行政机关工作人员与行政相对人或案件有利害关系,或存在其他可能影响公正执行公务的情形时,行政相对人有请求该工作人员退出行政程序的权利。申请回避权的设置目的是防止偏私,保障实体公正和程序公正。

《行政处罚法》《行政许可法》规定,在听证程序中,行政相对人有权申请听证主持人回避。国务院《全面推进依法行政实施纲要》将回避制度作为"程序正当"的重要内容,即"行政机关工作人员履行职责,与行政管理相对人存在利害关系时,应当回避"。《公务员法》更是将公务员的回避分为任职回避、地域回避和公务回避,进而使回避义务成为公务员的普遍性义务。而且,《公务员法》第71条对回避程序作出规定,即:"公务员有应当回避情形的,本人应当申请回避;利害关系人有权申请公务员回避。其他人员可以向机关提供公务员需要回避的情况。机关根据公务员本人或者利害关系人的申请,经审查后作出是否回避的决定,也可以不经申请直接作出回避决定。"

（六）个人信息保密权

个人信息保密权，指行政机关在行政过程中，非经法定程序，不得公开行政相对人的个人信息。换句话说，行政机关对行政相对人的个人信息负有保密义务。所谓个人信息，"包括人之内心、身体、身份、地位及其他关于个人之一切事项之事实、判断、评价等之所有信息在内"。[①] 行政机关在行使职权过程中，可以获得大量的个人信息。然而，对个人信息的不当收集、传输与利用，将严重损害个人的合法权益。因此，即便确立了政府信息公开原则，行政机关也不得随意公开个人信息。

我国对个人信息的保护还非常薄弱，当前立法主要关注对个人隐私的保护。[②]《政府信息公开条例》第14条第4款规定："行政机关不得公开涉及国家秘密、商业秘密、个人隐私的政府信息。但是，经权利人同意公开或者行政机关认为不公开可能对公共利益造成重大影响的涉及商业秘密、个人隐私的政府信息，可以予以公开。"同时该条例第23条规定："行政机关认为申请公开的政府信息涉及商业秘密、个人隐私，公开后可能损害第三方合法权益的，应当书面征求第三方的意见；第三方不同意公开的，不得公开。但是，行政机关认为不公开可能对公共利益造成重大影响的，应当予以公开，并将决定公开的政府信息内容和理由书面通知第三方。"这说明，无论是政府信息的主动公开，还是依申请公开，行政机关对行政相对人的隐私都负有保密义务。同时，这种保密义务不是绝对的，基于公共利益的需要，行政机关不受该义务的约束。也有立法涉及对个人信息的保护，如《税收征收管理法》第59条规定："税务机关派出的人员进行税务检查时，应当出示税务检查证和税务检查通知书，并有责任为被检查人保守秘密；未出示税务检查证和税务检查通知书的，被检查人有权拒绝检查。"

（七）行政监督权

行政监督权，指行政相对人有权对行政机关行使职权的情况进行监督，提出批评、意见和建议，甚至检举和控告。行政监督权是宪法上的监督权在行政领域的具体化。如《政府信息公开条例》第33条第1款规定："公民、法人或者其他组织认为行政机关不依法履行政府信息公开义务的，可以向上级行政机关、监察机关或者政府信息公开工作主管部门举报。收到举报的机关应当予以调查处理。"

第三节　行政相对人义务

一、行政相对人义务概述

所谓行政相对人义务，是指在行政法律关系中，行政法规范对行政相对人必须作出或不得作出某种行为的约束。从表现形式来看，行政相对人的义务既包括作为的义务，也包括不作为的义务。从性质上来看，行政相对人义务是对行政相对人行为的限制与约束，具有"负

[①] 范姜真薇：《政府资讯公开与个人隐私之保护》，载《法令月刊》2001年第5期。
[②] 至于个人信息与个人隐私的关系，参见陈波、周小莉：《个人资料与个人信息、隐私权的关系分析——基于行政公开的视角》，载《江汉论坛》2011年第4期。

担"的属性。

通过行政法规范设定行政相对人义务,是因为根据权利义务一致性法理,行政相对人在享有权利的同时,也应当履行一定的义务,故《宪法》第51条规定:"中华人民共和国公民在行使自由和权利的时候,不得损害国家的、社会的、集体的利益和其他公民的合法的自由和权利。"

二、行政相对人义务内容

行政相对人义务内容大致有以下四个方面:(1) 守法义务。指行政相对人必须遵守法律、法规、规章等行政法规范规定的义务。如出行时遵守交通法规等。(2) 服从义务。行政法规范规定的大多是抽象的相对人义务,其具体化有赖于行政机关作出的行政决定。若行政相对人认为行政决定不当或者违法的时候,在通过相应的法定程序撤销或者改变以前,不得拒不执行,除非是行政决定存在重大明显违法的情形。(3) 协助义务。在行政机关及其工作人员执行公务过程中,行政相对人有依法予以协助的义务。如提供执行紧急公务所需的交通工具。对此,《人民警察法》第34条规定:"人民警察依法执行职务,公民和组织应当给予支持和协助。公民和组织协助人民警察依法执行职务的行为受法律保护。对协助人民警察执行职务有显著成绩的,给予表彰和奖励。公民和组织因协助人民警察执行职务,造成人身伤亡或者财产损失的,应当按照国家有关规定给予抚恤或者补偿。"(4) 提供真实信息的义务。行政相对人在向行政机关申请提供行政服务(如申请许可证照)或接受行政机关监督时,向行政机关提供的各种信息资料应真实、准确,否则将依法承担相应的法律责任。如《行政许可法》第31条规定:"申请人申请行政许可,应当如实向行政机关提交有关材料和反映真实情况,并对其申请材料实质内容的真实性负责。"该法第78条进一步明确了不履行提供真实信息义务的法律责任,即"行政许可申请人隐瞒有关情况或者提供虚假材料申请行政许可的,行政机关不予受理或者不予行政许可,并给予警告"。

行政相对人义务之认赎

所谓行政相对人义务之认赎(以下简称"认赎")系指被课以行政法上义务的行政相对人,由于履行该义务确有困难,主动向行政主体提出申请,通过协商与合意,行政主体基于行政目的有效实现之考量认诺作出的,由行政相对人依约以其他义务赎抵或替换原义务之履行,以达到与履行原义务相同或基本相同状态的行政行为。该定义揭示了认赎的如下本质和特性:

(1) 认赎是行政主体的认诺行为。相对于传统行政活动中的单方行为而言,认赎之成立,需经由一种类似"要约—承诺"的缔约过程,即相关行政相对人须先行申请并与行政主体协商,取得其同意(认诺)后方可为义务之替代履行。赋予行政主体认诺之权,一则克服认赎实践中可能出现的任意性及滥用倾向,二则在一定程度上尊重和保证了代表公共利益的行政主体在适用认赎中的主导权或曰"特权"。当然,出于对特权限制的考量,行政主体在认赎中的特权不宜过于宽泛,应以实现特定行政目的必需原则为限;但须避免走向另一个极端——过分削减特权,以致无以维护公共利益,实现行政职能。

(2)认赎是合意行政行为。行政相对人通常以履行义务的行为来直接实现行政法上的权利义务关系,其中包括了经与行政主体协商后履行义务这一重要类型。行政法上权利义务从产生到实现一般不存在双方协商的问题,但有少量特殊权利义务关系具有双方合意性。此类权利义务及其实现方式有一定协商余地,相对人得经与行政主体协商而履行其义务。认赎作为合意的行政行为,主要体现于如下两个方面:其一,内容的可协商性。在认赎中,行政主体与行政相对人之间的特定法律关系,并非依照既定的法规范,而主要在遵从行政法一般原则基础上,通过行政主体的妥协、双方的协商对话而达成之合意以致变动。它以相对人的心理与意识认同为前提,弱化了行政主体的传统优越地位、一定的行政优益权、行政权的控制与支配力等,兼容了私法性。当然,这一可协商性或可接受性,除了来自其内容本身的理由证成外,行政主体还需得到通过同作为承受者的行政相对人间达成共识的理由之证成。其二,行为的双向互动性。认赎中有关行政法律关系的变动,不仅取决于行政主体,且依相对人的意思而定,传统行政行为所表现出来的单方、单向性特征,在此为双方、双向性所替代。认赎由行政相对人事先提出申请,并由行政主体经一定程序后予以认诺,最后由相对人事后受领即履践替换后义务,庶才发生"结果",即达成行政目的,经由双向互动与合致,认赎始得成就。

(3)认赎是行政相对人的自为行为。上揭认赎之本质特征乃合意行政行为,自然涵括了行政主体和行政相对人双方的行为,亦即行政主体的认诺行为和行政相对人的自为行为。所谓自为行为包括两个方面,即义务的赎回申请是行政相对人自我主动申请,赎回后的义务是行政相对人亲自履行,而非他人代为履行。前者意味着务必出于本人的自愿,而非受到诱导或强迫,后者意味着不能代履行或代执行。

(4)认赎是弱权力行政行为。认赎无需使用强权力手段,相对人通过取得行政主体之认诺并履践所替换之义务,便能够形成行政所期望的行政秩序,其中主要依凭相对人的自觉、自愿发生作用。认赎之申请由行政相对人自愿提出、替代后义务由相对人依约自觉履行;反之,倘符合条件的相对人不提出认赎申请,行政主体不得强行为之。当然,相对人即使符合认赎条件,难以履行义务却又不愿认赎,行政主体因而采取的下一步高权性措施(主要是行政强制),已不属本文探讨的范围。(资料来源:李牧《论行政相对人义务之认赎》,载《法学评论》2012年第5期)

思考题:

1. 如何理解行政相对人的内涵?
2. 行政相对人享有哪些权利?
3. 行政相对人应履行哪些义务?

拓展阅读:

1. 关保英:《论行政相对人的程序权利》,载《社会科学》2009年第7期。
2. 方世荣:《论行政相对人行为及其效力》,载《法商研究》2000年第1期。
3. 胡敏洁:《论行政相对人程序性权利》,载《公法研究》2005年卷。

4. 王锡锌:《行政过程中相对人程序性权利研究》,载《中国法学》2001 年第 4 期。
5. 罗豪才等:《论行政权、行政相对方权利及相互关系》,载《中国法学》1998 年第 3 期。
6. 夏雨:《以物为中心——违法建筑行政处罚相对人认定新路径》,载《江淮论坛》2010 年第 5 期。
7. 章剑生:《论行政处罚中当事人之协助》,载《华东政法学院学报》2006 年第 4 期。
8. 章剑生:《论行政相对人在行政程序中的参与权》,载《公法研究》2004 年卷。
9. 方世荣:《论行政相对人》,中国政法大学出版社 2000 年版。
10. 王锡锌:《行政过程中公众参与的制度实践》,中国法制出版社 2008 年版。

第六章

国家公务员

> ✦ 学习目标
>
> 通过本章的学习,学生可以掌握以下内容:
> 1. 公务员的概念与分类
> 2. 公务员法的基本原则
> 3. 公务员的条件
> 4. 公务员的义务与权利
> 5. 公务员的基本制度
>
> ✦ 关键概念
>
> 公务员　公务员法　公务员的义务　公务员的权利　公务员制度

第一节　公务员与公务员法概述

一、公务员的概念与分类

国家为了实现行政任务,必须借助于一定的组织体完成行政任务。组织体的构成要素是人员和财物,其中的人员——当然有时还有协助国家完成行政任务的其他人员——即行政法上的国家公务员。所以,国家公务员制度是现代行政法上一个必不可少的基本制度。

（一）公务员的概念

公务员制度因为"适应了政府工作日益复杂化和专业化的需要,达到了减少官员腐败和提高行政效率的目的,为维持政策的连续性和政局的稳定起到了重要作用",因此一经在英美建立,便迅速发展成为一种世界性的人事管理制度。[①] 不过,各国对"公务员"的理解并不相同。如在英国,"公务员"(Civil Servant),指"在政治的或司法的职务以外以文职资格录用

---

① 段明学:《现代公务员制度的精神与原则》,载《云南行政学院学报》2001 年第 2 期。

的、报酬全部直接由议会所通过的款项支付的英王公仆"①,不包括由选举产生或政治任命的议员、法官、首相、国务大臣、部长、政务次官和政治秘书以及军官、警察(因为其报酬不是全部由议会所通过的款项支付)、受雇于地方政府及国家卫生服务系统的人员和绝大多数的公法人的雇员。② 而在美国,"公务员"(Governmental Employee)强调的是政府与公务员之间的雇用和被雇用关系。而且,在联邦制之下,联邦和各州实行不同的公务员制度。就联邦而言,广义的公务员指与军队相区别的所有联邦政府雇员,包括民选人员(如总统、州长、市长等)、政治任命的官员(如特种委员会人员、部长、副部长、次长以及独立管制机构的长官等)及行政部门的所有文职人员,而不包括议员、国会雇用的职员和法官;狭义的公务员指联邦行政系统中的职业文官,不包括民选人员、政治任命的人员、临时职位人员、行政机关自行委派的人员和驻外机构雇用的外国公民等。③

在我国,1987 年中共"十三大"报告首次正式使用"公务员"一词,并指出,"当前干部人事制度改革的重点,是建立国家公务员制度",而国家公务员指在"政府中行使国家权力,执行国家公务的人员"。1993 年 10 月 1 日起施行的《国家公务员暂行条例》将"公务员"上升为法律概念,并在第 3 条中明确其适用范围是"各级国家行政机关中除工勤人员以外的工作人员"。随后,"公务员"成为在行政机关中工作的工勤人员以外的工作人员的代名词。不过,在实践中,根据有关规定,对在党的机关、权力机关、审判机关、检察机关以及群众团体中工作人员的管理,一直是参照《国家公务员暂行条例》进行的。④ 2000 年起,我国启动"公务员法"的起草工作。经过反复征求意见,第十届全国人民代表大会常务委员会于 2005 年 4 月 27 日审议通过《中华人民共和国公务员法》(以下简称《公务员法》),2006 年 1 月 1 日实施。

知识链接

《公务员法》的立法过程

1993 年 8 月,国务院制定了《国家公务员暂行条例》(以下简称《暂行条例》),在各级国家行政机关建立了公务员制度。之后,中共中央以及中共中央办公厅先后发文规定党的机关、人大机关、政协机关以及民主党派、群团机关的工作人员参照《暂行条例》进行管理。《暂行条例》施行 10 年来,对优化干部队伍、促进廉政勤政、增强干部队伍活力、提高工作效能,发挥了重要的作用。

2000 年 8 月,中组部、人事部在深入调查研究,总结《暂行条例》实施经验的基础上,着

---

① 1931 年汤姆林(Tomlin)文官调查委员会报告,转引自王名扬:《英国行政法》,中国政法大学出版社 1987 年版,第 34 页。
② 张越编著:《英国行政法》,中国政法大学出版社 2004 年版,第 440—442 页。
③ 仝志敏主编:《国家公务员概论》,中国人民大学出版社 1989 年版,第 16—17 页。
④ 这些文件多为党的文件,如《中共中央组织部关于中国共产党机关参照试行〈国家公务员暂行条例〉的实施意见》(中发[1993]8 号)、《全国人民代表大会常务委员会机关参照试行〈国家公务员暂行条例〉实施方案》(中办发[1994]7 号)、《中国人民政治协商会议全国委员会机关参照试行〈国家公务员暂行条例〉》(中办发[1994]8 号)、《各民主党派中央、全国工商联机关参照试行〈国家公务员暂行条例〉实施方案》(中办发[1995]16 号),等等。另外,最高人民检察院、最高人民法院分别与国家人事部联合颁行的《检察机关奖励暂行规定》(2001 年 4 月 11 日)、《人民法院奖励暂行规定》(2004 年 2 月 2 日)都指明是"参照《国家公务员暂行条例》有关规定,制定本规定"。

手研究起草公务员法。2001年12月,中组部和人事部向中央报送了《关于制定公务员法有关问题的请示》,就制定公务员法的必要性、立法的指导思想、坚持党管干部的原则、将党的机关工作人员纳入公务员的范围等问题提出建议。2001年12月27日,中央政治局常委会讨论并原则同意了这个请示。

2002年初至2004年初,中组部、人事部在征求中央和国家机关各部门以及各省、自治区、直辖市党委组织部和政府人事厅(局)及有关专家学者意见的基础上,经反复研究论证,形成了《中华人民共和国公务员法(草案送审稿)》(以下简称送审稿),由人事部于2004年3月报送国务院审批。法制办收到此件后,立即征求了中央办公厅、中央统战部等中央部门,全国人大内司委、法律委和全国人大常委会法工委,国务院各部委,最高人民法院、最高人民检察院,全国总工会、共青团中央、全国妇联,中央党校、国家行政学院、社科院,各省、自治区、直辖市人民政府以及有关民主党派的意见。在此基础上,法制办会同中组部、人事部对送审稿作了反复研究修改,形成了《中华人民共和国公务员法(草案)》(以下简称草案)。在正式提请国务院常务会议讨论之前,专门向全国人大内司委、法律委和全国人大常委会法工委作了汇报。草案已经国务院第71次常务会议讨论通过。(资料来源:张柏林:《关于〈中华人民共和国公务员法(草案)〉的说明》)

《公务员法》第2条规定:"本法所称公务员,是指依法履行公职、纳入国家行政编制、由国家财政负担工资福利的工作人员。"这一规定展示了公务员的三个特征:(1)职能,即公务员必须是依法履行公职的人员。此处的"公职"指"国家公共职能,具有明确的公权特质",而"履行公职"即"履行国家公共职能,包括立法、行政、司法等国家职能"。[①] 同时,"依法"履行公职,意味着公务员的职权和职责都来自于法律的规定,并且必须依法行使。(2)编制,即公务员必须是纳入国家行政编制的人员。编制是"人员编制"的简称,指"国家机关、企业和事业单位的机构设置、人员定额和内部结构的总称"[②],是控制国家机关、企业和事业单位合理设置机构、使用人员和节约经费开支的一种方式。人员编制分为行政编制、事业编制和企业编制,而相关人员所属组织的经费来源存在差异:属于行政编制的组织,其行政经费由财政部门按人员数额来划拨;属于事业编制的组织,其事业经费由国家根据该项事业发展的需要、国家财政综合平衡的可能性和从事该项事业的人员定额来统筹安排;属于企业编制的组织,其企业经费由企业自行支付,纳入企业的成本。[③] (3)经费,即公务员是由国家财政负担工资福利的工作人员。公务员是履行公职的人员,是为了国家利益、公共利益而提供公共服务,因此其工资福利应当由国家财政负担。由此可见,《公务员法》中"公务员"的范围远远大于《国家公务员暂行条例》中的"公务员",具体包括:(1)中国共产党机关工作人员;(2)人大机关工作人员;(3)行政机关工作人员;(4)政协机关工作人员;(5)审判机关工作人员;(6)检察机关工作人员;(7)民主党派机关工作人员。这一变化有利于保持各类机关干部的整体一致性,有利于统一管理,也有利于党政机关之间干部的交流使用,同时也参照了国际通行做法。

---

① 应松年主编:《行政法与行政诉讼法学》,法律出版社2009年版,第92页。
② 黎国智主编:《行政法词典》,山东大学出版社1989年版,第37页。
③ 同上书,第38页。

同时,考虑到很多事业单位也承担一定的公共职能,《公务员法》第106条规定:"法律、法规授权的具有公共事务管理职能的事业单位中除工勤人员以外的工作人员,经批准参照本法进行管理。"2006年中组部、人事部联合发布《关于印发〈关于事业单位参照公务员法管理工作有关问题的意见〉的通知》(组通字[2006]27号),提出,参照《公务员法》管理的事业单位应同时具备两个条件:(1)要有法律、法规授权的公共事务管理职能。作为授权依据的"法律、法规"包括:全国人民代表大会及其常务委员会制定的法律、国务院制定的行政法规、地方性法规、自治条例和单行条例以及与行政法规有同等效力的政策性法规文件。"公共事务管理职能"主要是指党委系统担负的党的领导机关工作职能和政府系统行使的行政管理职能。(2)使用事业编制,并由国家财政负担工资福利。同时,即便符合前述条件,若要参照《公务员法》管理,还应严格按照《参照〈中华人民共和国公务员法〉管理的单位审批办法》规定的条件、程序和权限进行审批。

作为行政法学研究对象的公务员仅限于行政机关中履行公职、纳入行政编制、由国家财政负担工资福利的人员,即在中央和地方各级行政机关中行使行政权,执行国家公务的人员。

(二) 公务员的分类

因行政事务之间的差别性,决定了不同的行政事务需要由不同性质的公务员来处理,并担当不同的法律责任。因此,凡实施公务员制度的国家中,公务员都可以作如下若干分类:

1. 政务类公务员与事务类公务员

这是西方国家中最常见的公务员分类方法,其分类标准是公务员的产生方式、与执政党更迭的关系以及是否实行任期制。其中,政务类公务员,通常指通过选举或任命方式产生,与执政的政党共进退,实行任期制的政府组成人员以及其他政治性较强的职位的行政人员;事务类公务员,通常指经过竞争考试任职,保持政治中立,实行常任制(如无重大过错即可长期任职)的行政人员。这一分类的意义是通过保持事务类公务员队伍的相对稳定,保障行政管理的有序性与连续性,进而避免因政党更迭而导致行政管理陷入混乱甚至瘫痪状态。我国的政党制度——中国共产党领导的多党合作制——决定了我国公务员在政治上必须坚持中国共产党的领导,因而不存在政务类公务员与事务类公务员这一分类方法。

2. 领导职务公务员与非领导职务公务

这一分类的标准是公务员的职务。领导职务公务员是指在各级国家机关中具有组织、管理、决策、指挥职责的公务员,包括政府组成人员、各级各类其他国家机关的首长和内设机构的负责人。《公务员法》将领导职务公务员分为10个层次,即国家级正职、国家级副职、省部级正职、省部级副职、厅局级正职、厅局级副职、县处级正职、县处级副职、乡科级正职、乡科级副职。除领导职务公务员以外的其他公务员,即为非领导职务公务员。根据《公务员法》的规定,非领导职务公务员在厅局级以下设置,分为8个层次,即巡视员、副巡视员、调研员、副调研员、主任科员、副主任科员、科员、办事员。

领导职务公务员与非领导职务公务员的区别除表现在职务不同外,还包括两个方面:一是产生方式。录用担任主任科员以下及其他相当职务层次的非领导职务公务员,必须根据《公务员法》,采取公开考试、严格考察、平等竞争、择优录取的办法;领导职务公务员则是通过选任或委任方式产生。二是承担责任的性质。领导职务公务员承担的多为政治责任、领导责任,非领导职务公务员承担的多为法律责任、纪律责任。

3. 综合管理类公务员、专业技术类公务员、行政执法类公务员与司法类公务员

这一分类的标准是公务员职位的性质、特点和公务员管理的需要,旨在对公务员进行分类管理,提高管理质量。综合管理类公务员是指在国家机关内部履行综合管理以及机关内部管理等职责的公务员。根据《公务员法》的规定,综合管理类的领导职务根据宪法、有关法律、职务层次和机构规格设置确定,而综合管理类的非领导职务分为巡视员、副巡视员、调研员、副调研员、主任科员、副主任科员、科员、办事员。

专业技术类公务员是指在国家机关中履行专业技术职责,为实施公共管理提供专业技术支持与技术手段保障的公务员。如公安部门的法医鉴定、痕迹检验、理化检验、影像技术、声纹检验,国家安全部门的特种技术、特种翻译,外交部门的高级翻译等职位上的公务员,他们都是专业技术类公务员。这类职位具有纯技术性,只对专业技术本身负责,而不受其他主体的干预。同时,这类职位具有技术权威性,能够为领导决策提供参考和支持。也正因为如此,这类公务员是其他职类公务员所无法替代的。如何对专业技术类公务员进行管理,各地尚在探索之中。①

行政执法类公务员是指在国家机关中直接履行监督、检查、强制、处罚、执行等现场执法职责的公务员。公安、海关、税务、工商、质检、环保、交通等部门的基层单位的公务员,多为行政执法类公务员。这类公务员身处执法第一线,他们的自身素质直接关系到国家机关的形象。因此,必须接受培训和通过考试,才能取得执法资格。

司法类公务员是指在司法机关履行公职的法官和检察官。法官和检察官分别行使国家审判权与法律监督权,其职位具有特殊性,因此,根据《公务员法》第 3 条的规定,法律对法官、检察官等的义务、权利和管理另有规定的,从其规定。

另外,考虑到公务活动的发展和公共管理的需要,《公务员法》第 14 条第 2 款规定,"国务院根据本法,对于具有职位特殊性,需要单独管理的,可以增设其他职位类别"。这就为职位类别的扩展预留了空间。

二、公务员法的概念和基本原则

公务员法是有关公务员制度的基本法。由于公务员种类不同,相应地他们的录用、考核、职务任免与升降、奖励与惩罚等都会有所差别,所以,国家的公务员法通常是由一部公务员基本法与若干配套的公务员个别法组成。

（一）公务员法的概念

公务员在担任公职和执行公务过程中,与作为公权力主体的国家机关所形成的关系,被称为公职关系。以公职关系为调整对象的法律规范的总称,就是公务员法。

公职关系的内容非常广泛,包括公职关系的产生、维持、变更与消灭等方面,因此,公务员法的内容也就非常丰富:(1) 从时间层面看,包括调整公职关系的产生、维持、变更和消灭的所有法规范。(2) 从制度层面看,包括:第一,与公职关系的产生有关的公务员的考试录

---

① 2010 年深圳市人民政府办公厅印发了《深圳市行政机关专业技术类公务员管理办法(试行)》(深府办[2010]15 号),规范对专业技术类公务员的管理。

用制度、聘任制度、选任制度、调任制度;第二,与公职关系的维持和变更有关的公务员的管理制度,如考核制度、培训制度、职务任免制度、职务升降制度、奖惩制度、交流与回避制度;第三,与公职关系的消灭有关的辞职辞退制度、退休制度;第四,与公务员的权益保障有关的公务员的法律救济制度;等等。(3)从主体和内容层面看,既包括公务员在公职关系中所承担的义务和享有的权利,也包括公务员所属国家机关在公职关系中所承担的义务和所享有的权力,还包括公务员管理机关在公务员管理中所承担的义务和所享有的权利。

公务员法的表现形式非常广泛,除了以"公务员法"命名的法律规范性文件外,还包括分散在宪法、组织法和其他单行法律、法规、规章之中的调整公职关系的法规范。《公务员法》虽然构成一国公务员法的主体部分,但其他法律文件的重要性也不能忽视。如在我国,《宪法》是《公务员法》的立法依据,其中的某些规定直接构成了公务员法的基本内容。① 而且,根据《公务员法》第 3 条的规定,法律对公务员中的领导成员的产生、任免、监督以及法官、检察官等的义务、权利和管理另有规定的,从其规定。

(二) 公务员法的基本原则

公务员法的基本原则是公务员法基本精神的高度概括,是贯穿公务员法始终、反映公务员法的基本特征、对制定和实施公务员法具有普遍指导意义的根本准则。《公务员法》在充分考虑我国公务员制度发展状况和借鉴其他国家经验的基础上,确立了以下基本原则:

1. 党管干部原则

该原则由《公务员法》第 4 条所确立。这一原则的确立,与我国实行中国共产党领导的多党合作制具有密切关系。在多党合作制之下,中国共产党是执政党。而只有坚持党管干部,才能够使党在社会主义初级阶段的基本路线得到彻底的贯彻实施,进而使党掌控国家与社会的发展方向。

坚持党管干部原则,并不意味着党直接包办公务员管理的全部事项,而是要不断改进党管干部的方法。"党要加强对干部工作的领导,制定干部工作的方针、政策,推荐和管理好重要干部,指导干部人事制度的改革,做好对干部人事工作的宏观管理和监督。要防止干部人事工作中削弱和脱离党的领导的错误倾向,纠正干部人事工作中的不正之风。"也就是说,党管干部主要是一种政治管理、思想管理和组织管理。②

2. 公开、平等、竞争、择优原则

该原则由《公务员法》第 5 条所确立,具体包括以下内容:(1) 公开原则为社会公众监督公务员管理提供了可能,进而能够保障平等、竞争与择优的实现。公开原则应当贯穿公务员"入口"到"出口"的全过程。如在"入口"阶段,公务员管理机关应当向社会公开相关职位的报考条件、报考时间、考试方式、录取方式以及录取情况;在"出口"阶段,公务员管理机关应当公开辞退公务员的原因以及拒绝公务员辞职申请或提前退休申请的理由;同时,在公务员管理过程中,有关公务员的考核、奖惩、职务升降、培训、交流、退休、工资福利待遇等的标准、

---

① 如《宪法》第 27 条规定:"一切国家机关实行精简的原则,实行工作责任制,实行工作人员的培训和考核制度,不断提高工作质量和工作效率,反对官僚主义。一切国家机关和国家工作人员必须依靠人民的支持,经常保持同人民的密切联系,倾听人民的意见和建议,接受人民的监督,努力为人民服务。"该条文既有对培训与考核制度等具体的公务员制度的规定,又有对公务员的义务的规定,这是《公务员法》立法的重要依据。

② 《中共中央关于加强党的建设的通知》(1989 年 8 月 28 日发布)。

依据和程序,也都应该向公务员和社会公开。(2) 平等原则是宪法上"公民在法律面前一律平等原则"在公务员法中的具体要求。平等原则既包括实体平等,也包括程序平等;既包括公务员报考机会平等、录用机会平等,也包括公民进入公务员队伍后,在考核、培训、奖惩、职务升降、交流、辞职辞退、退休和工资福利待遇等方面机会平等。不过,平等原则并不绝对排斥"区别对待",关键是这种"区别"应当属于宪法上的"合理差别",即不能构成歧视。(3) 竞争原则有利于择优原则的实现。竞争必须是平等基础上的公平竞争,否则将使择优原则落空。竞争原则主要体现在公务员考录阶段,如参加公务员初试和复试的人数必须多于拟录用人数;推行竞争上岗制度,可以拓宽选人用人渠道,促进德才兼备、实绩突出、群众拥护的优秀人才脱颖,成为公务员队伍中的一员。(4) 择优原则是公务员考试录用制度的目标,但该原则贯穿于公务员管理的全过程。如通过平等的公开考试,优胜劣汰,把德才兼备的报考人员录用为公务员;在工作中,注重工作实绩,通过严格的考核制度,择优晋升;通过辞退制度,把不符合条件的公务员清理出公务员队伍。

3. 监督约束与激励保障并重原则

该原则是《公务员法》第 6 条确立的公务员管理的原则,它包含三层含义:(1) 公务员管理应当坚持监督约束原则,其目的是敦促公务员依法履行公职,减少直至杜绝滥用职权现象。《公务员法》对公务员的义务、纪律、惩戒及辞退的规定,都是监督约束原则的具体要求。(2) 公务员管理应当坚持激励保障原则,其目的是引导和保障公务员依法行使职权,争取达致工作的最佳状态。为此,《公务员法》专门规定了对公务员个人及集体的奖励制度和工作条件保障与身份保障制度。(3) 公务员管理应当坚持监督约束与激励保障并重。监督约束与激励保障的目标相同,即促使公务员依法履行公职。同时,监督约束与激励保障具有互补功能,二者不可偏废——如果只有监督约束,而没有激励保障,必然会打击公务员的工作积极性,不利于公务员队伍的稳定;如果只有激励保障,而没有监督约束,就可能助长公务员的享受心理,不利于建设一支高素质的公务员队伍。因此,公务员管理必须坚持监督约束与激励保障并重原则。

4. 任人唯贤、德才兼备,注重工作实绩原则

该原则是《公务员法》第 7 条确立的公务员任用原则,它包含三层含义:(1) 公务员的任用应该坚持任人唯贤原则。任人唯贤原则是毛泽东同志在 1938 年 10 月的《中国共产党在民族战争中的地位》一文中首次提出的。他说:"在这个使用干部的问题上,我们民族历史中从来就有两个对立的路线:一个是'任人唯贤'的路线,一个是'任人唯亲'的路线。前者是正派的路线,后者是不正派的路线。""共产党的干部政策,应是以能否坚决地执行党的路线,服从党的纪律,和群众有密切的联系,有独立的工作能力,积极肯干,不谋私利为标准,这就是'任人唯贤'的路线。"实践证明,毛泽东同志"任人唯贤"的公务员任用原则对优化公务员队伍发挥了重要作用。在《公务员法》中,任人唯贤原则的实现主要借助于严格的报考条件、考试录用制度和考核制度来实现。(2) 公务员任用应该坚持"德才兼备"原则。德才兼备原则也是毛泽东同志在 1938 年的《中国共产党在民族战争中的地位》一文提出来的,即一是政治立场坚定,不是投机家,不是空头革命家,即有"德";二是有工作能力,即有"才"。德才兼备原则主要指"德"与"才"的统一性和不可分割性,即在公务员录取以及职务升降时,必须坚持既要重视政治立场、思想品质,又要重视工作能力和业务水平。《公务员法》为了贯彻德才兼备原则,把"具有良好的品行"和"具有符合职位要求的文化程度和工作能力"作为公务

员应当具备的基本条件,同时把"德、勤、能、绩、廉"作为对公务员的考核内容。(3)注重工作实绩的原则。即将公务员的工作实绩和贡献作为考察其德才,进而决定其升降的重要依据。这一原则能够促使公务员勤勉踏实,兢兢业业,努力提高自身的综合素质,最终有利于高素质的公务员队伍的形成。早在1978年邓小平同志就在中央工作会议上指出:"要根据工作成绩大小好坏,有赏有罚,有升有降。"在新的历史时期,"工作实绩"主要指在贯彻执行党的基本路线中的实绩,必须是在经济建设和改革开放中所作出的贡献和所取得的成果。同时,要正确对待工作实绩与德才及升降的关系,既要以实绩作为考察其德才的重要依据,又要防止把二者简单画等号,更要避免简单地把晋升当成论功行赏,把实绩作为升降的唯一标准。

5. 分类管理原则

《公务员法》第8条确立了分类管理原则,即"国家对公务员实行分类管理,提高管理效能和科学化水平"。公务员分类制度是公务员管理的基础和出发点,是许多国家普遍遵循的一项公务员管理原则,其目的是提高管理效能和科学化水平。《国家公务员暂行条例》(已失效)将公务员分为领导职务与非领导职务,属于简单的职务分类。这种分类方法存在一些问题,如非领导职务设置不平衡,难以适应队伍基数比较大的管理需要。为适应实际需要,在不断总结实践经验的基础上,《公务员法》再次重申了公务员分类管理制度,即按照公务员职位的性质、特点和管理需要,将公务员划分为综合管理类、专业技术类和行政执法类等类别;对于具有职位特殊性,需要单独管理的,国务院可以增设其他职位类别。也就是说,《公务员法》确立的是职位分类管理制度,而非职务分类管理制度。相比较而言,职位分类具有因事设职、因事择人、因事定级和因事给薪的功能,它能够提高管理效能和科学化水平。

第二节 公务员的条件与法律地位

一、公务员的条件

公务员是履行公职的人员。为保证公务员履行公职的质量,许多国家都对公务员规定了一定的资格限制。这就是公务员的条件。《公务员法》从积极、消极两个方面规定了担任公务员的条件。

(一) 公务员的积极条件

所谓积极条件,是指担任公务员必须具备的法定条件。为此,《公务员法》第11条规定公务员应当具备如下条件:

1. 国籍要求

公务员必须具有中华人民共和国国籍。公务员的工作是"履行公职",是行使国家公权力。国家公权力是一国对内行使主权的体现,因此公务员必须具有本国国籍。这也意味着,外国人、无国籍人不能成为公务员。

2. 年龄要求

公务员必须年满18周岁。公务员在履行公职过程中,需要对各种社会现象进行观察、甄别和选择,因此必须具备一定的认识能力、判断能力和行为控制能力。一般情况下,人在成年后就基本具备了前述能力。因此,《公务员法》将公务员的年龄限制为年满18周岁。

3. 法律意识要求

公务员必须拥护中华人民共和国宪法。《宪法》第5条第1款明确规定:"中华人民共和国实行依法治国,建设社会主义法治国家。"公务员作为建设社会主义法治国家的主力军,必须依法行使职权。与此同时,宪法居于一国法律体系之首,是其他法律、法规的立法依据,其他法律、法规不能与宪法相抵触。显然,公务员只有拥护宪法,才可能认真审视作为其行使职权依据的法律、法规是否符合宪法,才可能将"依法行使职权"与遵守宪法统一起来。

4. 品行要求

公务员必须具有良好的品行。良好品行的内容非常丰富,至少应当遵纪守法,遵守公民道德、职业道德和社会公德,政治作风、工作作风和生活作风正派。同时,我们也应当以发展的观点审视一个人的品行问题,至少不能因一个人在未成年时品行上的污点而将其拒之公务员队伍之外。

5. 身体条件要求

公务员必须具有正常履行职责的身体条件。履行公职是体力劳动与脑力劳动的双重付出,因此需要对公务员的身体条件作出要求。不过,岗位不同,对公务员的身体条件的要求也不同,因此在确立公务员身体条件时,不能搞"一刀切",更不能将一些与正常履行职责无关的身体疾病纳入考虑因素。

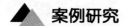

乙肝患者是否符合公务员"身体条件要求"

2003年6月,原告张先著在芜湖市人事局报名参加安徽省公务员考试,报考职位为芜湖县委办公室经济管理专业。经过笔试和面试,综合成绩在报考该职位的三十名考生中名列第一,按规定进入体检程序。2003年9月17日,张先著在芜湖市人事局指定的铜陵市人民医院的体检报告显示其乙肝两对半中的HBsAg、HBeAb、HBcAb均为阳性,主检医生依据《安徽省国家公务员录用体检实施细则(试行)》确定其体检不合格。张先著随后向芜湖市人事局提出复检要求,并递交书面报告。同年9月25日,芜湖市人事局经请示安徽省人事厅同意,组织包括张先著在内的十一名考生前往解放军第八六医院进行复检。复检结果显示,张先著的乙肝两对半中HBsAg、抗-HBc(流)为阳性,抗-HBs、HbeAg、抗-Hbe均为阴性,体检结论为不合格。依照体检结果,芜湖市人事局依据成绩高低顺序,改由该职位的第二名考生进入体检程序,并以口头方式向张先著宣布,张先著由于体检结论不合格而不予录取。2003年10月18日,张先著在接到不予录取的通知后,表示不服,向安徽省人事厅递交行政复议申请书。2003年10月28日,安徽省人事厅作出皖人复字[2003]1号《不予受理决定书》。2003年11月10日,原告张先著以被告芜湖市人事局的行为剥夺其担任国家公务员的资格,侵犯其合法权利为由,向芜湖市新芜区人民法院提起行政诉讼,请求法院依法判令被告认定原告体检"一、五阳"(HBsAg、HBcAb阳性)不符合国家公务员身体健康标准,并非法剥夺原告进入考核程序资格而未被录用到国家公务员职位的具体行政行为违法;判令撤销被告不准许原告进入考核程序的具体行政行为,依法准许原告进入考核程序并被录用至相应的职位。
(资料来源:安徽省芜湖市新芜区人民法院《行政判决书》[2003]新行初字第 11 号)

6. 文化程度与工作能力要求

公务员必须具有符合职位要求的文化程度和工作能力。鉴于各个公务员职位对文化程度与工作能力的要求不同,因此应当区别对待。同时,文化程度与工作能力有时并不必然呈正相关关系,况且还需要经过严格的考核程序,因此在确立拟招录公务员的文化程度时,不宜要求过高,如片面要求高学历。

7. 法律规定的其他条件

公务员职位的多样性与其对人员素质需求的差异决定了无法通过一部法律来详尽规定公务员的条件,因此《公务员法》以兜底条款形式结束了对公务员积极条件的规定。同时,《公务员法》第 23 条规定:"报考公务员,除应当具备本法第 11 条规定的条件外,还应当具备省级以上公务员主管部门规定的拟任职位所要求的资格条件。"

 知识链接

《法官法》规定担任法官的条件

法官也是国家公务员。除《公务员法》规定的公务员条件外,《法官法》第 9 条还规定:"担任法官必须具备下列条件:(1)具有中华人民共和国国籍;(2)年满 23 岁;(3)拥护中华人民共和国宪法;(4)有良好的政治、业务素质和良好的品行;(5)身体健康;(6)高等院校法律专业本科毕业或者高等院校非法律专业本科毕业具有法律专业知识,从事法律工作满 2 年,其中担任高级人民法院、最高人民法院法官,应当从事法律工作满 3 年;获得法律专业硕士学位、博士学位或者非法律专业硕士学位、博士学位具有法律专业知识,从事法律工作满 1 年,其中担任高级人民法院、最高人民法院法官,应当从事法律工作满 2 年。"

(二) 公务员的消极条件

所谓消极条件,是指担任公务员不得具有的法定情形。《公务员法》第 24 条规定了如下三类不得录用为公务员的情形:

1. 曾因犯罪受过刑事处罚

虽然法学界对犯罪的本质有不同认识,但它所具有的社会危害性以及对犯罪对象的合法权益的侵害,却是不争的事实。鉴于犯罪的本质与公务员的职能是相悖的,因此曾经实施犯罪行为的公民不能进入公务员队伍,也符合社会民众正常的期待。

2. 曾被开除公职

开除公职是对公务员最严厉的一种行政处分。从开除公职所适用的情形看,被开除公职的人不再适合担任公务员,也就不得再录用为公务员。这一规定对在职公务员具有重要的警示意义,能够敦促公务员珍惜这一工作岗位,恪尽职守。

3. 有法律规定不得录用为公务员的其他情形

如《兵役法》第 67 条规定:"现役军人以逃避服兵役为目的,拒绝履行职责或者逃离部队的,按照中央军事委员会的规定给予处分;构成犯罪的,依法追究刑事责任。现役军人有前款行为被军队除名、开除军籍或者被依法追究刑事责任的,不得录用为公务员或者参照公务员法管理的工作人员,两年内不得出国(境)或者升学。"唯需注意的是,这里的"法律"应当解释为全国人大及其常委会制定的规范性文件。

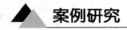

案例研究

王莹应否被录用为公务员

据《中国青年报》2010 年 2 月 13 日报道,2009 年 2 月 19 日,原告王莹生育一个孩子。同年 5 月 7 日王莹与第三人陆某领取了结婚证,并于 6 月 29 日申请办理了"独生子女父母光荣证"。2009 年 2 月,原告王莹报名参加江苏省公务员考试,报考职位为铜山县人民检察院检察人员,并通过了笔试、面试、体检、政审。在公示期间,铜山县人民检察院于 2009 年 7 月 23 日派员持介绍信到被告泉山计生局处对王莹是否有违反计划生育法律政策情况进行调查。当日,被告泉山计生局向铜山人民检察院出具了一份"婚育证明",内容为:我区西苑办事处民乐社区 14-1-301 居民王莹、陆某 2009 年 2 月 19 日非婚生育一个孩子,陆某某(男),2009 年 5 月 7 日补领结婚证。该夫妇行为属非婚生育,违反了《江苏省人口与计划生育条例》第 21 条"男女双方经依法登记结婚且均未生育过的,即可生育一个孩子"的规定。铜山县委组织部遂于 2009 年 7 月 31 日作出《关于 2009 年铜山县招录公务员政审的通知》,内容为:"王莹同志,你因违反计划生育政策,政审不合格,不予录取。"2009 年 10 月 12 日,原告提起诉讼,要求确认被告泉山计生局作出的"婚育证明"违法。在 2010 年 2 月 4 日的庭审中,原告申请将请求事项变更为:请求撤销被告于 2009 年 7 月 23 日作出的"婚育证明"。被告出具"婚育证明"的行为是否合法?

二、公务员的法律地位

公务员的法律地位是公务员在公职关系中所承担的义务与所享有的权利的综合体现。在理解公务员的法律地位时,需要注意两个问题:(1)自然人具有包括"公民"和"公务员"在内的多重法律身份,而法律身份不同,法律地位就不同。只有自然人以"公务员"身份进入公务员法律关系时,他才能享受公务员的权利,也才必须履行公务员的义务。① (2)公务员的法律地位是指公务员在公职关系中的法律地位,而处在这一法律关系另一端的是公务员所属机关或公务员管理机关,并不是公务员代表所属国家机关行使职权时与所属国家机关形成行政法律关系的公民、法人或其他组织。

---

① 关于自然人的"公务员"身份与"公民"身份的判断标准,学界意见不一。一般认为,职务要素、公务要素、时间要素和命令要素等是判断时应当考虑的因素。

（一）公务员的义务

公务员的义务是指公民依法成为公务员之后,必须作出或不得作出一定行为的法律约束或法律限制。

一般来说,许多西方国家要求公务员履行五项义务,忠于政府、忠于职守;服从领导,执行命令;保守职业秘密;遵守法纪,公正廉洁,不得收受馈赠和从事营利活动;限制政治活动。① 我国《公务员法》第12条规定了公务员应当履行的九项义务,即:(1)模范遵守宪法和法律;(2)按照规定的权限和程序认真履行职责,努力提高工作效率;(3)全心全意为人民服务,接受人民监督;(4)维护国家的安全、荣誉和利益;(5)忠于职守,勤勉尽责,服从和执行上级依法作出的决定和命令;(6)保守国家秘密和工作秘密;(7)遵守纪律,恪守职业道德,模范遵守社会公德;(8)清正廉洁,公道正派;(9)法律规定的其他义务。同时,《公务员法》在规定公务员必须遵守的纪律时,还在第53条中列出了公务员不得作出的16种行为,从反面规定了公务员的义务,如不得组织或者参加旨在反对国家的集会、游行、示威等活动;不得组织或者参加非法组织,组织或者参加罢工;不得拒绝执行上级依法作出的决定和命令;不得从事或者参与营利性活动,在企业或者其他营利性组织中兼任职务;等等。在理解我国公务员的义务时,尤其应当关注以下四点:

1. 更高的法律要求

根据《宪法》第53条的规定,作为普通公民必须"遵守宪法和法律","尊重社会公德";而作为公务员则要求"模范遵守宪法和法律","模范遵守社会公德"。不过,法律对公务员义务的设定,不能剥夺公务员作为公民所享有的基本权利。也正因此,《公务员法》只是要求公务员"不得组织或者参加旨在反对国家的集会、游行、示威等活动",而并没有绝对禁止公务员参加集会、游行、示威等活动。

2. 公务员的服从义务问题

基于效率的需要,《公务员法》课予公务员以服从义务。但是这种"服从"是有条件的,即仅仅服从和执行上级"依法"作出的决定和命令。换句话说,公务员拥有独立的人格,应当对上级的决定和命令进行合法性判断,并在判断的基础上选择"服从"或"拒绝"。在具体执行公务中,公务员认为上级的决定或者命令有错误的,可以向上级提出改正或者撤销该决定或者命令的意见;上级不改变该决定或者命令,或者要求立即执行的,公务员应当执行该决定或者命令,执行的后果由上级负责,公务员不承担责任;但是,公务员执行明显违法的决定或者命令的,应当依法承担相应的责任。

 理论探讨

公务员是否需要无条件地服从上级机关的命令

关于下属公务员是否需要无条件地服从上级机关的命令,在行政法学理上有三种学说:(1)绝对服从说。凡是上级机关在其监督范围内发布的命令,无论是否合法,下属公务员都

---

① 傅礼白:《公务员制度概论》,山东大学出版社2004年版,第19—22页。

有服从的义务。(2) 相对服从说。下属公务员服从上级机关的命令限于其合法的命令,如下属公务员认为上级机关的命令违法,可以拒绝执行。(3) 陈述意见说。对于上级机关的命令,如认为违法的,可以随时向上级机关陈述意见。吴庚教授认为,这三种观点都是有缺陷的。绝对服从说不尊重公务员人格的自主独立,对违法的命令也加以执行,有违"法治国家"的原则。相对服从说等于承认下级公务员对上级机关的命令有合法性审查权,妨害行政上的指挥监督关系,影响行政效率,有碍公共行政的推行。陈述意见说仅允许下属公务员陈述不同意见,至于是否接受仍然取决于上级机关,如果上级机关拒绝接受意见时,下属公务员仍然必须执行。从《公务员法》的规定看,我们是采纳了"陈述意见说"。依吴庚教授所说,陈述意见说偏向于绝对服从说,当然有绝对服从说的缺陷。为此,《公务员法》紧接着加了限制:"但是,公务员执行明显违法的决定或者命令的,应当依法承担相应的责任。"(资料来源:章剑生:《现代行政法基本理论》,法律出版社 2008 年版,第 102 页)

 案例研究

王凯锋违反公务员服从义务吗

王凯锋任福建省长乐市财政局长期间,通过局长办公会研究决定乡镇财政所为企业借款提供担保。企业倒闭后,财政周转金尚有 74518 万余元未能收回。2001 年 11 月,长乐市人民法院一审判决以玩忽职守罪判处王凯锋有期徒刑 5 年 6 个月。法院认为,《担保法》规定:国家机关不得作为担保人。王凯锋身为财政局长负有领导责任。而王凯锋则大喊冤枉,认为自己不存在玩忽职守的问题,因为他是严格按照福州市榕委 (1999) 9 号文件精神办事的,而福州市政府在 2000 年 6 月还专门以《关于研究协调第三批产业扶持资金安排有关问题》的专题会议纪要形式,要求坚决落实榕委 (1999) 9 号文件。此判决一作出,在当地引起舆论大哗。当地旁听的一位财政干部说得一针见血:"王凯锋是政策和法律冲突的牺牲品。"(资料来源:《政策和法律打架责任谁来承担?》,载《法制日报》2002 年 1 月 12 日)

3. 公务员从事营利活动及兼职问题

为防止权钱交易,许多国家都禁止公务员从事营利活动和兼职。我国绝对禁止公务员从事营利活动,甚至对领导干部的亲属从事经营活动也作出一些限制[①],但在公务员兼职问题上,还是留有余地的,如《公务员法》第 42 条规定:"公务员因工作需要在机关外兼职,应当经有关机关批准,并不得领取兼职报酬。"据此规定,公务员可以兼职,但应满足三个条件:兼职是工作需要,且经过有关机关的批准,同时不能领取兼职报酬。

[①] 如 2001 年 2 月 8 日,中纪委印发《关于省、地两级党委、政府主要领导干部配偶、子女个人经商办企业的具体规定(试行)》,再次对省、地(市)两级党委、政府主要领导干部配偶、子女不得在该领导干部任职地区个人从事经商办企业的行为作出规定,不准从事房地产开发、广告代理发布,律师事务所,营业性歌厅、舞厅、夜总会、洗浴按摩等行业的经营活动。

4. 公务员的保守国家秘密和工作秘密义务与政府信息公开

《保守国家秘密法》规定，国家秘密是关系国家安全和利益，依照法定程序确定，在一定时间内只限一定范围的人员知悉的事项。一切国家机关、武装力量、政党、社会团体、企业事业单位和公民都有保守国家秘密的义务。所谓工作秘密，则是指各级国家机关在其公务活动和内部管理中产生的不属于国家秘密而又不宜对外公开的事项。这些事项一旦泄露会不同程度地影响国家机关公务活动的正常开展和内部管理的有序进行，影响国家机关顺利履行职责。

《政府信息公开条例》第 2 条规定："本条例所称政府信息，是指行政机关在履行职责过程中制作或者获取的，以一定形式记录、保存的信息。"同时，第 14 条明确提出，"行政机关不得公开涉及国家秘密"的政府信息。可见，公务员保守国家秘密的义务与行政机关的政府信息公开义务并不冲突。至于如何处理公务员保守工作秘密的义务与政府信息公开义务的关系，则需要注意，"保守工作秘密"是对公务员的要求，而非对拥有该信息的行政机关的要求。因此，不能以公务员"保守工作秘密"这一义务性规定来免除行政机关的政府信息公开义务。况且，课予公务员"保守工作秘密"的义务，主要是为了保证行政一体化原则的实现。

（二）公务员的权利

根据权利义务一致性原则，公务员在履行义务的同时，也应当享有一定的权利。《公务员法》第 13 条规定了公务员的权利，具体如下：

1. 职责保障权

公务员应当具有获得履行职责应当具有的工作条件的权利。工作条件是公务员履行职务的物质基础，如执行公务所需的经费、场所，办公所需的包括办公用品、文书档案及电话、电报、电传、电脑、网络、电视广播机、指挥通讯机等设备在内的物资。缺乏必要的工作条件，公务员就不可能很好地履行公职。

 案例研究

公务员的职责保障权

据《南方农村报》2011 年 8 月 30 日报道，8 月 9 日凌晨，5 匪徒持枪冲进广东茂名市茂港区海滨花园，3 匪徒用枪制服保安员之后，另两匪徒强行冲进小区偷盗一业主的摩托车。业主忙呼喊追赶，并打 110 报警。无奈匪徒有枪，只能眼睁睁地看着他们盗走摩托车扬长而去。业主质问，为何直到六点半才有警察赶到现场。110 的接警员回答说，派出所的电话欠费停机，找不到人。110 接警员这样的答复在法律上成立吗？

2. 身份保障权

公务员非因法定事由、非经法定程序，有不得被免职、降职、辞退或者处分的权利。这项权利是公务员权利中最重要的一项，甚至可以视作公务员制度的"灵魂条款"。这项权利的确认，不仅能够保证公务员队伍的稳定性和公务管理活动的持续性，而且能够保证公务员大胆进行管理，公正无私地履行职责。当然，身份保障权并不意味着公务员职业是"金饭碗"，只是要求公务员管理机关在作出免职、降职、辞退、处分等行为时,必须符合法定事由,并遵循法定程序。

3. 劳动权

公职关系在本质上是一种劳动关系,只是公务员提供劳动的内容与方式有别于其他劳动者。因此,作为公务员,依然享有宪法上的劳动权。具体来说,公务员的劳动权包括以下内容:(1)获得工资报酬,享受福利、保险待遇权。工资是公务员的生活保障,也是公务员劳动价值的肯定。公务员的福利和保险待遇具有激励和调节功能,能够促使公务员清正廉洁,恪尽职守,公正行使职权。(2)参加培训的权利。公务员履行公职,需要具备较高的政治理论水平和扎实的业务专业知识、法律知识。在知识爆炸的时代,公务员必须不断学习,才可能不被淘汰,也才能适应社会发展的需要。因此,公务员有权要求国家提供必要的培训机会。(3)申请辞职的权利。劳动权的内容之一是职业选择权。这种选择既包括进入公务员队伍的选择,也包括退出公务员队伍的选择,而辞职的权利就属于后者。为避免辞职给公务活动带来不便,《公务员法》明确规定了公务员辞职的程序和不得辞职的情形。

4. 监督权

《宪法》第41条第1款明确规定:"中华人民共和国公民对于任何国家机关和国家工作人员,有提出批评和建议的权利;对于任何国家机关和国家工作人员的违法失职行为,有向有关国家机关提出申诉、控告或者检举的权利,但是不得捏造或者歪曲事实进行诬告陷害。"作为公务员,依然享有这些监督权,即对机关工作和领导人员提出批评和建议的权利以及提出申诉和控告的权利。鉴于监督权具有对公务员的其他权利予以保障和救济的属性,因此《公务员法》格外关注,以专章规定了公务员的申诉与控告事宜。根据法律规定,公务员对涉及本人的人事处理①不服,可以自知道该人事处理之日起30日内向原处理机关申请复核;对复核结果不服,可以自接到复核决定之日起15日内,按照规定向同级公务员主管部门或者作出该人事处理的机关的上一级机关提出申诉;也可以不经复核,自知道该人事处理之日起30日内直接提出申诉;对省级以下机关作出的申诉处理决定不服的,可以向作出处理决定的上一级机关提出再申诉。无论是原处理机关,还是受理公务员申诉的机关,都必须在规定期限内作出处理决定。略有遗憾的是,复核、申诉期间不停止人事处理的执行,有时公务员申诉成功之后难以恢复原职位,使其权利难以获得实质性保护。根据《行政复议法》、《行政诉讼法》以及最高人民法院《若干解释》的规定,公务员对人事处理决定不服的,不能申请行政复议和提起行政诉讼。

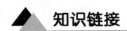

知识链接

特别权力关系

关于国家公务员对人事处理决定不服不得通过司法程序获得法律救济的理论原因,行

---

① 根据《公务员法》第90条的规定,指如下人事处理决定:(1)处分;(2)辞退或者取消录用;(3)降职;(4)定期考核定为不称职;(5)免职;(6)申请辞职、提前退休未予批准;(7)未按规定确定或者扣减工资、福利、保险待遇;(8)法律、法规规定可以申诉的其他情形。

政法学上通常归于特别权力关系。"依传统之行政法理论,所谓之'特别权力关系'指在特定之行政领域内,为达成行政目的,由人民与国家所建立,并加强人民对国家从属性之关系。在特别权力关系中,人民被吸收进入行政内部,不再适用在一般情形所具有之基本权利、法律保留以及权利保护等,形成'无法之空间',构成'法治国家之漏洞'。"(资料来源:陈敏:《行政法总论》第7版,台湾新学林出版有限公司2011年版,第219页)

5. 法律规定的其他权利

这些"其他权利"是:(1)与公务员履行公职不相冲突的公民权利,如宗教信仰自由、休息权等。(2)特殊职位的公务员所享有的权利,如根据《人民警察法》第13条第1款的规定,公安机关的人民警察因履行职责的紧急需要,经出示相应证件,可以优先乘坐公共交通工具,遇交通阻碍时,优先通行。

第三节 公务员的基本制度

一、公务员进入制度

公务员进入制度,指公民取得公务员身份的方式。公务员进入制度因公务员种类、要求不同,法律设置了四种方式:

1. 选任

选任是指通过民主选举的方式产生公务员。根据《宪法》与《地方组织法》的规定,省长、副省长,自治区主席、副主席,市长、副市长,州长、副州长,县长、副县长,区长、副区长,乡长、副乡长,镇长、副镇长,人民法院院长,人民检察院检察长,等等,都是由同级人民代表大会选举产生的。这类公务员具有一定的任期,被称为选任制公务员。

2. 考任

考任是指由人事管理机关通过公开考试和考核的方式产生公务员。根据《公务员法》的规定,录用主任科员以下及其他相当职务层次的非领导职务公务员,都必须采取公开考试、严格考察、平等竞争、择优录取的办法。通过这一方式产生的公务员被称为考任制公务员。

3. 聘任

聘任是指通过签订聘任合同的方式进入公务员队伍。根据《公务员法》的规定,用人机关根据工作需要,经省级以上公务员主管部门批准,可以对不涉及国家秘密、但专业性较强的职位和辅助性职位实行聘任制。用人机关聘任公务员,应当按照平等自愿、协商一致的原则,签订书面的聘任合同,确定用人机关与所聘公务员双方的权利、义务,特别是职位及其职责要求、工资、福利、保险待遇、违约责任等事项。聘任合同期限为一年至五年,可以约定一个月至六个月的试用期。聘任制公务员与所在用人机关之间因履行聘任合同发生争议的,应当依法向由公务员主管部门的代表、聘用机关的代表、聘任制公务员的代表以及法律专家等组成的人事争议仲裁委员会申请仲裁。聘任制公务员与实务中的"政府雇员"制度大致相当。

> ▲ **知识链接**
>
> 《吉林省人民政府雇员管理试行办法》要点
>
> 政府雇员是省政府根据全局性工作的特殊需要,从社会上雇佣的为政府工作的法律、金融、经贸、信息、高新技术等方面的专门人才(第1条)。
>
> 政府雇员不具有行政职务,不行使行政权力,不占用政府行政编制,服务于政府某项工作或某一政府工作部门(第2条)。
>
> 政府雇员的职别分为"一般雇员""高级雇员"和"资深高级雇员"三种。
>
> 一般雇员是政府一般性服务工作需要的专门人才。除具有上述雇员基本条件外,还必须具有大学本科以上学历和3年以上的实际工作经历。
>
> 高级雇员是政府高层次服务性工作需要的特殊高级专门人才。除具有上述雇员基本条件外,还必须是具有硕士或博士学位、高级专业技术职称,有较深的学术和专业造诣,在本学术界或本专业技术领域有较高知名度和较大影响,且专业技术工作业绩特别突出,政府工作特别需要的稀缺人才。
>
> 资深高级雇员原则上在优秀的高级雇员中产生。对于面向社会公开招聘、在全国或省内确实有较高知名度和较大影响、条件特别优秀的,也可以直接雇用为资深高级雇员(第4条)。
>
> 政府雇员的待遇实行佣金制。佣金标准分为14档。一般雇员执行1—4档标准;高级雇员执行5—9档标准;资深高级雇员执行10—14档标准。每位雇员的具体佣金标准,由省政府有关部门依据雇员本人的能力和所承担的任务以及佣金标准表进行商议,并以合同形式确定(第11条)。
>
> 依据《劳动法》的有关规定,雇员受雇期间,由省政府负责为雇员办理社会保险,投保费用按照有关规定由政府和雇员本人按比例支付,除此之外,政府不再为雇员提供其他福利待遇。雇员佣金和社会保险金列入政府财政预算,省财政厅根据省人事厅提供的政府雇员人数和费用标准,按月发放雇员佣金,并为雇员代扣代缴社会保险金(第12条)。

4. 调任

调任是指在国有企业事业单位、人民团体和群众团体中从事公务的人员通过调动工作的方式,进入公务员机关任职。根据《公务员法》第64条的规定,国有企业事业单位、人民团体和群众团体中从事公务的人员可以调入机关担任领导职务或者副调研员以上及其他相当职务层次的非领导职务。被调任人选应当具备公务员的条件和拟任职位所要求的资格条件,并不得具有不得录用为公务员的情形。调任机关应当对调任人选进行严格考察,并按照管理权限审批,必要时可以对调任人选进行考试。①

---

① 为了进一步规范调任行为,中组部于2008年出台了《公务员调任规定(试行)》(中组发[2008]6号),对调任的条件和程序作出了非常细致的规定。

二、公务员管理制度

1. 考核

考核是指公务员管理机关依照管理权限,对公务员的品行、才能和工作实绩进行考查和评价,并以此作为对公务员进行奖惩、培训、辞退以及调整职务、级别和工资的依据的制度。根据《公务员法》的规定,公务员的考核内容包括德、能、勤、绩、廉,重点是工作实绩;公务员的考核分为平时考核和定期考核,定期考核以平时考核为基础;定期考核的结果分为优秀、称职、基本称职和不称职四个等次,定期考核的结果应当以书面形式通知公务员本人;定期考核的结果作为调整公务员职务、级别、工资以及公务员奖励、培训、辞退的依据。[①]

2. 奖励

奖励是指公务员管理机关对工作表现突出,有显著成绩和贡献,或者有其他突出事迹的公务员或者公务员集体予以精神奖励和物质奖励的制度。根据《公务员法》的规定,奖励分为:嘉奖、记三等功、记二等功、记一等功、授予荣誉称号。对受奖励的公务员或者公务员集体予以表彰,并给予一次性奖金或者其他待遇。不过,当公务员或者公务员集体有下列情形之一时,公务员管理机关将撤销奖励:(1)弄虚作假,骗取奖励的;(2)申报奖励时隐瞒严重错误或者严重违反规定程序的;(3)有法律、法规规定应当撤销奖励的其他情形的。[②]

3. 惩戒

惩戒是指公务员管理机关对违反纪律的公务员通过给予处分来予以警示的制度。《公务员法》在明确规定公务员必须遵守的纪律之后,指出,公务员因违法违纪应当承担纪律责任的,将给予处分。处分分为警告、记过、记大过、降级、撤职、开除等6种类型。对公务员的处分,应当事实清楚、证据确凿、定性准确、处理恰当、程序合法、手续完备,特别是要保障公务员的陈述权和申辩权。处分决定机关认为对公务员应当给予处分的,应当在规定的期限内,按照管理权限和规定的程序作出处分决定,并以书面形式通知公务员本人。公务员在受处分期间不得晋升职务和级别,其中受记过、记大过、降级、撤职处分的,不得晋升工资档次;受撤职处分的,按照规定降低级别。公务员受开除以外的处分,在受处分期间有悔改表现,并且没有再发生违纪行为的,处分期满后,由处分决定机关解除处分并以书面形式通知本人。解除处分后,晋升工资档次、级别和职务不再受原处分的影响。但是,解除降级、撤职处分的,不视为恢复原级别、原职务。

为严肃行政机关纪律,规范行政机关公务员的行为,保证行政机关及其公务员依法履行职责,国务院于2007年制定了《行政机关公务员处分条例》(国务院令第495号),并且该行政法规也适用于对法律、法规授权的具有公共事务管理职能的事业单位中经批准参照《公务员法》管理的工作人员的处分事宜。

4. 回避

回避是指公务员管理机关为了树立机关公正形象和保障公务员公正履行公职,对具有法定情形的公务员进行特殊的任职安排,使其不在某种岗位任职,或不到某地区任职,或不参与某种公务处理。《公务员法》规定了三种类型的回避:(1)任职回避,即公务员之间有夫

---

① 为了规范公务员考核制度,国家公务员局2008年发布了《公务员考核规定(试行)》。
② 为进一步规范公务员奖励制度,国家公务员局于2008年颁行了《公务员奖励规定(试行)》。

妻关系、直系血亲关系、三代以内旁系血亲关系以及近姻亲关系的,不得在同一机关担任双方直接隶属于同一领导人员的职务或者有直接上下级领导关系的职务,也不得在其中一方担任领导职务的机关从事组织、人事、纪检、监察、审计和财务工作;因地域或者工作性质特殊,需要变通执行任职回避的,由省级以上公务员主管部门规定。(2)地域回避,即除法律另有规定外,公务员不得担任乡级机关、县级机关及其有关部门主要领导职务。"适用地域回避的标准是原籍和该地担任领导职务有较长一段时间。"①(3)公务回避,即公务员执行公务时,有下列情形之一的,应当回避:一是涉及本人利害关系的;二是涉及与本人有夫妻关系、直系血亲关系、三代以内旁系血亲关系以及近姻亲关系等亲属关系的人员的利害关系的;三是其他可能影响公正执行公务的。

除前述制度外,公务员管理制度还包括职务升降制度、交流制度和培训制度。

三、公务员退出制度

1. 辞职

辞职是指公务员自愿辞去公职,放弃公务员身份,退出公务员队伍。为避免辞职影响公务活动,《公务员法》要求公务员在辞职时,应当向任免机关提出书面申请,依法办理审批手续。同时,公务员有下列情形之一的,不得辞去公职:(1)未满国家规定的最低服务年限的②;(2)在涉及国家秘密等特殊职位任职或者离开上述职位不满国家规定的脱密期限的③;(3)重要公务尚未处理完毕,且须由本人继续处理的;(4)正在接受审计、纪律审查,或者涉嫌犯罪,司法程序尚未终结的;(5)法律、行政法规规定的其他不得辞去公职的情形。

需要注意的是,"辞职"本身具有两种含义:一是辞去公职,二是担任领导职务的公务员辞去领导职务。前者将消灭公职关系,使公务员退出公务员队伍;而后者只是使公职关系的内容发生变化,即不再担任领导职务的公务员依然是公务员,但职务的变化将引起权利与义务的变化。

2. 辞退

辞退是公务员管理机关要求公务员退出公务员队伍的行为。从确保公务员德才兼备的角度出发,《公务员法》规定公务员有下列情形之一的,予以辞退:(1)在年度考核中,连续两年被确定为不称职的;(2)不胜任现职工作,又不接受其他安排的;(3)因所在机关调整、撤销、合并或者缩减编制员额需要调整工作,本人拒绝合理安排的;(4)不履行公务员义务,不遵守公务员纪律,经教育仍无转变,不适合继续在机关工作,又不宜给予开除处分的;(5)旷工或者因公外出、请假期满无正当理由逾期不归连续超过15天,或者一年内累计超过30天的。同时,基于公务员所享有的身份保障权,《公务员法》又规定了不得辞退公务员的4种情形,即:(1)因公致残,被确认丧失或者部分丧失工作能力的;(2)患病或者负伤,在规定的医

---

① 胡光宜、张春生主编:《〈中华人民共和国公务员法〉解释》,群众出版社2005年版,第218页。
② 2008年,中组部与人力资源和社会保障部联合印发《新录用公务员任职定级规定》,规定,新录用公务员在机关最低服务年限为5年(含试用期)。
③ 我国《保守国家秘密法》第38条规定:"涉密人员离岗离职实行脱密期管理。涉密人员在脱密期内,应当按照规定履行保密义务,不得违反规定就业,不得以任何方式泄露国家秘密。"此处的"离岗",指离开涉密工作岗位,但仍在本机关工作;而"离职"是指辞职、辞退、解聘、调离、退休等离开本机关的情形。涉密人员的脱密期应根据其接触、知悉国家秘密的密级、数量、时间等情况确定。一般情况下,核心涉密人员为3年至5年,重要涉密人员为2年至3年,一般涉密人员为1年至2年。脱密期自机关、单位批准涉密人员离开涉密岗位之日起计算。

疗期内的;(3)女性公务员在孕期、产假、哺乳期内的;(4)法律、行政法规规定的其他不得辞退的情形。

3. 退休

退休是指公务员达到国家规定的退休年龄,为国家服务到一定的工作年限,或因病残丧失了工作能力,离开工作岗位,依法办理退休手续,由国家给予生活保障,并给予妥善安置和管理的制度。该制度是保持国家公务员队伍充满生机和活力的重要措施。

《公务员法》规定了两类退休:(1) 法定退休,即公务员达到国家规定的退休年龄或者完全丧失工作能力的,应当退休。(2) 自愿退休,即公务员符合下列条件之一的,本人自愿提出申请,经任免机关批准,可以提前退休:第一,工作年限满30年的;第二,距国家规定的退休年龄不足5年,且工作年限满20年的;第三,符合国家规定的可以提前退休的其他情形的。公务员退休后,享受国家规定的退休金和其他待遇,国家为其生活和健康提供必要的服务和帮助,鼓励发挥个人专长,参与社会发展。

另外,公务员死亡和被开除也将导致公务员身份的丧失,即退出公务员队伍。

思考题:

1. 如何理解公务员的概念?
2. 简述《公务员法》的基本原则。
3. 担任公务员应当具备什么条件?
4. 如何理解公务员的法律地位?
5. 公民可以通过何种方式进入公务员队伍?
6. 公民可以通过何种方式退出公务员队伍?

拓展阅读:

1. 郭庆珠:《存在于悖论夹缝中的行政规范冲突选择适用权——兼议〈公务员法〉"违法命令不执行"条款的制度缺失》,载《浙江社会科学》2006年第9期。
2. 韩大元:《中国宪法文本上"农民"条款的规范分析——以农民报考国家公务员权利为例》,载《北方法学》2007年第1期。
3. 宋思明:《解析〈公务员法〉中分类制度之设计原理》,载《法商研究》2005年第4期。
4. 刘俊生:《中日公务员权利义务比较研究》,载《政法论坛》2001年第1期。
5. 宋儒亮:《论公务员在执行上级决定或者命令中的角色定位——对〈公务员法〉第54条的法理解读》,载《法律科学》2006年第4期。
6. 王彬、赵绘宇:《前科制度与就业歧视——对我国〈公务员法〉第24条第1项的学理反思》,载《政治与法律》2009年第8期。
7. 方世荣:《论国家公务员职务行为与个人行为界限的几个问题》,载《法商研究》1995年第4期。
8. 林弋:《公务员法立法研究》,中国人事出版社2006年版。
9. 方世荣等:《中国公务员法通论》,武汉大学出版社2009年版。

第七章

行 政 决 定

> ✦ **学习目标**
>   通过本章的学习,学生可以掌握以下内容:
>   1. 行政行为与行政决定的概念
>   2. 行政决定的定型化、附款、效力、违法等理论
>   3. 行政决定的成立、生效、变更、消灭等过程
>
> ✦ **关键概念**
>   行政行为 行政决定 行政决定附款 行政决定成立 行政决定生效 行政决定合法 行政决定违法 行政决定变更 行政决定撤回 行政决定撤销 公定力 确定力 不可争力 不可变更力 拘束力 执行力

第一节 行政决定概念及其理论体系

一、行政行为的概念

行政机关为了实现特定行政目的(公共利益)往往针对相对人实施各种行为,如命令、征收、征用、许可、处罚、强制执行等,这些行为从形式上来看呈现为各式各样。为了对这些形式各异的行为进行法律上的规范和法学上的研究,传统大陆法系的行政法学以民法学中的"法律行为"概念为模板,结合行政法作为公法的特点,创造了行政法学中所特有的"行政行为"概念,并以该概念为核心,围绕着行政行为的概念、类型、内容、成立、生效、消灭、附款、效力、违法、裁量等构建了较为完整的理论体系,即行政行为理论。但由于现实行政的复杂性,行政法学者对于"行政行为"概念的理解也不同,存在着超广义的、广义的、狭义的、超狭义的等不同定义之间的争议,由此带来了理论上的混乱。为此,本教材除坚持广义"行政行为"概念之外,采用"行政决定"的概念,用以特指具有法效力的那一部分行政行为。

行政行为概念是行政法学中最基本的概念,但由于行政行为的复杂性以及现实中行政行为的不断发展,行政行为的含义在不断发展。行政法学界对行政行为概念的具体含义存在着争议。

（一）行政行为概念的产生

行政行为的概念形成于19世纪后期法、德等欧洲大陆国家的行政法学中。当时的行政法学者以民法学中的法律行为概念为模式，将属于公法领域的行政机关的各种行为以一个统一的概念进行把握，在此基础上进行体系性的考察，这个概念就是"行政行为"概念。由于行政行为具有公法的性质，因此必须适用与民事法律行为不同的法律，即行政法，这是行政法及行政法学得以成立的理论基础。

传统行政法学理论认为，行政行为是指"行政机关对于具体事实以公权力行使的方式宣告何为法律的行为"[①]，是指"行政机关根据法律的规定，基于单方性的判断具体决定相对人权利义务及其法律地位的行为"[②]。可见，行政行为具有外部性、权力性、法律效果性、具体性、单方性等性质。行政行为与私法行为的区别在于行政机关并非在与相对人的合意基础上形成法律行为，而是以本身的单方性意思决定形成法律行为。

（二）行政行为概念在我国的导入及其含义

在我国行政法学中，导入了大陆法系行政法学中的行政行为概念。但在我国行政法学界，对于行政行为概念存在着不同的理解。其中，广义的行政行为是指"国家行政机关实施行政管理活动的总称"[③]。狭义的行政行为是指行政机关对公民、法人或其他组织所实施的，并由行政机关单方面意思表示而形成的具有行政法律效力的行为。最狭义的行政行为是指具体行政行为，即行政机关针对特定的人或特定的事所实施的，只对特定人或特定的事产生行政法律效力的行为。

在我国，"具体行政行为"不仅是一个法学术语，而且还是一个法律用语。如《行政诉讼法》第2条规定："公民、法人或者其他组织认为行政机关和行政机关工作人员的具体行政为侵犯其合法权益，有权依照本法向人民法院提起诉讼。"《行政诉讼法》直接使用了"具体行政行为"的概念，但没有对此作出明确解释，从而引起学界和实务界的激烈争论。为了指导行政诉讼实践，1991年5月29日最高人民法院发布了《关于贯彻执行〈中华人民共和国行政诉讼法〉若干问题的意见（试行）》，明确规定了具体行政行为的概念，即具体行政行为"是指国家行政机关和行政机关工作人员、法律法规授权的组织、行政机关委托的组织或者个人在行政管理活动中行使行政职权，针对特定的公民、法人或者其他组织，就特定的具体事项，作出的有关该公民、法人或者其他组织权利义务的单方行为"。对此定义，学界提出了很多批判意见。为此，1999年11月24日最高人民法院在制定《关于执行〈中华人民共和国行政诉讼法〉若干问题的解释》（以下简称《若干解释》）时放弃了对具体行政行为进行定义的做法，而是采用了明确行政诉讼受案范围的方法来确定行政行为的外延。在该解释中虽然没有明确规定行政行为的概念，但很明显，该解释采用的是广义的行政行为概念。

[①] 〔日〕田中二郎：《行政法讼论》，有斐阁1957年版，第259页。
[②] 〔日〕樱井昭平、西牧诚：《行政法》（第5版），法学书院2005年版，第18页。
[③] 王珉灿主编：《行政法概要》，法律出版社1983年版，第97页。

理论探讨

"具体行政行为"质疑

目前运用最广也最具权威性的具体行政行为的定义,是最高人民法院在《关于贯彻执行〈中华人民共和国行政诉讼法〉若干问题的意见(试行)》(以下简称《若干意见》)中所作的解释。即"具体行政行为是指国家行政机关和行政机关工作人员、法律法规授权的组织、行政机关委托的组织或者个人在行政管理活动中行使行政职权,针对特定的公民、法人或者其他组织,就特定的具体事项,作出的有关该公民、法人或者其他组织权利义务的单方行为"。这一定义从行为主体、行为范围、行为的职权性质、行为的对象、行为的法律后果等方面力图完整地作出表述。作为一种具有法律效力的司法解释,它为司法界普遍接受并在司法实践中予以遵循运用是毫无疑问的。就这一定义本身的细致性说明、多角度审视而言,它也不失为司法工作人员在行政诉讼中便于掌握的标准。但是,行政法学理论界如果接受这一定义并将此作为行政法学上对具体行政行为的定义解释,则将导致理论上的缺陷,因为这一解释作为行政诉讼司法实践中掌握衡量被诉具体行政行为的一般识别条件尚可,而作为一个行政法学理论上的定义,它却是不完整并有缺陷的。

第一,这种解释只从行政审判的需要出发,对外部具体行政行为作了说明,具体讲只是就行政主体对"公民、法人或者其他组织"所作的外部具体行政行为进行了解释,而不是全部具体行政行为的定义。在行政法学理论上,具体行政行为有内部具体行政行为和外部具体行政行为的分类,内部具体行政行为是针对行政主体内部机构或其工作人员的,如上级行政机关撤销下级行政机关的一项决定,对某个行政机关工作人员的任免决定等等;而外部具体行政行为才是仅针对社会上公民、法人或者其他组织的。《若干意见》将具体行政行为仅解释为外部具体行政行为,作为定义显然会导致偏颇。行政法学界有学者已完整接受了这一解释并将其作为具体行政行为的定义使用,因而在一些著作和教科书中出现了一边按《若干意见》的解释,把具体行政行为仅定义为是外部具体行政行为,一边又把具体行政行为作外部具体行政行为和内部具体行政行为的分类,由此发生具体行政行为定义与分类上的明显矛盾,难以自圆其说。

第二,《若干意见》将具体行政行为表述为是行政主体"行使行政职权,针对特定的公民、法人或者其他组织,就特定的具体事项,作出的有关该公民、法人或者其他组织权利义务的单方行为"。这里又将具体行政行为仅视为是行政主体行使行政职权所作的行为,其缺陷是忽略了行政主体履行职责所作的行为和未履行职责的不作为行为也是具体行政行为(一种应作但未作的不履行职责的行为)。前者如行政机关主动实施的对因自然灾害受灾公民的救援行为,后者如行政机关对公民、法人或者其他组织要求保护其权利的申请未予理睬的不作为等。(资料来源:方世荣:《再论具体行政行为的几个基本理论问题》,载《法商研究》1994年第6期)

(三) 行政行为概念在行政法学上的意义

1. 促使行政法独立于私法而成立的意义

从行政法与私法的关系上来看,行政行为概念具有使得行政法独立于私法而形成的意义。行政行为是法律实现的手段,与私法裁判的判决相类似,都属于国家行为。因此,行政行为不同于私法行为,这是行政法及行政法学之所以独立于私法而成立的理论依据。

与认为行政行为是法律实现手段的观点强调行政行为的公法特性不同,认为行政行为是法律要件事实的观点注重行政行为属于法律行为的一面,在这种意义上,行政行为与私法行为相同,都属于形成、变动或消灭法律关系的法律要件事实,其法律效果都指向法律关系中权利义务关系的变动。因此,行政行为与私法行为在成立、生效要件上存在着共同之处。

2. 行政法学考察工具的意义

从行政法学本身的方法论来看,行政行为概念具有作为考察现实行政行为的工具与形成行政法学体系的意义。

(1) 作为行政行为考察工具的行政行为

现实行政中的行政行为复杂多样,在行政法学对于现实行政行为进行研究或者法律对于行政行为进行规范时,必须借助分类的方法,从现实的行政行为中抽象出各种类型的行政行为,在此基础上分别考察各类行政行为的特性、内容、要件、效力等,分别进行法律的规制。可见,行政行为概念是行政法学考察现实行政行为的必要工具。

(2) 作为行政法学体系核心的行政行为

传统行政法学以作为行政过程结果的行政行为作为主要对象,并以此来构建整个行政法学体系。围绕着行政行为将行政法学体系划分为行政组织法(行政行为的主体)、行政行为法(行政行为的行使)、行政监督及救济法(对行政行为的监督及对被行政行为侵害者的救济)三部分,其中具有权力性、法律效果性等特征的行政行为成为了连接整个行政法学体系的核心。

3. 行政诉讼上的意义

从行政诉讼方面来看,行政行为概念具有作为撤销诉讼与无效确认诉讼的理论基础以及作为行政诉讼对象的意义。

(1) 作为撤销诉讼及无效确认诉讼理论基础的意义

从存续力理论来看,违法的行政行为通常可以区分为无效行政行为与可撤销行政行为。从行政诉讼制度来看,对于无效行政行为可以提起确认诉讼,而对于可撤销行政行为可以提起撤销诉讼,这两种诉讼类型以行政行为存续力理论为基础。

(2) 作为行政诉讼对象的行政行为

行政行为的概念在功能上相当于在由行政权进行的公权力行使中最适合受法院统制的行为,即可以提起行政诉讼的行为。《行政诉讼法》第11条规定,行政相对人对于"具体行政行为"不服可以提起行政诉讼,而最高人民法院《若干解释》第1条第1款规定相对人对于"行政行为"不服可以提起行政诉讼。可见,行政行为就是行政诉讼的对象,行政行为概念的外延就是行政诉讼的受案范围。

二、行政行为概念的缺陷与行政决定概念的采用

鉴于狭义的行政行为概念不能涵盖现实行政中所有的行为形式,采用广义的行政行为概念是一个解决的办法。广义的行政行为概念几乎等同于行政机关对外作出的所有活动,可以涵盖行政的所有形式。但另一方面,根据逻辑学中概念外延与内涵的关系,外延越大内

涵就越小,过于宽泛的行政行为概念几乎丧失了行政行为原本所有特征性的内涵,如外部性、权力性、具体性、单方性等特征。而且,随着现代行政的发展,行政行为的形式也不断增多,因此,广义的行政行为概念也必须随之不断改变,不具有作为行政法基本概念的稳定性。对此,在本教材中,采用"行政决定"的概念代替狭义的行政行为概念。

行政决定的概念相当于行政行为概念中的具体行政行为部分。传统的行政行为理论根据行政行为针对的对象是否特定,将行政行为分为抽象行政行为与具体行政行为。抽象行政行为是指行政机关针对不特定对象发布的能反复适用的行政规范性文件,而具体行政行为是指行政机关针对特定的行政相对人就特定的事项作出的行为。但是,如上所述,具体行政行为概念在我国的立法和司法实践中受到了各种批判,为此,最高人民法院在《若干解释》中放弃了对具体行政行为进行定义的做法。在学界,也有很多学者为避免歧义,而采用"行政决定"的概念。更重要的是,《行政处罚法》《行政许可法》和《行政强制法》等都采用了"行政决定"的概念。

三、行政决定的概念及其构成要素

行政决定是指行政机关对公民、法人或其他组织行使行政职权,由行政机关单方面意思表示而具体形成法效果的行为。该概念中包含有外部性、法效力性、具体性、权力性、单方性等要素。

(一) 外部性

传统的行政行为理论将广义的行政行为划分为内部行政行为与外部行政行为,分别采取不同的合法性要求与救济方式。其中,内部行政行为是行政机关对行政组织内部及其工作人员作出的行政行为,外部行政行为是行政机关在行政管理过程中对外作出的行政行为。行政决定具有外部性的特征,行政机关对另一行政机关或行政机关所属工作人员所作出的行为,如果并不直接变动外部组织或个人的权利义务,仅仅属于内部关系的,则被认为不是行政决定。如《行政诉讼法》第12条将行政机关的内部行为排除在行政诉讼的受案范围之外。[①]

(二) 法效力性

传统的行政行为理论以是否具有行政机关的意思表示要素或法效力为标准,将行政行为分为法律行为性行政行为与非法律行为性行政行为。前者以行政机关的意思表示作为构成要素,依据行政机关的意思表示要素而产生法效力;而后者不具有意思表示的要素,仅仅是单纯的意思通知、观念通知或物理性的行为,不依据意思表示要素而产生法效果。行政决定是一种法律行为,具有法效力,能够直接地变动或影响行政相对人的权利义务。而非法律行为的通知、确认、公证、受理等行为一般并不直接影响行政相对人的权利义务,因此,不属于行政决定。此外,不具有任何法效力的事实行为也不属于行政决定。如行政指导本身不具有法效力,因此,一般将其排除在行政决定的范围之外。但为了使行政相对人服从行政指

---

① 《行政诉讼法》第12条第2项规定,公民、法人或者其他组织对"行政机关对行政机关工作人员的奖惩、任免等决定"不服提起行政诉讼的,法院不予受理。

导而强制实现行政指导的手段并非单纯的行政指导,具有法效力。

（三）具体性

并非所有具有法效力的对外行为都是行政决定,行政决定所产生的法效力必须是具体的,而非抽象、一般的。如行政机关制定的行政法规、行政规章等具有抽象、一般的法效力,并不具体直接地变动行政相对人的权利义务,因此不是行政决定。如《行政诉讼法》第 12 条将"行政法规、规章或者行政机关制定、发布的具有普遍约束力的决定、命令"排除于行政诉讼受案范围之外。

（四）权力性

权力性是指行政机关基于行政优越权而作出的行政决定。权力性还包含有强制性的意思,行政机关作出一定的行政决定后,行政相对人必须服从。当然,在行政过程中,行政机关有时采用非权力性的方式进行行政行为,如在行政合同中,行政机关与行政相对人基于双方的合意而签订行政合同,虽然行政合同具有在法律上拘束相对人的法效力,但由于并非权力性行为,一般认为其不属于狭义上的行政决定。此外,行政机关以民事主体的身份作出的行为不属于行政决定。如对国有普通财产的买卖行为,只要没有法律的特别规定,一般属于民事法律行为。[①]

（五）单方性

传统行政行为理论以行政相对人是否参与决定行政行为内容为标准,可以将行政行为分为单方行政行为和双方行政行为。单方行政行为是指由行政机关单方面决定,而无须相对人同意即可作出的行政行为;而双方行政行为是指必须经双方当事人协商一致才能成立的行政行为,如行政合同等。行政决定作为"公权力行使"的单方性行为,是由行政机关以行政职权单方作出的行为,因此,它必须与行政合同相区别。行政合同是指以合同的形式进行的行政行为,与民事合同相同,行政合同也是以合同双方的合意为基础,因此,行政合同作为双方性行为,虽然具有在法律上拘束行政相对人的法效力,但一般认为基于双方当事人的合意产生法效力的行政合同不属于行政决定。

四、行政决定的类型

从现实的行政过程来看,行政决定种类繁多。我们按照不同的标准,可以对行政决定进行不同的分类。

（一）作为性行政决定与不作为性行政决定

以行为方式为标准可以将行政决定分为作为性行政决定和不作为性行政决定。作为性行政决定是指行政机关以积极的、直接对行政相对人发生作用的方式作出的行为,表现为作出一定的行为。不作为性行政决定是指行政机关消极维持现有法律状态的行为,表现为不

[①] 《政府采购法》第 43 条规定:"政府采购合同适用合同法。采购人和供应商之间的权利和义务,应当按照平等、自愿的原则以合同方式约定。"

作出一定的行为。此外,值得注意的是,对于行政相对人申请的拒绝行为虽然结果是不许可,但拒绝行为本身是作为性行政决定。由于不作为无法撤销,行政相对人不能提起撤销诉讼,但可以提起确认违法或者无效诉讼。

 前沿引介

行政不作为的实质

行政不作为的实质,是相对人的请求权、参政权没有获得实现,或其他权益受到损害。它的典型表现形式,就是行政主体对申请、举报、申报或现实的危险保持沉默,或者拖延。在这种情况下,为了保障相对人的权益,也应视为行政权的实际运用,并依法推定其法律效果。在我国,对这种沉默或不予答复一般推定为对相对人所主张权利义务的否定,只有在行政法规范明确规定的情况下才推定为同意或肯定。如《集会游行示威法》第9条第1款规定:"主管机关接到集会、游行、示威申请书后,应当在申请举行日期的二日前,将许可或者不许可的决定书面通知其负责人。不许可的,应当说明理由。逾期不通知的,视为许可。"《上海市户外广告设施管理办法》第12条第4款规定:"规划、工商、市容环卫部门逾期不提出审查意见或者不作出审批决定的,视为同意。""这种沉默并非一个拒绝的决定,相反却是行政机构根据当事人的要求而并不反对作出表示,当事人并不必受这种状态的左右。"因此,相对人在申请中对自己的权利义务最好有比较具体明确的描述。在推定为同意的情况下,即构成新的法律效果,实现了相对人的权利,属于作为式的行政行为。相对人如有需要,可依法要求行政主体颁发相应证明文书。在推定为不同意或拒绝的情况下,虽然并没有产生新的法律效果,但却是行政主体拒绝设定权利或保护权益的意思,也是一种法律效果。这样,相对人就有了获得法律救济的机会。(资料来源:叶必丰:《具体行政行为的法律效果要件》,载《东方法学》2013年第2期)

(二)依职权行政决定与依申请行政决定

以行政机关是否可以主动作出行政决定为标准,行政决定可以分为依职权行政决定与依申请行政决定。依职权行政决定是指行政机关依据法律赋予的行政职权,根据自己的判断而主动作出的行政决定。依申请行政决定是指行政机关根据行政相对人的申请而作出的行政决定,没有行政相对人的申请,行政机关就不得主动作出行政决定,可见,行政相对人申请的提出是行政机关作出行政决定的前提。当然,在行政相对人提出申请后,是否作出行政决定由行政机关自主决定。依申请行政决定对于行政相对人来说,一般都是受益性行为,如行政许可、发放抚恤金等。在对依申请行政决定提起行政诉讼时,行政相对人必须对已经提出申请的事实进行举证。

(三)羁束行政决定与裁量行政决定

根据法律对行政决定规定的详细程度,行政决定可以分为羁束行政决定与裁量行政决定。羁束行政决定是指法律明确规定了行政决定的范围、条件、形式、程度、方法等,行政机关没有选择余地,只能严格依照法律规定作出的行政决定。裁量行政决定是指法律没有明确规定行政决定的范围、条件、形式、程度、方法等,由行政机关根据实际情况自行裁量作出的行政决定。从违法的法律后果来看,行政机关违反了羁束性规定就构成了行政违法,行政相对人可以申请行政复议或者提起行政诉讼进行救济;而行政机关违反裁量性规定的,除滥用职权或显失公正外,司法权一般不得介入。

(四) 其他分类

行政决定还可以按其他标准进行分类。如以法律对行为形式是否作出规定为标准,可以分为要式行政决定与非要式行政决定;以是否存在附款为标准,可以分为附款行政决定与无附款行政决定;以是否需要其他行为作为补充为标准,可以分为独立行政决定与需补充行政决定;以内容对行政相对人是否有利为标准,可以分为授益性行政决定与负担性行政决定;等等。

五、行政决定的理论体系

行政法理论以行政决定为核心,在确定行政决定概念的基础上,形成了行政决定的定型化理论、附款论、效力论、违法论等行政决定理论,这些理论构成了一个较为完整的理论体系,用于解释行政法在实务中所遇到的各种问题。

(一) 行政决定定型化理论

对现实行政中的行为形式进行定型化是考察现实行政决定的前提。行政法学经过长期的发展,将现实中各种行政决定的形式大致定型为行政许可、行政处罚、行政强制等类型,在此基础上,分别确定了这些行政决定的概念、特性、构成要件,并在制定法上分别加以规范。

(二) 行政决定附款论

行政决定作为法律行为的一种,一般在行政机关作出行政决定并告知行政相对人后生效。但有时行政机关可以根据行政管理的需要,在作出行政决定的同时对其生效加以限制。由于附款直接限制行政决定的生效,因此它影响了行政相对人的权益。在行政决定附款论中,行政机关必须明确附款的条件、内容、适用范围以及附款违法时的法律救济等。

(三) 行政决定效力论

行政决定不同于民事法律行为的特征在于行政决定具有特殊的法效力。虽然行政决定与民事法律行为同属于法律行为,但由于行政决定是行政机关行使行政职权而作出的行为,在法律上具有合法性、公定性、实效性、不可争性及不可变更性等特殊性质。而传统行政决定效力论就是立足于行政决定的这些特殊性质,强调行政决定具有不同于民事法律行为的拘束力、不可争力、不可变更力、执行力等。这种效力论是行政强制等行政法律制度与撤销诉讼、无效确认诉讼等行政诉讼制度的理论基础。

（四）行政决定违法论

根据依法行政原理,行政决定的主体、内容、形式、程序等法律要件由法律明确规定,当行政决定的所有要件都符合法律规定时,该行政决定合法;而欠缺法定要件的行政决定是存在违法的行政决定,根据违法是否"重大且明显"可以分为无效行政决定与可撤销行政决定等,这是行政诉讼中无效确认诉讼与撤销诉讼的理论基础。此外,行政决定违法论中还包括违法的治愈、转换、违法性的继承等问题。

第二节　行政决定定型化

一、行政决定定型化的概念

在现实行政中,各行政机关的行政行为形式极其多样。为了在理论上对这些行为进行考察,传统行政法学根据不同的标准将行政实践中的各种行为形式在理论上进行归纳、总结,形成若干固定的行政决定型式,在此基础上分别对各种行政决定设置相应的构成要件,要求行政决定在作为特定行政决定时必须符合各自的构成要件,以此保障依法行政原理的实现。可见,从方法论来看,行政决定的定型化是考察现实行政行为中行政决定合法性的前提。

定型化又被称为"型式化""模式化",是指将某种事物的显著特性通过一定的标准加以固定从而形成特定类型的过程。行政决定的定型化是指行政机关的各种活动形式在实践中反复适用并逐渐固定,理论上以一定的标准归纳、总结出特定的型式。这种得以定型化的行政决定被称为型式化行政决定。如现实行政中存在对行政相对人进行罚款、警告、责令停产停业等行为,经过行政法学的总结,认为这些行为都是对行政相对人违法行为的制裁措施,以这一特性为标准将这些具有相同性质的行为定型为"行政处罚决定"。需要注意的是,行政决定定型化与行政决定的分类不同,定型化是将现实行政中的行为形式进行归纳总结,形成为特定行政决定型式的过程,而分类是将所有已经定型化的行政决定按照不同的标准划分种类的行为。

二、行政决定的定型化内容

（一）行政决定定型化的过程

从行政决定定型化的过程来看,特定行政行为被定型化是一个较为漫长的过程。第一,需要行政机关在行政实践中反复使用该行为形式,使该行为作为惯例被固定;第二,该行为必须具有与已有的行政决定类型不同的特殊性,否则就应当被纳入已有的行政决定类型之中,而不能得以独立;第三,在理论上需要对该类行为的特性、法律要件等进行总结,得出该类行为的一般性构成要件等;第四,立法上往往对这类行为的存在进行确认,在立法中加以规范,立法的形式包括集中立法与分散立法,前者如《行政许可法》对行政许可行为的规范,后者如《土地管理法》《草原法》《外资企业法》等对公益征收行为的规范。

（二）行政决定定型化的标准

行政决定定型化的标准很多，但在现实行政中，使用最多的是根据行政决定的形式标准进行分类，如行政处罚、行政许可等。对于行政决定的型式，学界存在着很大争议，但大致可以分为行政征收、行政征用、行政许可、行政处罚、行政给付、行政奖励、行政救助、行政裁决、行政强制等。此外，随着现实行政的发展，也不断出现了新的行为形式。行政决定的定型化必须着眼于本国的行政实践，从行政实践的各种行为形式中提炼出具有共同性质的特定行为，在理论上加以概括总结，最终上升为特定行政决定。如在日本的行政实践中，行政机关收费的情况很少，因此，日本行政法中没有行政收费的概念。而在中国，由于行政机关经常使用行政收费的手段实现特定的行政目的，因此有必要将其定型为独立的行政决定进行研究与规范。

三、行政决定定型化的意义

现实行政中的行政行为复杂多样、形态各异，要对其进行行政法学的研究和法律的规范必须借助分类的方法，才能认识特定类型的行政决定的特点，掌握行政决定的内容。行政决定定型化就是从现实的行政行为中抽象出各种类型的行政决定，将性质相同的行政行为归为一类，并以法律的形式固定为定型化的行政决定。传统行政决定理论通过将行政过程中某一时点的行政决定定型化，在此基础上事先运用法律为各种行政决定分别设定构成要件以及事后的监督程序，通过依法行政的要求实现对行政行为的监督与控制，同时达到保障公民合法权益的目的，这从法律技术上为法律对行政行为的规范提供了可能性。因此，从法律技术来看，行政决定的定型化在行政法学理论中具有重要意义。

从法学方法论上来看，行政法律关系的发生、变更、消灭等多数情况下依据行政机关的行为而进行。因此，根据行为的性质对行为的分类是"行政决定法"的核心。[①] 从行政决定分类或定型化的目的来看，在传统行政法理论中所划分的行为类型概念不仅具有作为制定的各种法规或各种法律制度的分类概念、说明或叙述概念的功能，在法律解释论上也具有实际意义。在这种意义上，行为类型的概念是具有实践性功能的概念。

从行政法律制度上来看，这种定型化的意义在于上述各种行政决定的基础理论、原则、构成要件、法效力、设定权、实施机关、实施程序、救济方式等各不相同，通过这种类型的划分，对各种行政决定分别进行考察和法律规制。因此，这种行政决定的类型在行政法实践中也得到了广泛应用，对我国的行政法制度产生重大影响。我国的行政法立法基本是按照这种定型化理论进行的，目前已经制定了《行政处罚法》《行政许可法》《税收征收管理法》《行政强制法》等。

四、行政决定定型化的相关问题

（一）定型化的标准问题

在现实中，行政行为的形式多种多样，对此必须按照一定的标准进行定型化。但定型

---

① 〔日〕高木光：《行政法入门》，载《自治実務セミナー》2007年8月号，第12页。

化的标准也各式各样,因此,选择不同的标准可能造成定型化结果的不同。如对于我国行政法中的行政许可,在日本被分别定型为许可、特许、认可,认为许可是命令性行为,而特许与认可是形成性行为。但在我国,根据三者的共同性质将其都定型为行政许可。

(二) 定型化的固定性与灵活性矛盾

行政决定的定型化是指某行政行为的形式被固定为特定行政决定,特定行政决定一旦被定型化,就处于相对封闭的固定状态。对于定型化来看,构成要件等特性越具体、越固定,定型化就越成熟;而另一方面,正如概念的内涵与外延的关系一样,定型化的具体、固定却带来其灵活性的欠缺。但从现实行政来看,行政行为的形式并非固定不变的,行政机关根据行政实践的需要有可能作出各种行为,这些在形式上或某一构成要件上稍加改变的行为形式是否应当纳入原行政决定之中,还是应当在原行政决定之外定型化为新的行政决定,学界对此尚存在争议。

(三) 未定型化行政决定的问题

传统行政法学从概念法学的角度出发,预先按照一定的标准设定各种类型的行政决定,在考察现实的行政行为时,首先考虑该行为属于何种类型的行政决定,而后再考察该类行政决定的构成要件、法效力、救济方式等。但该行政决定定型化的体系并不能完整地划分所有的行政决定的类型,从现实行政行为来看,存在着并不能归类于以上行政决定类型中的行政行为。而且,随着现代公共行政的发展,行为形式逐渐多样化,由此出现了不能纳入传统行政决定类型的行为形式。

可见,行政决定定型化的意义在于对现实的行政行为中所有的行政决定进行归类,以便纳入既存的法律框架中予以规范。但行政决定定型化并不能穷尽现实中所有的行政行为,难免会出现挂一漏万的现象。

第三节 行政决定的成立与生效

一、行政决定的成立

《行政处罚法》第3条第2款规定:"没有法定依据或者不遵守法定程序的,行政处罚无效。"第41条又规定:"行政机关及其执法人员在作出行政处罚决定之前,不依照本法第31条、第32条的规定向当事人告知给予行政处罚的事实、理由和依据,或者拒绝听取当事人的陈述、申辩,行政处罚决定不能成立;当事人放弃陈述或者申辩权利的除外。"在上述法律规定中涉及行政处罚"无效""不能成立"等概念,这些概念涉及行政决定的成立与生效问题。

行政决定的成立是行政决定存在的逻辑起点,也是行政决定生效的前提。行政决定的成立是指行政机关行使行政职权的意思表示已经确定并对相对人表示的形态,即作出行政决定的状态。可见,行政决定的成立包含有"主体""意思""行为""表示"要件。

(一) 主体要件

作出行政决定的主体必须是享有一定行政职权的行政机关、法律法规授权的组织,这是行政决定的主体要件。受委托的组织和个人作出行政决定,该行政决定的主体是委托的行政机关,受委托的组织和个人是行为主体。

(二) 意思要件

行政机关行使行政职权的意思已经确定,行政决定的内容已经形成,这是行政决定成立的基础。在作出行政决定之前,行政机关必须具有凭借国家行政权力产生、变更或消灭某种行政法律关系的意图,并基于这种意图确定为了追求这一效果的意思,这是行政决定成立的主观要件。当然,行政机关意思的确定必须依据法定程序进行,如由行政首长决定或会议通过等。

(三) 行为要件

在确定行政机关的意思之后,必须在客观上形成作为该意思表示的行为,即以一定的外部行为方式所表现出来的客观行为,这是行政决定成立的客观要件。

(四) 表示要件

行政机关作出的行为能够直接或间接导致行政法律关系的产生、变更和消灭,因此,这种行为必须通过一定形式向行政相对人表示,即向行政相对人宣示该行政决定的作出。

二、行政决定的生效

行政决定的生效指行政决定发生形式效力的过程,即行政决定被推定为合法有效,对行政机关和行政相对人都产生一定的法效力。行政决定的成立表明行政决定的存在,行政决定的生效则表明行政决定产生了行政机关所预期的法效力。行政决定的生效一般以行政相对人知晓行政决定的成立为前提,具体而言,行政决定从成立到生效,一般存在以下四种情形。

(一) 即时生效

行政决定一经作出即产生法效力,行政决定的成立与生效的时间同一,即作出行政决定和行政决定发生效力的时间一致。由于即时生效的行政决定在作出的同时即生效,而不论行政相对人是否知晓,不利于对行政相对人权利的保护,因此,即时生效的适用范围较窄,适用条件也较为严格,一般适用于紧急情况下所作出的需要立即实施的行政决定。

(二) 告知生效

告知生效是指行政决定在告诉行政相对人知晓后生效。告知是指行政机关将行政决定的内容采取公告或宣告等形式,使行政相对人知悉、了解行政决定内容的程序性行为。行政决定的告知形式可以多样,包括口头告知、信函、通知、通报、公报、布告等。告知的对象可以是特定行政相对人,也可以是不特定的公众。

(三) 受领生效

受领是指行政决定告知行政相对人后,被行政相对人所接受、知悉和领会。受领生效是指行政决定须经行政相对人受领后方能生效。受领即接受、领会,但受领并不意味着必须得到行政相对人的同意,行政相对人的同意与否并不影响行政决定的生效。受领与告知的区别主要在于,告知强调的仅仅是行政机关的行为,如在以公告方式告知生效时,注重的是行政机关发布公告的行为,发布公告一定期限后推定行政相对人已经知晓行政决定的内容;而受领强调的是行政相对人已经通过行政机关的告诉行为知晓了行政决定的作出及其内容的状态。可见,受领生效的关键并非行政机关的告知行为,而是行政相对人已经知晓的结果。

(四)附条件生效

附条件生效又被称为附款生效,是指为了限制行政决定的生效而在意思表示的主要内容上附加一定的期限、条件或负担等,只有当所附期限到来或条件满足时行政决定才发生法效力的生效方式。

第四节　行政决定的合法要件和违法

一、行政决定的合法要件

行政决定的合法要件是指一个行政决定完全符合法律要求的各项条件。为了有效进行行政行为,行政机关必须具有能够进行该行为的资格(权限)、在进行该行为时进行有效的意思决定(关于主体的要件),其内容在合法性、合目的性上没有缺陷(关于内容的要件),满足各自被要求的程序或形式(关于程序或形式的要件)。

(一)主体要件

主体要件是指为了有效进行行政行为,要求行政机关具有法律上正当的权限,在组织上没有缺陷,能正常进行意思的形成。具体而言,主体要件的合法性包括以下三个方面:

1. 具有行政职权的行政机关

行政决定是行政机关行使行政职权而作出的行为,因此要求行为主体必须是具有行政职权的行政机关,行政机关必须在法律规定的职权范围内实施行政决定,法定的职权范围主要包括行政管辖事项、行政管辖区域、行政管辖级别、行政手段和方法等。此外,行政授权的被授权者必须在法律、法规授权范围内行使职权,行政委托的受委托者也必须在委托权限内行使职权。

2. 行政机关组织的有效性

行政机关在作出行政决定时需要由行政机关内部的某些机构或人员参与,为了作出行政决定,行政机关必须有效地组织内部机构或人员。具体而言,行政机关组织的有效性要求:(1)机关合法,即作出行政决定的行为主体必须是依法设立,具有独立行政职权的行政机关;(2)机构合法,即参与行政决定的行政机关内部机构也必须是依法设立的组织,并按照法定程序作出行政决定,在对外作出行政决定时必须以行政机关的名义;(3)人员合法,即具体实施行政决定的人员必须是有法定的行政职务,能对外代表行政机关行使行政职权的公务人员;(4)授权或委托的组织合法,在行政授权或委托给其他组织或个人行使时,被授权者或受委托者必须具备必要的技术或人员的条件,并依法定程序和条件行使行政职权。

3. 行政机关意思的有效形成

行政机关意思的形成必须基于事实关系与法律关系的认定,判断无误,不受不适当要求或不正当情感的影响。此外,行政机关的意思表示必须真实,行政机关作出的行政决定必须完全、真实地反映其本意,而不能在存在重大误解或受欺诈、被威胁的情况下作出。

(二) 内容要件

行政决定的内容必须符合以下三个标准:(1)合法性标准,行政决定依法作出,其内容必须符合法律、法规;(2)适当性标准,行政决定的内容不仅应当合法,而且必须适当、客观公正,在法律上、社会观念上必须可行,在事实上和法律上能够执行;(3)明确性标准,行政决定的内容必须明确,明确授予行政相对人权利、对行政相对人确认某事实等,不得产生歧义。

(三) 形式合法

形式合法是指行政机关作出行政决定时,必须采用合法形式。行政决定的形式包括书面形式、口头形式、动作形式、默示形式等。书面形式是指行政机关以书面文字来表示其行为意思的方式,如行政机关作出的行政许可决定书、行政处罚决定书等。书面形式是行政决定作为常见的形式,一般适用于对行政相对人权利义务有重要影响的行政决定。当然,在特定情况下,行政机关也可以采用口头的形式,甚至直接采用动作的方式,如紧急情况下的强制措施等。此外,还有一种特殊的默示方式,如《行政许可法》第 50 条第 2 款规定:"行政机关应当根据被许可人的申请,在该行政许可有效期届满前作出是否准予延续的决定;逾期未作决定的,视为准予延续。"可见,"逾期未作决定"这一默示形式的法效力等同于行政机关作出的"准予延续的决定"。

以法律对于行政决定的形式是否作出规定为标准,可以将行政决定分为要式行政决定与非要式行政决定。对于要式行政决定,由于法律明确规定了作出行政决定的方式,必须按照该方式作出行政决定。如果违反法定的形式,则该行政决定违法。此外,即使是非要式行政决定,也必须按照符合该行为内容的方式作出。

(四) 程序合法

行政程序是指行政机关在行使行政职权过程中,所必须遵循的步骤、顺序、方式和时限等过程。现代法学重视程序的价值,认为没有程序保障,就不可能有真正的权利保障。为此,程序法定原则不断得到加强,以实现对行政越权和滥权的控制。程序合法是指行政机关必须依照法定的形式和程序实施行政决定。行政机关对于法律规定必须以特定形式、按特定程序作出的行政决定,必须严格遵守和执行,违反制定法明确规定的程序当然构成违法行政。此外,即使不存在制定法的明文规定,行政决定也不得违反正当程序原则;正当程序原则通常的要求包括信息公开、告知、说明理由、回避、听证等。

理论探讨

行政行为（行政决定）的合法要件

行政行为的合法要件是多方面的。现有的法理学著作对此很少具体讨论，我们不妨比较一下民事法律行为的有效要件。后者通常被归纳为四项，即行为人具有相应的权利能力和行为能力，意思表示真实，行为内容合法，形式符合法律要求。这四项要件对于行政法律规范有启示作用，但后者有其特殊性，这种特殊性需要认真对待。大部分民事活动是可以由任何主体实施的，而行政行为全是由特定的主体（主要是行政机关）实施的。民事行为从不涉及程序问题；而在现代行政活动中，程序是一个必备的要素。民事行为很少谈论事实根据（通常在诉讼和仲裁过程中才关注证据），而行政行为应当在具备事实根据和相应证据的前提下作出，是一条重要的要求。最后，意思表示真实是民事法律行为的一个重要要件；在行政行为中，意思表示不真实的现象并不常见，至少不成为一个重要问题。考虑到主体、程序和证据等因素，一个行政行为所适用的法律规范应当是：如果有证据（Evidence）证明某适用条件（Hypothesis）成立，那么，特定行政机关（Agency）应当根据一定程序（Procedure）作出相应处理（Disposition）。从合法性审查的角度而言，它所包含的要素包括：（1）行政主体，包括行政主体的资格及其管辖权限；（2）适用条件，即行政机关对某个特定事项作出处理的前提条件；（3）证据，即能够表明符合该适用条件的事实以及支持该事实认定的相关证据；（4）行政程序，包括行政机关行使管辖权力、作出具体决定的步骤和形式；（5）处理内容，即行政处理决定所确定的权利、义务。上述五个要素的划分主要采取逻辑分析，并结合了经验考量，理论上可以避免合法要素不能周延或者交叉重复的问题。例如，法律、法规、规章对行政程序没有明确要求，法院适用正当程序原则进行审查的，应该归入"违反法定程序"还是"滥用职权"，学界有不同看法。而按照新的五要素分类法，它属于程序问题，应当援引哪个根据的争议就可以避免。又如，公安机关运用刑事侦查手段干预经济纠纷属于适用条件错误，关于"超越职权"还是"滥用职权"的争议也可以消除。上述五个要件相互之间在逻辑上是并列的，但在合法性审查的实际过程中，五个要件可以有经验上的先后顺序。行政主体适格是审查机构需要首先考虑的。如果不具有主体资格或者超越管辖权限，审查机构不必继续审查其他要件，行政行为应当撤销无疑，并且行政机关不得重新处理。行政行为的适用条件也是行政行为合法的一个独立、先决的条件。如果违背法定的适用条件，行政决定也应当撤销，行政机关不得重新作出内容相同的处理。至于行政程序、事实根据和决定内容这三个要件，可能存在经验上的因果关系。例如，行政决定作出前没有听取当事人申辩（程序违法）可能导致事实认定错误，事实认定错误导致处理决定违法。从合法性审查的角度而言，一个行政行为可能同时违反其中两个或者三个要件，审查机关需要逐一审查。但为了节省司法资源，法院也可以从原因性要素或者明显性要素入手，撤销该行政行为。（资料来源：何海波：《行政行为的合法要件》，载《中国法学》2009年第4期）

二、行政决定违法

在制定法中，一般对行政决定的主体、内容、程序等要件都有明确的规定，当行政决定违反这些法定要件时,将被认为存在违法。可见,行政决定违法从形态上来看具体可以分为主体违法、内容违法、程序违法。

（一）主体违法

主体违法问题往往与权限的委任、委托、代理等相关,此外还包括行政机关的意思表示方面。如精神失常的行为、基于不可抗拒程度的胁迫的行为等完全不具有意思的行为是无效的。

（二）内容违法

内容违法是指行政决定内容不明确或者内容违反法律的规定等。如在作出特定行政决定时欠缺必要的立法根据,特别是在内容上限制相对人权利自由的行政决定,必须以法律根据的存在为前提,欠缺法律根据则违法。

（三）程序违法

程序违法是指行政决定的作出未遵守法定程序,从而欠缺作为为保障个人权利的程序的公告、通知、列席、协议、听证、辩明机会等。另外,法律所规定的要式行为在要求书面却没有通过书面提出、欠缺署名或印章、没有表示是具有权限的行政机关行为的行为、应当附加理由而未附加等情况,也是程序违法。

三、行政决定违法的法律后果

行政决定违法是指行政决定在主体、内容、程序上不符合法律所要求的法定要件。根据依法行政原理的要求,对违法的行政决定,行政机关必须承担相应的法律后果。

根据违法程度的不同,行政决定通常可以区分为无效行政决定、可撤销行政决定以及轻微违法行政决定。根据行政决定法效力理论,对于无效行政决定,由于自始不产生法效力,因此,行政相对人对其不服时应当请求法院确认该违法状态,即提起无效确认诉讼。而对于可撤销行政决定,虽然存在着违法但仍具有法效力,在有权机关依法撤销之前仍推定为其合法有效,而撤销诉讼的提起就是行政相对人请求法院在认定该行政决定违法的基础上依法予以撤销。可见,撤销诉讼是除去可撤销行政决定法效力的诉讼。而对于轻微违法的行政决定,则行政机关可以通过补正等方式转换为合法行为。

四、行政决定违法的治愈与转换

行政决定违法的治愈与转换是指随着事后情况的变化,原本存在违法的行政决定被认为满足了合法要件,即行政决定的违法随着事后情况的变化被视为违法不存在的情形。

（一）行政合法性原则与行政决定违法的治愈转换

违法的治愈与转换是为确保法安定性、提高行政效率的措施,但从合法性的观点来看是存在问题的。由于行政决定具有不可变更力,行政机关作出行政决定之后不得随意变更,因此,从严格意义上的行政合法性原则来看,违法的治愈与转换是不允许的。但违法之所以可以治愈或转换的原因,并非是事后情势的变化或补正的行为,而是由于违法比较轻微,还没有达到需要撤销的程度,对于这种轻微的违法,在事后情势的变化或补正的行为发生之后,可以视为不存在违法。即为了维护公共利益、追求行政经济与效率,轻微违法的行政决定并不必然撤销或确认为违法或无效。在一定条件下,可以通过消除行政决定的违法性,使其转变为合法行政决定。基于这种考虑,违法的治愈或转换一般仅限于程度比较轻微的违法,对于重大违法或者构成行政决定无效程度的违法,行政法不得承认违法的治愈或转换。

（二）行政决定违法的治愈

违法的治愈是指对于违法的行政决定,通过追认、补正或者由于作出后的情势变更,使违法行政决定欠缺的合法要件得以完备,从而消除行政决定的违法性,使其转变为合法的行政决定的制度,是行政决定的事后合法化的方式。违法治愈的方式包括追认、补正以及情势变更等。

1. 追认

追认是指不具有行政职权的行政机关作出行政决定后,由有权机关对该行为进行确认,从而弥补该行为在行政权限上的缺陷的行为。追认的方式包括有权机关的直接追认与通过立法形式的追认,直接追认是指由有权机关在事后直接向作出行政决定的行政机关授权,并向行政相对人表明该授权的内容;立法追认是指有权机关通过制定法律、法规、规章,在其中的条文中规定将行政权限授予作出行政决定的行政机关。

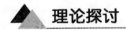

理论探讨

授权依据瑕疵（违法）行政行为的追认制度建构

第一,关于授权依据瑕疵行政行为的立法追认制度,宜以立法形式明确规定于未来的行政程序法中。作为解决权限瑕疵的主要方式,追认应作为独立的法条,下设两款,第一款为行政追认,第二款为立法追认。其中,立法追认的条款可表述为:行政主体作出行为时存在授权依据瑕疵,但事后法律法规等规范性文件消除了该瑕疵,且规定溯及既往时,行政行为的授权依据瑕疵消除。

第二,立法追认的制度建构尚需修改《立法法》中关于溯及既往原则的规定。我国《立法法》第 84 条规定:"法律、行政法规、地方性法规、自治条例和单行条例、规章不溯及既往,但为了更好地保护公民、法人和其他组织的权利和利益而作的特别规定除外。"从该条的立法意旨看,仅在保护私益时才允许立法溯及既往。这样就将为公共利益所需的溯及既往排除了,这不利于特定情况下的公益保护。而立法追认是通过立法等规范性文件溯及既往,使违法行政行为变为合法的制度。它是以有值得保护之公益为存在前提的。因此,行政程序法对于立法追认的规定尚须以修改《立法法》第 84 条规定为前提,即允许特定情况下为公益需要而溯及既往。

第三,在行政程序法出台前,作为权宜之计,可以考虑通过司法解释和行政解释增加立法追认制度。如前所述,现行法律是基本否定追认等治愈制度的。为了适应现实需要,最高人民法院可以对《行政诉讼法》及其司法解释的相关规定作出解释,明确规定授权依据瑕疵的行政行为可以因立法追认而治愈。同理,国务院也可以通过行政解释对《行政复议法》中违法行政行为后果的规定作出解释,以增加立法追认制度。

第四,行政程序法出台后,行政救济法中关于违法行为法律后果的规定应予删除,以使法律规范体系协调统一。行政程序法出台后,由于其已对包括立法追认在内的违法行政行为法律后果制度作了全面规定,行政诉讼法与行政复议法中关于违法行政行为法律后果的规定应予删除。(资料来源:张振峰:《授权依据瑕疵行政行为的立法追认》,载《政治与法律》2009年第4期)

2. 补正

补正是指对于轻微违法的行政决定,通过事后补正去除其违法性,使违法的行政决定因补足要件而成为合法的行为。补正一般限于轻微违法,以轻微的程序违法居多。其理论依据在于,行政决定的轻微违法并没有导致该行为给行政相对人权利或公共利益造成重大损害,如果因轻微违法而被撤销后行政机关往往会作出大致同样的行政决定,因此,为了保证法律关系的稳定性、提高行政效率,直接通过补正的方式使得行政决定中的轻微违法得到纠正。

补正与追认之区别在于,追认仅限于行政机关无权限的违法情形,而补正则适用于轻微违法的情形。且追认是由作出行政决定的行政机关之外的有关机关进行的行为,而补正一般是由作出行政决定的原行政机关进行的行为。

3. 情势变更

除了作出行政决定的行政机关主动进行追认、补正等行为外,有时由于情势变更,客观条件的变化使行为违法性自然消除。如由于法律的修改,原本违法的行为现在已经符合新法的规定,且该修改条款具有溯及既往的法效力。

(三) 行政决定违法的转换

转换是指将违法的行政决定作为其他具有相同目的的行政决定有效处理的情况,即在行政决定的合法性要件存在违法的情况下,将产生违法的事实与其他事实进行置换,保持行政决定的性质不变,而将原本违法的行政决定转换为新的合法的行政决定。如在对某人作出行政决定后,发现他已经在行政决定作出之前死亡,此时,可以依法将该行政决定转换为对该死者的继承人作出的行政决定,当然,这必须以该行政决定的性质适合继承为前提。在这种情况下,如果不采用转换的方式,那么,行政机关首先必须撤销原行政决定,然后重新作出新的行政决定。而采用转换的方式可以直接将违法行政决定转为新的行政决定。可见,转换的目的在于确保法的安定性,避免浪费行政资源,提高行政效率。

转换与治愈不同,治愈前后针对的是同一行政决定,治愈的效果是消除了原行政决定中的违法性;而转换前后针对的是不同的行政决定,转换并没有消除原行政决定中的违法性,只是将原行政决定中的部分内容转换成为新的行政决定,前后两个行政决定的内容虽然大致相同,但毕竟是不同的两个行政决定。

此外,行政决定违法的治愈与转换理论在行政诉讼实践中也具有重要意义。法院在进行行政决定的违法判断时,一般是根据行政决定作出时的法律与事实状态进行判断,而不是根据口头辩论终结时的法律与事实状态进行判断。法院在行政诉讼中对于违法的治愈或转换的承认，实际上是以口头辩论终结时的法律与事实状态作为违法性判断的标准，与行政诉讼中的情势判决存在着共通之处。

第五节　行政决定附款

一、行政决定附款的概念与目的

行政决定一般在行政机关作出行政决定并告知相对人后生效，但有时为了限制行政决定的效力，行政机关可以在作出行政决定的同时，对该行为附加一定的期限、条件或负担等限制。附款使得行政决定成为一种富有弹性的行政管理手段，更加适合现实中行政管理的需要。

（一）行政决定附款的概念

行政决定附款是指行政机关为了限制行政决定的效果而在意思表示的主要内容上附加的从属性的意思表示，是为了限制行政决定的效力而附加于行政决定之上的条件、期限、负担等限制。原行政决定被称为"主款"，而附加的限制被称为"附款"，附款从属于主款。

（二）行政决定附款的目的

行政决定的法效力原本应当由法律明文规定，但是，为了根据具体的情况而限制其法效力的一部分，使之在符合指定状况时发生法效力，承认附款。可见，行政机关附加附款的主要目的是为了限制行政决定的法效力，即对作为主款的行政决定的生效时间、失效时间以及效力的中止或溯及力等进行限制。

二、行政决定附款的性质

行政决定效力的限制一般由法律直接规定。如《执业医师法》第14条规定，在取得医师资格后，必须向所在地县级以上人民政府卫生行政部门申请医师执业注册才可执业。根据这一规定，注册是执业的前提条件。《道路交通安全法实施条例》第16条规定，机动车应当从注册登记之日起，在规定的期限进行安全技术检验。又第22条规定，机动车驾驶证的有效期为6年。其中，检验是限制条件，有效期是限制期限。这种限制可以视为行政决定生效或失效的法定要件，又被称为法定附款，但这种法定附款与此处的附款不同。

行政决定附款是指行政机关根据现实行政的具体情况的需要，在作出行政决定的同时对该决定的法效力进行的限制。与将法定附款定位于行政决定生效或失效的法定要件相对，在传统行政法上将附款定位为行政决定生效或失效的特别要件。此外，从附款由行政机关作出来看，也可以将附款视为行政机关在原行政决定之外作出的另一行政决定，只不过附款的行政决定依附于、从属于原行政决定，而不能独立于作为主款的行政决定而存在。可见，附款是具有依附性、从属性的行政决定。

三、行政决定附款的类型

根据对行政决定生效或失效的限制的不同,一般可以将附款分为条件、期限、负担、负担的保留、撤回权的保留和法效力的部分排除。

(一) 条件

条件是指以将来是否发生并不确定的事实作为行政决定法效力的产生或消灭的限制的意思表示。根据对行政决定效力产生的不同影响,条件可分为延缓条件和解除条件。延缓条件是指附加条件的行政决定自条件成就之日起生效的附款。如卫生行政管理部门在发放饮食店卫生许可证的同时,附加要求该饮食店改进垃圾处理场所的条件,该许可行为的效力自饮食店改进垃圾处理场后发生。解除条件是指已经发生法律效力的行政决定自所附加的条件成就之日起失效的附款,在解除条件成就前,行政决定的效力已经发生,当解除条件成就后,行政决定的效力就消灭。

条件必须是不确定的事实,将来是否发生在作出附款时并不知道。因此,附加条件的附款使得行政决定效力的产生、消灭处于不确定的状态,从法的安定性的角度来看并不适合,因此在现实中这种附款并不多见。此外,附加条件的行为是从属于主款行政决定的附属性行为,因此,附加的条件与主款行政决定之间必须具有一定的联系,根据行政法上"禁止不正当联结"原则,禁止以与主款行政决定毫无关联的条件来限制主款行政决定的法效力。

(二) 期限

期限是指以确定的时间或事实作为行政决定效力的产生或消灭的限制的意思表示,即限制行政决定在何时生效或失效的附款。"确定的时间"是指特定的时点,如行政机关在营业许可证中规定自2009年1月1日起开始营业,或者行政机关许可某公司收取高速公路费10年,此处的"2009年1月1日"、"10年"都是确定的时间;而"确定的事实"是指在将来的某一时点肯定发生的事实。如某许可在某人的死亡期限失效,"某人的死亡"这一事实虽然不能确定何时发生,但可以肯定会在将来的某一时点发生,属于时间未定但事实确定的条件。根据期限对于行政决定效力的影响的不同,期限又可分为始期与终期。始期是指以某一期限的到来作为行政决定效力发生的条件,终期是指以某一期限的到来作为行政决定效力消灭的条件。

期限和条件的区别在于,期限中的事实是确定的事实,不管将来何时发生,但肯定会发生;而条件是将来是否发生并不确定的事实。

(三) 负担

负担是指行政机关对行政相对人作出随附于主款行政决定、与此相伴的义务的从属行政决定,即行政机关在作出行政决定时对行政相对人附加其他作为或不作为义务的行为。负担的主款行政决定一般以授益行政决定居多,要求行政相对人在获得行政决定所授予利益的同时履行一定的作为或不作为义务。如行政主管部门在许可某歌厅营业的同时,为了确保其噪音不影响周边居民,要求其在高考期间不得营业。

与条件不同,负担并没有将主款行政决定的效力置于不确定的状态,主行政决定的法效力已经产生,而仅仅是随附该行为被课以一定的义务。通过负担被课予的义务即使不履行,主行政决定的法效力并不丧失。但当行政相对人不履行该义务时,行政机关可以撤回主款行政决定或对行政相对人课予其他义务等,以此来确保负担的履行。

主款行政决定的法效力不以负担所确定的义务的履行为前提,可见,负担与条件相比,具有一定的独立性。但从根本上来看,负担仍然是从属于主款行政决定的附属性行为。因为负担的附款必须以主款行政决定的存在为前提,负担与主款行政决定之间存在一定的联系,当主款行政决定不存在时,负担也没有意义。

（四）负担的保留

与负担相关的附款还有一种比较特殊的"负担保留"。所谓的"负担保留"是指行政机关在作出行政决定时并没有附加负担的附款,但却表明保留在事后附加负担的权限。附款一般要求行政机关在作出主款行政决定的同时作出,但由于行政机关在作出行政决定时对于某些事项还无法确定,因此保留事后附加负担的权利。其实,即使没有负担保留,根据行政管理的需要,行政机关也可以在作出行政决定之后附加负担,但此时涉及信赖保护的问题,即在违背行政相对人的信赖而附加负担时,行政机关对此必须给予一定的补偿。而负担的保留可以避免该问题,由于在作出行政决定的同时声明事后附加负担的可能性,事后即使附加了负担,也是在行政相对人明知这种可能性的条件下作出的,不涉及违反信赖保护的问题。

（五）撤回权的保留

撤回权是指行政机关在作出行政决定后,由于情势的变更,从公共利益的观点出发不能维持该决定的法效力时,除去该决定的法效力的权利。撤回权的保留是指行政机关在作出行政决定的同时,表明保留在一定情况下可以撤回该行政决定的附款。

也有观点将撤回权的保留视为解除条件附款的一种特殊形式。当撤回权保留中所表明的情况出现时行政机关撤回该行政决定,其中的"撤回权保留中所表明的情况出现"可以视为解除条件的实现,而"行政机关撤回行政决定"可以视为行政决定的效力消失,撤回权保留所表明的情况是一种不确定的事实,即解除条件。但是,解除条件必须是具有明确内容的不确定事实,而撤回权保留所表明的情况并没有解除条件那么明确,有时甚至仅仅规定行政机关有权撤回。在这种情况下,容易出现行政机关恣意行使撤回权的情况,对于行政相对人权益的保护不利。而且与负担的保留相同,撤回权的保留也具有避免信赖保护原则的作用。因此,撤回权的保留必须遵循一定的法律原则,而不得随意设置撤回权保留的附款。

（六）法效力的部分排除

行政决定的生效一般是指行政决定所有法效力的发生,但有时基于现实行政的需要,行政机关可以在作出行政决定的同时,作出表明仅有该行政决定的部分法效力发生,而排除该决定法效力一部分的附款,这被称为"法效力的部分排除"。如公务员为执行职务出差时所需的必要费用一般由行政机关支付,行政机关在作出支付该出差费用决定的同时,规定当出差的地址是在公务员本人上班的必经之处时不得支付。

四、行政决定附款的适用限制

如前所述,行政决定的附款是行政机关在作出行政决定的同时,根据现实行政的实际需要在法律规定之外,对行政决定附加的限制其效力的发生或消灭的辅助性行为。可见,附款对行政决定的效力起到限制的作用,从而也使得行政相对人的权利义务受到一定的限制,因此,附款也必须依法进行,其适用范围也存在着一定的界限,具体包括如下内容:

(一) 行政决定

行政决定的附款与法律规定的法定附款不同,附款可以视为依附于主款行政决定的附属行政决定,因此,附款仅适用于行政决定,而行政决定之外的制定行政规范的行为、事实行为等都不得适用附款。

(二) 裁量事项

附款必须依法进行,但附款的内容必须是法律没有明确规定的事项,如果是法律明确规定的限制,那就是法定要件。因此,附款多数情况下适用于裁量性行政决定中的裁量事项,对于羁束行政决定,只有法律没有规定的事项才可以作为附款的内容。

(三) 行为的性质

并非所有的裁量性行政决定都适用附款,而需要根据行政决定的性质判断,如国籍法中对于加入国籍的认定,被认为是裁量性程度很高的行为,但从平等原则的观点看,也有人认为其并不允许附款;对于通过考试录用的公务员任命,也不适用附款。

(四) 与主款行政决定的目的一致性

附款是附属于主款行政决定的从属性行为,并不具有独立性。附款的内容与主款行政决定的内容之间必须具有一定的联系,否则违反行政法中的禁止不正当联结原则。从法律目的来看,附款与主款行政决定的法律目的必须一致。

第六节 行政决定变更

一、行政决定变更的概念

行政决定一经作出,具备了法定的成立要件和合法要件之后,即产生持续存在的法效力,直至该行政决定所确定的权利义务被实现而自然消灭。但在现实行政过程中,也有一些特殊的情况,法律允许行政机关变更行政决定。

行政决定的变更是指对于已经实施的行政决定的内容进行部分改变的行为。行政决定的变更与行政决定的撤销或撤回不同,前者仅仅是对行政决定的部分内容加以改变,而如果改变行政决定的全部内容,则意味着原行政决定的消灭以及新的行政决定的产生。[①]但行政决定的变更也包括对行政决定有效期限的延长,如《行政许可法》第50条规定,被许可人需要延续依法取得的行政许可的有效期的,应当在该行政许可有效期届满30日前向作出行政许可决定的行政机关提出申请。此时,行政机关可以根据法律规定和客观情况作出变更行政许可期限的决定。

为了确保行政法律关系和法律秩序的安定性,行政决定法效力理论认为,已经生效的行政决定即使对于作出该行政决定的行政机关也具有拘束力和不可变更力,即非经法定程序不得随意变更。如《行政许可法》第8条第1款规定:"公民、法人或者其他组织依法取得的行政许可受法律保护,行政机关不得擅自改变已经生效的行政许可。"但同时,该条第2款又规定:"行政许可所依据的法律、法规、规章修改或者废止,或者准予行政许可所依据的客观情况发生重大变化的,为了公共利益的需要,行政机关可以依法变更或者撤回已经生效的行政许可。由此给公民、法人或者其他组织造成财产损失的,行政机关应当依法给予补偿。"可见,已经实施的行政决定原则上不可变更,但在特殊情况下,依据法律的规定,可以进行变更。

二、行政决定变更的情形

变更行政决定的情形包括行政决定违法和行政决定合法两种情形。这一区分的主要原因是不同的情形需要不同的变更条件。

(一)违法行政决定的变更

当行政决定作出之后,原行政机关或者其他有权机关发现该行政决定违法时,可以按照法定程序进行变更。如《行政复议法》第28条规定,对于主要事实不清、证据不足、适用依据错误、违反法定程序、超越或者滥用职权等违法的行政决定,行政复议机关有权进行变更。但是,在行政诉讼过程中,作出行政决定的原行政机关要改变行政决定时受到一定的限制。[②]

(二)合法行政决定的变更

对于合法的行政决定,有权机关也可以依据法定程序进行变更。如上述的《行政许可法》第8条第2款规定了行政许可变更的法定情形,此外,《行政复议法》第28条、《行政诉讼法》第54条等法律也涉及了对变更行政决定的规定。结合上述法律规定,可以将行政决定变更的法定情形归纳如下。即行政决定有下列情形之一的,可以由作出行政决定的行政机关或其他有权机关依法变更行政决定的内容:

1. 行政决定所依据的法律、法规、规章发生了改变

根据依法行政原理的要求,行政决定必须依据法律、法规、规章的规定作出。但是,法律、法规、规章并非一成不变的,在行政决定依法作出之后,作为其依据的法律、法规、规章有

[①] 也有观点采用广义的变更概念,认为变更包括对原行政决定的撤销和部分撤销。如最高人民法院《关于执行〈中华人民共和国行政诉讼法〉若干问题的解释》第7条规定:"复议决定有下列情形之一的,属于行政诉讼法规定的'改变原具体行政行为':……(三)撤销、部分撤销或者变更原具体行政行为处理结果的。"

[②] 参见《行政诉讼法》第51条的规定。

时被修改或者废止,此时,虽然不能因此而认定行政决定违法,但行政决定确实丧失了合法性的基础。因此,法律往往会作出特别的规定,允许有权机关依法变更行政决定的内容,由此使得行政决定的内容与现行有效的法律、法规、规章的规定相一致。

2. 行政决定所依据的客观情况发生重大变化

行政决定除了必须依法作出之外,还应当根据现实行政中的客观情况作出。但是,随着时间的推移,行政决定所依据的客观情况也有可能发生重大变化,此时,为了公共利益的需要,有权机关可以依法变更行政决定的内容。

3. 行政决定的内容显失公正

行政决定虽然在形式上没有违反法律、法规、规章的明文规定,但有时却与法律的目的和精神相违背,其内容显失公正。此时,有权机关可以依法变更行政决定的内容。如《行政诉讼法》第54条第4项规定,行政处罚显失公正的,法院可以判决变更。

4. 其他法定情形

原则上,行政决定一经作出就不得变更。不论何种情形,只有在法律、法规、规章明确规定的法定情形之下才可以由有权机关依法变更。因此,除了上述三种情况之外,在法律、法规、规章明确规定的其他法定情形之下,有权机关也可以依法变更。

三、行政决定变更的主体

在法定变更的情形下,行政决定必须由有权机关进行变更。有权机关主要包括行政机关和司法机关。

(一) 行政机关变更

1. 作出行政决定的原行政机关

行政决定作出后,作出行政决定的行政机关也负有服从该行为所确定的内容的义务,非经法定程序不得随意变更。但在法定的例外情况之下,可以由原行政机关进行变更。如《行政许可法》第8条第2款规定,行政许可机关在法定情形下可以变更原行政许可决定。

2. 作出行政决定的行政机关的上级行政机关

行政机关之间实行层级监督制度,上级行政机关对于下级行政机关具有监督的权限,因此可以变更下级行政机关作出的行政决定。如《宪法》第89条规定,国务院有权"改变或者撤销各部、各委员会发布的不适当的命令、指示和规章",有权"改变或者撤销地方各级国家行政机关的不适当的决定和命令";《宪法》第108条规定:"县级以上的地方各级人民政府领导所属各工作部门和下级人民政府的工作,有权改变或者撤销所属各工作部门和下级人民政府的不适当的决定。"

3. 专门行政监督机关

行政监察机关、行政复议机关等专门监督机关有权监督行政机关作出的行政决定的合法性和适当性,对于违法或不适当的行政决定可以进行变更。如《行政复议法》第28条规定,行政决定的主要事实不清、证据不足、适用依据错误、违反法定程序、超越或者滥用职权、明显不当的,行政复议机关有权变更该行政决定。

(二) 司法机关变更

司法权与行政权在性质上存在着差异性,两者都有各自权力的边界。因此,即使在行政诉讼中司法机关可以审查行政机关行为的合法性,也存在着一定的界限。一般认为,司法权应当尊重行政机关的首次判断权,司法权仅仅可以在行政权违法行为的情况下予以排除,但在行政机关作出首次判断之前,由司法权代替其进行判断是对行政权的首次判断权的侵犯。① 基于这一理论,原则上否认法院在行政诉讼中可以变更行政决定内容的权限。如果法院认定行政决定违法,可以判决撤销该行政决定或宣告该行政决定无效,甚至可以在撤销原行政决定的基础上判决行政机关重新作出行政决定,一般不得代替行政机关直接变更行政决定的内容。但作为例外,法律有时也允许司法机关直接变更行政决定的内容,如《行政诉讼法》第54条第4项规定,行政处罚显失公正的,法院可以判决变更。

此外,行政决定的行政相对人或者第三人也可以向有权机关申请变更行政决定,但最终是否变更由有权机关决定。如《行政许可法》第49条规定:"被许可人要求变更行政许可事项的,应当向作出行政许可决定的行政机关提出申请;符合法定条件、标准的,行政机关应当依法办理变更手续。"

第七节 行政决定消灭

一、行政决定自然消灭

行政决定的自然消灭是指行政决定的法效力的自然丧失,主要包括以下两种情形:

(一) 内容已经实现

在一般情况下,行政机关作出行政决定之后,行政相对人在规定的期限内依法切实履行或者被强制执行了行政决定所确定的作为或不作为义务,行政决定的内容和目的已经充分实现。这是行政决定消灭的最普通的形式。

(二) 所附期限届满或解除条件实现

在附款的行政决定中,有关行政决定在附款中规定了行政决定有效期限,如行政许可一般均规定许可的有效期限,那么,该行政决定在期限届满时,也就自然丧失了法效力。当然,针对这种附期限的行政决定,法律往往也规定延续有效期限的措施,在行政决定期限届满之前,如果获得了行政机关的延期认可,则行政决定继续有效。如《行政许可法》第50条规定,被许可人需要延续依法取得的行政许可的有效期的,应当在该行政许可有效期届满30日前向作出行政许可决定的行政机关提出申请。此时,行政机关可以根据法律规定和客观情况作出变更行政许可期限的决定。

此外,在附款的行政决定中,还有一种附解除条件的行政决定。该行政决定在解除条件成就前,发生持续性的法效力,而当所附加的解除条件成就后,法效力就自然消灭。

---

① 〔日〕田中二郎:《新版行政法(上)》(全订第2版),弘文堂1974年版,第295、300页。

二、行政决定撤销或宣告无效

在行政决定违法或不适当的情况下,有权机关也可以依照法定程序撤销行政决定或者宣告行政决定无效。这种行政决定的消灭方式与上述行政决定的自然消灭不同,需要有权机关进行撤销或宣告。

(一)行政决定的无效与可撤销

从行政决定的法效力理论来看,存在违法的行政决定通常可以区分为无效行政决定与可撤销行政决定,这种区分也影响到了行政决定消灭的条件。

1. 无效行政决定

无效行政决定是指作出之时因欠缺法定实质要件而自始全然不发生法律效力的行政决定。欠缺法定实质要件是指完全不具备法律所规定的实质要件。如由一般的个人所作出的行政决定,因为欠缺法定的主体要件而无效,这种主体要件的欠缺与一般的主体违法(例如行政机关超越法定权限等)不同,其违法性严重到了一个理智正常的普通人都足以识别、断定的程度。此外,如果行政决定的作出没有任何事实根据或法律依据,也被认为构成行政决定的无效。

行政决定一旦被认定为无效,其后果是自始至终不存在任何法效力。无效行政决定的效力丧失并不是从有权机关宣布无效时开始,而是自始无效。因此,行政相对人不仅可以拒绝履行该行政决定所设定的义务,而且可以不受时间限制地要求有权机关宣告其无效,而有权机关也可以不受起诉期限等限制,认定并宣告该行政决定无效。

2. 可撤销行政决定

可撤销行政决定是指在主体、内容、形式、程序等要件方面存在着违法,可以由有权机关依法予以撤销的行政决定。如《行政诉讼法》第 54 条规定,对于主要证据不足、适用法律法规错误、违反法定程序、超越职权、滥用职权的行政决定,法院可以判决撤销或者部分撤销。而有权行政机关对于行政决定的撤销范围更为广泛,不仅可以撤销违法的行政决定,而且也可以撤销不适当的行政决定。如《行政复议法》第 28 条规定,行政复议机关有权撤销主要事实不清、证据不足、适用依据错误、违反法定程序、超越或者滥用职权以及明显不当的行政决定。

案例研究

本案中行政处罚决定是否可以撤销

2004 年 9 月 2 日 15 时许,原告驾驶苏 C13760 号大型普通客车从东向西行驶至苏 325 线 61KM+950 米处,将由南向北横过道路的刘炳国撞伤,刘炳国经送医院抢救无效死亡。后经市交警支队事故处理大队认定,原告负本起事故的主要责任。宿迁市宿城区人民检察院于 2004 年 10 月 18 日向宿迁市宿城区人民法院提起公诉,该院于 2004 年 11 月 1 日作出[2004]宿城刑初字第 0215 号刑事判决,认定原告犯交通肇事罪,判处有期徒刑 1 年。2004 年 9 月 30 日市交警支队事故处理大队对该案件立案受理,2010 年 8 月 17 日通过报纸发布

《吊销机动车驾驶证公告》,拟吊销原告等人的机动车驾驶证,告知如有异议,应于公告之日起 7 日内提出申辩和听证申请,逾期视为放弃权利。2010 年 9 月 7 日被告作出 3213042100804731 号公安交通管理行政处罚决定,分别向徐州市交通巡逻警察支队和原告送达。原告不服,向法院提起行政诉讼,请求撤销上述行政处罚决定。(资料来源:于元祝:《行政行为违法但不具有可撤销内容的司法认定》,载《人民司法》2012 年第 12 期)

与无效行政决定一样,可撤销行政决定被有权机关撤销之后,撤销的效果也溯及至该决定作出之日。但两者在法效力丧失的时间上不同,无效行政决定自其作出之日起便完全无效,而不论有权机关是何时认定无效的;而可撤销行政决定必须自其被有权机关明确撤销之日起才完全丧失法效力,在行政决定作出之日起至被撤销之日为止的这段时间内,其法效力仍然存在。因此,行政相对人在行政决定被有权机关正式撤销之前,负有服从的义务,而且要求有权机关撤销该行政决定也受到时间方面(例如申请行政复议期限、起诉期限等)的限制,而有权机关的撤销也同样受到期限的限制。

(二)无效行政决定与可撤销行政决定区分的意义

无效行政决定与可撤销行政决定都是违法的行政决定,但从违法程度上来看,无效行政决定的违法程度高于可撤销行政决定。而区分无效行政决定与可撤销行政决定的理论意义在于确定法效力的适用范围,而实践意义在于划分诉讼程序的不同、救济手段的不同。根据行政决定法效力理论,对于存在无效原因的违法行政决定可以提起无效确认诉讼,对于存在撤销原因的违法行政决定可以提起撤销诉讼。法院也应当根据行政决定违法程度的不同,对于无效行政决定判决宣告无效,而对于可撤销行政决定应当在宣告违法的同时予以撤销。

此外,从行政相对人来看,对于无效行政决定,由于自始不产生效力,因此可以拒绝履行。从法理上说,在被无效行政决定侵害后,可以在任何时候申请复议或提起诉讼,而不受申请复议期间或起诉期间的限制,但我国制定法上并不承认这一点;而对于可撤销行政决定,在被有权机关依法撤销之前,发生存续力、确定力、拘束力、执行力等法效力,行政相对人必须遵守、服从,在对该行为不服而申请复议或提前诉讼时,受到申请复议期限或起诉期限的限制,而且即使在复议或诉讼期间原则上也不停止执行。

▲ 前沿引介

行政相对人对无效行政行为(行政决定)的抵抗权

在我国,已有学者正式提出相对人对于无效行政行为应当享有抵抗权这一命题。但在制度设计层面,许多理论和实际问题尚待解决。关于抵抗的方式。行政法学者普遍接受拒绝说,即认为相对人对于无效行政行为有权拒绝或不予执行。在许多规范性文件中,也有关于相对人"有权拒绝"的明确规定。然而,无效行政行为理论与一般法上的正当防卫理论有着明显的渊源关系,通过确立相对人抵抗权建立的无效行政行为制度是一般法上正当防卫制度在行政法上的具体运用。《刑法》第 20 条和《民法通则》第 128 条分别规定了刑法上的正当防卫制度和民法上的正当防卫制度,而且上述法律并没有明确排除公民对违法的执行职务行为予以正当防卫的可能性。所以笔者认为,一般法上的正当防卫原则也应当可以适用于行政领域。当然,由于行政行为的特殊性,一般法上的正当防卫制度在适用于行政领域时应当受到更为严格的限制,它一般只能适用于行政主体强制执行违法严重和明显的无效行政行为且伴有严重暴力的场合。相对人在实施正当防卫时应当尽量避免采用暴力方式,而采取劝阻、警告、逃脱等较为温和的方式。确有必要采用暴力时也应严格控制损害程度,原则上不应等于或大于无效行政行为可能造成的损害。所以,对无效行政行为的拒绝和防卫,是实现相对人抵抗权的两种基本方式。

关于抵抗权的性质。有学者主张,相对人对无效行政行为的抵抗既是一种权利也是一种义务,认为如果行政行为具有特别重大的违法情形,执行后将给人民生命财产造成重大的无法挽回的损失,相对人就"可以而且应该将之视为一个无效行政行为,不予执行"。个别学者之所以不赞成相对人对无效行政行为有抵抗权,也正是出于对相对人因没有抵抗无效行政行为而可能导致法律责任的担心,认为在将无效行政行为的辨认权和抗拒权赋予相对人的同时,也会将责任转移给相对人。笔者认为,建立无效行政行为制度的目的在于为重大明显违法行政行为的相对人提供更多的权利救济手段,而不是增加相对人的义务和责任。所以,在通常情况下,对无效行政行为的抵抗是相对人的一种权利,而非义务。即当面对一个无效行政行为时,相对人基于其自身利益的考虑,一般有权选择执行还是不执行。但是,当行政行为的内容直接违反刑法,则相对人有义务不予执行。因为内容直接违反刑法的行政行为不仅违法重大和明显,而且如果相对人执行该行政行为,其行为必然触犯刑法。即执行这样的行政行为势必使相对人处于遵守了行政行为,却构成了犯罪的矛盾境地。此时,相对人违反刑法的犯罪行为,不能因执行行政行为而免除刑事责任。(资料来源:金伟峰:《我国无效行政行为制度的现状、问题与建构》,载《中国法学》2009 年第 4 期)

三、行政决定撤回

(一) 行政决定撤回的概念

行政决定的撤回又被称为"废止",是指行政决定作出之后,行政机关根据事后情况的变化,面向未来解除成立时并无违法的行政决定的行为。

(二) 行政决定撤回的适用情形

为了确保行政法律关系和法律秩序的安定性,行政决定一经作出,行政机关即不可随意撤回行政决定。但在特殊情况下,法律有时也允许行政机关撤回行政决定。如《行政许可法》第 8 条第 2 款又规定:"行政许可所依据的法律、法规、规章修改或者废止,或者准予行政许可所依据的客观情况发生重大变化的,为了公共利益的需要,行政机关可以依法变更或者撤回已经生效的行政许可。由此给公民、法人或者其他组织造成财产损失的,行政机关应当依法给予补偿。"可见,已经实施的行政决定原则上不允许撤回,但在特殊情况下,依据法律的规定可以进行撤回。这种特殊情况主要包括:

1. 行政决定所依据的法律、法规、规章发生了改变

行政决定必须依据法律、法规、规章的规定作出，如果在行政决定依法作出之后，作为其依据的法律、法规、规章被修改或者废止，行政决定就丧失了合法性的基础。此时，法律往往会作出特别的规定，允许有权机关依法撤回行政决定。

2. 行政决定所依据的客观情况发生重大变化

行政决定必须根据现实行政中的客观情况作出，但随着时间的推移，行政决定所依据的客观情况也有可能发生重大变化，此时，为了公共利益的需要，有权机关可以依法撤回行政决定。

3. 其他法定情形

在法律、法规、规章明确规定的其他法定情形之下，有权机关可以撤回行政决定。如，行政决定所确定的权利义务已经实现，没有必要继续存在时，法律有时也规定有权机关可以撤回行政决定。

 理论探讨

公共利益是否为行政决定撤回要件

仅仅从《行政许可法》第 8 条看，难以得出公益需求为独立的撤回要件的结论。国内外的立法例可分两种情形：一是将公益需要作为独立的撤回要件，如《德国行政程序法》《奥地利普通行政程序法》和我国台湾地区"行政程序法"；二是未列明公益作为撤回的独立要件，如《葡萄牙行政程序法》和我国澳门特别行政区《行政程序法》。哪一种应是我们的选择呢？在当今世界，将私权利置于绝对保护的地位已不合时宜。为了共同体的生存和发展，基于公益限制公民的财产权已为各国宪法所承认，而信赖利益并不比宪法上财产权具有更高地位。因此只要公益较行政行为的稳定性和信赖利益具有明显的优势，就可成为撤回授益行政行为的单独依据。但在我国，允许行政机关以公益为由撤回行政行为，会授予行政机关太过广泛的裁量权，从而成为助长行政腐败的制度根源。因此，单纯以公益需要作为撤回的要件须加严格限制。《奥地利普通行政程序法》规定，公益需要以"排除危害人类生命、健康之弊端，或预防经济上重大损害所必要，且不可避免者为限"。这一限制条件足可为我们借鉴。如此一来，行政许可例外撤回需要符合特定条件下的公益。由于行政许可是最典型的授益行政行为，具有授益行政行为的基本特征，所以因公益而撤回的情形可推广到所有的授益行政行为。现在的问题是，除了严格限制下的公益这个要件外，行政行为可否因其他理由撤回？（资料来源：杨登峰：《论合法行政行为的撤回》，载《政治与法律》2007 年第 4 期）

（三）行政决定撤回的效果

被撤回的行政决定，自撤回之日起丧失法律效力。而行政决定在撤回之前的法效力不受撤回行为的影响。原则上，行政决定被撤回之前行政相对人获得的利益不应当因为行政决定的撤回而收回。而行政相对人的合法利益如果因为行政决定的撤回而受到损害的，行政机关应当对行政相对人进行必要的补偿。

（四）撤回与撤销的区别

与上述行政决定撤销针对的是违法的或不适当的行政决定不同，行政决定的撤回针对的是合法的行政决定。而且，撤回的效力并不溯及至行政决定作出之时，而是从自废止之日起行政决定丧失法效力。

四、其他消灭情形

除上述导致行政决定消灭的情形之外，行政决定也可能因为由于客观原因导致义务无法履行、标的物灭失、相对人死亡、权利主体放弃权利等而消灭。

第八节 行政决定效力

一、行政决定效力的特殊性

行政决定的效力是指行政决定在成立并生效后，对行政法律关系当事人的权利义务所发生的影响。行政决定生效后，对行政法律关系的当事人即产生一定的法效力，被称为行政决定的效力。

行政决定作为法律行为与私法行为并无不同，但由于行政决定是行政机关行使公权力或作为优越意思发动的关于具体事实的法规制的行为，在法律上具有合法性、公定性、确定性、实效性等特殊性质。

（一）合法性

合法性意味着行政决定是法的具体化、法的执行，其行使必须基于法律，其内容必须符合法律。现代法治主义不仅要求行政决定必须依据法律进行，而且要求行为的内容必须符合法律。在这种意义上，行政决定是法律的具体化、法律的执行。

（二）公定性

由于行政决定是基于法律行使公权力的特殊性，成立后即使有违法，除非有重大且明显的违法而绝对无效外，原则上应当被推定为合法，在有权行政机关依职权撤销或经过诉讼撤销之前，行政相对人、法院或其他行政机关必须视为有效的行政决定予以尊重，这种性质被称为"公定性"。

（三）确定性

对于行政决定可以通过行政诉讼等程序解决其法效力问题，但为了保障行政法律秩序及权利义务关系的安定，必须设置一定的除斥期间，即经过一定期间后，行政决定的效力就具有不可争议性，被称为"不可争性"或"形式的确定性"。此外，行政机关在作出行政决定之后也不能随意变更，被称为"不可变更性"或"实质的确定性"。

（四）实效性

行政决定具有拘束行政相对人的效力，而且，当行政相对人不履行行政决定内容中的义务时,行政机关可以自行强制执行。可见,实效性是指行政决定不仅拘束行政相对人,由于法律的规定,作为行政决定本身的效力,即使违反行政相对人的意思也具有强制实现的效力。

 前沿引介

关于行政行为(行政决定)效力判断的本质

意定主义调整方式承认行政主体以其意思表示设立、变更、消灭行政法律关系,并使这种行政法律关系的变动在相关主体间产生"相当于法律"的效力。这种效力表现为行政主体的意思表示单方面创设行政法上的权利义务关系,或者与相对人的意思表示一起创设行政法上的权利义务关系。前者是单方性的行政法律行为,主要是行政决定;后者是双方性的行政法律行为,主要是行政合同。行政行为效力判断的本质就是对意思表示在创设行政法上权利义务关系过程中产生的"相当于法律的效力"是否予以认可的问题,认可的给予肯定性评价,不认可的则给予否定性评价。通过上文的梳理我们发现,合法的行政行为可能有效也可能无效,违法的行政行为同样如此,这是否表明行政行为的合法性与效力之间不存在内在关联性呢?这种理解与开篇提到的将合法性看成是衡量行政行为效力的唯一标准的观点恰好构成认识上的两个极端。为了说明这个问题,在此要引入两个概念,即"判断基准"和"判断规则"。前者是确定行政行为效力需要考量的因素,后者是如何运用这些基准进行效力判断。简单地说一个解决的是要素问题,一个解决的是机制问题,二者共同构成行政行为效力判断体系的主体内容。而之所以我们对行政行为合法性和效力之间的对应关系容易走向两个极端,根源就在于对合法性在行政行为效力判断中的定位把握不准。实际上,合法性只是行政行为效力判断的一个基准而非全部基准,是进行判断的重要条件而非充分条件。这一点决定了行政行为的效力判断不可能是一个在合法性与效力之间进行简单比照的过程,而必须综合考虑各项基准、运用相关规则进行判断。(资料来源:江必新:《行政行为效力判断之基准与规则》,载《中国法学》2006年第5期)

二、行政决定效力的内容

根据行政决定的以上特性,行政决定的效力论认为行政决定存在特殊的效力,主要包括存续力(不可争力、不可变更力)、拘束力、执行力等。

(一) 存续力

存续力是指行政决定经过送达程序后,即有持续存在的法效力。除行政决定有无效情形之外,在行政决定被依法撤销之前,所有国家机关、组织和个人都必须认可它是一个有效力的行政决定,视其如同法规范一样存在。对于法院而言,除非该行政决定作为本案中的诉讼客体,否则也应当认可它的效力。因行政决定是法规范的具体化,基于法的安定性要求,对行政机关作出的行政决定,除符合法定条件外,行政相对人不得随意、随时提起法律救济,行政机关也不得随意、随时加以撤销、撤回。为此,必须赋予行政决定一种存在、延续的法效力——源于法的持续存在而获得的效力。法的安定性是存续力所赖以存在的法观念。存续力包括形式存续力与实质存续力两个方面。

1. 形式存续力

形式存续力也被称为不可争力,是指即使存在违法行政决定,在经过一定的期间之后,行政相对人就不能提起行政复议或行政诉讼的效力。《行政诉讼法》第 38 条、第 39 条规定了行政诉讼的起诉期间,《行政复议法》第 9 条规定了复议申请期限,通过这些起诉期间的限制产生了行政决定的不可争力。

2. 实质存续力

实质存续力也被称为不可变更力,是指行政机关不得随意撤销、变更已经作出的行政决定的效力。行政决定在经过行政复议、行政诉讼等救济程序的情况下,被认为具有较强的不可变更力。

行政行为(行政决定)从确定力到存续力

最早认为行政行为与司法判决一样会生成实质确定力或者与此相类似的存续效力的观点,是奥地利学者班纳兹克在 1886 年"司法判决与实质确定力"一书中提出并进行阐述的。班纳兹克由司法判决会产生实质确定力推导出行政机关作出的类似于司法判决的行为同样会产生实质确定力的结论。迈耶却反对这一观点,认为实质确定力的产生与司法程序的设置以及行为的种类有着直接和必然的联系。而在迈耶所处的那个时代,德国行政法中并没有类似于司法的行政程序,因此,他否认行政行为会产生实质确定力。在迈耶之后,由于德国行政程序的进步,许多学者因此放宽了立场,肯定某些具有判决特质且采用类似于诉讼程序作出的特定行政行为能够产生与判决实质确定力相同的法律效果。行政行为确定力概念由此开始在德国法中出现并逐渐确定下来。最初的行政行为确定力内涵与判决确定力并无二致,都旨在强调行为对作出机关的确定效果和拘束作用。两者的区别仅在于:判决确定力适用于所有的司法判决,而行政行为确定力只针对某些特定的行政行为。但在此后的发展中,学者们在这种简单的移植过程中发现了如下事实:即使某些行政行为能够产生确定效力,这种确定力所产生的存续性效果事实上与司法判决也并不相当。行政行为因为区别于司法判决而很难具有与其同样内容和强度的确定力。其理由如下:首先,行政所必需的灵活性必然要求行政行为的确定力具备一定的弹性,而不是像司法确定力那样严格;其次,行政行为内容正确性的保障也没有司法判决的保障完备。司法判决是具有高度合目的性之裁量,其程序的缜密性和严谨性远非行政行为作出程序所能够比拟。行政行为与司法裁判的上述区别不允许理论界不假思索地将诉讼法中的结论在行政行为中进行简单移植。基于此,许多学者在行政行为中不再使用与司法确定力相同的概念,而代之以行政行为的"存续力"。(资料来源:赵宏:《从存续性到存续力——德国行政行为效力理论的生成逻辑》,载《法商研究》2007 年第 4 期)

（二）拘束力

拘束力是指行政决定成立后，在未经法定程序被变更或撤销之前，其内容对行政机关与相对人所产生的法律上的约束力，行政机关与相对人必须遵守、服从的效力。与存续力相比较，拘束力要求行政机关与行政相对人必须遵守、服从行政决定所确定的权利义务。行政决定的拘束力具体表现在以下两个方面：

1. 对行政机关的拘束力

对行政机关的拘束力是指行政决定作出后，在未经法定程序被变更或撤销之前，作出行政决定的行政机关以及其他行政机关都负有义务服从该行为所确定的内容。作出行政决定的行政机关的上级机关虽然有权改变或撤销下级行政机关"不适当"的行政决定，但这种改变或撤销必须遵循法定的程序依法进行，在未经法定程序改变或撤销之前，上级行政机关也必须遵守该行为。

2. 对行政相对人的拘束力

对相对人的拘束力是指行政决定生效后，在未经法定程序被变更或撤销之前，行政相对人必须遵守、服从该行政决定的效力。

（三）执行力

执行力是指行政决定一经作出，其内容必须得到切实履行的效力，如果行政相对人在一定期限内不履行行政决定所确定的义务，行政机关可以申请法院执行或自行强制执行。这是行政强制执行制度的理论依据。如《行政处罚法》第51条规定："当事人逾期不履行行政处罚决定的，作出行政处罚决定的行政机关可以采取下列措施：（1）到期不缴纳罚款的，每日按罚款数额的3%加处罚款；（2）根据法律规定，将查封、扣押的财物拍卖或者将冻结的存款划拨抵缴罚款；（3）申请人民法院强制执行。"为了保证行政决定的实效性，在法律授权的前提下行政机关可以不以法院的判断作为前提，根据法律的规定以自力实现行政决定内容，在这种意义上，执行力也被称为"自行执行力"。如《治安管理处罚法》第103条规定："对被决定给予行政拘留处罚的人，由作出决定的公安机关送达拘留所执行。"此外，执行力还体现在行政复议、行政诉讼期间不停止执行等方面的内容。

关于行政决定公定力的取舍

笔者以为，就目前状况而言，公定力理论的研究沿袭了两个互有关联的缺憾。一是在理论移植和自构的关系上仍然有倚重移植的倾向，二是在原理和技术的关系上仍然有偏于原理叙述的倾向。前者的突出表现就在于，以域外有些学者关于公定力理论乃威权国家产物、与民主法治国家理念相悖的批判为基础，结合当前国内公定力理论在技术层面上的诸多矛盾不足之处，径直提出该理论应遭否弃的主张。追溯公定力理论之历史源头，清醒意识其在域外发生发展的背景，当无可厚非。但该理论在移植国内的过程中，始终未见移植者充分论述其正当性基础在于国家威权主义或国家本位主义。无论移植者是明白认识此点已不符民主国家原则而有意放弃，还是因研究不足而有所疏漏，实际上已经形成了正当性基础论证的缺失。这个缺失或许是理论未尽成熟的体现,然它造就了与该理论的域外源头割裂。本土理论情境,在一定意义上是另一种形式的理论自构。当前国内公定力理论在技术层面上的论述不足,的确使其有诸多不能自圆其说之处。但遭遇此困境后,不思如何在既有理论的基础上挖掘可能的理论自构之资源,而直接移植域外批判原理论的学说,不仅偏离了原理论移植后已经形成的本土情境,更可能冒总是追随他人的亦步亦趋之风险。自然,在此并非完全否定理论移植的作用,自构过程不可能是封闭的,移植与自构永远是一种互动的关系。然唯有移植后如何完成自构,才是真正需要偏重的、虽然更多艰难的任务。"学而时习之"的真髓还是在于"习",即不断地陶炼内化。由此观之,公定力摈弃论的贡献与其说是其站在公定力理论的源头发起的批判,倒不如说是其揭示了当前公定力理论研究存在的另一个缺憾,即偏原理叙述而轻技术规范上的系统整合。这个缺憾甚至可以说是前个缺憾的副产品,因为,仓促的理论移植而疏于自构,造成了更多的原理叙述(或重复叙述),相应的与之配套的技术规范仍然较少论及。(资料来源:沈岿:《行政行为公定力与妨害公务——兼论公定力理论研究之发展进路》,载《中国法学》2006年第5期)

思考题:
1. 如何理解行政行为与行政决定概念之间的关系?
2. 论述行政决定理论体系的主要内容。
3. 论述行政决定的成立与生效的区别与联系。
4. 如何区分行政决定的变更、撤回、撤销、宣告无效?
5. 如何理解行政决定的各种效力之间的关系?

拓展阅读:
1. 朱芒:《"行政行为违法性继承"的表现及其范围》,载《中国法学》2010年第3期。
2. 黄学贤:《形式作为而实质不作为行政行为探讨》,载《中国法学》2009年第5期。
3. 何海波:《行政行为的合法要件》,载《中国法学》2009年第4期。
4. 何海波:《行政行为对民事审判的拘束力》,载《中国法学》2008年第2期。
5. 叶必丰:《受欺诈行政行为的违法性和法律责任》,载《中国法学》2006年第5期。
6. 沈岿:《行政行为公定力与妨害公务》,载《中国法学》2006年第1期。
7. 金伟峰:《我国无效行政行为制度的现状、问题与建构》,载《中国法学》2005年第1期。
8. 于安:《德国法上行政行为的构成》,载《中国法学》1999年第3期。
9. 叶必丰:《行政行为确定力研究》,载《中国法学》1996年第3期。
10. 叶必丰:《行政行为执行力的追溯》,载《法学研究》2002年第5期。
11. 田瑶:《论行政行为的送达》,载《政法论坛》2011年第5期。
12. 薛刚凌:《论行政行为与事实行为》,载《政法论坛》1993年第4期。
13. 刘巍:《行政机关撤销自身所作行政行为的控制问题思考》,载《法商研究》1999年第5期。
14. 周佑勇:《论行政行为的内容和形式》,载《法商研究》1998年第4期。
15. 胡悦等:《行政行为转变研究》,载《法律科学》2010年第5期。
16. 叶必丰:《现代行政行为的理念》,载《法律科学》1999年第6期。

第八章

非行政决定的其他行政行为

> ✦ **学习目标**
> 通过本章的学习,学生可以掌握以下内容:
> 1. 制定行政规范的理论以及我国制定行政规范的体制
> 2. 行政事实行为的种类及其违法与救济
> 3. 行政合同的缔结、履行、变更、解除及其救济
>
> ✦ **关键概念**
> 行政法规　部门规章　地方政府规章　行政法律行为　行政事实行为　行政合同

第一节　制定行政规范

一、制定行政规范概述

根据传统的三权分立或权力分工原理,应当由立法机关与行政机关分别行使立法权与行政权,但由于现代行政领域的扩张以及行政的专业性、技术性等原因,立法机关并不能完全应对复杂的行政需要,而不得不将一部分的立法权授予行政机关行使。行政机关制定的行政规范或者行政立法由此而生。

（一）制定行政规范的概念

制定行政规范的概念通常在两层含义上使用:首先,在静态上,制定行政规范是指行政机关为执行、实施法律或者根据法律的委任而制定一般性、抽象性的法律规范;其次,在动态上,制定行政规范就是指行政机关所进行的立法活动。而根据对"法"的概念的不同理解,对于制定行政规范的概念也存在着广义与狭义的两种理解。在广义上,"法"包括所有的规范,因此,广义的制定行政规范是指行政机关制定、修改、废止有关行政管理的规范性文件的活动。而在狭义上,"法"在我国是指宪法、法律、行政法规、地方性法规和行政规章,行政规章以下的行政规定不属于"法"的范畴,而"法"的范畴中又只有行政法规与规章的制定主体是行

政机关,因此,狭义上的制定行政规范是指行政机关制定、修改、废止行政法规、规章的行为。

(二) 制定行政规范的性质

制定行政规范是由行政机关进行的立法活动,因此,制定行政规范同时具有行政与立法的两种特性。

1. 行政性

制定行政规范是行政行为的形式之一,制定行政规范的行政性体现在以下几个方面:(1) 制定行政规范的主体是行政机关;(2) 制定行政规范的目的是通过制定、修改、废止行政法律规范进行对行政事务的宏观管理,调整行政管理过程中行政机关的各种行为;(3) 制定行政规范的调整对象是行政管理事务以及与行政管理密切相关的事务。

2. 立法性

制定行政规范是一种立法行为,制定行政规范的立法性体现在以下几个方面:(1) 根据三权分立原则,立法权由立法机关掌握,行政机关的立法无论是职权立法还是授权立法,都必须通过立法机关在法律中明文规定的形式取得立法权,如国务院制定行政法规的立法权是《宪法》第89条赋予的,在这种意义上,制定行政规范是由行政机关代替立法机关进行的立法;(2) 制定行政规范必须根据法定程序进行,法定的制定行政规范程序一般包括草案的起草、征求意见、审议、通过、签署、公布等,与立法机关的立法程序几乎相同,这种严格的程序保证了制定行政规范的公正性;(3) 从制定行政规范的结果来看,最终制定的规范性文件与立法机关制定的法律具有大致相同的性质,即规范性、强制性、普遍适用性、权利义务性等。

此外,《立法法》将法律、行政法规、地方性法规、规章放在同一部法律里面规定,而且命名为"立法法",从另一个侧面表明制定行政规范的立法性。

 知识链接

行政立法的由来

按照三权分立的本来意义,行政机关只能享有行政权,即执行法律的权力,而没有制定法律规范的权力。立法权专属于国会,行政机关不能僭越,否则就有悖于民主法治原则。因为国会由人民代表组成,只有经国会严格程序所制定的法律才符合正义,体现民意,人民服从于法律无异于服从自己的意志。然而社会生活发生重大变迁,现代管理事务日趋复杂,仅靠国会制定的法律来维持社会秩序已远远不够,同时行政事务中越来越多的专门性、技术性、时效性很强的问题也使立法机关更加不堪重负。为了解决这些问题,只好允许行政机关在行政权的基础上,就社会生活中的大量细则性、技术性、专门性的问题依照一定的法定程序制定法律规范性文件,以调整社会矛盾,这就是行政立法的由来。(资料来源:赵宏:《立法与行政——从行政立法角度思考》,载《行政法学研究》2002年第3期)

(三) 制定行政规范的类型

根据不同的标准,可以对制定行政规范进行不同的分类。一般根据以下标准对制定行政规范进行分类。

1. 一般授权制定行政规范和特别授权制定行政规范

授权制定行政规范是指行政机关根据宪法、行政组织法以外的其他法律、法规或授权决定授予的立法权而进行的立法活动。根据授权依据的不同,又可分为一般授权制定行政规范与特别授权制定行政规范。

(1) 一般授权制定行政规范

一般授权制定行政规范的立法权来自于宪法、行政组织法以外的其他法律和法规,一般由法律、法规中的某一条款规定授权。如《劳动法》第45条规定了带薪年休假制度,同时规定"具体办法由国务院规定"。基于该授权,国务院制定了《国务院关于职工工作时间的规定》。《立法法》第74条规定:"国务院部门规章和地方政府规章的制定程序,参照本法第三章的规定,由国务院规定。"基于该授权,国务院制定了《规章制定程序条例》。

(2) 特别授权制定行政规范

特别授权制定行政规范是指由行政机关根据全国人大或其常委会的授权决议或决定,行使全国人大或其常委会的部分立法权而进行的立法活动。如1994年3月22日全国人大通过了《关于授权厦门市人大及其常委会和厦门市人民政府分别制定法规和规章在厦门经济特区实施的决定》。这种授权立法与一般授权立法的区别在于,一般授权立法依据宪法、行政组织法以外的其他法律法规授权,而《立法法》第9条规定,本法第8条规定只能制定法律的"事项尚未制定法律的,全国人民代表大会及其常务委员会有权作出决定,授权国务院可以根据实际需要,对其中的部分事项先制定行政法规"。这种授权制定行政规范具有试验性质,《立法法》第11条规定:"授权立法事项,经过实践检验,制定法律的条件成熟时,由全国人民代表大会及其常务委员会及时制定法律。法律制定后,相应立法事项的授权终止。"在法律、法规或授权决定进行授权的同时,必须明确授权的目的、范围,被授权机关应当严格按照授权目的和范围行使该立法权,并不得将该项权力转授给其他机关。

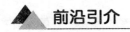

特别授权法制定的一般原则

(1) 在特别授权法中应当说明授权的理由。特别授权法都是为特定情况、向特定部门的授权而制定的,如果不在授权法中说明授权理由,人们就不能理解为什么要将这些事项的立法权授出。(2) 授权事项具体化,禁止空白授权。这就是说,授权法中应当明确规定授权事项,而不得以泛泛的、缺乏明确性的语言来规定授权事项。(3) 要在特别授权法中明确规定对授权立法的监督与控制程序。对监督与控制程序作出明确规定极为必要,否则,就有可能造成被授权机关滥用授权,而授权机关无从监督控制的局面。(4) 从形式上看,特别授权应当以特别授权法的形式作出。由于授权代表着立法权限的转移,是极其严肃的事情,如果以不规范形式作出授权决定,必然会降低授权的权威性。(资料来源:陈伯礼:《授权立法研究》,法律出版社2000年版,第163—164页)

2. 中央制定行政规范与地方制定行政规范

依据制定行政规范主体层次的不同,制定行政规范可划分为中央制定行政规范与地方制定行政规范。

(1) 中央制定行政规范

中央制定行政规范是指由中央行政机关所进行的立法行为,包括国务院制定行政法规、国务院各部委职能机构等制定部门规章的行为。中央制定行政规范针对的是全国范围内的行政管理事项,其效力涉及全国的范围。如《政府信息公开条例》由国务院颁布,其效力涉及全国。

(2) 地方制定行政规范

地方制定行政规范是指由一定级别的地方人民政府制定地方政府规章的行为。一定级别的地方人民政府包括:第一,省、自治区、直辖市人民政府;第二,较大的市的人民政府;第三,全国人大常委会授权的经济特区的市的人民政府。地方制定行政规范针对的是本地方范围内的行政管理事项,所制定的地方性行政规章只能在本行政区域内发生法律效力。如《杭州市行政机构设置和编制管理办法》由杭州市人民政府制定,其效力仅涉及杭州市范围。

3. 执行性制定行政规范、补充性制定行政规范与创制性制定行政规范

依据制定行政规范的内容、目的的不同,制定行政规范可以分为执行性制定行政规范、补充性制定行政规范与创制性制定行政规范。

(1) 执行性制定行政规范

执行性制定行政规范是指为了执行上级机关制定的法律、法规,行政机关根据授权制定实施办法、实施细则等行为。由于法律、法规具有一定的抽象性,行政机关为了执行这些规范,对这些规范进行进一步解释、细化的立法活动,称为"执行性"制定行政规范。执行性制定行政规范的目的并非创设新的权利义务规范,而是对已有规范的进一步细化,以便于行政实践中的执行,因此,执行性制定行政规范不得与授予其立法权的法律、法规相抵触。如为了执行《税收征收管理法》,国务院制定了《税收征收管理法实施细则》。

(2) 补充性制定行政规范

补充性制定行政规范是指为了补充上级机关制定的法律、法规的不足,行政机关根据授权制定补充性规则的行为。补充性制定行政规范是对法律、法规没有规定或规定不甚详尽的事项制定补充性规范,由此会影响到行政相对人的权利义务规范,因此对于补充性制定行政规范的规制较为严格,要求必须得到法律、法规的明确授权,并在授权范围内,按照授权的目的与原则进行立法。如国务院于2001年11月16日制定的《行政法规制定程序条例》与《规章制定程序条例》、2001年12月14日制定的《法规规章备案条例》是为了规范法规规章制定程序、法规规章的备案制度,而对2000年3月15日全国人大制定的《立法法》进行的补充性立法。

(3) 创制性制定行政规范

《立法法》第56条第3款规定:"应当由全国人民代表大会及其常务委员会制定法律的事项,国务院根据全国人民代表大会及其常务委员会的授权决定先制定的行政法规,经过实践检验,制定法律的条件成熟时,国务院应当及时提请全国人民代表大会及其常务委员会制定法律。"可见,创制性制定行政规范是指行政机关根据上级机关的授权,对于法律、法规尚未规定的事项进行立法的行为。这些事项原本应当由法律或法规来规定,但由于条件尚未

充分或经验尚未成熟等情况,而这些事项又必须予以规范,因此,先由作为下级的行政机关制定行政规范,经过一段试验期后,在总结制定行政规范的经验基础上,再正式制定法律、法规。可见,创制性制定行政规范一般都具有试验性质,因此都是临时性的立法,在规范性文件中称为"暂行条例"或"暂行规定"的较多。如为了规范公务员的管理,国务院分别于1957年10月26日、1993年8月14日制定了《国务院关于国家行政机关工作人员的奖惩暂行规定》《国家公务员暂行条例》,2005年4月27日,全国人大常委会在总结经验的基础上制定了《公务员法》,同时废止了上述暂行规定、暂行条例。

二、制定行政规范体制

制定行政规范体制是指享有制定行政规范权的行政机关的体系及其立法权限的划分等,包括具有制定行政规范权的行政机关、各行政机关立法权之间的关系、各制定行政规范之间的效力层次等问题。

(一)制定行政规范体制

从制定行政规范的效力层次来看,制定行政规范体系包括行政法规与行政规章,行政法规的效力高于行政规章。此外,广义的制定行政规范还包括制定行政规定。

从制定行政规范的主体来看,制定行政规范体系可分为三个层次:(1)国务院制定行政法规;(2)国务院各部、各委员会、中国人民银行、审计署和具有行政管理职能的直属机构制定部门规章;(3)省、自治区、直辖市人民政府、较大的市的人民政府以及某些经济特区市的人民政府制定地方政府规章。

(二)行政法规

《宪法》第89条规定,国务院有权"根据宪法和法律,规定行政措施,制定行政法规,发布决定和命令"。行政法规指由作为最高国家行政机关的国务院根据宪法和法律的规定,在其职权范围内就全国行政管理所涉及的一些较大方面事项所制定的规范性文件。

1. 行政法规的调整对象

根据《立法法》第56条的规定,行政法规可以就下列事项作出规定:(1)为执行法律的规定需要制定行政法规的事项;(2)《宪法》第89条规定的国务院行政管理职权的事项。此外,应当由全国人民代表大会及其常务委员会制定法律的事项,国务院根据全国人民代表大会及其常务委员会的授权决定先制定的行政法规,经过实践检验,制定法律的条件成熟时,国务院应当及时提请全国人民代表大会及其常务委员会制定法律。

2. 行政法规的形式

(1)行政法规的名称。行政法规的名称一般称"条例",也可以称"规定""办法"等。国务院根据全国人民代表大会及其常务委员会的授权决定制定的行政法规,称"暂行条例"或者"暂行规定"。"条例"一般适用于对行政管理事项作出比较全面、系统的规定的行政法规;对行政管理的某一方面作部分规定的,称"规定";"办法"是指对行政管理事项规定比较具体的行政法规。

(2)行政法规的语言规范。行政法规应当备而不繁,逻辑严密,条文明确、具体,用语准确、简洁,具有可操作性。

(3) 行政法规的结构。根据内容需要,行政法规可以分章、节、条、款、项、目。章、节、条的序号用中文数字依次表述,款不编序号,项的序号用中文数字加括号依次表述,目的序号用阿拉伯数字依次表述。

3. 行政法规的效力

制定行政法规的国务院是最高国家行政机关,因此,行政法规在制定行政规范中具有最高效力,行政规章不得违反行政法规。但从整个立法体系来看,宪法与法律的效力高于行政法规,而行政法规的效力高于地方性法规与行政规章,可见,在法律体系中,行政法规的效力处于第三层次。

 前沿引介

国务院"职权立法"之说应当否定

国务院作为中央人民政府是从属于全国人大及其常委会的执行机关,它所行使的权力性质是行政执行权。"从执行权的角度而言,现今多数学者认为行政机关无论是基于组织法上的职权或是基于执行法律的需要,都不能作为订定对外拘束之'职权命令'的正当性基础。因为,组织法上的职权规定,充其量仅能作为行政机关事务管辖的分配,并不能认为是对职权命令的概括授权,否则不啻承认行政机关有广泛的'立法权',而违背宪法上权力分立或依法行政的基本原则。"有一种具有权威性的观点认为:"原则上说,国务院制定行政法规,不具有创制规范的性质,不能设置新的实体上的权利和义务,只能把法律规定的实体上的权利和义务加以具体化。国务院制定的行政法规主要特点,在于它的执行性,即执行宪法、法律和最高国家权力机关的决议、决定,规范的事项限于国家行政管理领域。"一本具有权威性的行政法教科书也持有相似的观点:"过去学术界一直将此称为'职权立法',虽然有点道理,但严格说并不科学。因为,行政机关没有固有的立法权,所以行政立法都应是授权立法。所以我们认为,根据上述宪法与组织法的规定不能推论出行政立法行为,而只能说明国务院有权制定行政法规,各部委在其权限内有权制定行政规章。……我们不认为在我国存在职权立法。"公允地说,这两种观点基本符合制宪本意。如果承认职权立法,即国务院可以不待全国人大及其常委会以法律授权其制定行政法规,直接在《宪法》第89条授予的职权范围内立法,那么,《宪法》第58条赋予全国人大及其常委会行使国家立法权的宪法目的就没有意义了。因为,依据《宪法》第58条规定,国家立法权是由全国人大及其常委会行使。《立法法》第8条虽然确立了"法律保留"的立法事项,但它并不能缓和承认国务院具有职权立法对《宪法》第58条规定之间所产生的紧张关系。在这里,如把《立法法》的第8条与第9条结合起来作理解,《立法法》第8条规定实质上是对授权立法的一种限制。所以,只有将《宪法》第89条第1项规定解释为国务院制定行政法规的权能,才能从容地理顺《宪法》与《立法法》之间的关系,国务院具有"职权立法"的观点也应当否定。(资料来源:章剑生:《现代行政法基本理论》,法律出版社2008年版,第184页)

(三) 部门规章

《宪法》第 90 条第 2 款规定："各部、各委员会根据法律和国务院的行政法规、决定、命令,在本部门的权限内,发布命令、指示和规章。"《国务院组织法》第 10 条规定："根据法律和国务院的决定,主管部、委员会可以在本部门的权限内发布命令、指示和规章。"可见,国务院的各部委在本部门的权限内可以制定规章,这被称为"部门规章"。

1. 部门规章的制定主体

部门规章是指由国务院的部门制定的规范性文件。国务院由职能机构、直属机构、办公机构、办事机构以及部委归口管理的国家局和事业单位组成。这些机构都是在国务院总理的领导下承担某一方面的国家行政事务,但并非所有的国务院部门都具有规章的立法权。根据《立法法》第 71 条规定,国务院各部、委员会、中国人民银行、审计署和具有行政管理职能的直属机构,可以根据法律和国务院的行政法规、决定、命令,在本部门的权限范围内,制定规章。此外,涉及两个以上国务院部门职权范围的事项,应当提请国务院制定行政法规,如果制定行政法规条件尚不成熟,需要制定规章的,国务院有关部门应当联合制定规章。

2. 部门规章的调整对象

部门规章规定的事项应当属于执行法律或者国务院的行政法规、决定、命令的事项。可见,部门规章仅仅是执行性规范,是对法律、行政法规内容的一种具体化,所以不得创设新的权利义务关系。如根据《行政许可法》规定,部门规章不得设置行政许可项目,但可以在上位法设定的行政许可事项范围内,对实施该行政许可作出具体规定。

3. 部门规章的形式

规章的名称一般称"规定"、"办法",但不得称为"条例"。规章用语应当准确、简洁,条文内容应当明确、具体,具有可操作性。法律、法规已经明确规定的内容,规章原则上不作重复规定。除内容复杂的外,规章一般不分章、节。

4. 部门规章的效力

部门规章的制定主体是国务院的部门,属于中央制定行政规范,效力及于全国。从整个立法体系来看,宪法、法律、行政法规的效力高于部门规章,但对于部门规章与地方性法规、地方政府规章之间的效力层次问题,法律并没有明确规定。从相关的法律制度来看,《行政诉讼法》第 52 条、第 53 条规定,法院审理行政案件,以法律和行政法规、地方性法规为依据,参照规章。在这种意义上,部门规章的效力低于地方性法规。但《立法法》第 86 条规定,地方性法规与部门规章之间对同一事项的规定不一致,不能确定如何适用时,由国务院提出意见,国务院认为应当适用地方性法规的,应当决定在该地方适用地方性法规的规定;认为应当适用部门规章的,应当提请全国人民代表大会常务委员会裁决;部门规章与地方政府规章之间对同一事项的规定不一致时,由国务院裁决。在这种意义上,部门规章的效力等同于地方性法规与地方政府规章。这个问题有时需要在个案中具体分析,以确定部门规章的效力。

(四) 地方政府规章

《立法法》第 73 条规定:"省、自治区、直辖市和较大的市的人民政府,可以根据法律、行政法规和本省、自治区、直辖市的地方性法规,制定规章。"可见,地方规章是指由省、自治区、直辖市以及省、自治区、直辖市人民政府所在地的市和经国务院批准的较大的市的人民政府根据法律、行政法规、地方性法规,按照规定程序所制定的普遍适用于本地区行政管理的规范性文件的总称。

1. 地方政府规章的制定主体

地方政府规章的制定主体包括省、自治区、直辖市和较大的市、经济特区市的人民政府。其中,省、自治区、直辖市的人民政府被称为"省级政府","较大的市、经济特区市的人民政府"又被称为"副省级政府"。

2. 地方政府规章的调整对象

地方政府规章可以规定的事项包括:(1)为执行法律、行政法规、地方性法规的规定需要制定规章的事项;(2)属于本行政区域的具体行政管理事项。除了执行性事项外,与部门规章相比,地方政府规章根据本地域的特点,还可以规定"属于本行政区域的具体行政管理事项"。如《行政许可法》第15条规定,在一定条件下,省、自治区、直辖市人民政府规章可以设定临时性的行政许可,而部门规章不得设置行政许可。在这种意义上,地方政府规章的对象范围比部门规章更为广泛。

3. 地方政府规章的形式与效力

地方政府规章的形式与部门规章相同相同。地方政府规章是由省级人民政府或较大的市的人民政府制定的规范性文件,因此,在效力上低于宪法、法律、行政法规以及本地域的地方性法规,而与部门规章具有同等的法律效力,当部门规章与地方政府规章之间对同一事项的规定不一致时,由国务院裁决。此外,在地方政府规章的内部,省、自治区的人民政府制定的规章的效力高于本行政区域内的较大的市的人民政府制定的规章。

(五) 行政规定

狭义的制定行政规范包括行政法规与规章,而在广义上,制定行政规范包括行政机关所有的制定行政规定的行为,可见,在广义的制定行政规范中,除了行政法规与规章之外,还存在行政规定。行政规定在我国的行政现实中极为常见,但由于行政规定并不属于行政法的正式渊源,在行政法律制度中很少对其加以规范,但也存在例外,如《规章制定程序条例》第36条规定:"依法不具有规章制定权的县级以上地方人民政府制定、发布具有普遍约束力的决定、命令,参照本条例规定的程序执行。"其中,"不具有规章制定权的县级以上地方人民政府制定、发布具有普遍约束力的决定、命令"就是行政规定。

对此,我们可以将行政法规、规章之外的制定行政规范统称为行政规定,即行政机关在法定权限范围内制定的除行政法规与规章以外的具有普遍约束力的规范性文件,是行政机关依据法律、法规、规章的规定,在行政管理过程中,依法制定的规范公民、法人和其他组织的具有普遍约束力的规范性文件。从该概念来看,行政规定具有以下特征:(1)制定主体的广泛性,在现实行政中,几乎所有的县级以上的政府及其工作部门都可以发布规范性文件;(2)效力的多层次性,正是由于制定主体的多样性,各种规范性文件的效力也不同;(3)形式的多样性,从行政现实来看,行政规范的形式包括规定、命令、通知、通告、公告、决定、决议等。

▲ **前沿引介**

行政机关制定行政规定的权能

行政机关固有的行政权能是执行立法机关制定的法律,这样的认识并非过时,否则国家机关之间必要的分权也可能失去法理基础。行政机关制定行政规范并自己加以执行的权能来自于宪法的赋予,而不是行政机关天然拥有的。

行政机关除有制定行政法规、行政规章的权能外,《宪法》和相关法律还赋予若干行政机关可以"发布决定和命令"的权力。这是行政机关拥有制定行政规定权能的宪法和组织法依据。在实务中,行政规定具有数量大、内容杂和涉及面广之特点,但是,无论何种行政机关制定何种行政规定,首先应当有制定行政规定的权能。从《宪法》和相关法律规定看,除省级以下各级人民政府的工作部门外,国务院及其各部门,省级以下各级地方人民政府都具有制定行政规定的权能(其实,省级以下各级人民政府的工作部门事实上也都在制定、发布"行政规定",它的权能合法性似乎还没有引起人们的关注)。

但是,从实务的需要看,《宪法》和相关法律的规定显然有脱离实际需要之嫌。因为,县级以上地方各级人民政府,尤其是省、市两级人民政府的工作部门为了行政管理的需要,制定和发布了大量的行政规定,为行政机关依法行政提供了"法"的依据。可见,《行政复议法》第7条第1款第2项的规定认可县级以上地方各级人民政府的工作部门制定的"规定"不是空穴来风。所以,应当修改《宪法》或者相关的法律,赋予县级以上地方各级人民政府的工作部门也有制定行政规定的权能。(资料来源:章剑生:《现代行政法基本理论》,法律出版社2008年版,第191页)

三、制定行政规范的程序

制定行政规范是行政机关为了行政管理所进行的一种行政行为,涉及多数行政相对人的利益,为了确保制定行政规范的公正性,必须对制定行政规范进行一定的法律规制,除了权限方面的规制外,程序规制也是主要的方式之一。由于制定行政规范对众多行政相对人权益的影响重大,法律规定了较为严格的程序,根据《立法法》以及《行政法规制定程序条例》《规章制定程序条例》的有关规定,制定行政规范程序一般可以分为立项、起草、审查、决定、公布、解释等步骤。

(一)立项

1. 立项的申报

各级政府的各主管部门一般可以对特定事项提出制定行政规范的建议,具体而言,国务院有关部门认为需要制定行政法规的,应当于每年年初编制国务院年度立法工作计划前,向国务院报请立项;国务院部门内设机构或者其他机构认为需要制定部门规章的,应当向该部门报请立项;省、自治区、直辖市和较大的市的人民政府所属工作部门或者下级人民政府认为需要制定地方政府规章的,应当向该省、自治区、直辖市或者较大的市的人民政府报请立项。报送制定行政法规或规章的立项申请,应当对制定行政规范的必要性、所要解决的主要问题、依据的方针政策、拟确立的主要制度等作出说明。

2. 立法工作计划的编制

国务院于每年年初编制本年度的立法工作计划,具体工作由国务院法制机构负责。国务院法制机构应当根据国家总体工作部署对部门报送的行政法规立项申请汇总研究,突出重点,统筹兼顾,拟订国务院年度立法工作计划,报国务院审批。列入国务院年度立法工作计划的行政法规项目应当符合下列要求:(1)适应改革、发展、稳定的需要;(2)有关的改革实践经验基本成熟;(3)所要解决的问题属于国务院职权范围并需要国务院制定行政法规的事项。

国务院部门法制机构和省、自治区、直辖市和较大的市的人民政府法制机构,应当对制定规章的立项申请进行汇总研究,拟订本部门、本级人民政府年度规章制定工作计划,报本部门、本级人民政府批准后执行。年度规章制定工作计划应当明确规章的名称、起草单位、完成时间等。

3. 立法工作计划的执行

对列入年度立法工作计划的项目,承担起草任务的部门或单位应当抓紧工作,按照要求上报国务院、本部门或者本级人民政府决定。年度立法工作计划在执行中,可以根据实际情况予以调整,对拟增加的立法项目应当进行补充论证。

(二) 起草

1. 负责起草的组织

行政法规由国务院组织起草。国务院年度立法工作计划确定行政法规由国务院的一个部门或者几个部门具体负责起草工作,也可以确定由国务院法制机构起草或者组织起草。部门规章由国务院部门组织起草,地方政府规章由省、自治区、直辖市和较大的市的人民政府组织起草。国务院部门可以确定规章由其一个或者几个内设机构或者其他机构具体负责起草工作,也可以确定由其法制机构起草或者组织起草。省、自治区、直辖市和较大的市的人民政府可以确定规章由其一个部门或者几个部门具体负责起草工作,也可以确定由其法制机构起草或者组织起草。起草规章可以邀请有关专家、组织参加,也可以委托有关专家、组织起草。

2. 起草的原则

起草行政法规或规章,除应当遵循《立法法》确定的立法原则,并符合宪法、法律、行政法规的规定外,还应当符合下列要求:(1)体现改革精神,科学规范行政行为,促进政府职能向经济调节、社会管理、公共服务转变;(2)符合精简、统一、效能的原则,相同或者相近的职能规定由一个行政机关承担,简化行政管理手续;(3)切实保障公民、法人和其他组织的合法权益,在规定其应当履行的义务的同时,应当规定其相应的权利和保障权利实现的途径;(4)体现行政机关的职权与责任相统一的原则,在赋予有关行政机关必要的职权的同时,应当规定其行使职权的条件、程序和应承担的责任。

3. 征求意见

行政法规或规章的起草,应当深入调查研究,总结实践经验,广泛听取有关机关、组织和公民的意见。听取意见可以采取召开座谈会、论证会、听证会等多种形式。

起草的规章直接涉及公民、法人或者其他组织切身利益,有关机关、组织或者公民对其有重大意见分歧的,应当向社会公布,征求社会各界的意见;起草单位也可以举行听证会。听证会依照下列程序组织:(1)听证会公开举行,起草单位应当在举行听证会的30日前公布听证会的时间、地点和内容;(2)参加听证会的有关机关、组织和公民对起草的规章,有权提问和发表意见;(3)听证会应当制作笔录,如实记录发言人的主要观点和理由;(4)起草单位应当认真研究听证会反映的各种意见,起草的规章在报送审查时,应当说明对听证会意见的处理情况及其理由。

4. 协商一致

起草行政法规,起草部门应当就涉及其他部门的职责或者与其他部门关系紧密的规定,与有关部门协商一致;经过充分协商不能取得一致意见的,应当在上报行政法规草案送审稿时说明情况和理由。起草部门规章,涉及国务院其他部门的职责或者与国务院其他部门关系紧密的,起草单位应当充分征求国务院其他部门的意见。起草地方政府规章,涉及本级人民政府其他部门的职责或者与其他部门关系紧密的,起草单位应当充分征求其他部门的意见。起草单位与其他部门有不同意见的,应当充分协商;经过充分协商不能取得一致意见的,起草单位应当在上报规章草案送审稿时说明情况和理由。

5. 报送审查

起草部门或单位应当将行政法规或规章草案送审稿及其说明、对送审稿主要问题的不同意见和其他有关材料按规定报送审查。送审稿的说明应当对立法的必要性,确立的主要制度或措施,各方面对送审稿主要问题的不同意见,征求有关机关、组织和公民意见的情况等作出说明。有关材料主要包括汇总的意见、听证会笔录、国内外的有关立法资料、调研报告、考察报告等。

报送审查的行政法规或规章送审稿,应当由起草单位主要负责人签署;几个起草部门或单位共同起草的送审稿,应当由该几个起草部门或单位主要负责人共同签署。

(三)审查

1. 负责审查的组织

报送国务院的行政法规送审稿由国务院法制机构负责审查,规章送审稿由法制机构负责统一审查。

2. 审查的内容

负责审查的法制机构主要从以下方面对行政法规或规章草案送审稿进行审查:(1)是否符合宪法、法律的规定和国家的方针政策,是否符合制定行政规范的法定原则;(2)是否与有关行政法规、规章协调、衔接;(3)是否正确处理有关机关、组织和公民对送审稿主要问题的意见;(4)是否符合立法技术要求;(5)其他需要审查的内容。

送审稿有下列情形之一的,负责审查的法制机构可以缓办或者退回起草部门或单位:(1)制定行政规范的基本条件尚不成熟的;(2)有关部门对送审稿规定的主要制度存在较大争议,起草部门未与有关部门协商的;(3)上报送审稿不符合规定的。

3. 审查的程序

(1)征求意见

法制机构应当将送审稿或者送审稿涉及的主要问题发送有关机关、组织和专家征求意见。重要的行政法规送审稿,经报国务院同意,向社会公布,征求意见。

(2) 实地调查

法制机构应当就送审稿涉及的主要问题,深入基层进行实地调查研究,听取基层有关机关、组织和公民的意见。

(3) 听取意见

送审稿涉及重大、疑难问题的,法制机构应当召开由有关单位、专家参加的座谈会、论证会,听取意见,研究论证。行政法规送审稿直接涉及公民、法人或者其他组织的切身利益的,国务院法制机构可以举行听证会,听取有关机关、组织和公民的意见。规章送审稿直接涉及公民、法人或者其他组织切身利益,有关机关、组织或者公民对其有重大意见分歧,起草单位在起草过程中未向社会公布,也未举行听证会的,法制机构经本部门或者本级人民政府批准,可以向社会公布,也可以举行听证会。

(4) 协调意见

有关机构或者部门对规章送审稿涉及的主要制度、主要措施、管理体制、权限分工等问题有不同意见的,法制机构应当进行协调,力求达成一致意见;不能达成一致意见的,应当将主要问题、有关机构或者部门的意见和法制机构的意见上报国务院、本部门或者本级人民政府决定。

(5) 草案的形成

法制机构应当认真研究各方面的意见,与起草部门或单位协商后,对送审稿进行修改,形成行政法规或规章的草案和对草案的说明。说明应当包括制定行政规范拟解决的主要问题、确立的主要措施以及与有关部门的协调情况等。

(6) 草案的提出

行政法规草案由国务院法制机构主要负责人提出提请国务院常务会议审议的建议;对调整范围单一、各方面意见一致或者依据法律制定的配套行政法规草案,可以采取传批方式,由国务院法制机构直接提请国务院审批。规章草案和说明由法制机构主要负责人签署,提出提请本部门或者本级人民政府有关会议审议的建议。法制机构起草或者组织起草的规章草案,由法制机构主要负责人签署,提出提请本部门或者本级人民政府有关会议审议的建议。

(四) 决定与公布

1. 决定的方式

由于制定行政规范涉及众多行政相对人的利益,需要慎重对待,决定时一般采用会议的方式,而非由个人决定。行政法规草案由国务院常务会议审议,或者由国务院审批;部门规章应当经部务会议或者委员会会议决定;地方政府规章应当经政府常务会议或者全体会议决定。审议规章草案时,由法制机构作说明,也可以由起草部门或单位作说明。

2. 签署公布命令

法制机构应当根据有关会议对行政法规或规章草案的审议意见,对草案进行修改,形成草案修改稿,报请总理、本部门首长或者省长、自治区主席、市长签署命令予以公布。

签署公布行政法规的国务院令载明该行政法规的施行日期。公布规章的命令应当载明该规章的制定机关、序号、规章名称、通过日期、施行日期、部门首长或者省长、自治区主席、市长署名以及公布日期。部门联合规章由联合制定的部门首长共同署名公布,使用主办机关的命令序号。行政法规或规章应当自公布之日起 30 日后施行；但是，涉及国家安全、外汇汇率、货币政策的确定以及公布后不立即施行将有碍行政法规或规章施行的，可以自公布之日起施行。

3. 刊登

行政法规签署公布后，及时在国务院公报和在全国范围内发行的报纸上刊登。国务院法制机构应当及时汇编出版行政法规的国家正式版本。部门规章签署公布后，部门公报或者国务院公报和全国范围内发行的有关报纸应当及时予以刊登。地方政府规章签署公布后，本级人民政府公报和本行政区域范围内发行的报纸应当及时刊登。在国务院公报、部门公报或者地方人民政府公报上刊登的行政法规或规章文本为标准文本。

（五）解释与备案

1. 行政规范的解释

行政规范需要解释的情形包括：第一，行政法规或规章的规定需要进一步明确具体含义；第二，制定行政规范之后出现了新的情况，需要明确适用行政法规或规章的依据。行政规范的解释由制定机关进行，因此，解释的效力等同于立法本身的效力。具体而言，行政法规或规章的解释由制定机关的法制机构参照送审稿审查程序提出意见，拟订解释草案，报请制定机关批准后公布。

2. 解释要求与审查意见

国务院各部门和省、自治区、直辖市人民政府可以向国务院提出行政法规解释要求。对属于行政工作中具体应用行政法规的问题，省、自治区、直辖市人民政府法制机构以及国务院有关部门法制机构请求国务院法制机构解释的，国务院法制机构可以研究答复；其中涉及重大问题的，由国务院法制机构提出意见，报国务院同意后答复。

国家机关、社会团体、企业事业组织、公民认为规章同法律、行政法规相抵触的，可以向国务院书面提出审查的建议，由国务院法制机构研究处理。国家机关、社会团体、企业事业组织、公民认为较大的市的人民政府规章同法律、行政法规相抵触或者违反其他上位法的规定的，也可以向本省、自治区人民政府书面提出审查的建议，由省、自治区人民政府法制机构研究处理。

3. 备案

行政法规或规章应当自公布之日起 30 日内，由法制机构依照《立法法》和《法规规章备案条例》的规定向有关机关备案。

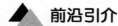

作为行政规范解释的"政策说明"和"法律答复"

在中国，这种以政策说明的方式解释行政法规范的现象也是较多的。一般认为政策说明系行政机关的主动行为，是行政机关关于如何执行好法律、法规作出的大纲式的陈述。如《国务院办公厅关于进一步规范招投标活动的若干意见》，是对 2000 年颁布的《招投标法》实施中的法律政策的说明。又如《四川省人民政府关于认真贯彻实施〈农村土地承包法〉的意见》是对《农村土地承包法》在四川实施的政策性建议,意在解释法律。

无论是政策说明还是法律答复,都表明了行政机关对于法律具体讲是法规范的一种理解,这对于行政机关执行好行政法规范、行政相对人设计好自己的行为具有极其重要的意义。行政机关在作出政策说明或法律答复时,除必经一定程序、在法定权限内解释相关的法律问题外,还应该像行政立法一样,注意对政策的考量,实现法政策学方法与法解释学方法的互动与融合。此外,由于法规范存在变动性,故而当法规范变动后,相应的政策说明、法律询问答复也应发生变化。而当法规范未变动,行政机关会有"解释反悔"情况的出现,这种情形下要求行政机关应及时告诉法律解释的变动情况,美国法院的建议是改变可以,但要采用类似通知—评论(notice and comment)的程序才能改变以前的解释,这实际上是对"解释反悔"的一个程序性限制,意在防止行政机关在法解释方面的反复无常,追求和实现公共政策的连续性和一贯性。(资料来源:高秦伟:《论其他形式的行政法规范解释》,载《当代法学》2008年第5期)

四、制定行政规范的监督

立法原本是属于立法机关的权力,但由于现代行政的复杂性以及立法机关本身条件的限制,因此,不得不将部分立法权授予行政机关。而制定行政规范涉及众多行政相对人的权益,为此,必须对行政机关制定行政规范的行为进行监督。从监督主体来看,制定行政规范监督的方式包括权力机关的监督、司法机关的监督和行政机关的监督。

(一)权力机关的监督

权力机关的监督是指由全国人大及其常委会、地方各级人大及其常委会对行政机关的立法活动进行的监督,其监督方式主要包括以下类型:

1. 撤销

《宪法》第67条第7项规定,全国人大常务委员会有权"撤销国务院制定的同宪法、法律相抵触的行政法规、决定和命令",《宪法》第104条规定地方各级人大常委会有权"撤销本级人民政府的不适当的决定和命令"。根据《立法法》第88条的规定,"全国人民代表大会常务委员会有权撤销同宪法和法律相抵触的行政法规","地方人民代表大会常务委员会有权撤销本级人民政府制定的不适当的规章"。可见,作为权力机关的各级人大及其常委会对于同级行政机关制定的行政法规、规章具有撤销权。但必须注意的是,全国人大常委会撤销国务院行政法规的标准是"违法",即与"宪法、法律相抵触",而地方各级人大常委会撤销本级人民政府规章的标准是"不适当",不适当的范围比较广泛,不仅包括违法,而且还包括不合理。

此外,根据《各级人民代表大会常务委员会监督法》第29条、第30条的规定,县级以上地方各级人民代表大会常务委员会审查、撤销下一级人民代表大会及其常务委员会作出的不适当的决议、决定和本级人民政府发布的不适当的决定、命令的程序,由省、自治区、直辖市的人民代表大会常务委员会参照《立法法》的有关规定,作出具体规定。县级以上地方各级人民代表大会常务委员会对下一级人民代表大会及其常务委员会作出的决议、决定和本级人民政府发布的决定、命令,经审查,认为有下列不适当的情形之一的,有权予以撤销:(1)超越法定权限,限制或者剥夺公民、法人和其他组织的合法权利,或者增加公民、法人和其他组织的义务的;(2)同法律、法规规定相抵触的;(3)有其他不适当的情形,应当予以撤销的。

2. 备案

根据《立法法》第 89 条的规定,行政法规、规章应当在公布后的 30 日内报有关机关备案。具体而言,行政法规报全国人民代表大会常务委员会备案;部门规章和地方政府规章报国务院备案;地方政府规章应当同时报本级人民代表大会常务委员会备案;较大的市的人民政府制定的规章应当同时报省、自治区的人民代表大会常务委员会和人民政府备案。备案仅仅要求制定行政规范的行政机关将行政法规或规章上报有关机关,有关机关通过备案可以发现制定行政规范中存在的问题,对此可以要求审查。可见,备案也是一种对制定行政规范的监督方式。

3. 行政法规的审查

根据《立法法》第 90 条、第 91 条的规定,中央军事委员会、最高人民法院、最高人民检察院和各省、自治区、直辖市的人民代表大会常务委员会认为行政法规同宪法或者法律相抵触的,可以向全国人民代表大会常务委员会书面提出进行审查的要求,由常务委员会工作机构分送有关的专门委员会进行审查、提出意见。其他国家机关和社会团体、企业事业组织以及公民认为行政规范同宪法或者法律相抵触的,可以向全国人民代表大会常务委员会书面提出进行审查的建议,由常务委员会工作机构进行研究,必要时,送有关的专门委员会进行审查、提出意见。

全国人民代表大会专门委员会在审查中认为行政法规同宪法或者法律相抵触的,可以向国务院提出书面审查意见;也可以由法律委员会与有关的专门委员会召开联合审查会议,要求国务院到会说明情况,再向国务院提出书面审查意见。国务院应当在 2 个月内研究提出是否修改的意见,并向全国人民代表大会法律委员会和有关的专门委员会反馈。全国人民代表大会法律委员会和有关的专门委员会审查认为行政法规同宪法或者法律相抵触而制定机关不予修改的,可以向委员长会议提出书面审查意见和予以撤销的议案,由委员长会议决定是否提请常务委员会会议审议决定。

4. 行政法规实施情况的检查

根据《各级人民代表大会常务委员会监督法》第 22 条的规定,各级人民代表大会常务委员会每年应当选择若干关系改革发展稳定大局和群众切身利益、社会普遍关注的重大问题,有计划地对有关法律、法规实施情况组织执法检查。执法检查结束后,执法检查组应当及时提出执法检查报告,由委员长会议或者主任会议决定提请常务委员会审议。执法检查报告包括下列内容:(1)对所检查的法律、法规实施情况进行评价,提出执法中存在的问题和改进执法工作的建议;(2)对有关法律、法规提出修改完善的建议。通过对法规实施情况的检查可以发现法规中存在的问题,促使法规的修改或废止。

除以上监督方式外,在《各级人民代表大会常务委员会监督法》所规定的听取和审议人民政府的专项工作报告、询问和质询、特定问题调查、撤职案的审议和决定等监督方式中,也有可能涉及对制定行政规范的监督。

（二）司法机关的监督

司法机关对制定行政规范的监督包括两种方式：

（1）以制定行政规范作为司法审查的对象，通过判决制定行政规范的合法性来监督制定行政规范。但我国《行政诉讼法》第12条将制定行政规范排除于行政诉讼的受案范围之外，因此，司法机关不得以制定行政规范作为司法审查的对象。

（2）以制定行政规范所制定的行政法规、规章作为行政诉讼的审判依据，在行政诉讼中监督作为依据的行政法规、规章的合法性。《行政诉讼法》第52条规定："人民法院审理行政案件，以法律和行政法规、地方性法规为依据。"可见，行政法规是行政诉讼的审批依据。此外，《行政诉讼法》第53条规定，人民法院审理行政案件，"参照"规章。"参照"与"依据"不同，意味着人民法院在审理行政案件时，对于是否适用规章具有选择权。对此，最高人民法院《若干解释》第62条第2款补充规定，人民法院审理行政案件，可以在裁判文书中引用合法有效的规章。可见，法院在审理行政案件中，必须附带地对适用于该案件的规章进行司法审查。但作为这种司法审查的结果，法院并不能直接撤销其认为违法的规章，而只能以在本案件中不适用违法的规章的方式表明法院的态度，而对合法有效的规章予以适用并作为判案依据。即法院对规章的合法性进行审查，选择适用合法的规章，但并不直接撤销违法的规章。可见，法院对于规章的监督是一种间接性的监督。

根据《立法法》第90条、《法规规章备案条例》第9条的规定，当法院在案件审理中发现行政法规违反宪法、法律，或规章违反宪法、法律、法规时，可以向全国人大常委会或国务院书面提出审查建议，全国人大常委会或国务院对此进行审查。

（三）行政机关的监督

除了权力机关、司法机关的监督外，在行政机关内部也进行上下级之间的监督。由于制定行政法规的国务院是最高国家行政机关，对于行政法规并不存在国务院的上级行政机关进行的监督。因此，行政机关的立法监督主要是指行政机关对于规章的监督。

1. 撤销或改变

从监督主体来看，主要包括两种方式：（1）国务院撤销或改变不适当的部门规章和地方政府规章；（2）省、自治区人民政府改变或撤销下一级人民政府制定的不适当规章。《立法法》第88条规定，"国务院有权改变或者撤销不适当的部门规章和地方政府规章"，"省、自治区的人民政府有权改变或者撤销下一级人民政府制定的不适当的规章"。值得注意的是，权力机关对于违法的制定行政规范可以撤销，在撤销之后，有时仍由原行政机关重新制定行政规范，权力机关不得直接改变违法的制定行政规范。而行政机关的监督包括对不适当的制定行政规范的撤销或改变，由于监督主体也是行政机关，与被监督的行政机关同属行政系统，具体行政业务的专业性、技术性等要求，因此，上级行政机关对于下级行政机关不适当的制定行政规范不仅可以撤销，要求原行政机关重新制定行政规范，而且也可以直接予以改变。

2. 备案

《法规规章备案条例》对于规章的备案进行了详细的规定，涉及备案报送的机关、备案的负责机构、违反备案规定的法律后果等方面。

(1) 备案报送机关

规章公布后,应当自公布之日起30日内报送有关机关备案,具体而言,部门规章由国务院部门报国务院备案,两个或者两个以上部门联合制定的规章,由主办的部门报国务院备案;省、自治区、直辖市人民政府规章由省、自治区、直辖市人民政府报国务院备案;较大的市的人民政府规章由较大的市的人民政府报国务院备案,同时报省、自治区人民政府备案。此外,规章的制定机关应当于每年1月底前将上一年所制定的规章目录报国务院法制机构。对于不报送规章备案或者不按时报送规章备案的,由国务院法制机构通知制定机关,限期报送;逾期仍不报送的,给予通报,并责令限期改正。

(2) 备案负责机构

国务院部门法制机构,省、自治区、直辖市人民政府和较大的市的人民政府法制机构,具体负责本部门、本地方的规章备案工作。

(3) 违反备案规定的法律后果

对于不报送规章备案或者不按时报送规章备案的,由国务院法制机构通知制定机关,限期报送;逾期仍不报送的,给予通报,并责令限期改正。此外,根据《规章制定程序条例》第2条第2款、第8条第2款的规定,违反《规章制定程序条例》规定制定的规章、应当由国务院有关部门联合制定但却由国务院有关部门单独制定的规章无效,对于这些规章,国务院法制机构不予备案,并通知制定机关。

对于制定行政规范机关报送备案的规章,有关机关应当对报送备案的规章进行审查。可见,备案是审查的前提之一,因此学界一般将备案审查合二为一,一起作为对制定行政规范的一种监督方式。其实,备案具有一定的独立性,备案本身也是一种监督方式,而且,备案并非提起审查的唯一方式,有关机关或人员认为规章违法时也可以提出审查意见。因此,此处分别将备案与审查作为制定行政规范的监督方式,但也应当注意到两者的联系。

3. 审查

《法规规章备案条例》对于规章的审查进行了详细的规定,涉及审查建议的提出、审查事项、审查程序、审查结果等方面。

(1) 审查建议的提出

国家机关、社会团体、企事业组织、公民认为行政规章同法律、行政法规相抵触的,可以向国务院书面提出审查建议,由国务院法制机构研究并提出处理意见,按规定程序处理。国家机关、社会团体、企业事业组织、公民认为较大的市的人民政府规章同法律、行政法规相抵触或者违反其他上位法的规定的,也可以向本省、自治区人民政府书面提出审查的建议,由省、自治区人民政府法制机构研究处理。

(2) 审查事项

国务院法制机构对报送国务院备案的法规、规章,就下列事项进行审查:第一,是否超越权限;第二,下位法是否违反上位法的规定;第三,地方性法规与部门规章之间或者不同规章之间对同一事项的规定不一致,是否应当改变或者撤销一方的或者双方的规定;第四,规章的规定是否适当;第五,是否违背法定程序。

(3) 审查程序

国务院法制机构审查法规、规章时,认为需要有关的国务院部门或者地方人民政府提出意见的,有关的机关应当在规定期限内回复;认为需要法规、规章的制定机关说明有关情况的,有关的制定机关应当在规定期限内予以说明。

（4）审查结果

审查结果可以分为:第一,地方性法规与部门规章之间对同一事项规定不一致的,由国务院法制机构提出处理意见,上报国务院,国务院认为应当适用地方性法规的,应当决定在该地方适用地方性法规的规定;认为应当适用部门规章的,应当提请全国人民代表大会常务委员会裁决。第二,经审查,规章超越权限,违反法律、行政法规的规定,或者其规定不适当的,由国务院法制机构建议制定机关自行纠正;或者由国务院法制机构提出处理意见报国务院决定,并通知制定机关。第三,部门规章之间、部门规章与地方政府规章之间对同一事项的规定不一致的,由国务院法制机构进行协调;经协调不能取得一致意见的,由国务院法制机构提出处理意见报国务院决定,并通知制定机关。该决定可以作为最高人民法院依照《行政诉讼法》第53条送请国务院解释或者裁决的答复。第四,对违反《规章制定程序条例》规定制定的规章、应当联合国务院两个以上部门制定而由国务院有关部门单独制定的规章,属于无效规章,国务院法制机构不予备案,并通知制定机关。第五,规章在制定技术上存在问题的,国务院法制机构可以向制定机关提出处理意见,由制定机关自行处理。规章的制定机关应当自接到通知之日起30日内,将处理情况报国务院法制机构。

第二节 行政事实行为

一、行政事实行为的概念与构成要素

在现实行政中,行政机关为了实现特定的行政目的作出各种类型的行为,其中,有的行为依据行政机关的意思直接发生特定的法效力,被认为是行政机关的法律行为(行政决定)。如行政机关对于行政相对人提出的营业许可申请作出许可决定时,行政相对人就由此获得了从事特定行业的权利。可见,这一许可行为的作出产生了特定的法效力,属于行政法上的法律行为。但也有部分行政行为不发生法效力,如信息公告、发布警报、捕杀野犬、建设街道、铺设绿地等,没有直接影响行政相对人的权利义务,这些行政行为由于不具有法效力而被称为行政事实行为。

（一）行政事实行为的概念

在民法学中,事实行为作为与法律行为相对应的法学术语,最初将该概念导入到行政法学的是德国魏玛共和国时代的著名法学家耶律纳克。耶律纳克在其1928年出版的《德国行政法》中,将行政首先分为公行政与国库行政,再将公行政分为高权行政与单纯高权行政。其中的"单纯高权行政"就是后来的行政事实行为,它逐渐成为德国行政法学上的一个基本范畴。[①] 该概念被法国、日本等大陆法系国家以及我国台湾地区所继受,而在我国大陆地区,该概念最早出现于1983年出版的《行政法概要》之中,被认为是"不直接产生法律后果的行政行为"。[②] 但时至今日,在行政法学界对于行政事实行为的概念还存在着争议。如有的学

---

① 参见翁岳生主编:《行政法》,台湾翰芦出版有限责任公司2000年版,第748—749页。
② 王岷灿主编:《行政法概要》,法律出版社1983年版,第97页。

者认为"事实行为一词是一个内涵很不确切的词语",因此主张废弃行政事实行为概念。① 有的学者认为"行政事实行为本身就是一个内涵极不确定、外延又具有开放性特征的概念,试图对行政事实行为概念作出一劳永逸的界定,既不可能,也无必要"。② 当然,也有学者试图对行政事实行为的概念进行明确界定,但各个学者给出的定义并不统一。

虽然行政法学界对行政事实行为的定义不统一,但一般认为行政事实行为是与行政法律行为相对的行为,行政事实行为的结果并不涉及法律关系,也就是不为了产生、变更或消灭一个行政法上的权利或者义务关系,而仅仅是产生了"事实效果"。③ 从这种意义上来看,行政事实行为是指行政机关不以产生法效力(设定、变更、消灭或确认行政法上的权利义务关系)为目的,而以产生事实效果(影响或改变事实状态)为目的,基于行政职权作出的一种行政行为。

知识链接

比较法上的"行政事实行为"

通过考察国外行政法中有关行政事实行为的理论及实务,我们试图归纳以下几点具有启发性的思路:

(一)在大陆法系行政法中,事实行为并非一个严格的法律概念,而是一个学理概念。它的产生并且日益受到理论界的重视,是以下主客观因素共同作用的结果:(1)国家职能扩张,行政权作用方式的多样化;(2)公权力与个体权利关系的不断调整;(3)依法行政法治理念之扩张。正是由于上述三方面因素促成19世纪末至20世纪30-40年代事实行为成为大陆法系国家学者研究的聚焦点。

(二)在大陆法系国家,事实行为的命运均经历了由早期理论认为其不以产生法律效果为目的,属于"法外之行政"概念的争论,转向通过修正传统行政处分理论并修改宪法、创立司法判例等多种变通救济途径的方式,而将其纳入诉讼程序,为相对方提供法律上的救济途径。而一些单纯的事实之叙述及理由之证明则更多地被纳入行政学的研究。对行政事实行为研究的角度,也由原来注重范畴构建转向注重对个体权利的有效保护。

(三)在英美法系国家,由于行政法在传统上是以司法审查为中心而发展起来的,所以对行政行为相关概念更注重操作层面的分析。对于行政事实行为,乃至所有行政行为,行政法所关注的核心都是一个非常具体和具有操作性的问题,即:这种行为是否对个体权利产生影响,而并不区分这种影响是"法律上的"还是"事实上的"。(资料来源:王锡锌、邓淑珠:《行政事实行为再认识》,载《行政法学研究》2001年第3期)

---

① 参见方世荣:《论具体行政行为》,武汉大学出版社1996年版,第146页。
② 王锡锌:《行政事实行为再认识》,载《行政法学研究》2001年第3期。
③ 陈新民:《中国行政法原理》,中国政法大学出版社2002年版,第231页。

（二）行政事实行为的构成要素

1. 主体要素

行政事实行为由行政机关作出。行政事实行为虽然不具有直接的法效力,但仍然是行政机关为了实现行政目的而作出的行政行为中的一种类型,必须由行政机关或法律、法规授权的组织实施。

2. 职权要素

行政事实行为是行政机关基于行政职权作出的行为,在没有法定职权或者法律、法规授权的情况下,行政机关不得作出行政事实行为。从这种意义上来看,行政事实行为也必须遵守行政法上的行政职权法定原则。

3. 目的要素

行政事实行为不以产生法效力,即设定、变更、消灭或确认行政法上的权利义务关系为目的,而以产生事实效果,即影响或改变事实状态为目的,因此,行政事实行为虽然不能直接影响行政法律关系中行政相对人的权利义务,但通过形成一定的事实状态或者改变既成的事实状态,也有可能间接地影响行政相对人的权利义务。另外,行政相对人的合法权益也有可能会因为行政事实行为的作出而受到损害,引起行政赔偿。

4. 行为要素

行政事实行为虽然在有无法效果方面有别于许可、处罚等法律行为,但也同样是行政行为的一种类型。而且,在现实行政过程中,行政事实行为具有多样性的特征,具体表现为多种多样的行为样式。

二、与行政法律行为的联系和区别

行政事实行为是与行政法律行为相对应的概念,都是行政机关为实现特定行政目的而作出的行政行为,但两者之间也存在着明显的区别。

（一）与行政法律行为的联系

1. 两者同属于行政机关的行为

两者都具有行政机关性与行政职权性的要素和特征,都必须由行政机关依据其行政职权作出。

2. 两者目标一致

在现实行政过程中,行政机关为了实现特定的行政目的,往往一同或先后作出行政事实行为与行政法律行为。但无论是何种行为,都是为了实现特定行政目的而实施的。

3. 两者有时相互作用、互为因果

在同一行政过程中的行政事实行为与行政法律行为具有密切关联,从时间序列上来看呈现先后的相继关系,而从实质的作用来看,两者有时相互作用、互为因果。如行政事实行为有时成为行政法律行为的辅助性行为,为行政法律行为的作出提供一定的资料或技术性帮助;有的行政事实行为被作为行政法律行为的前置或后置程序而作出,成为行政法律行为的前置程序或衍生行为。如行政机关在作出行政处罚这一法律行为之前,必须对行政相对人的违法状况进行调查并搜集其违法证据等,这些行为本身并不产生法效力,属于行政事实行为,但这些行为是作出行政处罚这一法律行为的必要的前置程序,为行政机关作出正确的行政处罚决定提供资料或技术上的帮助。当行政机关针对行政相对人作出行政拘留决定这一法律行为后,行政机关必须根据该决定对行政相对人进行拘留、关押,该关押行为本身并不产生法效力,是行政拘留决定的后续行为,属于行政事实行为。可见,行政事实行为与同一行政过程中的行政法律行为具有密切的关联。

(二) 与行政法律行为的区别

1. 两种行为的目的不同

行政法律行为以产生特定的法效力为目的,直接设定、变更、消灭或确认行政法上的权利义务关系;而行政事实行为则以产生事实效果(影响或改变事实状态)为目的,并不直接设定、变更、消灭或确认行政法上的权利义务关系。

2. 两种行为的形态不同

行政法律行为被视为行政法上较为重要和典型的行为,从形态上来看,行政法律行为主要表现为行政许可、行政处罚、行政征收、行政征用等形态。但行政事实行为的种类繁多,具有多样化的特征。

3. 两种行为的效力不同

行政法律行为一经作出就产生特定的法效力,不仅直接设定、变更、消灭或确认特定的行政法上的权利义务关系,而且该行为本身还具有法律上的存续力、拘束力、执行力等。但行政事实行为并不完全具备这些法效力。

4. 两种行为的程序不同

由于行政法律行为直接影响行政相对人的权益,因此在行政法学上较为受重视,国家也往往制定专门的法律对各种类型的行政法律行为进行规范和控制,其中都明确规定了各种行政法律行为的法定程序。而由于行政事实行为类型多样,而且各种事实行为之间存在着较大的差异,因此在法律上对于其法定程序的规定较少。从表现形式来看,行政事实行为往往直接表现为行政机关的动作,通过这种动作对外界产生直接作用,引起特定的人或物产生一定的物理或生理变化,对此设定详尽的法定程序较为困难。

5. 两种行为的救济方式不同

由于行政法律行为直接影响行政相对人的权利和义务,因此法律规定了较为完善的行政复议、行政诉讼等救济程序。而行政事实行为由于不具有法律效力,虽然也有可能间接地对行政相对人造成损害,但一般被排除于行政诉讼的受案范围之外,而通过事后的行政赔偿或补偿的方式进行救济。

三、行政事实行为的种类

在现实行政过程中,行政事实行为形态多样,对此,学者们根据不同的标准对其进行了不同的分类。如有学者将行政事实行为分为日常实行活动的事实行为、执行的事实行为、行政机关无拘束力的提供咨询或通报的事实行为及行政上的非正式行政行为[①];也有学者将行

---

① 翁岳生编:《行政法》(下册),中国法制出版社 2009 年版,第 890 页。

政事实行为分为执行性行为、通知性行为、协商性行为和其他建设、维持行为[①]等。本书认为,行政事实行为主要包括以下五种:

（一）执行性行政事实行为

执行性行政事实行为是指行政机关为了实现一个已经作出的行政法律行为的内容而实施的行为。如行政机关在对行政相对人作出没收非法财物的决定后,收缴并销售这些非法财物的行为;行政机关针对行政相对人作出行政拘留决定后,对行政相对人进行拘留、关押的行为;行政机关对行政相对人的见义勇为行为作出奖励决定后,向行政相对人支付奖励金的行为等。这些行为都是为了实现没收非法财物决定或行政拘留决定等法律行为而实施的,因此属于执行性行政事实行为。从这种意义上来说,这种行为并不具有独立的法律地位,是辅助执行一个已经成立的行政法律行为的补充性行为,因此,它又被称为"补充性行政事实行为"。

（二）即时性行政事实行为

即时性行政事实行为是指在行政过程中,行政机关为确保正常的社会秩序或者特定行政目的的实现而临时采取的一种紧急性的行为。如警察发现有猛兽闯入闹市区后为确保公众的安全对该猛兽进行捕杀的行为;路政部门发现横倒在道路上的树枝或抛锚的车辆影响公共交通安全时清理该树枝或拖走该车辆的行为;消防部门发现火灾后实施灭火救人的行为;卫生防疫部门发现养鸡场爆发禽流感时捕杀家禽并进行消毒处理的行为等。可见,即时性行政事实行为一般具有临时性、紧急性的特征。

（三）建议性行政事实行为

建议性行政事实行为是指行政机关为了使行政相对人获得更大的利益或者避免行政相对人的合法权益受到不必要的损失,根据自己所掌握的信息资料作出的判断,而向行政相对人提出的可以实施或不要实施某种行为的忠告、建议等行为。根据行为具体的目的或功能的不同,又可以细分为规制性、调整性、促进性行政事实行为三类。

1. 规制性行政事实行为

它是指行政机关为了维护和增进公共利益,通过建议、劝告、警告等方式对行政相对人妨碍社会秩序、危害公共利益的行为加以预防、规范、制约的行为。例如行政机关对于建筑标准、消防通道的设置和消防器材的配备、交通安全的规则等方面进行的建议。

2. 调整性行政事实行为

它是指行政机关对于行政相对人之间发生的利害冲突进行调停,以求达成妥协的建议性行为,是调整相对立的行政相对人之间的利害关系的行为,如在交通事故发生后交警部门对事故双方的赔偿责任所进行的调解等。

3. 促进性行政事实行为

它是指行政机关为了帮助、促进、保护行政相对人利益而作出的建议性行为,如为了执行产业政策而建议企业进行产业升级,为了农民增收建议农民种植新品种农作物等行为。

---

① 陈新民:《中国行政法原理》,中国政法大学出版社2002年版,第233—234页。

（四）信息性行政事实行为

信息性行政事实行为是指行政机关为了收集特定信息而进行的调查、检查等行为或者将已经掌握的资讯或信息向社会公布或告知行政相对人的行为，包括信息的收集、加工、利用、管理、公开等活动。根据各活动阶段的不同，可以大致将其划分为获得信息的行政事实行为和公开信息的行政事实行为两个阶段。

1. 获得信息的行政事实行为

它是指行政机关为了收集特定信息而进行的调查、检查以及对所收集的各种信息材料进行保管处理等行为。其中，行政调查、行政检查都是指行政机关为了达成特定行政目的而收集必要信息的活动。有的行政调查、行政检查是行政机关单纯为了掌握行政相对人是否违法或某种事实状态的信息，如人口普查、某部法律实施状况的检查等；但有的行政调查、行政检查却是为了正确地实施特定行政法律行为而作出的，是行政法律行为中的组成部分，例如针对行政相对人的营业许可申请，行政机关对其是否达到经营特定行业所应当具备的法定条件或许可标准进行调查，在调查结果的基础上作出是否许可的决定。此外，获得信息的行政事实行为还包括对于通过调查或检查等途径所获得的信息进行加工、利用、管理的行为，例如行政机关对于各种证据材料的保存和处置，对于有关档案的收发和管理等。

2. 公开信息的行政事实行为

它是指行政机关将已经掌握的资讯或信息向社会公布或告知行政相对人的行为，是为了保障行政相对人的知情权而实施的行为。根据具体公开方式的不同，公开信息的行政事实行为又可以分为以下几种类型：

（1）通知性行政事实行为。它是指行政机关主动或根据行政相对人的申请，向行政相对人公开或以其他方式使其知晓行政机关制定的文件资料、掌握的信息情报或作出的行政决定的内容的行为。如行政机关在制定规范性文件后在政府公报上公布的行为、气象部门发布的天气预报、行政机关在作出处罚决定前将准备作出的处罚决定内容告知行政相对人并听取行政相对人意见的行为等。这些行为的目的是为了公众或行政相对人知晓与行政相关的信息，其行为本身并不直接设立或影响行政相对人的权利义务，因此属于行政事实行为的范畴。

（2）公共警告性行政事实行为。它是指行政机关对社会公众公开发布的、提示人们注意特定的事项或其他现象的通知，以此来指导人们进行一定的行为或不进行一定的行为。例如，地震监测部门发布的地震或海啸预测通知，气象部门发布的台风、暴雨、暴雪等天气警报，公安部门发布的特定地域的安全警报等。与通知性行政事实行为相比较，公共警告性行政事实行为包含有行政机关的倾向性建议。如气象部门发布的天气预报仅仅告知行政相对人未来几天的天气状况，至于如何应对完全由行政相对人自己决定，因此属于纯粹通知性的事实行为；而气象部门发布的台风、暴雨、暴雪等天气警报，除了告知行政相对人未来的天气变化信息之外，还包含有要求行政相对人采取特定应对措施的强烈建议，因此与纯粹通知性事实行为不同。但由于该警告行为也仅仅是建议，所以对行政相对人而言并不具有强制性，在这点上与行政法律行为不同。

（3）咨询性行政事实行为。它是指行政机关为行政相对人提供信息、知识和技术等咨询服务的行为。例如，法制部门为行政相对人法律咨询服务的行为；行政机关为行政相对人提供有关审批事项、收费标准、办事程序等信息咨询的行为;农业部门为农民种植农作物而提供技术性咨询的行为等。这些行为的目的是为行政相对人提供信息上、技术上的服务,其本身不具有法律效果,属于行政事实行为的范畴。

(五)服务性行政事实行为

服务性行政事实行为是指行政机关以服务行政为理念,依据法定的公共服务职能建设、维护公共设施以及为社会或者特定的行政相对人提供特定服务的行为,主要包括公共设施的建设与维护以及公共服务行为。公共设施的建设与维护包括建设并维护道路、桥梁、灯塔、路灯、公立学校、公立医院、福利院、博物馆等行为;公共服务行为是指行政机关为社会或者特定的行政相对人提供与其职权相关的服务的行为,例如公安部门保护行政相对人人身安全的行为、消防部门的救火行为、路政部门清理路障的行为、卫生防疫部门对于传染病发生区域进行消毒的行为等。

四、行政事实行为的违法与救济

(一)行政事实行为的合法要件

行政机关为了有效进行行政事实行为,必须具备能够进行该行为的资格或权限(关于主体的要件),行为的内容必须合法(关于内容的要件),并符合各自的法定程序或形式(关于程序或形式的要件)。可见,在合法要件方面,行政事实行为与行政法律行为一样,都包含有主体、内容、形式、程序等要件。但由于行政事实行为并不具有法效力,不直接涉及行政相对人的权利义务,因此,法律对其的规定并不十分严格,存在着较大的所谓的"法外空间"。但在法律已经作出规定的情况下,行政事实行为也必须符合法定的主体、内容、形式、程序等要件。如果采取事实行为的行政机关没有管辖权或者侵犯了公民权(如财产权),也构成违法。① 此外,对于行政事实行为的合法性判断,在法律没有进行规范的情况下,则可以适用一般法原则或类推适用其他规范,特别是适用正当程序等行政程序法的有关原则。②

(二)行政事实行为的违法后果

行政法律规范对行政法律行为的主体、内容、程序、形式等要件作出明确规定,当行政机关的行政行为违反法定要件时,被认为该行政行为存在违法。而根据违法程度的不同,通常可以区分为无效、可撤销以及轻微违法行为三种类型。对于其中无效、可撤销的行政法律行为,可以通过行政诉讼、行政复议等途径进行撤销或者宣告无效,以此来确认行为违法时对法效力的影响,即违法的行政行为确定的行政法上的权利义务关系也随之被撤销。

而行政事实行为由于不具有法效力,因此,撤销或者宣告无效对于行政事实行为并不适用。但行政事实行为产生了事实效果,影响或改变了事实状态,因此,当行政事实行为违法时,对于事实行为所造成的不利结果,人民没有必要容忍,对此当事人具有结果除去请求

---

① 〔德〕毛雷尔:《行政法学总论》,高家伟译,法律出版社2000年版,第392页。
② 参见翁岳生编:《行政法》(下册),中国法制出版社2009年版,第892—983页。

权①,而行政机关也有义务去除违法事实行为造成的现状,并且在可能的和可预期的范围之内恢复合法的状态。因违法的事实行为而遭受损害的公民享有相应的清除请求权和恢复原状请求权。除此之外,还可能产生损害赔偿请求权和补偿请求权。②

(三) 行政事实行为的法律救济

由于行政事实行为并不具有法律效力,因此在传统行政法学上往往将其作为"法外空间"而排除于法律救济的范围之外。行政事实行为虽然对外不具有法律效力,不直接产生法律效果,但事实上也会对行政相对人的权利和义务造成一定影响。因此,如何通过行政法上的途径对事实行为造成的损害进行救济,在现代行政法学上逐渐受到重视。

《国家赔偿法》第3条和第4条列举了"以殴打等暴力行为或者唆使他人以殴打等暴力行为造成公民身体伤害或者死亡"、"违法使用武器、警械造成公民身体伤害或者死亡"等事实行为,并规定对于造成公民身体伤害或者死亡、造成财产损害的"其他违法行为",受害人有取得行政赔偿的权利。可见,《国家赔偿法》将行政事实行为纳入了其受案范围。但从第3条和第4条有关国家赔偿的范围的规定来看,国家赔偿目前还仅限于对公民人身权或财产权损害的赔偿,对于行政事实行为对行政相对人人身权、财产权以外的其他权利如受教育权、政治参与权、通讯自由权等造成的损害,就被排除于国家赔偿的范围之外。此外,从赔偿程序来看,最高人民法院《关于审理行政赔偿案件若干问题的规定》第34条规定:"人民法院对赔偿请求人未经确认程序而直接提起行政赔偿诉讼的案件,在判决时应当对赔偿义务机关致害行为是否违法予以确认。"可见,对于行政事实行为的违法性可以在行政赔偿诉讼中予以确认。今后,应当进一步拓展国家赔偿的范围,将对行政相对人的人身权、财产权以外的其他权利造成损害的行政事实行为也纳入国家赔偿的范围,并允许通过直接提起行政诉讼的方式确认行政事实行为的违法性。

除了上述的行政复议、行政救济、国家赔偿等救济途径外,行政事实行为如果造成公民人身、财产重大损害,相关的行政人员构成犯罪的,应当承担相应的刑事责任。

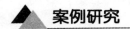 案例研究

本案被告答辩的观点成立吗

2010年3月10日,下城区执法局向车某某作出杭下城执限拆决字[2010]第39010号《限期拆除违法建筑决定书》,认为车某某"在下城区＊＊＊搭建的建筑物,面积为16.8平方米,为砖混结构,未取得建设工程规划许可证建设的行为违反了《中华人民共和国城乡规划法》第40条第1款的规定",依照法律规定,责令车某某在接到决定书之日起10日内自行拆除位于＊＊＊的违法建筑物。2010年10月4日,下城区执法局向车某某作出下城法拆通字[2010]第310023号《强制拆除违法建筑通知书》,决定对车某某位于杭州市下城区＊＊＊的违法建筑物于2010年10月10日起实施强制拆除。2010年10月21日,下城区执法局对

---

① 参见翁岳生编:《行政法》(下册),中国法制出版社2009年版,第893页。
② 〔德〕毛雷尔:《行政法学总论》,高家伟译,法律出版社2000年版,第392页。

车某某位于杭州市下城区＊＊＊的建筑物实施强制拆除。2010年10月25日,车某某就下城区执法局对其房屋实施强制拆除的行为,向下城区政府申请行政复议。2010年10月29日,下城区政府受理了车某某的行政复议申请。被告答辩称:下城区执法局执行《强制拆除违法建筑通知书》,强制拆除车某某位于＊＊＊16.8平方米的违法建筑物的行为,从性质上属行政机关作出的行政事实行为。(资料来源:浙江省杭州市中级人民法院《行政判决书》[2011]浙杭行初字第26号)

第三节 行政合同

一、行政合同的概念与类型

行政机关在行政管理过程中一般行使行政职权作出具有特殊法效力的行政行为,以确保行政目的的实现。这种行政行为的作出无需行政相对人的同意,具有单方性、强制性等特点。但有时行政机关也可以采用合同的形式实现行政目的,这种行政合同是在与行政相对人协商一致的情况下签订的协议,不同于行政行为的单方性、强制性,但与民法中的合同也存在着差异。

(一)行政合同的概念

行政合同又被称为行政契约、公法契约,是指行政机关为了实现特定行政目的,就特定事项得到行政相对人的同意而签订的协议。该定义包含以下含义:(1)行政合同的一方当事人是行政机关,另一方当事人可以是行政相对人或行政机关;(2)行政合同的目的是为了实现特定行政目的,是行政机关进行行政管理的一种手段;(3)行政合同必须得到行政相对人的同意才可成立,这与行政行为的单方性不同;(4)从行政合同中双方当事人的权利义务来看,行政机关具有优先权,即行政机关在合同的履行、变更、解除等方面具有优先权利,可以单方面变更或解除合同;(5)行政合同是法律行为,但由于是双方性法律行为,不属于具体行政行为。

值得注意的是,除行政合同外,行政机关还可以以民事主体的身份与行政相对人签订民事合同,如公安机关在对自己的办公楼进行装修时,可以与装修公司签订装修合同,该合同属于民事合同。而在行政合同中,行政机关是以行政机关的身份签订的合同,签订合同是行政机关行使行政职权的结果,与民事合同具有本质上的不同。

行政合同的功能

行政合同所具有的功能可以概括为十个方面:(1)设权功能。即通过行政合同创设当事人的权利义务。法谚曰:"契约即当事人之间的法律。"法律具有设权功能,行政合同在一定限度内有与之相同的功能。(2)保障功能。即通过行政合同保护当事人及其他利害关系人权益。行政合同为当事人参与作出行政行为提供了机会,当行政相对人参与作出最终决定的过程受到保障时,其结果自然比未经行政相对人参与的行政行为更能保护其权益。(3)控权功能。即通过行政合同控制政府权力的设定、运行及扩张。控权功能主要体现在行政合同要求政府平等对待相对人、尊重相对人意志、重视相对人的权利,要求政府有信用和责任感。(4)调和功能。即通过行政合同调和当事人之间的冲突。行政合同的内容较具弹性,更容易取得各方当事人需求的最大公约数,进而能调和利益冲突,降低达成行政目的的成本。(5)组织功能。即通过行政合同形成行政机构之间的协调关系。被称为当代政府主要构筑物的合同,是联系传统政府框架中互不协调部分的主要介质和填补国家机构漏洞的重要成分。(6)替补功能。即通过行政合同替代或补充行政决定。由于行政合同也是达成行政目的的手段之一,行政主体在履行公务时多了一个可供选择的利器。(7)规范功能。即通过约定了当事人权利义务的行政合同的法律效力规制和约束当事人的行为。行政合同是当事人之间的"法律",意味着行政合同具有相当于法律的效力,用以羁束和规范当事人的行为。(8)动员功能。即通过行政合同动员私人以其力量和资源协同行政主体达成行政目的。该功能使行政主体可以利用私人的力量和资源,而非仅仅其自身的力量和资源为大众创造福利。(9)参与功能。即通过行政合同使行政相对人和其他利害关系人得以参与公共事务。行政合同的订立、履行需要行政主体与行政相对人以"等值"的意思表示就有关公务进行协商、谈判、订立方案、执行,这个互动的过程,也即行政相对人参与从事公务的过程。(10)效率功能。即通过行政合同提高政府活动的效率。一般认为行政决定的优势是效率,行政合同的优势是民主。实际上,行政合同在订立环节的优势是民主,在执行环节的优势是效率,总体上兼具民主与效率两种价值。(资料来源:江必新:《中国行政合同法律制度:体系、内容及其构建》,载《中外法学》2012年第6期)

(二) 行政合同的类型

1. 国有土地使用权出让合同

国有土地使用权出让合同是指由行政机关代表国家与行政相对人签订的将国有土地使用权在一定期限内出让给行政相对人,行政相对人支付出让金并按合同的规定开发利用国有土地的合同。在该合同中,行政机关代表国家将国有土地出让给行政相对人,并监督相对人对国有土地的开发。行政相对人获得利用国有土地的权利,但同时也负有在一定期限内按照规定用途进行开发的义务。

2. 国有企业承包合同

国有企业承包合同是指由行政机关作为发包方,将特定国有企业按照一定方式承包给某企业经营而签订的承包经营合同。与一般的承包经营合同不同,国有企业承包合同是行政机关为了提高经济效益、促进经济发展而签订的合同,在合同的履行中行政机关具有优先权。

3. 国家科研合同

国家科研合同是行政机关为了完成国家确立的科研项目,与科研单位或个人签订的由国家向其提供条件与资助,科研单位或个人在一定期限内上交科研成果的协议。与《合同法》所规定的技术开发、技术转让等民事合同不同,国家科研合同以公共利益为目的,其中的科研项目与公共利益具有重大关系,直接关系到国计民生,因此有必要由行政机关来组织完成。

4. 政府特许经营合同

政府特许经营合同是指行政机关对于涉及公共利益的特定事业,与有关企业签订准予其从事经营的协议。由于特定事业与公共利益相关,而行政机关又不适合自己直接经营管理,因此特许相关企业经营,但对于经营的方式、价格等进行一定的限制。例如为了保障对居民的供水而与供水公司签订的供水合同。

5. 国家征购合同

国家征购合同是指行政机关基于公共利益的需要,与行政相对人签订的征购粮食等产品或物资的协议。国家征购合同与行政机关购买办公用品的合同不同,直接涉及国防、经济安全等公共利益,因此国家的征购具有一定的强制性,但双方在征购的价格、方式等方面可以进行协商。例如,国家对粮食或军用物资的征购等。

6. 公共工程承包合同

公共工程承包合同是行政机关为了公共利益的需要与建筑企业签订的建设某项公共设施的协议。与行政机关以民事主体身份与建筑公司签订建造办公大楼的民事合同不同,公共工程承包合同的标的是公共设施的建造,涉及公共利益,因此属于行政合同,例如修建供水、供电、供气工程等的工程合同。

7. 行政委托合同

行政委托合同是指行政机关依法将自己的行政职权委托给另一行政机关或行政相对人行使而与另一行政机关或行政相对人签订的合同。

8. 计划生育合同

计划生育合同是指作为行政机关的计划生育管理机关与育龄夫妇之间,就育龄夫妇按国家计划生育指标生育,国家为其提供一定优惠所达成的协议。合同中要求育龄夫妇遵守计划生育指标进行生育,而对其提供一定的优惠。

以上是较为常见的行政合同类型,此外,行政合同还被运用于环境保护、安全生产、人事任用以及行政机关的内部管理等方面。随着行政体制改革的深化,行政合同非强制性的管理方式在现代行政中的应用将会越来越广泛。

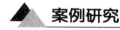
案例研究

本案中"定向合同书"是行政合同吗

原告关放、黄晓盈、刘莲红、刘志龙等71人,因符合"海南省中等学校招生工作规定"的报考条件,于1997年6月分别考取了文昌外国语学校、琼台师范学校、琼海师范学校、临高师范学校、民族师范学校、东方师范学校,并与被告临高县人民政府的下属机构临高县中招办签订了"定向合同书"。该合同约定了考生属定向招生,定向分配。2000年7月,原告分别从六所中等师范学校毕业后,持海南省教育厅出具的"师范专业毕业生就业报到证"到被告临高县教育与科学技术局报到,但被告没有对原告的就业给予安置,此后,原告多次向被告提出分配工作的要求,两被告均以机构超编和财政困难为由,一直不予解决,也不给予答复。原告认为,被告的行为属不履行法定职责的行为,即于2002年7月24日向海南省海南中级人民法院提起行政诉讼。(资料来源:海南省海南中级人民法院《行政判决书》[2002]海南行初字第37号)

二、行政合同的性质

从"行政合同"的字面意思来理解,"行政"表明了其"行政性",而"合同"原本是民法中的概念,是指双方协商一致而签订的协议,表明其"合同性",可见,行政合同兼具行政性与合同性。但行政合同与正式的行政行为或民事合同并不相同,是处于行政行为与民事合同之间的一种行政行为的形式。

(一) 行政性

从行政合同与民事合同的区别来看,行政合同的行政性主要表现在以下方面:(1) 行政合同中至少有一方当事人是行政机关,该行政机关并非以民事主体身份签订行政合同,而是以行政机关身份行使行政职权签订行政合同,而民事合同中不存在行政机关,行政机关签订民事合同应当以民事主体身份进行;(2) 行政合同的目的是为了实现特定行政目的,基于行政管理的需要而签订,而民事合同的目的是为了实现交易等民事目的;(3) 行政合同的内容并非都是由双方当事人商定的,而是由行政机关首先根据行政目的的需要,依法确定行政合同的主要内容,行政相对人同意这些内容后签订协议,即并非所有的行政合同内容都可以由双方当事人协商的,其内容必须符合法律规定,而法律对民事合同内容的限制较小,一般由双方当事人协商自由决定合同内容;(4) 行政合同的双方当事人地位并不完全平等,行政机关与行政相对人的关系是行政管理关系,行政机关对于合同的变更、解除具有优先权,而民事合同的当事人之间地位平等,变更或解除合同必须得到双方当事人的同意。

(二) 合同性

从行政合同与行政决定的区别来看,行政合同的合同性主要表现为行政合同必须得到行政相对人的同意才可成立,即行政合同是双方行为,而行政决定具有单方性特点,行政机关可以不经行政相对人的同意作出行政决定,行政决定一经作出并送达行政相对人后即发生法效力。

(三) 行政合同的本质属性

行政合同具有行政性与合同性,这在学界并无争议,但对于这两种性质中哪一种才是行政合同的本质属性,目前学界还存在着争议。民法学界的学者多数认为合同只有民事合同一种类型,行政合同只不过是一种具有特殊性的民事合同,但具有特殊性的合同还是民事合同,即合同性是行政合同的本质属性。而在行政法学界,一般认为行政合同是行政行为的形式之一,因此,行政性是行政合同的本质属性,因此与民事合同存在着本质上的差异。

三、行政合同的缔结与履行

（一）行政合同的缔结

1. 行政合同的缔结原则

行政合同是法律行为，签订后对双方当事人具有法律上的拘束力，因此，行政合同的缔结必须遵守依法行政原理，即行政合同缔结的法定原则。具体而言包括以下含义：(1) 主体法定，要求行政机关必须在行政职权范围内签订行政合同，而行政相对人必须具备行政合同所要求的资格，例如公共工程承包合同中的行政相对人必须具备一定的建筑资质，国家科研合同中的行政相对人必须具有一定的科研条件和能力等；(2) 内容法定，行政合同的内容必须合法，而且内容与行政合同的目的之间具有对应性；(3) 形式合法，行政机关与行政相对人之间的协议必须以法定的方式缔结，一般要求适用公开竞争原则，以招投标、拍卖等方式缔结；(4) 程序合法，行政合同必须按照法定程序缔结，一般要求必须遵循公开、竞争、说明理由、回避等程序。

2. 行政合同的缔结方式

(1) 招投标

招投标包括了行政合同缔结过程中的两个步骤：招标是指由行政机关为了实现特定行政目的，通过向行政相对人发布招标公告或者招标邀请书等方式，公布特定的标准和条件，邀请行政相对人参加投标，行政机关按照法定的程序从参加投标的行政相对人中确定对象并与之签订合同的行为。而投标是指行政相对人按照行政机关的要求和条件提出自己的报价及相应条件，经行政机关按照法定程序确定为中标者后与行政机关签订合同的行为。招投标是行政合同缔结中最常见的方式。这种方式可以确保行政合同缔结过程的透明性，防止暗箱操作以及腐败问题，同时确保选择最优者签订行政合同。

(2) 拍卖

拍卖是指行政机关或其委托机构以公开竞价的方式，将特定的物品或财产权利转让给最高应价或条件最优的行政相对人而与之签订合同的方式。行政机关首先向公众发出订立行政合同的意思表示，并将行政合同的条件等同时公布，符合条件的行政相对人参加竞拍，在得到行政机关的同意后签订行政合同。这种方式适用于国有资产的出让。

(3) 邀请发价

邀请发价是指行政机关根据特定行政目的的需要，向行政相对人发出设定了一定条件的要约邀请，在行政相对人发价后，由行政机关综合考虑资格、能力、资金、技术等方面的因素，选择最为合适的行政相对人签订合同的方式。相对于上述的招投标与拍卖，邀请发价的行政相对人范围比较小，但是邀请发价的过程也要求公开。

(4) 直接磋商

直接磋商是指行政机关为了实现特定行政目的，直接与特定行政相对人进行协商，在协商一致的基础上签订合同的方式。在这种方式中不存在行政相对人之间的竞争，因此适用范围较小，主要适用于对行政相对人资格或能力要求较高的行政合同，如国家科研合同等。

(二) 行政合同的履行

行政合同一经签订即产生法效力,对双方当事人均具有法律约束力,双方当事人必须按照合同内容严格履行。为了确保行政合同的履行,双方必须遵守以下原则:

1. 全面履行原则

全面履行原则是指行政合同依法成立之后,行政机关和行政相对人一方必须根据行政合同规定的权利和义务全面履行行政合同的条款。全面履行不仅要求当事人履行行政合同的所有内容,而且要求当事人必须以适当的方式及时地履行行政合同的内容。行政合同的全面履行是行政合同依法成立的必然结果,并构成行政合同法律效力的核心内容和行政合同消灭的主要原因。

2. 自己履行原则

行政合同的履行往往要求具备特殊的资格、条件或能力,行政合同的签订往往也是行政机关对行政相对人进行选择确定最优履行人的过程,因此,行政合同一般要求必须由当事人自己履行,而不得委托他人代为履行。在特殊情况下,当事人确实不能自己履行,而且被委托者具备履行行政合同所要求的资格、条件或能力,由被委托者履行不会损害公共利益或影响到行政目的的实现,在得到行政机关同意的基础上,可以委托他人履行。

四、行政合同的内容

行政合同的内容是指行政合同中双方当事人的权利义务。在不同的行政合同中,当事人的权利义务也不尽相同,但一般而言,行政机关与行政相对人在行政合同中分别具有以下权利义务。

(一) 行政机关的权利义务

1. 行政机关的权利

这些权利有:(1) 行政合同主要内容的签订权。行政合同是为了实现特定行政目的,因此,行政合同的内容必须由行政机关在签订合同之前根据行政合同的目的依法大致确定。对于这些内容,行政合同的双方当事人不得随意变更。(2) 行政相对人的选择权。行政合同的签订过程最关键的是行政机关选择合适的行政相对人作为合同另一方当事人的过程,选择一般以公开竞争的方式确定。行政相对人必须具备履行行政合同所需的条件,但最终选择权在行政机关一方。(3) 合同履行的监督指挥权。行政机关是行政合同的一方当事人,在行政合同签订后,有权对行政相对人履行行政合同的状况进行监督,对于某些具体措施还享有指挥权,对此,行政相对人必须服从。(4) 合同的变更与解除权。一般情况下,行政合同签订即生效,要求合同双方当事人都必须切实履行合同所确定的内容。但也存在特殊情况,当情势变更,例如国家法律、法规、政策或计划的变化以及社会经济形势的变迁等,履行行政合同已经不能实现特定行政目的而需要变更或解除行政合同时,行政机关可以在未经行政相对人同意的情况下单方面变更或解除行政合同,由此对行政相对人造成损害的,必须给予补偿。即行政机关在变更或解除行政合同方面具有优先权。(5) 对违反合同的行政相对人实施制裁权。行政合同在签订后即生效,行政相对人必须切实履行合同,对于不履行或不适当履行合同义务的行政相对人,行政机关具有制裁权。

2. 行政机关的义务

对于行政机关来说,行政职权既是权利也是义务,因此,行政合同中行政机关的上述权利也是行政机关的义务,例如行政机关具有选择行政相对人的权利,同时也具有选择行政相对人的义务。行政机关除上述义务外,还包括以下义务:(1)依法履行合同的义务,行政机关也必须切实履行合同;(2)按照法定或约定给予行政相对人以优惠或照顾的义务;(3)按照合同约定支付价金的义务;(4)在违法造成行政相对人损害时给予赔偿的义务,在行使优先权变更或解除合同而造成行政相对人损失时给予补偿的义务。

(二)行政相对人的权利义务

1. 行政相对人的权利

这些权利有:(1)报酬获得权。行政合同并非无偿的,行政相对人履行行政合同后,行政机关应当按合同支付相应的报酬。(2)优惠获得权。行政机关为了确保行政相对人能够切实履行行政合同,实现行政目的,通常为行政相对人履行合同提供一定的优惠条件,例如特定设备的利用、特定资金的提供等,行政相对人享有这些法定或约定的优惠条件的获得权。(3)赔偿或补偿请求权。由于行政机关的违法行为而致使行政相对人遭受损害的,行政相对人有权要求行政机关赔偿。由于行政机关行使优先权单方面变更或解除合同而致使行政相对人损失的,行政相对人有权要求行政机关补偿。

2. 行政相对人的义务

这些义务有:(1)在签订行政合同后,负有全面、适当、及时履行行政合同的义务;(2)接受行政机关的监督、指挥;(3)当行政机关行使优先权变更或解除合同时,行政相对人负有接受的义务。

五、行政合同的变更与解除

(一)行政合同的变更与解除

行政合同签订后必须履行,但由于情势变更,也可能出现变更或解除合同的现象。从实践来看,引起行政合同的变更或解除的原因包括以下方面:(1)由于客观情况的变化,经双方当事人协商一致后自愿变更或解除合同;(2)当缔结合同所依据的法律规定或国家计划变更或取消后,据此签订的行政合同也应当变更或解除;(3)由于客观情况的变化,履行行政合同已经不能实现行政目的时,行政机关可以基于优先权单方面变更或解除合同;(4)行政相对人由于倒闭、破产等原因在事实上已经无法履行合同;(5)由于不可抗力致使合同不能履行。

从行政合同变更或解除的方式来看,可以分为自然终止、双方协议变更或解除、行政机关单方面变更或解除三种方式。自然终止是指由于客观情况的变化,行政合同履行已经不可能,行政合同的效力也自然丧失的情形,例如由于不可抗力致使合同不能履行;双方协议变更或解除是指在双方当事人协商一致的基础上变更或解除行政合同的情形;行政机关单方面变更或解除是指行政机关基于行政优先权单方面变更或解除行政合同的情形。

(二) 行政合同变更或解除的法律后果

行政合同变更后,原合同即终止,双方当事人按照变更后的合同内容确定双方当事人的权利义务。行政合同解除后,双方当事人之间的合同关系终止,彼此之间不再享有合同所规定的权利,当然也不负有合同所规定的义务。行政机关单方面变更或解除行政合同对行政相对人造成损失的,应当对行政相对人的损失进行补偿。

六、行政合同的救济

行政合同是以当事人双方的合意为基础的行政行为形式,对此是否可以适用行政复议、行政诉讼的救济途径在学界存在着争议。有学者认为对行政合同不适合进行行政诉讼,但也有观点认为"在行政契约纠纷进行司法救济上,则应肯定行政诉讼制度是唯一的司法救济途径,这是我国根据法律关系性质而区别救济途径的制度下,行政契约作为行政法上的争议从性质上排斥其他司法救济途径的结果"[①]。从行政法律制度来看,《行政诉讼法》第12条并没有将双方行为排除在行政诉讼的受案范围之外。但最高人民法院在《若干意见》中,将具体行政行为明确定义为"单方行为",也由此将行政合同排除于行政诉讼受案范围之外。对此,学界批判不断。因此,最高人民法院《若干解释》中放弃了对具体行政行为进行定义的做法,但对于行政合同是否可以提起行政诉讼并没有明确规定。此后,最高人民法院在《关于规范行政案件案由的通知》中,明确将行政合同纳入行政诉讼的受案范围。因此,从行政诉讼法律制度来看,对行政合同应当可以提起行政诉讼进行法律救济。

思考题:

1. 制定行政规范之间发生冲突时,应当如何解决?
2. 行政相对人因行政事实行为受到损害时,应当如何进行救济?
3. 行政合同中行政机关与行政相对人双方的法律地位是平等的吗?如何理解行政合同中双方的权利义务关系?

拓展阅读:

1. 周汉华:《行政立法与当代行政法——中国行政法的发展方向》,载《法学研究》1997年第3期。
2. 朱芒:《行政立法程序调整对象重考》,载《中国法学》2008年第6期。
3. 杨建顺:《行政立法过程的民主参与和利益表达》,载《法商研究》2004年第3期。
4. 王磊:《对行政立法权的宪法学思考》,载《中外法学》1998年第5期。
5. 王锡锌、邓淑珠:《行政事实行为再认识》,载《行政法学研究》2001年第3期。
6. 戚建刚、李学尧:《行政合同的特权与法律控制》,载《法商研究》1998年第2期。
7. 江必新:《中国行政合同法律制度:体系、内容及其构建》,载《中外法学》2012年第6期。
8. 郑春燕:《论诱导型规制下的口头行政契约》,载《中外法学》2010年第4期。

[①] 余凌云:《行政契约论》(第2版),中国人民大学出版社2006年版,第184页。

9. 余凌云:《论行政契约的救济制度》,载《法学研究》1998年第2期。
10. 刘增棋等:《行政规章分析》,中国政法大学出版社1994年版。
11. 崔卓兰、于立深:《行政规章研究》,吉林人民出版社2002年版。
12. 陈晋胜:《行政事实行为研究》,知识产权出版社2010年版。
13. 叶必丰、周佑勇:《行政规范研究》,法律出版社2002年版。
14. 阎磊:《行政契约批判》,知识产权出版社2011年版。
15. 余凌云:《行政契约论》(第2版),中国人民大学出版社2006年版。

第九章

行政处罚

> **◆学习目标**
> 通过本章的学习,学生可以掌握以下内容:
> 1. 行政处罚的概念、基本原则
> 2. 行政处罚的种类与设定
> 3. 行政处罚的主体
> 4. 行政处罚的适用
> 5. 行政处罚的程序
>
> **◆关键概念**
> 行政处罚　行政处罚设定　一事不再罚　行政处罚程序　行政处罚听证　行政处罚执行

第一节　行政处罚概述

一、行政处罚概念

作为一种最为传统也最为典型的行政决定,行政处罚在我国的行政管理实践中得到了极其广泛的运用。然而,行政处罚的过多、过滥又直接危及行政相对人的合法权益,且对行政机关的形象和威信也会产生消极影响。因此,自20世纪90年代以来,通过法律严格限制行政处罚权的行使就一直成为学术界及全社会的共同愿望。在这一背景之下,承载着厚重法治理想的《行政处罚法》终于在1996年3月17日经第八届全国人大第四次会议通过,并于同年10月1日正式施行。作为行政过程中第一部综合性法律和第一部单行行政程序法,《行政处罚法》的实施具有极其重要的现实意义,它预示着法治行政发展路径的转变——从依赖"实体控权"转向"程序控权"。

行政处罚是行政机关对违反行政法规范的行政相对人所给予的行政法上的法律制裁。这一概念包括以下几层含义:

（一）行政处罚的实施机关是行政机关

作为一种行政决定,行政处罚必须由行政机关实施。其他国家机关、社会组织虽然也可以实施某些处罚,但它们均无权实施行政处罚。如法院有权对犯罪分子实施刑罚处罚,但这种处罚与行政处罚有着本质的不同。经法律、法规授权的具有管理公共事务职能的组织在实施行政处罚时,具有与行政机关相同的法律地位。

（二）行政处罚的对象是违反行政法律规范的行政相对人

任何处罚都是针对特定的对象作出的,行政处罚的对象只能是违反行政法规范的行政相对人。在这里,行政处罚的对象首先表现为外部行政相对人。如果是内部行政相对人,那么其所受到的法律制裁就应当是行政处分,如公务员违纪被开除即属于典型的行政处分。其次,行政处罚的对象还必须是违反行政法规范的行政相对人。如果外部行政相对人没有违反相应的行政法规范,或者违反的是其他性质的法规范,如刑事法规范,行政机关就不能给予行政处罚。

（三）行政处罚的性质是一种行政法上的法律制裁

从性质上看,行政处罚具有惩戒性,可以剥夺或者限制行政相对人的人身权利和财产权利,或者科以某种义务。因此,行政处罚不同于行政奖励等授益性行政行为,而是一种法律制裁手段。可以说,制裁性是行政处罚的本质特征。尽管一些行政决定的具体名称不同,但只要具有制裁性,就应当归属行政处罚。如当前行政执法实践中不断涌现出"曝光醉酒驾车""终身禁止参加考试"[①]等,本质上都是行政处罚决定。

二、与其他相关制裁行为的区别

为了进一步把握行政处罚的特性,还有必要将其与其他相邻近的概念区分开。总体上来说,同样具有制裁属性的刑罚和行政处分行为与行政处罚相近,需要加以仔细辨别。

（一）行政处罚与刑罚

刑罚是法院对刑事犯罪分子所给予的法律制裁。行政处罚和刑罚都是国家机关对违法者进行的惩戒,二者之间的主要差异表现在如下五个方面：

1. 作出主体不同

行政处罚是由享有行政处罚权的行政机关作出的,属于行政权范畴;刑罚则是由法院对刑事犯罪分子所作出的,属于司法权范畴。

2. 行为性质不同

行政处罚是由行政机关运用行政权作出的行为,其性质是行政决定;刑罚则是由法院运用司法权作出的行为,其性质是司法裁判。

[①] 王永刚等：《"曝光醉驾者"讨论》,载《检察日报》2009年11月18日;张媛：《注册会计师考生因向涉舞弊网站汇款被终身禁考》,载《新京报》2012年9月11日。

3. 适用对象不同

行政处罚是由国家行政机关运用行政权作出的、对违法情节和后果较轻或者某些特定性质的违法行为的制裁;刑罚则是由法院运用司法权作出的、对违法情节和行为后果较重或者某些特定性质的违法行为的制裁。行政处罚针对行政违法行为,而刑罚是针对刑事犯罪行为。

4. 制裁方式不同

刑罚所采取的制裁方式比行政处罚要严厉,这是由违法行为的性质所决定的。行政处罚多针对行为人的财产而实施,如罚款、没收违法所得、非法财物等;而刑罚则更多针对行为人的人身自由而实施,如管制、拘役、有期徒刑、无期徒刑、死刑等主刑。

5. 适用程序不同

行政处罚是行政机关按照行政程序作出的行政决定,而刑罚则是法院经过刑事诉讼程序作出的裁判。相对而言,刑事诉讼程序比行政处罚程序更加严格,要求更高。

(二)行政处罚与行政处分

行政处分是国家行政机关对其内部违法失职的公务员所实施的一种惩戒措施。行政处分和行政处罚都是行政机关实施的具有惩戒性的行为,两者的主要差异表现在如下几个方面:

1. 作出机关不同。行政处罚是由对外部实施行政管理职能并且具有行政处罚权的行政机关作出,而行政处分则是由受处分的公务员所在机关或上级机关、监察机关等作出的。

2. 适用领域不同。行政处罚适用于对外行政管理领域,行政处分则适用于行政机关系统内部的人事管理。

3. 制裁对象不同。行政处罚以违反行政法规范的外部行政相对人为制裁对象,而行政处分则是针对行政机关公务员在其职务上的违法失职行为作出的制裁,其对象仅限于行政机关内部的公务员。

4. 制裁方式不同。行政处罚的方式有警告、罚款、没收违法所得、没收非法财物、责令停产停业、暂扣或者吊销许可证、暂扣或者吊销执照、行政拘留等;行政处分则是警告、记过、记大过、降级、撤职和开除公职等。

5. 救济渠道不同。对行政处罚决定不服的,行政相对人可以申请行政复议或提起行政诉讼;而对行政处分不服的,被处分的公务员只能向作出处分决定机关的上一级机关或行政监察部门提起申诉,不能申请行政复议和提起行政诉讼。

 知识链接

行政处罚与刑事处罚的区别

行政处罚,在大陆法系国家又称为行政罚(Verwaltungsstrafe),指对违反行政法上规定的义务,根据一般统治权给予的制裁。质言之,行政罚是作为行政不法的法律后果而存在的。因此,行政罚有广义与狭义之分。广义上的行政罚包括对构成犯罪的行政违法行为(刑法理论上称为行政犯罪或行政犯)的行政刑罚与行政法上的处罚。狭义上的行政罚又称为秩序罚(Ordnngsstrafe),用以作为一种"加重的行政命令",而以罚锾为手段,对于不遵守行政法规或不遵守行政义务者的一种警告。因此,行政罚或秩序罚显然有别于刑罚处罚。在我国,行政处罚都是在狭义上使用的,认为行政处罚是行政机关依法对实施了违反行政法律规范的违法行为的行政管理相对人进行的法律制裁。刑罚处罚,在大陆法系国家又称为刑事罚(Kriminalstrafe),指对犯罪行为,作为法律上的效果加给行为者的制裁。作为对行政犯罪的制裁手段,行政刑罚属于广义上的行政罚。因此,从行政处罚与刑罚处罚的关系上说,在行政刑罚这一点上,基于对行政罚的广义理解,就具有行政处罚与刑罚处罚的双重属性。从狭义的行政处罚来说,行政处罚与刑罚处罚的分野应该是清楚的。(资料来源:陈兴良:《论行政处罚与刑罚处罚的关系》,载《中国法学》1992年第4期)

第二节 行政处罚原则

一、行政处罚原则的概念

法律原则是法律的基础性真理或原理,为法规则提供基础性或本源的综合性法规则或法原理,是法律行为、法律程序、法律决定的决定性法规则。在我国法理学上,一般也认为,法律原则"体现法的本质和根本价值,是整个法律活动的指导思想和出发点,构成一个法律体系的灵魂,决定法的统一性和稳定性"。[①] 可见,法律原则的核心语义应当是根本规则。基于此,行政处罚原则可以界定为由法律规定或认可的、贯穿于行政处罚过程的始终,对行政处罚的设定与实施具有普遍指导作用的基本准则。之所以称行政处罚原则是根本法律准则,其理由就在于法律原则效力的贯穿始终性及其内容的根本性。

法效力贯穿于行政处罚过程是行政处罚原则的重要特征之一,也是正确识别行政处罚原则的根本标志。作为一项行政处罚原则,其在行政处罚领域中的法效力是全面的,对《行政处罚法》的全部规范自始至终都具有法效力。只有在原则的指导和规制下,行政处罚的法规范才能符合行政处罚法的目的,不至于偏离行政处罚法所追求的价值目标。如果其法效力仅局限于行政处罚领域的某一范围,则不是行政处罚的原则而应当是行政处罚的规则,如"一事不再罚"只是行政处罚适用过程中的一项规则,并不适用于行政处罚的设定、执行等其他领域。[②] 又如"处罚法定"不仅适用于行政处罚设定,行政处罚实施及执行同样需要遵守这一原则,因而属于行政处罚原则。

内容的根本性是行政处罚原则的又一显著特征,它直接决定了原则的根本准则地位。内容的根本性可以从原则与行政法的目的、价值追求之间的关系上得以体现。作为现代法律所追求的基本价值——自由、平等、正义、安定、秩序等,同样都是行政法孜孜以求的价值目标,而行政处罚原则作为其载体,无疑应当集中体现这些价值。与价值相比,行政法的目

[①] 张文显:《法哲学范畴研究》(修订版),中国政法大学出版社2001年版,第55页。
[②] 《行政处罚法》颁布之前,即有学者将"一事不再罚"视为行政处罚的一般原则。参见杨解君:《秩序权力与法律控制——行政处罚法研究》,四川大学出版社1995年版,第206页。不过,时至今日,有的教科书依旧认为"一事不再罚"是行政处罚的基本原则。参见关保英主编:《行政处罚法新论》,中国政法大学出版社2007年版,第31页。

的尽管显得具体一些,但同样可以在原则中反映出来。在我国,除了最大限度地保障公民权利之外,维护社会公共秩序也是行政法的主要目的之一。当然,行政法目的的实现最终还要通过一系列具体的制度、程序、规范的制定与实施。但是,这些具体手段要形成内部协调、有序的整体,还必须借助于一定的根本性的原则,它是其他具体规范产生的依据。

二、行政处罚原则的功能

行政处罚原则并不仅仅是一个纯粹的理论问题,它还具有多方面的现实功能。具体来说,行政处罚原则的功能表现为以下四个方面:

(一) 指导功能

行政处罚原则的指导功能体现在两个方面:(1) 指导行政处罚法规范的制定。原则作为一种根本性的法律准则,其直接的功能就在于为次级规范的产生提供依据。在制定行政处罚的法规范时,我们必须自觉地遵循行政处罚原则。根据《行政处罚法》第 14 条的规定,规章以下的其他规范性文件不得设定行政处罚。不过,该条也没有禁止"其他规范性文件"(即行政规定)在上位法设定的行政处罚种类和幅度范围内作出细化、量化的具体规定。当行政机关从事这些行政处罚裁量基准制定活动时,就需要接受行政处罚原则的指导。事实上,遵循行政处罚原则已经成为当下各地行政处罚裁量基准制定中普遍的做法。例如《湖南保监局行政处罚裁量规定》(湘保监发[2009]89 号)第 2 条即规定:"行政处罚裁量应当遵循处罚法定、过罚相当和处罚与教育相结合的原则,确保行政处罚合法、合理。"(2) 指导行政处罚法规范的实施。行政处罚原则凝聚着执法者应予掌握的法律精神和法律意识,对于正确理解和适用法规范具有重要的意义。自 2008 年下半年以来,受全球金融危机的影响,国内大部分工矿商贸企业经济发展受阻,一些地方的安全监督部门为更好地帮助企业平稳度过危机时期,相继出台了"三不罚"原则,即"首查不罚"、"隐患及时整改不罚"、"改进过程中不罚或未整改但未造成严重后果的不罚",目的是为企业健康发展创造良好环境。根据依法行政的要求,一切行政处罚都必须在法定的权限范围内实施,既不能越权处罚,也不能放弃处罚。从表面上看,这种"三不罚"的做法似乎存在一定的现实合理性,但其实施却违背了行政处罚原则。因此,自觉接受行政处罚原则的指导应当成为一切行政处罚设定和实施的前提。

(二) 解释功能

任何部门法的原则实际上都是立法者立法意图和目的的集中反映,行政处罚法也不例外。换言之,抽象的行政法精神总是通过较为具体的原则体现出来的。如同其他法规范一样,行政处罚法规范在适用于具体的社会现实生活时,都不可避免地涉及法律解释。因此,"法律是一种阐释性的概念"[1]。问题在于,对任何法律的解释都必须遵循相应的规则。其中,合目的性或合乎立法精神就是世所公认的解释规则。行政法由于缺乏统一的法典,且法规范的表现形式繁多、层次不一,因而在适用过程中更需要得到解释。无论是立法机关、行政机关还是司法机关,在对行政处罚法规范作解释时,都应当自觉遵守并严格按照行政处

---

[1] 〔美〕德沃金:《法律帝国》,李常青译,中国大百科全书出版社 1996 年版,第 364 页。

原则进行。例如,在 2009 年 8、9 月间,全国各地相继发生了多起"吸烟被拘留"的案件。按照《消防法》第 63 条的规定,违反规定在具有火灾、爆炸危险场所吸烟的,处警告或者 500 元以下罚款;情节严重的,处 5 日以下拘留。但是,为了确保 60 周年国庆安全,公安部在 2009 年 8 月 20 日发布了一则通知。该通知要求,全国公安机关在非常时期采取非常手段,对消防违法行为实施"六个一律",其中第四个"一律"明确规定:违反规定使用明火作业者,或者在具备火灾爆炸危险场所吸烟者,一律行政拘留 5 日。在这里,作为具有裁量基准功能的规范性文件——"8.20 通知"是否具有合法性,就必须借助行政处罚原则的解释才能作出判断。①

（三）规制功能

规制功能是就行政处罚原则作为一种行为准则而言的。一般来说,行政法规范大多是从行政法基本原则中推导出来的,具有直接的可操作性和适用性,因此,行政法律关系主体都应当首先以具体的行政法规范作为自己的行为准则。但是,当行政法规范对某些事项缺乏规定或规定自相矛盾时,行政法律关系主体就应自觉地以行政法规范的本源性规范——行政法基本原则作为自己的行为准则。作为行政法重要组成内容之一的行政处罚法,其原则自然也具有这种规制功能。我国当前正处于急速的社会转型时期,经济发展、社会变迁引发了人们思想观念和行为方式的巨变,一些类似浏览黄色网站、视频裸聊等与主流价值观不相吻合的行为开始出现。对于这些边缘性的社会现象,法律并未授权公安机关进行打击。因此,必须通过行政处罚原则的理解和适用,规制公权力机关的扩权冲动,避免行政相对人的合法权益遭受肆意侵犯。2002 年发生在陕西延安的"夫妻黄碟案"就是公安机关违背行政处罚法定原则的极端个案。可见,行政处罚原则除了指导和解释功能之外,还具有规制行政处罚机关滥用权力的功能。

（四）补缺功能

由于立法者主观认识的有限性与社会生活的无限性之间存在着难以消解的矛盾,因而法律所未及的问题或者法律虽有涉及但并不周详的问题是大量存在的。对于行政法来说,这一点更加明显,它是由行政法难以实现法典化,以及行政法调整对象经常处于发展变化之中的特性所决定的。因此,当行政法规范难以应对现实社会生活的挑战时,行政法基本原则就将由幕后走向前台,直接充当行政执法或行政审判的依据,从而及时地弥补成文法的不足,使法律与社会发展合拍。如庞德所言:"一个原则是一种用来进行法律论证的权威性出发点。各种原则是法律工作者将司法经验组织起来的产品,他们将各种案件加以区别,并在区分的后面定上一条原则,以及将某一领域内长期发展起来的判决经验进行比较,为了便于论证,或者把某些案件归之于一个总的出发点,而把其他案件归之于其他出发点,或者找出一个适用于整个领域的更能包括一切的出发点。"②庞氏的分析说明了法律原则的功能是"法律论证的权威性出发点",从这个意义上说,法律适用者有责任充分地展示法律基本原则

---

① 在"烟民被拘案"中,一些法律专家即对公安部"六个一律"规定是否合乎新消防法立法精神、是否合乎比例性原则提出质疑。参见《烟民被拘案:一个裁量,三种疑问》,载《检察日报》2009 年 9 月 3 日。

② 〔美〕庞德:《通过法律的社会控制·法律的任务》,沈宗灵等译,商务印书馆 1984 年版,第 24 页。

拾遗补缺的作用，尽力弥合法律规则与社会需要之间的缺口。例如，中国台湾地区行政法学理普遍认为，行政法的一般原则是由学说文献、法院判例或行政实务发展而来的，且被视为重要的不成文法源。就成文的实定法而言，必须透过这些原则掌握其含义或加以修正；当法无明文规定时，则应当对其直接加以引用。

我国行政审判实践中已经有了可贵的尝试，如北京市海淀区人民法院在"田永案"中对正当程序原则的大胆援用，开启了以法律原则作为行政审判直接依据的先河。① 当然，某些执法机关在行政处罚实施过程中，也存在滥用公权力、漠视行政处罚原则限制的现象。例如，在近年公安机关组织的集中扫黄行动中，有的地方将卖淫女的姓名、照片等资讯公布于众，试图通过"高调"扫黄来实现社会风气的净化。然而，这种做法却严重侵犯了违法者的人格尊严。行政处罚应本着教育与处罚相结合的原则精神，这种高调曝光之举侮辱了违法者的人格，甚至会造成其心灵的严重扭曲，反倒不利于对行政违法行为的纠正。可见，当法律规范不明时，必须通过行政处罚原则的解释发挥其补缺功能，进而实现行政处罚法的立法目的。

 知识链接

法律原则对制定法漏洞的补充作用

在崇信法律方法论的学者看来，法律并不存在漏洞，所有的漏洞都可以运用法律方法进行填补，但所有的人都会承认制定法存在漏洞，法律人的任务就是设法弥补漏洞。法律补漏的方法很多，比如引入更多的法源，采用限制或扩充解释，价值衡量，法律论证等等。但是在很多常规案件中，法律原则发挥着重要作用。法律原则因其只是对事物或行为作一般性规定，因而其应用没有附带太多的条件，如果我们把法律视为法网的话，那么由法律原则编织是法网的大纲。由于原则拥有很大的空间，使得法律调整能覆盖更大的面积。运用原则进行补漏，指的是针对法律条文的应用条件过少而出现空白，或者条件过多而出现僵硬，或者对法律条文进行文义解释明显违背法律目的或法律精神时，径行运用原则及其精神对条文加以补充、衡量、修正。原则对制定法的补充作用，在民法领域中表现为一种从宽解释，应用较为广泛，但在刑法领域，由于罪刑法定原则的存在，应用必须慎重。但我们也注意到，最近学者们都在主张有条件地消解罪刑法定的严格性。我们主张，根据刑法原则解读刑法条文是必要的，只有这样我们才不至于忽视刑法的目的，不至于过分机械地去解读刑法条文。罪刑法定本身就是原则在支配着我们的理解，但理解刑法并不只是罪刑法定的一个原则。（资料来源：陈金钊：《作为方法的法律原则》，载《苏州大学学报》2004年第6期）

三、行政处罚原则的内容

关于行政处罚原则的具体内容，曾有学者进行了全面总结，并归结为12项原则，包括法

---

① 《最高人民法院公报》1999年第4期。

定原则、公正适当原则、客观公正原则、决定权与执行权分离原则、一事不再罚原则、无救济便无处罚原则、处罚与教育相结合原则、充分保障当事人权利原则、监督制约原则、程序及时性原则、程序民主化原则及不和解原则。① 我们认为,按照法效力的贯穿始终性及内容的根本性判断标准,并结合现行《行政处罚法》总则部分的法规范,行政处罚原则可以概括为行政处罚法定原则、行政处罚公正原则、行政处罚公开原则、行政处罚与教育相结合原则及权利保障原则。

（一）行政处罚法定原则

处罚法定是行政处罚领域最重要的原则,也是行政法基本原则中的行政职权法定原则在行政处罚领域的具体表现。行政处罚法定原则的基本内涵是:行政处罚设定和实施应当符合法律规定,不得与法律规定相抵触。作为一种典型的干预行政行为,行政处罚设定和实施必须具有明确的法律依据,恪守法治国家中公权力"法无授权即禁止"的定律。正是基于处罚法定原则的重大现实意义,有的学者认为它是"行政处罚最基本和最主要的原则,行政处罚中的其他基本原则都是这一原则派生出来的"。②

从理论渊源上来看,行政处罚法定原则源于权力控制和人权保障的法治理念。孟德斯鸠曾言:"一切有权力的人都容易滥用权力,这是万古不易的一条经验。"③罗素更是直白地说道:"爱好权力,犹如好色,是一种强烈的动机,对于大多数人的行为所发生的影响往往超过他们自己的想象。"④在我国这样一个行政主导型的国家,行政机关掌握着强大的经济和社会发展资源配置权,对行政相对人的权利存在较大的侵害可能性。因此,基于人权保障的现实需要,行政权最需要受到法律的有效控制。特别是在我国行政机关频繁使用行政处罚手段治理社会的当下,行政处罚权的设定和实施能否依法进行,就成为能否落实依法行政原则精神的一个关键。从这个意义上来说,《行政处罚法》率先规定处罚法定原则就具有开辟先河的意义,对后来《行政许可法》《行政强制法》的制定都产生了广泛的影响。

《行政处罚法》第3条规定:"公民、法人或者其他组织违反行政管理秩序的行为,应当给予行政处罚的,依照本法由法律、法规或者规章规定,并由行政机关依照本法规定的程序实施。没有法定依据或者不遵守法定程序的,行政处罚无效。"结合该法第2条关于行政处罚适用范围及其他条款的规定,处罚法定原则主要包括两个方面的要求:(1) 行政处罚设定法定。实践证明,行政处罚的混乱首先就表现在处罚的设定上。因此,处罚设定法定就成了处罚法定原则的首要体现,它要求处罚设定的国家机关及权限都必须符合法律的规定。(2) 行政处罚实施法定。具体来说,实施法定是指行政处罚必须由具有法定行政处罚权的行政机关,在有明确法律依据的情况下,按照法定的程序实施,即处罚实施的主体、依据和程序必须同时合法。

---

① 参见杨海坤主编:《跨入21世纪的中国行政法学》,中国人事出版社2000年版,第354—355页。
② 胡锦光:《行政处罚研究》,法律出版社1998年版,第19页。
③ 〔法〕孟德斯鸠:《论法的精神》(上册),张雁深译,商务印书馆1961年版,第154页。
④ 〔英〕罗素:《权力论》,吴友三译,商务印书馆1991年版,第189页。

前沿引介

处罚法定原则之下不确定法律概念的解释规则

出于协调不确定法律概念与处罚法定原则冲突的需要,对处罚法律规范中的不确定法律概念的解释,必须予以必要的约束。具体而言,对行政处罚法律规范中的不确定法律概念进行解释,应当遵守以下规则:

第一,对行政处罚法律规范中的不确定法律概念进行的解释,应当是事前解释。事后解释是针对法律适用过程中的个案进行的,在被处罚的行为作出前,该解释并不存在,因而事后解释与处罚法定原则的"明确性"要求相悖。因此,对行政处罚法律规范中的不确定法律概念的解释,应当是事前解释。但是,事前解释也应生成于具体的执法过程中,应当是对当前执法过程中出现的问题的规范,而不应是凭空产生的。否则,事前解释将难以发挥其正面的功用,"在没有具体对象和具体案件时作出的一种抽象的解释,不仅缺乏针对性,而且在一定程度上阻碍了法律的发展"。事前解释产生于具体的执法过程中,但其只应适用于产生以后的案例,而不能适用于产生该解释的个案本身。以本文中引用的案例为例,国家证券监管部门可以通过该案例,从中总结出"操纵证券市场"的一些具体手段,从而通过解释明确"以其他手段操纵证券市场"的含义,但不应据此解释对该案中的相对人予以处罚。

第二,行政处罚法律规范中的不确定法律概念的解释不应以发布规范性文件的形式进行。根据处罚法定原则,能够在行政处罚中作为"法律依据"的只能是法律、法规以及规章,这是对处罚依据的基本要求。在现实中,存在着大量以发布规范性文件的形式存在的事前解释。当这些以规范性文件的形式存在的事前解释针对的是"裁量空间"等事项时,其存在并无疑义。但是,当对行政处罚法律规范中的不确定法律概念的解释也以发布规范性文件的形式进行时,其正当性则值得怀疑。因为对行政处罚法律规范中的不确定法律概念的解释会直接影响到被处罚行为的范围,如果允许以规范性文件的形式对行政处罚法律规范中的不确定法律概念进行解释,那么将有使处罚法定原则虚置的危险。因而,出于严格遵守处罚法定原则的考虑,对行政处罚法律规范中的不确定法律概念的解释不应以发布规范性文件的形式进行。(资料来源:王青斌:《论不确定法律概念与处罚法定原则的冲突和协调》,载《法学评论》2011年第1期)

(二)行政处罚公正原则

如同法院的刑事审判一样,行政机关的行政处罚也是国家机关适用法规范于个案的行为,必须恪守执法公正的底线要求。根据《行政处罚法》第4条的规定,行政处罚要遵循公正原则。设定和实施行政处罚必须以事实为依据,与违法行为的事实、性质、情节以及社会危害程度相当。从逻辑关系来看,行政处罚公正原则是行政处罚法定原则的重要补充,特别是在全社会呼唤执法公正的当下,坚持和贯彻行政处罚公正原则具有极为重要的现实意义。

根据《行政处罚法》的有关规定,并结合行政法的一般法原理,行政处罚公正原则的基本要求可以概括为以下两个方面的内容:

1. 过罚相当

行政处罚是对行政相对人违法行为的制裁,这种制裁的强度是与行政相对人违法行为的社会危害性程度成比例的。为此,行政处罚设定和实施就必须"过罚相当",避免出现行政处罚畸轻畸重的结果。为了达到过罚相当的目的,行政处罚机关在实施行政处罚时应当努力做到如下两点:(1) 行政处罚的轻重程度应与行政相对人违法行为的事实、性质、情节以及社会危害性相当。在行政处罚实践中,行政机关必须全面查清事实,并依照法规范对其社会危害性、性质、情节作出客观评判,进而形成具有可接受性的行政处罚决定。在前述烟民被拘案中,被处罚人的违法行为社会危害性并不特别严重,但却受到了法规范之内最高的处罚,完全是行政处罚机关选择性执法的结果,从根本上违反了过罚相当的原则要求。(2) 行政处罚的从轻、从重、减轻及免除也要与行政相对人违法事实本身的性质、情节以及社会危害性相当。我国是一个重视人情的社会,行政处罚案件也时常受制于人情因素的干扰。在行政处罚实践中,"打招呼""说情"已经在事实上成为从轻、减轻甚至免除行政处罚的"法外"因素,这无疑应当引起全社会的警惕。行政处罚不公在很大程度上加剧了本已存在的社会不公,贯彻落实行政处罚公正原则尤为迫切。

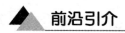 **前沿引介**

个案中的行政处罚公正原则——最小侵害

在黑龙江省哈尔滨市规划局与黑龙江汇丰实业发展有限公司行政处罚纠纷上诉案中,最高人民法院认为:"根据《中华人民共和国城市规划法》第三十七条、第四十条的规定,上诉人有权对汇丰公司违法建设行为进行查处。上诉人作出的哈规罚决字[1996]第 1 号行政处罚决定中,虽然没有明确认定被上诉人违法建设行为属于对城市规划有一定影响尚可采取改正措施的情形,但从其作出部分拆除部分罚款保留的处罚内容看,上诉人已在事实上认定汇丰公司违法建设行为,属于《城市规划法》第四十条规定的对城市规划有一定影响尚可采取改正措施的情形。诉讼中上诉人称汇丰公司所建商服楼严重影响城市规划,与其处罚决定自相矛盾,且未提供足够的证据证明。'哈尔滨市城市总体规划'中对中央大街规划的要求是:'在建设中,要从整体环境出发,使新旧建筑互相协调,保证完美的风貌'。该规划中没有关于中央大街建筑物规模、体量和高度的规定。规划局提供的 1996 年 10 月修编后的哈尔滨市总体规划,有对中央大街建筑物的体量、高度的具体规定,但该规划尚未经国务院批准,根据《中华人民共和国城市规划法》第二十一条第三款的规定,不具有法律效力。诉讼中,上诉人提出汇丰公司建筑物遮挡中央大街保护建筑新华书店(原外文书店)顶部,影响了中央大街的整体景观,按国务院批准的'哈尔滨市总体规划'中关于中央大街规划的原则规定和中央大街建筑风貌的实际情况,本案可以是否遮挡新华书店顶部为影响中央大街景观的参照标准。规划局所作的处罚决定应针对影响的程度,责令汇丰公司采取相应的改正措施,既要保证行政管理目标的实现,又要兼顾保护相对人的权益,应以达到行政执法目的和目标为限,尽可能使相对人的权益遭受最小的侵害。而上诉人所作的处罚决定中,拆除的面积明显大于遮挡的面积,不必要地增加了被上诉人的损失,给被上诉人造成了过度的不利影响。原审判决认定该处罚决定显失公正是正确的。原审判决将上诉人所作的处罚决定予以变更,虽然减少了拆除的面积和变更了罚款数额,但同样达到了不遮挡新华书店顶部和制裁汇丰公司违法建设行为的目的,使汇丰公司所建商服楼符合哈尔滨市总体规划中对中央大街的规划要求,达到了执法的目的,原审所作变更处罚并无不当。"(资料来源:最高人民法院《行政判决书》[1999]行终字第 20 号)

2. 裁量正当

现代行政是裁量行政。裁量意味着行政机关在行政过程中拥有选择和判断权,对复杂多变的行政事务进行灵活的处理。正如德国行政法学者平特纳所言:"'裁量'常有这种功能,从法律和法律僵化的控制中抽取关系当事人利益的敏感裁量事宜,转由行政使用灵活的手段处理。"① 在行政处罚过程中,行政机关也往往面临着是否需要实施处罚、实施何种处罚的裁量。因此,行政处罚公正与否,在很大程度上就取决于行政机关的裁量是否正当。美国著名行政法学家施瓦茨教授曾言:"行政法如果不是控制自由裁量权的法,那它是什么呢?"② 从一定意义上来说,一部行政法的历史也就是行政裁量日益扩张及对其控制的历史。在行政裁量的控制模式上,虽然"迄今为止尚未出现一个普遍的解决方案——无论是从程序机制角度看还是从权威性的决定规则角度看"③,但通过立法控制、行政自制及司法审查实现行政裁量的规范运作却一直是许多国家行政法的共同主题。

就我国的行政法学研究而言,无论是早期的"行政自由裁量行为三重控制说",还是晚近围绕行政裁量基准兴起而展开的热烈讨论,都没有摆脱"法内控制"的基本范式。④ 如何突破行政裁量控制研究的固有格局? 如何在法律之外更为广泛的视野中寻求规范行政裁量运作的智慧与技术? 这些都是未来我国行政法学发展所不能回避的重要问题。正如欧洲法社会学的巨擘埃利希在阐释法社会学原理的精髓时曾言:"在当代以及任何其他的时代,法的发展的重心既不在于立法,也不在于法学或司法判决,而在于社会本身。"⑤ 按照这一理解,对行政裁量的控制——这一行政法学历史长河中的"哥德巴赫猜想"难题的破解也不能,或者说至少不能完全寄望于法律内部的资源和技术。事实上,行政裁量的运作是一个极为复杂的过程,除了法规范因素的考量之外,公共政策、新闻舆论、信访等众多法外因素也正深刻地影响着执法者,甚至成为左右行政裁量的关键因素。⑥ 一个典型的例证是,在我国当下兴起的行政处罚裁量基准制定热潮中,"违法事实被新闻媒体曝光或经群众上访造成恶劣影响的从重处罚"的条款频频出现。因此,在传统的行政裁量立法、行政、司法三重法律控制之

---

① 〔德〕平特纳:《德国普通行政法》,朱林译,中国政法大学出版社 1999 年版,第 58 页。
② 〔美〕伯纳德·施瓦茨:《行政法》,徐炳译,群众出版社 1986 年版,第 566 页。
③ 〔美〕理查德·B.斯图尔特:《美国行政法的重构》,沈岿译,商务印书馆 2002 年版,第 189 页。
④ 自杨海坤教授二十年前率先提出对行政机关自由裁量行为的三重控制以来,国内学界有关行政自由裁量的研究虽不断推陈出新,但大体上还是沿袭了三重控制的基本言说。参见杨海坤:《论行政机关的自由裁量行为及行政法上对它的控制》,载《社会科学战线》1988 年第 2 期;杨建顺:《行政裁量的运作及其监督》,载《法学研究》2004 年第 1 期。后者的研究着力于遏制"行政自由裁量权"概念的泛化,但在对"行政裁量"的监督制约机制上,也仍然坚持"立法统制、行政统制和司法统制"的基本立场。2007 年以来,行政法学者围绕行政裁量基准兴起展开了广泛而持久的议论。无论是支持者还是质疑者,其基本立场依旧是从法内进行多重控制,只不过控制重点的选择上存在差异而已。
⑤ 〔奥〕欧根·埃利希:《法社会学原理》,舒国滢译,中国大百科全书出版社 2009 年版,"作者序"。
⑥ 相关研究可参见章志远:《作为行政裁量"法外"依据的公共政策——兼论行政裁量的法外控制技术》,载《浙江学刊》2010 年第 3 期;《行政惯例如何进入行政裁量过程——"钓鱼执法事件"的追问》,载《江苏行政学院学报》2010 年第 4 期。

外,能否寻找更为妥当的法外控制技术进而形成内外交织的裁量运作规范体系,无疑将成为行政处罚裁量正当性的重要保障。

 知识链接

行政处罚裁量基准(杭州市工商行政管理局商业贿赂行为处罚裁量基准规定)

第三条　商业贿赂行为罚款的基本标准:

(一)贿赂额在 0.3 万元以上 5 万元以下的,起始罚款 1 万元。贿赂额超过 1 万元的,每增加 2000 元,罚款相应增加 1000 元。(二)贿赂额在 5 万元以上 10 万元以下的,起始罚款 3 万元。贿赂额每增加 3000 元,罚款相应增加 1000 元。(三)贿赂额在 10 万元以上 20 万元以下的,起始罚款 5 万元。贿赂额每增加 1 万元,罚款相应增加 2000 元。(四)贿赂额在 20 万元以上 50 万元以下的,起始罚款 7 万元。贿赂额每增加 5 万元,罚款相应增加 5000 元。(五)贿赂额在 50 万元以上 100 万元以下的,起始罚款 10 万元。贿赂额每增加 10 万元,罚款相应增加 1 万元。(六)贿赂额在 100 万元以上的,起始罚款 15 万元。贿赂额每增加 20 万元,罚款相应增加 1 万元,但最高罚款不得超过 18 万元。

贿赂额在 0.3 万元以下,无从重情节的,不再罚款;有从重情节的,罚款的基本标准为 1 万元。

有违法所得的,应当予以没收。涉嫌构成犯罪的,依法移送司法机关处理。

行贿方有经营额而无法计算违法所得,可以酌情在同一档次的最高标准以下确定罚款幅度。

(三)行政处罚公开原则

在现代行政法上,行政公开通常被视为一项重要的法原则和制度。根据《行政处罚法》第 4 条的规定,行政处罚要遵循公开原则。对违法行为给予行政处罚的规定必须公布;未经公布的,不得作为行政处罚的依据。"阳光是最好的防腐剂",如果行政处罚不公开,那么行政处罚就毫无公正性可言。因此,处罚公开是处罚公正的前提和保障。以往大量的行政处罚实践表明,暗箱操作往往是处罚不公的直接原因。可见,贯彻落实行政处罚公开原则是有效制约行政处罚权滥用、保障行政处罚权公正实施的重要路径。根据《行政处罚法》有关规定,行政处罚公开原则的基本要求有以下三个方面的内容:

1. 行政处罚依据公开

行政处罚依据是行政机关据以认定行政相对人行为违法,以及应当给予何种行政处罚的法规范。在任何一个民主国家,调整人们行为的法规范都必须向全社会公布。特别是对于行政处罚这类干预行政行为,其依据更需要事前予以公布。隐藏的、内部的法规范不能作为行政处罚的依据。

王名扬教授在论述法国行政法的渊源时曾经精辟地指出:"在法律和条例(指行政法规

和行政规章——引者注)的关系上,条例是汪洋大海,法律是大海中几个孤岛。"①从功能主义角度来看,行政法规和行政规章之外的行政规定对行政行为更具实际指导作用。在当代中国的行政过程中,行政规定早已成为行政机关须臾不可缺少的执法依据。近年来,行政裁量基准在全国各地的"井喷"更是明证。因此,作为行政处罚依据公开的对象就不仅包括法律、法规、规章,而且还应当包括大量行政规定。正如美国行政法学者戴维斯所言:"一旦行政官员形成遵循先例的制度,先例就必须公开接受检阅。一旦裁量让位于规则,利害关系人就应当可以获知这些规则。先例和规则会对裁量进行有益的建构,但如果不公开就做不到,因为行政官员可以忽略先例或违反规则,进行歧视与偏袒而不被察觉。"②

公开是专断的天敌,强制公开基准无疑是裁量基准能否有效控制行政裁量的前提。日本《行政程序法》第5条和第12条在规定审查基准和处分基准制度时,都明确了行政厅负有公布基准的义务。在我国,《湖南省行政程序规定》第91条及《广州市规范行政执法自由裁量权规定》第8条也都作出了"裁量权基准应当向社会公开"的规定。总体上来说,行政处罚依据公开包含了两项具体要求:(1)行政处罚依据必须事先向全社会公开,以便公众能够及时了解并自觉遵守;(2)行政处罚依据必须向被处罚人公开,以便其了解遭受行政处罚的理由和依据。根据《行政处罚法》第41条的规定,行政机关及其执法人员在作出行政处罚决定之前,如果不依法告知被处罚人给予处罚的理由和依据的,行政处罚决定不能成立。这一规定使得处罚依据公开有了相应的制度保障,避免其沦为"无牙的老虎"。

2. 行政处罚过程公开

行政处罚是由一系列的具体过程所构成的。为了切实维护自身的合法权益,被处罚人必须参与到行政处罚的过程之中。参与的前提是知情,所以,行政处罚的过程必须向被处罚人公开。具体来说,行政处罚过程公开是通过三个方面的具体要求得以展现的:(1)表明身份。行政执法人员通过出示执法身份证件,公开表明自己的执法主体资格,使被处罚人了解其身份及具体的执法内容。(2)告知相关事项。行政机关在作出行政处罚决定之前,应当向被处罚人告知作出行政处罚决定的事实、理由和依据,同时告知其依法享有的权利。通过告知使被处罚人进一步了解其被处罚的具体内容,以便其作出相关的应对。(3)申辩及听证。在被处罚人获知被处罚的事实、理由和依据之后,可以通过陈述、申辩或者参加处罚听证等多种渠道,向行政处罚机关公开表明自己的态度和意见,进而在行政处罚过程之中真正对行政处罚机关形成一种有力的外在制约机制。

3. 行政处罚结果公开

行政机关无论是按照简易程序还是一般程序作出行政处罚决定,都必须制作书面行政处罚决定书,并交付或者送达当事人,以便当事人及时知晓行政处罚的结果,并决定具体救济的理由和方式选择。根据《行政处罚法》第39条的规定,这种公开的行政处罚决定书应当记载如下内容:当事人的姓名或者名称、地址;违反法律、法规或者规章的事实和证据;行政处罚的种类和依据;行政处罚的履行方式和期限;不服行政处罚决定,申请行政复议或者提起行政诉讼的途径和期限;作出行政处罚决定的行政机关名称和作出决定的日期。这些内容与其说是制作行政处罚决定书的格式要求,毋宁说是行政处罚机关将行政处罚的结果完

---

① 王名扬:《法国行政法》,中国政法大学出版社1988年版,第142页。
② 〔美〕戴维斯:《裁量正义——一项初步的研究》,毕洪海译,商务印书馆2009年,第123页。

整地向被处罚人进行公开。

一般情况下,行政处罚结果公开指的是向被处罚人公开。至于行政处罚结果能否在更广泛的范围之内进行公开甚至向全社会公开,则是一个存在争议的问题。根据《政府信息公开条例》的要求,行政机关履行法定职责过程应当透明化。在行政处罚的过程中,处罚事实、处罚依据、处罚结果都应该公开。处罚结果的公开可以给公众提供一个准确的行为衡量标尺,有效防止公民因对法律的无知而触犯法律。但是,仅根据《政府信息公开条例》和《行政处罚法》对公开的要求而简单判定需要对社会公开难免有失片面。法规范往往只规定行政机关在特定范围内享有处罚权,而有关处罚的种类、幅度、方式等则由行政机关自行决定。这也就意味着行政机关可以选择将违法事实公之于众或者仅向相对人公开。当涉及行政相对人个人情况的处罚结果是否向社会公开时,行政机关就需要针对以下事项进行裁量:(1)处罚程度。如果只是一般程度的处罚,考虑到违法行为的社会危害性较小,出于保护相对人利益的考虑,无需将其公之于众使相对人受到额外的精神压制;反之,如果是较为严厉的处罚,行为性质较为恶劣,相对人主观恶性也较大,对社会造成了很坏的影响,那么就可以也应当将其公之于众。(2)处罚时段。公共政策是现代行政活动必须考量的重要因素之一。如果某一违法行为正是当下社会治理的重点、热点及难点,那么选择将其公开可能会更有利于社会治理。不过,这种公开也要避免侵犯到被处罚人的隐私权。

 理论讨论

"曝光醉酒驾车"符合行政处罚公开原则吗

南京交管部门在 2009 年 11 月间曾经正式通过媒体曝光醉酒驾车者,首批公布的名单上共有 106 人,都已被拘留过。针对有人提出醉驾者拘留后还要被曝光是否过于严厉、是否涉嫌侵权一说,交管部门认为,曝光可以使醉驾者受到震撼,以后不敢再有类似行为,同时给其他司机以警示,"符合相关法律规定"。"曝光醉酒驾车"事件发生之后,《检察日报》等媒体给予了高度关注,并组织了数次讨论。肯定者有之,质疑者亦有之。肯定的理由在于坚持媒体曝光"具有正面意义",是对处罚结果公开原则的落实和延伸,能够有效遏制醉酒驾车行为;否定的理由在于曝光醉酒驾车不仅缺乏裁量的法律依据,也会助长选择性执法,无异于是对醉驾者实施更为严厉的"二次处罚"。(资料来源:王永刚等:《"曝光醉驾者"讨论》,载《检察日报》2009 年 11 月 18 日;墨帅:《处罚结果公开与曝光不能混同》,载《检察日报》2009 年 12 月 2 日)

(四)行政处罚与教育相结合原则

在法律制裁体系中,惩罚与教育相结合历来就是一种特有原则,因此,对于违法甚至犯罪的人始终都坚持打击和教育并举的方针。早在 20 世纪 50 年代,当时的《治安管理处罚条例》就明确规定了坚持教育与处罚相结合的原则。如今,《行政处罚法》第 5 条也规定:"实施行政处罚,纠正违法行为,应当坚持处罚与教育相结合,教育公民、法人或者其他组织自觉守法。"据此可以判断,行政处罚并不是终极目的,处罚的最终目的在于恢复被破坏了的社会秩序,并促使相对人以后不再违法。为了达此目的,就必须坚持处罚和教育两种手段并举的原则。

其实,《行政处罚法》的很多条款都表达了处罚与教育相结合的含义。例如,《行政处罚法》第25条规定:"不满14周岁的人有违法行为的,不予行政处罚,责令监护人加以管教;已满14周岁不满18周岁的人有违法行为的,从轻或者减轻行政处罚。"根据这一规定,对青少年违法就应当坚持教育为本的基本理念,根据责任年龄的不同分别从轻、减轻或不予处罚。又如,《行政处罚法》第23条规定:"行政机关实施行政处罚时,应当责令当事人改正或者限期改正违法行为。"该条中的"责令改正"即体现了处罚的同时需要教育的意蕴。值得注意的是,在理解行政处罚与教育相结合原则时,需要防止走向两个极端,即"不教而诛"和"以教代罚"。为此,可以将行政处罚与教育相结合原则的要求概括为如下两个方面:

1. 教育守法优先

在依法处罚的同时,注意行政处罚的目的在于教育当事人自觉守法。鉴于行政处罚是行政机关最常用的治理手段,因而在实施行政处罚时必须在法定限度之内,按照有利于教育被处罚人改过自省的原则确定对当事人的具体处罚。一般来说,当事人的责任年龄、责任能力、主观恶性大小、在违法活动中的角色、行为的社会危害性程度、是否初犯等情节都会构成行政机关处罚裁量的重要因素。如根据《治安管理处罚法》第21条的规定,对于70岁以上以及怀孕或者哺乳自己不满1周岁婴儿的违法行为人,就不能执行行政拘留处罚。这一规定无疑体现了体恤弱者、重在教育感化的精神。在当前的行政执法实践中,最值得警惕的就是要防止机械适用法律,为了处罚而处罚。在前述烟民被拘案中,行政处罚机关的重罚行为不仅与上位法相抵触,而且也违反了行政处罚与教育相结合原则,其结果就难以取信于当事人。

2. 行政处罚促进守法教育

从某种意义上来说,行政处罚本身也是一种教育手段。如果在行政执法过程中一味强调空洞的批评教育,不仅会丧失行政处罚自身的严肃性,而且也不利于当事人自觉遵守法律规范。换言之,行政执法不仅需要教育的"软化"作用,同时也需要处罚的"硬性"作用。尤其是在我国当下食品安全、环境污染、交通管理等诸多行政领域社会治理乱象纷呈的背景下,如果片面而僵化地突出教育功能,非但不能实现社会治理水平的提升,反而可能恶化现有的社会治理状况。因此,在行政处罚中,也需要避免以教代罚现象的出现。

 理论探讨

行政处罚中教育与处罚怎样结合

教育与处罚究竟应当怎样结合?目前在理论研究、法律制度以及实际操作各个层面,这个看似"简单的问题"却都被"忽略"了。笔者认为,二者的结合主要有两种基本方式:一是在治安行政的抽象行为方面,作为政策性原则,在立法层面的结合;二是在治安行政的具体行为方面,作为执行性原则,在执法层面的结合。

1. 作为政策性原则,在立法层面的结合。教育与处罚相结合的原则是科学思想和理念的反映,并作为政策性原则对国家立法和政府行政立法产生积极的影响。虽然1957年的第一部《治安管理处罚条例》没有明确提出教育与处罚相结合的原则,可是在这部法律的具体条文里可以明显看出这一原则精神的存在。1986年的《治安管理处罚条例》最终使教育与处罚相结合原则得到法律文本确认,并在立法中体现了教育与处罚相结合的原则。所以,教育与处罚相结合原则从一开始就作为指导治安行政处罚立法的政策性原则,对治安行政处罚立法起到了重要的作用,并逐渐成为贯穿我国治安行政处罚法律的、具有鲜明特色的一条主线。

2. 作为执行性原则,在执法层面的结合。在治安行政处罚立法中贯彻教育与处罚相结合原则为治安管理处罚执法体现原则精神创造了条件,但这并不等于说执法阶段和执法层面就没有进一步贯彻原则的空间和必要。事实上,大量的实际问题需要在具体的执法过程中解决,在执法层面全面贯彻教育与处罚相结合原则是实现治安管理处罚根本目的的关键环节,必须科学阐释,建立规范,落实到位。首先,目的与措施的结合。在实施治安管理处罚的过程中,每一个具体执法行为都要以"使被处罚人受到教育"为根本目的,并积极体现这一目的,追求积极社会效益的最大化,而不是经济利益和其他利益的最大化。其次,过程与过程的结合。在实施治安管理处罚的过程中,要把教育和处罚分别作为独立的过程予以实施,当作"两个相得益彰的措施和两个实实在在的工作程序"来完成,不能互相代替,更不能把教育只当作口号,或是作为处罚的陪衬。在具体实施时,教育在前,以处罚为后盾;处罚在后,建立在教育的基础之上。两个环节紧紧相扣,寓教于罚、以罚促教、以教导罚、罚教结合。最后,措施与措施的结合。在实施治安管理处罚的过程中,要根据违法行为人的具体情况,依法实施有针对性的、行之有效的处罚和教育措施。在教育内容、教育方法、教育过程等方面都要有充分的准备,在法定处罚方式的选择、处罚程度的度量、宣布处罚的方式等方面要根据对象的具体特点作出决定,使教育功能与处罚功能互补互促,教育效果与处罚效果相得益彰。(资料来源:石向群:《我国治安行政教育与处罚相结合原则研究》,载《中国人民公安大学学报》2006年第3期)

(五) 权利保障原则

自从20世纪90年代以来,人权保障的观念日渐在我国法学界兴起,其典型的表现就是在打击违法犯罪分子的同时注重对其基本权利的有效保护。综观《行政处罚法》,可以说权利保障的思想已经深深地浸润其中。根据该法有关条款的规定,行政相对人在行政处罚过程中享有获得通知权、陈述权、申辩权、了解权、拒绝权、救济请求权等多种权利。就其法律属性而言,上述权利都是行政相对人所享有的程序性权利,即为制约国家机关的权力,保障公民实体权利的实现,在一定的法律程序中为公民设定的权利。

在法理学上,权利与义务具有对应性的特点,一定的权利需要一定的义务来使其得到满足。具体就行政程序法律关系而言,行政相对人所享有的程序权利也就是行政机关所应当履行的程序义务。例如,行政相对人享有陈述、申辩权就意味着行政机关负有听取意见的义务,行政相对人享有获得通知权就意味着行政机关负有及时告知的义务,等等。行政机关不能因为当事人行使上述权利而"加重处罚";如果行政机关拒绝听取当事人陈述和申辩,行政处罚决定甚至"不能成立";如果行政处罚机关没有履行告知义务,当事人的起诉期限就"从其知道或者应当知道诉权或者起诉期限之日起计算"。由此可见,对行政相对人程序权利的确认、尊重和保障,能够有效地驱使行政处罚权运作的理性化,从而增强行政处罚决定的可接受性。正如有的学者所指出的那样:"保障当事人权利原则的提出,反映了近年来广大人民群众的呼声,和我国立法中民主思想的发展。"①

第三节 行政处罚的种类与设定

一、行政处罚的种类

行政处罚种类就是行政处罚内容的具体表现形式。作为一个类概念,行政处罚包括多种形式。尤其是在我国这样一个以行政处罚为主要行政管理手段的国家,行政处罚种类特别繁多。在行政法学理上,通常将行政处罚种类分为四种:一是人身罚,又称为自由罚,如拘留等;二是行为罚,又称为能力罚、资格罚,如责令停产停业、吊销营业执照等;三是财产罚,如罚款、没收违法所得等;四是申诫罚,又称为荣誉罚、声誉罚,如警告、通报批评等。

为了规范行政处罚的种类,《行政处罚法》第8条明确规定了六类基本的处罚形式:警告;罚款;没收违法所得、没收非法财物;责令停产停业;暂扣或者吊销许可证、暂扣或者吊销执照;行政拘留。鉴于行政管理的复杂性,该条第7项还作了一个概括式的规定,即"法律、行政法规规定的其他行政处罚"。也就是说,如果其他的法律、行政法规规定了另外的处罚形式,也是合法的行政处罚种类。由此可见,行政处罚种类远远超过以上明确举出的六种。②

二、行政处罚的设定

"设定"是《行政处罚法》所贡献出的一个重要法律概念。在此之前,行政处罚设定问题一直没有引起学界特别是实务部门的关注。在行政处罚实践中,往往将处罚设定权与规定权及行政管理权相混同。有人认为,凡是享有行政管理权的机关就天然地拥有行政处罚设定权,否则就没有办法管理行政事务了;有人则认为,凡是有权规定某事项的机关就能够设定行政处罚,等等。这些错误的观念导致了实践中随意设定、自行创设行政处罚种类的现象层出不穷,成为我国行政处罚领域混乱的源头。为此,在行政法学界的大力推动下,《行政处罚法》对行政处罚设定问题作了专门的规定。与此有关的两个重要术语是"设定"和"(具体)规定",前者是通过立法创造出行政处罚种类,即法律、法规或者规章率先自主地"创造"出一种新的行政处罚;后者则是法规、规章对上位法已经存在的行政处罚作出一种细化或补充。

从本质上来说,行政处罚的设定权属于立法权范畴。《行政处罚法》的任务就是要合理地配置行政处罚的设定权,从而明确不同位阶的法在行政处罚设定上的权力边界。从总体上来看,只有法律、行政法规、地方性法规及规章等四类法可以设定行政处罚,行政规定没有

---

① 应松年、刘莘主编:《行政处罚法理论与实务》,中国社会出版社1996年版,第35—36页。
② 也有一种观点认为,责令限期改正是行政处罚。江必新、梁凤云:《行政诉讼法理论与实务》,北京大学出版社2009年版,第154页。

行政处罚的设定权。同时,该法还就不同位阶的法的行政处罚设定权作了明确限制。总的来说,位阶越高的法所享有的处罚设定权就越大,位阶越低的法所享有的处罚设定权就越小,受到的限制也越多;当高位阶的法已经有行政处罚设定时,低位阶的法只能在高位阶法的范围之内作出更为具体的规定,而不能另行设定。在《行政处罚法》中,它具体表现为:(1)法律可以设定各种行政处罚。限制人身自由的行政处罚,只能由法律设定。(2)行政法规可以设定除限制人身自由以外的行政处罚。法律对违法行为已经作出行政处罚规定,行政法规需要作出具体规定的,必须在法律规定的给予行政处罚的行为、种类和幅度的范围内规定。(3)地方性法规可以设定除限制人身自由、吊销企业营业执照以外的行政处罚。法律、行政法规对违法行为已经作出行政处罚规定,地方性法规需要作出具体规定的,必须在法律、行政法规规定的给予行政处罚的行为、种类和幅度的范围内规定。(4)尚未制定法律、行政法规的,国务院各部委以及国务院授权的具有行政处罚权的直属机构制定的部门规章、省级人民政府和省会市及经国务院批准的较大的市人民政府制定的地方规章对违反行政管理秩序的行为,可以设定警告或者一定数量罚款的行政处罚,但罚款的限额应当分别由国务院及省级人民代表大会常务委员会规定。此外,规章可以在法律、行政法规规定的给予行政处罚的行为、种类和幅度的范围内作出具体规定。上述内容可以概括如下表①:

有权设定行政处罚的法律规范的层级	新设定权	具体规定权	注意事项
法律	各种处罚	下位法应当依据上位法,在上位法规定给予处罚的行为、种类和幅度范围内对已有处罚作出细化规定	① 限制人身自由的处罚的设定属于法律的绝对保留事项,法律享有专属设定权 ② 法律设定的处罚种类可以突破《行政处罚法》第 8 条所规定的法定 6 种限制
行政法规	限制人身自由以外的处罚		行政法规可以设定除了限制人身自由以外的处罚,而且可以突破《行政处罚法》第 8 条所规定的法定 5 种的限制
地方性法规	限制人身自由、吊销企业营业执照以外的处罚		必须在法定 5 种之内,包括:警告、罚款、没收违法所得和没收非法财物、责令停产停业以及暂扣或者吊销许可证或者暂扣执照
部门规章	警告和一定数额的罚款		罚款限额由国务院规定
地方政府规章			罚款限额由省级人大常委会规定

第四节 行政处罚实施机关

一、行政机关

此处的行政机关是具有行政处罚实施权的国家机关。《行政处罚法》第 15 条规定:"行政处罚由具有行政处罚权的行政机关在法定职权范围内实施。"由此可见,作为行政处罚实

---

① 转引自应松年主编:《行政处罚法教程》,法律出版社 2012 年版,第 107 页。

施机关的行政机关必须具备两个基本条件,即必须拥有行政处罚权且在其法定职权范围内行使。为了使这一规定更加具有灵活性以适应行政管理的需要,也为了解决实践中存在的"多头处罚"现象(即人们常说的"十顶大盖帽管一顶小草帽"),《行政处罚法》第 16 条规定:"国务院或者经国务院授权的省、自治区、直辖市人民政府可以决定一个行政机关行使有关行政机关的行政处罚权,但限制人身自由的行政处罚权只能由公安机关行使。"综上,行政机关作为行政处罚实施机关有四种具体情形:(1)各级人民政府;(2)县级以上各级人民政府的职能部门;(3)县级以上地方人民政府的派出机关;(4)经国务院或者国务院授权的省级人民政府批准成立的综合执法机关。

有时,行政机关依法可以委托其他组织来行使处罚权。根据《行政处罚法》第 19 条的规定,受委托组织自身必须符合以下三个条件:依法成立的管理公共事务的事业组织;具有熟悉有关法律、法规、规章和业务的工作人员;对违法行为需要进行技术检查或者技术鉴定的,应当有条件组织进行相应的技术检查或者技术鉴定。为了防止行政处罚实施的混乱,《行政处罚法》第 18 条对委托行政处罚作了必要的限制性规定,主要包括以下四项规则:(1)依法委托规则。由于行政处罚实践中已经存在着实施机关过多、过滥的弊病,因而行政处罚的委托必须有明确的法定依据。也就是说,除非法律、法规或者规章有明确的规定,否则,行政机关不得随意地进行行政处罚的委托。(2)范围限制规则。行政机关只能在自己的行政处罚权限范围之内进行委托,而不能把自己都不拥有的行政处罚权也一并"委托"出去。(3)转委托禁止规则。某一组织接受委托之后,就必须自己去亲自实施行政处罚,不能再委托其他任何组织或者个人去实施行政处罚。(4)委托监管规则。由于受委托组织只能以委托的行政机关的名义实施处罚,行政处罚的一切后果都由委托的行政机关承担,因而为了避免行政处罚的滥用,委托行政机关应当对受委托组织实施行政处罚的行为进行经常性的监督。

二、授权组织

法律、法规授权的组织具有与行政机关一样的法律地位,是行政处罚实施机关。《行政处罚法》第 17 条规定:"法律、法规授权的具有管理公共事务职能的组织可以在法定授权范围内实施行政处罚。"据此可以认为,一个非行政机关的组织行使行政处罚权必须具备三个基本条件:(1)该组织必须具有管理公共事务的职能;(2)该组织必须经由法律、法规的授权;(3)该组织必须在授权的范围之内实施行政处罚。

在实践中,这类组织可能具体表现为以下八种情形:第一,行政机关的内部机构。原则上,行政机关的内部机构只能以所属行政机关的名义对外行使职权,但在得到法律、法规的明确授权时,它也可以成为行政处罚实施机关。例如,根据《道路交通安全管理法》的规定,作为公安机关内设机构的交警队就可以独立实施警告、50 元以下罚款及吊销驾驶证 2 个月以下的处罚。第二,行政机关的派出机构。派出机构是指县级人民政府的职能部门根据工作需要在一定区域内设置的,代表该职能部门管理某项行政事务的派出工作机构。第三,行政机关的临时性机构。临时性机构是指行政机关设立的、协助其处理某些临时性行政管理事务的组织,这类机构在管理某种特殊的行政事务时往往能够成为"行政机关"。临时性机构十分繁多,有的比较固定,如各级防汛抗旱指挥部等,这种机构在每年的防汛抗旱工作中起着关键性作用;有的则仅仅存在于某一特定的时期,如防治非典工作领导小组、禽流感防治工作指挥部等,这些机构仅仅在"非典"及"禽流感"肆虐时才真正发挥作用。第四,企业单位。能够成为授权组织的企业单位主要是指公用企业(如邮电、电信、公交公司、铁路运输企业等)、金融企业(如各类商业银行)及某些行政性公司(如中国船舶总公司、中国石化总公司等)。第五,事业单位。高等院校、科研机构等事业单位是典型的授权组织,如根据《教育法》《高等教育法》的有关规定,学校及其他教育机构有权对受教育者进行处分。第六,社会团体。社会团体是指社会成员本着自愿的原则,依照团体章程而组成的集合体。大量的社会团体都可能经法律、法规的授权而成为"行政机关",如红十字会、消费者协会、妇联等。第七,行业协会。随着经济体制和政治体制改革的不断深入,部门管理模式逐渐为行业管理模式所取代,大量的行业协会及专业协会应运而生,如律师协会、注册会计师协会、足球协会等,这些行业协会可以依据章程进行自主管理,甚至可以直接对其成员进行惩戒。例如,根据《律师法》的规定,律师协会按照章程对律师给予奖励或给予处分。第八,基层群众性自治组织。这类组织主要是指城市的居民委员会和农村的村民委员会。上述八类组织凡符合《行政处罚法》第17条规定的,都可以是行政处罚的实施机关。

 案例研究

万春园公司是行政处罚实施机关吗

1996年12月14日,北京大学法律系研究生何海波为了赶路,不顾"请勿入内,违者罚款"的告示,穿行万春园别墅区,遭到别墅区物业管理机构万春园公司的保安人员的阻拦,后者根据公司文件对何处以10元钱的罚款。何海波在交纳了罚款之后,才得以放行。后何海波诉至法院,要求被告万春园公司返还10元钱,并承担本案诉讼费。根据《行政处罚法》的有关规定,万春园公司是行政处罚实施机关吗?(资料来源:何海波:《法治的脚步声》,中国政法大学出版社2005年版,第178页)

第五节 行政处罚的适用

行政处罚是一项专业性极强的行政行为,因而在适用过程中必须遵循相应的法规则,才能确保其宗旨的实现。《行政处罚法》为此设置了专章,对行政处罚的适用规则作了详细规定。归纳起来,这些法规则主要包括以下七个方面的内容:

一、行政处罚管辖规则

行政处罚管辖是指行政处罚机关之间对行政相对人违法行为查处的权限划分。也就是说,管辖所解决的是由什么地方、具备什么职能的哪一级行政机关来处理行政相对人违法的问题。根据《行政处罚法》的规定,除非法律、行政法规另有规定,行政处罚一般都由违法行为发生地的县级以上地方人民政府具有行政处罚权的行政机关管辖;对管辖发生争议的,则报请共同的上一级行政机关指定管辖。由此可见,行政处罚管辖规则实际上包括了五个方面的内容:(1)地域管辖规则,即由"违法行为发生地"的机关管辖。(2)级别管辖规则,即由"县级以上"地方行政机关管辖。当然,最终由哪一级机关来管辖还必须依据单行法律、法规和规章的具体规定来确定。(3)职能管辖规则。由于行政管理事务极其复杂,因而行政系统内部一般都存在明确的分工,不同性质的行政机关分别处理属于自己职责权限范围内的行政处罚案件。也就是说,只有"具有行政处罚权"的行政机关才能对行政违法行为行使管辖权。(4)指定管辖规则,即两个以上行政机关对行政处罚管辖权发生争议时,应当由其共同的上一级行政机关指定管辖。(5)特别管辖规则,即当法律、行政法规对管辖权问题有例外规定时,应当适用例外规定。除此以外,一些单行法律、法规还规定了移送管辖等规则。

二、案件移送规则

由于行政违法行为与犯罪之间往往并不存在十分清晰的法律界限,因而在实践中经常会出现行政机关在处理行政违法案件时,发现行政相对人的违法行为可能已经构成犯罪的情形。由于违法行为是否构成犯罪应当由司法机关根据刑事诉讼程序进行最终认定,行政机关必须及时将案件移送到司法机关处理。为此,《行政处罚法》第22条规定:"违法行为构成犯罪的,行政机关必须将案件移送司法机关,依法追究刑事责任。"

三、责令改正规则

根据《行政处罚法》第23条的规定,行政机关实施行政处罚时,应当责令当事人改正或者限期改正违法行为。该条规定充分体现了行政处罚中的"罚教结合"原则,即行政机关不仅要对行政相对人的违法行为进行必要的制裁,而且还应当督促行政相对人将这一违法行为纠正过来,恢复到合法状态。尽管人们对责令改正的意义都予以充分认可,但责令改正行为的法律性质迄今仍然是一个分歧较大的理论问题。在行政法学界,对这一问题形成了几种不同的观点,有的认为是行政处罚的一种必然结果;有的认为是一种新型的处罚,即救济罚;有的认为应当属于行政处罚中的申诫罚;还有的认为是一种典型的行政命令。我们认为,在制定法体系中,"责令类"行为的性质比较复杂,不能一概而论,如规划管理部门对无证施工单位实施的"责令停止施工"决定就是一种临时性的行政强制措施,目的在于为后续的除法行为做准备,而"责令停产停业"决定则是一种行政处罚行为。就《行政处罚法》所规定的责令改正行为而言,并不是行政处罚行为,因为它本身不是对违法行为的制裁,而是要求违法行为人履行相应的义务;同时,它也不是行政强制措施,因为责令改正行为是与行政处罚同时作出的,责令并不是处罚前的一种临时性处置措施。基于以上分析,此处的责令改正行为是一种命令性的行政决定。

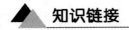 知识链接

责令改正不是行政处罚种类

在王国富诉石柱县国土资源和房屋管理局行政强制措施决定再审案中,法院认为:"王国富所办理的5002400420072号'采矿许可证'的有效期届至2005年8月。期限届满后没有得到续展,故其已经丧失在黎场乡望江村小地名'砖瓦溪'处采砂、取石的权利。其继续从事开采行为违法。石柱县国土资源和房屋管理局对其继续实施开采行为予以制止,并通过

向其发放'责令停止违法行为通知书',责令'立即停止矿产违法行为,听候处理',促使行为人王国富结束继续开采砂石的行为,保持其不作为行为状态。该行政措施为要求相对人王国富停止违法行为,修复违法行为状态所必需,即只要其结束违法行为状态,保持不作为状态即可,无须王国富付出更多的代价,故该责令停止违法行为不具制裁性质,属行政强制措施之一种,不符合行政处罚的性质,非为《行政处罚法》第8条规定的行政处罚。"(资料来源:重庆市第四中级人民法院《行政判决书》[2008]渝四中法行再终字第1号)

四、处罚裁量规则

行政法的精髓在于裁量,裁量的本质就是根据自己的理解作出判断和处置。[①] 在行政处罚中,裁量同样广泛存在。行政机关可以根据自己对行政相对人违法情节轻重、社会危害程度大小等因素的考虑,最终作出与此相适应的处罚决定。根据《行政处罚法》的有关规定,处罚裁量规则主要包括两个方面:

(一) 不予处罚规则

在下列四种情形下,行政机关不得给予处罚:(1) 不满14周岁的人有违法行为的;(2) 精神病人在不能辨认或者不能控制自己行为时有违法行为的;(3) 违法行为轻微并及时纠正,没有造成危害后果的;(4) 违法行为超过追诉时效的。

(二) 从轻或者减轻处罚规则

在下列几种情形下,行政机关不得给予处罚:(1) 已满14周岁不满18周岁的人有违法行为的;(2) 当事人主动消除或者减轻违法行为危害后果的;(3) 受他人胁迫有违法行为的;(4) 配合行政机关查处违法行为有立功表现的;(5) 其他依法从轻或者减轻行政处罚的。

五、一事不再罚规则

由于行政管理权限和行政管理法律规范的重叠交叉,行政相对人单一的违法行为往往会同时触犯到多个行政法律规范,而不同的行政机关则可能分别依据不同的行政法规范对该行为进行处罚,从而导致重复处罚现象的滋生。重复处罚不仅违背了行政处罚的"过罚相当"原则,直接侵害了行政相对人的权益,而且还增加了大量的行政成本,降低了行政处罚的效益。为此,根据《行政处罚法》第24条的规定,对当事人的同一个违法行为,不得给予两次以上罚款的行政处罚。对这一规则的理解关键在于如下两个方面:

(一) "一事"的认定

比照刑法上的犯罪构成理论,所谓"一事"即只要违法行为人实际上仅实施了一个违法行为,那么就应当"不再罚"。"不再罚"既包括已经作出处罚的行政机关"不再罚",也包括

---

① 参见杨建顺:《行政裁量的运作及其监督》,载《法学研究》2004年第1期。

其他有管辖权的行政机关"不再罚"。这就是学理上通常所说的"先罚有效,后罚无效"。一般来说,任何一个行为都是某个特定的行为主体在其意识的支配下,在特定的时空所作出的举动。在行政法上,行政违法行为就是指行政相对人在一个特定的时空环境下,在一定的意识支配下所实施的违反行政法规范的行为。在实践中,以下三种情形之下究竟是"一事"还是"多事"尚需仔细分析:

(1) 连续状态的违法行为。如无证驾驶摩托车这一行为,自车主购买之日到被交通管理部门查处之日一直处于连续的状态。从表面上看,在一段较长的时期内,车主反复实施了无证驾驶这一违法行为,似乎可以据此推定为车主实施了数个独立的违法行为。其实,这些行为所侵害的客体及其主观故意都是同样的,属于同一种类的违法行为,因而在法律上仍然被认定为"一个"违法行为。

(2) 继续状态的违法行为。例如非法限制他人人身自由这一行为,自限制他人人身自由时开始,一直会继续到他人的人身自由恢复时为止。从表面上看,这些行为在时间上有间隔,似乎可以据此构成数个不同的违法行为。其实,这些行为所侵害的客体及其主观故意都是同样的,只是在时间上呈现出不间断的特点,因而本质上仍然属于"一个"违法行为。需要指出的是,无论是有连续还是持续状态的行为,如果已经为行政机关所处罚,但处罚之后仍然不纠正并继续违法的,行政机关就可以继续对其实施处罚。在这里,前后的处罚就应当是针对不同的违法行为所作出的,并不违反"一事不再罚"原则。

(3) 牵连的违法行为。如为窃取现金,违法行为人将办公室的大门及保险柜的锁全部撬坏。在这里,窃取现金和毁坏门锁分别属于两类行为,但二者存在密切的关系:毁坏门锁是窃取现金的必要步骤,窃取现金是最终目的,而毁坏门锁则是达成这一目的的手段。在刑法上,这类行为属"牵连犯",对牵连犯的处理遵循"从一重事从重处罚"规则。这一规则在行政法上也可以予以借鉴,对上述数个行为以一个行为对待,并在法定幅度范围内作出较重的处罚。

(二)"法规竞合"的适用

法规竞合是指行为人的同一个违法行为同时触犯多个法规范的规定。如一个无照小贩在禁止摆摊设点的学校门口卖食品,这一行为就可能同时触犯工商、税务、市容、卫生、城管、交通等多个行政法规范。那么,对于这种行为究竟是只能给予一次处罚还是可以给予多次处罚呢?有的学者认为,由于事实上只有一个行为,只是由于立法的缘故才出现了所谓的多个违法行为。任何一个行为的社会危害程度是由该行为本身所造成的,不能因为立法的缘故而增加。[①] 因此,主张只能一次处罚,否则就违背了"过罚相当"原则。但反对者则认为,对于此类情况,如果只给予一次处罚则显得"太轻",不足以制裁违法行为,不能保护受到侵害的不同的行政法律秩序。[②] 我们认为,上述理解都具有一定的合理性。应该承认,造成这种问题的主要原因还在于行政法规范创制工作质量的低下。为了尽量避免产生一事再罚现象,今后应当强化行政立法的质量,明确不同行政机关之间的权限分工,从源头上减少行政处罚的重合。就目前而言,可以将"法规竞合"视为"一事不再罚"原则的例外。

---

① 参见杨小君:《行政处罚研究》,法律出版社 2002 年版,第 53—54 页。
② 参见刘宏渭等:《析行政处罚一事不再罚原则》,载《法制日报》2002 年 12 月 26 日。

（1）当一个行为同时违反了行政法规范和其他性质的法规范时，由有权机关依据各自的法规范实行多重处罚。例如，在举行游行、示威的过程中，侵害到他人的身体并造成伤亡的，就可以分别依照《刑法》以及《治安管理处罚法》的规定实施相应的刑事处罚和行政处罚；又如，对于企业的走私活动，除了依据刑法规定给予企业单位负责人、直接责任人员有期徒刑的刑事制裁以及判处单位罚金的处罚以外，还应当给予吊销企业营业执照的行政处罚。当然，为了保证处罚的公正性，应当避免给予性质相近的处罚，如法院已经判处罚金，则行政机关就不宜再作出罚款处罚决定。

（2）当一个行为同时违反了数个行政法规范时，为了保障行政处罚制裁功能的实现，不同的主管行政机关可以分别依据不同的行政法律规范给予行政处罚。同时，为了有效防止过与罚之间过于失当，应当对"后罚"行政机关进行必要的限制，一是"后罚"行政机关在实施处罚时，应当充分考虑被处罚人已受处罚的事实，对其从轻甚至免予处罚；二是"后罚"行政机关不得对被处罚人施以与"前罚"行政机关相同种类的处罚，特别是不能重复进行罚款。

案例研究

对王学萍既训诫又拘留是否违反了"一事不再罚"原则

2009年10月原告王学萍携带上访材料来到北京。10月23日中午，当原告到天安门前金水河东一桥抓住警戒线时，被在天安门广场执勤的武警和民警发现及时制止。经过民警现场盘问，原告称是上访的，随后原告被带至北京市公安局天安门分局，该局对原告进行询问后向原告出具[2009]第40055号北京市公安局天安门分局训诫书，其中第四项载明：天安门地区不是信访接待场所，不接待信访人员走访，也不允许信访人员滞留或聚集，原告应到相关信访接待部门去反映自己的问题。对违反上述规定，不听劝阻，情节严重的，公安机关将依据《中华人民共和国治安管理处罚法》等法律法规予以处理。2009年10月26日原告被移交给被告处理。被告受理后即对原告进行了传唤、询问，并告知原告享有陈述申辩权，原告也进行了申辩，经审核批准，被告于2009年10月26日对原告王学萍作出了郑公中（西路）行决字[2009]第0062号公安行政处罚决定书并于当天送达原告。原告称其已被训诫，而后又被被告拘留违背了"一事不二罚"的原则，于是向中原区人民政府提起行政复议。2009年12月23日，中原区人民政府复议维持了该处罚决定。原告遂起诉至法院。（资料来源：河南省郑州市中级人民法院《行政判决书》[2010]郑行终字第109号）

六、行、刑折抵规则

鉴于行政违法与犯罪在实践中常常交织在一起，为了妥善解决好两者之间的衔接，避免当事人受到过度制裁，根据《行政处罚法》第28条的规定，违法行为构成犯罪，法院判处拘役或者有期徒刑时，行政机关已经给予当事人行政拘留的，应当依法折抵相应刑期。违法行为构成犯罪，法院判处罚金时，行政机关已经给予当事人罚款的，应当折抵相应罚金。

七、处罚时效规则

时效制度是一项重要的法律制度,其主要目的在于维护社会秩序的稳定性。《行政处罚法》主要规定的是处罚的追诉时效制度。根据该法第 29 条的规定,除非法律另有特殊规定,违法行为在两年内未被发现的,不再给予行政处罚;其中,"两年"是从违法行为发生之日起计算的,如果违法行为有连续或者继续状态的,则从行为终了之日起计算。也就是说,违法行为只要没有被行政机关"发现",那么自该行为发生之日起两年后,行政机关纵使发现了也不得对行政相对人给予行政处罚。1991 年 8 月 21 日最高人民法院行政审判庭在《关于出售淫秽物品如何计算追溯期限问题的电话答复》中称:"行为人'将淫秽物品出售他人后',应当视为其违法行为已经终了。'致使淫秽物品接连不断地在社会上转卖、复制、传播',只能作为其违法行为的情节(即所造成的后果)来考虑,而不能视为连续或继续状态。"当然,如果法律对处罚追诉时效有特别规定的,则从其规定。如《治安管理处罚法》第 20 条规定,治安行政处罚的追诉时效为"6 个月"。①

第六节 行政处罚程序

《行政处罚法》实质上就是一部规范行政处罚的单行行政程序法。这部法律在程序方面的贡献殊多,除了前文已经阐述的确认行政相对人的"程序性权利"以外,还建立了"最低限度的公正处罚程序"规则,实现了处罚程序的"繁简分流"直至首次确立听证程序规则。行政处罚程序分为简易程序和一般程序,听证程序是一般程序中的一个特别程序,适用于法律规定的若干种行政处罚。

一、行政处罚程序概述

行政处罚程序的一般规定是指无论是什么类型的行政处罚案件,也无论是何种行政机关所作出的行政处罚决定,都必须遵循步骤、方式和时空三个程序要素。根据该法的规定,这些最低限度的公正处罚程序主要有三个方面:

(一)查明事实再处罚

根据《行政处罚法》第 30 条的规定,公民、法人或者其他组织违反行政管理秩序的行为,依法应当给予行政处罚的,行政机关必须查明事实;违法事实不清的,不得给予行政处罚。该条规定是针对所有的行政处罚行为而言的,不论是轻微的如警告,还是严重的如行政拘留,都必须遵循"先查清事实,后实施处罚"的程序规则。可以说,查明事实是维系行政处罚决定合法性、公正性及其可接受性的前提,如果没有事实或者事实不清,行政机关就不能作出处罚决定。具体来说,该项规则有三方面的要求:(1)行政机关对于需要给予行政处罚的违法行为,应当全面查清事实真相;(2)经调查取证后,所认定的违法事实应当是清楚的;(3)已经查清的违法事实应当作为实施处罚的唯一事实根据。

---

① 《治安管理处罚法》第 20 条规定:"违反治安管理行为在 6 个月内没有被公安机关发现的,不再处罚。前款规定的期限,从违反治安管理行为发生之日起计算;违反治安管理行为有连续或者继续状态的,从行为终了之日起计算。"

(二) 处罚前进行告知

根据《行政处罚法》第 31 条的规定,行政机关在作出行政处罚决定之前,应当告知当事人作出行政处罚决定的事实、理由及依据,并告知当事人依法享有的权利。这是该法关于行政机关告知义务的规定。在现代行政程序法上,告知是行政机关所负的一项程序义务。告知对于保障行政相对人及时参与行政程序进而有效维护其合法权益具有重要的价值。这是因为,现代民主政治的精髓是民主参与,离开了公民对国家政治生活的实际参与,民主政治就是一种骗局。同样的,在行政法上,如果没有行政相对人对各种行政事务的积极参与,民主行政便会沦为空谈。然而,参与的前提是知情,如果行政相对人不了解行政的运作过程,甚至连关系到自己切身利益的行政决定如何作出都不清楚,那么行政相对人的诸多权利根本就得不到维护。因此,行政机关在作出行政决定尤其是不利行政决定之前,必须将有关事项及时、全面地告诉行政相对人,以便其有效地参与行政处罚程序、维护自身权益。根据《行政处罚法》的上述规定,告知主要涉及三个基本问题:(1)告知的内容,具体包括行政处罚的事实根据、法律根据、基本理由、处罚结论以及被处罚人所享有的各种权利。(2)告知的对象,主要是指被处罚人。(3)告知的时间,即应当在行政处罚决定作出之前。

(三) 认真地听取意见

根据《行政处罚法》第 32 条的规定,当事人有权进行陈述和申辩。行政机关必须充分听取当事人的意见,对当事人提出的事实、理由和证据,应当进行复核;当事人提出的事实、理由或者证据成立的,行政机关应当采纳。行政机关不得因当事人申辩而加重处罚。这是该法关于行政机关听取意见义务的规定。听取意见最早源于英国普通法上的自然公正原则。自然公正原则有两项基本的程序法则,其中首要的规则就是"听取对方的意见",即"任何人或者团体在行使权力可能使别人受到不利影响时必须听取对方意见,每一个人都有为自己辩护和防卫的权利"。① 可见,听取意见就是指行政机关在行使行政职权作出对行政相对人不利的行政决定之前,负有充分听取相对人陈述和辩解的程序性义务。是否认真地听取行政相对人的陈述和申辩是区分开明行政和专制行政的重要标准。很显然,在现代民主理念之下,吸收公民广泛参与行政过程、充分听取公民意见已经成为政府施政的重要环节。听取意见不仅体现了行政机关对行政相对人的人格尊重和参与权的关怀,而且还能有效地避免行政偏私进而提高行政决定的科学性、合理性和可接受性。根据《行政处罚法》的上述规定,听取意见主要涉及两个基本问题:(1)听取意见的内容,具体包括当事人的陈述和申辩,前者是指当事人就案件所涉及的基本事实向行政机关所作的肯定性及否定性的表述,后者是指当事人针对行政机关的不利指控所进行的反驳。(2)听取意见中的义务,具体包括复核、采纳及禁止加重处罚义务,前者表明行政机关不但要"认真倾听",而且还要"充分汲取";后者是指行政机关不得搞"态度罚"。

二、行政处罚简易程序

在现代社会,行政程序的价值是多元的,因而行政程序的设计也应当是多元化的。正如

---

① 王名扬:《英国行政法》,中国政法大学出版社 1987 年版,第 152 页。

美国行政法学者盖尔霍恩所言:"行政程序的根本政策问题就是如何设计一种制约制度,既可最大限度地减少官僚武断和超越权限的危险,又可保持行政部门需要的有效采取行动的灵活性。"① 大体上来说,保障当事人的程序性权利、确保行政处罚结果的公正性、提高行政处罚的效率等都应当成为行政处罚程序所追求的目标。因此,对行政处罚程序的设计就必须综合考虑上述因素。行政处罚程序的繁简分流不仅体现了较高的立法技术,而且还折射出行政程序观念的巨大变迁。

《行政处罚法》第33、34条对行政处罚的简易程序作了详细规定。简易程序的适用体现了行政经济、效率的要求,对于维护行政相对人的合法权益也具有积极的作用。道理很简单,对于事实十分清楚的如交通违章警告、小额罚款等处罚,如果适用极为复杂的程序,不仅会白白浪费行政资源,大大降低行政管理的效率,而且还会给行政相对人造成不必要的麻烦。

行政处罚的简易程序主要涉及两个基本问题:(1) 简易程序的适用范围。一般来说,简易程序主要适用于那些事实清楚、情节简单、争议不大,且对当事人权益影响程度较低的行政处罚。根据《行政处罚法》第33条的规定,简易程序的适用应当符合下列三个条件:违法事实确凿;有法定依据;对公民处以50元以下、对法人或者其他组织处以1000元以下罚款或者警告的行政处罚的。(2) 简易程序的基本步骤。一般情况下,适用简易程序处罚需要遵循以下几个步骤:表明身份;告知有关事项;听取当事人陈述和申辩;当场填写格式行政处罚决定书并交付当事人;报所属行政机关备案。

三、行政处罚一般程序

行政处罚一般程序也可以称为普通程序,大多数行政处罚案件都必须适用一般程序。一般程序主要包括以下几个步骤:

(一) 立案

尽管《行政处罚法》没有对立案作任何规定,但立案总是行政处罚程序开启的标志。只有经行政机关正式立案之后,才有可能作出最终的行政处罚决定。从案件的来源上看,既可能是基于公民的举报、受害人的控告或违法行为人的自首,也可能是基于行政机关在行使职权过程中的主动发现或其他机关的移送。

(二) 调查取证

立案以后,要想推动行政处罚程序的进展,行政机关就必须及时进行调查取证工作,以便在全面掌握案件事实真相的基础之上作出行政处罚决定。可见,调查取证在整个行政处罚程序中居于"承上启下"的特殊位置。正如德国行政法学者毛雷尔教授所言:"调查原则具有决定性的意义,因为拟作出行政行为的合法性取决于对案件事实的合法的和深入的调查。"② 行政处罚一般程序与简易程序的区别也正是在于是否需要进行调查取证上。为了有效地规范行政调查权的行使,《行政处罚法》对调查取证作了一定的限制性规定:(1) 调查原

---

① 〔美〕盖尔霍恩等:《行政法和行政程序概要》,黄列译,中国社会科学出版社1996年版,第2页。
② 〔德〕毛雷尔:《行政法学总论》,高家伟译,法律出版社2000版,第466页。

则。行政机关的调查应当遵循全面、客观、公正等原则,不能仅以一己主观喜好或者是否有利于作出行政处罚决定为标准而片面地进行调查。(2)调查方式。根据该法第37条的规定,调查取证的主要方式有检查、询问、抽样及证据的登记保存等。(3)调查程序。主要包括:调查之前向当事人或者有关人员出示证件;调查人员不得少于两人;调查人员与当事人有直接利害关系必须回避;询问或者检查应当制作笔录。

（三）作出决定

在调查终结之后,行政机关负责人应当对调查的结果进行审查,并根据不同情况分别作出如下决定:(1)确有应受行政处罚的违法行为的,根据情节轻重及具体情况,作出行政处罚决定;(2)违法行为轻微,依法可以不予行政处罚的,不予行政处罚;(3)违法事实不能成立的,不得给予行政处罚;(4)违法行为已构成犯罪的,移送司法机关。

（四）送达决定书

根据《行政处罚法》第40条的规定,行政处罚决定书应当在宣告后当场交付当事人;当事人不在场的,行政机关应当在7日内依照民事诉讼法的有关规定,将行政处罚决定书送达当事人。

四、行政处罚听证程序

严格来说,听证程序并不是一类与简易程序及一般程序相并列的独立的行政处罚程序,将其视为一般程序中的特别程序更为恰当。从本质上来说,听证是行政机关调查取证的一种特别方式。通过听证,行政机关可以广泛了解到案件的事实真相,从而使行政处罚决定能够建立在客观、公正的基础上;同时,听证本身也体现了行政机关对行政相对人尤其是被处罚人的人格尊重,有助于切实维护相对人的合法权益。在行政处罚领域率先引入听证程序,具有划时代的意义。虽然《行政处罚法》仅用两个条款规定听证程序,但与听证有关的一些重要规则均已经初步建立起来,一些重要的程序规则还直接影响到行政许可听证制度的规定。

根据《行政处罚法》第42条的规定,举行行政处罚听证程序应当遵循下列十项程序规则:(1)范围规则。行政机关在作出责令停产停业、吊销许可证或者执照、较大数额罚款等行政处罚决定之前,可以根据当事人的申请组织实施听证。其中,较大数额罚款的具体数字由相应的法规、规章予以规定。根据最高人民法院第6号指导性案例,较大数额的涉及财产没收的行政处罚,也属于听证范围。[①] (2)告知与申请规则。行政机关在作出上述重大处罚决定之前,应当告知当事人有要求举行听证的权利;当事人要求听证的,应当在行政机关告知后3日内提出。(3)通知规则。行政机关应当在听证的7日前,通知当事人举行听证的时间、地点。(4)公开听证规则。除涉及国家秘密、商业秘密或者个人隐私外,听证应当公开举行。(5)听证主持人规则。听证的主持人由行政机关指定的非本案调查人员担任,当事人如果认为听证主持人与本案有直接利害关系的,有权申请回避。(6)委托代理规则。当

---

① 最高人民法院指导性案例第6号的"裁判要点"是:"行政机关作出没收较大数额涉案财产的行政处罚决定时,未告知当事人有要求举行听证的权利或者未依法举行听证的,人民法院应当依法认定该行政处罚违反法定程序"。

事人除了可以亲自参加听证以外,还可以委托一至二人代理参加听证。(7)举证和质证规则。举行听证时,案件的调查人员应当首先提出当事人违法的事实、证据和行政处罚的建议;当事人可以对此进行申辩和质证。(8)听证笔录规则。听证应当制作笔录,笔录在听证结束时应当交当事人审核无误后签字或者盖章。(9)听证费用规则。对于行政机关组织听证的一切费用,当事人不需要承担。(10)决定规则。听证结束后,听证的主持人应当根据听证所形成的证据事实和法律规定,提出行政处罚的意见报送行政机关负责人或经过集体讨论后,依照一般程序的规定决定是否作出行政处罚。

当然,行政处罚听证程序的设计本身也存在一些缺陷,如适用范围比较狭窄、听证主持人的独立性较差、听证笔录的法律效力不明确等,这些立法缺陷使行政处罚听证程序的实施效果大打折扣,无疑需要在总结实践经验教训的基础上予以进一步修正和补充。

 案例研究

平山县地方税务局作出的行政处罚决定有多少违法之处

平山县劳动就业局从1994年1月至1996年10月,收取劳务管理费、服务费、临时工培训费等收入共计578698元。1996年11月29日,平山县地方税务局向就业局发出限期申报纳税通知书,12月2日和7日又两次发出限期交纳税款31394元的通知,就业局均未按期履行。12月13日,地税局依据《税收征收管理法》第46条的规定,以平地税字第1号税务处理决定,对就业局作出处以应缴未缴的税款的营业税、城建税、教育费附加31394元的3倍罚款计94182元的决定,限于12月18日前入库。就业局不服,向法院提起行政诉讼。法院认为,被告地税局有权对在自己管辖范围内发现的税务违法行为进行处罚,但是这种处罚必须依据《行政处罚法》的规定进行。行政机关在作出行政处罚决定前,应当依照《行政处罚法》第31条规定,将作出行政处罚决定的事实、理由及法律依据告知当事人,并告知当事人依法享有陈述和申辩、申请行政复议和提起行政诉讼的权利;依照《行政处罚法》第36条的规定,收集有关证据,依照第37条的规定,制作调查笔录。这些工作,地税局都没有做。《行政处罚法》第42条规定,作出数额较大的罚款处罚决定之前,应当告知当事人有要求听证的权利。关于多少为较大数额,国家税务总局在《税务行政处罚听证程序实施办法(试行)》中作出对法人或者组织罚款1万元以上为数额较大的界定。很显然,被告地税局的处罚决定违背了《行政处罚法》所规定的一系列程序,依法不能成立,法院最终判决撤销该行政处罚行为。(资料来源:《最高人民法院公报》1997年第2期)

五、行政处罚执行程序

行政处罚决定必须要得到执行,否则,它将行同具文,不仅会导致行政处罚的目的无法得到实现,而且行政机关的权威也将丧失殆尽。为此,《行政处罚法》专门规定了执行问题,其主要内容包括以下三个方面:

（一）执行一般原则

《行政处罚法》首先就行政处罚决定执行的一般原则作出了具体规定，这些原则主要包括三项内容：

1. 当事人自觉履行

根据《行政处罚法》第44条的规定，行政处罚决定依法作出后，当事人应当在行政处罚决定的期限内予以履行。从行政决定的法效力原理来看，一个行政决定一旦生效，其所设定、变更或消灭的权利义务关系即作用于行政相对人，即行政相对人自行政决定生效时起开始享有相应的权利或者应当履行相应的义务。就行政处罚而言，当行政处罚决定书送达当事人之后即开始生效，当事人就必须自觉履行行政处罚决定设定的义务，实现行政处罚决定的全部内容。

2. 争讼不停止执行

根据《行政处罚法》第45条的规定，当事人对行政处罚决定不服申请行政复议或者提起行政诉讼的，除非法律另有规定，否则行政处罚决定不停止执行。就其原因而言，行政处罚决定的存续力及执行力并不因当事人提起法律救济而产生影响。

3. 罚与缴的分离

这一规则包含两方面的内容：(1) 处罚机构与收缴机构相分离。根据《行政处罚法》第46条第1款的规定，作出罚款决定的行政机关应当与收缴罚款的机构分离。(2) 收支两条线。根据《行政处罚法》第53条第2款的规定，罚款、没收违法所得或者没收非法财物拍卖的款项，必须全部上缴国库，任何行政机关或者个人不得以任何形式截留、私分或者变相私分；财政部门不得以任何形式向作出行政处罚决定的行政机关返还罚款、没收的违法所得或者返还没收非法财物的拍卖款项。

（二）行政强制执行

如果当事人逾期不履行行政处罚决定的，作出行政处罚决定的行政机关就可以采取相应的强制执行方式，迫使当事人履行或者达到与当事人履行相同的状态。根据《行政处罚法》第51条的规定，行政处罚机关可以采取以下三类强制措施：(1) 到期不缴纳罚款的，每日按罚款数额的3%加处罚款；(2) 根据法律规定，将查封、扣押的财物拍卖或者将冻结的存款划拨抵缴罚款；(3) 申请人民法院强制执行。

（三）罚款的收缴规则

鉴于罚款是最常见的一种处罚手段，因而《行政处罚法》还专门就罚款的收缴规则作了规定，其具体内容包括：

1. 严格限制行政机关自行收缴罚款的范围

根据《行政处罚法》第46条的规定，除了少数情况下可以当场收缴罚款以外，作出行政处罚决定的行政机关及其执法人员不得自行收缴罚款。一般来说，当场收缴罚款只适用于下列3种情形：(1) 依法给予20元以下的罚款的；(2) 当场作出处罚决定，如不当场收缴事后难以执行的；(3) 在边远、水上、交通不便地区，罚款决定作出后，当事人向指定的银行缴纳罚款确有困难，经当事人提出的。

2. 当场收缴罚款必须出具统一印制的罚款收据

为了限制行政处罚权的恣意行使，根据《行政处罚法》第 49 条的规定，行政机关及其执法人员在当场收缴罚款时，如不向当事人出具省、自治区、直辖市财政部门统一制发的罚款收据的，当事人有权拒绝缴纳罚款。

3. 罚款上缴国库

根据《行政处罚法》第 46、50 条的规定，无论是当事人到指定的银行缴纳罚款的，还是行政执法人员当场收缴罚款的，最终都必须由银行将罚款直接上缴国库。

4. 暂缓、分期缴纳罚款

根据《行政处罚法》第 52 条的规定，当事人确有经济困难，需要延期或者分期缴纳罚款的，经当事人申请和行政机关批准，可以暂缓或者分期缴纳。

思考题：
1. 行政处罚应遵循哪些原则？
2. 如何适用行政处罚中的"一事不再罚"规则？
3. 如何理解行政处罚听证程序的主要规则？
4. 结合《行政强制法》的有关规定分析行政处罚执行方式的内容。

拓展阅读：
1. 许传玺：《行政罚款的确定标准：寻求一种新的思路》，载《中国法学》2003 年第 2 期。
2. 徐继敏：《试论行政处罚证据制度》，载《中国法学》2003 年第 2 期。
3. 胡建淼：《"其他行政处罚"若干问题研究》，载《法学研究》2005 年第 1 期。
4. 叶平等：《行政处罚中的违法所得研究》，载《中国法学》2006 年第 1 期。
5. 徐向华等：《行政处罚中罚款数额的设定方式》，载《法学研究》2006 年第 6 期。
6. 章志远：《法定行政程序的扩张性解释及其界限——最高人民法院 6 号指导案例之评析》，载《浙江社会科学》2013 年第 1 期。
7. 章剑生：《"有错必纠"的界限》，载《中国法学》2013 年第 2 期。
8. 胡锦光：《行政处罚研究》，法律出版社 1998 年版。
9. 杨解君：《秩序·权力与法律控制——行政处罚法研究》(增补本)，四川大学出版社 1999 年版。
10. 杨小君：《行政处罚研究》，法律出版社 2002 年版。
11. 冯军：《行政处罚法新论》，中国检察出版社 2003 年版。
12. 胡锦光、刘飞宇：《行政处罚听证制度研究》，法律出版社 2003 年版。

第十章

行政许可

> **✦ 学习目标**
>
> 通过本章的学习,学生可以掌握以下内容:
> 1. 了解行政许可制度的产生和发展背景
> 2. 掌握行政许可的概念、本质和特征
> 3. 厘清行政许可在学理上和立法上的不同分类
> 4. 掌握行政许可的设定
> 5. 把握行政许可的程序并能运用于行政和司法实践
>
> **✦ 关键概念**
>
> 行政许可　一般禁止　特许　便民原则　行政许可的设定　正当程序

第一节　行政许可概述

一、行政许可的概念

《行政许可法》第2条规定:"本法所称行政许可,是指行政机关根据公民、法人或者其他组织的申请,经依法审查,准予其从事特定活动的行为。"在1983年出版的教材《行政法概要》中,行政许可被定义为"一般禁止的行为,对于特定人或关于特定事而解除其禁止的行政措施"。[①] 1989年《行政诉讼法》第11条第1项和第4项中出现了"许可证和执照"的概念,但没有作出法律上的概念界定。《行政许可法》这一概念界定,揭示出了行政许可概念的基本内涵。

对于行政许可性质的认识,在行政法学理论上至少有如下几种代表性观点:(1)"解禁说"。即"行政许可是行政机关根据相对人的申请,作出恢复相对人行使某项权利,对其解除

---

① 王珉灿主编:《行政法概要》,法律出版社1983年版,第114页。

法律禁止的行政行为"。① (2)"赋权说"。即"行政许可的特征是赋予相对人从事某种特定行为的自由和权利,是一种权利性行政处理决定"。② (3)"证权说"。即"行政许可只是对权利人行使权利的资格与条件加以验证,并给以合法性的证明,而非权利(包括享有权与行使权)的赋予"。③ 我们认为,"解禁说"作为传统行政法上对行政许可的定性,至今仍然是有价值的。如《行政许可法》第12条第1项规定,对"直接涉及国家安全、公共安全、经济宏观调控、生态环境保护以及直接关系人身健康、生命财产安全等特定活动,需要按照法定条件予以批准的事项",可以设定行政许可。"赋权说"则是现代行政法上因行政任务变化而产生的,对行政许可性质认识的新发展,相对于"解禁说"之下的一般许可,"赋权说"之下的行政许可称为"特许"。如《行政许可法》第12条第2项规定,对"有限自然资源开发利用、公共资源配置以及直接关系公共利益的特定行业的市场准入等,需要赋予特定权利的事项",可以设定行政许可。这类领域所具有的高度公益性,决定了这类经营活动不应当然地归属于私人原本拥有的自由,而应获得国家的特别批准并在实施过程中接受国家的业务监督。这类针对公共事业的许可与一般的许可(原本拥有的自由的恢复)有所区别,它是对国民设定其原本不拥有的权利或者权利能力的行为。④ "证权说"因与《行政许可法》规定不合,其学术影响正日渐淡薄。

与行政许可相似的概念是行政审批。在一份官方文件中,行政审批是指行政审批机关(包括有行政审批权的其他组织)根据自然人、法人或者其他组织依法提出的申请,经依法审查,准予其从事特定活动、认可其资格资质、确认特定民事关系或者特定民事权利能力和行为能力的行为。⑤ 可见,行政审批在内容上包括了行政许可。

行政审批制度改革

行政审批是现代国家管理社会政治、经济、文化等各方面事务的一种重要的事前控制手段。在我国,由于传统的高度集中的计划经济体制的巨大影响,行政审批已被日益广泛地运用于许多行政管理领域,对于保障、促进经济和社会发展发挥了重要作用,成为一种国家管理行政事务的不可缺少的重要制度。

根据统计,我国现有一百五十多个法律、行政法规和规章对行政审批作出了规定,这些规定涉及国防、外交、公安、经济、城市管理等二十多个领域、五十多个行业。然而,由于行政审批中长期存在的问题越来越突出,有些已成为生产力发展的体制性障碍,因此迫切需要对

---

① 与这种观点相似的还有"自由恢复说",认为行政许可的本质是"自由的恢复",其前提是法律对自由的限制或者禁止。"自由的恢复"意味着行政许可内容的"所有权"是属于个人的,政府作出的行政许可绝不是对个人的恩惠或者施舍,仅仅是政府基于社会发展等各种因素的考量之后作出的解除法律对个人自由的限制或者禁止的一种行政行为。参见章剑生:《行政许可的内涵及其展开》,载《浙江学刊》2004年第3期。
② 杨海坤:《中国行政法基本理论》,南京大学出版社1992年版,第332页。
③ 郭道晖:《对行政许可是"赋权行为"的质疑》,载《法学》1997年第11期。
④ 朱芒:《日本的行政许可——基本理论和制度》,载《中外法学》1999年第4期。
⑤ 国务院行政审批制度改革工作领导小组《关于印发〈关于贯彻行政审批制度改革的五项原则需要把握的几个问题〉》(国审改发[2001]1号)。

行政审批制度进行改革,来自国内外的改革呼声也愈来愈强烈。

2001年9月,国务院成立行政审批改革工作领导小组,积极、稳妥地推进行政审批制度改革,改革工作全面启动。2002年10月,取消789项行政审批项目。2003年2月,取消406项行政审批项目,改变82项行政审批项目的管理方式。2004年5月19日,取消和调整495项行政审批项目,其中取消409项,改变管理方式39项,下放47项。在取消和调整的行政审批项目中有25项属于涉密事项,按规定另行通知。2007年10月9日,取消和调整186项行政审批项目,其中取消128项,下放29项,改变管理方式8项,合并21项。另有7项拟取消或者调整的行政审批项目是由有关法律设立的,国务院将依照法定程序提请全国人大常委会审议修订相关法律规定。2010年7月4日,取消和下放行政审批项目184项,其中取消113项,下放71项。2012年8月22日,取消和调整314项部门行政审批项目,其中取消184项,下放117项,合并13项。至此,国务院十年来分六批共取消和调整了2497项行政审批项目,占原有总数的69.3%。(资料来源:笔者根据相关报道整理)

二、行政许可的特征

与行政处罚一样,行政许可也是行政机关规制行政事务的一种方式。但从行政许可特征的角度,我们可以把行政许可与行政机关的其他规制方式区别开来。行政许可的特征主要有:

(一)行政许可是依申请行为

《行政许可法》第29条规定:"公民、法人或者其他组织从事特定活动,依法需要取得行政许可的,应当向行政机关提出申请。"由此可见,行政许可作为一种基于行政相对人申请作出的行政决定,不同于行政机关依职权作出的主动赋予行政相对人权利或者免除其义务的其他行政决定。行政许可必须以行政相对人提出申请为前提,这种申请的意思表示方式原则上是提交申请书,例外情况下也可以用口头等其他方式。

(二)行政许可以法规范有事先禁止为前提

行政许可存在的前提是法规范有事先禁止。这里所说的"事先禁止",并非意味着国家绝对不允许行政相对人从事有关活动,而是基于行政管理需要所采用的一种方式。行政许可目的之一在于维护公共利益,因此基于公共利益的需要,以法规范事先禁止某些事项,然后根据行政相对人的申请,由行政机关审查决定是否允许其从事所申请的活动。如《野生动物保护法》第16条规定:"禁止猎捕、杀害国家重点保护野生动物。因科学研究、驯养繁殖、展览或者其他特殊情况,需要捕捉、捕捞国家一级保护野生动物的,必须向国务院野生动物行政主管部门申请特许猎捕证;猎捕国家二级保护野生动物的,必须向省、自治区、直辖市政府野生动物行政主管部门申请特许猎捕证。"在这一规定中,"禁止猎捕、杀害国家重点保护野生动物"即为法规范事先禁止情形之一。

(三)行政许可是授益性行为

不同于行政处罚、行政强制措施和行政征收等行政决定,行政许可不是对行政相对人课以义务或处以惩罚,而是给予行政相对人某种法律利益的授益性行政决定。因此,行政许可是通过法规范预先设定条件,凡符合条件的行政相对人通过申请可以获得具有授益内容的许可,如获得驾驶证后,行政相对人可以驾车,且这种活动受到法律保护。

（四）行政许可原则上是要式行为

行政许可以正规的文书、格式、日期、印章等方式作出,必要时还应当附加相应的辅助性文件。实践中最常见的行政许可的形式就是许可证、执照。如《行政许可法》第39条规定:"行政机关作出准予行政许可的决定,需要颁发行政许可证件的,应当向申请人颁发加盖本行政机关印章的下列行政许可证件:(1)许可证、执照或者其他许可证书;(2)资格证、资质证或者其他合格证书;(3)行政机关的批准文件或者证明文件;(4)法律、法规规定的其他行政许可证件。行政机关实施检验、检测、检疫的,可以在检验、检测、检疫合格的设备、设施、产品、物品上加贴标签或者加盖检验、检测、检疫印章。"在例外情形下,行政许可也可以通过口头等方式作出。

三、行政许可的分类

行政许可有各种各样的表现形式,包括许可、核准、批准、准许、同意、登记、特许、注册、备案、审核、审查、检验等等。每一种表现形式并不代表行政许可的一种分类,恰恰相反,不同的名称指代的可能是同一类行政许可,而不同的行政许可也可能共享一个名称。对于行政许可的类型,至少可以从学理和制度两方面进行分析。

（一）学理上的分类

根据逻辑、内容等不同的分类标准,在行政法学理论上,我们可以将行政许可分成如下不同的种类:

1. 以行政许可的性质为标准划分为一般许可和特别许可（特许）

一般许可是指行政相对人只要认为自己符合法定条件,就可以向行政机关提出要求许可的申请,法律对申请人并无特别限制,如驾驶许可、营业许可等。特别许可是指除符合一般条件外,法律还对申请人予以特别限制,如持枪许可、烟草专卖许可等。特别许可是由行政机关赋予申请人某种权利的许可,它主要适用于有限自然资源的开发利用、有限公共资源的配置、直接关系公共利益的垄断性企业的市场准入等,如海域使用许可、无线电频率许可是典型的特别许可。

需要注意的是,学理上一般许可与特别许可的区分是以权利来源的不同作为标准的,前者是对相对人自由（法定权利）的恢复,而后者则是设权行为,相对人原先并不具有这样的权利,比如持枪。而《行政许可法》对一般许可和特许的划分是基于许可事项的不同,前者无数量控制,而后者有,比如无线电频率的占用许可。

2. 以是否具有排他性为标准划分为排他性许可和非排他性许可

排他性许可是指为某一行政相对人所独占享有的许可,一旦某一行政相对人获得了此许可,其他行政相对人都不能再申请。如在某居住区依法只设一个烟草专卖点所发放的烟草专卖许可证。非排他性许可是指某一行政相对人经申请获得的许可,其他行政相对人仍然可以申请内容相同的许可。如A申请在C路上开办个体工商营业执照后,并不排除B在同一条路上申请个体工商营业执照。

3. 以针对的对象为标准划分为行为许可和资格许可

行为许可是指经行政相对人的申请，行政机关允许其从事某种活动的许可。这种许可不必经过严格考试，设定这种许可的目的是限制个人在有关行政管理领域中的行为自由，保护公共利益和第三人的合法权益，如建筑施工许可证。资格许可是指行政机关根据相对人申请，通过考试、考核等形式对合格者发放许可证，允许持证人从事某一职业或者进行某种活动。资格许可的目的是通过制定最低限度的标准限制某一行业的从业人员，以避免给第三人的合法权益造成损害，如律师、注册会计师、注册建筑师执照。

4. 以行政许可的有效期为标准划分为长期许可和短期许可

有的行政许可有效期比较长，而有的则较短，前者称为长期许可，后者称为短期许可，又称临时许可。如《电视剧制作许可证管理规定》第5条规定："许可证分长期许可证和临时许可证两种。长期许可证有效期为3年。临时许可证为一剧一证，只限于所申报的电视剧目使用，对其他剧目无效。"行政机关可以根据行政管理需要，在法定权限范围内决定行政许可的有效期。

除了上述分类，学理上还有许多其他的分类。如以行政机关有无裁量权为标准分为有裁量权的行政许可和无裁量权的许可；以行政管理领域为标准分为公安行政许可、工商行政许可、卫生行政许可、环保行政许可等。

（二）立法上的分类

虽然《行政许可法》并未在立法上对各类行政许可的名称作出明确规定，但立法还是通过描述性条文和特别程序规定的方式，对行政许可在立法上作了如下分类：

1. 一般许可

一般许可，即符合法定条件的行政相对人都可以申请的行政许可。它对申请人不附加特别要求，是最为广泛的行政许可。《行政许可法》第12条第1项规定，对"直接涉及国家安全、公共安全、经济宏观调控、生态环境保护以及直接关系人身健康、生命财产安全等特定活动，需要按照法定条件予以批准的事项"，依法可以设定一般许可。如出国护照、危险品运输许可等。这类行政许可与"安全"有关，它的功能在于预防、控制危险。它的特点是：(1) 与申请人自身条件密切相关；(2) 通常没有数量限制；(3) 取得的行政许可不得转让。

2. 特别许可（特许）

特别许可，即赋予行政相对人某些特别权利的许可。《行政许可法》第12条第2项规定，对"有限自然资源开发利用、公共资源配置以及直接关系公共利益的特定行业的市场准入等，需要赋予特定权利的事项"，依法可以设定特许。特许的功能在于合理配置资源，规制特定行业的准入条件，如采矿许可、国有土地使用许可等。它的特点是：(1) 许可数量有限制；(2) 申请人获得许可需要交纳规定的费用；(3) 可以依法转让、继承。

3. 认可

认可，即对相对人是否具备某种技能或资格作出判定的行政许可。在学理上又称之为"资格许可""对人许可"。《行政许可法》第12条第3项规定，对"提供公众服务并且直接关系公共利益的职业、行业，需要确定具备特殊信誉、特殊条件或者特殊技能等资格、资质的事项"，依法可以设定认可类许可。认可类许可的功能在于确认申请人从事提供公众服务并且直接关系公共利益的职业、行业是否具备特殊信誉、条件、技能,保护接受服务的第三人的合法权益,如律师执照、执业医师执照等。它的特点是:(1)申请人申请之前通常需要通过法定的考试、考核;(2)许可没有数量上的限制;(3)申请人获得的许可具有与人身紧密的关联性,不可转让、继承。

4. 核准

核准,即对某些物品是否符合特定技术规范、技术标准判定后作出的许可。在学理上又称之为"对物许可"。《行政许可法》第12条第4项规定,对"直接关系公共安全、人身健康、生命财产安全的重要设备、设施、产品、物品,需要按照技术标准、技术规范,通过检验、检测、检疫等方式进行审定的事项",依法可以设定核准类许可。核准类许可的功能在于防止某些设备等对人产生危险,确保人对这类设备等使用的安全,如电梯使用许可、起重机使用许可等。它的特点是:(1)是否作出许可的依据主要是技术标准、技术规范;(2)没有数量限制;(3)因核准类许可总是与特定的设备等自身条件相关,所以不可转让。

5. 登记

登记,即对符合法定条件的企业或者其他组织登记,使其获得主体资格的许可。《行政许可法》第12条第5项规定,对"企业或者其他组织的设立等,需要确定主体资格的事项",依法可以设定登记类许可。登记类许可的功能在于申请人获得一种法律上的主体资格,从而可以行使相关权利,承担相关义务,如企业法人登记、社团登记等。它的特点是:(1)登记条件由法规范事先明确规定;(2)没有数量限制;(3)因登记类许可条件具有特定性,故不得转让。

第二节　行政许可原则

一、法定原则

法定原则,即行政许可的设定权、实施权都必须依法行使。《行政许可法》第4条规定:"设定和实施行政许可,应当依照法定的权限、范围、条件和程序。"法定原则具体包括如下若干内容:

(一)权限法定

权限法定在设定权方面,法律可以设定各种行政许可,但是,行政法规设定行政许可,必须是"尚未制定法律"情形下才具有合法性。另外,行政规定一律不得设定行政许可。权限法定在实施权方面,行政机关必须在其法定职权范围内实施行政许可,且不得委托非行政机关实施行政许可。权限法定的宗旨在于消除之前行政许可设定乱、实施乱的现象,确保申请人、利害关系人的合法权益。

(二)范围法定

行政许可范围涉及政府与个人自由、政府与市场充分竞争的关系,因此,《行政许可法》第12条正面规定了可以设定行政许可的事项,第13条又把四种可以设定行政许可的情形从第12条规定的内容中排除出来,即"本法第12条所列事项,通过下列方式能够予以规范的,可以不设行政许可:(1)公民、法人或者其他组织能够自主决定的;(2)市场竞争机制能够有效调节的;(3)行业组织或者中介机构能够自律管理的;(4)行政机关采用事后监督等其他行政管理方式能够解决的"。

（三）条件和程序法定

行政许可的条件和程序直接影响到申请人能否获得行政许可,进而影响申请人的生产、生活以及个人自我发展等合法权益的实现,所以,当法律、法规和地方政府规章设定行政许可时,必须明确许可的法定条件、程序,当下位法对上位法设定行政许可的条件作出具体化时,不得超越上位法的规定,不得增设违反上位法的其他条件、程序。

二、正当程序原则

正当程序作为最低限度的程序正义,它可以分解为公平、公正和公开。《行政许可法》第5条规定:"设定和实施行政许可,应当遵循公开、公平、公正的原则。有关行政许可的规定应当公布;未经公布的,不得作为实施行政许可的依据。行政许可的实施和结果,除涉及国家秘密、商业秘密或者个人隐私的外,应当公开。符合法定条件、标准的,申请人有依法取得行政许可的平等权利,行政机关不得歧视。"

（一）公平

公平,即行政机关必须平等对待行政许可程序中的申请人、利害关系人,在作出行政许可决定之前,听取他们的陈述、申辩。它是《行政许可法》确立听证制度的依据。如《行政许可法》第46条规定:"法律、法规、规章规定实施行政许可应当听证的事项,或者行政机关认为需要听证的其他涉及公共利益的重大行政许可事项,行政机关应当向社会公告,并举行听证。"由于申请人、利害关系人在行政许可中通常处于利益对立状态,在行政许可决定作出之前听取他们各方的意见,可以提高行政机关作出的行政许可决定的可接受性。另外,在行政许可设定过程中,也应当听取公众的意见,提高行政许可的科学性、可行性。为此,《行政许可法》第19条规定:"起草法律草案、法规草案和省、自治区、直辖市人民政府规章草案,拟设定行政许可的,起草单位应当采取听证会、论证会等形式听取意见,并向制定机关说明设定该行政许可的必要性、对经济和社会可能产生的影响以及听取和采纳意见的情况。"

（二）公正

公正,即行政机关在行政许可程序中必须保持公正,不偏不倚。它是《行政许可法》确立回避制度的依据。如《行政许可法》第48条第3项规定:"行政机关应当指定审查该行政许可申请的工作人员以外的人员为听证主持人,申请人、利害关系人认为主持人与该行政许可事项有直接利害关系的,有权申请回避。"公正要求行政机关不得自己做自己案件的法官,旨在防止行政许可的内容被行政机关恣意决定,或者行政许可的内容偏向于某人或者某组织的特定利益,从而损害公共利益或者其他行政相对人的合法权益。在行政许可具有裁量性质的状况下,回避的重要性尤为突出。

(三) 公开

公开,即与行政许可有关的信息都应当依法公开,除非涉及国家秘密、商业秘密和个人隐私。公开功能在于保障行政相对人知晓行政许可的内容,能够依照常理、生活经验等作出接近于正确的理解,从而明确自己在法律上的权利和义务,提升行政许可过程的透明度。在行政许可中,公开主要体现在三个方面:(1)行政许可依据公开。如《行政许可法》第30条规定:"行政机关应当将法律、法规、规章规定的有关行政许可的事项、依据、条件、数量、程序、期限以及需要提交的全部材料的目录和申请书示范文本等在办公场所公示。"(2)行政许可实施过程公开。如行政许可听证制度,可以保障申请人、利害关系人参与行政许可实施过程。(3)行政许可结果公开。如《行政许可法》第40条规定:"行政机关作出的准予行政许可决定,应当予以公开,公众有权查阅。"

三、便民原则

行政机关的设立,唯一的要旨是为人民提供服务。国务院在2004年《全面推进依法行政实施纲要》中明确提出依法行政要遵守高效便民原则,即"行政机关实施行政管理,应当遵守法定时限,积极履行法定职责,提高办事效率,提供优质服务,方便公民、法人和其他组织"。在《行政许可法》中,便民原则规定在第6条,即"实施行政许可,应当遵循便民的原则,提高办事效率,提供优质服务"。

(一) 简化程序

程序具有多种功能,尤其体现在控制行政权合法、正当行使。但是,程序过度则反而会降低必要的行政效率,与行政终极价值——尊重和保障人权——不合。故在不降低程序控权功能的前提下,简化程序可以起到更好地保护公民、法人或者其他组织合法权益的作用。这个原理也适用于行政许可。为此,如《行政许可法》第26条创设了两个程序简化的样本:(1)"一个窗口对外"。即行政许可需要行政机关内设的多个机构办理的,该行政机关应当确定一个机构统一受理行政许可申请,统一送达行政许可决定。(2)"一站式服务"。即行政许可依法由地方人民政府两个以上部门分别实施的,本级人民政府可以确定一个部门受理行政许可申请并转告有关部门分别提出意见后统一办理,或者组织有关部门联合办理、集中办理。另外,"相对集中行政许可"也体现了程序简化的便民思想。对此,《行政许可法》第25条规定:"经国务院批准,省、自治区、直辖市人民政府根据精简、统一、效能的原则,可以决定一个行政机关行使有关行政机关的行政许可权。"

(二) 遵守时限

时限,即行政机关行使职权在时间上的限制。行政机关必须在法定时限内行使职权,超过法定时限行使或者不行使职权,都将构成程序违法。时限有助于提高行政效率,即行政机关必须在法定时限内行使职权,尽快处理好行政事务。在行政相对人方面,时限的这一功能直接体现在它的便民性上。为此,《行政许可法》第42条规定:"除可以当场作出行政许可决定的外,行政机关应当自受理行政许可申请之日起20日内作出行政许可决定。20日内不能作出决定的,经本行政机关负责人批准,可以延长10日,并应当将延长期限的理由告知申请人。但是,法律、法规另有规定的,依照其规定。"

(三)申请方式多样性

申请是行政相对人开启行政许可程序的第一步骤,从行政相对人角度看,多种并存的、由行政相对人自己选择的申请方式,有时直接影响到行政相对人能否获得行政许可,且行政相对人自身条件不同,需要有多样的申请方式供其选用。为此,《行政许可法》第29条第3款规定:"行政许可申请可以通过信函、电报、电传、传真、电子数据交换和电子邮件等方式提出。"行政机关应当建立和完善有关制度,推行电子政务,在行政机关的网站上公布行政许可事项,方便申请人采取数据电文等方式提出行政许可申请。

第三节 行政许可的设定

一、行政许可设定事项范围

因行政许可涉及政府与个人、市场之间的关系,涉及政府规制与社会自由的关系,所以,基于《行政许可法》的立法目的,对行政许可设定权必须加以规范,尽可能将自由留给社会,缩小行政权可以作用的范围。为此,《行政许可法》从肯定与否定两个方面对行政许可设定作出了明确的规定。

(一)肯定事项

1. 安全事项

安全事项,即直接涉及国家安全、公共安全、经济宏观调控、生态环境保护以及直接关系人身健康、生命财产安全等的事项。这类事项一方面涉及公众的重大利益,另一方面也涉及特定个人的人身、财产权,所以,涉及安全事项的活动必须获得行政许可,旨在消除或者减轻这类活动所带来的危害。

2. 资源配置、市场准入事项

资源配置,即因资源有限需要选择特定个人或者组织,目的是为了最大限度利用这些资源;市场准入,即为了保护公共利益需要选择准入特定行业的个人或者组织。也就是说,通过行政许可的方式,可以确定从事资源配置、市场准入事项特定活动的最适当人选,从而实现有限资源效益最大化,特定行业服务最优化。

3. 特殊职(行)业资格(质)事项

特殊职(行)业资格(质),即有些职(行)业因其服务的内容需要有某些信誉、条件和技能为前提,才能向公众提供优质服务,且不损害公共利益。由于公众缺少这方面的知识、方法在接受服务过程中作出判断,所以,行政机关介入并加以规制就十分必要。

4. 设备物品事项

设备物品事项,即在生产、生活等过程中,一些设备物品的运转、使用的安全性若没有保障,则公共安全、特定个人的人身、财产将面临严重危险。为了消除这种危险,由行政机关依照技术标准、技术规范对这类设备物品进行审查后,作出是否可以运转、使用的决定,可以最大限度降低它的危险性。

5. 主体资格事项

主体资格事项,即企业或者其他组织设立后从事法律活动,若主体资格没有达到一定条件,那么它就不可能履行因其自身活动所带来的义务,另一方当事人的权利就不可能得到有效的法律保护。为此,企业或者其他组织的设立需要纳入行政许可,其必要性十分明显。

6. 其他事项

除了上述明确列出的五种事项外,法律、行政法规还可以在"其他事项"中设定行政许可。这种"兜底条款"的立法技术,旨在满足经济与社会发展可能带来的新需求,同时,它也可以确保在不修改法律的前提下满足这种需求,维护法律的稳定性。

(二)否定事项

1. 自主决定事项

凡是行政相对人可以自主决定的事项,行政机关就没有介入的必要。如从事家庭保姆职业,不需要事先取得行政机关许可,完全可以由雇主自己决定。若考虑受雇者身体状况问题,则要求受雇者取得医院体检合格证明即可;若发生争议,双方可以通过诉讼等法律程序解决。

2. 市场调节事项

在经济与社会发展过程中,政府与市场的功能各有利弊,但如果能够处理好"各就各位"的关系,即是政府的还给政府,是市场的还给市场,就可以把它们的弊端消解到最低限度。所以,凡是市场竞争机制能够有效调节的,就不需要纳入行政许可事项范围之内。

3. 自律管理事项

在政府与市场的中间,行业组织或者中介机构起着联系两者的重要作用。相对政府与市场而言,它是第三方,可以发挥政府和市场不能发挥的功能。在法治政府和市场经济十分发达的国家,这个第三方通过自律性的自我管理,既降低了政府的行政成本,又满足了市场经济发展的需要,因此,如有些市场主体的资格(质),完全可以由它来管理。我国这一方面还需要通过政治体制改革和发展市场经济,才能逐步向它放权,分担政府的部分管理职能。

4. 事后监督事项

行政许可具有预防性规制功能,即将行政相对人活动可能产生的危害性消除在未发生之前,或者降到最小限度。但是,行政许可过度一方面会增加行政成本,另一方面将限制甚至剥夺行政相对人的自由与权利。所以,凡是行政相对人活动产生的危害性可以采用其他行政管理方式解决的,该事项可以划出行政许可范围。

二、行政许可设定权限

凡是属于设定行政许可范围内的事项,哪个国家机关有权设定何种行政许可,涉及行政许可设定权限的划分。相对于行政处罚设定权限的规定,行政许可设定权限明显被收缩了。可见,行政法是控制行政权的法这一现代法治理念,在《行政许可法》中获得进一步体现。

(一)法律

法律由最高国家立法机关制定,是仅次于宪法的法规范,规范着各个行政领域中的重大事项。因此,凡《行政许可法》第12条规定的事项,法律都可以设定各种行政许可。尽管如此,法律设定行政许可需要受如下两个限制:(1)凡涉及宪法规定的基本权利事项,法律设定行政许可时,应当遵循最低限度限制原则。(2)对《行政许可法》第12条第6项规定的事项,应当作严格解释。没有特别重大、明显理由的,不得设定行政许可。

（二）行政法规

国务院是最高国家行政机关,也是最高国家权力机关的执行机关,所以,(1)在尚未制定法律的前提下,行政法规可以设定行政许可;(2)若法律已经设定行政许可的,行政法规可以在法律设定的行政许可事项范围内,对实施该行政许可作出具体规定。

基于行政管理事项的突发性与制定行政法规的过程性,《行政许可法》第14条第2款规定:"必要时,国务院可以采用发布决定的方式设定行政许可。实施后,除临时性行政许可事项外,国务院应当及时提请全国人民代表大会及其常务委员会制定法律,或者自行制定行政法规。"由此可见,《行政许可法》对国务院通过"决定"方式设定行政许可提出了两个要求:(1)及时提请全国人民代表大会及其常务委员会制定法律或者自行制定行政法规,以避免"及时"变为无期限延后;(2)临时性行政许可中的"临时"应当有合理时间限定,以避免"临时"变成常设。

（三）地方性法规

地方性法规是从属于法律、行政法规的次级立法,但作为地方立法对地方性事务作出规范性规定在实践中是十分必要的。为此,《行政许可法》第15条第1款规定:"本法第12条所列事项,尚未制定法律、行政法规的,地方性法规可以设定行政许可。"但是,如果已经制定了法律、行政法规的,那么地方性法规可以在法律、行政法规设定的行政许可事项范围内,对实施该行政许可作出具体规定。

（四）地方政府规章

地方政府规章是从属于法律、法规的次级立法,对法律、法规的适用起着补充性、具体化的功能。但是,由于地方政府规章层级低,制定机关有时可能就是行政许可机关,因此,地方政府规章只能设定一些临时性许可。《行政许可法》第15条第1款规定:"尚未制定法律、行政法规和地方性法规的,因行政管理的需要,确需立即实施行政许可的,省、自治区、直辖市人民政府规章可以设定临时性的行政许可。临时性的行政许可实施满一年需要继续实施的,应当提请本级人民代表大会及其常务委员会制定地方性法规。"需要注意的是,这里的地方政府规章只指省、自治区、直辖市的人民政府规章,之所以不包括较大市政府的规章,主要的是出于将行政许可设定权向上集中的考虑。

（五）行政许可设定的禁止性规定

为了确保行政许可设定权得以合法行使,防止有关国家机关扩张行政许可设定权,《行政许可法》又作出了如下若干禁止性规定:

1. 对地方性法规和地方政府规章的禁止

有的行政许可与全国统一市场流通有关,因此,地方性法规和地方政府规章不得通过设定行政许可,达到保护地方利益的目的。为此,《行政许可法》第15条第2款规定:"地方性法规和省、自治区、直辖市人民政府规章,不得设定应当由国家统一确定的公民、法人或者其他组织的资格、资质的行政许可;不得设定企业或者其他组织的设立登记及其前置性行政许可。其设定的行政许可,不得限制其他地区的个人或者企业到本地区从事生产经营和提供服务,不得限制其他地区的商品进入本地区市场。"

2. 对下位法的禁止

法律、行政法规、地方性法规和地方政府规章构成了《行政许可法》中上下位法体系。为了确保法体系内部的统一性,避免法规范之间抵触,《行政许可法》第16条第4款规定:"法规、规章对实施上位法设定的行政许可作出的具体规定,不得增设行政许可;对行政许可条件作出的具体规定,不得增设违反上位法的其他条件。"

3. 对行政规定的禁止

行政规定不属于《立法法》调整的"法",其制定机关通常与实施行政许可的机关合二为一,若赋予实施行政许可机关同时有通过行政规定设定行政许可权,则行政许可设定必然陷于混乱不堪。为此,《行政许可法》第17条规定:"除本法第14条、第15条规定的外,其他规范性文件一律不得设定行政许可。"

知识链接

地方政府规章违反上位法设定行政许可,法院在行政审判中不予适用

最高人民法院指导案例5号

**鲁潍(福建)盐业进出口有限公司苏州分公司诉
江苏省苏州市盐务管理局盐业行政处罚案**

(最高人民法院审判委员会讨论通过,2012年4月13日公布)

关键词: 行政　行政许可　行政处罚　规章参照　盐业管理

裁判要点:

1. 盐业管理的法律、行政法规没有设定工业盐准运证的行政许可,地方性法规或者地方政府规章不能设定工业盐准运证这一新的行政许可。

2. 盐业管理的法律、行政法规对盐业公司之外的其他企业经营盐的批发业务没有设定行政处罚,地方政府规章不能对该行为设定行政处罚。

3. 地方政府规章违反法律规定设定许可、处罚的,人民法院在行政审判中不予适用。

相关法条:

1.《中华人民共和国行政许可法》第15条第1款、第16条第2款、第3款

2.《中华人民共和国行政处罚法》第13条

3.《中华人民共和国行政诉讼法》第53条第1款

4.《中华人民共和国立法法》第97条

第四节 行政许可实施机关

一、行政机关

行政机关是行政许可的法定实施机关。《行政许可法》第22条规定："行政许可由具有行政许可权的行政机关在其法定职权范围内实施。"这里的"行政机关"具体来说包括各级人民政府及其职能部门、派出机关。并非所有的行政机关都有当然的行政许可权,因此,行政机关实施行政许可首先必须有法律、法规和规章的个别规定,如工商行政管理局因为《个体工商户条例》的规定,具有个体工商户登记许可权。有行政许可权的行政机关不得超越法定职权范围实施行政许可,否则,构成超越职权。

具有行政许权的行政机关应当自己实施行政许可权,但如下两种情形可以作为例外:

（一）委托实施行政许可

基于便民、效率原则,行政机关可以委托其他行政机关实施行政许可。《行政许可法》第24条规定："行政机关在其法定职权范围内,依照法律、法规、规章的规定,可以委托其他行政机关实施行政许可。委托机关应当将受委托行政机关和受委托实施行政许可的内容予以公告。委托行政机关对受委托行政机关实施行政许可的行为应当负责监督,并对该行为的后果承担法律责任。受委托行政机关在委托范围内,以委托行政机关名义实施行政许可;不得再委托其他组织或者个人实施行政许可。"

与委托实施行政处罚不同的是,委托实施行政许可中,受委托的主体必须行政机关,而不是"管理公共事务的事业组织"。如《烟草专卖法》第16条规定："经营烟草制品零售业务的企业或者个人,由县级人民政府工商行政管理部门根据上一级烟草专卖行政主管部门的委托,审查批准发给烟草专卖零售许可证。已经设立县级烟草专卖行政主管部门的地方,也可以由县级烟草专卖行政主管部门审查批准发给烟草专卖零售许可证。"

（二）统一、联合和集中实施行政许可

基于便民、效率原则,《行政许可法》在"行政机关是行政许可法定实施机关"的前提下,创设了多种便民、高效的行政许可实施方式。这些方式是:

1. 相对集中实施

《行政许可法》第25条规定："经国务院批准,省、自治区、直辖市人民政府根据精简、统一、效能的原则,可以决定一个行政机关行使有关行政机关的行政许可权。"这一规定是延续《行政处罚法》第16条规定的立法精神而来的。实践证明,相对集中行使若干行政职权,有利于提高行政效率,方便行政相对人办事,所以,《行政许可法》也规定了相对集中实施行政许可制度。但是,相对集中实施行政许可,不得违反行政专属管辖,如税务、海关、治安等行政许可权,就不能相对集中实施。

2. 统一、联合和集中办理

《行政许可法》第26条第1款规定："行政许可需要行政机关内设的多个机构办理的,该行政机关应当确定一个机构统一受理行政许可申请,统一送达行政许可决定。行政许可依法由地方人民政府两个以上部门分别实施的,本级人民政府可以确定一个部门受理行政许可申请并转告有关部门分别提出意见后统一办理,或者组织有关部门联合办理、集中办理。"与"相对集中实施"相比较,相对集中实施行政许可,涉及行政许可权从一个行政机关转移到另一个行政机关,而统一、联合和集中办理则不发生职权转移情况。如一个需要行政机关内部多个机构办理的行政许可,从便民原则角度,应当采用"一个窗口"对外方式,统一受理、送达。有的行政许可需要两个以上的行政机关分别实施,申请人就必须来回于这几个行政机关之间,十分不便。对此,本级人民政府可以确定一个行政机关受理行政许可申请并转告有关行政机关分别提出意见后统一办理,或者组织有关行政机关联合办理、集中办理。

二、授权组织

在实践中,某些行政许可事项有较强的专业性、技术性,行政机关依自身的条件无力完成审查工作。同时,我国的机构改革正在进行过程中,很多事业单位原本就是行政机关,承担着重要的行政许可工作,在机构改革尚未完成、某些行政许可还不宜立即取消的情况下,《行政许可法》第 23 条规定:"法律、法规授权的具有管理公共事务职能的组织,在法定授权范围内,以自己的名义实施行政许可。被授权的组织适用本法有关行政机关的规定。"其中,"被授权的组织适用本法有关行政机关的规定",表明被授权的组织在实施行政许可时,具有与行政机关相同的法律地位。

第五节 行政许可程序

一、申请与受理

行政许可是依申请行政决定,行政相对人的申请是启动行政许可程序的条件,相应地,行政机关则有一个受理程序应对之。申请与受理构成了行政许可程序的第一个步骤。

(一)申请方式

一般情况下,行政许可申请可以由申请人本人以书面方式提出,在外观上表现为一份申请书并随附相关的证明材料,由申请人或者通过他的委托代理人递交到有管辖权的行政机关。有的行政许可申请书依法需要采用格式文本的,则行政机关应当向申请人提供,但不得收费。若申请人采用上述申请方式有所不便,他可以通过信函、电报、电传、传真、电子数据交换和电子邮件等方式向行政机关提出。为此,行政机关应当建立和完善有关制度,推行电子政务,在行政机关的网站上公布行政许可事项,方便申请人采取数据电文等方式提出行政许可申请。

行政相对人可以委托代理人提出行政许可申请,但依法应当由申请人到行政机关办公场所提出行政许可申请的除外。如在公安行政许可中,对申请人委托代理人提出行政许可申请的,公安机关应当要求当事人出具授权委托书或者在申请表上委托栏中载明委托人和代理人的简要情况,并签名或者盖章,出示委托人身份证件。

（二）申请人诚信义务

申请人申请行政许可,应当如实向行政机关提交有关材料,反映真实情况,并对其申请材料实质内容的真实性负责。申请人在申请中隐瞒有关情况或者提供虚假材料申请行政许可的,行政机关不予受理或者不予行政许可,并给予警告;行政许可申请属于直接关系公共安全、人身健康、生命财产安全事项的,申请人在一年内不得再次申请该项行政许可。且申请人违背诚信义务而获得的行政许可,事后行政机关也是可以依法撤销的。

（三）行政机关对申请的处理

行政机关收到申请人提出行政许可申请之后,必须依法登记,并根据具体情况分别作出如下处理:(1)申请事项依法不需要取得行政许可的,应当即时告知申请人不受理;(2)申请事项依法不属于本行政机关职权范围的,应当即时作出不予受理的决定,并告知申请人向有关行政机关申请;(3)申请材料存在可以当场更正的错误的,应当允许申请人当场更正;(4)申请材料不齐全或者不符合法定形式的,应当当场或者在5天内一次告知申请人需要补正的全部内容,逾期不告知的,自收到申请材料之日起即为受理;(5)申请事项属于本行政机关职权范围,申请材料齐全、符合法定形式,或者申请人按照本行政机关的要求提交全部补正申请材料的,应当受理行政许可申请。

行政机关受理或者不予受理行政许可申请,应当出具加盖本行政机关专用印章和注明日期的书面凭证。申请人得到此"书面凭证",可以证明自己申请的事实,并据此向行政机关主张权利。

二、审查和决定

（一）审查方式

行政机关受理申请人的申请之后,应当对申请进行合法性审查,以便决定是否给予许可。根据《行政许可法》第34条规定,审查方式有两种:

1. 形式审查

形式审查,即行政机关审查申请人提供的材料限于数量上的齐全性和形式上的合法性。前者如申请建筑工程施工许可证,申请人依法需要提供9份法定材料[①];后者如申请从事个体工商业经营的,申请人需要提供法定的"户籍证明"[②]。为此,《行政许可法》第34条第2款规定:"申请人提交的申请材料齐全、符合法定形式,行政机关能够当场作出决定的,应当当场作出书面的行政许可决定。"这一规定在学理上被解释为行政许可"简易程序"的依据。[③] 根据上述规定,"当场作出书面的行政许可决定"的构成要件是:(1)申请材料齐全;(2)符合法定形式;(3)行政机关能够当场作出决定。

[①] 参见《建筑工程施工许可管理办法》第7条。
[②] 参见《城乡个体工商户管理暂行条例实施细则》第2条。
[③] 参见姜明安主编:《行政许可法条文精释与案例解析》,人民法院出版社2003年版,第124页。

2. 实质审查

实质审查，即行政机关审查申请人提供的材料在内容上的真实性、合法性。如申请人在申请中提交的身份证复印件和原件，如果对此采用实质审查，那么行政机关还需要到该身份证颁发的公安机关核实身份证原件，以确定它是否具有真实性、合法性。

《行政许可法》第34条第3款规定："根据法定条件和程序，需要对申请材料的实质内容进行核实的，行政机关应当指派两名以上工作人员进行核查。"它不同于《行政许可法》第34条第2款规定构成了一个简易程序，它不能构成一个与之相对应的"普通程序"，而仅仅是普通程序中的一个"步骤"。这个普通程序中的"步骤"，具有如下构成要件：(1)"根据法定条件和程序，需要对申请材料的实质内容进行核实"。此可称为"裁量要件"，即是否实施这一步骤，由行政机关根据实际"需要"作出裁量。(2)"两名以上工作人员进行核查"。此可称为"实施要件"，即核查申请材料的真实性、合法性，必须由两名以上工作人员进行。如《消防法》第12条规定："歌舞厅、影剧院、宾馆、饭店、商场、集贸市场等公众聚集的场所，在使用或者开业前，应当向当地公安消防机构申报，经消防安全检查合格后，方可使用或者开业。"对于消防安全许可仅仅采用形式审查不可能达到设置行政许可的预防性目的，必须采用实质审查。由于行政机关通过对申请人提供的材料进行审查难以达到设置许可的目的，因此，必须派工作人员到"歌舞厅、影剧院、宾馆、饭店、商场、集贸市场等公众聚集的场所"现场查看。

(二) 说明理由

在行政法上，说明理由是指行政机关在作出不利于行政相对人合法权益的行政行为时，除法律有特别规定外，必须向行政相对人说明其作出该行政行为的依据以及行政裁量时所考虑的因素。行政行为说明理由可以分为合法性理由和正当性理由。前者用于说明行政行为合法性的依据，如事实材料、法律规范；后者则是用于说明行政机关正当行使行政裁量权和解释不确定法概念时所考虑的如政策、形势、公共利益、客观情形等因素。说明理由是行政机关的一项法定义务，其意义在于提高行政决定的可接受性。为此，《行政许可法》第38条第2款规定："行政机关依法作出不予行政许可的书面决定的，应当说明理由，并告知申请人享有依法申请行政复议或者提起行政诉讼的权利。"

行政机关在不予行政许可决定书说明理由，旨在说明不予行政许可决定的合法性、正当性。在技术层面上应当做到全面、正确，如引用法律条文等，在内容层面上应当做到论理符合逻辑，使用法言法语。行政机关不说明理由，则构成行政违法。

(三) 作出决定的期限

行政许可的决定期限是行政许可制度的重要内容，它要求行政机关必须在法定期限内作出是否许可的决定。行政许可的决定期限既是行政效率的要求，也是落实便民原则的需要。为此，《行政许可法》第42条规定："除可以当场作出行政许可决定的外，行政机关应当自受理行政许可申请之日起20日内作出行政许可决定。20日内不能作出决定的，经本行政机关负责人批准，可以延长10日，并应当将延长期限的理由告知申请人。"也就是说，行政许可的决定期限一般是20天，即使延期也不得超过30天，且此期限不是指工作日。

由于行政许可内容各有不同，审查方式也有特殊，上述单一的行政许可的决定期限难以适应行政实务的需要。为此，《行政许可法》又规定了若干特殊情况下的行政许可决定期限：

1．特别规定

对于行政许可的决定期限，若《行政许可法》之外的法律、法规另有规定的，依照其规定。在立法技术上称之为"但书条款"，其功能在于排除本条的适用。《行政许可法》第42条最后一句，即"但是，法律、法规另有规定的，依照其规定"，就是关于行政许可的决定期限的但书条款。在《行政许可法》之外的法律中，如《外资企业法》规定的审查期限是90日，《公民出入境管理法》规定的审查期限是30日等。

2．统一、联合和集中实施行政许可

对于以统一、联合和集中的方式实施行政许可的决定期限，《行政许可法》第42条第2款规定："依照本法第26条的规定，行政许可采取统一办理或者联合办理、集中办理的，办理的时间不得超过45日；45日内不能办结的，经本级人民政府负责人批准，可以延长15日，并应当将延长期限的理由告知申请人。"由于这种方式实施行政许可，通常涉及申请人两个以上的行政许可申请，且需要在行政机关之间，或者行政机关内部的行政机构之间流转，所以，在决定期限上作出了多于正常情形下的20日/30日的规定。

3．初审期限

有的行政许可实施，需要申请人先向下级行政机关申请，经下级行政机关初审后认为符合法定条件的，才由下级行政机关上报其上级行政机关作出行政许可决定。为了提高行政效率，必须规定下级行政机关初审的期限，对此，《行政许可法》第43条规定："依法应当先经下级行政机关审查后报上级行政机关决定的行政许可，下级行政机关应当自其受理行政许可申请之日起20日内审查完毕。但是，法律、法规另有规定的，依照其规定。"在部门法中，如《律师法》第6条规定："申请律师执业，应当向设区的市级或者直辖市的区人民政府司法行政部门提出申请，……受理申请的部门应当自受理之日起20日内予以审查，并将审查意见和全部申请材料报送省、自治区、直辖市人民政府司法行政部门。省、自治区、直辖市人民政府司法行政部门应当自收到报送材料之日起10日内予以审核，作出是否准予执业的决定。准予执业的，向申请人颁发律师执业证书；不准予执业的，向申请人书面说明理由。"

4．期限扣除

在行政机关审查过程中，有的行政许可内容涉及某些技术性问题，需要通过专门程序才能确定，行政机关启用这一专门程序所需要的时间，应当从法定期限内扣除。为此，《行政许可法》第45条规定："行政机关作出行政许可决定，依法需要听证、招标、拍卖、检验、检测、检疫、鉴定和专家评审的，所需时间不计算在本节规定的期限内。行政机关应当将所需时间书面告知申请人。"

（四）作出决定

行政机关作出准予行政许可的决定，需要颁发行政许可证件的，应当向申请人颁发加盖本行政机关印章的下列行政许可证件：(1)许可证、执照或者其他许可证书；(2)资格证、资质证或者其他合格证书；(3)行政机关的批准文件或者证明文件；(4)法律、法规规定的其他行政许可证件。行政机关实施检验、检测、检疫的，可以在检验、检测、检疫合格的设备、设施、产品、物品上加贴标签或者加盖检验、检测、检疫印章。

三、听证程序

与《行政处罚法》一样,《行政许可法》也设置了行政许可听证程序。听证是行政机关作出行政许可决定前听取意见、审查事实的一个重要程序,行政机关是否遵守听证程序,直接影响到行政许可决定的合法性。

（一）听证情形

1. 依职权听证

依职权听证是行政机关根据法律规定主动举行听证,听取行政相对人的意见。《行政许可法》第46条规定:"法律、法规、规章规定实施行政许可应当听证的事项,或者行政机关认为需要听证的其他涉及公共利益的重大行政许可事项,行政机关应当向社会公告,并举行听证。"根据这一规定,依职权听证的行政许可分为两种:(1)法律、法规、规章规定实施行政许可应当听证的事项。对于这类行政许可,行政机关在是否举行听证的问题没有裁量权。如《重庆市实施行政许可听证暂行办法》第2条规定,直接关系群众切身利益的重大建设项目的规划、施工、环境影响评价等的审批,在城市繁华窗口地区设置大型户外广告的审批和对被拆迁户数较多的城市房屋拆迁的许可等,必须在作出行政许可之前,由行政机关主动举行听证。(2)行政机关认为需要听证的其他涉及公共利益的重大行政许可事项。对于这类行政许可,行政机关有"认为需要"的裁量权,即一旦"公共利益"且属于"重大"的事实要件成立,行政机关应当裁量决定是否举行听证。"行政许可法对行政机关应当主动听证的具体事项未予列明,由单行法规定和行政机关自己决定。这样可以为将来听证范围的扩大留下充分的空间。"①

2. 依申请听证

依申请听证是行政机关应申请人要求而举行的听证。《行政许可法》第47条规定:"行政许可直接涉及申请人与他人之间重大利益关系的,行政机关在作出行政许可决定前,应当告知申请人、利害关系人享有要求听证的权利;申请人、利害关系人在被告知听证权利之日起5日内提出听证申请的,行政机关应当在20日内组织听证。"根据这一规定,依申请听证有两个要件:(1)行政机关告知。即行政机关在审查行政许可申请过程中,发现行政许可直接涉及申请人与他人之间重大利益关系的,必须履行听证告知义务。(2)申请人、利害关系人提出申请。即申请人、利害关系人收到行政机关告知后,应当在法定期限内向行政机关提出要求举行听证的申请,逾期提出或者不提出申请的,行政机关可以不经听证作出行政许可决定。

 知识链接

如何判断个案中的"重大利益关系"

在费月康诉桐乡市住房和城乡规划建设局规划行政许可案中,法院认为:"《行政许可

---
① 汪永清主编:《中华人民共和国行政许可法释义》,中国法制出版社2003年版,第160—161页。

法》第46条规定,法律、法规、规章规定实施行政许可应当听证的事项,或者行政机关认为需要听证的其他涉及公共利益的重大行政许可事项,行政机关应当向社会公告,并举行听证。由于《中华人民共和国城乡规划法》并未对核发'建设工程规划许可证'应举行听证作出规定,桐乡市建设局核发3304832009SQ116号"建设工程规划许可证"时未举行听证不违反法律规定。至于费月康认为根据'行政许可法'第47条,桐乡市建设局应告知其有听证权利,本院认为,该法条'行政许可直接涉及申请人与他人之间重大利益关系'中何为重大利益关系应以法律、法规的明确规定为依据而非依当事人主观之判断而进行,费月康的此项上诉主张亦不能成立。"(资料来源:浙江省嘉兴市中级人民法院《行政判决书》[2012]浙嘉行终字第5号)。

(二)听证程序

行政许可听证程序由若干步骤、方式和时空要素构成,它们构成了行政许可听证的一个过程。这个过程的内容是:

1. 听证程序的启动

依职权听证程序由行政机关以"公告"方式启动听证程序;在依申请听证程序中,由行政机关告知申请人、利害关系人听证权利和他们提出听证申请启动听证程序。

2. 听证程序的进行

行政许可听证原则上应公开举行,允许公民旁听,新闻媒体公开报道,但行政许可涉及国家秘密、商业秘密、个人隐私的,不得公开举行。行政机关应当指定审查该行政许可申请的工作人员以外的人员为听证主持人,申请人、利害关系人认为主持人与该行政许可事项有直接利害关系的,有权申请回避,是否同意,由行政机关负责人决定。《行政许可法》采用内部审裁分离制度,即在同一行政机关内部由不同的机构或人员分别行使案件调查、审查权与裁决权的一种制度。内部审裁分离是基于审裁行政案件所需要的行政专业知识、提高行政效率这一特点而设置的。

举行听证时,审查该行政许可申请的工作人员应当提供审查意见的证据、理由,申请人、利害关系人可以提出证据,并进行申辩和质证。申请人、利害关系人也可以委托代理人参加,行政机关不得拒绝。申辩和质证应当充分、全面,所以听证主持人首先应当给予双方相同的机会,不能厚此薄彼,必要时还应当向申请人、利害关系人就法律规定作出释明,以帮助他们更好地行使申辩权、质证权。

听证笔录是整个听证会的真实记录,也是事后查阅听证会内容的主要依据。听证应当制作笔录,听证笔录应当交听证参加人确认无误后签字或者盖章。如果申请人、利害关系人对笔录记载内容有异议,可以进行修改,但应当告知其他听证参加人,文字错误的除外。申请人、利害关系人如需要听证笔录,行政机关应当制成复本交于他们,但申请人、利害关系人应当支付成本费。

3. 作出行政许可决定

听证会结束之后,听证主持人没有决定权,但应当写出听证报告。行政机关应当根据听证笔录,作出行政许可决定。与《行政处罚法》相比,《行政许可法》在听证笔录效力的规定上更加科学,即听证笔录是行政机关作出行政许可决定的唯一依据。这一规定排除了行政机关以听证会质证之外的证据来决定行政许可,从而可以有效地防止听证会流于形式。

四、行政许可变动程序

(一) 行政许可撤销

行政许可作出之后,作出行政许可的行政机关或者其上级行政机关根据利害关系人的请求或者依据职权消灭该行政许可的法效力,即行政许可撤销。这里的行政许可撤销不同于行政复议、行政诉讼中的撤销,后者是利害关系人在法定期限内提起法律救济的结果,而前者则通常发生在对行政许可提起法律救济的法定期限之后,是行政程序中的行政机关"自我纠错"。与吊销行政许可不同的是,吊销行政许可是被许可人合法持有行政许可后,实施了违法行为,行政机关依法给予的一种行政处罚。

之所以要撤销行政许可,是因为该行政许可存在着违法情形。这些违法情形主要是:(1) 行政机关工作人员滥用职权、玩忽职守作出准予行政许可决定的;(2) 超越法定职权作出准予行政许可决定的;(3) 违反法定程序作出准予行政许可决定的;(4) 对不具备申请资格或者不符合法定条件的申请人准予行政许可的;(5) 依法可以撤销行政许可的其他情形。在上述情形下撤销行政许可,有时可能会发生申请人已经实施了被许可的活动,如动工建造房子、开厂生产食品、购车长途运输等,一旦撤销行政许可,这些被许可的活动将没有合法性依据,并产生一系列的法律问题。为此,《行政许可法》确定了如下规则:

1. 撤销并给予赔偿

撤销行政许可导致被许可人的合法权益受到损害的,行政机关应当依法给予赔偿。此种赔偿的要件之一是,被许可人没有以欺骗、贿赂等不正当手段取得行政许可的情形,撤销行政许可的原因完全是行政机关本身所致。

2. 撤销不予赔偿

被许可人以欺骗、贿赂等不正当手段取得行政许可的,应当予以撤销。对于被许可人这种违法行为,《行政许可法》第79条规定:"被许可人以欺骗、贿赂等不正当手段取得行政许可的,行政机关应当依法给予行政处罚;取得的行政许可属于直接关系公共安全、人身健康、生命财产安全事项的,申请人在3年内不得再次申请该行政许可;构成犯罪的,依法追究刑事责任。"被许可人基于行政许可取得的利益,与他在行政许可申请过程中实施的违法行为有直接关系,当然不受法律保护,也不可能给予赔偿。

3. 不予撤销

若撤销行政许可可能对公共利益造成重大损害的,不予撤销。如地方政府在兴建重大项目工程过程中,规划部门作出的规划许可严重影响了他人住宅的通风、采光,若撤销该规划许可,将对公共利益造成重大损害,对此行政机关可不予撤销,但对他人的损害应当承担行政赔偿责任。

▲ 知识链接

通过行政诉讼撤销行政许可

2001年12月10日,被告北京市规划委员会向第三人食品安全所和健康安全所颁发了编号为2001规建字1769号"建设工程规划许可证",该许可证标明的建设项目为二级动物实验室,建设位置为朝阳区潘家园南里7号,建设规模为2949.18平方米。许可证的附件中标明该二级动物实验室层数为地上3层,地下1层,结构类型为框架。原告住宅楼均位于该二级动物实验室的北侧,其中6号楼与该规划建筑的间距为19.06米。沈希贤等182人不服北京市规划委员会颁发建设工程规划许可证行为诉至法院。

北京市西城区人民法院认为:根据城市规划法的规定,在城市规划区内新建、扩建和改建建筑物、构筑物、道路、管线和其他工程设施,必须持有关批准文件向城市规划行政主管部门提出申请,由城市规划行政主管部门根据城市规划提出的规划设计要求,核发建设工程规划许可证。被告作为城市规划行政主管部门,有权根据建设单位的申请,对符合城市规划设计要求的建设项目,核发"建设工程规划许可证"。根据《中华人民共和国环境保护法》第十三条的规定,建设污染环境的项目,必须遵守国家有关建设项目环境保护管理的规定。建设项目的环境影响报告书,必须对建设项目产生的污染和对环境作出评价,规定防治措施,经项目主管部门预审并依照规定的程序报环境保护行政主管部门批准。环境影响报告书经批准后,计划部门方可批准建设项目设计任务书。被告规划委员会在审批该项目的《建设工程规划许可证》时,应当审查第三人是否已取得了环境影响报告书,并根据卫生部颁布施行的《卫生系统实验动物管理暂行条例》规定,审查申报建设的实验动物室建筑是否保留至少有20米的卫生隔离区。但是,本案中规划委员会核准的动物实验室工程设计方案,实验室与原告的住宅楼之间的距离为19.06米,未达到规定的距离要求。规划委员会在诉讼中向法院提交的有关证据,不足以证明其审批行为认定事实清楚,程序正当、合法。于是,法院判决撤销被告北京市规划委员会于2001年12月10日向第三人颁发的2001规建字1769号"建设工程规划许可证"。(资料来源:《最高人民法院公报》2004年第3期)

(二) 行政许可撤回

行政机关基于法定原因依职权消灭行政许可的法效力,即为行政许可撤回。行政许可所依据的法律、法规、规章修改或者废止,或者准予行政许可所依据的客观情况发生重大变化的,为了公共利益的需要,行政机关可以依法撤回已经生效的行政许可。由此给公民、法人或者其他组织造成财产损失的,行政机关应当依法给予补偿。[①] 与行政许可撤销不同的是,行政许可撤回的对象是合法的行政许可。

---

① 参见周口市益民燃气有限公司诉周口市人民政府、周口市发展计划委员会侵犯专营权上诉案(最高人民法院行政判决书[2004]行终字第6号)。

(三) 行政许可注销

行政许可注销是指有关行政机关针对已经消灭的行政许可进行登记,以确认其不再具备许可法效力的程序性法律制度。行政许可注销本身不会导致行政许可法效力的消灭,其只是对已经没有法效力的行政许可的审核和宣示。

有下列情形之一的,行政机关应当依法办理有关行政许可的注销手续:(1) 行政许可有效期届满未延续的;(2) 赋予公民特定资格的行政许可,该公民死亡或者丧失行为能力的;(3) 法人或者其他组织依法终止的;(4) 行政许可依法被撤销、撤回,或者行政许可证件依法被吊销的;(5) 因不可抗力导致行政许可事项无法实施的;(5) 法律、法规规定的应当注销行政许可的其他情形。

(四) 行政许可变更与延续

1. 行政许可变更

基于客观情况发生变化,行政机关可以对作出的行政许可内容作变更。行政许可变更有两种情况:(1) 被许可人要求变更。被许可人应当向作出行政许可决定的行政机关提出申请;符合法定条件、标准的,行政机关应当依法办理变更手续。(2) 行政机关依职权变更。行政许可所依据的法律、法规、规章修改或者废止,或者准予行政许可所依据的客观情况发生重大变化的,为了公共利益的需要,行政机关可以依法变更已经生效的行政许可。由此给公民、法人或者其他组织造成财产损失的,行政机关应当依法给予补偿。

2. 行政许可延续

被许可人需要延续依法取得的行政许可的有效期的,应当在该行政许可有效期届满30日前向作出行政许可决定的行政机关提出申请。但法律、法规、规章另有规定的,依照其规定办理。行政机关应当根据被许可人的申请,在该行政许可有效期届满前作出是否准予延续的决定;逾期未作决定的,视为准予延续。也就是说,针对被许可人要求变更的申请,行政机关在法定期限内未作是否准予的决定,则推定为准予延续,被许可人可以继续从事原被许可的活动。

 案例研究

政府不得随意对已作出的行政许可行使注销权

在邓州市云龙出租车有限公司诉邓州市人民政府出租车行政管理案中,河南省内乡县人民法院经审理认为:"出租车经营的许可权是一种有限的公共资源,应受行政许可法的调整,对经营权的注销和调整亦应受行政许可法的约束。本案原告云龙公司是经依法批准成立,从事出租汽车营运、租赁业务的私营有限公司,具有公司法规定的出租汽车经营管理之职权。被告邓州市人民政府拥有相应的'轿的'入户审批、扶助和依法支持原告合法经营之义务,且不得违反政府诚信原则。首先,邓州市道路运输管理局同意云龙公司更新部分出租车是合法有效的,云龙公司享有更新使用出租车经营许可的权利。当云龙公司与豫 RT2006等车主因经营合同延续履行发生争议产生矛盾并引发上访,被告邓州市出租办理应依法、慎重、和谐处置。然而,邓州市出租办在邓州市人民法院于2009年12月已立案受理其合同纠纷案件之后,仍采取行政手段处置该经济纠纷,相继作出'注销通知'、'停办函'和'调整通知',违反了政府的诚信原则,也缺失法律法规依据。其次,'注销通知'认定云龙公司'因经营管理不善……虽多次要求你公司整改,但你公司未有任何整改措施'缺少事实证据,故'注销通知'属事实不清,主要证据不足。第三,注销行政许可属行政执法行为,根据《河南省行政执法条例》及其《实施办法》之规定,应当按照立案、调查、研究、决定、送达等法定程序执法,而在本案中,被告未提供证据证明其已经按照行政执法之法定程序进行,'注销通知'属违反法定程序。故邓州市出租办作出的'注销通知'依法应予以撤销。而'停办函'和'调整通知'是以'注销通知'为根据发展而来,是'注销通知'的执行行为,该两种行政行为是在'注销通知'依法给予原告云龙公司60日复议期和3个月诉讼期未届满作出的,缺乏法律依据。事实上,邓州市出租办发出'停办函'后已经致使部分出租车的车牌照停止了办理或已被调整,它虽然不针对云龙公司,但客观上侵犯了原告云龙公司的合法权益。'停办函''调整通知',应依法撤销。因邓州市出租办属于临时组织,不具有行政主体资格,其行为后果应由邓州市政府承担,邓州市政府是适格被告。由于邓州市出租办不能成为本案的被告,故应驳回云龙公司对邓州市出租办的起诉。"(资料来源:最高人民法院行政审判庭编:《中国行政审判案例》第4卷,第141号案例,中国法制出版社2013年版,第109页)

思考题:

1. 如何理解行政许可的性质?
2. 《行政许可法》是怎样体现"正当程序原则"的?
3. 为什么《行政许可法》要严格规定行政许可事项范围?
4. 简述行政许可设定权的具体内容。
5. 简述行政许可听证的范围、程序。
6. 简述行政许可的变动。

拓展阅读:

1. 朱芒:《日本的行政许可》,载《中外法学》1999年第4期。
2. 章剑生:《行政许可的内涵及其展开》,载《浙江学刊》2004年第3期。
3. 陈端洪:《行政许可与个人自由》,载《法学研究》2004年第5期。
4. 周汉华:《行政许可法:观念创新与实践挑战》,载《法学研究》2005年第2期。
5. 胡敏洁:《特许、行政法与规制工具》,载《国家行政学院学报》2006年第5期。
6. 王太高:《行政许可条件研究》,载《行政法学研究》2007年第2期。
7. 王克稳:《我国行政审批与行政许可关系的重新梳理与规范》,载《中国法学》2007年第4期。
8. 王周户等:《行政许可:技术支持与归责制度的创新》,载《行政法学研究》2010年第2期。
9. 方洁:《相对集中行政许可权理论与实践的困境与破解》,载《政治与法律》2008年第9期。

10. 余凌云:《对〈行政许可法〉第 8 条的批判性思考》,载《清华法学》2007 年第 4 期。
11. 叶必丰等:《从行政许可法看行政听证笔录的法律效力》,载《法学评论》2005 年第 3 期。
12. 马怀德:《行政许可》,中国政法大学出版社 1994 年版。
13. 姜明安主编:《行政许可法条文精释与案例解析》,人民法院出版社 2003 年版。
14. 应松年、杨解君主编:《行政许可法的理论与制度解读》,北京大学出版社 2004 年版。

第十一章

行政强制

> ✦学习目标
>
> 通过本章的学习,学生可以掌握以下内容:
> 1. 行政强制的概念和原则
> 2. 行政强制的种类与设定
> 3. 行政强制的实施程序
>
> ✦关键概念
>
> 行政强制　行政强制措施　行政强制执行　执行罚　代履行　非诉行政执行

第一节　行政强制概述

一、行政强制的概念

在行政法学界,对于"行政强制""行政执行""行政措施""行政强制行为""行政强制执行""行政强制措施"等几个概念的使用一直较为混乱。对此,《行政强制法》以立法的方式确认了三个法定概念并明确了三者之间的关系,即"行政强制＝行政强制措施＋行政强制执行"。

"行政强制"有狭义、广义两种理解。狭义上的行政强制就是指行政强制执行[①];广义上的行政强制是指"行政主体为实现行政目的,对行政相对人的财产、身体及自由等予以强制而采取的措施"[②],包括行政强制措施与行政强制执行。行政法学界一般采用广义上的行政强制概念,而将行政强制措施作为行政强制的下位概念。这种广义上的行政强制概念目前已经获得了立法的确认,《行政强制法》第 2 条第 1 款规定:"行政强制,包括行政强制措施和行政强制执行。"可见,要界定行政强制的概念,首先必须明确行政强制措施和行政强制执行

---

① 参见张焕光等:《行政法基本知识》,山西人民出版社 1986 年版,第 155 页。
② 姜明安主编:《行政法与行政诉讼法》(第 5 版),北京大学出版社、高等教育出版社 2011 年版,第 322 页。

两个概念。

 知识链接

制定《行政强制法》所要解决的问题

行政强制是最直接影响公民、法人和其他组织权利义务的行政执法方式,涉及对公民人身权的限制和公民、法人财产权的处分,属于典型的损益行政行为。行政强制如果长期得不到法律的严格规范和约束,必然会引发诸多问题,严重影响甚至恶化政府与公民之间的关系。《行政强制法》的出台,标志着我国行政强制制度的法治化框架得到确立,有助于根治行政强制的"散""乱""软"三大突出问题。所谓"散",是指有关行政强制的规定非常分散,分布在大量的单行法律、法规和规章之中,除了《行政诉讼法》《行政复议法》和《国家赔偿法》对行政强制的救济作出了统一规定外,几十部单行法律、数百部行政法规和数以千计的地方性法规和规章对行政强制作出了具体规定。所谓"乱",是指行政强制权的设定和实施比较混乱,法律、行政法规、地方性法规、规章乃至规范性文件皆设定行政强制,享有行政强制实施权的主体涉及几十个行政部门和法律法规授权乃至规范性文件授权的组织,执法主体繁多,职责交叉冲突,规范监督不力,导致行政强制权被滥用。所谓"软",是指在有些领域中行政机关强制手段不足,效率不高,执法不力,不能依法全面履行职责,难以有力维护公共利益和社会秩序,实现行政管理目标。(资料来源:袁曙宏:《我国〈行政强制法〉的法律地位、价值取向和制度逻辑》,载《中国法学》2011年第4期)

二、行政强制措施的概念

在行政过程中,行政机关为了实现特定行政目的,预防或制止危害社会的事件和违法行为的发生,有时往往需要采取必要的强制措施,在行政法学上称之为"行政强制措施"。《行政强制法》第2条第2款规定:"行政强制措施是指行政机关在行政管理过程中,为制止违法行为、防止证据损毁、避免危害发生、控制危险扩大等情形,依法对公民的人身自由实施暂时性限制,或者对公民、法人或者其他组织的财物实施暂时性控制的行为。"这是《行政强制法》给出的立法定义。

(一)行政强制措施概念的构成要素

从上述行政强制措施的立法定义来看,该概念包含以下几个构成要素:(1)主体要素。行政强制措施的行为主体是具有法定职权的行政机关,行政强制措施是行政机关依法实施的职权性行为。(2)目的要素。行政强制措施是为了制止行政违法或实现行政法上的必要状态而采取的措施。行政机关实施行政强制措施的目的是为了制止违法行为、防止证据损毁、避免危害发生、控制危险扩大等。(3)内容要素。行政强制措施的内容包括对行政相对人的人身自由实施暂时性限制或者对行政相对人的财物实施暂时性控制的行为,具体包括限制公民人身自由;查封场所、设施或者财物;扣押财物;冻结存款、汇款等。

（二）行政强制措施概念的特征

从上述立法定义的表述中，我们可以分析出行政强制措施具有如下法律特征：(1) 强制性。行政强制措施是行政机关对行政相对人的人身或财物所采取的强制性限制或控制，这种强制性限制或控制以国家强制力作为后盾，行政相对人对此负有容忍和配合的义务。(2) 具体性。行政强制措施是针对特定的行政相对人或特定的物作出的，其行为针对的对象和内容都是具体确定的。(3) 限权性。行政强制措施以暂时性限制人身自由或控制财物为内容。首先，对于行政相对人而言，行政强制措施是一种损害性行为，而并非受益性行为；其次，行政强制措施仅仅是限制行政相对人对权利或财物的行使，并没有完全剥夺行政相对人对权利或财物的拥有。例如，查封场所、扣押财物、冻结存款等措施都是限定行政相对人对该财物在一定期限内的使用权，并没有改变该财物的所有权。(4) 临时性。行政强制措施是临时性的措施，不是最终行为。如《人民警察法》第9条第2款规定，对被盘问人的留置时间自带至公安机关之时起不超过24小时，在特殊情况下，经县级以上公安机关批准，可以延长至48小时。又如《税收征收管理法》第37条规定，对于不缴纳税款的纳税人，税务机关可以扣押其价值相当于应纳税款的商品、货物，但是当纳税人在被扣押财物之后缴纳应纳税款时，税务机关必须立即解除扣押，并归还所扣押的商品、货物；如果扣押后纳税人仍然不缴纳应纳税款的，税务机关可以按照法定程序拍卖或者变卖所扣押的商品、货物，以拍卖或者变卖所得抵缴税款。可见，该扣押行为是行政强制措施，具有临时性的特征，根据行政相对人应对的不同，作为其后续的行为，行政机关有可能会作出归还财物或者拍卖、变卖财物的行为。(5) 直接性。行政强制措施的目的是为了维护公共利益或实现一定的行政管理目的，并不以行政相对人的违法为前提，行政机关可以根据现实情况的需要直接对行政相对人的人身或者对其财物进行强制性限制。在这点上，行政强制措施与行政强制执行不同。

三、行政强制执行的概念

在行政过程中，当行政机关作出的行政决定确定了行政相对人在行政法上所负有的特定义务时，行政相对人有自觉履行的义务。但是，有时行政相对人不自觉履行行政决定所确定的义务，此时，如果放任行政相对人不履行义务的行为，则不仅行政决定的内容和行政管理的目的无法实现，而且也有损行政机关的权威性。因此，必须以国家强制力促使其履行义务或实现与履行义务相同的状态，这种行为就是行政强制执行。根据《行政强制法》第2条第3款的规定，行政强制执行是指行政机关或者行政机关申请法院，对不履行行政决定的公民、法人或者其他组织，依法强制履行义务的行为。

（一）行政强制执行概念的构成要素

从上述行政强制执行的立法定义看，它包含以下几个构成要素：(1) 主体要素。行政强制执行的主体必须是依法具有行政强制执行权限的行政机关、司法机关。与行政强制措施的主体仅限于行政机关不同，行政强制执行的主体包括了行政机关以及接受了行政机关申请的法院。而且，并非所有的行政机关都具有行政强制执行的权限，实施行政强制执行的行政机关由法律规定。在法律没有规定行政机关具有强制执行权限时，作出行政决定的行政机关应当申请法院强制执行。(2) 目的要素。行政强制执行的目的是为了保障行政法上的义务的履行以及行政决定得到确切的实施,以强制力促使行政相对人履行义务或实现与履行义务相同的状态,行政强制执行的实施必须与该目的相适应。(3) 前提性要素。行政强制执行以行政相对人不履行行政决定所确定的义务为前提,只有在行政相对人负有法定义务而又拒不履行的情况下,行政机关为了保证行政管理活动正常进行,才能采取一定的强制手段迫使行政相对人履行义务。该前提性要素中包含有两个方面:首先,行政机关已经作出了行政决定,而且该行政决定要求行政相对人履行一定的义务;其次,行政相对人不履行行政决定所确定的义务。其中,"不履行"是指行政相对人在一定期限内有能力履行却不履行所负担的义务,其含义又包括两个方面:第一,行政法上的义务必须是行政相对人能够履行的,如果行政相对人不具有履行能力,那么强制执行也没有意义;第二,必须是行政相对人在一定期限内没有履行,其中所谓的"一定期限"包括法定期限或者通常认为可以履行义务的期限。(4) 内容要素。行政强制执行的内容是强制行政相对人履行法律法规所规定或者行政决定所确定的义务。

(二) 行政强制执行概念的特征

从上述行政强制执行的立法定义来看,行政强制执行具有以下法律特征:(1) 行政性。行政强制执行的行政性体现在:第一,行政强制执行的目的是为了保障行政决定所确定的行政相对人的义务得到确切的履行;第二,行政强制执行由具有行政强制执行权的行政机关依法定职权实施或者由作出行政决定的行政机关申请法院强制执行,无论采取哪种执行方式,行政机关的参与都是必不可少的。(2) 强制性。行政强制执行是在行政相对人不自觉履行义务的情况下,采用强制力迫使其履行的行为,具有明显的强制性。对此,行政相对人负有容忍和配合的义务。(3) 执行性、补充性。行政强制执行的目的是为了促使行政相对人履行义务或达到与履行义务相同的状态,确保行政决定的内容得到确实、有效执行。从内容上来看,行政强制执行以行政决定的内容为对象和标准。从这种意义来看,行政强制执行并不具有独立性,而是行政决定的后续性行为,具有执行性和补充性。

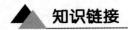
知识链接

"行政强制措施"概念的由来

在中国,"行政(强制)措施"一词的使用,最早出现在新中国"拨乱反正"以后的第一本行政法教科书即王珉灿主编的《行政法概要》中。该书第一次使用了"采取行政措施的行为"这一概念。但在当时尚无"具体行政行为"——在目前的中国行政法学中最为关键的概念之一,当时还未被写入法律——这一概念的背景下,它是作为一般的"具体行政行为"的代名词使用的。这一"首创"被不少学者所接受和发展。1989 年《中华人民共和国行政诉讼法》的公布,特别是 1990 年该法实施以后,该法第 11 条第 2 项的规定对理论界关于行政行为的认识冲击颇大,它最明显不过地表明:"限制人身自由或者对财产的查封、扣押、冻结等行政强制措施"行为,只是与行政处罚相并列的具体行政行为的一个种类,而不是一般意义上的具体行政行为本身。所以,1990 年以后,已不再有类似教材、著作基于这种意义而使用

"行政(强制)措施"概念了。(资料来源:胡建淼:《论中国"行政强制措施"概念的演变及定位》,载《中国法学》2002年第6期)

第二节 行政强制的原则

一、法定原则

依法行政是行政法的基本原理,而行政强制法定原则就是依法行政原理在行政强制领域的具体化。从现实行政过程来看,行政强制包括行政强制的设定与实施两部分,法定原则要求行政强制的设定权与实施权都必须依照法定的权限进行。为此,《行政强制法》第4条规定:"行政强制的设定和实施,应当依照法定的权限、范围、条件和程序",并详细规定了行政强制设定权与实施权的分配及行使的规则。具体而言,行政强制法定原则包括依法设定和依法实施两个方面。

(一)依法设定原则

行政强制是一种行政相对人权益产生很大影响的行政行为,因此必须由较高效力层级的法律、法规进行设定(限于行政强制措施,不得设定行政强制执行),而效力层级较低的行政规章、行政规定不得设定行政强制。

(二)依法实施原则

行政强制经法律、法规设定之后,必须由行政机关依据法律的规定进行实施。具体而言,依法实施原则包括以下三个方面:

1. 职权法定。它要求实施的主体必须是法律、法规规定的具有行政强制的实施权限的行政机关或司法机关,无实施权限的任何机关或组织都不能实施行政强制。而具有行政强制的实施权限的机关也只能在法定权限的范围之内实施行政强制。此外,如果存在着行政强制实施权限的授予或委托的情况,那么要求授权或委托也必须依照法律的规定进行。

2. 依据法定。它要求行政强制必须有明确的法律依据,行政强制的实施主体必须依据法定的条件实施行政强制。

3. 程序法定。它要求行政强制必须依照法定程序实施。为此,《行政强制法》第3章和第4章分别以整章的内容详细规定了"行政强制措施实施程序"和"行政机关强制执行程序"。

二、适当原则

行政强制的设定和实施除了必须合法之外,还应当合理、适当。《行政强制法》第5条规定:"行政强制的设定和实施,应当适当。采用非强制手段可以达到行政管理目的的,不得设定和实施行政强制。"此为行政强制适当原则的法律依据。行政强制的适当原则是行政合理性原则和比例原则在行政强制上的体现,具体包含以下内容:

（一）妥当性原则

行政强制的目的是为了维护和实施行政管理秩序，预防和制止社会危害事件与违法行为的发生与存在，或者确保行政决定的内容得到确切的实施。行政强制的实施必须是可以达到该目的，如果行政强制不是为了达到法定目的，或者根本达不到法定目的，则不得实施。这被称为妥当性原则，要求行政机关在实施行政强制的行为时，必须考虑到手段与目的是否相冲突。当然，这种判断并不是纯粹的主观判断，必须结合当时的环境和条件，在客观性基础上作出判断。

（二）必要性原则

行政强制的设定和实施必须是为了维护社会秩序、预防或制止社会危害事件或违法行为的发生以及确保行政决定得到履行所必需的。一方面，如果行政强制并非实现该目的所必需的，那么就没有必要设定和实施行政强制。如《行政强制法》第16条第2款规定，对于违法行为情节显著轻微或者没有明显社会危害的情况，可以不采取行政强制措施。另一方面，如果为了达成这一目的，行政机关可以选择适用其他手段时，行政机关应当优先选择其他非强制性的手段。与非强制手段相比较，行政强制对于行政相对人的侵害更大，因此，在行政机关为实现特定行政目的有多种手段可供选择时，应当首先选择其中最温和的、对行政相对人侵害最小的非强制手段。只有在非强制手段不能达到行政目的时，才可以依法实施行政强制的手段。

（三）均衡性原则

行政强制的目的与手段之间仅符合妥当性、必要性的要求还是不够的，因为行政强制的实施不可避免地会引起双方甚至多方利益的冲突，这就要求必须在价值层面进行考量和权衡各方的利益。均衡性原则即要求行政机关实施行政强制时，所采取的强制手段与其所达到的目的之间必须合比例或相对称。行政强制的实施虽然是为了达到行政目的，但如果其实施的结果给行政相对人带来的损害超过实现行政目的所带来的价值，那么，该项行政强制的实施也就违反了法益相称性原则。如《税收征收管理法》第38条规定，在纳税人不能提供纳税担保的情况下，税务机关可以扣押、查封纳税人的价值"相当于"应纳税款的商品、货物或者其他财产，即税务机关扣押或查封的财物价值不能超过其应纳税款的数额。

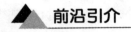

比例原则及其内容

比例原则源自德国，曾被德国行政法鼻祖奥托·麦耶（Otto Mayer）誉为行政法中的"皇冠原则"。有的称为平衡原则、均衡原则、适当原则，是从行政行为所欲达成的目的与所采取手段之间适当性的角度来考察行政行为，其要求行政机关行使自由裁量权时要做到理性、适度，在实现行政目标与所采取的手段之间寻求必要的平衡。其假定目的与手段之间存在着可被量化的因果关系，因而后者必须和前者成"比例"，其应用非常广泛，几乎可被适用于任何领域,并经由欧洲法院和欧洲人权法院的适用而推广至整个欧洲。具体而言,德国法上的比例原则之适用要求国家行为或措施必须:(1)为达到合法目的是合适的;(2)为达到合法目的是有必要的;(3)在狭义上是成比例的:其不应施加额外负担或对大于所获取的合法目的的其他法益造成损害。(资料来源:孙国平:《英国行政法中的合理性原则与比例原则在劳动法上之适用》,载《环球法律评论》2011年第6期)

三、教育与强制相结合原则

《行政强制法》第6条规定:"实施行政强制,应当坚持教育与强制相结合。"该条款规定了行政强制的教育与强制相结合原则,具体包含有以下几层含义:

(一)期待行政相对人自觉履行原则

行政强制本身并不是目的,而且希望通过行政强制的方式达到维护社会秩序、预防或制止社会危害事件或违法行为的发生以及确保行政决定实施的目的。如果行政相对人能够自觉地履行行政法上所规定的或行政决定所确定的义务,那么就无需行政机关强制执行。而一旦实施了行政强制,虽然可以达成行政目的,但难免造成行政强制的实施主体与行政相对人之间在某种程度上的抵触或对抗,不利于社会的稳定与发展。因此,行政机关在实施行政强制之前应当尽量地说服、教育行政相对人自觉履行,在经合理的时间、采取适当的方法进行说服教育无效的情况下,才可以实施行政强制。如《行政强制法》第35条规定,行政机关作出强制执行决定前,应当事先催告行政相对人履行义务。《消防法》第60条规定,对于违反该法律规定的行政相对人,消防部门应当责令改正,对于经责令改正拒不改正的,实施强制执行。《水污染防治法》第75条规定,对于在饮用水水源保护区内设置排污口的行政相对人,由县级以上地方人民政府责令限期拆除,逾期不拆除的,强制拆除。这些规定中的"催告"、"责令改正"、"限期拆除",都包含了对行政相对人的说服教育,以此来期待达到使得行政相对人自觉履行的目的。

(二)行政强制实施过程中的教育与强制相结合原则

在行政强制的实施过程中,也应当坚持教育的原则,采取较为温和的强制手段,减少行政相对人对行政强制行为的抵触情绪,尽量让行政相对人理解、接受行政机关实施的强制行为,避免或减少行政机关与行政相对人之间的对抗,并增强行政相对人的守法意识。如《行政强制法》第18条规定,行政机关实施行政强制措施时,应当"当场告知行政相对人采取行政强制措施的理由、依据",这也是一种说服教育的方法。但是,说服教育也是相对的。行政机关在实施即时强制等行政强制措施时,有时由于事态紧急、时间紧迫,可以不经过教育、告诫、催告、限期自觉履行等程序,而直接实施拘束行政相对人人身或扣押行政相对人财物等行政强制措施。

四、行政强制不得滥用原则

《行政强制法》第7条规定:"行政机关及其工作人员不得利用行政强制权为单位或者个

人谋取利益。"同时,该法第49条、第60条规定,划拨的存款、汇款以及拍卖和依法处理所得的款项应当上缴国库或者划入财政专户,任何行政机关或者个人不得以任何形式截留、私分或者变相私分。在此基础上,该法第64条明确了行政机关及其工作人员利用行政强制权为单位或者个人谋取利益的法律责任,要求对直接负责的主管人员和其他直接责任人员依法给予处分。这些条文确立了行政强制不得滥用的原则。

行政的目的是为了实现公共利益,因此,行政行为必须与行政目的相一致。具体而言,行政强制中的行政目的(公共利益)就体现为维护和实施行政管理秩序,预防和制止社会危害事件与违法行为的发生与存在,或者确保行政决定的内容得到确切的实施。因此,行政强制也必须紧紧围绕着这一目的的实现而设定或实施,当然不能是为单位或者个人谋取利益。如《道路交通安全法》第112条第2款规定:"公安机关交通管理部门对被扣留的车辆应当妥善保管,不得使用。"扣留车辆的目的是为了收集证据等的需要,而不是为了本单位或个人使用车辆。从依法行政的原理来看,该原理不仅是对行政强制的要求,也是对所有其他行政行为的要求。

五、行政相对人权利保障与救济原则

《行政强制法》第1条将"维护公共利益和社会秩序"与"保护公民、法人和其他组织的合法权益"规定为该法律的立法目的和宗旨,可见,《行政强制法》除了保障行政强制主体依法行使行政强制权限、确保行政强制的效率之外,同时也注重对于行政相对人权利的保障。行政强制是一种对行政相对人人身或财物进行拘束或限制的行为。对于行政相对人而言,是一种侵害性的行为,而非受益性行为。这种侵害性的行为之所以得到法律的确认,是因为该行为是实现特定行政目的所必需的,为了行政目的的实现,行政相对人负有容忍的义务。但另一方面,也必须在行政强制的实施过程中保障行政相对人的合法权益。具体而言,《行政强制法》第8条从三个方面规定了行政相对人权利的保障和救济:(1)在行政强制的实施过程中,行政相对人依法享有陈述权、申辩权等权利;(2)在行政强制实施之后,行政相对人对行政强制的行为不服时,有权依法申请行政复议或者提起行政诉讼,以此来救济自己的权利;(3)行政相对人因行政机关或法院违法实施行政强制受到损害时,有权依法提出赔偿要求。

第三节 行政强制的种类和设定

行政强制在法律上涉及设定与实施两个方面的问题,其中,设定是实施的前提。行政强制一般通过立法或行政立法的方式设定,其中涉及设定的原则、设定事项的范围、设定权的分配等问题。但由于行政强制的种类繁多,对行政相对人权利义务的影响程度也各不相同,因此,《行政强制法》根据行政强制对行政相对人权利义务的影响程度以及行政管理的实际需要分配行政强制的设定权。具体而言,在区分行政强制类型的基础上,将行政强制的类型与设定权相联系,分别规定各种类型的行政强制的设定权。这对于行政相对人权益的保护以及行政处罚的规范具有重要意义。

一、行政强制措施的种类和设定

(一)行政强制措施的种类

《行政强制法》第9条列举规定了行政强制措施的种类,具体包括限制公民人身自由,限制财产的行政强制措施,查封场所、设施或者财物,扣押财物,冻结存款、汇款和其他行政强制措施。根据行政强制措施所针对的对象的不同,可以将上述行政强制措施划分为限制人身自由的行政强制措施和限制财产的行政强制措施两种类型。

1. 限制公民人身自由

限制公民人身自由的行政强制措施是指行政机关在紧急状态下,对公民的人身自由依法加以限制的行政行为。人身自由权是公民最基本的权利,因此,法律对于有关人身自由的行政强制措施的限制较为严格。从各单行法的规定来看,针对人身自由的行政强制措施主要包括拘留、强制扣留、强制搜查、人身检查、强制检测、盘问、留置盘问、传唤、强制传唤、隔离、强制隔离、约束、强行约束、强制戒毒、隔离治疗、强行带离现场、现场管制、强行驱散、强制遣回原地等。如《道路交通安全法》第91条第2款规定,对于醉酒驾驶机动车的人,由公安机关交通管理部门"约束"至酒醒。《人民警察法》第14条规定,人民警察对于严重危害公共安全或者他人人身安全的精神病人,可以采取"保护性约束"措施。《人民警察法》第17条规定,对严重危害社会治安秩序的突发事件,可以根据情况实行"现场管制",此时,可以采取必要手段"强行驱散",并对拒不服从的人员"强行带离现场"或者立即予以"拘留"。这些法律所规定的"约束""保护性约束""现场管制""强行驱散""强行带离现场""拘留"等都是限制公民人身自由的行政强制措施。

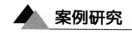 **案例研究**

万宁市公安局兴隆分局"留置盘问"是否属于限制人身自由的行政强制措施

2003年11月19日凌晨3时许,万宁市公安局兴隆分局民警根据群众的报警在兴隆华侨农场场部宿舍区对林觉云以涉嫌在场部宿舍区盗窃摩托车为由对其留置盘问,民警根据从林觉云身上搜出的一把"T"字形工具、一串钥匙、一把微型手电及一把铜色钥匙认为林觉云有重大盗窃嫌疑,并以此为由将林觉云带至兴隆公安分局接待室继续留置盘问,并用两副手铐将林觉云的双手反铐在接待室的钢筋防盗窗上。当日上午8时30分,兴隆公安分局民警对林觉云作询问笔录,林觉云自称叫"林俊杰",并承认了当日凌晨2时许窜到场部宿舍区撬门盗窃摩托车的事实。该讯问笔录上被讯问人所签姓名是"林俊杰",并按捺有手印。至当日下午13时10分,公安民警开始再次给林觉云作讯问笔录,在作讯问前,民警解开了林觉云右手铐在窗上的手铐,但手铐的一边仍挂在右手上,左手仍用手铐铐在钢筋防盗窗上。在两名民警对林觉云讯问的过程当中,林觉云乘其中的一名民警离开的瞬间,乘机脱逃,情急之下跳进兴隆公安分局大院旁的太阳河中。兴隆公安分局民警随即找来船只和快艇进行连续搜救,直至第三天即11月22日的凌晨,在距林觉云跳河处的下游约1公里处找到林觉云的浮尸,其右手还挂着手铐。万宁市公安局法医经现场对尸体进行尸检后(未解剖),于2003年11月29日出具的万公刑技医字第03297号《尸检报告》认定死者林觉云系生前下水溺死。(资料来源:海南省海南中级人民法院《行政判决书》[2006]海南行终字第3号)

2. 查封场所、设施或者财物

查封是指行政机关对行政相对人的财产等进行检查以后,予以就地封闭、禁止使用的行为,是行政机关限制行政相对人对其财产的占有、使用、处分权利的强制措施。其针对的财产主要是不动产或者其他不方便移动的财物,包括场所、设施以及其他不方便移动的财物等。如《食品安全法》第77条规定,县级以上质量监督、工商行政管理、食品药品监督管理部门有权"查封违法从事食品生产经营活动的场所"。在现实行政过程中,通常由行政机关以加贴封条的方式限制行政相对人对财产的占有、使用和处分。从各单行法的规定来看,"查封"一词有时也用"封闭""关闭""封存""禁止使用""停止使用""限制使用"等词语来表述。《食品安全法》第72条规定,县级以上卫生行政部门接到食品安全事故的报告后,应当"封存"被污染的食品用工具及用具,并责令进行清洗消毒。《消防法》第13条第2款规定,依法应当进行消防验收的建设工程,未经消防验收或者消防验收不合格的,"禁止投入使用";其他建设工程经依法抽查不合格的,应当"停止使用"。

3. 扣押财物

扣押财物是指行政机关将行政相对人的财产转移至另外的场所加以扣留,而暂时不准行政相对人占有、使用和处分的行政强制措施。除了使用"扣押"外,法律、法规规定中还经常使用"暂扣""扣留"等用语。如《道路交通安全法》第72条第2款规定,交通警察因收集证据的需要,可以"扣留"事故车辆。《邮政法》第36条规定,因国家安全或者追查刑事犯罪的需要,公安机关、国家安全机关或者检察机关可以依法检查、"扣留"有关邮件。

扣押和查封都限制了行政相对人对财物的占有、使用和处分权利,法律在设定行政强制措施时,往往同时规定查封与扣押两种措施。如《反垄断法》第39条规定,反垄断执法机构调查涉嫌垄断行为时,可以"查封、扣押相关证据"。但两者其实是有区别的,具体而言,扣押与查封的区别在于:(1)对象不同,扣押主要针对的是可以移动的财产,而查封主要针对的是不动产或不方便移动的财产;(2)方式不同,扣押的财产由行政机关保管,而查封主要以加贴封条的方式进行。可见,虽然《反垄断法》第39条规定了"查封、扣押相关证据"两种措施,但具体应该采取哪一种措施,应当根据证据的属性和限制的方式的不同而决定。

4. 冻结存款、汇款

冻结存款、汇款是指行政机关通知行政相对人的开户银行或其他金融机构停止或限制行政相对人使用存款或汇款等的行政强制措施。如《税收征收管理法》第38条规定,税务机关在法定条件下可以"书面通知纳税人开户银行或者其他金融机构冻结纳税人的金额相当于应纳税款的存款"。冻结的对象除了存款、汇款外,还包括股票等有价证券。如《证券法》第180条规定,对有证据证明已经或者可能转移或者隐匿违法资金、证券等涉案财产或者隐匿、伪造、毁损重要证据的,国务院证券监督管理机构经该机构主要负责人批准,可以冻结或者查封。

5. 其他行政强制措施

《行政强制法》第9条列举了上述四种最为典型、最为常用的行政强制措施,但在各单行法律以及现实行政中,还存在着其他各种各样的行政强制措施。而且,随着行政实践的不断发展和立法的不断进行,也将会不断出现新型的行政强制措施。因此,第9条第5项规定了"其他行政强制措施"。从立法技术上来看,这种"兜底条款"是必要的。

从现行的单行法来看,"其他行政强制措施"有《道路交通安全法》第14条规定的"强制报废",《道路交通安全法》第17条规定的"强制保险",《计量法》第9条规定的"强制检定",《传染病防治法》第27条规定的"强制消毒处理"等。

(二) 行政强制措施的设定

行政强制措施的设定权是指设定行政强制措施的权力。由于现实中一般以立法的方式设立行政强制措施,因此,行政强制措施的设定权涉及各种行政法的法源在设定行政强制措施上的权力配置。《行政强制法》第10条、第11条规定了法律、行政法规、地方性法规的行政强制措施设定权,并规定除上述立法外,其他规范性文件一律不得设定行政强制措施。

1. 法律

法律是由作为立法机关的全国人大及其常委会制定的规范性文件,在法律体系中其效力仅次于宪法。因此,《行政强制法》第10条第1款规定:"行政强制措施由法律设定"。

在法理上,法律有权根据需要设定任何类型的行政强制措施。但法律设定行政强制措施也不是随意的,而是受各种限制:(1) 受到《宪法》规定、宪法精神以及法律一般原则等的限制,如《宪法》第33条第3款规定:"国家尊重和保障人权",法律设定行政强制措施时也必须考虑到对行政相对人权利的保障问题;(2) 根据《行政强制法》第4条、第5条的规定,行政强制措施的设定必须"适当",而且应当"依照法定的权限、范围、条件和程序"进行设定。

2. 行政法规

行政法规是由作为最高行政机关的国务院制定的规范性文件,在法律体系中其效力仅次于宪法与法律。根据《立法法》第56条的规定,行政法规可以就《宪法》第89条规定的国务院行政管理职权的事项作出规定。与此规定相对应,《行政强制法》第10条、第11条也赋予行政法规以部分的行政强制措施设定权。具体内容如下:

(1) 尚未制定法律的情形

在尚未制定法律的情况下,如果是属于国务院行政管理职权的事项,行政法规可以设定除了限制公民人身自由、冻结存款或汇款以及应当由法律规定的行政强制措施之外的其他行政强制措施。可见,行政法规设定行政强制措施受到三层限制:第一,必须是"尚未制定法律",与该事项相关的法律尚未制定。第二,必须"属于国务院行政管理职权的事项",对此,《宪法》第89条进行了详细的列举。第三,设定行政强制措施的种类受到限制,行政法规不得设定限制公民人身自由、冻结存款或汇款以及应当由法律规定的行政强制措施。首先,由于限制人身自由的行政强制措施对行政相对人影响重大,《立法法》第8条、第9条规定,"限制人身自由的强制措施"只能由法律来设定。其次,冻结存款或汇款对于行政相对人的生活、生产影响重大,因此,也应当由法律来设定。如《商业银行法》第29条第2款规定,对个人储蓄存款,商业银行有权拒绝任何单位或者个人查询、冻结、扣划,但"法律"另有规定的除外。另外,在其他的单行法律明确规定只能由法律设定行政强制措施的情况下,也排除了行政法规设定该行政强制措施的可能性。

(2) 已经制定法律的情形

已经制定法律的情形下,行政法规的行政强制措施设定权要受到如下限制:第一,已经制定法律,并且法律已经设定行政强制措施时,行政法规可以进行细化或具体化,但不得作出扩大规定。根据《立法法》第 56 条的规定,行政法规为执行法律规定的需要,可以以实施办法、实施细则的形式进行细化。但因法律的效力高于行政法规,行政法规不得违反已有的法律规定或者与法律相抵触作出扩大规定。所谓"扩大规定"包括了对行政强制措施的对象、条件、种类等各方面的扩大,扩大行政强制措施的适用对象、放宽行政强制措施的实施条件、增加行政强制措施的种类等都属于"扩大规定"。如《森林法》第 37 条第 3 款规定:"对未取得运输证件或者物资主管部门发给的调拨通知书运输木材的,木材检查站有权制止。"该法律规定了"制止"这一措施,但《森林法实施条例》第 37 条规定,"无证运输木材的,木材检查站应当予以制止,可以暂扣无证运输的木材",该行政法规除了"制止"之外,还规定了"暂扣"措施,与法律规定相比,增加了行政强制措施的种类,属于"扩大规定"。第二,已经制定法律,但法律未设定行政强制措施时,分两种情况讨论:首先,原则性的规定。在一般情况下,已经制定法律,但法律中未设定行政强制措施的,行政法规不得设定行政强制措施。其次,例外性的规定。在法律规定特定事项由行政法规规定具体管理措施的情况下,行政法规可以设定除了限制公民人身自由、冻结存款或汇款以及应当由法律规定的行政强制措施之外的其他行政强制措施。

3. 地方性法规

地方性法规是由省、自治区、直辖市以及省级人民政府所在地的市,国务院批准的较大的市的人民代表大会及其常委会制定的规范性文件,在法律体系中其效力位于宪法、法律、行政法规之后。根据《立法法》第 63 条的规定,地方性法规"根据本行政区域的具体情况和实际需要"进行制定。《行政强制法》第 10 条、第 11 条也赋予地方性法规一部分行政强制措施设定权。具体内容如下:

(1) 尚未制定法律的情形

在尚未制定法律、行政法规的情况下,如果属于地方性事务的,地方性法规可以设定查封场所、设施或者财物以及扣押财物的行政强制措施。

(2) 已经制定法律的情形

已经制定法律、行政法规的情形下,地方性法规的行政强制措施设定权要受到如下限制:第一,已经制定法律,并且法律已经设定行政强制措施的,地方性法规可以进行细化或具体化,但不得作出"扩大规定"。第二,已经制定法律,但法律未设定行政强制措施的,地方性法规不得设定行政强制措施。

4. 行政规章、行政规定

法律、法规以外的行政规章、行政规定一律不得设定行政强制措施。在《行政处罚法》和《行政许可法》中,行政规章具有部分行政处罚和行政许可的设定权,但在《行政强制法》中,否定行政规章的行政强制措施设定权,体现了行政强制立法层级的提高。

二、行政强制执行的方式和设定

(一) 行政强制执行的方式

《行政强制法》第 12 条针对行政强制执行列举了五种类型的方式:加处罚款或者滞纳金,划拨存款、汇款,拍卖或者依法处理查封、扣押的场所、设施或者财物,排除妨碍、恢复原状,代履行。此外,该条文还设置了"兜底条款",规定了"其他强制执行方式"。如《防洪法》第 55 条规定,违反本法规定,未按照规划治导线整治河道和修建控制引导河水流向、保护堤岸等工程,影响防洪的,责令停止违法行为,恢复原状或者"采取其他补救措施",这其中的责令采取其他补救措施的行为也是一种强制执行的方式。

行政强制执行的目的是为了保障行政法上的义务的履行以及行政决定得到确切的实施,而行政相对人在行政法上的义务包括作为义务与不作为义务、可替代义务与不可替代义务。根据各种义务性质、内容的不同,可以将行政强制执行分为以下类型:

1. 间接强制执行

间接强制执行是指行政强制执行机关通过间接手段迫使负有义务的行政相对人履行义务或者达到与履行义务相同状态的强制方式。由于间接强制执行的间接性对行政相对人造成的损害一般比直接强制小,手段也较为温和,因此,一般要求行政机关优先适用间接强制执行的方式。根据行政相对人所负义务的履行是否可以替代,间接强制具体又可分为代履行和执行罚。

(1) 执行罚(加处罚款或者滞纳金)

《行政强制法》第 12 条第 1 项规定的"加处罚款或者滞纳金",属于执行罚。所谓"执行罚"是指行政强制执行机关对拒不履行不作为义务或不可替代的作为义务的行政相对人科以一定的金钱给付义务,以促使其履行义务的强制执行方式,主要包括加处罚款或者滞纳金等方式。其中,"加处罚款"主要针对不缴纳罚款的行为,如《行政处罚法》第 51 条以及《道路交通安全法》第 109 条规定,到期不缴纳罚款的,每日按罚款数额的 3%"加处罚款"。加处滞纳金主要针对不缴纳税费的行为,如《税收征收管理法》第 32 条规定,从滞纳税款之日起,按日"加收"滞纳税款万分之五的"滞纳金"。

执行罚的适用必须具备以下条件:第一,行政相对人不履行行政法的义务,这是所有行政强制执行的前提。第二,义务的性质属于不作为义务或不可替代的作为义务,即他人无法代替而只能由本人自行履行义务,如停止非法经营活动等。如果是可以替代的作为义务则应当运用代履行方式强制执行,在这种意义上,代履行优先于执行罚适用。第三,执行罚的数额必须由法律、法规明确作出规定,行政强制执行机关不能自行决定。具体而言,执行罚的数额从义务主体逾期拒不履行其应当履行的义务之日起,按日计算,并可反复适用,而一旦义务主体履行了义务,执行罚则停止执行。

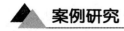

本案"执行罚"是否具有合法性

2002 年 12 月 8 日陈秀清因交通违章被厦门市公安机关交通管理部门决定给予罚款

200元,并扣3分。同年12月30日,公安机关交通管理部门对此作出公安行政处罚决定(编号第1409008136号),并送达原告。嗣后,陈秀清又先后三次因交通违章受到处罚。2003年6月30日,陈秀清主动到有关银行缴纳了该三次处罚的罚款。其间,陈秀清还在2003年2月顺利通过了驾驶证的年度审验,公安机关交通管理部门在其驾驶证上作了签章和记载。2004年4月23日公安交通管理撤销决定书(公交管撤字第368号)因陈秀清逾期交款,作出撤销陈秀清驾驶证的决定,并要求其支付从2003年1月15日起因到期不缴纳罚款,每日按罚款数额的3%加处罚款3564元,加上200元的罚款,共计3764元。陈秀清经向公安机关交通管理部门咨询后,方知驾驶证被撤销的缘由。陈秀清于2004年9月2日向厦门市公安局申请行政复议,要求撤销关于撤销其驾驶证的决定,同时免交因未缴纳罚款产生的加处罚款。同年10月19日,厦门市公安局以厦公复决字[2003]第058号行政复议决定撤销了厦门市公安交通管理局的撤销决定。陈秀清认为复议决定未对其要求免除加处罚款的请求作出处理,向法院提起行政诉讼。(资料来源:福建省厦门市思明区人民法院《行政判决书》[2004]思行初字第112号)

(2) 代履行

《行政强制法》第12条第5项将代履行作为了行政强制执行的方式之一。"代履行"是指行政强制执行机关自行或请第三人代替行政相对人履行法定义务,并向行政相对人征收必要费用的强制执行措施。对于行政相对人而言,作为义务被转化为金钱给付义务(支付费用);而对行政机关而言,通过代履行这种间接方式,避免了直接强制手段的使用,实现了行政管理的目的。

在有的单行法律中,有时使用"代为""代作"等用语。如《防洪法》第57条规定,违反本法规定,围海造地、围湖造地、围垦河道的,责令停止违法行为,恢复原状或者采取其他补救措施,可以处5万元以下的罚款;既不恢复原状也不采取其他补救措施的,"代为"恢复原状或者采取其他补救措施,所需费用由违法者承担。《动物防疫法》第73条规定,违反本法规定的,由动物卫生监督机构责令改正,给予警告;拒不改正的,由动物卫生监督机构"代作"处理,所需处理费用由违法行为人承担。当然,有的法律条文中并没有出现"代替""代为""代作"等用语,但根据条文的意思也可以判断是代履行,如《公路法》第79条规定,违反法律在公路用地范围内设置公路标志以外的其他标志的,由交通主管部门责令限期拆除,可以处2万元以下的罚款;逾期不拆除的,由交通主管部门拆除,有关费用由设置者负担。

2. 直接强制执行

直接强制执行是指针对行政相对人不履行行政法上的义务,行政强制执行机关直接对行政相对人的身体、财产加以强制力,以实现与义务履行相同状态的强制执行方式。直接强制执行是采用强制力直接迫使行政相对人履行义务或实现与履行义务相同状态的方式,有利于直接、有效地实现行政目的,由于其严厉性,也容易造成对行政相对人合法权益的不法侵害,因此,法律对于实施直接强制的条件限制较为严格。具体而言,适用直接强制执行必须具备以下条件:第一,行政相对人不履行行政法上的义务;第二,在穷尽其他间接强制执行方式之后仍无法达到目的;第三,鉴于直接强制的严厉性,必须严格依法实施,实施的主体必须要有法律的明确授权,必须根据法律规定的程序进行。《行政强制法》第12条列举了三种

直接强制执行的方式:

(1) 划拨存款、汇款

划拨存款、汇款是指行政机关或法院通过有关银行或其他金融机构将被执行的行政相对人账户上的存款、汇款直接划入权利人账户的直接强制执行方式。在有的单行法律中,有时使用"扣划""扣缴"等用语。如《商业银行法》第29条第2款规定,对个人储蓄存款,商业银行有权拒绝任何单位或者个人查询、冻结、"扣划",但法律另有规定的除外。《税收征收管理法》第38条第2款规定,税务机关可以书面通知纳税人开户银行或者其他金融机构从其冻结的存款中"扣缴"税款。

划拨存款、汇款有时是行政强制措施中的"冻结存款、汇款"措施的后续性行为,即当"冻结存款、汇款"后行政相对人仍不履行义务时,对被冻结的存款或汇款进行划拨,但有时也可以不经过"冻结存款、汇款"程序而直接执行。

(2) 拍卖或者依法处理查封、扣押的场所、设施或者财物

拍卖或者依法处理查封、扣押的场所、设施或者财物是指行政机关或法院通过拍卖或者依法处理查封、扣押的场所、设施或者财物取得款项,并以该款项来履行行政相对人所负有的金钱给付义务的强制执行方式,属于直接强制执行的一种类型。如《海关法》第60条规定,海关可以采取"将应税货物依法变卖,以变卖所得抵缴税款"的行政强制措施。

拍卖或者依法处理查封、扣押的场所、设施或者财物有时是行政强制措施中的"查封场所、设施或者财物"或"扣押财物"措施的后续性行为,即当"查封场所、设施或者财物"或"扣押财物"后行政相对人仍不履行义务时,依法对被查封或扣押的场所、设施或者财物进行拍卖或处理,并将所得款项用以抵销行政相对人的金钱义务。

(3) 排除妨碍、恢复原状

《民法通则》第134条和《侵权责任法》第15条分别规定了承担民事责任和侵权责任的方式,其中都包括了排除妨碍、恢复原状的方式。在行政法上,当公共财产或公共利益受到侵害时,也可以采取排除妨碍、恢复原状的方式。其中,排除妨碍是指要求行政相对人排除对公共财产或公共利益的阻碍的行政强制执行方式;恢复原状是指要求行政相对人通过修复等手段恢复到公共财产或公共利益被侵害前的原有状态的行政强制执行方式。如《道路交通安全法》第104条规定,未经批准,擅自挖掘道路、占用道路施工或者从事其他影响道路交通安全活动的,由道路主管部门责令停止违法行为,并"恢复原状"。《道路交通安全法》第106条规定,在道路两侧及隔离带上种植树木、其他植物或者设置广告牌、管线等,遮挡路灯、交通信号灯、交通标志,妨碍安全视距的,由公安机关交通管理部门责令行为人"排除妨碍"。

(二) 行政强制执行的设定

有关行政强制执行的设定,《行政强制法》第13条规定,"行政强制执行由法律设定",从而排除了法律之外的行政法规、地方性法规、行政规章和行政规定的行政强制执行设定权。同时,该条文规定,在法律没有规定行政机关强制执行时,作出行政决定的行政机关应当申请法院强制执行。即除了法律有特别的规定外,行政决定的强制执行权属于法院。

三、行政强制设定程序及评价机制

在行政强制的设定过程中,应当采取听证会等形式听取各方面的意见。对于已经设定

的行政强制,设定机关、实施机关应当进行评价,以此来确保不适当的行政强制得到及时的纠正。行政相对人可以对行政强制的设定、实施提出建议和意见。

(一) 行政强制设定程序

行政强制的设定应当遵守《立法法》《行政法规制定程序条例》以及其他相关法律法规所规定的立法程序。该立法程序大致可以分为立项、起草、审查、决定、公布、解释等步骤。而《行政强制法》第14条特别强调在行政强制设定过程中的起草阶段,负责起草的单位应当采取听证会、论证会等形式听取意见,并向制定机关说明设定该行政强制的必要性、可能产生的影响以及听取和采纳意见的情况。

1. 听取意见

在以制定法律、法规的方式设定行政强制时,在法律、法规的起草阶段,起草单位应当深入调查研究,总结实践经验,广泛听取有关机关、组织和公民的意见。由于行政强制的设定直接涉及公民、法人或者其他组织的切身利益,当有关机关、组织或者公民对其有重大意见分歧时,应当向社会公布,征求社会各界的意见。听取意见可以采取召开座谈会、论证会、听证会等多种形式。

2. 说明情况

起草单位在认真听取、研究各种意见的基础上,应当将草案送审稿及其说明、对送审稿主要问题的不同意见和其他有关材料按规定报送制定机关审查。具体而言,起草单位在送审时,应当对设定行政强制的必要性、设定行政强制的主要内容、对行政相对人可能造成的影响、听取和征求意见的情况以及各方面对送审稿主要问题的不同意见、是否采纳意见及其理由等作出说明。说明可以采取口头汇报的方式,也可以采取书面方式,即在递交草案送审稿的同时,还应当将草案说明、汇总的意见、听证会笔录、国内外的有关立法资料、调研报告、考察报告等材料一并提交。

(二) 评价机制

立法设定行政强制后,需要保持一定的稳定性,不能朝令夕改。但有时在实施过程中会发现立法的错误或不适当等问题,而且随着社会实践的不断发展,原本合理的立法有可能会逐渐不能适应社会发展的需要,出现不合理的问题。为此,《立法法》《行政法规制定程序条例》等法律法规规定了立法的监督程序,通过执法检查等方式发现立法存在的问题,并交由有权机关撤销或改正。除此之外,《行政强制法》还特别规定了行政强制设定之后的评价机制,该法第15条分别规定了行政强制设定机关、实施机关和行政相对人对行政强制的评价机制。对于已经设定的行政强制,设定机关应当进行评价,及时地修改或废止不适当的行政强制。此外,实施机关以及行政相对人也可以向设定机关提出意见和建议,以此来确保不适当的行政强制得到及时的纠正。

1. 设定机关的定期评价

行政强制的设定机关应当定期对其设定的行政强制进行评价,并对不适当的行政强制及时予以修改或者废止。这是一种立法的自纠机制,由立法机关通过对法律法规实施情况的定期检查,发现其中的问题,并进行修改或者废止。

2. 实施机关的适时评价

行政强制的实施机关可以对已设定的行政强制的实施情况及存在的必要性适时进行评价,并将意见报告该行政强制的设定机关。与设定机关的定期评价是法定义务不同,行政强制实施机关的评价并不具有强制性,而且评价的时间也不确定,可以由实施机关根据现实情况自行确定。

3. 公民、法人或者其他组织的意见和建议

公民、法人或者其他组织可以向行政强制的设定机关和实施机关就行政强制的设定和实施提出意见和建议。对此,有关机关应当认真研究论证,并以适当方式予以反馈。

第四节 行政强制措施实施程序

一、行政强制措施实施原则和主体

现代行政法重视正当程序的价值,承认行政程序对于保障行政相对人权益以及监督行政合法性具有重要意义。为此,《行政强制法》单列了一章规定行政强制措施的实施程序,包括行政强制措施实施的一般程序以及查封、扣押和冻结的特别程序。在规定行政强制措施的具体程序之前,《行政强制法》首先规定了行政强制措施实施原则和主体。

(一) 行政强制措施实施原则——依法实施原则

行政强制法定原则不仅要求行政强制的设定必须依法进行,而且还要求已经设定的行政强制必须依法实施。行政强制经法律、法规设定之后,必须由有权机关依据法律的规定进行实施。对此,《行政强制法》第16条规定,行政机关履行行政管理职责,依照法律、法规的规定,实施行政强制措施。该规定包含有以下含义:(1) 行政机关只能在履行行政管理职责过程中实施行政强制措施;(2) 行政机关依照法律、法规所规定的职权、程序实施行政强制措施;(3) 在实施行政强制措施的过程中,必须注重保障行政相对人的权利,对于违法行为情节显著轻微或者没有明显社会危害的,可以不采取行政强制措施。

(二) 行政强制措施实施的主体

关于行政强制措施实施的主体,《行政强制法》第17条、第70条作出了明确的规定。

1. 行政机关

行政强制措施由法律、法规规定的行政机关在法定职权范围内实施。也就是说,并非所有的行政机关都具有行政强制措施的实施权,行政机关必须通过单行法律、法规的授权才能获得行政强制措施的实施权。未被授权的行政机关,不具备行政强制措施的实施权。从现实的立法情况来看,一般由单行法律、法规在设定行政强制措施的同时,明确规定该行政强制措施的实施主体。

2. 授权组织

一般情况下,行政职权由组织法等法律在设置行政机关的同时授予其特定的行政职权,但有时基于现实行政的需要,行政机关有时在客观上不能或不方便自己行使行政职权,在法律、法规的允许下,可以将原本应当由行政机关享有的部分行政职权转授给其他公共组织,

即为行政授权。对于行政强制措施的实施权,《行政强制法》第70条规定,法律、行政法规授权的具有管理公共事务职能的组织在法定授权范围内,可以自己的名义实施行政强制措施。授权组织实施行政强制措施必须具有以下条件:

(1) 必须是具有管理公共事务职能的组织,一般的组织不得被授权成为实施行政强制措施的主体。如《证券法》所规定的中国证券监督管理委员会、《保险法》所规定的中国保险监督管理委员会、《电力法》所规定的中国国家电力监督管理委员会等都是具有一定的管理公共事务职能的组织。

(2) 必须是法律、行政法规授予行政强制措施权的组织,地方性法规、规章和规章以下的规范性文件授权的组织不得成为行政强制措施的实施主体。

(3) 必须在法定授权范围内实施行政强制措施,不得超出授权范围实施行政强制措施。

(4) 必须以自己的名义实施行政强制措施,即在法定范围内独立实施强制措施,并能够独立地承担因实施行政强制措施而产生的法律责任或者法律后果。

3. 行使相对集中行政处罚权的行政机关的行政强制措施实施权

相对集中行政处罚权是指依法将两个或两个以上行政机关的行政处罚权集中由一个行政机关行使,原行政机关不得再行使已集中的行政处罚权的一种行政执法制度。《行政处罚法》第16条规定,国务院或者经国务院授权的省、自治区、直辖市人民政府可以决定一个行政机关行使有关行政机关的行政处罚权。《行政强制法》第17条第2款规定,依法行使相对集中行政处罚权的行政机关,可以实施法律、法规规定的与行政处罚权有关的行政强制措施。该规定包括三层含义:(1) 主体必须是依据《行政处罚法》行使相对集中行政处罚权的行政机关;(2) 实施的对象是与行政处罚权有关的行政强制措施,而不包括与行政处罚无关的行政强制措施;(3) 是否与行政处罚权相关必须依据法律、法规的规定来判断。

4. 执法人员要求

行政强制措施应当由行政机关具备资格的行政执法人员实施,其他人员不得实施。从现实情况来看,除了具备资格的行政执法人员外,行政机关还聘用大量的合同工、临时工、协管参与行政执行,这些人员往往不具备执法资格。在现实中,不具备执法资格的人员执行行政强制措施时更容易出现野蛮执法、粗暴执法的现象,而且行政机关也常常以此作为推卸责任的借口。为了确保行政强制措施的正确、顺利实施,应当对具体实施的人员进行培训和考核,只有具备了行政执法资格的人员才可以实施行政强制措施。

二、行政强制措施实施的一般程序

行政强制措施多数是在紧急情况下实施的,而且由于种类的不同,很难遵循统一的程序。但其中也存在各类行政强制措施的实施都应当遵循的共同程序,如除当场采取行政强制措施外,事前须经行政机关负责人批准;实施强制时一般必须出示执法身份证件等。为此,《行政强制法》对这些共同程序进行了归纳总结,规定了行政强制措施实施的一般程序。根据该法第18条的规定,行政机关实施行政强制措施应当遵守以下最基本的程序:

(一) 实施前的内部批准程序

1. 一般情况下的事前批准程序

在一般情况下,实施行政强制措施前须向行政机关负责人报告并经批准。这是因为行政强制措施直接涉及行政相对人的人身权、财产权等基本权利,为了确保行政相对人的合法权益以及行政强制措施实施的合法性,对于一般的行政强制措施,都应当在实施之前向行政机关负责人报告,并获得其批准。对于复杂情况下的行政强制措施的实施,行政机关负责人在收到报告之后,还应当以组织召开会议等方式进行讨论,在此基础上作出是否批准的决定。

2. 情况紧急时的补办批准程序

在一般情况下,行政强制措施的实施必须经过事前的批准程序,但有时情况紧急,需要当场实施行政强制措施,直接对行政相对人的人身、财物或行为采取强制手段,而来不及履行报告批准程序,在这种情况下,行政执法人员可以不履行事先的报告批准程序,而直接采取行政强制措施,但应当在24小时之内向行政机关负责人报告该行政强制措施的实施情况,并补办批准手续。如果行政机关负责人认为不应当采取行政强制措施的,则应当立即解除。

(二)实施时的主体要求

经过内部的批准程序后,行政机关应当在安排两名以上行政执法人员在表明身份并通知行政相对人之后实施行政强制措施。

1. 人员要求

行政强制措施应当由两名以上行政执法人员实施。这样有利于行政执法人员之间的相互监督,防止单个执法人员违法实施行政强制措施。

2. 表明身份

行政执法人员在实施行政强制措施时,首先必须向行政相对人出示执法身份证件或公务标志等,以证明其身份,表明其享有某种职权。这是为了防止有人冒充国家机关工作人员或者以其他虚假身份招摇撞骗。

3. 通知行政相对人到场

为了便于行政执法人员向行政相对人说明实施行政强制措施的有关情况,同时也便于行政相对人进行陈述、申辩和对实施的过程进行监督,行政执法人员在实施行政强制措施时必须以适当的方式通知行政相对人到场。

4. 禁止委托原则

在《行政处罚法》和《行政许可法》中,行政机关可以依法委托实施行政处罚和行政许可,但《行政强制法》明确规定行政强制措施的实施不得委托。这是因为行政强制措施一般具有即时性和强制性的特点,而且对于行政相对人的权益影响重大,所以立法对于行政强制措施实施主体的规定更加严格,只能由行政机关来实施,而不得委托给其他行政机关、组织或者个人实施。

(三)告知和听取意见程序

1. 告知程序

行政执法人员应当当场告知行政相对人采取行政强制措施的理由、依据以及行政相对人依法享有的权利、救济途径。

2. 听取意见

行政执法人员应当在实施行政强制措施之前听取行政相对人的陈述和申辩。对于行政相对人的合理意见,行政执法人员必须采纳。

（四）现场笔录的制作和签署程序

1. 制作现场笔录

现场笔录是指行政执法人员在实施行政强制措施时,对有关事项当场所作的文字性记载材料,其中,特别应当注重对执法过程和处理结果的记录。现场笔录是行政执法人员当场实施行政强制措施的依据,在被提起行政复议或行政诉讼的情况下,现场笔录也是最重要的证据。

2. 现场笔录的签名盖章

现场笔录由行政执法人员当场制作,但还必须经过行政相对人和行政执法人员签名或者盖章,如果行政相对人拒绝签名的,行政执法人员在笔录中予以注明。

 知识链接

现场笔录及其作用

现场笔录是行政机关工作人员,在实施行政管理活动的现场,当即对行政管理相对人实施行政处罚或处理所作的现场情况的记录。它是行政诉讼法特有的一种证据形式,从证据理论上进行分类,它具有原始证据、直接证据、实物证据的属性,也是行政机关在行政执法活动中最常使用的证据形式,所以应当引起行政机关和行政法官对其本质特征、作用的认识,加强对现场笔录的审查判断。将现场笔录规定为行政诉讼的一种证据形式,是为了便于行政机关依法进行行政管理活动,及时处罚或处理违反行政法规的行政管理相对人,防止在行政诉讼中出现"事出有因,查无实据"的情况,促使行政机关依法行政。现场笔录的证明作用在于它明确记录了案件中应当加以证明和确定的某种情况。经过行政法官的审查,证实其记载的内容真实可靠,即可据以查明案件的事实真相。（资料来源:王振峰:《试述现场笔录证明效力的审查判断》,载《法学杂志》1992年第2期）

（五）行政相对人不到场的情况

在已经通知行政相对人,而行政相对人不愿到场或者由于客观原因不能到场时,行政执法人员应当邀请见证人到场,由见证人和行政执法人员在现场笔录上签名或者盖章。

（六）法律、法规规定的其他程序

如果单行的法律、法规规定对于特定行政强制措施的实施规定了除上述程序之外的其他程序时,行政执法人员也必须遵守。

三、限制公民人身自由的行政强制措施实施程序

人身自由权是公民最重要的基本权利,因此,立法对于有关人身自由权的行政强制措施

提出了更为严格的程序要求。即行政机关依照法律规定实施限制公民人身自由的行政强制措施时,除了应当履行上述一般程序的规定外,还应当遵守以下五项特别程序:

1. 通知行政相对人家属

行政机关在当场告知或者实施行政强制措施后,应当立即通知行政相对人家属实施行政强制措施的行政机关、地点和期限。这是为了确保行政相对人的家属能够依法维权。(1)通知的时间:如果家属在现场,通知可以当场作出,如果家属不在现场,应在实施行政强制措施后尽快、及时地通知家属;(2)通知的方式:可以是书面的,也可以是当面告知、电话等口头方式;(3)通知的内容:包括行政相对人被限制人身自由的事实、实施行政强制措施的行政机关、行政相对人被限制人身自由的地点和期限等相关情况。

2. 立即补办批准手续

在紧急情况下当场实施行政强制措施的,在返回行政机关后,应当立即向行政机关负责人报告并补办批准手续。一般的行政强制措施在紧急情况下当场被实施时,应当在24小时之内向行政机关负责人报告并补办批准手续,而紧急情况下实施限制公民人身自由的行政强制措施时补办批准手续的时间限制更为严格,要求行政执法人员返回行政机关后立即补办。

3. 法律规定的其他程序

单行法律如果对限制公民人身自由的行政强制措施的实施作出除上述程序之外的其他程序规定时,行政执法人员也必须遵守。值得注意的是,此处特指"法律"所规定的其他程序,而不包括法规或者其他规范性文件所规定的程序。如《人民警察法》第14条规定,公安机关的人民警察对严重危害公共安全或者他人人身安全的精神病人,可以采取保护性约束措施,需要送往指定的单位、场所加以监护的,应当报请县级以上人民政府公安机关批准,并及时通知其监护人。此处的"报请县级以上人民政府公安机关批准"就属于"法律规定的其他程序"。

4. 解除程序

实施限制人身自由的行政强制措施不得超过法定期限。该"法定期限"由各单行法律规定,如《人民警察法》第9条规定,对被盘问的人留置时间自带至公安机关之时起不超过24小时,在特殊情况下,经县级以上公安机关批准,可以延长至48小时,在上述期间不能作出决定的,应当立即释放被盘问人。此外,当实施行政强制措施的目的已经达到或者条件已经消失时,应当立即解除。这不仅是保障行政相对人权利的需要,也是《行政强制法》第5条所规定的"适当原则"的体现。

5. 涉嫌犯罪的司法移送程序

违法行为涉嫌犯罪应当移送司法机关的,行政机关应当将查封、扣押、冻结的财物一并移送,并书面告知行政相对人。

四、查封、扣押程序

查封、扣押是行政机关直接对行政相对人所有或使用的场所、设施或者财物进行暂时性限制的行政强制措施。查封、扣押涉及对行政相对人财产权的限制,而财产权也是行政相对人最基本的权利之一,为了保障行政相对人的财产权不受非法侵害,《行政强制法》对于查封、扣押的实施程序作出了比一般行政强制措施更为严格的规定。

（一）查封、扣押的实施主体

查封、扣押应当由法律、法规规定的行政机关实施，此外，法律、行政法规授权的具有管理公共事务职能的组织在法定授权范围内，可以以自己的名义实施查封、扣押行为。其他任何行政机关或者组织不得实施。

（二）查封、扣押对象的限定

行政强制措施的实施必须遵循"适当原则"，因此，查封、扣押必须限定在必要的限度内。即查封、扣押的对象应当限定于涉案的场所、设施或者财物，而不能毫无限制地任意查封、扣押。具体而言，对于查封、扣押对象的限定包括三个方面：（1）不得查封、扣押与违法行为无关的场所、设施或者财物；（2）不得查封、扣押公民个人及其所扶养家属的生活必需品；（3）行政相对人的场所、设施或者财物已被其他国家机关依法查封的，不得重复查封。如《税收征收管理法》第38条规定，在纳税人不能提供纳税担保的情况下，税务机关可以扣押、查封纳税人的价值"相当于"应纳税款的商品、货物或者其他财产，但个人及其所扶养家属维持生活必需的住房和用品不在强制执行措施的范围之内。

（三）查封、扣押的实施程序

查封、扣押必须遵守《行政强制法》第18条所规定的有关行政强制措施实施的一般程序，例如实施前向行政机关负责人报告批准程序、由两名以上行政执法人员实施、出示执法身份证件、通知行政相对人到场、当场告知行政相对人相关信息及其权利、听取行政相对人意见、制作现场笔录、现场笔录签名或盖章等程序。除此之外，《行政强制法》第24条还规定，行政机关在决定实施查封、扣押时，应当制作并当场交付查封、扣押决定书和清单。其中，查封、扣押决定书应当载明下列事项：行政相对人的姓名或者名称、地址；查封、扣押的理由、依据和期限；查封、扣押场所、设施或者财物的名称、数量等；申请行政复议或者提起行政诉讼的途径和期限；行政机关的名称、印章和日期。此外，查封、扣押清单应当一式两份，由行政相对人和行政机关分别保存。

（四）查封、扣押的期限

1. 一般期限

在一般情况下，查封、扣押的期限不得超过30日。法律对查封、扣押期限的起算日期没有作出明确规定，对此，学术界也存在着争议。有观点认为，查封、扣押的期限应当自查封、扣押决定作出之日（在查封、扣押决定书中载明）起开始计算；但也有观点认为，查封、扣押的期限应当自查封、扣押决定书送达行政相对人之日开始计算。

2. 延长期限

案件情况复杂的，经行政机关负责人批准，查封、扣押的期限可以延长，但是只能延长一次，而且延长的期限不得超过30日。也就是说，查封、扣押的最长期限是60日。延长查封、扣押的决定应当及时书面告知行政相对人，并说明理由。

3. 特殊期限

对于查封、扣押的期限，如果法律、行政法规另有规定，则按照其规定执行。对于特殊期限的适用情形,应当从严解释。

4. 除外期限

对物品需要进行检测、检验、检疫或者技术鉴定的,查封、扣押的期间不包括检测、检验、检疫或者技术鉴定的期间。检测、检验、检疫或者技术鉴定的期间应当明确,并书面告知行政相对人。检测、检验、检疫或者技术鉴定的费用由行政机关承担。

(五)查封、扣押后财物的保管与处理

1. 查封、扣押后财物的保管

它包括以下三方面的内容:(1)妥善保管财物义务。对查封、扣押的场所、设施或者财物,行政机关应当妥善保管,不得使用或者损毁。造成损失的,应当承担赔偿责任。(2)委托第三人保管。对查封的场所、设施或者财物,行政机关可以委托第三人保管,第三人不得损毁或者擅自转移、处置。因第三人的原因造成的损失,行政机关先行赔付后,有权向第三人追偿。(3)保管费用的承担。因查封、扣押发生的保管费用由行政机关承担。

2. 查封、扣押后财物的处理

行政机关采取查封、扣押措施后,应当及时查清事实,在法定期限内作出处理决定。根据不同情况,行政机关可以依法选择作出以下三种处理决定:(1)没收决定。对违法事实清楚,依法应当没收的非法财物,行政机关应当作出没收决定,予以没收。(2)销毁决定。对于法律、行政法规规定应当销毁的财物,行政机关应当依法销毁。(3)解除查封、扣押决定。有下列情形之一的,行政机关应当及时作出解除查封、扣押决定:行政相对人没有违法行为;查封、扣押的场所、设施或者财物与违法行为无关;行政机关对违法行为已经作出处理决定,不再需要查封、扣押;查封、扣押期限已经届满;其他不再需要采取查封、扣押措施的情形。

解除查封、扣押应当立即退还财物;已将鲜活物品或者其他不易保管的财物拍卖或者变卖的,退还拍卖或者变卖所得款项。变卖价格明显低于市场价格,给行政相对人造成损失的,应当给予补偿。

五、冻结程序

冻结存款、汇款不仅直接限制行政相对人的财产权,而且还涉及金融机构的行为,因此,《行政强制法》对于冻结存款、汇款的实施程序作出了特别的规定。

(一)冻结的实施主体

与查封、扣押由"法律、法规"规定的行政机关实施不同,冻结存款、汇款仅限于由"法律"规定的行政机关实施,其他任何行政机关或者组织不得冻结存款、汇款。从这点来看,冻结存款、汇款的实施主体比查封、扣押的实施主体要求更为严格。此外,冻结的实施权不得委托给其他行政机关或者组织。

(二)冻结的数额限定

冻结存款、汇款的数额应当与违法行为涉及的金额相当。如果已被其他国家机关依法冻结的,行政机关不得重复冻结。

（三）冻结的实施程序

由于冻结存款、汇款并非直接针对行政相对人，而是针对金融机构作出的，而且为了防止行政相对人转移资金，在实施冻结措施时不事先通知行政相对人到场。可见，冻结存款、汇款的实施程序与行政强制措施实施的一般程序有所不同，主要表现为冻结存款、汇款的实施不需要履行通知行政相对人到场、告知信息及权利、听取意见、现场笔录签名、邀请证人到场等程序，而只需要履行实施前的内部批准程序、两名以上行政执法人员、出示执法身份证件、制作现场笔录的程序，此外，《行政强制法》针对冻结存款、汇款的特殊性还规定了特别程序。

1. 向金融机构交付冻结通知书

行政机关应当向金融机构交付冻结通知书，在冻结通知书中一般应当记载协助冻结的金融机构的名称、冻结的法律依据、冻结的财产所在机构的名称和地址、冻结数额、冻结的期限以及其他需要特别说明的事项等信息。

2. 金融机构协助冻结

金融机构在接到行政机关依法作出的冻结通知书后，应当协助行政机关，按照冻结通知书的要求立即冻结相关的存款、汇款，不得拖延，更不得在冻结前向行政相对人泄露信息。当然，对于法律规定以外的行政机关或者组织要求冻结行政相对人存款、汇款的，金融机构应当拒绝。

3. 向行政相对人交付冻结决定书

依照法律规定冻结存款、汇款的，作出决定的行政机关应当在3日内向行政相对人交付冻结决定书。在冻结决定书中，应当告知行政相对人有关冻结的情况以及行政相对人的救济权利和救济途径。具体而言，在冻结决定书中应当载明下列事项：行政相对人的姓名或者名称、地址，冻结的理由、依据和期限，冻结的账号和数额，申请行政复议或者提起行政诉讼的途径、期限和行政机关的名称、印章和日期。可见，这是一种事后性的告知程序。

（四）冻结的期限及延长

冻结行政相对人的存款、汇款不可过度，因此必须设置期限，但必要时，期限应当是可变的。（1）一般期限。在一般情况下，冻结的期限不得超过30日。自冻结存款、汇款之日起30日内，行政机关应当作出处理决定或者作出解除冻结决定。（2）延长期限。情况复杂的，经行政机关负责人批准，冻结的期限可以延长，但是只能延长一次，而且延长的期限不得超过30日。也就是说，冻结的最长期限是60日。延长冻结的决定应当及时书面告知行政相对人，并说明理由。（3）特殊期限。对于冻结的期限，如果法律另有规定，则按照其规定执行。

（五）冻结的解除

冻结的解除从方式上来看，包括行政机关作出解除冻结决定和法定期限届满后的自动解除两种，但它们的适用条件是不同的：

1. 行政机关作出解除冻结决定

有下列情形之一的，行政机关应当及时作出解除冻结决定：（1）行政相对人没有违法行为;(2)冻结的存款、汇款与违法行为无关;(3)行政机关对违法行为已经作出处理决定,不再需要冻结;(4)冻结期限已经届满;(5)其他不再需要采取冻结措施的情形。行政机关作出解除冻结决定后,应当及时通知金融机构和行政相对人。金融机构在接到通知后,应当立即解除冻结。

2. 法定期限届满后的自动解除

行政机关逾期未作出处理决定或者解除冻结决定的,金融机构应当自冻结期满之日起解除冻结。

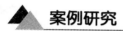

七里乡人民政府作出的"冻结"决定是否合法

2000年初,浦江县原七里乡人民政府下五里村(现浦江县仙华街道办事处五里居委员会)所有的部分土地被征用,该土地属浦江县原七里乡下五里村第十五生产队种植与管理。第十五生产队的队员在分配土地征用费的过程中发生争议,原七里乡人民政府在协调纠纷的过程中,于2001年8月27日向浦江县原七里乡五里村村委会发出《关于下五里村第十五生产队征用费分配纠纷调处通知》,工业园区征用费预留49000元(含法院已冻结部分)在矛盾未解决前,任何人不得动用。2003年期间,张咸河、张耕深、张建峰、黄榴英、张海根、张小统分别从被告冻结的49000元中领取了部分土地征用款,共计21170元。(资料来源:浙江省金华市中级人民法院《行政判决书》[2003]金中行初字第82号)

第五节 行政强制执行实施程序

一、行政强制执行的一般程序

行政强制执行是指对不履行行政决定所确定的义务的行政相对人,行政机关依法强制其履行义务的行为。行政机关依法作出行政决定后,行政相对人在行政机关决定的期限内不履行义务的,具有行政强制执行权的行政机关依照法定程序强制执行。虽然各种类型的行政强制执行的程序并不完全相同,但其中也存在各种行政强制执行都必须遵循的共同程序,对此,《行政强制法》规定了行政强制执行的一般程序。它大致可分为催告程序和执行程序两个阶段。

(一)催告程序

1. 强制执行前的催告与告知

行政机关作出强制执行决定前,应当事先催告行政相对人履行义务,在催告的同时对行政相对人进行说服和教育,再次给予行政相对人自觉履行义务的机会。催告应当以书面形式作出,并载明下列事项:履行义务的期限,履行义务的方式;涉及金钱给付的,应当有明确的金额和给付方式;行政相对人依法对催告享有的陈述权和申辩权。

2. 催告书的送达

催告书应当直接送达行政相对人。行政相对人拒绝接收或者无法直接送达行政相对人的,应当依照《民事诉讼法》的有关规定送达。

3. 听取行政相对人意见

行政相对人收到催告书后有权进行陈述和申辩。对此,行政机关应当充分听取行政相对人的意见,对行政相对人提出的事实、理由和证据,应当进行记录、复核。行政相对人提出的事实、理由或者证据成立的,行政机关应当采纳。无论是否采纳行政相对人提出的事实、理由和证据,行政机关都必须告知行政相对人是否采纳的结果,不采纳时,还应当向行政相对人说明理由。

(二)执行程序

1. 强制执行决定作出

(1)一般强制执行决定

经督促催告,行政相对人在规定的期限内履行义务的,则不再实施强制执行。如果经催告,行政相对人逾期仍不履行行政决定所确定的义务,且无正当理由的,行政机关可以作出强制执行决定。强制执行决定应当以书面形式作出,并载明下列事项:行政相对人的姓名或者名称、地址;强制执行的理由和依据;强制执行的方式和时间;申请行政复议或者提起行政诉讼的途径和期限;行政机关的名称、印章和日期。

(2)立即强制执行决定

在一般情况下,行政强制执行机关必须等到催告期间结束后,行政相对人仍不自觉履行行政决定时,才能作出强制执行决定。但如果在催告期间,有证据证明行政相对人有转移或者隐匿财物迹象时,行政机关可以不用等待催告期间结束,而作出立即强制执行决定。

2. 行政强制执行决定书的送达

行政强制执行决定书应当直接送达行政相对人。如果行政相对人拒绝接收或者无法直接送达行政相对人的,应当依照《民事诉讼法》的有关规定送达。

3. 强制执行

行政机关根据执行内容、标的等的不同,可以分别采取不同的强制执行方式,并遵循不同的程序规定。

4. 执行过程中的特殊情形

在一般情况下,行政强制执行以行政决定所确定的义务得到履行而结束。但在特殊情况下,有可能会出现中止执行、终结执行、执行回转、执行和解等特殊的情形。

(1)中止执行

有下列情形之一的,执行机关应当中止执行:第一,行政相对人履行行政决定确有困难或者暂无履行能力的;第二,第三人对执行标的主张权利,确有理由的;第三,执行可能造成难以弥补的损失,且中止执行不损害公共利益的;第四,行政机关认为需要中止执行的其他情形。

中止执行只是暂时停止执行,并不代表着强制执行的结束。当中止执行的情形消失后,行政机关应当恢复执行。但是,考虑到社会的安定和对行政相对人权利的保护,对于没有明显社会危害,行政相对人确无能力履行,中止执行满三年未恢复执行的,行政机关不再执行。

(2) 终结执行

有下列情形之一的,执行机关应当终结执行:第一,公民死亡,无遗产可供执行,又无义务承受人的;第二,法人或者其他组织终止,无财产可供执行,又无义务承受人的;第三,执行标的灭失的;第四,据以执行的行政决定被撤销的;第五,行政机关认为需要终结执行的其他情形。终结执行即意味着强制执行的结束。

(3) 执行回转

在执行中或者执行完毕后,据以执行的行政决定被撤销、变更,或者执行错误的,应当恢复原状或者退还财物。不能恢复原状或者退还财物的,依法给予赔偿。

(4) 执行和解

实施行政强制执行,行政机关可以在不损害公共利益和他人合法权益的情况下,与行政相对人达成执行协议。执行协议可以约定分阶段履行;行政相对人采取补救措施的,可以减免加处的罚款或者滞纳金。执行协议应当履行。行政相对人不履行执行协议的,行政机关应当恢复强制执行。

5. 文明执法的要求

现实行政过程中,行政强制执行带来了很多社会矛盾和冲突,特别是在房屋拆迁等行政强制执行过程中,矛盾和冲突尤为激烈。为此,《行政强制法》在确保行政强制执行效率的基础上,强调文明执法的理念,具体体现在以下几个方面:(1) 强制执行期日的限制。行政机关不得在夜间或者法定节假日实施行政强制执行。但是,情况紧急的除外。(2) 强制执行方式的限制。行政机关不得对居民生活采取停止供水、供电、供热、供燃气等方式迫使行政相对人履行相关行政决定。(3) 违法建筑物等强拆的程序限制。对违法的建筑物、构筑物、设施等需要强制拆除的,应当由行政机关予以公告,限期行政相对人自行拆除。行政相对人在法定期限内不申请行政复议或者提起行政诉讼,又不拆除的,行政机关可以依法强制拆除。

二、金钱给付义务执行程序

行政强制执行是指强制不自觉履行行政决定所确定的义务的行政相对人履行该义务的行为。而行政决定所确定的义务包括了金钱给付义务和行为义务,对于其中的金钱给付义务的强制执行,《行政强制法》规定了特别的程序,即首先通过加处罚款或者滞纳金这种间接强制的方式促使行政相对人履行金钱给付义务,当行政相对人仍不履行时,再采取划拨存款、拍卖财物等直接强制的方式强制执行。

(一) 金钱给付义务的间接强制执行——加处罚款或者滞纳金

行政机关依法作出金钱给付义务的行政决定,行政相对人逾期不履行的,行政机关可以依法加处罚款或者滞纳金。处罚款或者滞纳金的强制执行方式在行政法学上又被称为"执行罚",其目的是对行政相对人课以一定的金钱给付义务,以促使其履行义务,是一种较为间接、迂回的强制执行方式。具体而言,"加处罚款"主要是针对不缴纳罚款的行为,而"加处滞纳金"主要针对不缴纳税费的行为。行政机关在依法作出加处罚款或者滞纳金的决定时,应当将加处罚款或者滞纳金的标准告知行政相对人。此外,根据行政强制的"适当原则",加处罚款或者滞纳金的数额不得超出金钱给付义务的数额。

（二）金钱给付义务的直接强制执行

行政机关依法实施加处罚款或者滞纳金超过 30 日，经催告行政相对人仍不履行的，具有行政强制执行权的行政机关可以实施划拨存款、拍卖财物等直接强制执行的方式，直接对行政相对人的财产加以强制力，以实现行政决定所确定的金钱给付义务。

1. 划拨存款、汇款

对于拒不履行行政决定所确定的金钱给付义务的行政相对人，行政机关可以依法通过有关银行或其他金融机构将被执行的行政相对人账户上的存款、汇款直接划入权利人账户，以此来抵销行政相对人所负有的金钱给付义务。划拨存款、汇款应当由法律规定的行政机关作出决定，并书面通知金融机构。划拨存款、汇款的强制执行方式也可以与行政强制措施中的冻结存款、汇款相结合使用，即对已经冻结的存款、汇款进行划拨。

金融机构接到行政机关依法作出划拨存款、汇款的决定后，应当立即划拨。法律规定以外的行政机关或者组织要求划拨行政相对人存款、汇款的，金融机构应当拒绝。

2. 拍卖或者依法处理查封、扣押的场所、设施或者财物

对于拒不履行行政决定所确定的金钱给付义务的行政相对人，行政机关可以通过拍卖或者依法处理查封、扣押的场所、设施或者财物取得款项，并以该款项来履行行政相对人所负有的金钱给付义务。其中，依法拍卖财物，由行政机关委托拍卖机构依照《拍卖法》中的相关规定办理。

没有行政强制执行权的行政机关应当申请法院强制执行。但是，行政相对人在法定期限内不申请行政复议或者提起行政诉讼，经催告仍不履行的，在实施行政管理过程中已经采取查封、扣押措施的行政机关，可以将查封、扣押的财物依法拍卖抵缴罚款。

3. 款项的管理

划拨的存款、汇款以及拍卖和依法处理所得的款项应当上缴国库或者划入财政专户。任何行政机关或者个人不得以任何形式截留、私分或者变相私分。

三、代履行程序

当行政相对人不自觉履行行政决定所确定的义务，而该义务从性质上来看由他人代为履行可以达到与行政相对人本人履行相同状态的，行政机关自行或请第三人代替行政相对人履行法定义务，并向行政相对人征收必要费用，这称为"代履行"。代履行的特征在于义务的替代履行。针对代履行的这一特征，《行政强制法》对其实施程序作出了特别的规定。

（一）代履行的适用

《行政强制法》第 50 条规定，行政机关依法作出要求行政相对人履行排除妨碍、恢复原状等义务的行政决定，行政相对人逾期不履行，经催告仍不履行，其后果已经或者将危害交通安全、造成环境污染或者破坏自然资源的，行政机关可以代履行，或者委托没有利害关系的第三人代履行。该规定限定了代履行适用的范围、前提、情形、主体等，要求实施代履行必须满足以下条件：

1. 代履行适用范围

从理论上来看，代履行可适用于他人可替代履行的义务，即他人替代履行该义务也能达

到与行政相对人本人履行同样的状态。按照"他人可替代"这一判断标准,排除了金钱给付义务、不作为义务以及其他具有高度人身依附性的作为义务,因为这些行为都是他人无法替代,而必须由行政相对人本人履行的义务。而《行政强制法》第50条进一步采取狭义理解,将代履行的对象限定于行政机关作出的行政决定要求行政相对人履行排除妨碍、恢复原状等义务,将代执行的适用范围局限于对要求行政相对人履行排除妨碍、恢复原状等义务的行政决定的强制执行。

2. 代履行适用前提与情形

代履行适用的前提是行政相对人不履行行政决定所确定的义务,而且经过催告程序,行政相对人仍不履行的。代履行的实施必须是情况紧急,如果不履行,其后果已经或者将危害交通安全、造成环境污染或者破坏自然资源。

3. 代履行适用主体

代履行的主体必须是行政机关自身或者由行政机关委托的、没有利害关系的第三人。行政机关可以自己实施代履行,也可以委托与强制执行没有利害关系的第三人代履行。

(二)代履行的实施程序

1. 代履行实施的一般程序

在一般情况下,代履行应当遵守以下法定程序:(1)作出并送达代履行决定书。代履行前应当由行政机关作出并向行政相对人送达代履行决定书,代履行决定书中应当载明行政相对人的姓名或者名称、地址,代履行的理由和依据、方式和时间、标的、费用预算以及代履行人。(2)催告程序。代履行3日前,行政机关应当催告行政相对人履行义务,给予行政相对人再次履行义务的机会。经催告,如果行政相对人自觉履行义务的,则应当停止代履行。(3)代履行。经催告,行政相对人仍不履行义务的,由行政机关自身或者委托没有利害关系的第三人代履行。代履行时,作出决定的行政机关应当派员到场监督。在代履行过程中,不得采用暴力、胁迫以及其他非法方式。(4)执行文书的制作和签名。代履行完毕后,行政机关到场监督的工作人员、代履行人和行政相对人或者见证人应当在执行文书上签名或者盖章。(5)收取代履行费用。代履行的费用应当由行政相对人承担,在实施代履行的行为后,应当向行政相对人收取代履行费用,代履行的费用按照成本合理确定,代履行费用的数额以代履行实际支出为限。但是,法律对此另有规定的除外。

2. 代履行的立即实施程序

在一般情况下,代履行必须经过上述的送达代履行决定书、催告等前期程序,但是在需要立即清除道路、河道、航道或者公共场所的遗洒物、障碍物或者污染物的情况下,行政相对人不能清除的,行政机关可以决定立即实施代履行。如果行政相对人不在场的,行政机关应当在事后立即通知行政相对人,并依法作出处理。这是代履行的立即实施程序,其适用受到严格的限定:(1)适用的对象被限定于清除道路、河道、航道或者公共场所的遗洒物、障碍物或者污染物的作为义务;(2)适用的情形被限定于需要立即清除道路、河道、航道或者公共场所的遗洒物、障碍物或者污染物,而且行政相对人自身没有能力清理的情况。

第六节 申请法院强制执行程序

一、申请法院强制执行的适用条件

《行政诉讼法》第 65 条、第 66 条分别规定了由法院进行强制执行的两种方式,即对法院行政判决或裁定的强制执行和非诉行政执行。因此,行政机关申请法院强制执行实际上包括两种类型:一是诉讼强制执行,在法院作出有关行政诉讼的判决或裁定后,行政相对人必须履行发生法律效力的判决、裁定,如果行政相对人拒绝履行判决、裁定的,行政机关可以向第一审法院申请强制执行;二是非诉行政执行,行政相对人对行政决定在法定期限内不申请行政复议或者提起行政诉讼而又不履行行政决定所确定的义务时,行政机关可以申请法院强制执行。

对于诉讼强制执行,《民事诉讼法》第三编对于民事诉讼的强制执行作出了详细的规定,行政诉讼的强制执行也可以参照这些规定实施。而非诉行政执行是行政法所特有的强制执行方式,对此,《行政强制法》作出了专门的规定。该法第 53 条规定,行政相对人在法定期限内不申请行政复议或者提起行政诉讼,又不履行行政决定的,没有行政强制执行权的行政机关可以自期限届满之日起 3 个月内,依法申请法院强制执行。从该条款的规定来看,申请法院强制执行的适用必须符合以下几个方面要求:

(一) 申请法院强制执行的前提条件

申请法院强制执行适用的前提条件包括:(1) 行政机关针对特定行政相对人作出了行政决定,而该行政决定确定了行政相对人特定的义务,要求行政相对人必须履行;(2) 针对确定其义务的行政决定,行政相对人在法定期限内不申请行政复议或者提起行政诉讼;(3) 行政相对人不履行行政决定所确定的义务。只有满足了这些前提条件,申请法院强制执行才有实际意义。

(二) 申请法院强制执行的主体

申请法院强制执行由没有行政强制执行权的行政机关向法院提出申请,如果行政机关具备了行政强制执行权,那么就无需申请法院强制执行,而可以自行强制执行。可见,申请法院强制执行的主体是没有行政强制执行权的行政机关,而实施主体是法院。

(三) 申请法院强制执行的期限

行政相对人在法定期限内不申请行政复议或者提起行政诉讼,又不履行行政决定的,没有行政强制执行权的行政机关可以自期限届满之日起 3 个月内,依法申请法院强制执行。

二、非诉行政执行的一般程序

(一) 事先催告程序

行政机关申请法院强制执行前,应当催告行政相对人履行义务,给予行政相对人再次履行义务的机会。经催告,如果行政相对人自觉履行义务的,则应当停止非诉行政执行。

（二）向法院提出申请并提供材料

催告书送达 10 日后行政相对人仍未履行义务的,行政机关可以向所在地有管辖权的法院申请强制执行。如果执行对象是不动产的,行政机关应当向不动产所在地有管辖权的法院申请强制执行。

如上所述,非诉行政执行适用的前提条件包括对行政相对人课予义务的行政决定的作出、行政相对人没有申请行政复议或提起行政诉讼、行政相对人不履行义务等。行政机关作为申请人,需要向法院提供满足这些非诉行政执行适用的前提条件的证据。具体而言,行政机关向法院申请强制执行时,应当提供下列材料:强制执行申请书,行政决定书及作出决定的事实、理由和依据,行政相对人的意见及行政机关催告情况,申请强制执行标的情况和法律、行政法规规定的其他材料。其中,强制执行申请书应当由行政机关负责人签名,加盖行政机关的印章,并注明日期。

（三）法院受理

法院接到行政机关强制执行的申请,应当在 5 日内受理,但是不属于本院管辖的不予受理。如果法院不予受理,而行政机关对法院不予受理的裁定有异议的,可以在 15 日内向上一级法院申请复议,上一级法院应当自收到复议申请之日起 15 日内作出是否受理的裁定。

（四）法院审查

行政机关申请法院强制执行其作出的行政决定,法院应当对申请进行必要的审查。审查的形式包括书面审查和实质审查两种。

1. 书面审查

法院受理行政机关强制执行的申请后,应当对行政机关强制执行的申请进行书面审查。书面审查是一种以行政机关提供的书面材料为主进行的形式审查,审查的内容包括:(1) 审查行政机关提交的资料是否齐全;(2) 审查是否满足对行政相对人课予义务的行政决定的作出、行政相对人没有申请行政复议或提起行政诉讼、行政相对人不履行义务等适用非诉行政执行的前提条件;(3) 审查行政机关是否是在法定期限内提出的申请;(4) 审查行政决定是否具备法定执行效力,只有行政决定合法且具备法定执行效力,才能成为法院强制执行的对象。

2. 实质审查

法院对于行政机关强制执行的申请一般以书面审查为主,但如果发现有下列情形之一的,必须在书面审查的基础上进行实质审查,在作出裁定前可以听取被执行人和行政机关的意见:(1) 明显缺乏事实根据的;(2) 明显缺乏法律、法规依据的;(3) 其他明显违法并损害被执行人合法权益的。

（五）执行裁定的作出

1. 书面审查后执行裁定的作出

在一般情况下,法院对于行政机关强制执行的申请只进行书面审查,经书面审查,法院认为行政机关提交的申请材料形式合法,行政决定合法有效,具备法定执行效力,而且没有发现存在明显缺乏事实根据或法律依据等实质性的问题时,法院应当自受理之日起7日内作出执行裁定。如果法院经书面审查,认为行政机关提交的申请材料形式不符合法律规定或者行政决定违法而不具备法定执行效力时,应当作出不予执行的裁定。

2. 实质审查后执行裁定的作出

如果法院在审查行政机关强制执行的申请过程中,发现存在明显缺乏事实根据或法律依据等实质性的问题时,必须进行实质审查。在这种情况下,法院应当自受理之日起30日内作出是否执行的裁定。

3. 不予执行裁定的送达及救济

法院裁定不予执行的,应当说明理由,并在5日内将不予执行的裁定送达行政机关。行政机关对法院不予执行的裁定有异议的,可以自收到裁定之日起15日内向上一级法院申请复议,上一级法院应当自收到复议申请之日起30日内作出是否执行的裁定。

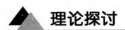

非诉行政执行的裁定性质

在非诉行政执行案件中,行政审判庭必须组成合议庭对具体行政行为的合法性进行审查,并就是否准予强制执行作出裁定。据此,有人认为,裁定书只是对程序性问题作出的处理,不是一种实体性的法律文书,人民法院的执行依据只是生效的行政法律文书。而另有观点认为,裁定书是法院行政审判庭在对具体行政行为的合法性进行审查后作出的,由人民法院强制执行时,就具有司法执行的性质,行政行为延伸至司法行为后,原来的行政管理相对人就是司法执行程序上的被执行人,被执行人应受到法院裁判的约束,司法裁定书是非诉行政案件的执行依据。那么,行政审判庭作出的裁定准予执行的司法文书在执行程序中的地位如何?法院准予执行裁定书和具体的行政法律文书之间关系如何?

我们认为,上述两种观点都存在偏颇。相反,非诉行政执行案件的依据只能是受法院准予执行裁定书约束的具体行政行为和受具体行政行为约束的准予执行裁定书。因为,除了法律、法规规定行政机关依法可以自行强制执行以外,具体行政行为的强制力是通过行政机关和法院之间的分权与互动来实现的,单有任何一方的行为都无法使行政行为的内容得以强制实现。根据《若干解释》第93条、第95条的规定,人民法院受理行政机关申请执行其具体行政行为的案件后,应当组成合议庭对具体行政行为的合法性进行审查,这种审查不是程序性审查,而是实质性审查。虽然这种实质性审查没有行政诉讼中的实质审查严格,但这是对具体行政行为是否存在明显违法的问题的处理,法院必须对明显缺乏事实根据的,或者明显缺乏法律依据的,或者其他明显违法并损害被执行人合法权益的具体行政行为,作出不予执行的裁定。法院必须在这一范围内向被执行人承担责任(如果法院对于明显违法的具体行政行为也作出准予执行裁定的,法院应当对因错误执行给被执行人造成的损害承担赔偿责任)。如同证据规则不是简单的程序问题或实体问题一样,法院作出的准予执行裁定书已经不是简单地对程序问题的处理,它还包括对被申请执行的具体行政行为是否存在"明显缺乏违法事实根据"或"明显缺乏法律依据"等实体问题的处理。因此,非诉行政案件的执行依据是受法院准予执行裁定书约束的具体行政行为和受具体行政行为约束的法院准予执行裁定书。任何一方要变更执行内容的,都应征求对方的同意。将具体行政行为或者法院准予执行裁定书孤立地作为非诉行政执行案件的依据都是错误的。(资料来源:肖泽晟等:《论非诉行政执行案件中的几个问题》,载《行政法学研究》2002年第1期)

（六）强制执行及费用承担

1. 强制执行

法院作出执行裁定后,应当及时实施强制执行。具体采取的强制执行方式由各单行法律规定。

2. 执行费用的承担

行政机关申请法院强制执行,不缴纳申请费。强制执行的费用由被执行人承担。具体的承担方式根据强制执行方式的不同而不同,如法院以划拨、拍卖方式强制执行的,可以在划拨、拍卖后将强制执行的费用扣除。

3. 款项的管理

依法拍卖财物,由法院委托拍卖机构依照《拍卖法》的规定办理。划拨的存款、汇款以及拍卖和依法处理所得的款项应当上缴国库或者划入财政专户,不得以任何形式截留、私分或者变相私分。

三、紧急情况下的立即执行

上述是行政机关申请法院强制执行的一般程序,但在情况紧急时,为了保障公共安全,行政机关可以申请法院立即执行,对此,法院必须及时作出裁定,经法院院长批准,法院应当自作出执行裁定之日起5日内执行。

思考题：

1. 比较行政强制措施与行政强制执行的异同点。
2. 在与行政处罚、行政许可的设定权相比较的基础上,试论行政强制设定权的特点。
3. 从文明执法的理念出发,如何在确保行政强制执行效率的基础上缓和行政机关和行政相对人之间的矛盾和冲突?

拓展阅读：

1. 叶必丰:《〈行政强制法〉背景下行政调查取证制度的完善》,载《法学》2012年第2期。
2. 刘启川:《行政强制执行时间限制与拒绝给付禁止之制度解析》,载《现代法学》2013年第3期。
3. 章志远:《作为行政强制执行手段的违法事实公布》,载《法学家》2012年第1期。
4. 石启龙:《行政强制措施的模式分析》,载《行政法学研究》2012年第3期。
5. 耿宝建:《实施行政强制法应当注意的十个问题》,载《人民司法(应用)》2013年第3期。
6. 袁曙宏:《我国〈行政强制法〉的法律地位、价值取向和制度逻辑》,载《中国法学》2011年第4期。

第十二章

政府信息公开

> ✦ **学习目标**
> 通过本章的学习,学生可以掌握以下内容:
> 1. 政府信息及其公开的原则、公开的主体和公开的范围
> 2. 政府信息公开的方式和程序,尤其是申请人资格
> 3. 政府信息公开制度的保障措施
>
> ✦ **关键概念**
> 政府信息　主动公开　依申请公开　申请资格　国家秘密

第一节　政府信息公开的主体和原则

一、政府信息公开主体

(一) 政府信息

政府信息是指行政机关在履行职责过程中制作或者获取的,以一定形式记录、保存的信息。它包括笔录、书信、书籍、图片、刻印、照片、微缩影片、录音带、可以机器读出的记录与其他不具有固定形式或特征的文件资料及记录影印或复制的各种信息。因此,政府信息在《政府信息公开条例》中限于行政机关的信息,人民代表大会及其常务委员会、人民法院、人民检察院和军事机关在履行职责过程中制作或者获取的信息,都不属于《政府信息公开条例》所特指的"政府信息"。

政府信息也不同于征信业务中的信息。依据《征信业管理条例》的规定,征信业务是指对企业、事业单位等组织的信用信息和个人的信用信息进行采集、整理、保存、加工,并向信息使用者提供的活动。中国人民银行(国务院征信业监督管理部门)及其派出机构依法对征信业进行监督管理。征信经营机构的设立须经国务院征信业监督管理部门批准。信息使用者应当按照与个人信息主体约定的用途使用个人信息,不得用作约定以外的用途,不得未经个人信息主体同意向第三方提供。由此可见,征信业务中的信息属于经营性信息,不属于需

要公开的政府信息。

(二)政府信息公开主体

政府信息公开是指行政机关根据职权或者行政相对人请求,将政府信息向行政相对人或者社会公开展示,并允许查阅、摘抄和复制等。政府信息公开主体是具体履行政府信息公开义务的国家行政机关。此外,公共企事业单位是提供社会公共服务的组织,因此也是政府信息公开主体。所以,政府信息公开主体有如下两大类:

1. 行政机关

行政机关是指人民政府及其所属的职能部门。凡具有对外履行职责的行政机关,都是政府信息公开主体。但是,不同类型和级别的行政机关拥有不同的信息公开义务和对信息公开的不同管理权限。根据《政府信息公开条例》的规定,各级人民政府具有政府信息公开工作的组织领导权,县级以上地方人民政府办公厅(室)或者县级以上地方人民政府确定的其他政府信息公开工作主管部门负责推进、指导、协调、监督本行政区域的政府信息公开工作。各级人民政府及其部门所指定的政府信息公开工作机构,负责本行政机关政府信息公开的日常工作,具体承办本行政机关的政府信息公开等事宜。

凡是法律、法规授权的具有管理公共事务职能的组织,在政府信息公开过程中具有与行政机关相同的法律地位,也是政府信息公开主体。法律、法规授权的具有管理公共事务职能的组织既包括人民政府直属的事业单位,也包括由国家财政支持的行使公共事务管理职能的其他组织。

2. 公共企事业单位

凡是从事教育、医疗卫生、计划生育、供水、供电、供气、供热、环保、公共交通等与人民群众利益密切相关的公共企事业单位,在它们提供社会公共服务过程中制作、获取的信息,应当参照《政府信息公开条例》公开。这些公共企事业单位的活动,与人民群众日常生活密切相关,且它们所提供的"社会公共服务",受服务者通常不具有可选择性,因此,公开与"社会公共服务"相关的信息,有利于受服务者维护自身的合法权益。

与法律、法规授权的具有管理公共事务职能的组织不同的是:公共企事业单位没有公共管理职权即行政职权,它们被要求履行信息公开义务,是因为它们的活动具备了两个政府信息公开义务的基本要素:(1)获得了国家财政经费支持;(2)提供社会公共服务。前者是公共财政透明性原则要求的信息公开,后者实质是行政任务实现的延续行为,各公共企事业单位的服务行为关涉了社会普遍的公共利益。

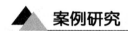

案例研究

政府信息公开主体是否应当扩大到司法机关

近年来,上海市第二中级人民法院裁判了多起与司法机关相关的信息公开案件。(1)在"林鸣诉上海市公安局黄浦分局政府信息公开上诉案"([2009]沪二中行终字第56号)中,原告要求黄浦公安分局公开所辖看守所在履行职责过程中制作的释放被羁押人的释放证明书纸质文本(原件)。法院审理认为,公安机关在履行刑事司法职能过程中形成的材料,不属于《政府信息公开条例》所讲的信息。(2)在"杜某某与上海市公安局政府信息公开申请答复案"([2011]沪二中行终字第86号)中,原告要求市公安局公开的文检鉴定书属于刑事司法文书,是被告履行刑事侦查职责过程中形成或取得的文件资料,并非在履行行政管理职责中制作或获取的政府信息。(3)在"刘某不服上海市公安局普陀分局作出政府信息公开申请答复的行政行为案"([2010]沪二中行终字第299号)中,原告要求公开刑事传唤保存备案信息、撤销刑事拘留文书保存备案信息,此信息是公安机关在履行刑事侦查职能中所产生,非公安机关在履行行政职能中所产生,不属于政府信息公开的范围。(4)在"邱某某与上海市公安局政府信息公开决定案"([2010]沪二中行终字第123号)中,上海市公安局和上海市人民检察院联合制定的《关于轻微刑事案件审查逮捕适用条件的若干意见》,是规范刑事执法工作的文件,非履行行政管理职责中形成的信息。

二、政府信息公开原则

作为必须贯彻于政府信息公开过程中的基本准则,政府信息公开原则必须充分考虑政府信息公开活动的特点。根据《政府信息公开条例》的相关规定,它的基本原则如下:

(一)公正、公平、便民

公正是对行政机关自身的要求,即行政机关在履行政府信息公开义务过程中,必须保持中立、不偏私的立场。公平是对行政机关应当如何对待行政相对人的要求,在政府信息公开中,公平原则可以保障行政相对人享有公平获得政府信息的权利。便民要求行政机关在公开政府信息时,通过建立健全的政府信息管理制度,提高办理效率等方式,为行政相对人获取政府信息提供便利。

(二)及时、准确

无论是依职权还是依申请,行政机关公开政府信息都必须及时、准确。行政机关如发现影响或者可能影响社会稳定、扰乱社会管理秩序的虚假或者不完整信息的,应当在其职责范围内发布准确的政府信息予以澄清。行政机关应当建立健全政府信息发布协调机制,所发布的政府信息涉及其他部门的,应当进行沟通、确认,保证发布的政府信息准确一致。

(三)利益平衡

政府信息公开应当协调公众知情权和公共利益、个人利益三者关系;将某种权益置于优先保护的法律地位,必须有充分的理由。行政机关应当建立和完善政府信息公开保密审查机制,公开的政府信息不得危及国家安全、公共安全、经济安全和社会稳定,也不得侵犯公民、法人或者其他组织的隐私、商业秘密等合法权益。但是,经权利人同意或者行政机关认为不公开可能对公共利益造成重大影响的涉及商业秘密、个人隐私的政府信息,可以予以公开。

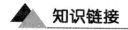

政府信息公开的时代背景

政府信息公开之所以成为20世纪现代行政法发展的一个重要主题,成为法治国家普遍关注的一个话题,至少与下列几个方面的因素有关:

1. 知情权得到了宪法的确认。第二次世界大战之前,公民的知情权在宪法上没有获得应有的地位,它被排除在基本权利之外。1946年联合国大会通过的第59号决议宣布知情权为基本人权之一。1948年联合国通过的《世界人权宣言》第19条进一步规定,人人享有通过任何媒介寻求、接受和传递消息的自由。在德国《基本法》第5条第1项中,"自由地从一般可允许的来源获得消息的权利"的表述,虽然没有直接指明"知情权",但它多少也与公民的知情权有关。且德国《基本法》第1条第3项规定:"基本权利作为可直接实施的法律,使立法、行政和司法机关承担义务。"这一规定使第5条第1项具有了直接规范国家权力的法效力。"二战之后,宪法基本权利具有直接效力即可以作为司法判断的依据在发达国家已少有例外,且许多第三世界国家也群起效法。时至今日,基本权利的直接效力已成为世界性的一项宪政惯例。"之后,许多国家的宪法都直接或者间接地确认了作为公民基本权利之一的知情权。如菲律宾1987年《宪法》第3条第7节规定:"应承认人民得到公共信息的权利。除了法律所规定的限制以外,应向人民提供官方记录与文件,与官方行为、交易或有关的文件,以及作为决策基础的政府研究资料。"在这样的法治背景下,行政机关公开政府信息成了法律上的义务,宪法规定成为公民可以直接行使政府信息公开请求权的规范基础。

2. WTO对缔约国家政府管制方式的冲击。WTO以贸易自由化为理念,以克服贸易壁垒为目标,旨在实现全球贸易自由化。为此,WTO要求各成员方必须将有关贸易的法律、法规、政策及司法判决和行政裁决等迅速加以公开,以确保各成员方之间贸易行为的可预测性、稳定性,从而确立了透明度原则。"WTO透明度原则与行政法上的信息公开原则异曲同工。透明度原则虽然只是一项程序性要求,直接促成了缔约国家外贸行政法共同朝着程序公开的方面发展,但透明度原则对于缔约国家外贸行政法趋同的推动意义却不限于程序,还包括实体。因为无论外贸行政法的实体部分还是程序部分都要符合透明度要求。这就使得缔约国家既有的未公布的作为'秘密武器'使用的大量内部规则失去正当性,并因不便于公布从而不再能够一如既往地影响国际贸易。"

3. 政府丑闻迭出引发社会民众对政府信息公开的强烈要求。20世纪以来,在法治相对发达的国家中,涉及政府腐败的各种丑闻不断曝光,引发了社会民众对政府信息公开的强烈要求。如1972年日本发生外务省关于冲绳返还密约公文电报的泄露事件,引发了对国民"知的权利"的议论。同年田中首相的金库问题、1976年的洛克希德飞机公司行贿事件、1979年铁路集团等特殊法人公费不当支出问题等,是引发日本政府信息公开法制定的社会原因之一。在美国,虽然其法制体系相对比较完善,但政治丑闻依然时有发生。因此,"美国人有一种特别的政治观念,认为公开可以作为限制行政的一种手段。阳光是最好的消毒剂,一切见不得人的事情都是在阴暗的角落里干出来的"。(章剑生:《现代行政法基本理论》(下卷)(第2版),法律出版社2014年版,第682—683页)

第二节　政府信息公开范围、方式和程序

一、政府信息公开范围

凡是政府信息，原则上都应当公开，这是确定政府信息公开范围的一项原则。如美国联邦《政府资讯公开法》(1986年修订)明确列举了9项不公开的政府资讯。① 我国台湾地区"政府资讯公开法"(2005年)也列举了9项限制公开或者不予公开的政府资讯。② 我国《政府信息公开条例》根据实际情况，分别规定政府信息依职权公开、依申请公开和不予公开三个"范围"，分述如下：

（一）依职权公开范围

依职权公开，也称为主动公开。《政府信息公开条例》分别规定了"按照事项性质"和"按照机关类别"两种模式。③

1. 按照事项性质公开

政府信息属于如下内容的，行政机关必须依职权公开：(1)凡是涉及公民、法人或者其他组织切身利益的；(2)需要社会公众广泛知晓或者参与的；(3)反映本行政机关机构设置、职能、办事程序等情况的；(4)法律、法规和国家有关规定要求主动公开的。在这部分内容中，"切身利益""广泛知晓"等都属于不确定法律概念，行政机关在适用解释时，应当基于知情权保障目的，作必要的目的性扩张解释，不可反其道而行之。

2. 按照机关类别公开

我国的人民政府分为五级，即中央、省、市（设区）、县（区）和乡镇人民政府。不同级别的人民政府有不同的行政任务，与公民、法人或者其他组织的关系远近也有所不同。所以，《政府信息公开条例》对不同级别的人民政府规定了不尽相同的政府信息公开范围。

(1) 县级以上各级人民政府及其部门应当依照本条例第9条的规定，在各自职责范围内确定主动公开的政府信息的具体内容，并重点公开下列政府信息：第一，行政法规、规章和规范性文件；第二，国民经济和社会发展规划、专项规划、区域规划及相关政策；第三，国民经济和社会发展统计信息；第四，财政预算、决算报告；第五，行政事业性收费的项目、依据、标准；第六，政府集中采购项目的目录、标准及实施情况；第七，行政许可的事项、依据、条件、数量、程序、期限以及申请行政许可需要提交的全部材料目录及办理情况；第八，重大建设项目的批准和实施情况；第九，扶贫、教育、医疗、社会保障、促进就业等方面的政策、措施及其实施情况；第十，突发公共事件的应急预案、预警信息及应对情况；第十一，环境保护、公共卫生、安全生产、食品药品、产品质量的监督检查情况。

(2) 设区的市级人民政府、县级人民政府及其部门重点公开的政府信息还应当包括下列内容：第一，城乡建设和管理的重大事项；第二，社会公益事业建设情况；第三，征收或者征

---

① 参见美国联邦《行政程序法》第552条。
② 参见我国台湾地区"政府资讯公开法"第18条。
③ 叶必丰：《行政法与行政诉讼法》（第3版），武汉大学出版社2008年版，第287页。

用土地、房屋拆迁及其补偿、补助费用的发放、使用情况;第四,抢险救灾、优抚、救济、社会捐助等款物的管理、使用和分配情况。

(3)乡(镇)人民政府应当依照本条例第9条的规定,在其职责范围内确定主动公开的政府信息的具体内容,并重点公开下列政府信息:第一,贯彻落实国家关于农村工作政策的情况;第二,财政收支、各类专项资金的管理和使用情况;第三,乡(镇)土地利用总体规划、宅基地使用的审核情况;第四,征收或者征用土地、房屋拆迁及其补偿、补助费用的发放、使用情况;第五,乡(镇)的债权债务、筹资筹劳情况;第六,抢险救灾、优抚、救济、社会捐助等款物的发放情况;第七,乡镇集体企业及其他乡镇经济实体承包、租赁、拍卖等情况;第八,执行计划生育政策的情况。

依职权公开政府信息的范围并非静止的。根据《政府信息公开条例》确立的原则,政府信息公开范围应当逐渐扩大、内容不断丰富。财政预算决算、"三公"经费和行政经费、保障性住房、食品安全、环境保护、政府招标投标、生产安全事故、征地拆迁、价格和收费等方面的信息公开,目前已经取得了不小的进步。①

(二)依申请公开范围

《政府信息公开条例》第13条规定:"除本条例第9条、第10条、第11条、第12条规定的行政机关主动公开的政府信息外,公民、法人或者其他组织还可以根据自身生产、生活、科研等特殊需要,向国务院部门、地方各级人民政府及县级以上地方人民政府部门申请获取相关政府信息。"这是政府信息依申请公开范围的依据。关于依申请公开范围,可以从以下两个方面解释:

1. 补充式政府信息公开范围

依职权公开政府信息范围毕竟有限,尚不能完全满足行政相对人的需要,若行政相对人需要的政府信息不在行政机关依职权公开范围内的,那么,行政相对人可以通过申请的方式获得。因此,从功能上说,《政府信息公开条例》第13条具有补充功能。

2. 自身生产、生活、科研等特殊需要

对于不属于依职权公开的政府信息,行政相对人并非可以无条件获得的,为此,《政府信息公开条例》设置了"自身生产、生活、科研等特殊需要"的要件,即行政相对人申请的政府信息如果不是他的"自身生产、生活、科研等特殊需要"的,行政机关可以不予提供。之所以作这样的规定,主要是考虑行政机关的行政效率与行政成本。同时,对行政相对人申请政府信息公开的权利作适当限制。

(三)不予公开信息

确定政府信息不公开范围的立法目的,不应当定位于提升行政机关行使职权的效率,而是最大限度地保证公民宪法上知情权的实现,尽可能减少秘密行政。虽然公共利益对于每一个人来说都是必不可少的,但是一味强调个人利益要服从公共利益在道义上也是不具有正当性的。因此,通过立法技术平衡政府信息公开中个人利益与公共利益的冲突是一项极其重要的立法政策。《政治信息公开条例》第14条第4款第1句规定:"行政机关不得公开

---

① 国务院办公厅关于印发《2012年政府信息公开重点工作安排的通知》(国办发[2012]26号)。

涉及国家秘密、商业秘密、个人隐私的政府信息。"如何界定"国家秘密"、"商业秘密"和"个人隐私"三个法律概念的内涵和外延,事关政府信息公开范围的宽狭。

1. 国家秘密

"国家秘密"是绝对不公开的政府信息。①《保守国家秘密法》第2条规定:"国家秘密是关系国家安全和利益,依照法定程序确定,在一定时间内只限一定范围的人员知悉的事项。"这是保密法体系中对"国家秘密"作出的权威性解释。根据这一规定,国家秘密的构成要素是:

(1) 内容要素。"国家安全和利益"作为国家秘密的内容要素,对某一政府信息是否能够成为国家秘密具有实质性的决定功能。国家安全和利益事关每个公民的切身利益,以此作为国家秘密的"内容要素",它的正当性是相当充分的。唯"国家安全和利益"系不确定法律概念,需要在个案的理由中才能作出正确的判断。"国家秘密"中的核心是"国家安全和利益",所以事关"国家安全和利益"的政府信息一旦公开,往往会给国家带来巨大的损失,有时甚至是难以弥补的灾难。

(2) 程序要素。法定程序具有防止权力恣意的功能。一项政府信息需要列入国家秘密范围,必须事先通过法定程序加以确定,以确保列入国家秘密范围的政府信息的妥当性。在国家秘密定义中加入"程序要素"具有预防"定密权"滥用之功能,尤其是在防止事后追究公民不履行保密义务责任(如指控公民泄露国家秘密罪)时更为重要。

(3) 时空要素。政府信息若是国家秘密,它只有在特定的时空中才具有保密性;依法解密后的政府信息,属于政府信息公开的范围。国家秘密是"在一定时间内只限一定范围的人员知悉的事项",所以,使国家秘密被不应知悉者知悉的,或者使国家秘密超出了限定的接触范围,而不能证明未被不应知悉者知悉的,属于"泄露国家秘密"。② 国家秘密的时空要素意味着它并非是一种无人知道的信息,也不是永不为人所知的信息。因此,知道国家秘密的人,负有保守国家秘密的法定义务;被列为国家秘密的信息,一旦没有保密的必要时应当解密。

2. 商业秘密

1993年《反不正当竞争法》第10条中规定:"商业秘密是指不为公众所知悉、能为权利人带来经济利益、具有实用性并经权利人采取保密措施的技术信息和经营信息。"③这是首次在实体法上对"商业秘密"作出的立法解释。1995年国家工商局发布《关于禁止侵犯商业秘密行为的若干规定》进一步细化了法律规定中的"商业秘密"概念,以指导工商行政执法。在它的第2条重复了《反不正当竞争法》第10条规定的"商业秘密"定义之后,对该条文中涉及的若干法律概念作了更为详细的解释:(1)"公众所知悉"是指该信息是不能从公开渠道直接获取的。(2)"能为权利人带来经济利益、具有实用性"是指该信息具有确定的可应用性,能为权利人带来现实的或者潜在的经济利益或者竞争优势。(3)"权利人采取保密措

---

① 章剑生:《政府信息公开中的"国家秘密"——〈政府信息公开条例〉中的"国家秘密"之解释》,载《江苏大学学报(社会科学版)》2012年第6期。
② 参见《保守国家秘密法》第35条。
③ 在我国台湾地区,商业秘密称为"营业秘密",如"营业秘密法"第2条规定:"本法所称营业秘密,系指方法、技术、制程、配方、程序、设计或其他可用于生产、销售或经营之信息,而符合左列要件者:(1) 非一般涉及该类信息之人所知者。(2) 因其秘密性而具有实际或潜在之经济价值者。(3) 所有人已采取合理之保密措施者。"

施"是指订立保密协议、建立保密制度及采取其他合理的保密措施。(4)"技术信息和经营信息"是指包括设计、程序、产品配方、制作工艺、制作方法、管理诀窍、客户名单、货源情报、产销策略、招投标中的标底及标书内容等信息。(5)"权利人"是指依法对商业秘密享有所有权或者使用权的公民、法人或者其他组织。从上述规定中,我们可以看到判定"商业秘密"的若干要素:

(1)秘密性,即不为公众所知悉。这是实务中认定某一事项是否属于商业秘密最为本质的属性。经营主体的技术信息和经营信息的秘密性不是无人所知,而是不为公众所知;其内部少数人基于生产、经营的需要而知悉的,不影响它的秘密性。所以,在商业秘密的秘密性认定上,关键在于公众是否知晓。

(2)实用性,即能为权利人带来经济利益。保护商业秘密的基础是因为它具有实用性,可以为商业秘密的权利人带来经济利益。正是这种经济利益,使权利人产生了需要国家法律对商业秘密加以保护的内在动力。实用性还在于商业秘密易手之后,他人仍然可以利用它为其获取经济利益。

(3)保密性,即采取了保密措施。权利人应当对商业秘密已经采取了必要的保密措施,客观上形成了他人如果通过正当、合法手段不能获取该商业秘密的保护性状态。如果权利人没有采取保密措施,致使商业秘密可为他们正当、合法取得,他就不能主张这一信息是受法律保护的商业秘密。

3. 个人隐私

1979年《刑事诉讼法》第111条规定:"人民法院审判第一审案件应当公开进行。但是有关国家机密或者个人阴私的案件,不公开审理。"这是"个人隐私(阴私)"作为一个法律概念首次出现于我们的法律之中。1988年最高人民法院《关于贯彻执行〈中华人民共和国民法通则〉若干问题的意见(试行)》第140条规定:"以书面、口头等形式宣扬他人的隐私,或者捏造事实公然丑化他人人格,以及用侮辱、诽谤等方式损害他人名誉,造成一定影响的,应当认定为侵害公民名誉权的行为。"这里的"隐私"与"个人隐私"可作同义解释。1991年的《民事诉讼法》有"个人隐私"的规定,但对何谓"个人隐私"并没有作出具体的规定。在1992年的《关于适用〈中华人民共和国民事诉讼法〉若干问题的意见》中,最高人民法院仅仅解释了"商业秘密",而没有对"个人隐私"作出法律解释,其中原因外界不得而知。检索迄今为止的有关法律、法规、规章乃至最高人民法院的司法解释,有关"个人隐私"更为具体的法律解释一直付之如阙。

判断某一政府信息是否属于个人隐私,通常需要从两个方面着手:(1)申请人主观上是否有不正当的目的。如果基于不正当的目的申请政府公开他人的个人资料,那么他可能会利用申请获得的他人的个人资料作不正当的用途,侵害他人的隐私权。(2)申请人所申请公开的政府信息一旦公开,在客观上是否足以产生侵害他人隐私权的后果。如果是,那么这部分政府信息应纳入个人隐私加以保护。

4. 相关问题

在政府信息不公开范围问题上,除了国家秘密、商业秘密和个人隐私外,还有如下几个问题需要作进一步分析,以便更好地界定政府信息不公开范围。

(1)工作秘密。工作秘密是一个法律概念,已为当下有关立法所确认。如《国家公务员法》第10条规定,国家公务员应当履行"保守国家秘密和工作秘密"的义务。但何谓"工作秘密"，该法律没有作出解释。《广州市保守工作秘密规定》第 2 条规定："本规定所称工作秘密，是指在各级政府及其行政管理部门的公务活动和内部管理中，不属于国家秘密而又不宜对外公开的，依照规定程序确定并在一定时间内只限于一定范围人员知悉的工作事项。"依照这个地方政府规定的解释，工作秘密不属于国家秘密，但是一旦泄露可能会给本机关、单位的工作带来被动和损害。如果这种必要性客观上确实存在，那么，遇到《政府信息公开条例》时，与"工作秘密"有关的政府信息，可以考虑根据《国家公务员法》的规定不予公开。

（2）内部公开。《政府信息公开条例》没有规定"内部公开"作为政府信息公开方式之一。不过，在地方政府有关政府信息公开的立法中，却已有这样的立法例。如《广州市政府信息公开规定》第 12 条规定："公开义务人的下列内部政府信息，应当实行内部公开：第一，领导成员廉洁自律情况；第二，内部财务收支情况；第三，内部审计结果；第四，公务员人事管理情况；第五，其他应当公开的内部政府信息。"在《政府信息公开条例》下，这种"内部公开"的方式是否还有存在的合法性基础？答案应当是否定的。因为，如果允许这样的公开方式存在并发挥实际功能，那么《政府信息公开条例》所规定的公开范围将可能会被蚕食。比如政府官员的财产申报情况可以通过纳入"领导成员廉洁自律情况"而实行"内部公开"，其客观效果无异于"国家秘密"。这种做法势必会损害政府信息公开制度的社会法治形象，留给社会一个政府并不诚信实施政府信息公开的虚伪印象。所以，基于《政府信息公开条例》的立法精神，我们应当否定这种具有保密性的"内部公开"制度。

（3）过程信息。行政机关在日常工作中制作或者获取的内部管理信息以及处于讨论、研究或者审查中的过程性信息，一般不属于《政府信息公平条例》所指应公开的政府信息。[1] 这类政府信息称为"内部信息""决策信息""过程性信息"或者"非结论性意见"等等。此类信息行政机关对其有不同的表述。[2] 行政机关经常把"不成立"或"不生效"的政府信息视为不予公开的信息，这就是所谓"过程信息"等"非结论性意见"是否公开的棘手之处。过程信息涉及政府信息是否也像其他行政决定一样，有成立和生效要件这一法理问题。尤其是，政府信息公开这样的行政事实行为是否存在或者存在何种成立和生效要件，更值得反思。[3]

（4）妨碍执法信息

有的行政机关通过制定行政规章或行政规定，明确规定了有碍行政执法的政府信息免予公开。如国家税务总局《依申请公开政府信息工作规程》第 13 条第 4 项规定，公开后可能影响税收调查、取证和检查等税收执法活动的信息，不予公开。审计署《政府信息主动公开办法》（2008 年）第 7 条第 5 项规定，与行政执法有关，公开后可能影响检查、调查、取证等执法活动或者危及公民、法人和其他组织人身或财产安全的政府信息，不得擅自向社会公开。免予公开执法性信息，是外国信息公开的一个普遍例外原则，公开此类执法记录或信息将会产生实际的不利结果，因为这些信息的披露可能会干预执法程序和技术；妨碍行政执法的公正处理；暴露执法情报来源；危及某人生命或其他安全。[4]

---

[1] 国务院办公厅《关于做好政府信息依申请公开工作的意见》（国办发[2010]5 号）。
[2] 如《审计署政府信息主动公开办法》（[2008]107 号）称之为"不宜对外的内部事项"；"正在调查、讨论、处理过程中的事项（法律、法规另有规定的除外）"。
[3] 于立深：《依申请政府信息公开制度运行的实证分析》，载《法商研究》2010 年第 2 期。
[4] 贺诗礼：《关于政府信息免予公开典型条款的几点思考》，载《政治与法律》2009 年第 3 期。

二、政府信息公开方式和程序

如前所述,政府信息公开分为依职权分开和依申请公开两种模式。由于不同的公开模式有不同的内容,所以在具体公开的方式、程序上也有所不同。分述如下:

(一)依职权公开

1. 公开方式

由于公众每个人的具体情况不同,也由于各地行政机关条件的差异性,所以,在公开方式上,《政府信息公开条例》规定了如下两个方面的公开方式:(1)多种公开方式并存。行政机关应当将主动公开的政府信息,通过政府公报、政府网站、新闻发布会以及报刊、广播、电视等便于公众知晓的方式公开。(2)多种公开地点并存。各级人民政府应当在国家档案馆、公共图书馆设置政府信息查阅场所,并配备相应的设施、设备,为公民、法人或者其他组织获取政府信息提供便利。行政机关可以根据需要设立公共查阅室、资料索取点、信息公告栏、电子信息屏等场所、设施,公开政府信息。

2. 公开程序

关于公开程序,《政府信息公开条例》规定了如下内容:(1)公开主体。由于政府信息生成的方式分为制作和保存,因此,有时同一个政府信息可能会由一个行政机关制作,但由另一个行政机关保存,此时,必须在法律上明确公开主体,以防止行政机关之间互相推诿公开职责。行政机关制作的政府信息,由制作该政府信息的行政机关负责公开;行政机关从公民、法人或者其他组织获取的政府信息,由保存该政府信息的行政机关负责公开。法律、法规对政府信息公开的权限另有规定的,从其规定。(2)公开时限。属于主动公开范围的政府信息,应当自该政府信息形成或者变更之日起20个工作日内予以公开。法律、法规对政府信息公开的期限另有规定的,从其规定。(3)通过指南、目录公开。行政机关应当编制、公布政府信息公开指南和政府信息公开目录,并及时更新。政府信息公开指南,应当包括政府信息的分类、编排体系、获取方式,政府信息公开工作机构的名称、办公地址、办公时间、联系电话、传真号码、电子邮箱等内容。政府信息公开目录,应当包括政府信息的索引、名称、内容概述、生成日期等内容。(4)涉密政府信息处理程序。对主要内容需要公众广泛知晓或参与,但其中部分内容涉及国家秘密的政府信息,应经法定程序解密并删除涉密内容后,予以公开。[①] (5)沟通协调程序。行政机关拟发布的政府信息涉及其他行政机关的,要与有关行政机关沟通协调,经对方确认后方可发布;沟通协调后不能达成一致意见的,由拟发布该政府信息的行政机关报请本级政府信息公开工作主管部门协调解决。

(二)依申请公开

1. 公开方式

(1)申请程序启动。当事人应当采用书面形式(包括数据来电形式)申请获得政府信息;采用书面形式确有困难的,可以口头提出,由受理该申请的行政机关代为填写政府信息

[①] 国务院办公厅《关于施行〈中华人民共和国政府信息公开条例〉若干问题的意见》(国办发[2008]36号)第3条第7项。

公开申请。为方便申请人尽快获取所申请公开的信息,对一些要求公开项目较多的申请,政府信息公开受理机关可要求申请人按照"一事一申请"原则对申请方式加以调整,即一个政府信息公开申请只对应一个政府信息项目。

政府信息公开申请应当包括的内容有:申请人的姓名或者名称、联系方式,申请公开的政府信息的内容描述,申请公开的政府信息的形式要求。除此之外,要求提供身份证号码、填写通信地址、工作单位等申请信息的,属于政府信息公开义务主体过度收集申请人的个人信息。但是,公民、法人或者其他组织向行政机关申请提供与其自身相关的税费缴纳、社会保障、医疗卫生等政府信息的,应当出示有效身份证件或者证明文件。

(2)申请答复。收到申请人的申请后,行政机关应当在法定期限内作出答复:申请人属于公开范围的,应当告知申请人获取该政府信息的方式和途径;属于不予公开范围的,应当告知申请人并说明理由;依法不属于本行政机关公开或者该政府信息不存在的,应当告知申请人,对能够确定该政府信息的公开机关的,应当告知申请人该行政机关的名称、联系方式;申请内容不明确的,应当告知申请人作出更改、补充。申请公开政府信息,应当按照申请人要求的形式予以提供;无法按照申请人要求的形式提供的,可以通过安排申请人查阅相关资料、提供复制件或者其他适当形式提供。

需要说明的是,向申请人提供的政府信息,应当是现有的,一般不需要行政机关汇总、加工或重新制作(作区分处理的除外)。行政机关一般不承担为申请人汇总、加工或重新制作政府信息,以及向其他行政机关和公民、法人或者其他组织搜集信息的义务。[①]

(3)征求相关方的意见。申请公开的政府信息涉及商业秘密、个人隐私,公开后可能损害第三方合法权益的,应当书面征求第三方的意见;第三方不同意公开的,不得公开。但是,行政机关认为不公开可能对公共利益造成重大影响的,应当予以公开,并将决定公开的政府信息内容和理由书面通知第三方。

遇到情况复杂或者可能涉及国家安全、公共安全、经济安全和社会稳定的申请,应加强相关部门间的协调会商,依据有关法律法规,对申请是否有效、信息是否应该公开、公开后可能带来的影响等进行综合分析,研究提出处理意见。

(4)期限。收到申请人的申请后,行政机关能够当场答复的,应当当场予以答复。能够在答复时提供具体内容的,要同时提供;不能同时提供的,要确定并告知申请人提供的期限。难以按照规定期限答复的,要及时向申请人说明并尽快答复。对于同一申请人向同一行政机关就同一内容反复提出公开申请的,行政机关可以不重复答复。[②]

行政机关应当自收到申请之日起15个工作日内予以答复。必要时,经本机关负责人批准并告知申请人,可以延长期限,但最长不得超过15个工作日。申请公开的政府信息涉及第三方权益的,行政机关征求第三方意见所需要时间不计算在内。

(5)费用。依申请提供政府信息的,除可以收取检索、复制、邮寄等成本费用外,行政机关不得收取其他费用,也不得通过其他组织、个人以有偿服务方式提供政府信息。收取检索、复制、邮寄等成本费用的标准由国务院价格主管部门会同国务院财政部门制定。申请人确有经济困难的,经本人申请、政府信息公开工作机构负责人审核同意,可以减免相关费用。

---

① 国务院办公厅《关于做好政府信息依申请公开工作的意见》(国办发[2010]5号)第2条。
② 国务院办公厅《关于施行〈中华人民共和国政府信息公开条例〉若干问题的意见》(国办发[2008]36号)第5条。

申请人有阅读困难或者视听障碍的,行政机关应当为其提供必要的帮助。

2. 申请人资格条件

申请政府信息公开是否需要资格条件,从知情权保护的角度出发,凡是公民都可以得到他想要的政府信息,所以,申请政府信息公开不得设立资格要件,任何人甚至包括外国人都可以申请政府信息公开。如英国、日本、新西兰、德国、挪威、韩国等国家规定"任何人"或"公众",可以申请公开政府信息,申请人不必证明与信息本身是否存在合法利益关系。即对申请人资格不作任何限制,不得询问申请人申请政府信息的理由和动机。

《政府信息公开条例》第13条规定:"……公民、法人或者其他组织还可以根据自身生产、生活、科研等特殊需要,向国务院部门、地方各级人民政府及县级以上地方人民政府部门申请获取相关政府信息。"何谓"特殊需要"?在中华环保联合会诉贵州省贵阳市修文县环境保护局环境信息公开案中,最高人民法院的"裁判摘要"是:"依法获取环境信息,是公民、法人和其他组织的一项重要权利,是公众参与环境保护、监督环保法律实施的一项重要手段。具有维护公众环境权益和社会监督职责的公益组织,根据其他诉讼案件的特殊需要,可以依法向环保机关申请获取环保信息。在申请内容明确具体且申请公开的信息属于公开范围的情况下,人民法院应当支持。"①所以,"为了诉讼"是本案规定"特殊需要"之一。

这里的"自身生产、生活、科研等特殊需要"不是申请人资格条件,而是申请人能否得到所申请的政府信息的实体要件。它如同诉讼中的诉讼理由,与能否获得胜诉判决有关,与法院是否受理案件无关。所以,国务院办公厅2008年发布的《关于施行〈中华人民共和国政府信息公开条例〉若干问题的意见》和2010年发布的《关于做好政府信息依申请公开工作的意见》都明确规定,行政机关对申请人申请公开与本人生产、生活、科研等特殊需要无关的政府信息,可以不予提供,而不是不予受理。所以,在《政府信息公开条例》中,没有设置申请人的资格要件。

3. 申请内容的描述

客观上,政府信息呈海量状况,因此,从提高行政效率和降低行政成本的角度而言,要求申请人对申请政府信息内容作一定描述,可以为行政机关尽快找到该政府信息提供条件。所以,《政府信息公开条例》第20条规定,申请人在申请时应当对申请公开的政府信息的内容作出一定的描述,学理上归纳为"知道程度"。

申请人申请政府信息公开是一种非独立的、附随性质的行为。有时,在其他行政决定中,因为行政机关将某些影响其权利义务的政府信息作为了法律适用的依据,或者法律事实,或者证据,才迫使申请人启动政府信息公开程序,附带性地追问该政府信息是否存在、内容和法律效力如何,以维护自己在行政机关作出行政决定中的合法权益。也就是说,在这样的情况下,申请人对政府信息的形式和内容经常是不知道的;正是因为不知道,申请人才想去借助法律途径来了解。因此,对申请人申请有关政府信息的"知道程度"判断标准不宜规定过高,如需要完整描述所需信息的文件名称、文号或者确切特征等,否则不利于申请人获得政府信息。

---

① 《最高人民法院公报》2013年第1期。

案例研究

申请标准是形式抑或实质

在"诸沛福诉上海市规划和国土资源管理局政府信息公开行政行为上诉案"中,法院要求申请人"应明确信息内容,描述所需信息的文件名称、文号或者确切特征,供义务主体查找"。在"许康乐诉上海市住房保障和房屋管理局政府信息公开决定上诉案"中,法院要求申请人补充所申请合同的名称、合同编号、合同签订的当事人。法院在这两个案例中提到的申请标准,是根据《上海市政府信息公开规定》(2008年公布,2010年修订)第21、32条的规定。该规定要求公民、法人或者其他组织申请公开政府信息的,提交的申请书应该指出"明确的政府信息内容,包括能够据以指向特定政府信息的文件名称、文号或者其他特征描述"。当申请内容不明确,将被告知在合理期间内补正,申请人逾期未补正的,视为放弃申请。

"申请标准"是形式标准,不是实质标准,而且形式标准也是最低标准即可,申请人对所申请公开信息的描述当然越具体越好,但行政机关应该综合判断,只要申请人描述了信息的类型、数量、涉及的当事人和事项,行政机关就应该本着便民利民的原则,予以受理,尽力查找和公开。(资料来源:诸沛福诉上海市规划和国土资源管理局政府信息公开行政行为上诉案,上海市第二中级人民法院《行政判决书》[2009]沪二中行终字第130号;许康乐诉上海市住房保障和房屋管理局政府信息公开决定上诉案,上海市第二中级人民法院《行政判决书》[2009]沪二中行终字第19号)

4. 申请人举证责任

申请人申请政府信息公开应当承担相应的举证责任,但举证责任内容如何确定,需要考虑多种因素,如申请人取得证据的可能性等。根据《政府信息公开条例》的规定,申请人如要获得所申请人的政府信息,必须提供证据证明"自身生产、生活、科研等特殊需要"这一实体要件成立,否则行政机关可以不予提供。对此,最高人民法院《关于审理政府信息公开行政案件若干问题的规定》第5条第6款规定:"被告以政府信息与申请人自身生产、生活、科研等特殊需要无关为由不予提供的,人民法院可以要求原告对特殊需要事由作出说明。"

5. 信息给付标准

行政机关答复或提供的信息,要达到何种程度时才算符合给付标准,这个问题争议颇多。如申请人想要的政府信息和行政机关提供的或者能够提供的政府信息之间存在很大的距离,甚至"风马牛不相及"的,那么就需要一个标准来判断行政机关是否已经履行了给付义务。我们认为,这个判断标准是,是否对申请人权利义务具有实际影响,是否与申请人权利义务有最紧密的关系,否则即使行政机关提供再多的"政府信息",对于申请人来说也没有任何法律意义。

另外,行政机关应该一揽子给付政府信息。有时,当申请人不满意行政机关所给付的信息时,可能导致他采用多次申请的方式要求行政机关公开政府信息。从效益的角度看,行政相对人频繁的申请和诉讼是一种行政资源的浪费。因此,有必要考虑政府信息给付的"一揽子"标准,让申请人选择他自己想要的信息,而不是一问一答式的政府信息给付方式。①

6. 申请人自身信息的更正

公民、法人或者其他组织有证据证明行政机关提供的与其自身相关的政府信息记录不准确的,有权要求该机关予以更正。被申请的行政机关无权更正的,应当转送有权更正的部门处理,并告知申请人。

行政机关形成政府信息的基础性义务

在实务中,行政机关对政府信息公开存在三种态度:(1)不想公开。它是指行政机关对应予政府信息公开的不作为,本质上是一种不履行法定职责的违法行为。(2)无法公开。它是指行政机关对涉及国家秘密、商业秘密和个人隐私的政府信息,依法不得公开。(3)无能力公开。它是指信息未予制作或存储,行政机关"难为无米之炊"。在上述情形中,属于行政机关"无法公开"的案例经常出现,属于行政机关"无能力公开"的案例更加常见。

在政府信息公开中,有两种政府公开信息义务值得深思,一种是政府予以公开信息的法定义务,另一种是掩藏在政府信息公开义务背后的制作、保存信息的政府义务。政府收集、制作和保存信息是基础性义务,政府对所收集、制作、保存信息的公开属于附随性质的义务。就法理而言,义务的存在与义务的履行是两个问题,不能因为履行义务不能而否定义务存在的理由。在政府信息公开中,经常发生的情况是,行政机关不能履行政府信息公开的义务,其理由多为申请的信息不存在,行政复议机关和法院也多以此理由判定行政机关的行为正确。不予政府信息公开,不是不想履行公开义务,是因为信息不存在。行政机关本应保存大量的政府信息,何以公民、法人或者其他组织申请信息公开时却常常以"未查到信息""未有原件复印件""未予备案"的搪塞予以答复?因此,探讨政府信息的收集、制作和保存制度也非常值得重视。行政机关形成政府信息的基础性义务与政府信息公开的履行性义务之间呈现何种关系,非常值得探讨。

第三节 政府信息公开的监督与救济

一、行政自制取向的监督模式

在我国,政府信息公开制度主要采取了行政自制模式。这符合中国国情,也取得了巨大成就,但应考虑制定《政府信息公开法》,引入各级人民代表大会常务委员会监督模式和完善司法审查救济模式,促进全部国家机关和公共机构都能予以信息公开。

(一)行政自制监督

行政自制是指行政机关通过行政组织架构、内部行政法律规范和行政伦理等,进行自我

---

① 于立深:《依申请政府信息公开制度运行的实证分析》,载《法商研究》2010年第2期。

约束、自我克制、积极行政的一种行政控权模式。行政自制概念和理论的提出,是对行政自制现象普遍化、立法和司法的功能性不足、内部行政法重新崛起等客观事实的反思和总结。[①] 从法源上看,内部行政法规定行政系统或者行政机关的内部事项,使内部行政逐渐趋于法制化,从而对行政机关和公务员形成了一种来自行政机关内部的"行政自我拘束"。

《政府信息公开条例》属于行政立法,具有行政自我约束的意义,其所设立的信息公开制度有一部分属于内部行政法,尤其是政府信息主动公开制度的运行几乎就是内部行政法律制度。虽然政府信息公开制度复杂,但政府主动公开制度是一种常态制度,因此行政自制监督将是政府信息公开的主要监督方式。

（二）行政监督的方式

1. 考核和评议

考核、评议是行政机关内部监督的两种方式,它的具体内容是,各级人民政府把政府信息公开列入考核制度、社会评议制度和责任追究制度,定期对政府信息公开工作进行考核、评议。考核结果作为对行政机关绩效考核的依据之一,予以公布。行政机关所制定的政府信息公开工作考核办法,明确了考核的原则、内容、标准、程序和方式。社会评议制度则要求把政府信息公开工作纳入社会评议政风、行风的范围,并根据评议结果完善制度、改进政府信息公开工作。

2. 监督检查

在行政机关内部层级关系中,对政府信息公开的监督检查主要有两种方式:（1）主动监督。即政府信息公开工作主管部门和监察机关负责对行政机关政府信息公开的实施情况进行监督检查。（2）因举报而监督。公民、法人或者其他组织认为行政机关不依法履行政府信息公开义务的,可以向上级行政机关、监察机关或者政府信息公开工作主管部门举报。收到举报的机关应当予以调查处理。对本级监察机关和政府信息公开工作主管部门的处理不满意的,可向上一级业务主管部门、监察机关或者政府信息公开工作主管部门举报。经过监督检查,如认为行政机关违反《政府信息公开条例》的规定,未建立健全政府信息发布保密审查机制的,由监察机关、上一级行政机关责令改正;情节严重的,对行政机关主要负责人依法给予处分。

3. 责任追究

行政机关违反《政府信息公开条例》的规定,有下列情形之一的,由监察机关、上一级行政机关责令改正;情节严重的,对行政机关直接负责的主管人员和其他直接责任人员依法给予处分;构成犯罪的,依法追究刑事责任:（1）不依法履行政府信息公开义务的;（2）不及时更新公开的政府信息内容、政府信息公开指南和政府信息公开目录的;（3）违反规定收取费用的;（4）通过其他组织、个人以有偿服务方式提供政府信息的;（5）公开不应当公开的政府信息的;（6）违反本条例规定的其他行为。

4. 按时发布年度报告

各级行政机关应当在每年3月31日前公布本行政机关的政府信息公开工作年度报告。年度报告应当包括的内容有:主动公开政府信息的情况;依申请公开政府信息和不予公开政

[①] 于立深:《现代行政法的行政自制理论——以内部行政法为视角》,载《当代法学》2009年第6期。

府信息的情况;政府信息公开的收费及减免情况;因政府信息公开申请行政复议、提起行政诉讼的情况;政府信息公开工作存在的主要问题及改进情况;其他需要报告的事项。每年3月31日前发布政府信息工作年度报告的规定,相当于"榔头条款"(Hammer Clause),具有强制性。自《政府信息公开条例》实施以来,编制和及时发布年度报告,成为信息公开工作质量的标志。但是,也有政府信息公开义务主体不按期编制报告的,或者在报告中有虚假陈述,或者敷衍了事,上下年度报告的内容严重雷同。

（三）行政救济机制

行政救济是指申请人通过行政复议或者行政诉讼,要求复议机关或者法院依法审查行政机关政府信息公开行为的合法性,保护自己在政府信息公开过程中的合法权益。对此,《政府信息公开条例》第33条第2款规定:"公民、法人或者其他组织认为行政机关在政府信息公开工作中的具体行政行为侵犯其合法权益的,可以依法申请行政复议或者提起行政诉讼。"

由法院主导的行政诉讼对政府信息公开纠纷的救济功能是十分重要的,相关的程序由行政诉讼法加以规定。行政复议是行政机关内部的一种自我监督机制,具有补充行政诉讼功能不足的法律地位。由于行政复议的内部性、层级性以及相对的灵活性,通过行政复议来解决政府信息公开争议,通过分析公开的行政复议决定书,我们可以看到行政复议制度对政府信息公开独特的监督作用。

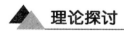 理论探讨

行政复议对政府信息公开保障的独特作用

根据2008—2012年间的上海市人民政府信息公开工作年度报告,显示的有关政府信息公开行政复议和诉讼资料如下:

2008年,本市收到政府信息公开复议申请683件,其中,市级机关194件,区(县)政府489件,争议主要集中在房屋管理动拆迁、土地规划等方面公开问题。市政府收到复议申请365件,受理352件,办结350件,受理率和办结率分别为96.4%和99.4%。在办结的350件复议申请中,维持具体行政行为322件,纠错28件,纠错率为8%。本市发生针对各政府机关的政府信息公开行政诉讼案件258件。

2009年,本市收到政府信息公开复议申请878件。其中,市政府收到545件,受理527件,当年办结379件,受理率和办结率分别为96.7%和72%。在当年办结的379件复议申请中,维持具体行政行为328件,驳回4件,申请人自行撤回申请终止审理4件,纠错43件,纠错率为11.3%。局、静安区政府、普陀区政府各1件。本市发生针对各级政府机关的政府信息公开行政诉讼——案件199件。

2010年,本市收到政府信息公开复议申请648件。其中,市政府收到453件,受理440件,当年办结396件,受理率和办结率分别为97.1%和90%。在当年办结的396件复议申请中,维持具体行政行为341件,驳回17件,申请人自行撤回申请终止审理10件,纠错28件,纠错率为7.1%,同比上年减少4.2个百分点。本市各级法院收到政府信息公开行政诉讼案

件 280 件,办结 258 件。其中,纠错 13 件,纠错率为 5%。

2011 年,本市共受理政府信息公开复议申请 622 件。其中,市政府受理 334 件,当年办结 199 件,办结率 59.6%。在当年办结的复议申请中,维持具体行政行为 160 件,驳回 3 件,申请人自行撤回申请终止审理 7 件,纠错 29 件,纠错率为 14.6%。本市各级法院共一审审结政府信息公开行政诉讼案件 406 件,同比上升 57.4%。其中,纠错 39 件,纠错率为 9.6%。

2012 年,本市共受理政府信息公开复议申请 1218 件,同比上升 95.8%。其中,市政府受理 375 件,当年办结 508 件(含上年结转)。在当年办结的复议申请中,维持具体行政行为 467 件,申请人自行撤回申请终止审理 19 件,纠错 22 件,纠错率为 4.3%,同比减少 10.3 个百分点。本市各级法院共一审审结政府信息公开行政诉讼案件 583 件,同比上升 43.6%。其中,纠错 23 件,纠错率为 3.9%,同比减少 5.7 个百分点。

二、独立的社会监督

来自大学、公益机构等非政府组织的社会监督,对政府信息公开制度的良好运行,发挥着越来越大的作用。如 2008 年以来,北京大学公众参与研究与支持中心与耶鲁大学法学院中国法律中心联合中国政法大学、清华大学、吉林大学、南开大学、西北政法大学、浙江大学、四川大学和广东外语外贸大学等高校的研究力量,开发了《中国政府信息公开评测指标体系》,针对国务院下设的 43 个机构和除香港、澳门、台湾和西藏外的全国 30 个省、区、市政府,以及部分省市下属的地市级、县级行政单位的政府信息公开情况进行了深入细致的、持续的观察和评估。此项政府信息公开观察,综合运用了发起信息公开申请、网络检测、实地调研等手段,从组织配套、制度配套、主动公开、依申请公开、监督和救济五个方面进行评测。观察结果形成的《中国行政透明度观察报告》[①]在当年 9 月 28 日的"国际知情权日"发布,引起国内外媒体、社会舆论和各级政府的高度重视。

越来越多的非政府组织,通过学术活动和公益活动,推动了我国政府信息公开制度的完善。政府部门人员因公出国(境)经费、公务车购置及运行费、公务招待费产生的消费等"三公经费"的公开,公务员工资的公开等,也与独立的社会监督密不可分。

三、国家权力机关监督

因尚未有全国人大或者全国人大常委会制定的《政府信息公开法》,可能导致各级人大常委会在监督行政机关政府信息公开方面缺乏监督动力。因此,这个问题冀望于未来制定适用于所有国家机关的《政府信息公开法》,通过《各级人民代表大会常务委员会监督法》落实人民代表大会及其常委会的监督,弥补政府信息公开的行政自制模式和司法监督的不足。

思考题:

1. 如何评价政府信息免予公开条款的合理性及其限度?

---

① 北京大学公众参与研究与支持中心:《中国行政透明度观察报告(2009 年)》,法律出版社 2011 年版。北京大学公众参与研究与支持中心:《中国行政透明度观察报告(2010—2011)》,法律出版社 2012 年版。北京大学公众参与研究与支持中心:《中国行政透明度观察报告(2011—2012)》,法律出版社 2013 年版。

2. 如何认定政府信息公开制度中不确定法律概念的含义和范围？
3. 如何评价我国政府信息公开的监督模式和监督方式？

案例应用：

1. 田某为在校大学生，以从事研究为由向某工商局提出申请，要求公开该局 2012 年度作出的所有行政处罚决定书，该局拒绝公开。田某不服，向法院起诉。下列哪一说法是正确的？（2013 年司法考试题）
   A. 因田某不具有申请人资格，拒绝公开合法
   B. 因行政处罚决定为重点公开的政府信息，拒绝公开违法
   C. 田某应先申请复议再向法院起诉
   D. 田某的起诉期限为 3 个月

2. 《政府采购法》规定，对属于地方预算的政府采购项目，其集中采购目录由省、自治区、直辖市政府或其授权的机构确定并公布。张某在浏览某省财政厅网站时未发现该省政府集中采购项目目录，在通过各种方法均未获得该目录后，于 2013 年 2 月 25 日向省财政厅提出公开申请。财政厅答复，政府集中采购项目目录与张某的生产、生活和科研等特殊需要没有直接关系，拒绝公开。张某向省政府申请行政复议，要求认定省财政厅未主动公开目录违法，并责令其公开。省政府于 4 月 10 日受理，但在法定期限内未作出复议决定。张某不服，于 6 月 18 日以省政府为被告向法院提起诉讼。（2013 年司法考试题）

问题：
1. 法院是否应当受理此案？为什么？
2. 财政厅拒绝公开政府集中采购项目目录的理由是否成立？为什么？
3. 省政府在受理此行政复议案件后应当如何处理才符合《行政复议法》和《政府信息公开条例》的规定？
4. 对于行政机关应当主动公开的信息未予公开的，应当如何监督？
5. 如果张某未向财政厅提出过公开申请，而以财政厅未主动公开政府集中采购项目目录的行为违法直接向法院提起诉讼，法院应当如何处理？

拓展阅读：

1. 应松年：《政府信息公开法律制度研究》，载《国家行政学院学报》2002 年第 5 期。
2. 章剑生：《知情权及其保障——以〈政府信息公开条例〉为例》，载《中国法学》2008 年第 4 期。
3. 朱芒：《什么是或者不是"社会稳定"》，载《华东政法大学学报》2011 年第 3 期。
4. 朱芒：《公共企事业单位应如何信息公开》，载《中国法学》2013 年第 2 期。
5. 刘恒、张勇：《政府信息公开立法问题探析》，载《中山大学学报（社会科学版）》2002 年第 6 期。
6. 于立深：《依申请政府信息公开制度运行的实证分析》，载《法商研究》2010 年第 2 期。
7. 杨小军：《论申请政府信息公开的资格条件》，载《国家行政学院学报》2011 年第 2 期。

8. 叶必丰:《具体行政行为框架下的政府信息公开》,载《中国法学》2009 年第 5 期。

9. 王锡锌:《政府信息公开语境中的"国家秘密"探讨》,载《政治与法律》2009 年第 3 期。

10. 石红心:《治理、信息与行政公开》,载《中外法学》2003 年第 1 期。

11. 周汉华:《起草〈政府信息公开条例〉(专家建议稿)的基本考虑》,载《法学研究》2002 年第 6 期。

12. 吕艳滨等:《中欧政府信息公开制度比较研究查看》,法律出版社 2008 年版。

第十三章

行政程序

> **✦学习目标**
>
> 通过本章的学习,学生可以掌握以下内容:
> 1. 行政程序的概念、类型与功能
> 2. 中国行政程序立法的现状与展望
> 3. 正当程序对行政程序的基本要求,包括公平行事、告知、听取意见和说明理由
> 4. 行政程序的基本过程,包括行政程序的开始、行政调查程序、行政程序的终结及费用
>
> **✦关键概念**
>
> 行政程序　行政程序法　正当程序　公正行事　告知　听取意见　听证　说明理由

第一节　行政程序概说

一、行政程序的概念

在法律实务中,人们往往并不易区分"程序"(procedure)和"实体"(substance),相对"实体"而言,程序是指为达成特定目的所采取的系列方式、步骤和时限。① "实体"规范更关注"做什么",关注实体权利义务的设定;"程序"要求更关注"怎么做",关注程序机制的合理设置和行政过程的流程再造,关注行政相对人权利的保障。②

行政机关作出行政决定、签署行政合同、制定行政规范及开展其他各种行政行为时,都应当遵循一定的程序。所以,行政程序是行政机关作出行政行为时所应当遵循的方式、步骤

---

① 参见翁岳生主编:《行政法》(下册),中国法制出版社2009年版,第917页。
② 如《环境影响评价法》第10条规定,专项规划的环境影响报告书应包括"实施该规划对环境可能造成影响的分析、预测和评估;预防或者减轻不良环境影响的对策和措施;环境影响评价的结论"等三项内容,即为实体规定。而《环境影响评价法》第11条规定对"可能造成不良环境影响并直接涉及公众环境权益的规划"的听取意见程序,其即为程序规定。

和时限所构成的一个连续过程。①

（一）方式

行政程序中的方式是指行政行为所应当遵循的特定方法或形式。行政行为有要式和不要式之分。如根据《行政处罚法》第 34 条的规定，执法人员当场作出行政处罚决定的，填写预定格式、编有号码的行政处罚决定书。书面的行政处罚决定书就是行政程序所应遵循的方式。

（二）步骤

行政程序可以是由一系列步骤组成的连续过程。一个步骤的进行，可能要以前一个步骤的完成为前提，这也是现代多元社会下行政的基本特征。如根据《药品管理法》第 78 条的规定，只有药品检验机构履行了对假药、劣药的质量检验程序并出具结果，药品监管部门才能对生产、销售假药、劣药的违法行为予以处罚，药品检验机构的质量检验程序作为事实认定程序，构成了药品监督行政处罚程序的前置程序。这在大陆法系行政法学说中，被称为"多阶段行政程序"。② 不同阶段、不同步骤的行政程序形式上相互独立，但内容上相互关联，程序上环环相扣，从而逐步指向最后的行政行为。

（三）时限

行政程序应当在一定的时限内展开。出于对当事人权益的保障，提高行政效率的需要，以及对法律安定性的追求，法律通常为行政机关作出行政行为设置了一定的时限要求。如根据《行政许可法》第 42 条第 1 款的规定："除可以当场作出行政许可决定的外，行政机关应当自受理行政许可申请之日起 20 日内作出行政许可决定。"

 前沿引介

中国法制建设的真正焦点是程序正义

历史的考察和分析表明，缺乏完备的程序要件（Procedural Requisite）的法制是难以协调运作的，硬要推行之，则极易与古代法家的严刑峻法同构化。其结果，往往是"治法"存、法治亡。因此，程序应当成为中国法制建设乃至社会发展的一个真正的焦点。概而言之，现代化的社会变革需要通过意识形态、货币流通和权力机构这三大媒介系统来促进其实现。从中国国情出发，有必要特别强调的上述媒介机制相对应的操作杠杆是：言论自由、市场竞争和公正程序。至今为止，信息和思想的一定程度的自由交流已经引起了社会价值体系的深刻变化，契约关系和市场组织条件的发育给经济带来了空前的活力；在这种情形下提出程序问题是合乎时宜的。通过中立性的程序来增强社会共识、整顿竞争秩序，既是过去实践发展的必然结果，又是今后改革深化的重要前提。只要中国继续保持国家主导型的变革模式，那么要想避免可能出现的剧烈的社会动荡，就必须关注和解决程序合理性和程序正义问题。（资

---

① 参见姜明安主编：《行政法与行政诉讼法》（第 5 版），北京大学出版社、高等教育出版社 2011 年版，第 333 页。
② 参见李建良：《论多阶段行政处分与多阶段行政程序之区辨》，载《中研院法律期刊》总第 9 期。

料来源:季卫东:《法律程序的意义——对中国法制建设的另一种思考》,载《中国社会科学》1993年第1期)

二、行政程序的类型

(一) 内部程序与外部程序

根据行政程序所适用的对象和范围,可以将行政程序分为内部程序与外部程序。内部程序是指适用于行政机关内部的行政程序。如行政首长对公务员的指示[1]、上级机关对下级机关的监督、行政机关之间的会商、行政执法人员资格制度[2]、行政执法案卷评查、行政执法责任制、行政机关负责人的集体讨论程序等。内部程序虽然不直接发生外部法效力,但也存在内部效力外部化的可能性。为此,立法可以为有可能间接影响相对人权利义务的内部程序设定最低限度的程序公正要求,也应鼓励行政机关颁布程序性规范,从而实现对内部程序的自我拘束。[3]

外部程序则是行政机关展开针对行政相对人的行政行为时应遵循的程序。外部程序更有可能影响行政相对人的权利与义务,是行政程序法律原则和法律规范所着力调整的重点。凡是有行政程序法的国家或者地区,外部行政程序都是立法的核心内容。

(二) 行政决定程序与制定行政规范程序

根据行政行为所调整事项的性质,可以将行政程序分为行政决定程序与制定行政规范的程序。行政决定程序要裁断个案中的事实,查明行政相对人在何时何地,何种情景,何种动机下做了什么。[4] 在行政决定中,行政机关既是当事人,又是裁断者,此行为一定意义上具有"准司法"的性质。行政决定程序违法,会直接导致行政相对人的程序、实体权利受到侵害。因此需要汲取司法裁判的某些优点,使得行政决定程序更为公正,以保障个案决定中行政相对人的合法权益。

制定行政规范的程序包括制定行政法规、行政规章,颁布行政规定的程序。行政规范是针对不特定人,能反复适用、普遍适用的规则,此活动一定意义上具有"准立法"的性质。[5] 对于制定行政规范的程序而言,关键在于设计保障利害关系人或者公众参与规范制定的程序,保障不同利益主体的意见表达,保障行政规范制定过程的民主性和内容的实质合理性。[6]

(三) 羁束性程序与裁量性程序

以行政机关遵守行政程序是否具有一定的选择权为标准,可以将行政程序划分为羁束

---

[1] 《公务员法》第12条第5项规定,公务员应"服从和执行上级依法作出的决定和命令"。
[2] 国务院《关于全面推进依法行政实施纲要》(国发[2004]10号)。
[3] 参见何海波:《内部行政程序的法律规制》(上、下),载《交大法学》2012年第1期、第2期。
[4] Kenneth Culp Davis, An Approach to Problems of Evidence in the Administrative Process, 55 *Harv. L. Rev.* 364,402 (1942).
[5] Kenneth Culp Davis, *Administrative Law: Case-Text-Problems*, 222(1977).
[6] 参见宋华琳:《规则制定过程中的多元角色——以技术标准领域为中心的研讨》,载《浙江学刊》2007年第3期。

性程序与裁量性程序。羁束性程序是行政机关在开展行政行为时必须遵守的程序,不得增加或减少行政行为的方式、步骤和时限。如《行政许可法》第38条规定,行政机关应以书面形式,作出准予行政许可的决定。那么行政机关就不得以口头形式等其他形式,作出准予行政许可的决定。

裁量性程序是行政机关在实施行政行为时,法律规定了可供选择的余地,由行政机关根据具体情况裁量决定使用何种程序。如《药品管理法》第33条规定:"国务院药品监督管理部门组织药学、医学和其他技术人员,对新药进行审评。"这不仅赋予了国家食品药品监督管理总局审批新药的权力,也赋予了其选择适用新药审评程序的裁量空间。法律不可能对所有行政行为的方式、步骤和时限都作出刚性的规定,面对具有灵活性、技术性、政策性的行政事务,行政机关有必要得到相应的程序裁量权。

 知识链接

什么是内部行政程序

以当事人的参与为标准,前述行政决定的作出过程包含着两个互相联系但可以区别的子系统。一方面,行政机关在程序过程中与当事人进行必要的甚至反复的交涉。例如,接受当事人的申请、预先告知相关事实、听取意见(包括协商和听证)、送达行政决定书、说明行政决定的理由等。另一方面,在现代官僚制下,行政组织自身是一个结构复杂的系统,包含着不同行政机关之间的关系、行政机关内部成员之间的关系以及行政机关与当事人以外的其他外部人员的关系。相应地,行政系统内部有一个权力和职责的分配问题,例如由哪个机构、哪些人员来负责处理,谁来决定启动、谁来调查事实、谁参与讨论、谁拟写决定、谁最后拍板。行政系统的内部运作包含了决定立案、指派经办人员、审查审核、请示汇报、讨论决定等一系列程序制度。在此视角下,我们可以把包含当事人参与的程序称为"外部行政程序",而把没有当事人参与的程序称为"内部行政程序"。打个比方,行政机关是一台机器,当事人参与是向机器输入信息,行政决定是机器吐出的结果,那么,机器内部的运转就是我们所说的内部行政程序。(资料来源:何海波:《内部行政程序的法律规制》(上),载《交大法学》2012年第1期)

三、行政程序的功能

(一)增进行政行为的合法性和正确性

行政程序并非万能。纵然是公正的行政程序,也可能导致不公正的实体结果。① 因此应当重视行政实体法上的决定,以及行政机关作出正确决定的义务。但是,行政程序有助于

---

① 参见梁治平:《从苏格拉底之死看希腊法的悲剧》,载《法辩》,贵州人民出版社1992年版,第158—169页;杨建顺等:《试论程序法与实体法的辩证关系——评"法即程序"之谬》,载《行政法学研究》1998年第1期。在今天的高等院校、科研机构、学术团体中,所设计的教授委员会评审程序、同行评审程序、民主投票程序,往往也会产生实体上并不一定公正的结果,这同样值得深思。

确保行政实体法的实施。① 只有确立并遵守行政程序,才能保障行政行为的内容合法,所谓"经由程序达致合法性"。

对于行政许可、行政给付等行政决定而言,需要借助申请、受理、审查、核准等程序,使得行政机关作出合法、正确的决定,保障行政相对人的权利。行政程序还可以作为多元利益沟通博弈的平台,作为表达不同意见的窗口,在行政机关行使裁量权或需对不同利益加以衡量时,发挥重要的作用,有助于行政机关作出合法、正确的决定。②

（二）保障行政相对人的基本权利

基本权利由宪法加以确认,行政法是保障宪法实施的重要部门法。如《宪法》第 33 条第 3 款规定:"国家尊重和保障人权。"该款以概括性条款确认了基本权利保障的宪法原则。③ 基本权利拘束立法者,要求立法者制定可以实现基本权利的程序规范;基本权利也拘束行政机关,要求行政机关秉承基本权利保障的精神,对行政程序法律规范予以解释、适用和补充。又如《宪法》第 38 条规定:"中华人民共和国公民的人格尊严不受侵犯。"这要求不能将行政相对人视为行政程序的客体,而是将其视为在行政程序中具有独立权利的当事人,行政相对人有权通过陈述意见、参与听证等程序,来向行政机关表达自己的意见和考量。再如《宪法》第 5 条第 1 款规定:"中华人民共和国实行依法治国,建设社会主义法治国家。"法治国家要求行政程序的设计不仅明确、可预测,而且要公正。在当下的中国,诸多实体行政法律规范还存在缺失,这为行政留下了广袤的裁量空间,因此更需强调通过行政程序来保障行政相对人的基本权利。行政事务的专业性、技术性、政策性越强,就越需设计更为严格的保障行政相对人基本权利的行政程序。④ 在行政处罚、行政强制中,相关的行政程序都体现了对行政相对人的权利保障,对行政权的规范与控制。

（三）促进现代行政过程民主化

在现代社会中,行政的疆域在不断拓展。行政不仅承担维护公共秩序的职能,还要积极地干预社会经济生活,提供公共服务,保障公共安全。随着中国社会结构的变迁,中国社会中的不同利益日趋分化,已很难为公益和私益的对立所涵盖。在城市发展、环境保护、医疗政策、食品药品安全、消费者保护等领域,这表现得尤其明显。仅仅设计保护相对人基本权利的行政程序,无法调和多元利益之间的冲突。

在多元民主主义的理念下,行政所发挥的角色,不仅仅是保障行政相对人的权益,还应调整利害关系人之间的利益冲突。在设计行政程序时,应当保障不同利益的有效表达,使得行政行为成为行政机关、利害关系人、一般公众等具有不同立场者之间达成合意的一种统合性过程。⑤ 这在行政规范制定程序、行政计划形成程序、价格形成程序以及重大行政决策程序中表现得尤为明显。

---

① 参见章剑生:《现代行政程序的成因和功能分析》,载《中国法学》2001 年第 1 期。
② 参见〔德〕汉斯·沃尔夫等:《行政法》(第 2 卷),高家伟译,商务印书馆 2003 年版,第 198—199 页。
③ 参见林来梵:《人权保障:作为原则的意义》,载《法商研究》2005 年第 4 期。
④ 参见〔德〕毛雷尔:《行政法学总论》,高家伟译,法律出版社 2000 年版,第 460 页。
⑤ 参见朱芒:《论行政程序正当化的法根据——日本行政程序法的发展及其启示》,载《外国法译评》1997 年第 1 期。

（四）提高行政效率

所谓效率,是投入尽可能少的资源来尽可能地实现更多的行政任务。除了争取财政预算、增加行政人员、优化组织架构等方式之外,设计简化、灵活、迅速且合乎行政目的的行政程序,也有助于行政效率的提高。① 如可以通过简易程序、加速程序、时限制度、代理制度、电子化行政程序等的引入来提高行政效率。国务院在《全面推进依法行政实施纲要》指出,"行政机关实施行政管理,应当遵守法定时限,积极履行法定职责,提高办事效率,提供优质服务,方便公民、法人和其他组织。"简化、迅速的行政程序,有助于适应社会变迁和经济发展的需求,限制行政机关的程序裁量权,让行政机关能有效率地实现行政任务,有助于当事人基本权利的及时实现。

 理论探讨

行政程序的价值

在学理上,也有学者从行政程序的价值角度,讨论行政程序的功能:(1)扩大公民参政权行使的途径。传统的公民参政权在20世纪之后的社会法治化过程中已显露出无法弥补的缺陷。从监督行政机关依法行使职权的最佳方案选择看,事先监督显然优越于事后监督,预防性监督显然优越于追惩性监督。所以,行政程序可以让公民越过自己的代表直接介入行政权的行使过程。(2)保护行政相对人的程序权利。轻视法律程序权利的结果往往是行政机关以国家神化为理由剥夺公民实体法上的权利。任何法律实体权利如没有相应的法律程序权利予以保障,则立法赋予再多的法律实体权利也是没有任何意义的。(3)提高行政效率。行政效率是行政权的生命。在行政程序中,这表现在行政机关以暂时的行政过程中的低效率换来执行行政行为结果中的高效率,表现在行政相对人对行政行为的认同并自觉履行上,即让行政相对人的"怒"发泄在行政行为过程中,而不是在行政行为作出之后,以便行政行为获得及时执行。(4)监督行政机关依法行使职权。行政程序要求行政机关应当给予行政相对人同等、充分的机会来陈述理由和要求,明确告知其程序权利以及程序结束后产生的法律后果。同时,行政机关不得基于不正当的动机来解释有关行政程序的模糊概念,从而达到偏袒一方当事人或者自身的利益的目的。因此,许多国家都把听证、告知、回避等法律程序制度列为行政程序法不可缺少的内容,其目的旨在监督行政机关依法行使行政职权。
(资料来源:姜明安主编:《行政法与行政诉讼法》(第5版),北京大学出版社、高等教育出版社2011年版,第336—338页)

---

① 参见傅玲静:《德国联邦行政程序法之改革——浅谈行政程序迅速原则》,载《中原财经法学》2004年6月号,总第12期。

四、行政程序法

（一）行政程序法典化的趋势

1925年奥地利率先制定了统一行政程序法典，开启了行政程序法典化的历史。美国1946年颁布的《联邦行政程序法》被称为"规制国家下的权利法案"，确立了规制机构和被规制者的基本关系。德国《联邦行政程序法》则于1977年1月1日生效，对行政程序的原则、行政处理的程序以及正式程序、计划确定程序等特定类型程序加以规定。日本《行政程序法》则于1994年10月1日起施行，其中对申请程序、不利益处分的程序、行政指导程序予以着重规定。① 我国台湾、澳门地区也在上世纪末、本世纪初完成了行政程序法典化。

行政程序法典化背后的理念在于：（1）行政程序法典化有助于将成文或不成文的程序原则和规则予以整合和简化，使得行政程序规范更为清楚明了，以利于法律的明确性和安定性，从而为行政机关和行政相对人适用法律减负，使得行政机关和行政相对人更易于适用行政程序法。②（2）成文的行政程序法规范有助于明确行政法律关系中各方当事人的权利义务，使得所有受行政程序影响的主体都能参与到程序过程之中，有助于保障行政相对人的程序性权利。（3）在中国，分散于不同实体领域的行政程序法律规范，往往更多沦为行政机关实现实体任务的"工具"。这样的程序治理术往往更有利于行政机关去实施法律，却每每漠视了行政相对人权利保护。因此，行政程序法典化将有助于规范和控制行政权，保障行政相对人权利。（4）整合和简化的行政程序法规范，还有助于减少繁文缛节，有助于以更有效率的方式实现现代国家的行政任务。

（二）我国行政程序法现状

在我国已经出台的若干规范和控制行政权的一般法律中，多对相应行政行为方式所应遵循的基本行政程序设定了具有普遍适用性的要求。如《立法法》中规定了制定行政法规时的听取意见程序；《行政处罚法》不仅规定了行政程序中的职能分离、公开、说明理由、告知、回避、时效，还设计了行政处罚的简易程序、一般程序和听证程序；《行政强制法》中规定了实施行政强制措施的程序及行政强制执行程序；《行政许可法》中则对申请、受理、审查、决定程序予以详尽的规范，并规定了许可中的期限、听证程序以及行政机关拒绝许可时的说明理由义务。但目前我国尚无统一的《行政程序法》，所以，无论是以保障行政相对人权利为依归的程序，还是以保障各方利害关系人有效参与为目的的程序，抑或体现简化和灵活性的以效率保障为追求的程序，都缺少成文化的规定。这不利于程序正义价值在行政法领域中的彰显，不利于行政机关、法院对相关原则和规则的适用。

---

① 参见〔日〕室井力等主编：《日本行政程序法逐条注释》，朱芒译，上海三联书店2009年版。
② 参见刘飞：《德国〈联邦行政程序法〉要论》，载张兴祥、刘飞、朱芒、何海波：《外国行政程序法研究》，中国法制出版社2010年版，第65页。

理论探讨

制定行政程序法的外部条件

行政程序法的出台首先以政治稳定为前提,没有政治稳定,社会秩序混乱,不可能考虑政府的行政程序。但仅有政治稳定,没有民主政治制度的确立,尤其是宪政基础的确立,就不可能有民主意义上行政程序法的出台。德国行政程序法典的出台是一个很典型的例子。德国历史上是一个建立在地方割据基础上的非中央集权国家,其行政法领域受传统警察国家思想影响较深,"重实体,轻程序"在法律领域根深蒂固,因此当其邻国奥地利、波兰、捷克等纷纷制定行政程序法时,德国对此还漠不关心。至 20 世纪 20 年代,德国对行政行为的监督还只表现为对行政相对人的事后救济。第二次世界大战对战争发起国之一的德国本身造成了巨大灾难,二战后,德国作为战败国对历史教训进行了深刻反思,突出地反映在德国《基本法》的内容方面。该法首条规定:"人之尊严不可侵犯,一切国家机关均有尊重和保障此尊严的义务。"可以说,德国开始重铸行政机关与公民之间的关系——公民已不再是行政的客体,而是行政的参与者,他们有权直接参与与其有利害关系的行政决定的过程。50 年代起,在美国正当法律程序等法观念的直接影响下,德国首先主要是实务界,而并非主要是学者,开始积极倡导制定行政程序法。(资料来源:杨海坤:《中国行政程序法典化——从比较法角度研究》,法律出版社 1999 年版,第 11—12 页)

制定一部统一的行政程序法典是必要的,但是,在行政程序立法和行政程序法研究过程中,我们需处理好如下几对关系:

1. 一般法与特别法

《立法法》《行政处罚法》《行政强制法》《行政许可法》中的若干程序规定,可以被视为关于行政程序法律规范的一般性规定。但就特定具体行政领域的行政程序规范而言,往往是在相关实体法律规范中才为相应的行政程序作出更为具体贴切的规定。① 实体法律中的程序性规定与行政程序法律规范的一般规定未必一致。在多数情况下,"特别法优于一般法"的原理可以成立。② 如《治安管理处罚法》第 3 条即规定:"治安管理处罚的程序,适用本法的规定;本法没有规定的,适用《中华人民共和国行政处罚法》的有关规定。"

我们制定《行政程序法》更多地可被视为是一种将行政程序法典化(codification)的努力,也是一种将行政程序"从具体到一般"的归纳。但即使能制定出《行政程序法》,这也只是关于行政程序的通则性规定。③ 在相关领域的实体立法中,亦会为特定领域、特定活动设计程序规范,这些程序规范应优于统一行政程序立法的规定。

---

① 如《证券法》中对股票发行审核程序作了较为详尽的规定,《环境影响评价法》中对环境影响评价程序作了较为详尽的规定。
② 根据《立法法》第 83 条的规定,同一机关制定的法律、行政法规、地方性法规、自治条例和单行条例、规章,特别规定与一般规定不一致的,适用特别规定。
③ 参见刘飞:《德国〈联邦行政程序法〉的"法律性"效力分析——对德国行政程序立法体例的一个侧面观察》,载姜明安主编:《行政法论丛》第 11 卷,法律出版社 2008 年版,第 390—391 页。

2. 中央立法与地方立法

我们目前没有完备的统一行政程序立法,在此背景下,近年来的行政程序立法呈现出"先地方后中央"的态势。如在行政法学者与实务部门的共同努力下,促成了《湖南省行政程序规定》的颁布和实施。① 《湖南省行政程序规定》作为地方政府规章,对行政程序中的主体、重大行政决策程序、行政规范性文件制定程序及行政合同、行政指导、行政裁决、行政调解程序等加以规定,以成文法律规范的形式,设定了行政机关的程序义务,设定了行政相对人的程序权利,规定了最为基本的行政程序法律制度。② 此外,山东省、西安市等也颁布了关于行政程序的地方政府规章。

即便能制定出统一的行政程序法典,我们也应当容许行政程序的地方立法空间。因为我国作为一个幅员辽阔的大国,各地客观因素、自然环境、历史背景、经济水平、利益分布都有很大差别,行政程序统一立法是对行政程序原理和制度中具有共性的层面加以规定,各地仍可因地制宜,在符合法律法规和国家政策的前提下,结合本地实际情况制定程序规范,以符合当地实际情况的需要。③

3. 法定程序与正当程序

《行政处罚法》第3条规定,行政机关不遵守法定程序的,行政处罚无效。根据《行政诉讼法》第54条的规定,行政行为"违反法定程序"的,法院可以判决撤销或者部分撤销行政行为。根据《行政复议法》第28条的规定,行政行为"违反法定程序"的,可以作出撤销、变更或确认该具体行政行为违法的决定。在这里,"法定程序"不仅包括法律所设定的程序,还可以包括法规和规章所规定的程序。④

"正当程序"(due process)又称"正当法律程序"(due process of law),它可以追溯到英国1215年《自由大宪章》第39条的规定。⑤ 美国联邦宪法第5修正案和第14修正案分别适用于联邦政府机关和州政府机关,都规定了未经正当的法律程序,不得剥夺任何人的生命、自由或财产。在日本,学界通说认为告知和听证、卷宗阅览、说明理由以及处分基准的设定和公布,是日本《行政程序法》中所蕴涵的正当程序四个原则。⑥

我国《宪法》第5条规定中国要"建设社会主义法治国家"。法治国家不仅要求行政机

---

① 《湖南省行政程序规定》于2008年4月17日公布,同年10月1日起施行。
② 相关讨论可参见王万华:《统一行政程序立法的破冰之举——解读〈湖南省行政程序规定〉》,载《行政法学研究》2008年第3期。
③ 参见宋华琳:《转型时期中国行政程序立法的几点思考》,载《中国行政管理》2008年第9期。关于美国、德国州行政程序法与联邦统一行政程序法关系的讨论,可参阅 Arthur Earl Bonfield, The Federal APA and State Administrative Law, 72 Va. L. Rev. 297—336(1986);刘飞:《德国〈联邦行政程序法〉要论》,载张兴祥、刘飞、朱芒、何海波:《外国行政程序法研究》,中国法制出版社2010年版,第85—86页。
④ 参见章剑生:《对违反法定行政程序的司法审查——以最高人民法院公布的典型案件(1985—2008)为例》,载《法学研究》2009年第2期。例如在"益民公司诉河南省周口市政府等行政行为违法案"中,最高人民法院在判决中指出,"按照《河南省实施招标投标法办法》第13条和国家建设部272号文第2条的规定,应当适用公开招标程序"。因此在该案中,法院判决周口市计委在未经批准的情况下适用邀请招标方式违法。这说明法规、规章所规定的程序可以构成行政机关所遵循的"法定程序"。参见《最高人民法院公报》2005年第8期。
⑤ 英国《自由大宪章》第39条规定:"非经同级贵族的依法审判,或遵照国法判决,任何自由民皆不得被逮捕、监禁、强占、褫夺公权、流放或被施以其他任何妨害或控诉。"
⑥ 参见〔日〕盐野宏:《行政法总论》,杨建顺译,北京大学出版社2008年版,第178页。

关作出行政行为必须遵守法定程序,而且所遵守的法定程序还应当具有正当性。① 在 2004 年国务院印发的《全面推进依法行政实施纲要》中,将"程序正当"作为依法行政的基本要求之一。在司法实务和行政管理实践中,通常将"正当程序"视为"最低限度的公正"要求,这主要体现在行政机关在作出行政行为过程中应当履行公正行事、告知、听证及说明理由的义务。② 在成文行政程序法律规范有欠缺疏漏之处,"正当程序"基准类似于中国行政程序的"高级法",引入正当程序有助于更好地保障行政相对人的基本权利,保障行政过程的民主化。③ 如在张成银诉徐州市人民政府房屋登记行政复议决定案中,法院认为:"行政复议法虽然没有明确规定行政复议机关必须通知第三人参加复议,但根据正当程序的要求,行政机关在可能作出对他人不利的行政决定时,应当专门听取利害关系人的意见。……徐州市人民政府未听取利害关系人的意见即作出于其不利的行政复议决定,构成严重违反法定程序。"④ 本案中,法院判决设定的行政机关听取意见义务,即为正当程序的基本要求。

第二节 正当程序的基本要求

从学理层面考察,行政程序承载着捍卫法治与民主、保障基本权利、促进公众参与等功能,但在我国诸多具体行政领域的法律制度设计中,更多地仍将行政程序视为实现行政任务的"工具",奉行"结果好比什么都好"的理念,而忽略了"最低限度的公正"。行政程序应满足"最低限度的公正"的标准,这是正当程序的基本要求。这体现为行政机关有公正行事、告知、听取意见和说明理由的义务等。

 知识链接

自然正义的由来

自然正义作为一种法律的理念,主要体现在英国的程序法上。"无令状就无权利"这一普通法原则决定了令状在普通法中的地位是其他任何制度所无法替代的,由此产生的"程序先于权利"的观念使英国逐步形成"程序至上"的法律传统。由于每一种令状都有相应的诉讼程序,不同的诉讼请求适用不同的诉讼程序。这种刻板的诉讼程序经常造成当事人因选择令状错误而导致诉讼请求被法院驳回。但这种诉讼实践又逐步形成了另一项普通法的原则,即"程序先于权利"的原则。其传统的"程序先于实体权利"的远古力量致使现代英国法的发展有赖于各种诉讼程序,实际法律权利的享有和义务的履行有赖于"正当的程序",现代法治的存续和发展在很大程度上离不开这种主导型的程序模式。在这种独特的程序法模式的影响或制约下,现代英国以判例法为主体的法律体系仍旧缺乏大陆法那种相对合理和符

---

① 参见朱芒:《论行政程序正当化的法根据——日本行政程序法的发展及其启示》,载《外国法译评》1997 年第 1 期;章剑生:《论行政程序正当性的宪法规范基础——以规范实证分析为视角》,载《法学论坛》2005 年第 4 期。
② 参见汤德宗:《行政程序法论》,台湾元照出版公司 2000 年版,第 11—28 页。
③ 相关论述可参见何海波:《司法判决中的正当程序原则》,载《法学研究》2009 年第 1 期;刘东亮:《什么是正当法律程序》,载《中国法学》2010 年第 4 期;江必新:《行政程序正当性的司法审查》,载《中国社会科学》2012 年第 7 期。
④ 参见《最高人民法院公报》2005 年第 3 期。

合逻辑的结构形式,因而也被韦伯视作形式不合理或较低的发展层次。英美法中之所以产生正当程序观念,日本法学家谷口安平教授归结为如下原因:"陪审裁判以及作为其前提的当事者主义诉讼结构;先例拘束原则;衡平法的发展。"(资料来源:章剑生:《从自然正义到正当法律程序——兼论我国行政程序立法中的"法律思想移植"》,载《法学论坛》2006年第5期)

一、公正行事

行政机关有公正行事的义务。从比较法的角度考察,这可以追溯到英国法上"任何人不能做自己的法官"(No man shall be a judge in his own case)的法谚。行政机关及其工作人员不得存在偏见(bias),这要求行政机关及其工作人员不得与所处理的问题有任何利益上的牵连,也不得对所处理的问题持任何先入为主的见解,否则将使得行政机关有可能作出不公正的决定。[①] 行政机关即使能作出实体上公正的决定,但如果行政机关存在偏见,那么其程序公正性仍会遭受质疑,进而削弱行政行为的可接受性。

(一)回避

行政回避是指行政机关工作人员在行使职权过程中,因其与所处理的事务有利害关系,为保证实体处理结果和程序进展的公正性,依法终止其职务的行使并由他人代替的一种程序法律制度。当行政机关工作人员存在需回避的事由时,他就不得参与行政决定的作出过程。

1. 行政回避的缘由

(1)利害关系。我国除了金融法领域明文对"利益冲突"(conflict of interests)加以界定外,在其他行政法律规范中,涉及对行政回避的事由加以规定时,多使用"利害关系"一词。如根据《行政处罚法》第37条第3款规定,执法人员与当事人有直接利害关系的,应当回避。《税收征收管理法》第12条则规定,税务人员征收税款和查处税收违法案件,与纳税人、扣缴义务人或者税收违法案件有利害关系的,应当回避。

行政机关工作人员与所处理事务的利害关系,可能表现为其在行政程序中存在金钱或财产上的利益关联。如行政人员违法从事或者参与营利性活动,违反规定在经济实体、社会团体、事业单位、行业组织、中介机构等单位中兼职取酬,或持有当事人股份,或因为当事人提供咨询、服务或讲授课程而获取一定经济利益时,则可以被认定存在利害关系,从而可能构成应当回避的情形。行政机关工作人员与所处理事务的利害关系,还可能表现为其与当事人之间存在个人的利害关系。当行政机关工作人员是本案当事人或本案当事人近亲属时;本人或本人近亲属与本案有利害关系时;与当事人的代理人有亲属关系时;在与本案有关的程序中担任过证人、鉴定人时;与当事人之间有监护关系时;与本案当事人有其他关系,有可能影响案件的公正处理时,则构成应当回避的情形。[②]

(2)成见。成见(prejudice)是指行政机关工作人员对待未处理的事件已经持有预设立场,这就会影响行政机关作出的行政行为的公正性,因此他应当回避。行政机关因先入为主

---

① 参见〔英〕彼得·莱兰等:《英国行政法教科书》(第5版),杨伟东译,北京大学出版社2007年版,第433页。
② 参见姜明安主编:《行政法与行政诉讼法》(第5版),北京大学出版社、高等教育出版社2011年版,第342—343页。

的成见,对某一方当事人予以不公正的对待,也违反了行政法上的平等原则。

2. 行政回避的程序

(1) 行政人员申请回避。行政机关工作人员申请回避是指,行政机关工作人员在执行公务中,当与所处理事务存在利害关系或存在成见,或有其他可能影响公正执行公务的情形时,本人应当申请回避。申请回避的程序包括:第一,请求。行政机关工作人员如认为自己存在应回避的情形时,可以在行政程序结束之前的任何时候提出回避请求,请求应以书面形式作出,并附有回避理由。第二,审查。行政机关负责人在收到行政机关工作人员的回避申请后,应尽快给予审查。审查以书面形式为主,必要时也可听取行政机关工作人员的陈述。第三,决定。行政机关工作人员的回避,由其所属的行政机关决定;行政机关主要负责人的回避,可由本级人民政府或者其上一级主管部门决定。① 如果认为回避情形成立的,应立即终止申请回避行政机关工作人员对相应案件的处理,并任命其他行政机关工作人员接替处理相应案件。如果认为回避情形不存在的,则责令申请回避行政机关工作人员继续处理相应的案件。

(2) 当事人申请回避。申请回避是当事人认为处理案件的行政机关工作人员有应当回避的情形时,在行政程序结束之前依法向有权限的行政机关提出要求该行政机关工作人员回避处理本案的请求,有权限机关依法对此申请进行审查后作出是否准许的决定。

当事人申请回避程序大致包括:第一,申请。当事人在行政程序进行过程中,发现行政机关工作人员有不适宜处理本案的应当回避情形时,有权向有权限的行政机关提出申请,要求特定行政机关工作人员回避处理相应案件。回避申请原则上应以书面方式提出,当事人提出书面申请有困难的,也可以口头提出回避申请,行政机关应当对当事人的口头申请记录在案。第二,审查。行政机关负责人应当尽快审查当事人提出的回避申请,审查以书面形式为主,必要时可以听取当事人及所涉及行政机关工作人员的陈述。第三,决定。行政机关负责人及时决定是否批准当事人提出的回避申请,行政机关认为回避申请成立的,应当决定被申请回避的行政机关工作人员停止对案件的处理,并告知相关人员;行政机关认为回避申请不成立的,可以驳回当事人提出的回避申请。无论行政机关作出何种决定,都应将决定内容告知申请人。

 理论探讨

可否采用"无因回避"制度

针对回避申请当事人存在着取证难等实际问题,有学者提出可否采用"无因回避"制度。但是,无因回避也面临以下两方面的挑战:其一,无因回避是否会助长当事人及其代理人滥用申请回避的权利,从而徒增法院的负担,浪费司法资源。如有学者认为,"法律固在于经由回避制度之承认,以达到裁判之公正及国民对法院之信赖,然如滥用回避权,而对裁判之公正以及对于裁判之信赖不寄予关怀,而使诉讼发生延迟,并损及裁判之威信时,不仅对他造诉讼关系人,甚至对整个国家之利益,均无许其放任之理由"。其二,无因回避对于法官是

---

① 参见《湖南省行政程序规定》第18条、《公安机关办理行政案件程序规定》第16条。

否有其适用空间,是否背离了世界司法改革的基本方向。因为,无论是大陆法系的法国,还是英美法系的美国,其无因回避都是针对陪审团而设计的,对于法官是否可以适用无因回避则不无疑问。更为重要的是,早期英国,是允许控辩双方对于陪审员提出无因回避申请的,而且控方通过暂缓决定的方式提出的无因回避,还不受次数的限制。但1988年《刑事司法法》(Criminal Justice Act)的出台,最终废除了无因回避,理由是无因回避制度会侵蚀随机选择陪审员的原则,废除该制度可以提高陪审制度的公正性。(资料来源:张友好:《论我国申请法官回避的现状及改革》,载《清华法学》2012年第4期)

(二)行政过程中的程序公正

传统上,行政程序法更加关注直接涉及行政相对人权利义务,有外部法律效果的行政程序法律规范。但是,现代行政行为往往是由多机构、多阶段、多行为、多程序组成的行政过程,行政过程将一个个相对独立的程序连接在一起。行政过程中间环节的诸多程序,尽管不直接影响行政相对人的权利义务,但可能对行政相对人权利义务产生间接的甚至实质性的影响。因此,亟待规范行政过程中的若干"内部程序",以确保行政过程中的程序公正。

1. 合议制行政组织的决定程序

依据《宪法》及其他相关法律规范的规定,考察中国行政管理实践的具体运作,可知我国行政机关主要实行行政首长负责制。但在某些专业性、政策性、技术性较强的行政领域,往往会引入委员会、咨询委员会、专家咨询会议、评审小组等合议制行政组织,这些合议制行政组织可适用于对案件事实的认定[1],对专业问题作出评判[2],对政策问题给出咨询建议,对不服行政决定的异议加以处理。[3]

应当保证合议型行政组织人员的专业背景合理,结构均衡,防止组织内部被某种知识背景、利益或偏见所主导,这有助于捍卫合议型行政组织运作的公正性。有法律规范对合议型行政组织人员的专业背景[4]、构成比例等加以规定。合议型行政组织的人员可以全部由专家组成[5],也可以包括专家、行政机关内的专业人员及其他人员。[6] 合议型行政组织的人员可以是固定的成员,可以是临时决定的人员,也可以是从更大范围的"专家库"中遴选或随机抽取的人员。[7]

合议型行政组织最常用的决策程序是会议制度。这些组织中基于对专家或专业人士知

---

[1] 如《职业病防治法》第54条、第55条中的"职业病诊断鉴定委员会",《工伤保险条例》中的"劳动能力鉴定委员会"。
[2] 如根据《食品安全法》第13条的规定,国务院卫生行政部门成立食品安全风险评估专家委员会,进行食品安全风险评估;根据《招标投标法》第37条的规定,由招标人依法组建的评标委员会负责评标;根据《学位条例》第9条的规定,学位授予单位应当设立学位评定委员会,并组织有关学科的学位论文答辩委员会。
[3] 参见何海波:《内部行政程序的法律规制》(下),载《交大法学》2012年第2期。
[4] 如《食品安全法》第13条规定,食品安全风险评估专家委员会中专家的背景为医学、农业、食品、营养等;《专利法实施细则》规定,专利复审委员会由国务院专利行政部门指定的技术专家和法律专家组成。
[5] 如《食品安全法》第13条规定,食品安全风险评估专家委员会仅由专家组成。
[6] 如《证券法》第22条规定,国务院证券监督管理机构设股票发行审核委员会,由国务院证券监督管理机构的专业人员和所聘请的该机构外的有关专家组成。
[7] 如《职业病防治法》第54条第2款规定,省、自治区、直辖市人民政府卫生行政部门应当设立相关的专家库,需要对职业病争议作出诊断鉴定时,由当事人或者当事人委托有关卫生行政部门从专家库中以随机抽取的方式确定参加诊断鉴定委员会的专家。

识、操守的信任,聘请专家参与相关会议,通过会议进行讨论,以期在知识上取长补短,在观点上交锋碰撞,以形成能反映多数共识的决定或倾向性意见。与会人员要符合最低人数的要求,或达到总成员人数的一定比例。① 合议型行政组织的人员不得与当事人有利害关系,如有利害关系的,应该回避。② 合议型行政组织可以采取协商一致的方式作出决定,但更多时候以投票的形式作出决定。③ 这些合议型行政组织并非行政机关,但其审议决断过程多为行政过程中的法定环节,因此其审议过程中形成的信息,大抵也可被归为"行政机关在履行职责过程中制作或者获取的,以一定形式记录、保存的信息",应当适用《政府信息公开条例》的规定,予以公开。

2. 行政机关的集体讨论

《行政处罚法》第 38 条第 2 款规定:"对情节复杂或者重大违法行为给予较重的行政处罚,行政机关的负责人应当集体讨论决定。"国务院《关于加强法治政府建设的意见》规定,制定对公民、法人或者其他组织的权利义务产生直接影响的规范性文件,要经集体讨论决定,未经集体讨论的,不得发布施行;并要求将集体讨论决定作为重大决策的必经程序。④ 未经集体讨论程序作出的决定,可能会因"违反法定程序"而被法院、复议机关等撤销。例如在邵宏升诉厦门市公安局集美分局行政处罚案中,法院判决指出,被告的处罚决定适用了拘留这一比较严厉的处罚种类,依照《行政处罚法》第 38 条第 2 款的规定,该案应当经过公安机关负责人集体讨论,但被告未能提供相应证据证明在作出处罚决定前曾经集体讨论,因此,厦门市集美区法院判定该行政行为违反法定程序,撤销了该处罚决定。⑤

(三) 禁止单方接触

为保障行政行为的公正性,行政机关工作人员在作出影响行政相对人权利义务行为的过程中,不得在其他方当事人不在场的情况下,与某一方当事人或其代理人进行单独接触或讨论,也不得考虑单方接触中获得的意见。单方接触可能会使得行政机关偏听一面之词,使其可能作出有利于某一方的不公正行为;单方接触使得其他当事人无法了解行政行为的过程和行政裁量时的考虑因素,也不利于行政相对人对相应行政行为提起有效司法救济。⑥

我国目前没有法律规范对禁止单方接触作出统一规定,在若干具体行政领域中有对禁止单方接触的单行法律、法规的规定。如《招标投标法》第 44 条规定,评标委员会成员不得私下接触投标人。《证券法》第 23 条规定,参与审核和核准股票发行申请的人员,不得私下与发行申请人进行接触。如确有单方接触,行政机关应制作书面记录,载明接触对象、时间、

---

① 如《食品安全国家标准管理办法》规定,专业分委员会负责对标准的科学性、实用性进行审查。审查标准时,须有 2/3 以上(含 2/3)委员出席。
② 如合议型行政组织的人员,不得直接或间接接受当事人提供的资金、物品等馈赠和其他利益,不得持有当事人的股票。
③ 如《中国证券监督管理委员会发行审核委员会办法》第 29 条规定,每次参加发审委会议的发审委员为 7 名。表决投票时同意票数达到 5 票为通过。《学位条例》第 10 条第 2 款则规定,学位评定委员会的决定以不记名投票方式,经全体成员过半数通过。
④ 国发〔2010〕33 号,2010 年 10 月 10 日公布。
⑤ 福建省厦门市集美区人民法院行政判决书(〔2003〕集行初字第 2 号)。转引自何海波:《内部行政程序的法律规制》(下),载《交大法学》2012 年第 2 期。
⑥ Sherry Iris Brandt-Rauf, Ex Parte Contacts under the Constitution and Administrative Procedure Act, 80 *Colum. L. Rev.* 385 (1980).

地点和内容,并向其他当事人公开。

知识链接

诉讼程序中的禁止单方接触原则

在西方国家中禁止单方接触原则是一项传统的司法活动原则,其基本内容是:在一方当事人不到场的情况下,法官不得接触另一方当事人及其代理人,不得允许其与法官单方接触,也不得考虑单方接触中获得的意见。否则,当事人可以此为由要求撤销法官的判决。这一原则包括三层含义:第一,禁止法官以外的任何利害关系人向法官或其他可能影响案件判决的人员就案件的是非曲直单独表示意见;第二,禁止法官或其他可能影响案件判决的人员就案件的是非曲直对法官以外的任何利害关系人单方面表示意见;第三,法官在作任何判决时,不得考虑在单方接触中收到的当事人及其律师的意见。凡非因法官的故意而发生了单方接触(如律师主动来信)后,法官必须将接触情况及接触中提出的意见记录在卷。(资料来源:蒋惠岭:《"禁止单方接触"原则的内容及其适用》,载《人民司法》1997年第8期)

(四)职能分离

职能分离(separation of powers)是指行政机关审查案件和作出决定的职能应当相对分离,应当分别由其不同的内设机构、不同的人员来行使,以保障行政相对人的合法权益。在行政程序中,如果审查案件的行政机关工作人员和作出行政决定的是同一人,可能会使得其先入为主,影响最终行政决定的公正性。

在制定法上,行政程序中的职能分离制度,更多地体现为同一行政机关内部的职能分离。如《行政处罚法》第42条规定,"听证由行政机关指定的非本案调查人员主持",这意味着听证主持人不能是本案调查人员。又如《税收征收管理法》第11条规定:"税务机关负责征收、管理、稽查、行政复议的人员的职责应当明确,并相互分离、相互制约。"

较为引人关注的制度创新是中国证券业监督管理委员会逐步确立的"查审分离"的行政处罚体制。在此体制中,中国证监会内设的稽查部门负责案件调查,中国证监会行政处罚委员会负责案件的审理和听证,这有助于强化内部部门之间的相互制约,有助于保障行政执法的公正性。①

二、告知

告知是行政机关将行政行为的内容、事实根据和法律依据和理由、行政相对人的程序性权利及救济途径等告知行政相对人的行为。告知内容应完整、准确且能为行政相对人所理解。

行政机关履行告知义务,不限于制定法的规定,也要遵守正当程序的基本要求。不履行

---

① 参见《行政处罚委员会组成办法》(中国证券监督管理委员会公告[2008]6号)。

或不充分履行告知义务,可能构成行政程序违法。如在山西省经济贸易委员会、大同市新荣区人民政府与大同市北方矿业有限责任公司吊销许可证纠纷上诉案中,法院判决上诉人省经贸委作出行政处罚时,未告知北方公司据以作出处罚的事实、理由和依据及其依法享有的权利,违反法定程序。①

(一) 告知的类型

根据行政机关的告知在行政过程中所位于的"时段"及功能,可以大致将其分为三类:

1. 事先告知

行政机关在作出最终决定之前,告知行政相对人,以期保障行政相对人有进行陈述和申辩、申请听证等程序性权利。如《行政处罚法》第31条规定,行政机关作出行政处罚决定之前,应当告知当事人作出行政处罚决定的事实、理由及依据。《行政处罚法》第42条规定,行政机关作出责令停产停业、吊销许可证或者执照、较大数额罚款等行政处罚决定之前,应当告知当事人有要求举行听证的权利。

行政机关未事先告知行政相对人相应的陈述和申辩权、听证权,可以构成行政程序违法。如在武华玉诉华中农业大学教育行政行为案中,法院判决认为华中农业大学对原告作出的警告处分,未告知原告陈述申辩权和救济方式,故该处分决定依法不能成立。②

2. 事后告知

事后告知是指行政机关在作出最终行政决定后,将其决定内容告知行政相对人。如根据《行政处罚法》第34条、第40条的规定,行政处罚决定书应当当场交付或送达当事人。此类告知的目的是为了让行政相对人明了行政决定的内容,并使得行政决定对行政相对人发生效力。

3. 告知救济权利和救济途径

行政机关不仅要告知行政相对人行政决定的内容,还应当告知行政相对人的救济权利和救济途径,这是为了保障行政相对人能知晓并有效主张自身的救济权利。如《行政许可法》第38条第2款规定:"行政机关依法作出不予行政许可的书面决定的,应当告知申请人享有依法申请行政复议或者提起行政诉讼的权利。"《行政处罚法》第39条规定,行政处罚决定书应载明,不服行政处罚决定,申请行政复议或者提起行政诉讼的途径和期限。

(二) 告知的方式

告知是行政过程的重要组成部分,如果行政决定未能告知并送达行政相对人,则行政决定不能生效。告知的方式可以包括当场告知、送达、公告送达等。

1. 当场告知

行政机关将行政决定文书当场交付行政相对人。如《行政处罚法》第40条规定,行政处罚决定书应当在宣告后当场交付当事人。当场告知适用于行政决定作出时,行政相对人在场,故它通常适用于简易程序。

---

① 最高人民法院行政判决书([1999]行终字第11号)。
② 最高人民法院行政审判庭编:《中国行政审判指导案例》(第1卷)第9号案例,中国法制出版社2010年版,第43—47页。

2. 送达

当事人不在行政决定现场时,行政机关无法当场告知行政相对人,可以参照《民事诉讼法》中的规定,将行政决定文书送达当事人。① 因此,行政机关作出行政决定之后,应当将行政决定文书直接送交受送达人;直接送达有困难的,可以邮寄送达。送达应有送达回证,由受送达人在送达回证上记明收到日期,签名或者盖章。受送达人在送达回证上的签收日期为送达日期。

未送达的行政决定,损害了行政相对人获得告知的权利,且不符合行政行为的生效要件。如在四川省南充市顺庆区源艺装饰广告部诉四川省南充市顺庆区安全生产监督管理局安全生产行政处罚案中,该行政处罚告知书被邮政局以原址查无此人和原写地址不详退回了顺庆区安监局,因此告知书未送达,故法院判决被告作出的 16 号行政处罚决定无效。②

3. 公告送达

在受送达的行政相对人下落不明,或者以当场告知、直接送达、邮寄送达等各种其他方式都无法送达时,可以采用公告送达。公告的范围和方式应当便于公民知晓,应为送达公告设定一定的期限。如自公告之日起,经过 60 日,即视为送达。

4. 以电子化的方式送达

电子政务有助于提高行政效率、节约行政成本,它为现代行政活动提供了新方式、新载体。行政机关可以通过网络作出行政决定,其后可以通过计算机等自动设备将其转化成有文字的纸制品送达行政相对人,也可以通过网络公示、电子邮件、电子行政决定书等电子化的方式送达行政相对人,不一定非要以纸质记载文字为形式要件。如在北京希优照明设备有限公司不服上海市商务委员会行政决定案中,法院也认可这一点。③

送达与程序的公正和效率的关系

送达是诉讼价值——诉讼公正和效率的交叉点之一,也是两者冲突或协调的平台之一。诉讼价值间的内在冲突在我国改革送达措施的过程中明显地暴露出来,对诉讼效率的追求成为我国法院系统自上而下改革送达制度的根本动因。出于提高诉讼效率、减少诉讼成本的考虑,较多法院青睐于简化送达规则,而较少地考虑送达的正当化,甚至以牺牲正当程序为代价,换取过于简约的送达规则。送达程序的简化规定虽有提高诉讼效率的一面,但其对程序公正的损耗也是显而易见的,最突出的问题就是送达的安全性难以保证。如果能将送达环节导致的错误成本控制在正当程序可接受的范围之内,基于送达所产生出来的诉讼效率反过来又会促进诉讼公正的实现。所以,在民事送达制度的改革中,要均衡送达的安全性和迅捷性这对要素,对诉讼公正与效率在总体上进行把握,并还应根据案件的特性需求分别

---

① 如《行政处罚法》第 40 条规定,当事人不在场的,行政机关应当在 7 日内依照民事诉讼法的有关规定,将行政处罚决定书送达当事人。

② 最高人民法院行政审判庭编:《中国行政审判案例》(第 2 卷)第 73 号案例,中国法制出版社 2011 年版,第 204—205 页。

③ 《最高人民法院公报》2011 年第 7 期。

判定。如在小额案件中从保障当事人的利益考虑,强调效率价值应优先于公正价值,送达程序应相应地简化;对关系到当事人重大实体权利和程序权利的诉讼事项,则应当采用较为严格的送达措施。(资料来源:王福华:《民事送达制度正当化原理》,载《法商研究》2003年第4期)

三、听取意见

行政相对人应当有就"指控"或"不利决定"进行答辩或防御的机会。行政程序中的听取意见,旨在保证当事人在行政机关作出行政决定之前,有答辩或说明的机会。[1] 这包括保障行政相对人的陈述权、申辩权、听证权及卷宗阅览权,这是依法行政所要求遵循的最低限度的程序正义,是正当法律程序在行政过程中的体现。

(一)陈述和申辩

在行政机关作出对行政相对人权益有不利影响或其他重要影响的决定之前,应当保障行政相对人的陈述权和申辩权,给予行政相对人陈述意见并发表申辩的机会。[2] 行政机关必须充分听取当事人的陈述和申辩,对当事人提出的事实、理由和证据,应当进行复核;当事人提出的事实、理由或者证据成立的,行政机关应当采纳。[3]

行政相对人可以放弃陈述权和申辩权,但行政机关不得限制或剥夺其陈述权和申辩权。如在赵博诉平邑县人民政府土地行政复议案中,上诉人平邑县人民政府没有告知被上诉人,没有听取被上诉人的陈述和申辩,即作出了撤销行政许可的决定。二审法院判决认为,虽然《行政许可法》没有规定撤销行政许可的具体程序,但根据正当程序原则的要求,行政机关在作出影响当事人权益的行政行为时,应听取当事人的陈述和申辩。因此维持了一审法院撤销被诉具体行政行为的决定。[4]

陈述和申辩是行政相对人的法定权利,所以行政机关不得因陈述和申辩而加重对行政相对人的处理。《行政处罚法》第32条第2款即规定,行政机关不得因当事人申辩而加重处罚。[5]

(二)听证

在有关行政立法、规划制定、价格形成等制定法中,也存在"听证"一词及相应的制度,但

---

[1] 参见汤德宗:《行政程序法论》,台湾元照出版有限公司2000年版,第24—25页。
[2] 参见《行政处罚法》第6条、《行政强制法》第8条、《行政许可法》第7条对陈述权、申辩权的规定。
[3] 参见《行政处罚法》第32条、《行政强制法》第18条及第36条的规定。
[4] 参最高人民法院行政审判庭编:《中国行政审判案例》(第3卷)第104号案例,中国法制出版社2013年版,第118—121页。
[5] 如在焦志刚诉和平公安分局治安管理处罚决定行政纠纷案中,被告最初作出的行政决定被行政复议机关撤销,被告之后作出的再次裁决,则把对原告治安拘留10日改成了治安拘留15日。法院判决认为可将复议视为当事人的申辩,被告所作的加重行政处罚违反了《行政处罚法》第32条第2款的规定,判决撤销了被告作出的行政处罚决定书。参见《最高人民法院公报》2006年第10期。

其实质上是听取不同利益群体的意见表达,以保障公众参与行政过程为圭臬的准立法型程序。[①] 本章所讨论的听证,主要是指行政机关作出行政决定时所履行的,正式化程度较高的一种听取意见程序。其实质是"言词辩论",当事人可以委托代理人、陈述意见、提交证据、开展质辩。行政决定中的听证作为一种正式化程度较高的程序,以两造对峙、法官居中裁决的司法程序为模板,给予当事人陈述相关事实、厘清法律问题、主张并提交证据的机会,是一种听取利害关系人意见的制度,是以维护利害关系人的权利和利益为目的的准司法型程序。

在制定法中,对行政许可听证程序、行政处罚听证程序等有明文规定。除了法律有明文规定的情形之外,当行政机关认为行政决定较为重大、复杂,或认为行政决定内容可能会对当事人、利害关系人权益产生重大影响时,有决定是否启动听证程序的裁量权。一般而言,听证程序的内容包括:

1. 告知听证权利

应告知行政相对人所享有的听证权利。如《行政处罚法》第42条规定,行政机关作出责令停产停业、吊销许可证或者执照、较大数额罚款等行政处罚决定之前,应当告知当事人有要求举行听证的权利。又如《行政许可法》第47条规定,行政许可直接涉及申请人与他人之间重大利益关系的,行政机关在作出行政许可决定前,应当告知申请人、利害关系人享有要求听证的权利。

2. 通知听证事项

行政机关应当在听证会举行7日前将听证会的事项书面通知当事人、利害关系人。通知应当载明:当事人、利害关系人名称或者姓名;听证主要事项;听证会的时间、地点。

3. 听证前的准备

行政听证应当公开举行,涉及国家秘密和依法受到保护的商业秘密、个人隐私的除外。听证主持人应当具备相应的法律知识和专业知识。听证主持人由行政机关负责人指定,行政机关调查人员不得担任该行政执法听证主持人。当事人认为主持人与本案有直接利害关系的,有权申请回避。

4. 质辩

质辩是在听证主持人的主持下,由行政机关的调查人员与当事人、利害关系人等就行政案件的事实问题、法律问题展开质证和辩论的过程。当事人在质辩中有权陈述对自己有利的事实,提交相关的证据,发表对法律适用问题的见解,对行政机关提出的不利指控进行抗辩、反驳。

5. 决定

听证应当制作笔录。听证笔录是由记录人代表行政机关在正式听证过程中对整个听证活动所作的客观记载。笔录应当交当事人审核,当事人有权对笔录中的错误提出修改意见,当事人核实无误后签字或者盖章。

行政机关应当根据听证笔录作出行政决定。[②] 未经听证会质证的证据,不能作为作出行

[①] 参见《立法法》第58条及《行政法规制定程序条例》《规章制定程序条例》中规定的听证会制度,《城乡规划法》第26条规定的编制城乡规划中的听证会制度,《价格法》第23条规定的价格听证会制度。

[②] 如《行政许可法》第48条规定,行政机关应当根据听证笔录,作出行政许可决定。《湖南省行政程序规定》第143条规定,行政机关应当根据听证笔录,作出行政执法决定。

政决定的依据,这是案卷排他性原则的要求。如果行政机关的行政决定不以听证笔录和经听证会质证的依据为依据,那么行政听证程序也就可能会形同虚设,无法发挥其确证行政决定合法性、捍卫行政相对人合法权益的功能。①

 案例研究

分析本案裁判理由与正当程序之间的关系

在张成银诉徐州市人民政府房屋登记行政复议决定案中,法院十分明确地写下了这么一段判词:"行政复议法虽然没有明确规定行政复议机关必须通知第三人参加复议,但根据正当程序的要求,行政机关在可能作出对他人不利的行政决定时,应当专门听取利害关系人的意见。本案中,复议机关审查的对象是颁发鼓房字第 1741 号房屋所有权证行为,复议的决定结果与现持证人张成银有着直接的利害关系,故复议机关在行政复议时应正式通知张成银参加复议。本案中,徐州市人民政府虽声明曾采取了电话的方式口头通知张成银参加行政复议,但却无法予以证明,而利害关系人持有异议的,应认定其没有采取适当的方式正式通知当事人参加行政复议,故徐州市人民政府认定张成银自动放弃参加行政复议的理由欠妥。在此情形下,徐州市人民政府未听取利害关系人的意见即作出于其不利的行政复议决定,构成严重违反法定程序。"(资料来源:《最高人民法院公报》2005 年第 3 期)

(三)卷宗阅览

卷宗是指行政机关在办理行政案件中所形成的,按照一定顺序、一定格式组成的书面材料,包括行政行为的依据、记录、证据材料、决定文书和其他法律文书等。行政机关应当建立有关行政处罚、行政许可、行政强制等行政卷宗,对行政相对人的有关监督检查记录、证据材料、法律文书应当立卷归档。②

行政程序中的当事人,为了主张或维护其法律上的利益,必须对行政程序所进行的事项有所了解,应享有查阅有关行政卷宗的权利。当事人通常须阅览卷宗了解相关情况之后,才能有效发表意见。这体现了行政程序中公平对待当事人的要求。

行政程序中的当事人在行政程序开始之后、终结之前,可以查阅与自己相关的行政卷宗,在必要时可以摘抄、复制有关卷宗。当事人查阅、摘抄相关证据材料的,行政执法机关不得收费;复制相关证据材料的,可以收取工本费。但当行政卷宗涉及国家秘密、商业秘密、个人隐私,依法应予以保密时,行政机关可以拒绝相应的案卷阅览请求。

四、说明理由

行政行为说明理由是指,行政机关作出对行政相对人合法权益产生不利影响的行政行为时,除了法律有特别规定外,必须说明其作出该行政行为的事实根据、法律依据以及进行

---

① 参见王名扬:《美国行政法》(上),中国法制出版社 1995 年版,第 492—493 页。
② 参见国务院《关于全面推进依法行政实施纲要》(国发[2004]10 号)第 21 段的规定。

裁量时考虑的因素。受不利影响的人有权知道行政行为针对他基于什么理由作了什么,这也是正当程序原则的要求。① 国务院《关于全面推进依法行政实施纲要》指出,行政机关行使裁量权的,应当在行政决定中说明理由。

(一) 说明理由的功能

1. 保障行政行为的公正性

要求行政行为说明理由,实质上要求行政权的自我拘束,使得行政机关工作人员在作出决定时更为谨慎、合理地进行判断,保证行政行为以客观的证据为基础,并对相关因素进行审慎考虑,不考虑不相关因素,遏制行政裁量中的恣意,改进行政行为的质量,保障行政行为的公正性。②

2. 增加行政行为的可接受性

行政机关作出行政行为如果不说明行为理由,行政相对人可能会质疑行政行为的合法性。行政机关通过说明在事实认定、法律适用及裁量判断时考虑的因素,给出明确、易懂、可接受的理由,有助于增强行政行为的可接受性。特别是那些受行政行为不利影响的人,当他知道行政机关的确考虑了相关因素,践行了相关行政程序时,更容易接受行政行为所设定的权利义务。③

3. 有助于保障行政相对人的救济权利

行政行为说明理由有助于行政相对人知悉行政行为的过程,判断行政行为中是否有可能存在事实认定、法律适用及裁量判断方面的错误,有助于受不利影响的行政相对人依法提起行政复议、行政诉讼。行政行为的理由说明部分构成了关于该行为法律上、事实上的最原始资料,也有助于法院对行政行为进行有效的司法审查。④

(二) 说明理由的范围

从学理角度出发,当行政机关作出对行政相对人权益产生不利影响的行为时,无论是拒绝行政相对人对行政许可、行政给付的申请,还是直接作出行政处罚、行政强制措施等不利行政相对人权益的行为,从维护行政行为的公正性和可接受性,保障行政相对人权利的角度出发都应为行政行为说明理由。

《行政许可法》第 38 条第 2 款规定,行政机关依法作出不予行政许可的书面决定的,应当说明理由。《行政处罚法》第 31 条规定,行政机关在作出行政处罚决定之前,应当告知当事人作出行政处罚决定的事实、理由及依据。行政行为应说明理由而不说明理由的,可能构成行政程序违法。如在中海雅园管委会诉海淀区房管局不履行法定职责案中,北京市海淀区人民法院认为:"被告海淀区房管局……在收到中海雅园管委会寄送的换届选举登记备案的书面申请后,……如不予备案,亦应书面通知并说明理由。海淀区房管局在长达一年的时

---

① Soli J. Sorabjee, Obliging Government To Control Itself: Recent Developments In Indian Administrative Law, *Public Law*, 39, 43(1994).
② 参见应松年主编:《四国行政法》,中国政法大学出版社 2005 年版,第 486 页。
③ 参见宋华琳:《英国行政决定说明理由研究》,载《行政法学研究》2010 年第 2 期;Paul Paterson, Administrative Decision-Making and the Duty to Give Reasons, 12 *Auckland U. L. Rev.* 1, 29 (2006).
④ Paul Robertshaw, Providing Reasons for Administrative Decisions, 27 *Anglo-Am. L. Rev.* 29, 55 (1998).

间内,不依照职权对中海雅园管委会提出的换届选举登记备案申请给予任何书面答复……构成违法。"①

在现代社会,行政行为可能会涉及多元化的利益分布和法律关系,即使是给行政相对人以权利或利益的授益行政行为,也可能给第三人或利害关系人以负担。② 从正当程序保护和依法行政的原理出发,对于所有对行政相对人及其他当事人权利义务带来不利影响的行政行为,行政机关都应恪守说明理由的"最低限度的程序公正"。

(三) 说明理由的内容

在行政行为的理由说明中,应对事实问题、法律问题和裁量问题予以说明。在行政机关对事实问题的说明中,应当尽量删减掉相关生活事实中与法律规定无关的部分,说明该事实是否符合相关法律规范的构成要件。③ 如果行政机关和行政相对人对事实问题并未产生争议,那么行政机关只需在决定文书中列出主要事实,即足以影响行政行为实体内容的事实。如果行政相对人对事实问题有异议,那么行政机关应该说明行政机关对事实进行的调查方式,所适用的证据规则,相应的技术鉴定结论或专家咨询意见。如当药品监督管理部门作出对假药、劣药的行政处罚决定时,即应说明违法者生产、销售假药、劣药的事实,并附有药品检验机构的质量检验报告书。

行政机关在对法律问题加以说明时,应当告知行政相对人所依据的法律规范名称和相应条款,应在书面理由中尽量全面引用具体的法律条款,并按照法律规范选择适用的规则去适用法律规范。④ 行政行为未说明具体的法律依据,或者所说明的法律依据不成立,可能构成"适用法律、法规错误"。如在栾绍旭诉青岛市台东区工商局冻结银行存款案中,工商部门冻结通知书载明的冻结理由是:"违反工商管理有关法规,异地经营,未办临时执照",但未说明冻结行为的具体法律根据,因此法院判决该冻结行为缺乏法律根据,超越职权范围,撤销了台东区工商局先后六次作出的冻结存款通知书。⑤

行政机关在对法律问题加以说明时,还应当对法律规范中的不确定法律概念加以解释,说明法律解释和适用的方法,说明法律规范冲突时适用的规则,说明如何将特定的法律规范适用于具体的个案,全面展示出行政决定法律推理的过程。⑥ 行政机关说明理由时,应说明行政机关在事实认定、确定法律效果、程序、时限等方面的裁量权,并说明裁量权行使中考虑的相关因素以及不同因素的不同权重,说明行政裁量过程中对公益和私益等不同利益的衡量。

(四) 说明理由的程度

行政行为的理由说明应力戒过于专业化的表述,其理由说明应足以为当事人理解。行

---

① 《最高人民法院公报》2004 年第 5 期。
② 在批准城市规划、涉及相邻关系、涉及竞争者利益等行政行为中,这表现得尤为明显。
③ 参见李洪雷:《行政法的适用与解释初论》,载葛洪义主编:《法律方法与法律思维》(第 8 辑),法律出版社 2012 年版,第 5—7 页。
④ 参见章剑生:《行政行为说明理由判解》,武汉大学出版社 2000 年版,第 88—89 页。
⑤ 最高人民法院中国应用法学研究所编:《人民法院案例选(行政卷)》(1992 年—1996 年合订本),人民法院出版社 1997 年版,第 166—169 页。
⑥ Robert Fisher, *Improving Tribunal Decisions and Reasons*, *N. Z. L. Rev.* 517, 532 (2003).

政行为说明理由应能展示出行政机关的具体判断过程,在法律适用、事实认定和拟作出的行政行为之间建立起必要的逻辑联系。理由说明还应回应当事人主张的要点,说明为什么会拒绝或采纳当事人所提出的理由和证据。使得当事人能以此理由说明内容为基础,依法提起行政复议或行政诉讼。①

说明理由所说明的应是作出行政行为时考虑的理由,而非之后行政机关形成的新的见解或理由。说明理由时应说明所考虑的政策、公共利益等诸多相关因素,以及每一因素所占有的相应权重。②

  知识链接

作为司法审查基础的说明理由

行政行为的理由在司法审查中的基础功能是:(1) 确认行政行为合法性的依据。司法审查以确认行政行为合法性为原则。一个被诉的行政行为是否合法,由行政行为本身内容是不能自证其明的,只有将行政行为的内容与支持行政行为的理由加以印证、比照,才能作出是否合法的判断;离开行政行为的理由,司法审查也就难以达到目的。(2) 构造司法裁判理由的基础。法院受理行政案件之后,必须在法定期限内以一个理由充足的裁判结束行政诉讼程序。然而,司法裁判的理由不是空穴来风,而是直接建立在肯定或否定被诉的行政行为理由之上。如法院认为被诉行政行为合法,则可将该行政行为的理由吸纳为维持、确认合法等判决的理由;如法院认为被诉行政行为不合法,则可以在否定该行政行为理由的基础上作出撤销、确认违法等判决。(3) 行政机关行使抗辩权的依据。行政机关要在行政诉讼中形式上成功地行使抗辩权,必须以作出被诉行政行为的理由为依据。尽管这种形式上的抗辩权最终是否成功要由法院对行政行为的理由审查之后才能决定,但是,如果行政机关的抗辩权没有任何理由的支撑,则形式上的成功抗辩也是不可能实现的。需要指出的是,行政机关就行政行为说明理由并不是为了应付事后可能引发的司法审查,而应当是基于诚信原则将行政行为的理由如实告诉行政相对人,以便行政相对人自觉履行行政行为所设定的义务,减少对抗情绪,提高行政效率。(资料来源:章剑生:《论行政行为说明理由》,载《法学研究》1998 年第 3 期)

第三节　行政程序的基本过程

一、行政程序开始

是否开始行政程序,何时开始行政程序,这很大程度上取决于行政机关的程序裁量权。对于依职权行政行为和依申请行政行为而言,其程序开始的步骤也不尽相同。

---

① 参见宋华琳:《英国行政决定说明理由研究》,载《行政法学研究》2010 年第 2 期。
② Robin Burnett, The Giving of Reasons, 14 Fed. L. Rev. 157,160—161 (1983—1984).

(一) 依职权程序的开始

依职权程序的开始,是指行政机关依照职权主动启动行政程序。由于"主动性""积极性"是行政权的特征所系,因此依职权开始是行政程序开始的主要方式。如《行政处罚法》第 15 条规定,"行政处罚由具有行政处罚权的行政机关在法定职权范围内实施"。行政处罚机关在职权范围内,启动行政处罚程序。

一般而言,行政机关具有依职权启动行政程序的裁量权;即使具备了启动行政程序的条件,行政机关也可以依据裁量判断,不启动行政程序。但在特定情况下,行政机关是否启动程序的裁量权发生收缩,甚至没有裁量的余地,即必须启动行政程序。如《人民警察法》第 21 条规定:"人民警察遇到公民人身、财产安全受到侵犯或者处于其他危难情形,应当立即救助。"《食品安全法》第 72 条规定:"县级以上卫生行政部门接到食品安全事故的报告后,应当立即……采取下列措施,防止或者减轻社会危害。"[①]

(二) 依申请程序的开始

1. 申请的形式

依申请开始是指行政机关基于行政相对人的申请而开始行政程序。在依申请的行政行为中,行政相对人的"申请"是启动行政程序的前提。如《行政许可法》第 29 条规定:"公民、法人或者其他组织从事特定活动,依法需要取得行政许可的,应当向行政机关提出申请。"《城市居民最低生活保障条例》第 7 条则规定:"申请享受城市居民最低生活保障待遇,由户主向户籍所在地的街道办事处或者镇人民政府提出书面申请。"

申请是发生行政法上法律效果的意思表示,其具有程序法上的意义。出于明确行政法上权利义务、确认相应法律事实的需要,尽管无统一立法规定申请的形式,但仍应当以书面形式向行政机关提起申请为宜。当法律、法规中要求申请人提交固定格式申请文书时,申请人有义务以书面形式提交申请文书。如《居民身份证法》第 10 条规定:"申请领取居民身份证,应当填写《居民身份证申领登记表》。"申请书需要采用格式文本的,行政机关应当向申请人提供申请书格式文本。[②]

对于具备条件的申请事项和审查机关,可以允许申请人通过电报、电传、传真以及电子数据交换和电子邮件等相对新型的方式提交申请。[③] 这尤其适于只需要申请人提交有关书面材料,不需要提交实物、样品的申请。这一规定在于鼓励行政机关和申请人利用现代科技,提高行政效率,改进公共服务质量。以上述方式提交的申请应具有与普通书面申请相同的效力。

为了方便行政相对人,在行政相对人书写书面申请确有困难时,或行政事务性质相对简单、事务程序相对简易、申请时间相对迫切时,法律中也可能允许申请人以口头形式提起申

[①] 依职权启动行政程序的行政机关,其启动权是否收缩乃至收缩至零,需要判断的因素包括公众权益所受侵害的危险程度、行政机关是否能预见到可能的损害后果、私人是否没有防范相应危险的能力以至于行政权必须介入等。参见王贵松:《行政裁量收缩论的形成与展开——以危险防止型行政为中心》,载《法学家》2008 年第 4 期。

[②] 参见《行政许可法》第 29 条第 1 款。

[③] 参见《行政许可法》第 29 条第 3 款。

请。① 在口头申请时,申请机关应尽可能当场记录申请人的基本情况、申请请求、申请的主要事实、理由和时间。

2. 对申请的处理

当申请人的申请送达审查机关时,为了记载相应的具有法律意义的事实,从行政程序的学理建构出发,行政机关无论是受理还是不予受理申请,都应当尽量出具加盖本行政机关专用印章和注明日期的书面凭证。②

行政机关在收到申请人的申请后,首先要进行形式审查。形式审查主要审查申请资料是否齐全,是否符合法定格式、形式要求,申请理由是否充分,申请人意思表达是否清楚、真实。在此环节中,通常不涉及对申请资料真实性的审查。③

行政机关在进行形式审查后,可以作出下列处理:(1)受理。行政机关进行形式审查后,如认为申请符合法定形式要求的,应当作出受理的书面决定。(2)责令补正。申请材料不齐全或者不符合法定形式的,应当当场或者在一定期限内一次告知申请人需要补正的全部内容。④ (3)告知向其他行政机关申请。行政机关经审查,发现申请事项依法不属于本行政机关职权范围的,应当即时作出不予受理的决定,并告知申请人向其他行政机关申请。(4)不予受理。行政机关经审查,认为不符合申请的最基本形式要求时,可以直接决定不予受理,并书面告知申请人不予受理的决定及理由。

二、行政调查程序的展开

无论是依职权或依申请程序,在行政程序启动之后,行政机关需要借助于行政调查程序,以便在查明案件事实的基础上作出相应的行政行为。

(一)职权调查原则

法规范的适用不仅在于正确解释所需适用的法规范,还需要正确认定事实。因此行政机关要通过开展适当的调查来发现真实,并确保当事人权益,保障行政行为的合法性。因此行政机关应遵循"职权调查"原则,自行决定调查的种类和范围,决定是否调查,采集何种证据。

在依职权行为程序中,行政机关认为必要时,可以依职权展开调查。如《行政处罚法》第36条规定,"行政机关发现公民、法人或者其他组织有依法应当给予行政处罚的行为的,必须全面、客观、公正地调查"。在依申请行为程序中,如果申请人所主张的事实符合行政机关对案件事实的基本要求,行政机关可以以申请人所主张的事实为出发点,通过审查、核查以及检验、检测、检疫等方式,对申请人所主张的事实予以调查。⑤

(二)行政调查的方式

行政机关为了实现行政目的,作出合法的行政行为,在展开行政调查程序时,可以采取如下方式:

---

① 《行政复议法》第11条规定,申请人申请行政复议,可以书面申请,也可以口头申请。
② 参见《行政许可法》第32条。
③ 参见胡建淼等:《论行政机关对行政许可申请的审查深度》,载《浙江大学学报(人文社会科学版)》2008年第6期。
④ 参见《行政许可法》第32条。
⑤ 参见《行政许可法》第34条、第55条及《城市居民最低生活保障条例》第7条。

1. 询问当事人

这是最为直接的了解案件事实的方式。如《行政处罚法》第37条规定,当事人应当如实回答询问,并协助调查。又如《治安管理处罚法》第82条规定,对违反治安管理的行为人,公安机关传唤后应当及时询问查证。当事人有如实回答询问的义务。行政机关应就询问过程所形成的内容制作成笔录,询问笔录应当交当事人核对,被询问人确认笔录无误后,应当签字或者盖章,询问人也应签字或盖章。

2. 询问相关人员

"兼听则明,偏听则暗。"在行政调查程序中,行政机关也不应当只听取当事人的一面之词。在行政调查过程中,可以询问证人、鉴定人、举报人及其他相关人员。如为审批城市居民最低生活保障待遇的需要,行政机关可以通过邻里访问、信函索证等方式对申请人的家庭经济状况和实际生活水平进行调查核实。①

3. 要求提供相关材料与信息

行政机关在开展行政调查程序时,为了获得尽可能全面的信息,应当尽可能全面地查明事实,可要求当事人、第三人或其他相关人员提供相关材料与信息,当事人、第三人或其他相关人员有提供相关材料与信息的义务,应当配合行政机关调查,而不得拒绝、阻碍和隐瞒。如《税收征收管理法》第54条规定,税务机关有权责成纳税人、扣缴义务人提供与纳税或者代扣代缴、代收代缴税款有关的文件、证明材料和有关资料。又如《证券法》第183条规定,被检查、调查的单位和个人有配合证券监管机构,如实提供有关文件和资料的义务。

4. 现场检查

现场检查通过对特定的人员、物品、场所等进行直接检查,可以更为直观、确切地确定相关事实是否存在,确定事实的性质和程度。② 现场检查可能会侵犯行政相对人的财产权、隐私权乃至生存权等权利,因此应当以法律、法规规定的范围为限。如《食品安全法》规定,食品安全监管部门有权进入生产经营场所实施现场检查。现场检查人员应出示证件,表明身份,现场检查结束后,检查人员应当向所在的行政机关提交现场检查报告。现场检查报告应当包括现场检查的基本情况、基本结论以及有关问题的处理情况等内容。

5. 现场勘验

现场勘验是行政机关在行政程序中对违法行为现场、事故现场、违法物品所在地现场等进行勘察、检验的行为。其主要任务是了解案件发生经过,搜集、保留证据,记录和固定现场情况。③ 如《道路交通安全法》第72条规定:"公安机关交通管理部门接到交通事故报警后……交通警察应当对交通事故现场进行勘验、检查,收集证据。"

6. 鉴定

鉴定是指行政机关在行政程序中可以自行进行鉴定,也可以委托专门的机构或人员对专门问题进行鉴定。鉴定结论是行政程序中的重要证据。在制定法中,常以检验、检测、检疫等术语来指代此处所讨论的"鉴定"。如《食品安全法》规定,县级以上监管应当对食品进行定期或者不定期的抽样检验。又如《药品管理法》第78条规定,除了法律规定的除外情形

---

① 参见《城市居民最低生活保障条例》第7条第2款。
② 参见章剑生主编:《行政程序法学》,中国政法大学出版社2004年版,第143页。
③ 参见徐继敏:《行政程序证据规则研究》,中国政法大学出版社2010年版,第33页。

外,对假药、劣药的处罚通知,必须载明药品检验机构的质量检验结果。

 理论探讨

秘密调查是否具有合法性

对于诸如行政机关"钓鱼执法"之类的秘密调查行为,在行政法学理论上多倾向于否定,但也有学者认为,行政机关在满足下列条件时可以实施秘密调查取证:(1)秘密调查取证的目的正当。这就要求:第一,确有必要查明的违法行为,且已经穷尽了其他取证手段而确有必要实施秘密调查取证。例如,对卖淫嫖娼窝点、对非法行医的,可以实施秘密调查取证。第二,秘密调查取得的证据并不作为唯一的证据用以不利行政行为。它可以为行政机关分析某一阶段行政违法的走向,实施行政指导;也可以被用于个案,但必须与其他公开调查取得的证据结合用以定案,而不能作为唯一的证据定案。(2)法律规范没有明文禁止。这里的明文禁止包括两种形式的规定:第一,法律规范明文规定行政机关不得实施秘密调查取证。第二,法律规范没有明文要求公开方式调查取证。如《工商行政管理机关行政处罚程序规定》第30条第1款明文规定:"工商行政管理机关抽样取证时,应当有当事人在场,办案人员应当制作抽样记录,对样品加贴封条,开具物品清单,由办案人员和当事人在封条和相关记录上签名或者盖章。"在法律规范明文禁止实施秘密调查取证的情况下,行政机关不得实施秘密调查取证。(3)秘密调查取证符合法定权限。行政机关必须在自己的法定权限范围之内实施秘密调查取证。调查的权限范围,既包括组织法上的职权,又包括行为法上的权限,且行为法上的权限需要按照法定的调查手段、目的、事项和对象加以确定。(4)秘密调查取证必须获得批准。这就是说,秘密调查取证必须有严格的制度加以规范,实施秘密调查取证必须按制度获得批准。(资料来源:叶必丰:《〈行政强制法〉背景下行政调查取证制度的完善》,载《法学》2012年第2期)

(三)证明责任

在行政程序中,行政调查机关应对作出的行政行为负有证明责任,应当提供作出该行政行为的证据。对于依申请行政行为而言,申请人应就在行政程序中确曾提出申请、且所提交申请材料符合法定要求的事实,承担相应的证明责任。

行政调查程序中的证据获取也应符合合法性、真实性、关联性的要求。调查取证时,应当全面、客观、公正。严重违反法定程序收集的证据,以利诱、欺诈、胁迫、暴力等不正当手段收集的证据,以非法偷拍、非法偷录、非法窃听等手段侵害他人合法权益取得的证据,以及不具备合法性和真实性的其他证据材料,不能作为行政执法的依据。①

三、行政程序终结

当行政机关经由行政程序作出行政行为时,行政程序即告终结。但在如下几种情形下,

---

① 参见最高人民法院《关于行政诉讼证据若干问题的规定》第57条,《湖南省行政程序规定》第70条,《上海市行政执法人员执法行为规范》第8条等。

行政程序也可告终结:

（一）不再继续进行相应的行政行为

行政机关决定不再继续进行相应的行政行为,行政程序可告终结。如行政机关认为其原拟作出的行为事实依据不成立;或者依据自身的裁量权,决定不再继续相应的行政行为,行政程序即可告终结。[①]

（二）行政相对人死亡、丧失行为能力或者终止

当参加行政程序的当事人死亡或丧失行为能力时,或作为当事人的法人或者其他组织终止时,行政机关可以终结行政程序。

（三）行政相对人撤回申请

对依申请行政行为而言,当行政相对人在行政程序进行过程中撤回申请时,往往会产生终结行政程序的法效力。如申请人改变意愿不想获得相应的资格或利益,要求撤回申请;或者申请人认为自己在现阶段不太可能具备法定条件获得相应的资格或利益要求撤回申请,都会造成行政程序的终结。

四、行政程序的费用

行政程序的进行难免会产生一定的行政费用。作为行政管理过程的一部分,行政程序所产生的费用,原则上应由行政机关负担,由同级财政予以保障。如《行政许可法》第58条规定,除法律、行政法规另有规定外,行政机关实施行政许可和对行政许可事项进行监督检查,不得收取任何费用,所需经费应当列入本行政机关的预算,由本级财政予以保障,按照批准的预算予以核拨。

但在行政程序的进行中,有时行政机关专门为当事人或利害关系人的利益而提供设施或服务,并发生一定费用。出于行政成本补偿的考虑,行政机关可以收取检索、复制、邮寄等成本费用。如《政府信息公开条例》第27条规定:"行政机关依申请提供政府信息,除可以收取检索、复制、邮寄等成本费用外,不得收取其他费用。"

思考题:
1. 如何理解现代行政程序的功能?
2. 如何理解中国行政程序立法的现况?如何看待中国行政程序法典化?
3. 如何理解"法定程序"与"正当程序"的关系?"正当程序"对行政程序有怎样的基本要求?
4. 如何理解"内部程序"与"外部程序"的关系?如何规范"内部程序"?
5. 哪些行政程序体现了公正行事的基本要求?
6. 听证制度分别有着怎样的不同类型和功能?

---

① 如《行政处罚法》第27条第2款规定:"违法行为轻微并及时纠正,没有造成危害后果的,不予行政处罚。"此时也意味着行政程序的终结。

7. 行政行为说明理由时应说明哪些内容？说明到何种程度？
8. 行政调查程序在行政过程中有怎样的意义？其应遵循怎样的基本要求？

拓展阅读：

1. 何海波：《内部行政程序的法律规制》（上、下），载《交大法学》2012 年第 1 期、第 2 期。
2. 何海波：《司法判决中的正当程序原则》，载《法学研究》2009 年第 1 期。
3. 宋华琳：《英国行政决定说明理由研究》，载《行政法学研究》2010 年第 2 期。
4. 宋华琳：《转型时期中国行政程序立法的几点思考》，载《中国行政管理》2008 年第 9 期。
5. 朱芒：《论行政程序正当化的法根据——日本行政程序法的发展及其启示》，载《外国法译评》1997 年第 1 期。
6. 朱芒：《行政程序中正当化装置的基本构成》，载《比较法研究》2007 年第 1 期。
7. 赵宏：《欧洲整合背景下的德国行政程序变革》，载《行政法学研究》2012 年第 3 期。
8. 于立深：《违反行政程序司法审查中的争点问题》，载《中国法学》2010 年第 5 期。
9. 肖凤城：《行政程序法的三个前提》，载《行政法学研究》2005 年第 4 期。
10. 应松年、王锡锌：《中国的行政程序立法：语境、问题与方案》，载《中国法学》2003 年第 6 期。
11. 高秦伟：《正当行政程序的判断模式》，载《法商研究》2004 年第 4 期。
12. 章剑生：《对违反法定行政程序的司法审查——以最高人民法院公布的典型案件（1985—2008）为例》，载《法学研究》2009 年第 2 期。
13. 章剑生：《现代行政程序的成因和功能分析》，载《中国法学》2001 年第 1 期。
14. 〔日〕室井力等主编：《日本行政程序法逐条注释》，朱芒译，上海三联书店 2009 年版。
15. 〔美〕马修：《行政国的正当程序》，沈岿译，高等教育出版社 2005 年版。
16. 〔美〕奥尔特：《正当法律程序简史》，杨明成等译，商务印书馆 2006 年版。
17. 应松年主编：《比较行政程序法》，中国法制出版社 1999 年版。
18. 张兴祥、刘飞、朱芒、何海波：《外国行政程序法研究》，中国法制出版社 2010 年版。
19. 马怀德主编：《行政程序立法研究》，法律出版社 2005 年版。
20. 王万华：《中国行政程序法典试拟稿及立法理由》，中国法制出版社 2010 年版。
21. 章剑生：《行政行为说明理由判解》，武汉大学出版社 2000 年版。

第十四章

行 政 责 任

> ✦ **学习目标**
> 通过本章的学习,主要掌握以下内容:
> 1. 行政赔偿的概念;行政赔偿与国家赔偿、司法赔偿、民事赔偿的关系
> 2. 行政赔偿的范围与赔偿主体
> 3. 行政赔偿的方式与计算标准
> 4. 行政补偿的概念
> 5. 行政补偿的范围、标准、程序
>
> ✦ **关键概念**
> 行政赔偿　行政补偿　行政赔偿范围　行政赔偿标准　行政补偿范围　行政补偿标准

第一节　行政责任概述

一、行政责任的概念

在法理学上,权利(权力)、义务与责任是三个紧密关联的法律概念。法律关系主体享有权利(权力)就要承担相应的义务;不履行或怠于履行义务就必须承担法律责任。权利与义务的对等性体现了法律的公平性,义务与责任的对应性彰显了法律的权威性。基于上述法原理,在行政法上,行政机关因行使行政职权而产生的法律责任,即行政责任。

这里所指的行政责任,是行政机关所承担的法律责任,不是行政相对人所承担的行政法上的法律责任。在行政管理中,行政相对人违反法律规定,必须承担相应的法律责任,行政相对人的这种行政责任,是由行政机关依照行政处罚法等法律、法规来追究的。如企业因生产、销售假冒伪劣商品被工商行政机关吊销营业执照,公民违反交通规则被交警罚款。行政相对人的这种法律责任在行政法上也被称为行政责任,以用来区别于其在刑法上的刑事责任、民法上的民事责任。

这里所指的行政责任,也不是指国家公务员所承担的法律责任。国家公务员在履行行

政职责的过程中有违法或者违纪情形的,依法也要承担相应的法律责任。如公务员因擅离职守而被记过或者撤销职务。这种法律责任也被称为行政责任,以区别于国家公务员承担的刑事责任、民事责任。国家公务员的行政责任是由行政监察机关或者它所属的行政机关或者上一级行政机关依照《行政监察法》等法律来追究的。

二、行政责任的分类

根据行政机关行使行政职权是否违法,将由此引起的行政责任分为行政赔偿和行政补偿。行政赔偿是行政机关因违法行使行政职权造成行政相对人合法权益损害而产生的行政责任,它由《国家赔偿法》调整。如公安机关违法拘留公民10天,公安机关就应当赔偿该公民10天人身自由的损害。行政补偿是行政机关因合法行使行政职权造成行政相对人合法权益损失而产生的行政责任,它由单行的法律、法规调整。如国家(通过法定的行政机关)为了公共利益的需要征收公民国有土地上的房屋,国家必须承担相应的补偿责任。这种行政补偿应当遵守《国有土地上房屋征收补偿条例》的规定。

需要指出的是,撤销违法行政决定、责令履行法定职责等不是行政责任,而是消灭违法的行政决定法效力、敦促行政机关依法行政的手段,它们本身可能成为行政赔偿的构成要件之一。

第二节 行 政 赔 偿

一、行政赔偿概说

《宪法》第41条第3款规定:"由于国家机关和国家工作人员侵犯公民权利而受到损失的人,有依照法律规定取得赔偿的权利。"这是确立行政赔偿制度的宪法依据。《行政诉讼法》第67条规定:"公民、法人或者其他组织的合法权益受到行政机关或者行政机关工作人员作出的具体行政行为侵犯造成损害的,有权请求赔偿。"这是部门法对宪法规定的具体化。但是,真正完成这个部门法具体化任务的是1994年《国家赔偿法》(2010年修正)。

(一)行政赔偿的概念

行政赔偿是指行政机关违法行使行政职侵犯公民、法人或者其他组织的合法权益并造成损害的,由国家依法赔偿的一种法律责任。它属于国家赔偿的一种形式,并由《国家赔偿法》调整。行政赔偿属于国家赔偿的一种,另一种是刑事赔偿,除刑事赔偿外,《国家赔偿法》还确认了法院在民事诉讼、行政诉讼过程中,违法采取对妨害诉讼的强制措施、保全措施或者对判决、裁定及其他生效法律文书执行错误造成损害的,受害人有权要求赔偿。

(二)行政赔偿构成要件

行政赔偿的上述概念表明,行政赔偿需具备以下构成要件:

(1)行政赔偿的侵权行为主体是行政机关。也就是说,只有行政机关实施的行政行为造成的损害,才能引起行政赔偿。司法机关、立法机关、军事机关都不能成为行政赔偿的侵权主体。另外,对行政机关应当作广义的理解,不仅包括中央及地方各级人民政府及其下设的工作部门,而且还包括法律法规授权的组织、委托的行政机关、共同实施侵权行为的行政机关。

(2) 行政赔偿以行政机关行使职权的行为侵犯了公民、法人和其他组织的合法权益为条件。1994年的《国家赔偿法》第2条规定:"国家机关和国家机关工作人员违法行使职权侵犯公民、法人和其他组织的合法权益造成损害的,受害人有依照本法取得国家赔偿的权利。"按此规定,行政赔偿以行政主体及其工作人员违法行使职权为要件。2010年《国家赔偿法》修改后,这一要件得到了修订。2010年修改的《国家赔偿法》第2条规定:"国家机关和国家机关工作人员行使职权,有本法规定的侵犯公民、法人和其他组织合法权益的情形,造成损害的,受害人有依照本法取得国家赔偿的权利。"可见,修改后的国家赔偿归责原则发生了变化,由原来的单一违法归责原则改为违法和结果并行的多元归责原则。不过,对于行政赔偿而言,还是以行政行为违法为归责原则。另外,这里的"行使职权"也包括行政机关"不作为"。最高人民法院在《关于公安机关不履行法定行政职责是否承担行政赔偿责任问题的批复》(法释[2001]23号)中认为:"由于公安机关不履行法定行政职责,致使公民、法人和其他组织的合法权益遭受损害的,应当承担行政赔偿责任。在确定赔偿的数额时,应当考虑该不履行法定职责的行为在损害发生过程和结果中所起的作用等因素。"

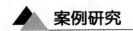

案例研究

分析本案的行政赔偿归责原则

祁县华誉纤维厂于2003年8月经祁县发展计划局批准成立,属于个人独资企业。计划局的批文要求,祁县华誉纤维厂在收到批文后尽快办理土地、城建、环保、工商、税务、地政等行政手续。之后,华誉纤维厂即请专家设计并购买生产设备,于当年11月投产。2003年12月,祁县人民政府以华誉纤维厂没有办理环保手续为由对其行政处罚3000元。为此,华誉纤维厂向有关部门办理了工商营业执照、税务登记证、组织机构代码证、防雷设施安全检查合格证、产品质量技术检验报告等手续。2005年8月,祁县人民政府以"祁县挂牌督办环境违法企业名单"通知华誉纤维厂完善环保审批手续。2005年11月,晋中市环保监察大队以华誉纤维厂无任何环保审批手续为由,对原告罚款10000元,并要求立即完善环保手续。2006年4月,祁县人民政府执法检查中再次认定华誉纤维厂为挂牌督办违法企业。为此,华誉纤维厂向祁县人民政府缴纳3000元环保手续办理费。2007年5月,祁县人民政府以华誉纤维厂不符合国家产业政策、污染严重、治理无望为由,决定淘汰华誉纤维厂,并下令关闭。同年6月,祁县人民政府专项行动领导组对华誉纤维厂采取停水、断电、查封措施,强制华誉纤维厂停止生产。华誉纤维厂对上述强制措施不服,提起行政诉讼。晋中市中级人民法院以(2008)晋中中法初字第8号行政判决,确认祁县人民政府具体行政行为违法,并予以撤销。该判决生效后,华誉纤维厂提出行政赔偿请求。祁县人民政府不予赔偿。遂提起行政诉讼。法院受理后查明,华誉纤维厂名为纤维厂,实际设备是生产二硫化碳的,生产存货也为二硫化碳。二硫化碳属于危险化学品。另查明,华誉纤维厂投产后至诉讼之日始终未取得环境影响评价手续、安全生产许可证和企业占地合法手续。一、二审法院均判决驳回其赔偿请求。(资料来源:《最高人民法院公报》2011年第4期)

（3）行政赔偿的请求人是合法权益受到侵害的公民、法人和其他组织。凡是合法权益受行政机关职权行为侵害的公民、法人和其他组织，都可能成为行政赔偿的请求权人，它不局限于行政相对人。受到侵害的权益必须是合法的，不合法权益不受保护，如赌博得到的钱财、偷盗来的赃物和违法建筑等。行政赔偿请求人的请求权可以移转、继承。如受害的公民死亡的，其继承人和其他有抚养关系的亲属以及死者生前抚养的无劳动能力的人可以成为行政赔偿请求人；企业法人或者其他组织被行政机关撤销、变更、兼并、注销，认为经营自主权受到侵害，原企业法人或其他组织，或者对其享有权利的法人或其他组织均可成为行政赔偿请求人。

（4）行政赔偿的责任主体是国家，而不是实施违法行政行为的行政机关。行政机关由国家设立，其职能属国家职能，行政权也属国家权力，行政机关行使行政职权的行为，是代表国家进行的，行政机关是国家创设的法律主体，所以，行政机关的活动本质上是一种国家活动。因此，行政机关违法实施行政行为，侵犯公民、法人或其他组织合法权益并造成损害的，其法律后果都归属于国家，赔偿费用由国库支出，列入各级政府财政预算。

 案例研究

分析、提炼出本案行政赔偿的构成要件

王丽萍是开封市金属回收公司下岗工人，现在中牟县东漳乡小店村开办一个养猪场。2001年9月27日上午，王丽萍借用小店村村民张俊明、王老虎、王书田的小四轮拖拉机，装载31头生猪到开封贸易实业公司所设的收猪点销售。中途，中牟县交通局的工作人员拦车进行检查，并以没有缴纳养路费为由，对张俊明、王老虎、王书田3人作出暂扣车辆的决定。然后，中牟县交通局的工作人员将装生猪的3辆两轮拖斗摘下放在仓寨乡黑寨村村南，驾驶3台小四轮主车离去。卸下的两轮拖斗车失去车头支撑后成45度角倾斜。拖斗内的生猪站立不住，往一侧挤压，当场因挤压受热死亡2头。王丽萍在仓寨乡党庄村马书杰的帮助下，将剩下的29头生猪转移到收猪车上。29头生猪运抵开封时，又死亡13头。王丽萍将13头死猪以每头30元的价格卖给了开封市个体工商户刘毅。同年11月22日，王丽萍向中牟县交通局申请赔偿。中牟县交通局拒绝赔偿。王丽萍遂提起行政诉讼，请求判令中牟县交通局赔偿生猪死亡损失10500元，交通费1700元。（资料来源：《最高人民法院公报》2003年第3期）

（三）与相关概念的区别

1. 行政补偿

行政补偿与行政赔偿之间有严格的区别。其不同点主要体现在以下四个方面：（1）基础不同。行政赔偿是由行政机关违法行为引起的，而行政补偿则是由合法行为引起的。这是两者之间本质区别。（2）范围不同。行政赔偿虽有适用范围的限制，但整体来看要比行政补偿范围宽；行政补偿则以直接损失为限，其补偿金额往往小于直接损失。原因在于行政

机关通常是为了公共利益需要实施行政行为,进而引起行政补偿。如行政机关为了修建学校而收回行政相对人的国有土地使用权。(3)发生时间不同。行政赔偿只能在合法权益损害发生之后进行,行政补偿则原则上必须在合法权益损失发生之前进行,例外才可以事后补偿。(4)偿付方式不同。行政赔偿以金钱赔偿为主,以返还财产和恢复原状为辅;行政补偿的方式则比较灵活。实践中,除金钱补偿外,财物调配优惠、特许权的授予、安排就业、分配住房和解决农转非指标等都被作为补偿的方式。

2. 司法赔偿

司法赔偿是司法机关在行使职权过程中侵犯公民、法人或者其他组织的合法权益并造成损害,由国家承担赔偿的一种法律责任。它与行政赔偿的区别主要表现在以下几个方面:(1)侵权主体不同。在行政赔偿中,实施侵权行为的是国家行政机关,包括法律、法规授权的组织;而在司法赔偿中,实施侵权行为的主体是履行司法职能的国家机关,主要包括公安机关、国家安全机关、国家检察机关、国家审判机关、监狱管理机关等。(2)发生基础不同。行政侵权行为所导致的行政赔偿责任发生在行政管理过程中;而司法赔偿则发生在司法过程中,是由侦查、检察、审判等司法行为所引起的。(3)追偿条件不同。虽然国家在承担赔偿责任后都可以对违法行使公权力的公务员进行追偿,但两者条件有较大的差异。行政追偿的条件是行政机关工作人员在行使职权过程中有故意或者重大过失,这种标准具有明显的主观性。司法追偿包括三种情形:第一,司法机关工作人员刑讯逼供或者以殴打等暴力行为或者唆使他人以殴打等暴力行为造成公民身体伤害或者死亡的。第二,违法使用武器、警械造成公民身体伤害或者死亡的。第三,在处理案件中有贪污受贿、徇私舞弊、枉法裁判行为。因此,司法追偿条件带有明显的行为客观性。(4)申请赔偿的程序不同。行政赔偿程序分为单独提出赔偿程序和一并提出赔偿程序。行政赔偿争议在行政程序不能解决的,还可以通过行政诉讼途径解决。而司法赔偿中,受害人如果对赔偿义务机关的决定不服,可以向其上一级机关申请复议,对复议决定不服的,向复议机关所在地的同级人民法院的赔偿委员会申请,由其作出最终的决定。因此,司法赔偿是通过非诉讼方式进行的。

3. 民事赔偿

民事赔偿是平等主体之间因侵权或违约行为引起的民事责任。它与行政赔偿的区别主要表现在:(1)赔偿主体不同。行政赔偿的责任主体是国家,具体的赔偿义务由法定的赔偿义务机关承担;民事赔偿的主体是法人或自然人等民事主体,赔偿主体与赔偿义务人通常是一致的。(2)原因不同。行政赔偿是行政机关行使行政职权所导致,而民事赔偿则是民事行为导致。(3)范围不同。民事赔偿范围大于行政赔偿的范围。行政赔偿范围由国家赔偿法作出规定,赔偿范围是行政侵权行为对人身权和财产权造成的直接损失,间接损失的赔偿受到较大限制。民事赔偿不但要全额赔偿各种直接损失,而且要赔偿一定的间接损失。(4)归责原则不同。行政赔偿的归责原则是违法原则,民事赔偿的归责原则则是过错原则,并以无过错责任和公平原则为补充。(5)赔偿程序不同。行政赔偿程序可分为行政处理程序与诉讼程序。除受害人在行政诉讼和行政复议中一并提起行政赔偿请求外,受害人单独提出赔偿请求的,应先向赔偿义务机关提出,否则法院不予受理。民事赔偿的权利人则可直接向法院提出赔偿请求。(6)赔偿方式不同。行政赔偿以支付赔偿金为主要赔偿方式。民事赔偿则既包括金钱赔偿方式,也包括恢复原状、返还财产等赔偿方式。

案例研究

本案是行政赔偿还是行政补偿

孙树常系临沂市兰山区劳动服务公司职工，住公司家属院住宅楼内一单元房里。2001年9月21日，临沂市房产管理局作出房屋拆迁许可证，许可拆迁孙树常所住住宅楼。2002年4月25日，临沂市房产管理局作出城市房屋拆迁裁决书，孙树常对该拆迁决定未申请复议，也未起诉。之后，临沂市房产管理局申请临沂市中级人民法院强制执行。同年8月6日，临沂市中级人民法院裁定准予执行。孙树常的房屋就此被强制拆除。与此同时，案外人于化英在本案拆迁范围内拥有住房一套。该房屋基于孙树常房屋同样的事实被强制拆除。于化英对上述拆许可证不服提起行政诉讼。2003年11月28日，山东省高级人民法院作出（2003）鲁行终字第87号行政判决，确认本案涉及的房屋拆迁许可证违法。于化英根据此终审判决向临沂市中级人民法院提起行政赔偿诉讼，该案经山东省高级人民法院终审判决，现已执行完毕。孙树常遂据此提起行政赔偿诉讼。（最高人民法院中国应用法学研究所编：《人民法院案例选》，人民法院出版社2012年版，第319—324页）

二、行政赔偿范围

对哪些行政行为造成的哪些损害予以赔偿，或者，对哪些行政行为造成的哪些损害不予赔偿，这是行政赔偿制度首先要解决的问题。这个问题的答案即为行政赔偿范围。《国家赔偿法》采取了正面列举和反面排除的立法方法，在正面列举了侵犯人身权、财产权的行政赔偿范围之后，又反面列举了不予行政赔偿的范围。

（一）侵犯人身权的行政赔偿范围

《宪法》第37条规定："中华人民共和国公民的人身自由不受侵犯。任何公民，非经人民检察院批准或者决定或者人民法院决定，并由公安机关执行，不受逮捕。禁止非法拘禁和以其他方法非法剥夺或者限制公民的人身自由，禁止非法搜查公民的身体。"由此可见，公民人身权是为宪法规定的基本权利。行政机关对人身权的侵犯，既包括对人身自由权的侵犯，也包括对健康权和生命权的侵犯。《国家赔偿法》第3条规定，行政机关及其工作人员在行使行政职权时有下列侵犯公民人身权情形之一的，受害人有取得赔偿的权利：

（1）违法拘留或者违法采取限制人身自由的行政强制措施。行政拘留是公安机关根据《治安管理处罚法》的规定，对公民作出的限制人身自由的一种行政处罚。如《治安管理处罚法》第39条规定："旅馆、饭店、影剧院、娱乐场、运动场、展览馆或者其他供社会公众活动的场所的经营管理人员，违反安全规定，致使该场所有发生安全事故危险，经公安机关责令改正，拒不改正的，处5日以下拘留。"涉及人身权的行政强制措施是指行政机关在行政管理过程中，为制止违法行为、防止证据损毁、避免危害发生、控制危险扩大等情形，依法对公民的人身自由实施暂时性限制的行为。如《治安管理处罚法》第15条第2款规定："醉酒的人在醉酒状态中，对本人有危险或者对他人的人身、财产或者公共安全有威胁的，应当对其采取保护性措施约束至酒醒。"行政机关必须依法实施行政拘留、采取限制人身自由的行政强制措施，否则，应当承担行政赔偿责任。

(2) 非法拘禁或者以其他方法非法剥夺公民人身自由。所谓"非法"，即没有法律依据。因此，这里的"非法拘禁或者以其他方法非法剥夺公民人身自由"是指行政机关采取了行政拘留、行政强制措施之外的方法，剥夺公民人身自由。"非法拘禁"，在实务中如乡镇人民政府关押没有交纳费用的公民等；"其他方法"，在实务中如以参加学习班学习法律知识的名义，不允许公民回家等。这类行为，行政机关一经实施即构成违法，因此，在行政法上它通常表现为无权限的行政违法行为。

(3) 以殴打等暴力行为或者唆使他人以殴打等暴力行为造成公民身体伤害或者死亡。所谓"殴打等暴力行为"，是行政机关公务员在行使职权过程中，实施了如殴打、捆绑、吊打等，导致公民身体伤害或者死亡。"唆使他人以殴打等暴力行为"是行政机关公务员在行使职过程中，采取引诱、授意、怂恿他人等教唆方法，由他人对公民实施暴力行为，导致公民身体伤害或者死亡。这两种行为性质属于行政事实行为，也属于行政赔偿范围。

(4) 违法使用武器、警械造成公民身体伤害或者死亡。所谓"武器、警械"是指枪支、警棍、警笛、手铐、警绳等。根据《人民警察法》《海关法》《军事设施保护法》等规定，警察等行政机关公务员有权在法定情况下使用武器、警械。如国务院批准实施的《人民警察使用武器和警械的规定》对武器、警械的使用情形作了明确、具体的规定。警察等行政机关公务员违反法律、法规规定使用武器、警械造成公民身体伤害或者死亡的，应当承担行政赔偿责任。

(5) 造成公民身体伤害或者死亡的其他违法行为。除了上述四种情形外，行政机关实施其他违法行为造成公民身体伤害或者死亡的，也属于行政赔偿范围。如对关押的公民有病不给治疗、不让睡觉、噪音干扰等，导致公民身体伤害或者死亡的。

(二) 侵犯财产权的赔偿范围

《宪法》第13条规定："公民的合法的私有财产不受侵犯。"因此，财产权也是公民所享有的、为宪法所规定的基本权利。《国家赔偿法》第4条规定，行政机关及其工作人员在行使行政职权时有下列侵犯财产权情形之一的，受害人有取得赔偿的权利：

(1) 违法实施罚款、吊销许可证和执照、责令停产停业、没收财物等行政处罚。行政处罚是行政机关对违反行政法规范的行政相对人所给予的行政法上的法律制裁。它是行政机关一项重要的法定职权。在依法行政原理支配下，行政机关行使行政处罚权，必须严格遵守《行政处罚法》等法律、法规和规章的规定。如行政机关违法实施了罚款、吊销许可证和执照、责令停产停业、没收财物等行政处罚的，受害人有权请求赔偿。

(2) 违法对财产采取查封、扣押、冻结等行政强制措施。涉及财产权的行政强制措施是指行政机关在行政管理过程中，为制止违法行为、防止证据损毁、避免危害发生、控制危险扩大等情形，依法对公民、法人或者其他组织的财物实施暂时性控制的行为。查封即就地封存，财产的所有权人或者使用权人不得支配、处置被查封的财产，主要适用于不动产。扣押即移走，财产的所有权人或者使用权人无法支配、处置被扣押的财产。冻结即强制命令银行、邮政不得支付行政相对人的存款、汇款。行政机关实施行政强制措施必须遵守《行政强制法》，否则可能产生行政赔偿责任。

(3) 违反国家规定征收、征用财产。征收，即行政机关为了公共利益需要，依照法律规定将非国有财产收归国有,并给予补偿的一种行政行为。征用,即行政机关为了公共利益需要,依照法律规定使用非国有财产,并给予补偿的一种行政行为。宪法修正案第20条规定:"国家为了公共利益的需要,可以依照法律规定对土地实行征收或者征用并给予补偿。"第22条规定:"国家为了公共利益的需要,可以依照法律规定对公民的私有财产实行征收或者征用并给予补偿。"可见,因征收、征用涉及公民宪法上的基本权利,故宪法对此作出明文规定。行政机关必须依照法律规定实施行政征收、征用财产行为,不得侵犯公民的财产权。

(4)造成财产损害的其他违法行为。上述明确列举的三类行政行为,即为行政处罚法所调整的行政处罚、行政强制法所调整的行政强制措施以及为其他法律法规所调整的行政征收行为。对相关概念可结合这些法律来理解。"违法"的认定与对侵犯人身权利的违法或非法行政行为的认定标准一样。至于其他违法行为,主要指没有加以列举,但也由于行政权力的行使,造成了公民财产现实损害的行为,具体指除行政处罚、行政强制措施及行政征收行为之外的其他违法行为,如行政机关的不作为、行政检查、行政裁决等行为造成的财产损害。

 案例研究

行政不作为可以引起行政赔偿吗

(本案是一起针对公安机关的行政不作为提起的行政赔偿案件。原告所经营的门市部在夜晚被人盗窃时,邻居向公安局"110指挥中心"报案,但接到报警的民警拒不出警,致使其经济受到损失,原告因此提起行政赔偿诉讼。一审法院判决被告赔偿原告12500.75元。通过本案可以对行政不作为的构成要件作一些初步的了解。)

2002年6月27日凌晨3时许,尹琛琰位于卢氏县县城东门外的"工艺礼花渔具门市部"(以下简称门市部)发生盗窃,作案人的撬门声惊动了在街道对面"劳动就业培训中心招待所"住宿的旅客吴古栾、程发新,他们又叫醒了该招待所负责人任春风,当他们确认有人行窃时,即打电话110向警方报案,前后两次打通了卢氏县公安局"110指挥中心"并报告了案情,但卢氏县公安局始终没有派人出警。二十多分钟后,作案人将盗窃物品装上一辆摩托车后驶离了现场。尹琛琰被盗的物品为渔具等货物,价值总计24546.50元人民币。案发后,尹琛琰向卢氏县公安局提交了申诉材料,要求卢氏县公安局惩处有关责任人,尽快破案,并赔偿其损失。卢氏县公安局一直没有作出答复。于是,尹琛琰向卢氏县法院提起行政诉讼,请求法院根据国家赔偿法的规定,责令卢氏县公安局赔偿其全部损失。(资料来源:《最高人民法院公报》2003年第2期)

(三)国家不予赔偿的范围

在划定行政赔偿范围之后再划出一个不予赔偿的范围,可以进一步理清行政赔偿的范围。根据《国家赔偿法》第5条规定,属于下列情形之一的,国家不承担赔偿责任:

（1）行政机关工作人员与行使职权无关的个人行为。行政机关工作人员以公职身份实施的与行政职权本身行为或者与行政职权有密切联系的行为，都应当视为职务行为，由此产生的一切法律后果都应归属于国家，由国家承担赔偿责任。但是，行政机关工作人员并不总是代表其供职的单位从事活动。当行政机关工作人员以普通公民的身份从事社会活动，行使其民事权利或者其他公民权利时，就不再是行使行政职权，而是个人行为。此时，因其行为造成损害引起的赔偿责任就不应由国家承担。

（2）因公民、法人和其他组织自己的行为致使损害发生。在这种情形下，因公民或其他组织受到的人身权、财产权损害与行政机关没有因果关系，当然不应当由行政机关承担赔偿责任。但要注意的是，行政机关对受害人自己的行为造成的损害不予赔偿必须具备两个条件：一是受害人有故意，其故意是导致行政机关实施侵权行为的主要或全部原因；二是损害必须完全是受害人自己的故意行为所致。如果公民行为只是其中部分原因，那么需要依照行政赔偿构成要件，判断行政机关是否需要承担行政赔偿责任。

（3）法律规定的其他情形。这里的"法律"应该解释为狭义的法律，即由全国人大及其常委会制定的法律。这一条款主要应包括以下几种情况：一是行为本身就不符合国家赔偿条件而由法律规定不予赔偿；二是行为本身符合国家赔偿的条件和要素，但是考虑到目前我国的经济、政治等层面的原因，因而规定不由国家承担赔偿责任；三是已经适用其他部门法的抗辩事由来减免国家赔偿责任，如民法上的抗辩事由。

抽象行政行为是否可以引起行政赔偿

《行政诉讼法》第12条第2项将抽象行政行为排除在受案范围之外，但《国家赔偿法》没有明确排除，这表明实务界的态度还不明朗。学界有三种代表性观点：(1)否定说。认为受害人不能请求赔偿，因为，第一，规定立法赔偿的国家较少，并且这些国家本身也严格限制国家赔偿；第二，抽象行政行为造成的损害要通过具体行政行为实现，受害人控告具体行政行为就可以得到救济；第三，行政赔偿是以人民法院的司法审查权为前提的，由于《行政诉讼法》规定人民法院不受理抽象行政行为引起的行政争议，相应的国家赔偿就无从谈起。(2)肯定说。因为，抽象行政行为可能违法，侵害特定公民权益的，没有其他替代责任形式；我国立法没有明确排除，也符合世界潮流。(3)折中说。认为根据《国家赔偿法》和《行政诉讼法》的本意，对行政立法行为造成的损害，国家不负赔偿责任；但对其他抽象行政行为，在构成要件具备的情况下，国家应当承担赔偿责任。理由是，国家对行政立法行为不承担赔偿责任的原因是人民法院对行政法规和规章只有一定程度的法律评价和选择适用权，没有司法审查权；对其他抽象行政行为承担赔偿责任的必要性在于，除了适用对象外其他方面与具体行政行为无异，程序不严格，也不一定通过具体行政行为实施。（资料来源：高家伟：《国家赔偿法》，商务印书馆2004年版，第139—140页）

案例研究

杨春庭的赔偿请求能否得到法院支持

美亭化工厂位于江宁区东山镇。2002年5月,厂长杨春庭接到江宁区建设局下属部门——科学园发展公司的拆迁通知,双方就拆迁安置补偿方式、补偿标准、补偿金额及适用法律法规等问题进行了多次谈判,终因分歧太大未能达成拆迁补偿协议,杨春庭只好依法向区建设局提起行政裁决申请。同年7月31日,江宁区建设局依据1996年制定的《江宁县城镇房屋拆迁管理暂行办法》(下称暂行办法),裁决科学园发展公司给予美亭化工厂拆迁补偿安置费用135万余元。杨春庭急了,因为根据他委托南京华盛兴伟评估公司对自己被拆迁资产进行的评估,并参照2001年《南京市城市房屋拆迁管理办法》测算,补偿安置费应为447万元。两者相差300多万元,原因何在?原因是双方所依据的法规不同,因此补偿标准也就不一样。区建设局依据的暂行办法是在1996年依据南京市的拆迁办法制定的。2000年3月,南京市已制定了新的拆迁办法,同时废止1996年的拆迁办法。2001年11月,国务院颁布了《城市房屋拆迁管理条例》,一个月后,南京市据此再一次制定了新的拆迁办法并颁布实施,而江宁区政府却一直坚持沿用7年前的暂行办法。杨厂长给记者算了一笔账:按南京市2001年的拆迁办法核算应补偿他447万元;按南京市2000年的拆迁办法核算应补偿303万元;按江宁区1996年的暂行办法补偿却只有135万元。2003年3月24日,杨春庭在南京市中级人民法院的门口犹豫再三,终于下决心走进大门递交了一份行政起诉书,状告南京市江宁区政府不按上位法规及时修改房屋拆迁管理办法致使自己损失惨重的行政不作为。(资料来源:《全国首例公民状告政府行政"立法"不作为》,载《法制日报》2003年3月25日)

三、行政赔偿义务机关

行政赔偿义务机关是指代表国家接受受害人的行政赔偿请求,作出是否赔偿决定,参加行政赔偿复议、诉讼,代替国家履行赔偿义务等的行政机关。由于国家是一个抽象的政治实体,受害人无法直接请求国家承担具体的赔偿义务,因此,当今世界上许多国家立法中采取了"国家责任,机关赔偿"的原则。我国在行政赔偿制度中也采取了这一赔偿原则。但是,仅仅这样一个确定赔偿的原则还不足以使受害人明确应当向哪个国家机关申请赔偿,为此,《国家赔偿法》和最高人民法院有关司法解释对此作出了明确规定。

行政赔偿的要件之一是违法行使职权,而在实务中,确定哪个行政机关违法行使行政职权有时十分复杂,因此,《国家赔偿法》第7条分别作出了如下规定:

(一)行政机关单独致人损害的赔偿义务机关

行政机关行使行政职权侵犯公民、法人或者其他组织的合法权益造成损害的,该行政机关为赔偿义务机关。必须注意的是,行政机关工作人员与行政机关之间的关系,决定了行政机关工作人员不可能成为行使行政职权的主体,他都是以所属的行政机关名义行使行政职权的,否则他的行为只能引起民事赔偿。反之,行政机关离开了它的工作人员,也不可能行使行政职权,它的行政职权都是通过它的行政机关工作人员行使的。

(二) 两个以上行政机关共同致人损害的赔偿义务机关

两个以上行政机关共同行使职权侵犯公民、法人和其他组织的合法权益造成损害的,共同行使行政职权的行政机关为共同赔偿义务机关。共同行使职权是指两个以上行政机关对同一事实以共同署名方式行使行政职权。受害人可以向它们共同提起赔偿请求,也可以向其中任何一个行政机关提出赔偿请求,该行政机关必须单独或与其他义务机关共同支付赔偿费用,承担赔偿义务。

(三) 行政委托中的赔偿义务机关

受行政机关委托的组织或者个人在行使受委托的行政职权时,侵犯公民、法人和其他组织的合法权益造成损害的,由委托行政机关为赔偿义务机关。在实务中,行政机关委托行政情况较为常见,如行政处罚等。行政机关根据需要将部分行政职权委托给其他组织或个人行使,在这种情况下受委托的组织或个人应当以委托行政机关的名义活动,其行为后果归属于委托的行政机关。因此,当受委托的组织或个人在委托行政中违法行使所委托的行政职权时,由委托的行政机关作为赔偿义务机关。

(四) 行政机关被撤销后的赔偿义务机关

行政机关在违法行使行政职权之后,因机构改革等原因被撤销,此时,受害人申请赔偿就会产生赔偿义务机关"空缺"问题。为此,《国家赔偿法》第7条第5款明确规定:"赔偿义务机关被撤销的,继续行使其职权的行政机关为赔偿义务机关;没有继续行使其职权的行政机关的,撤销该赔偿义务机关的行政机关为赔偿义务机关。"之所以在赔偿义务机关被撤销的情况下,由继续行使其职权的行政机关作为赔偿义务机关,其原因在于,行政机关虽然可撤销,但行政职权不能撤销,只能发生转移。因此,按照职权与职责一致的原则,继续行使其职权的行政机关,也同样应当履行其赔偿义务。我国目前处在改革阶段,政府职能和机构设置还没有完全定型,所以行政机关的变动还是较为频繁的,因此有必要通过法律的途径对行政机关被撤销后的赔偿义务机关加以规定。

(五) 经过行政复议的赔偿义务机关

经过行政复议的,行政赔偿义务机关确定大体可以分为两种情况:(1)复议机关减轻损害或者维持原行政行为的,由最初作出侵权损害行为的行政机关为赔偿义务机关;(2)复议机关在复议决定中加重损害的,原行政机关与复议机关作为共同赔偿义务机关,复议机关对加重的损害部分承担赔偿义务,对原行政行为造成的损害仍由最初造成损害的行政机关赔偿。

(六) 法律、法规授权组织的赔偿义务机关

除了行政机关外,法律、法规授权组织也是行使行政职权的主体,它们与行政机关具有相同的法律地位。法律、法规授权的组织也有多重身份,只有当它在行使法律、法规授予的

行政职权时,才有与行政机关相同的法律地位。所以,法律、法规授权组织违法行使职权给公民、法人或其他组织合法权益造成损害的,应当由国家承担赔偿责任。为此,《国家赔偿法》第7条第3款规定:"法律、法规授权的组织在行使授予的行政权力时侵犯公民、法人和其他组织的合法权益造成损害的,被授权的组织为赔偿义务机关。"

四、行政赔偿程序

行政赔偿程序是行政赔偿请求人向赔偿义务机关提出申请、赔偿义务机关处理行政赔偿事宜,以及法院审理行政赔偿案件应当遵守的步骤、方式、时限等要素所构成的一个连续过程。就法律程序功能而言,行政赔偿程序是保障受害人依法行使赔偿请求权、规范国家机关受理和处理赔偿事宜的重要制度。

《行政复议法》第29条规定:"申请人在申请行政复议时可以一并提出行政赔偿请求,行政复议机关对符合国家赔偿法的有关规定应当给予赔偿的,在决定撤销、变更具体行政行为或者确认具体行政行为违法时,应当同时决定被申请人依法给予赔偿。"《行政诉讼法》第67条规定:"公民、法人或者其他组织的合法权益受到行政机关或者行政机关工作人员作出的具体行政行为侵犯造成损害的,有权请求赔偿。公民、法人或者其他组织单独就损害赔偿提出请求,应当先由行政机关解决。对行政机关的处理不服,可以向人民法院提起诉讼。"《国家赔偿法》第9条第2款规定:"赔偿请求人要求赔偿,应当先向赔偿义务机关提出,也可以在申请行政复议或者提起行政诉讼时一并提出。"由上述这些相关法律规定中可以看出,受害人申请行政赔偿有两种途径:一是单独提起赔偿请求;二是在行政复议、行政诉讼中一并提起。

(一)单独请求行政赔偿的程序

受害人单独提起行政赔偿请求时,应当先向法定的行政赔偿义务机关提出。赔偿义务机关不予受理、在法定期间不作出决定、作出不予赔偿决定或赔偿请求人对行政机关决定赔偿的数额有异议时,赔偿请求人可以依法申请行政复议或者向法院提起诉讼。法律规定由行政赔偿义务机关先行处理这一前置程序,可以为行政机关提供一个自行负责、自行履行赔偿义务的机会,也有利于减少受害人的讼累。单独请求行政赔偿的程序比较简单,主要是赔偿请求人提出申请和赔偿义务机关作出决定。

1. 行政赔偿申请的提出

赔偿请求人提出行政赔偿申请之后,行政赔偿程序才能启动。如果赔偿义务机关有两个以上,赔偿请求人可以向共同赔偿义务机关中的任何一个赔偿义务机关提出申请,该赔偿义务机关应当先予赔偿。赔偿请求人根据合法权益受到的不同损害,可以同时提出数项赔偿要求。

赔偿请求人要求赔偿时应当递交申请书,申请书应当载明下列事项:(1)受害人的姓名、性别、年龄、工作单位和住所,法人或者其他组织的名称、住所和法定代表人或者主要负责人的姓名、职务;(2)具体的要求、事实根据和理由;(3)申请的年、月、日。赔偿请求人书写申请书确有困难的,可以委托他人代书;申请人也可以口头申请,由赔偿义务机关记入笔录。赔偿请求人不是受害人本人的,应当说明与受害人的关系,并提供相应证明材料。

赔偿请求人当面递交申请书的,赔偿义务机关应当当场出具加盖本行政机关专用印章并注明收讫日期的书面凭证。"书面凭证"是赔偿请求人敦促赔偿机关作出决定,或者申请行政复议和提起行政诉讼的证据。申请材料不齐全的,赔偿义务机关应当当场或者在5日内一次告知赔偿请求人需要补正的全部内容。

2. 赔偿义务机关的处理

赔偿义务机关应当自收到申请之日起两个月内作出是否赔偿的行政决定。赔偿义务机关作出赔偿决定之前,应当充分听取赔偿请求人的意见,并可以与赔偿请求人就赔偿方式、赔偿项目和赔偿数额依法进行协商。赔偿义务机关决定赔偿的,应当制作赔偿决定书,并自作出决定之日起10日内送达赔偿请求人。赔偿义务机关决定不予赔偿的,应当自作出决定之日起10日内书面通知赔偿请求人,并说明不予赔偿的理由。

赔偿义务机关在规定期限内未作出是否赔偿的行政决定,赔偿请求人可以自期限届满之日起3个月内,向人民法院提起诉讼。赔偿请求人对赔偿的方式、项目、数额有异议的,或者赔偿义务机关作出不予赔偿决定的,赔偿请求人也可以自赔偿义务机关作出赔偿或者不予赔偿决定之日起3个月内,向人民法院提起诉讼。在向人民法院提起行政诉讼之前,赔偿请求人也可以先依法申请行政复议,对行政复议决定不服的,再依法向人民法院提起行政诉讼。

(二) 一并提出赔偿请求的程序

根据《国家赔偿法》第9条第2款以及《行政复议法》第29条的规定,赔偿请求人可以在申请行政复议、提起行政诉讼的同时一并提出行政赔偿请求。一并提出赔偿请求的程序可以分为行政赔偿复议程序与行政赔偿诉讼程序。

1. 行政赔偿复议程序

如果赔偿请求人在行政复议程序中一并提出赔偿请求的,首先应递交行政复议申请书,在行政复议申请书的请求和理由中一并提出行政赔偿请求,并写明行政违法行为与损害结果的因果关系、损害程度、具体赔偿要求等内容。

《行政复议法》和《行政复议法实施条例》对行政复议一并请求行政赔偿如何审查没有作出特别的程序规定,所以,行政复议机关对行政赔偿事宜的处理可以适用一般的行政复议程序。不过,《行政复议法实施条例》第50条规定:"有下列情形之一的,行政复议机关可以按照自愿、合法的原则进行调解:(1) 公民、法人或者其他组织对行政机关行使法律、法规规定的自由裁量权作出的具体行政行为不服申请行政复议的;(2) 当事人之间的行政赔偿或者行政补偿纠纷。"这一规定确立了行政复议中的调解程序。该条还进一步规定:"当事人经调解达成协议的,行政复议机关应当制作行政复议调解书。调解书应当载明行政复议请求、事实、理由和调解结果,并加盖行政复议机关印章。行政复议调解书经双方当事人签字,即具有法律效力。调解未达成协议或者调解书生效前一方反悔的,行政复议机关应当及时作出行政复议决定。"对于行政赔偿请求,行政复议机关可以适用调解程序。

《行政复议法》第31条规定:"行政复议机关应当自受理申请之日起60日内作出行政复议决定;但是法律规定的行政复议期限少于60日的除外。情况复杂,不能在规定期限内作出行政复议决定的,经行政复议机关的负责人批准,可以适当延长,并告知申请人和被申请人;但是延长期限最多不超过30日。"行政复议机关对行政赔偿事宜的处理期限应当与行政复议的期限相同。行政复议机关就行政赔偿事宜在行政复议决定书中作出决定后,赔偿请求人不服的,可以向人民法院提起行政诉讼。

2. 行政赔偿诉讼程序

行政赔偿诉讼程序是指人民法院审理行政赔偿争议的诉讼程序。受害人可以在针对行政行为提起行政诉讼时一并提出赔偿请求,也可以在行政复议机关作出决定或者赔偿义务机关作出决定之后,向人民法院提起行政赔偿诉讼。

根据《行政诉讼法》和《国家赔偿法》的相关规定,提起行政赔偿诉讼应当具备以下法定条件:(1)原告是行政侵权行为的受害人,可以是公民,也可以是法人或者其他组织。(2)有明确的被告。在行政赔偿诉讼中,被告是实施违法行政行为的行政机关或法律、法规授权组织。(3)有具体的诉讼请求和相应的事实根据,并提供了有关的证据材料。(4)属于人民法院受案范围及受诉人民法院管辖。行政赔偿诉讼管辖适用《行政诉讼法》有关管辖的规定。(5)原告单独提出赔偿请求的,必须经过了赔偿义务机关的先行处理程序。这是单独提起行政赔偿诉讼的前提条件。(6)在法律规定的时效内起诉。如《国家赔偿法》第14条规定,当事人在赔偿义务机关逾期不予赔偿或对赔偿数额有异议,应当在赔偿义务机关处理期限届满后3个月内提起诉讼。

在行政赔偿诉讼中,还有如下两个程序性问题需要作进一步解释:

(1)举证责任分配。在行政诉讼中,被告对被诉行政行为合法性承担举证责任。在行政赔偿诉讼中,原告对因被诉行政行为侵害而造成损失的事实以及提出的主张承担举证责任,但也有例外。《国家赔偿法》第15条规定:"人民法院审理行政赔偿案件,赔偿请求人和赔偿义务机关对自己提出的主张,应当提供证据。赔偿义务机关采取行政拘留或者限制人身自由的强制措施期间,被限制人身自由的人死亡或者丧失行为能力的,赔偿义务机关的行为与被限制人身自由的人的死亡或者丧失行为能力是否存在因果关系,赔偿义务机关应当提供证据。"根据这一法律规定,"因果关系"是否存在由被告承担举证责任。

(2)调解的适用。行政赔偿诉讼可以调解,这是行政赔偿诉讼与其他行政诉讼在审理方式上的明显区别。《行政诉讼法》第67条第3款规定:"赔偿诉讼可以适用调解。"行政赔偿诉讼中的调解,就是人民法院在双方自愿的基础上,就赔偿数额在双方当事人之间进行协商,促使双方相互谅解,以达成赔偿协议。如果达成协议,应当制作行政赔偿调解书,写明赔偿请求、案件事实和调解结果,然后由审判人员、书记员署名,加盖人民法院印章,送达双方当事人。双方当事人签收后调解书即具有法律效力。

五、行政赔偿后的追偿

追偿是指行政赔偿义务机关在向行政赔偿请求人支付赔偿费用之后,依法责令具有故意或重大过失的行政机关工作人员、受委托的组织或者个人承担部分或全部赔偿费用的一种法律制度。追偿的功能首先在于通过要求行政机关工作人员、受委托的组织或者个人承担经济责任,促使其依法行使职权,增强责任心,以维持正常的国家职务关系。此外,追偿还有减轻国家财政负担的功能。

关于追偿的条件,《行政诉讼法》第68条规定:"行政机关或者行政机关工作人员作出的具体行政行为侵犯公民、法人或者其他组织的合法权益造成损害的,由该行政机关或者该行政机关工作人员所在的行政机关负责赔偿。行政机关赔偿损失后,应当责令有故意或者重大过失的行政机关工作人员承担部分或者全部赔偿费用。"《国家赔偿法》第16条也有相同的规定。根据上述法律规定,追偿条件是:(1)行政机关已经履行了行政赔偿义务;(2)被追偿的行政机关工作人员有故意或者重大过失。

追偿权由赔偿义务机关代表国家行使。具体来说:(1)行政机关工作人员违法行使职权侵犯公民、法人或其他组织的合法权益造成损害引起行政赔偿的,该行政机关工作人员所在的行政机关为追偿人。(2)法律、法规授权组织的工作人员违法行使行政职权发生行政赔偿的,该组织是追偿人。(3)受行政机关委托的组织或者个人违法行使委托的行政职权发生行政赔偿的,委托的行政机关是追偿人。(4)赔偿义务机关为共同赔偿义务机关的,应当提据自己承担的赔偿金额,分别向自己所属的行政机关工作人员追偿。在追偿过程中,赔偿义务机关有权调查收集证据,并综合考虑被追偿的过错程度,合理地确定追偿的具体金额。被追偿人不服追偿的,应当有权向上一级行政机关提出申诉。

六、行政赔偿方式和计算标准

(一)行政赔偿的方式

《国家赔偿法》第32条规定:"国家赔偿以支付赔偿金为主要方式。能够返还财产或者恢复原状的,予以返还财产或者恢复原状。"由此可以看出,国家赔偿方式以金钱赔偿为主,以恢复原状、返还财产为辅。换言之,一般情况下,以支付金钱的方式对受害人给予赔偿,只有在特定情形下才选择返还财产、恢复原状的赔偿方式。

1. 金钱赔偿

金钱赔偿就是在计算或估算损害程度后,以支付人民币的方式,给予受害人赔偿。金钱赔偿与其他赔偿方式相比有较大优势:首先,金钱赔偿适用的范围非常广泛,几乎可以适用于任何权利的损害引起的赔偿;其次,金钱赔偿便于操作,数目容易衡量,标准比较固定,一定程度上避免了因标准不一而难以取得共识的情况出现。因此,金钱赔偿成为首选的赔偿方式。金钱赔偿作为行政赔偿的主要赔偿方式,主要适用于下列两种情况:

(1)人身损害赔偿。人身本身无价,但把它的损害转换为财产损害,在民事赔偿中一直是通行原则。行政赔偿也可以适用这一原则。如因人身损害导致劳动能力的丧失、劳动报酬减少等,原本可通过正常劳动获得的收入会因人身损害部分或全部丧失;人身损害也会导致医疗、丧葬等必需费用的支出。在这种情况下,以金钱支付赔偿较为合适,也能够直接满足受害人的要求。

(2)财产损害赔偿。一般来说,财产损害都是可以折算成具体数额的金钱,由此为金钱赔偿提供了基础。在实务中,财产损害的几种主要情形也都可以通过折算的方法加以衡量,如财物灭失、盈利丧失等。在计算财产损害或灭失财产的价格后,由赔偿义务机关支付相应的赔偿金,简单易行。

2. 返还财产

返还财产是指将行政机关因行政违法而取得的财产返还给受害人的一种赔偿方式。返还财产的目的在于将行政机关违法取得的财产归还财产的所有人、经营管理人或者其他合法占有人,从而恢复到财产原来的合法状态。返还财产一般应当是返还原物,如果原物是种类物的,可以用种类物赔偿;受害人若不同意,则只能改为金钱赔偿。基于返还财产赔偿方式的这种特点,返还财产只能适用于财物损害,如违法没收、违规征用的财物等。

采用返还财产这种赔偿方式还必须兼备以下条件:(1)原财产仍然存在。若原财产已经损毁,自无返还财产的可能性。(2)返还财产比金钱赔偿更为便捷,更符合赔偿请求人的赔偿要求。(3)不影响公务的实施。如原财产已用于公务活动,返还财产会影响公务实施,则应当改为金钱赔偿。

3. 恢复原状

恢复原状是指把受侵害财产或权利恢复到受损害前的形状、性能或状态的一种赔偿方式。恢复原状这种赔偿方式在实践中会牵涉到更多行政成本,一般来说,只有在恢复原状比金钱赔偿更为方便、快捷的情况下才适用。比如行政机关违法拆除受害人的房屋,不可以"恢复原状"——要求行政机关为其重新建造房屋——方式进行赔偿。另外,采用恢复原状这种赔偿方式还有一个条件是受到损害的财产能够恢复原状。如果财产受损严重而无法恢复,则不可能采取这种赔偿方式。

(二)行政赔偿的计算标准

行政赔偿的计算标准是确定赔偿金额的准则。对不同的权利造成损害,赔偿计算标准亦有所不同。国家赔偿中权利损害赔偿计算标准分别为:

1. 人身自由权

《国家赔偿法》第33条规定:"侵犯公民人身自由的,每日赔偿金按照国家上年度职工日平均工资计算。"据此,对侵犯公民人身自由的赔偿,具体标准是按日支付赔偿金。每日的赔偿金按照国家上年度职工日平均工资计算。国家上年度职工日平均工资数额,应当按职工年平均工资除以全年法定工作日数的方法计算。年平均工资以国家统计局公布的数字为准。其中"上年度"的含义,根据最高人民法院的相关司法解释,是指赔偿义务机关、复议机关、人民法院作出赔偿决定时的上年度。

2. 生命健康权

侵犯生命健康权主要包括致人身体伤害、致人身体残疾、致人死亡几种情况。赔偿范围一般包括医疗费、误工费、补偿费、生活费。《国家赔偿法》第34条规定,侵犯公民生命健康权的,赔偿金按照下列规定计算:(1)造成身体伤害的,应当支付医疗费、护理费,以及赔偿因误工减少的收入。减少的收入每日的赔偿金按照国家上年度职工日平均工资计算,最高额为国家上年度职工年平均工资的5倍。(2)造成部分或者全部丧失劳动能力的,应当支付医疗费、护理费、残疾生活辅助具费、康复费等因残疾而增加的必要支出和继续治疗所必需的费用,以及残疾赔偿金。残疾赔偿金根据丧失劳动能力的程度,按照国家规定的伤残等级确定,最高不超过国家上年度职工年平均工资的20倍。造成全部丧失劳动能力的,对其扶养的无劳动能力的人,还应当支付生活费。(3)造成死亡的,应当支付死亡赔偿金、丧葬费,总额为国家上年度职工年平均工资的20倍。对死者生前扶养的无劳动能力的人,还应当支付生活费。上述(2)、(3)中的生活费的发放标准,参照当地最低生活保障标准执行。被扶养的人是未成年人的,生活费给付至18周岁止;其他无劳动能力的人,生活费给付至死亡时止。

3. 精神损害

侵犯公民人身自由、生命健康权,通常会给公民带来精神痛苦。对精神损害以支付赔偿金方式给予赔偿,并不是说诸如感情、心情、亲情等可以金钱交易,而是以金钱的功能来抚慰、减轻受害人的精神痛苦。"精神损害赔偿是对自然人人格受不法侵害而导致精神损害的法律救济,是对受害人生理上、心理上产生的精神痛苦的抚慰,赔偿金的数额应至少能使受害人得到心理上的基本平衡和满足。"① 如公安机关以卖淫为由拘留公民 10 天,但事后查明是公安机关违法认定事实所致。虽然公安机关赔偿了 10 天的人身自由损害的赔偿金,但其精神损害("卖淫")远远超过 10 天的人身自由损害。1994 年《国家赔偿法》没有精神赔偿的规定,2010 年修改后的《国家赔偿法》第 35 条规定:"致人精神损害的,应当在侵权行为影响的范围内,为受害人消除影响,恢复名誉,赔礼道歉;造成严重后果的,应当支付相应的精神损害抚慰金。"至于精神损害赔偿金如何确定,最高人民法院在朱红蔚申请无罪逮捕国家赔偿案中认为:"对于精神损害抚慰金数额,可根据侵害的手段、场合、行为方式等具体情节,结合侵权行为造成的影响、协商协调情况及当地平均生活水平等予以确定。"② 此案确立的规则,也可以适用于行政赔偿中的精神损害赔偿金的确定。

 案例研究

麻旦旦要求赔偿精神损失费 500 万元是否成立

2001 年 1 月 8 日晚,陕西省泾阳县蒋路乡派出所民警与聘用司机来到该乡一家美容美发店,将正在看电视的 19 岁少女麻旦旦带回派出所讯问,要求麻承认有卖淫行为。麻旦旦拒绝指控后,受到威胁、恫吓、猥亵、殴打并被背铐在篮球架杆上。非法讯问 23 小时后,1 月 9 日,泾阳县公安局出具了一份《治安管理处罚裁决书》,该裁决书以"嫖娼"为由决定对麻旦旦拘留 15 天。少女麻旦旦在裁决书中被写成了"男",时间竟写成一个月后的 2 月 9 日。为证明清白,麻旦旦自己去医院做了检查,证明自己还是处女。2 月 9 日,咸阳市公安局有关人员将麻旦旦带到医院,医院再次证明麻旦旦是处女,咸阳市公安局遂撤销了泾阳县公安局的错误裁决。此后,麻旦旦将泾阳县、咸阳市两级公安局告上法院,要求赔偿精神损失费 500 万元。5 月 19 日,咸阳市秦都区法院一审判决赔偿 74 元。(资料来源:根据当时相关报道整理而成)

4. 财产权损害

根据《国家赔偿法》第 36 条的规定,侵犯公民、法人和其他组织的财产权并造成损害的,按照以下不同情形分别处理:(1)处罚款、罚金、追缴、没收财产或者违法征收、征用财产的,返还财产。因为这种情形中,财产权表现为货币,故适用返还财产没有任何障碍。(2)查封、扣押、冻结财产的,解除对财产的查封、扣押、冻结,造成财产损坏或者灭失的,依照(3)、(4)的规定赔偿。因为在这种情况下财产权表现为有价值的物,一旦损坏或者灭失,就难以返还,所以折算成赔偿金。(3)应当返还的财产损坏的,能够恢复原状的恢复原状,不能恢复原状的,按照损害程度给付相应的赔偿金。(4)应当返还的财产灭失的,给付相应的赔偿金。(5)财产已经拍卖或者变卖的,给付拍卖或者变卖所得的价款;变卖的价款明显低于财产价值的,应当支付相应的赔偿金。(6)吊销许可证和执照、责令停产停业的,赔偿停产停

---

① 唐德华主编:《最高人民法院人身损害赔偿司法解释条文释义》,人民法院出版社 2004 年版,第 388 页。
② 最高人民法院赔偿委员会国家赔偿决定书[2011]法委赔字第 4 号。

业期间必要的经常性费用开支。"停产停业期间必要的经常性费用开支"是一个模糊的概念,在实务中也容易引起争议。通常认为,凡经营者依法必须支付的费用都属于"停产停业期间必要的经常性费用开支",计入赔偿范围。(7)返还执行的罚款或者罚金、追缴或者没收的金钱,解除冻结的存款或者汇款的,应当支付银行同期存款利息。(8)对财产权造成其他损害的,按照直接损失给予赔偿。关于"直接损失"的含义,最高人民法院行政审判庭在一个答复中认为:"因违法的房屋抵押登记行为造成的损害,属于《中华人民共和国国家赔偿法》第28条第(7)项规定的'对财产权造成的其他损害',应当按照直接损失计算赔偿数额。"①

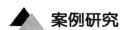

汇兴公司关于"直接损失"的主张成立吗

汇兴公司于2001年11月13日,由上海协通(集团)有限公司代理报关,申报的进口人工草坪商品编号为39189090,共计8,491.2平方米。浦江海关于2001年11月13日向汇兴公司征收关税人民币101,515.8元,代征增值税人民币132,308.96元。之后,浦江海关发现原征税所依据的商品编号错误致税率差异,正确的商品编号应为57033000。编号为39189090的商品2001年的进口税率为15,2002年为10,编号为57033000的商品2001年的进口税率为21,2002年为19.3。2002年10月22日,浦江海关向汇兴公司补征关税人民币40,606.32元,代征增值税人民币6,903.02元,汇兴公司缴纳了补征的税款。2003年1月20日,汇兴公司以浦江海关2001年11月13日征税行为违法为由,向浦江海关申请赔偿。理由是:由于征税违法导致补征税,从而产生了进口人工草的新成本。而征税所涉及的人工草已在补征税之前出售;因此,新增成本未能再随已出售的人工草转移,只能冲抵上诉人出售该人工草所获收益。这一损失是由海关的违法征税决定间接导致的,而国家赔偿法并未规定行政决定间接给行政相对人造成的损失,行政机关不承担国家赔偿责任。2003年3月21日,浦江海关作出不予行政赔偿决定,认为汇兴公司的赔偿请求不符合《国家赔偿法》第2条、第4条规定的赔偿条件,决定不予赔偿。(资料来源:《最高人民法院公报》2004年第1期)

第三节 行政补偿

一、行政补偿概述

《宪法》第10条第3款规定:"国家为了公共利益的需要,可以依照法律规定对土地实行征收或者征用并给予补偿。"又第13条第3款规定:"国家为了公共利益的需要,可以依照法律规定对公民的私有财产实行征收或者征用并给予补偿。"不同于行政赔偿,行政补偿尚无

---

① 最高人民法院行政审判庭《关于违法的房屋抵押登记行为行政赔偿数额计算问题的电话答复》([2002]行他字第2号)。

统一的法律加以规定,而是分散于相关的法律、法规之中。

(一)行政补偿的概念

行政补偿是行政机关因合法行使行政职权造成行政相对人合法权益损失而产生的行政责任。行政补偿通常与行政征收、征用等行政法概念联系在一起,因为,在很大程度上,行政补偿可以理解为行政机关实施行政征收、征用的一项先行义务。如《人民警察使用警械和武器条例》第15条规定:"人民警察依法使用警械、武器,造成无辜人员伤亡或者财产损失的,由该人民警察所属机关参照《中华人民共和国国家赔偿法》的有关规定给予补偿。"

 知识链接

大陆法系国家行政法上的行政征收理论

大陆法系国家行政法理论中,目前已经形成了一套较为成熟的行政征收理论。比如,在德国古典征收概念中,征收的对象一般限于土地,征收的目的是为了满足特定公用事业的需要。因此,就其性质而言,古典征收如同强制买卖。在德国《魏玛宪法》中,征收的对象从土地扩大到了动产以及其他具有财产价值的权利。征收的目的也从特定公用事业扩大到一般公共利益。在征收性质上,除强制买卖外又增加了对财产权的限制。如此扩展行政征收的范围,是因为"财产权负有义务。其使用应同时有利于公共福祉"。而更为深层的社会原因,是为了满足福利国家的需要而对私人财产权进行干预。第二次世界大战之后,德国《基本法》有关征收的规定衔接了《魏玛宪法》的法律精神,但它规定关于征收的法律本身必须要有补偿的规定,才具有合宪性,即学者所谓的"唇齿条款"。之后,尽管德国法院通过判例不断地发展行政征收思想与制度,但是,该制度的基本框架并没有发生重大变化。在法国,"行政主体为了公共利益目的,按照法定的形式和事先公平补偿原则,以强制方式取得私人不动产的所有权或其他物权的程序叫做公用征收"。公用征收的对象限于不动产。这是法国公用征收的特征之一。同时,对于行政机关为了公共利益,依照法定强制权取得财产权或劳务的行政行为,称之为"公用征调"。它不仅适用于不动产,也可以针对动产和劳务。对于不动产,公用征调只能取得使用权,不能转移所有权。王名扬先生认为它与我国的行政征用相同,但由于征用不包括取得所有权的意义,所以他将这种行政行为译为"公用征调"。法国行政法上的"公用征调"理论,似乎与我国行政征收、征用原理基本相同。(资料来源:章剑生:《现代行政法基本理论》,法律出版社2008年版,第250—251页)

(二)行政补偿的构成要件

行政补偿的上述概念表明,行政补偿需具备以下构成要件:

(1)损失必须是由合法行政行为造成的。行政补偿的前提是行政机关为了公共利益而实施的合法行为导致公民、法人或其他组织的合法利益受到损失,或者是公民、法人或其他组织为了维护和增进国家、社会公共利益而主动地协助行政机关从而导致自己的利益受到了损失。前者如某市为了加强环境保护,提高城市环境质量,要求郊区所有采石场关闭和外迁,由此给相关采石企业带来的财产损失;后者如某公民为了防止火势蔓延到邻近的政府办公大楼而将自己的住宅拆毁。

(2)"受害人"无特别的法定义务。如果行政机关要求行政相对人履行法定一般义务,如服兵役、依法纳税等,即便造成了财产损失,国家也无须给予补偿。只有在行政机关要求行政相对人承担非法定义务从而又受到合法权益特别损失时,国家才对其财产上的损失承担补偿责任。也就是说,行政机关合法行政行为对行政相对人所造成的损失,必须在"特别牺牲"(财产权应当负有公共责任的思想也支持行政补偿)的情况下,才能产生行政补偿,否则行政相对人必须容忍这种"损失"。

(3)必须有行政相对人合法权益损失的实际存在,并且损失发生须与行政行为之间存在直接因果关系。如果行政机关实施行政行为但并没有给行政相对人造成损失,或者行政相对人遭受了损失但与行政行为无关,都不能引起行政补偿。

二、行政补偿范围与方式

(一)行政补偿范围

对于行政补偿范围,学者往往从两个层面来理解:其一,哪些行政行为给行政相对人合法权益造成的损失,国家要予以补偿;其二,行政行为给行政相对人合法权益造成了哪些损失,国家要予以补偿。如有学者认为,行政补偿范围包括:(1)行政机关抢险救灾时致私人利益损害。如在发生洪灾时,国家为了保护大城市和大范围内的人民生命财产安全,采取分洪措施,导致一定农村或小城镇地区被淹。(2)行政机关执行任务致私人权益受损。如公安机关在追捕犯罪嫌疑人时使用枪械,误伤无辜的路人。(3)行政机关为公共利益征收或征用私人财产,导致其财产受损。(4)国家组织实施有高度危险的工程,致使私人权益损失。如修建和运作核电站,生产、运输和存放化学物品,致使私人权益受到损害。(5)行政机关撤回或改变自己作出的原行政行为,导致相对人利益的损害。如行政机关为了改善生态或生活环境,决定撤回原颁发给相对人的采矿许可证。(6)部队军事训练、军事演习导致相应地区人员和财物受损。[①] 这一观点就是立足于第一种层面,即行政补偿的行为范围。也有学者认为,行政补偿以直接现实损失为限,不包括间接损失或精神损失。这种观点就是立足于第二种层面上,即行政补偿的结果范围。上述两种观点视角不同,各自侧重于行政补偿的不同问题,互相不可替代。

因尚未制定统一的"国家补偿法",关于行政补偿的立法散见于相关法律、法规之中。由于不同的行政行为导致行政相对人合法权益损失的种类不同,不同领域的法律、法规对补偿范围的规定也就不同。

(二)行政补偿方式

行政补偿方式指行政机关承担行政补偿责任的方式。从行政补偿的实践看,行政补偿通常以货币补偿为主,例外可以根据行政相对人损失的实际情况,采取其他的补偿方式,如

[①] 参见郑传坤:《行政法学》,法律出版社2007年版,第438—439页。

财物调配优惠、税费减免、实物补偿、安排就业、房屋产权调换和户口转移等。这些方式一定程度上能弥补金钱补偿的不足,提升解决问题的灵活性。

三、行政补偿程序与标准

(一)行政补偿程序

行政补偿程序是行政机关实施行政补偿的步骤、方式和时限的总称。行政补偿程序尚无统一的法律规定,一些单行法律、法规有一些原则性的规定。根据这些规定和正当法律程序的要求,行政补偿应当遵循下列基本程序:

1. 依职权补偿程序

如果行政补偿是由行政补偿义务机关依职权补偿的,则应当遵守下列程序:(1)发出补偿通知。通知内容应当包括补偿的事由、依据、具体计算标准与补偿方式等,尤其重要的是,通知中应列明被补偿人陈述意见的权利、时限与地点。(2)听取被补偿人的意见,并将被补偿人的意见记录在案。(3)向被补偿人说明补偿理由,答复被补偿人提出的意见。(4)与被补偿人达成补偿协议,或由补偿义务机关单方面作出补偿决定。补偿协议或补偿决定中应写明补偿的原因和理由、补偿方式、补偿标准以及补偿的期限,并告知被补偿人享有行政复议申请权和行政诉讼起诉权及其期限。

2. 应申请补偿程序

应申请补偿是行政机关依照当事人的申请而进行的行政补偿。其基本程序如下:(1)申请。通常由受到损失的行政相对人向行政机关提出补偿请求。(2)审查。补偿义务机关对申请人提出的补偿申请进行审查。(3)听取意见。补偿义务机关通知申请人审查结果,并将拟作出的补偿决定告知申请人,听取申请人的意见。(4)协商。申请人可与补偿义务机关就补偿方式、标准等进行协商,尽量达成双方都能接受的补偿协议。(5)决定。若补偿协议达不成,则由行政机关依法作出补偿决定。补偿决定中应当写明补偿的原因和理由、补偿方式、补偿标准以及补偿的期限,并告知申请人享有行政复议申请权和行政诉讼起诉权。申请人如对补偿决定有异议,或者行政机关逾期不作补偿决定的,可以通过行政复议、行政诉讼的途径寻求解决。

(二)行政补偿标准

行政补偿标准是指行政机关支付补偿金补偿行政相对人损失时所适用的基准。对此,许多国家宪法都有原则性规定。如《德国基本法》第14条第3项规定:"财产之征收,必须为公共福利始得为之。其执行,必须根据法律始得为之,此项法律应规定补偿之性质与范围。补偿之决定应公平衡量公共利益与关系人之利益。补偿范围如有争执,得向普通法院提起诉讼。"《法国人权宣言》宣布:"财产是神圣不可侵犯的权利,除非当合法认定的公共需要显系必要时,且在公平而预先补偿的条件下,任何人的财产不得不剥夺。"1946年《日本国宪法》第29条规定:"为了公共利益,在正当补偿之下,可使用私有财产。"《美国权利法案》第5条规定:"人民私有财产,如无合理补偿,不得被征为公用。"在这些宪法文本中,补偿标准有"公平补偿"、"正当补偿"或"合理补偿"等。

我国《宪法》第10条第3款规定:"国家为了公共利益的需要,可以依照法律规定对公民的私有财产实行征收或者征用并给予补偿。"又第 13 条第 3 款规定:"国家为了公共利益的需要,可以依照法律规定对公民的私有财产施行征收或者征用并给予补偿。"这两个宪法条款确立了行政补偿制度在宪法上的地位,只可惜对补偿标准只字未提。但是,有关法律对补偿标准还是作了一些原则性规定。如《国防法》第 48 条规定:"国家根据动员需要,可以依法征用组织和个人的设备设施、交通工具和其他物资。县级以上人民政府对被征用者因征用所造成的直接经济损失,按照国家有关规定给予适当补偿。"

总体而言,上述法律中"适当补偿""相应补偿""合理补偿"究竟为同一标准,还是有实质性区别,因缺乏具体性规定难有定论。不过,除了上述几部法律外,《物权法》《土地管理法》《国有土地上房屋征收与补偿条例》等法律对补偿的规定相对具体一些,也更具有可操作性。

思考题:

1. 如何理解行政赔偿的概念与构成要件?
2. 简述行政赔偿的范围。
3. 简述行政赔偿的计算标准。
4. 行政赔偿中精神赔偿的金额应当如何确定?
5. 如何理解行政补偿的概念与构成要件?
6. 行政补偿标准应当如何确定?

案例应用:

1. 某区规划局以一公司未经批准擅自搭建地面工棚为由,限期自行拆除。该公司逾期未拆除。根据规划局的请求,区政府组织人员将违法建筑拆除,并将拆下的钢板作为建筑垃圾运走。如该公司申请国家赔偿,下列哪些说法是正确的?(2013 年司法考试题)
   A. 可以向区规划局提出赔偿请求
   B. 区政府为赔偿义务机关
   C. 申请国家赔偿之前应先申请确认运走钢板的行为违法
   D. 应当对自己的主张提供证据

2. 经工商局核准,甲公司取得企业法人营业执照,经营范围为木材切片加工。甲公司与乙公司签订合同,由乙公司供应加工木材 1 万吨。不久,省林业局致函甲公司,告知按照本省地方性法规的规定,新建木材加工企业必须经省林业局办理木材加工许可证后,方能向工商行政管理部门申请企业登记,违者将受到处罚。1 个月后,省林业局以甲公司无证加工木材为由没收其加工的全部木片,并处以 30 万元罚款。期间,省林业公安局曾传唤甲公司人员李某到公安局询问该公司木材加工情况。甲公司向法院起诉要求撤销省林业局的处罚决定。

因甲公司停产,无法履行与乙公司签订的合同,乙公司要求支付货款并赔偿损失,甲公司表示无力支付和赔偿,乙公司向当地公安局报案。2010 年 10 月 8 日,公安局以涉嫌诈骗为由将甲公司法定代表人张某刑事拘留,1 个月后,张某被批捕。2011 年 4 月 1 日,检察院以证据不足为由作出不起诉决定,张某被释放。张某遂向乙公司所在地公安局提出国家赔偿请求,公安局以未经确认程序为由拒绝张某请求。张某又向检察院提出赔偿请求,检察院

以本案应当适用修正前的《国家赔偿法》,此种情形不属于国家赔偿范围为由拒绝张某请求。(2011年司法考试题)

  问题:

  1. 甲公司向法院提起行政诉讼,如何确定本案的地域管辖?

  2. 对省林业局的处罚决定,乙公司是否有原告资格?为什么?

  3. 甲公司对省林业局的致函能否提起行政诉讼?为什么?

  4. 省林业公安局对李某的传唤能否成为本案的审理对象?为什么?李某能否成为传唤对象?为什么?

  5. 省林业局要求甲公司办理的木材加工许可证属于何种性质的许可?地方性法规是否有权创设?

  6. 对张某被羁押是否应当给予国家赔偿?为什么?

  7. 公安局拒绝赔偿的理由是否成立?为什么?

  8. 检察院拒绝赔偿的理由是否成立?为什么?

扩展阅读:

1. 应松年、杨小君:《国家赔偿若干理论与实践问题》,载《中国法学》2005年第1期。
2. 杨小君:《国家赔偿的归责原则与归责标准》,载《中国法学》2003年第2期。
3. 沈岿:《国家赔偿:代位责任还是自己责任》,载《中国法学》2008年第1期。
4. 沈岿:《论怠于履行职责致害的国家赔偿》,载《中外法学》2011年第1期。
5. 金伟峰等:《论怠于履行职责致害的国家赔偿》,载《浙江大学学报》2006年第2期。
6. 王太高:《行政补偿范畴研究》,载《南京大学法律评论》2005年(总第23期)。
7. 杜仪方:《行政赔偿中的"违法"概念辨析》,载《当代法学》2012年第3期。
8. 刘嗣元:《论我国国家赔偿法的归责原则》,载《中国法学》2000年第2期。
9. 马怀德:《国家赔偿法的理论与实务》,中国法制出版社1994年版。
10. 高家伟:《国家赔偿法》,商务印书馆2004年版。
11. 司坡森:《论国家补偿》,中国法制出版社2005年版。
12. 季怀才:《行政补偿构成要件研究》,法律出版社2006年版。
13. 沈开举:《行政征收研究》,人民出版社2001年版。

第十五章

行 政 复 议

> ✦ **学习目标**
> 通过本章的学习,主要掌握以下内容:
> 1. 行政复议的概念、分类
> 2. 行政复议与行政诉讼的衔接关系
> 3. 行政复议的范围
> 4. 行政复议的主体、管辖
> 5. 行政复议的申请、审理方式与内容
> 6. 行政复议的决定种类
>
> ✦ **关键概念**
> 行政复议　行政复议范围　行政复议参加人　行政复议机关　行政复议程序　行政复议决定

第一节　行政复议概述

一、行政复议的概念

行政复议是指行政相对人认为行政机关作出的行政行为侵犯其合法权益时,依法向其上一级行政机关或本级人民政府提出申请,由其上一级行政机关或本级人民政府对被申请的行政行为的合法性、适当性予以审查并作出决定的一种法律制度。1999年《行政复议法》和2007年《行政复议法实施条例》是规定行政复议制度的主要法律、行政法规。

行政复议作为行政相对人行使行政救济权的一项重要法律制度;对其概念可以从以下几个方面作进一步解释:

1. 行政复议的目的核心在于保护权利

行政复议的目的是为了纠正行政机关作出的违法或者不当的行政行为,以保护行政相对人的合法权益。行政复议通过上级行政机关对下级行政机关或者本级人民政府对所属的工作部门作出的行政行为进行依法审查,纠正被申请行政行为的违法或者不当,从而实现行

政机关内部行政监督的目的,并在客观上达到从整体上强化行政监督的法律效果。《行政复议法》第1条规定:"为了防止和纠正违法的或者不当的具体行政行为,保护公民、法人或者其他组织的合法权益,保障和监督行政机关依法行使职权,根据宪法,制定本法。"这与原《行政复议条例》第1条相比,更突出了行政复议监控行政权的功能。①

2. 行政复议是一种依申请的行政行为

行政复议是复议机关根据行政相对人的申请,在审查被申请的行政行为是否合法、适当的基础上,依法作出的一种行政行为。依申请的行政行为意味着只有在行政相对人提出申请之后,行政机关才能进行相关的复议活动,并在行政复议程序结束之后作出行政复议行为。在行政复议中若没有行政相对人的申请行为,行政复议作为监控行政权的一种法律制度就不可能发挥其内在的功能,因此,保护行政相对人的申请权,以及设置便利于行政相对人行使申请权的法律程序具有重要的法律意义。如《行政复议法》规定了口头申请与书面申请具有同等的法律效果,充分体现了对行政相对人复议申请权的保护。②

3. 行政复议客体是部分行政行为

可以成为行政复议客体的行政行为是行政机关针对特定的行政相对人作出的行为,其特点是在该行政行为作出时,行政相对人已经确定,既不能增加也不能减少。对行政法规、行政规章的制定依法不能提起行政复议;对不具有立法性质的行政规定,如果行政相对人认为违法的,可以在对相应行政行为申请复议时一并申请复议,或者通过申诉等其他法律监督途径解决。

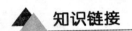 知识链接

行政复议的监督功能

行政复议是行政机关内部自我纠正错误的一种监督制度。完善行政复议制度,充分发挥行政复议制度的作用,对于加强行政机关内部监督,促进行政机关合法、正确地行使职权,维护社会经济秩序,维护公民、法人和其他组织的合法权益,维护社会稳定,具有重要意义。1990年国务院制定的《行政复议条例》,进一步规范、健全和发展了我国的行政复议制度。经过多年实践,行政复议工作积累了不少成功经验。同时,实践中也还存在不少问题,主要是:申请复议的条条框框较多,公民、法人和其他组织申请复议不方便;有的行政机关怕当被告或者怕麻烦,对复议申请应当受理而不受理;有的行政机关"官官相护",对违法的具体行政行为该撤销的不撤销,对不当的具体行政行为该变更的不变更。为了及时、有效地纠正违法的和不当的具体行政行为,切实保护公民、法人和其他组织的合法权益,在认真总结《行政复议条例》实践经验的基础上,制定《行政复议法》,从制度上进一步完善行政机关内部自我纠正错误的监督机制,是迫切需要的。(资料来源:杨景宇:《关于〈中华人民共和国行政复议法(草案)〉的说明》)

---

① 《行政复议条例》第1条规定:"为了维护和监督行政机关依法行使职权,防止和纠正违法或者不当的具体行政行为,保护公民、法人和其他组织的合法权益,根据宪法和有关法律,制定本条例。"

② 《行政复议法》第11条规定:"申请人申请行政复议,可以书面申请,也可以口头申请;口头申请的,行政复议机关应当当场记录申请人的基本情况、行政复议请求、申请行政复议的主要事实、理由和时间。"

二、行政复议的特征

行政复议是一种行政行为,但是它又不同于其他行政行为。通过分析以下几个方面的特征,我们可以更加全面地理解行政复议制度。

(一)行政复议由行政相对人的申请启动

在行政程序中,有些行政行为程序是由行政机关依职权主动启动的,如行政处罚、行政强制措施等;有些行政行为是依行政相对人的申请启动的,如行政许可、行政确认等。行政复议作为一种行政救济,也只能由行政相对人申请才能启动。也就是说,只有在行政相对人提出行政复议申请之后,行政复议机关才启动行政复议程序,对被申请的行政行为进行合法性审查。《行政复议法》第2条的规定充分说明了这一点。该条规定:"公民、法人或者其他组织认为具体行政行为侵犯其合法权益,向行政机关提出行政复议申请,行政机关受理行政复议申请、作出行政复议决定,适用本法。"

(二)行政复议附带审查行政规定

在行政行为中,可以作为行政复议审查对象的是行政行为、行政事实行为和行政合同。作为上述行政行为作出时的法依据,行政法规和行政规章不属于行政复议的审查对象,尽管它们也是行政机关实施的行政行为。但是,当行政规定成为被申请行政行为作出的法依据时,经申请人申请,它可以成为行政复议附带审查的对象。所以,《行政复议法》第7条规定:"公民、法人或者其他组织认为行政机关的具体行政行为所依据的下列规定不合法,在对具体行政行为申请行政复议时,可以一并向行政复议机关提出对该规定的审查申请:(1)国务院部门的规定;(2)县级以上地方各级人民政府及其工作部门的规定;(3)乡、镇人民政府的规定。前款所列规定不含国务院部、委员会规章和地方人民政府规章。规章的审查依照法律、行政法规办理。"

 知识链接

行政规定的"三统一"与"备案审查"

健全规范性文件制定程序。地方各级行政机关和国务院各部门要严格依法制定规范性文件。各类规范性文件不得设定行政许可、行政处罚、行政强制等事项,不得违法增加公民、法人和其他组织的义务。制定对公民、法人或者其他组织的权利义务产生直接影响的规范性文件,要公开征求意见,由法制机构进行合法性审查,并经政府常务会议或者部门领导班子会议集体讨论决定;未经公开征求意见、合法性审查、集体讨论的,不得发布施行。县级以上地方人民政府对本级政府及其部门的规范性文件,要逐步实行统一登记、统一编号、统一发布。探索建立规范性文件有效期制度。

强化规章和规范性文件备案审查。严格执行法规规章备案条例和有关规范性文件备案的规定,加强备案审查工作,做到有件必备、有错必纠,切实维护法制统一和政令畅通。要重点加强对违法增加公民、法人和其他组织义务或者影响其合法权益,搞地方或行业保护等内容的规章和规范性文件的备案审查工作。建立规范性文件备案登记、公布、情况通报和监督检查制度,加强备案工作信息化建设。对公民、法人和其他组织提出的审查建议,要按照有关规定认真研究办理。对违法的规章和规范性文件,要及时报请有权机关依法予以撤销并向社会公布。备案监督机构要定期向社会公布通过备案审查的规章和规范性文件目录。(资料来源:国务院《关于加强法治政府建设的意见》国发[2010]33号)

(三) 行政复议以书面审查为主要方式

所谓书面审理,是指行政复议机关在审查申请人提出的申请书、被申请人提交的答辩书以及案卷材料的基础上作出复议决定,不采用公开辩论等类似于法院开庭审理的审查方式。既然以书面审理为主要审查方式,行政复议也就不排除例外情形下的调查和开庭审理。《行政复议法》第22条规定:"行政复议原则上采取书面审查的办法,但是申请人提出要求或者行政复议机关负责法制工作的机构认为有必要时,可以向有关组织和人员调查情况,听取申请人、被申请人和第三人的意见。"也就是说,如果案情比较复杂,行政复议机关也可以召集申请人和被申请人,在指定的时间和地点,对案件事实的认定和法律适用等问题展开辩论,再由行政复议机关根据辩论的结果作出行政复议决定。行政复议采用书面审查方式的目的,在于确保行政复议必要的行政效率。因此,行政复议程序不得简单地照搬行政诉讼程序。

(四) 行政复议还要审查行政行为的适当性

行政复议采用合法性审查,主要针对行政机关的权限范围。在现代行政权是裁量权的情况下,仅有合法性审查不足以保护行政相对人的合法权益,因此,《行政复议法》第3条第3项规定,行政复议机关的复议机构负责审查申请行政复议的行政行为是否合法与适当,拟订行政复议决定。也就是说,行政复议除了采用合法性审查外,还采用适当性审查。所谓适当性审查,它的审查重点是行政裁量权是否滥用。由于行政复议是同质国家权力之间的监督,与行政诉讼不同,所以,允许行政复议机关将审查权深入被申请行政机关的行政裁量权范围,不会发生国家机关之间权力划分冲突的问题。

(五) 行政复议不适用于内部行政法律关系中发生的争议

行政复议所处理的争议是行政争议。这里的行政争议主要是指行政机关在行政管理过程中因实施行政行为而与行政相对人发生的争议。对于内部行政法律关系中的国家公务员来说,如果对行政机关作出的行政处分或其他人事处理决定不服,只能通过行政申诉程序予以救济。就行政申诉而言,《公务员法》和《行政监察法》分别作了具体的规定。《公务员法》第90条规定:"公务员对涉及本人的人事处理不服的,可以自知道该人事处理之日起30日内向原处理机关申请复核;对复核结果不服的,可以自接到复核决定之日起15日内,按照规定向同级公务员主管部门或者作出该人事处理的机关的上一级机关提出申诉;也可以不经复核,自知道该人事处理之日起30日内直接提出申诉。"《行政监察法》第37条规定:"国家公务员和国家行政机关任命的其他人员对主管行政机关作出的行政处分决定不服的,可以自收到行政处分决定之日起30日内向监察机关提出申诉,监察机关应当自收到申诉之日起30日内作出复查决定;对复查决定仍不服的,可以自收到复查决定之日起30日内向上一级监察机关申请复核,上一级监察机关应当自收到复核申请之日起60日内作出复核决定。"

三、行政复议原则

行政复议原则是在行政复议立法目的的指导和遵循行政复议的基本规律下设定的,对行政复议具有高屋建瓴指导意义的基本行为准则。它上承行政复议的立法目的,下联行政复议基本制度与基本规范,从而确立了它在行政复议中不可替代的法律地位。行政复议原则不仅要规范行政机关的行为,同时也要规范行政相对人参与行政复议的行为。因此,行政复议原则在行政复议法理论和实践中具有极其重要的法律意义。

(一) 合法原则

合法原则是指行政复议过程中,无论是作出被申请的行政行为的行政机关,还是作为申请人的行政相对人,或者是主持裁决的行政复议机关,都应当遵守现行的有关行政复议的法律、法规、规章以及有关行政复议的规定。但是行政复议机关依法进行行政复议活动是合法性原则的核心要求。合法性原则的主要内容体现在以下几个方面:

1. 主体合法

行政复议程序主体合法是行政复议合法性的基本前提和基础。根据这一要求,提起行政复议申请的必须是被申请的行政行为所指向的行政相对人,或者与被申请的行政行为有法律上利害关系的人,如治安行政案件中的加害人与受害人,行政规划许可中的申请人与受规划许可影响的第三人等。被申请人必须是作出被申请的行政行为的行政机关,它们可以是行政机关,也可以是法律、法规授权的组织。受理行政复议申请的必须是法律、法规规定的行政复议机关。

2. 依据合法

在此原则下,对于申请人来说,没有合法依据不得提起行政复议的申请,如不属于受理范围的人事处理决定,不能申请行政复议;对于被申请人来说,它必须依法参加行政复议,如答辩、提交证据等。这里的"依法"应当包括宪法、法律、法规和规章以及上级行政机关依法制定的行政规定。当然,上级行政机关制定的行政规定必须符合宪法、法律、法规和规章,这是它们成为行政复议依据的前提条件。另外,指导性案例、行政惯例、法理等也可以被解释为这里的"法"。

3. 程序合法

法律程序能够最大限度地确保法律主体的行为符合法律规定,同时在形式上提高法律主体对自己不利决定的可接受性程度。无论对行政复议机关还是行政复议的申请人和被申请人来说,行政复议本身是一种程序性行为。为确保行政复议的顺利进行,行政复议主体必须严格遵守法定程序。为此,《行政复议法》《行政复议法实施条例》以及其他有关法律、法规都明确规定了相关的行政复议程序,以确保行政复议程序的合法性。

(二) 公正原则

公正原则是指行政复议机关对被申请的行政行为不仅应当审查其合法性,而且还应当审查其适当性。现代行政权的核心是行政裁量权,通过行政法控制行政权的关键在于控制行政裁量权不被滥用。公正原则便是设置防止行政裁量权滥用机制的根本准则之一。我们知道,由于被申请的行政行为绝大多数是行使行政裁量权的结果,如果行政复议不深入审查被申请的行政行为的适当性,有时难以达到行政复议的目的。因此,在行政复议中,对被申请的行政行为的审查,不仅要考虑其合法性,而且还应当考虑其适当性。只有这样才能真正保障行政相对人的合法权益。这一原则的主要内容是:

1. 行政复议机关应当从合法性和适当性两个层面审查被申请的行政行为

合法性是指行政复议机关应当审查被申请的行政行为是否具有明确的法律依据,是否符合法律规定;适当性是指行政复议机关应当审查被申请的行政行为是否公正地行使了裁量权。经审查后,对不合法的行政行为应当予以撤销或者确认违法;对明显不公正的行政行为依法可以变更,必要时还可以责令被申请人重新作出行政行为。

2. 行政复议机关应当查明所有与案件有关的事实、依据

审查被申请人用于作出被申请的行政行为的证据是否合法取得,对事实的认定和案件的定性是否符合证据规则;对被申请的行政行为所适用的法律条款应当作出准确的判断,如有不确定的法律概念,是否根据立法目的和立法指导思想作出了公正的解释。

3. 行政复议机关应当正当地行使复议裁量权

行政复议机关的复议审查权本身也是一种裁量权,它也要受到本原则的约束。行政复议机关在处理行政复议案件过程中拥有很大的裁量权,如对"明显不当"行政行为的界定都应当受到本原则的约束。这是行政复议决定公正的基本保证。

4. 行政复议机关应当保持中立

行政复议机关应当平等对待行政复议参加人,使行政复议决定不偏不倚。保证行政复议公正原则得以贯彻的主要制度是回避制度。行政复议法虽然没有规定回避制度,但《公务员法》关于回避的规定在行政复议程序应当得到适用。如《公务员法》第70条规定:"公务员执行公务时,有下列情形之一的,应当回避:(1)涉及本人利害关系的;(2)涉及与本人有本法第68条第1款所列亲属关系人员的利害关系的;(3)其他可能影响公正执行公务的。"第71条规定:"公务员有应当回避情形的,本人应当申请回避;利害关系人有权申请公务员回避。其他人员可以向机关提供公务员需要回避的情况。机关根据公务员本人或者利害关系人的申请,经审查后作出是否回避的决定,也可以不经申请直接作出回避决定。"行政复议机关的工作人员遇到第70条规定的情形,也应当按照第71条的规定予以回避。

 知识链接

通过部门规章实现公正原则具体化

尽管《行政复议法》确立了"公正"原则,但由于没有防止偏见之规则与制度的保障,这个原则似乎一直停留在规范层面而很少及于实务,因为,在实务中很少有这样的个案发生。《行政复议法》和《行政复议法实施条例》没有防止偏见之规定,无论是《关于中华人民共和国行政复议法草案的说明》,还是国务院法制办公室《关于〈中华人民共和国行政复议法实施条例(草案)〉的说明》也都没有相关文字的解释,其中的原因外人不得而知。2004年国务

院《全面推进依法行政实施纲要》中规定:"行政机关工作人员履行职责,与行政管理相对人存在利害关系时,应当回避。"2007年制定的《行政复议法实施条例》并没有对此作出应有的回应,原因同样不得而知。《中华人民共和国海关实施〈行政复议法〉办法》第48条规定:"申请人、被申请人或者第三人认为合议人员或者案件审理人员与本案有利害关系或者有其他关系可能影响公正审理行政复议案件的,可以申请合议人员或者案件审理人员回避,同时应当说明理由。合议人员或者案件审理人员认为自己与本案有利害关系或者有其他关系的,应当主动申请回避。海关行政复议机构负责人也可以指令合议人员或者案件审理人员回避。行政复议人员的回避由海关行政复议机构负责人决定。海关行政复议机构负责人的回避由海关行政复议机关负责人决定。"这一规章的规定,倒是可以看作是《行政复议法》中"公正"原则的制度性保障。(资料来源:章剑生:《行政复议程序的正当化修复》,载《江淮论坛》2010年第6期)

(三)公开原则

公开原则是指行政复议机关在行政复议过程中,除涉及国家秘密、个人隐私和商业秘密外,整个过程应当向行政复议申请人和社会公开。公开原则是现代行政程序法上的一项基本原则,它对于确保行政权合法、公正地行使具有重要的意义。在行政复议中,确立公开原则是确保行政复议权合法、公正行使的基本条件,也是防止行政复议权滥用的最好手段。这一原则的主要内容是:

1. 行政复议过程公开

行政复议过程公开是要求行政复议机关最大限度内为申请人、被申请人和第三人提供参与行政复议程序的条件。除法律规定的情形之外,行政复议决定都应当在他们看得见的情况下作出。这就要求行政复议机关应当尽可能听取申请人、被申请人和第三人的意见,让他们更多地介入行政复议程序。因此,《行政复议法》第22条规定:"行政复议原则上采取书面审查的办法,但是申请人提出要求或者行政复议机关负责法制工作的机构认为有必要时,可以向有关组织和个人调查情况,听取申请人、被申请人和第三人的意见。"这是行政复议过程公开的一个具体体现。

2. 行政复议信息公开

行政复议信息公开是行政相对人参与行政复议程序的基本前提,也是行政复议公正的重要保障。行政信息公开程度在基本上是衡量一个国家的法治行政的重要指标。在行政复议中,它要求行政复议机关在申请人、第三人的请求下,公开与行政复议案件有关的一切材料,确保申请人和第三人有效地参与行政复议程序。为此,《行政复议法》第23条第2款规定:"申请人、第三人可以查阅被申请人提出的书面答复、作出具体行政行为的证据、依据和其他有关材料,除涉及国家秘密、商业秘密和个人隐私外,行政复议机关不得拒绝。"当然,《行政复议法》这一规定还是有缺陷的,仅有"查阅"不足以保证行政相对人的知情权,进而影响其参与行政复议程序的有效性;即使可以抄录,对于行政相对人来说无疑会增加很大的负担,因此,该条文在将来修改时应当加上"复制"。2008年实施的《政府信息公开条例》对本条具有补充性功能,扩大了行政复议中信息公开的范围。当然,在实务中,需要区分政府信息公开申请权和卷宗阅览权的适用条件。

(四) 及时原则

及时原则是指行政复议机关应当在法律规定的期限内,尽快完成复议案件的审查,并作出相应的决定,为行政相对人提供及时的法律救济。及时原则是对行政复议机关效率的要求,其主要内容是:

1. 行政复议机关遵守法定期限

行政复议机关应当严格遵守法定的期限,确保每个行政复议行为都能在法定的期限内完成。如果法律没有明确规定期限,行政复议机关应当在合理的时间内尽快完成行政复议程序,并依法作出行政复议决定。行政复议机关在法定时限内不能作出行政复议决定的,应当依法定程序报行政复议机关负责人批准延长审理期限。行政复议机关违反法定时限,应当承担相应的法律责任。

2. 行政复议当事人遵守法定期限

行政复议机关应当敦促行政复议当事人遵守法定的期限。行政复议本身是要求以较高的效率来解决行政争议,而行政复议高效率的完成,需要行政复议当事人的配合。因此,行政复议机关应当在法律规定的时限内提示行政复议的当事人尽快完成有关程序行为,如尽早提出对规定的附带审查申请。

(五) 便民原则

便民原则是指行政复议机关在行政复议程序中应当尽可能为行政复议当事人,尤其是为申请人提供必要的便利,从而确保当事人参加行政复议的目的的实现。这一原则的主要内容是:

1. 有关行政复议规定中的"便民"

制定行政复议规定时,应当尽可能考虑为申请人提供复议的便利条件。比如,《行政复议法》规定实行一级复议制,并减少上一级行政机关管辖行政复议案件的规定等。实务中为申请人提供复印材料的便利,也是这一原则的体现。

2. 有关行政复议过程中的"便民"

行政复议机关应当在法定范围内为当事人提供进行复议活动的便利条件。例如,对不能提供书面申请的相对人,允许以口头方式向行政复议机关提出复议申请,受理行政复议的机关的工作人员应当予以记录,再请申请人签名或者盖章,作为行政相对人正式提出申请的材料。另外,补充材料必须一次告知,以免去申请人来回奔波之苦。

四、行政复议与行政诉讼的衔接

尽管都是行政救济,但行政复议与行政诉讼在本质上是存在差别的。行政复议原则上是由上一级行政机关对下一级行政机关或者本级人民政府对所属的职能部门所作的行政行为是否合法、适当进行审查,属于行政行为的范畴,所有过程都在行政系统内部进行;而行政诉讼则是人民法院对行政机关所作的行政行为实施的司法监督,是一种司法行为。尽管如此,行政复议与行政诉讼都以行政争议为处理对象,其目的都是为了保护公民、法人和其他组织的合法权益,监督行政机关依法行政,所以两者之间又存在紧密的关联性。这种关联性主要体现在行政相对人不服行政行为时救济路径的选择上。也就是说,行政争议发生时,行政相对人在什么情形下选择行政复议后再行政诉讼,或者直接选择行政诉讼,故两者之间存在着一个程序性衔接问题。

既然行政复议与行政诉讼客体是同一性质的行政争议,两者就不能同时并行适用。所以,行政相对人对行政行为不服时,不能在申请行政复议的同时提起行政诉讼。而且,由于司法救济是人权保障的最后一道防线,行政复议与行政诉讼的先后顺序就不能颠倒,只能是行政复议在先,行政诉讼在后。从《行政复议法》《行政诉讼法》的规定看,行政复议与行政诉讼之间的衔接关系主要表现为以下两个类型:

(一)选择性复议

选择性复议,即是否以行政复议作为行政救济程序,由行政相对人自己选择。行政相对人可以选择行政复议,也可以直接提起行政诉讼。如《税收征收管理法》第88条第2款规定:"当事人对税务机关的处罚决定、强制执行措施或者税收保全措施不服的,可以依法申请行政复议,也可以依法向人民法院起诉。"

选择性复议以行政复议申请人不服复议决定时,是否可以向法院提起行政诉讼为标准,又可以分为选择可诉复议、选择终局复议。选择可诉复议是指申请人选择了行政复议作为行政救济,在对行政复议决定不服时,依法还可以向法院提起行政诉讼。选择终局复议是指一旦申请人选择了行政复议作为行政救济,即便对行政复议决定不服,依法也不得向法院提起行政诉讼。在制定法上,选择可诉复议是原则,选择终局复议是例外。也就是说,在一般情况下,行政复议都属于选择可诉复议,只有在法律作出特别规定时,行政复议才属于选择终局复议。如《行政复议法》第14条规定:"对国务院部门或者省、自治区、直辖市人民政府的具体行政行为不服的,向作出该具体行政行为的国务院部门或者省、自治区、直辖市人民政府申请行政复议。对行政复议决定不服的,可以向人民法院提起行政诉讼;也可以向国务院申请裁决,国务院依照本法的规定作出最终裁决。"[①]

(二)前置性复议

前置性复议,即法律、法规规定行政相对人不服行政行为时,只能先选择行政复议作为行政救济的手段,没有选择的余地。只有经过行政复议之后,行政相对人若不服行政复议决定,才可以向法院提起行政诉讼。如《税收征收管理法》第88条第1款规定:"纳税人、扣缴义务人、纳税担保人同税务机关在纳税上发生争议时,必须先依照税务机关的纳税决定缴纳或者解缴税款及滞纳金或者提供相应的担保,然后可以依法申请行政复议;对行政复议决定不服的,可以依法向人民法院起诉。"

前置性复议以行政复议申请人不服行政复议决定时是否还可以向法院提起行政诉讼为标准,又分为前置可诉复议和前置终局复议。前置可诉复议是指行政相对人必须先申请行政复议,对行政复议决定不服的,还可以向法院提起行政诉讼。上述《税收征收管理法》第88条第1款的规定就属于这种情形。前置终局复议是指行政相对人只能以行政复议为法律

---

① 又如,《公民出入境管理法》第15条规定:"受公安机关拘留处罚的公民对此处罚不服的,在接到通知之日起15日内,可以向上一级公安机关提出申诉,由上一级公安机关作出最后的裁决,也可以直接向当地人民法院提起诉讼。"

救济的情形,且对行政复议决定不服也不能再向法院提起行政诉讼,行政复议决定具有最终的法效力。如《行政复议法》第30条第2款规定:"根据国务院或者省、自治区、直辖市人民政府对行政区划的勘定、调整或者征用土地的决定,省、自治区、直辖市人民政府确认土地、矿藏、水流、森林、山岭、草原、荒地、滩涂、海域等自然资源的所有权或者使用权的行政复议决定为最终裁决。"

第二节　行政复议范围

行政复议范围是行政复议法中最为重要的制度之一,它是行政相对人可以申请行政复议事项的范围,也是行政相对人申请行政复议的依据。《行政复议法》第6条、第7条和第8条分别从可申请复议的事项、可附带申请复议的事项和不得申请复议的事项三个方面,对行政复议范围作了规定。

一、可以申请复议的事项

根据《行政复议法》规定,行政相对人对行政机关作出的下列行政行为不服的,可以依法申请行政复议:

(一) 行政处罚

行政处罚是指行政机关对违反行政法规范、实施了违反行政管理秩序行为的行政相对人依法给予的一种法律制裁。凡是行政机关作出的行政处罚,行政相对人不服,都可以提起行政复议。《行政复议法》第6条规定:行政相对人"对行政机关作出的警告、罚款、没收违法所得、没收非法财物、责令停产停业、暂扣或者吊销许可证、暂扣或者吊销执照、行政拘留等行政处罚决定不服的",可以提起行政复议。这里的"等"字,既包括了列举的行政处罚种类,也包括了还没有被列入的其他所有行政处罚。[①] 如某省环保局根据相关法律、文件和省人民政府办公厅会议精神要求下发通知,要求对省内重点污染隐患实施严格管理措施,并在附表中列出了限期取缔某类污染严重企业以及要求限期治理的企业名单。这个"文件"中载明的行政行为,被作为"行政处罚"归入行政复议范围。[②] 从行政实务看,行政处罚最常见的是警告、罚款、没收、责令停产停业、吊扣许可证照、行政拘留。

(二) 行政强制措施

行政强制措施,是指行政机关在行政管理过程中,为制止违法行为、防止证据损毁、避免危害发生、控制危险扩大等情形,依法对行政相对人的人身自由实施暂时性限制,或者对行政相对人的财物实施暂时性控制的行为。《行政复议法》第6条规定:行政相对人"对行政机关作出的限制人身自由或者查封、扣押、冻结财产等行政强制措施决定不服的",可以提起行政复议。从这一规定看,行政强制措施决定可以分为对人身自由的限制和对财产的查封、扣

[①] 《行政处罚法》第8条规定:"行政处罚的种类:(1)警告;(2)罚款;(3)没收违法所得、没收非法财物;(4)责令停产停业;(5)暂扣或者吊销许可证、暂扣或者吊销执照;(6)行政拘留;(7)法律、行政法规规定的其他行政处罚。"

[②] 参见郜风涛主编:《行政复议典型案例选编》(第1辑),中国法制出版社2010年版,第28—30页。

押、冻结等。责令改正、取缔无照经营等不是行政强制措施,而是一种行政行为。它为行政相对人设定了具体的义务,若行政相对人在规定的期限内不履行义务,行政机关可以依法或者申请法院强制执行。

(三)行政许可变更、中止、撤销行为

行政许可通常是行政相对人从事某种活动的前提条件,否则他的活动将因为违法而受到行政处罚。根据《行政复议法》第6条规定:行政相对人"对行政机关作出的有关许可证、执照、资质证、资格证等证书变更、中止、撤销的决定不服的",可以申请行政复议。行政许可是指行政机关根据行政相对人提出的申请,经依法审查,准予其从事特定活动的行为。① 一种行政行为是否属于行政许可,应当依照《行政许可法》的相关规定进行判断。对于行政相对人依法取得的许可证、执照、资质证、资格证等,行政机关在管理过程中如果作出了变更、中止、撤销等的决定,行政相对人可以申请行政复议。在行政法上,变更是指行政相对人的活动不符合原许可或者核准的范围和条件,应行政相对人申请而予以变更,或者行政机关认为行政相对人的活动明显超越或者不符合许可范围或者条件而予以变更或者强制变更的一种行政行为。中止是指行政机关为了制止和纠正持证人的违法行为,责令其暂时停止从事被许可活动的一种行政行为。撤销是指行政机关对所颁发的许可证和各种资质证或者资格证因其违法,依法取消其法效力的一种行政行为。② 行政机关作出的上述三种行政行为,影响到行政相对人是否可以从事某种经营或者其他活动,如行政相对人不服的,可以申请行政复议。

(四)行政确权行为

根据《宪法》的有关规定,自然资源依法属于国家或者集体所有。各级人民政府及其相关的职能部门依法行使对自然资源的管理权,行政相对人经依法批准获得对自然资源的所有权或者使用权受法律保护,如与他人之间发生权属争议,则由法定的行政机关依法作出处理决定。任何一方当事人如不服行政处理决定的,可以通过法定程序解决争议。《行政复议法》第6条规定:行政相对人"对行政机关作出的关于确认土地、矿藏、水流、森林、山岭、草原、荒地、滩涂、海域等自然资源的所有权或者使用权的决定不服的",可以针对这一行政确权行为申请行政复议。

行政确权是指行政相对人之间因土地、矿藏、水流、森林、山岭、草原、荒地、滩涂、海域等自然资源的所有权或者使用权发生争议,由行政机关依法处理,确定权属归谁所有的一种行政行为。《行政诉讼法》没有明确地将这类行政行为列入行政诉讼的受案范围,所以其后的《行政复议条例》也把它排除在复议范围之外。③ 1991年最高人民法院发布的《关于贯彻执行〈中华人民共和国行政诉讼法〉若干问题的意见(试行)》第7条规定"公民、法人或者其他组织对人民政府或者主管部门有关土地、矿产、森林等资源的所有权或者使用权归属的处理

---

① 参见《行政许可法》第2条。
② 参见《行政许可法》第69条。
③ 当然,行政确认行为是否可诉,是可以从《行政诉讼法》第11条第8项的规定中解释出来的,在实务中并没有多大的障碍。后来最高人民法院通过司法解释加以明确,影响到国务院对《行政复议条例》的修改,不是立法技术的问题,而是适用法律的方法问题。

决定不服,依法向人民法院起诉的,人民法院应当作为行政案件受理"。1994年国务院对《行政复议条例》第10条作出了修改,规定行政相对人就行政机关对土地、矿产、森林等所有权或者使用权归属的处理决定不服的,可以提起行政复议。《行政复议法》这一规定是对这一修改内容的进一步确认,明确它属于行政复议的范围。

（五）涉及经营自主权的行为

经营自主权是指公民、法人或其他组织依法享有的自主调配人力、物力和财产等用于经营活动的各种权利。在制定法上,各类经济组织依法都享有各种经营自主权。根据企业的性质,经营自主权可以分为:(1)全民所有制企业的经营自主权。如享有生产经营决策权,产品、劳务定价权,产品销售权,物资采购权,进出口权,投资决策权,留用资金支配权,资产处置权,联营、兼并权,劳动用工权,人事管理权,工资、奖金分配权,内部机构设置权,拒绝摊派权等权利。(2)集体所有制企业的经营自主权。如对全部财产进行占有、使用、收益和处分的权利,拒绝任何形式的财产平调的权利,自主安排生产、经营、服务的权利,依法确定本企业工资、奖金分配方案的权利等。(3)中外合资经营企业、中外合作经营企业和外商独资企业的经营自主权。如享有在批准经营的范围内自行制定生产经营计划,采购生产资料,销售产品,聘用职工等权利。(4)私营企业的经营自主权。如对核准登记名称的专有权和自主经营权,决定企业机构的设置和用工的权利,决定企业的工资制度,自主订立合同的权利,申请专利、注册商标的权利等。此外,个体工商户、农村承包经营户和其他承包经营者的经营自主权也受到法律的保护。

行政机关侵犯合法经营自主权是指行政机关采用违法的行政手段,限制、剥夺行政相对人依法享有的经营自主权的行为,在实践中常见的如违法撤换企业的法定代表人、强制企业兼并或者分离、强制企业转让知识产权等,使经营者的合法权益受到损害。

（六）变更或者废止农业承包合同行为

农村承包合同是农村集体组织与农民就承包经营集体土地、生产资料或其他财产所达成的明确相互间权利义务关系的协议,它包括土地承包合同、林业承包合同、牧业承包合同、渔业承包合同、果园承包合同等。根据有关政策和法律的规定,农村承包经营户主要享有以下三个方面的民事权利:(1)财产所有权。国家保护属于农村承包经营户所有的生产资料和法律允许的生产资料所有权。(2)农村承包经营户对依法承包的集体所有的或者国家所有由集体使用的土地、森林、山岭、草原、荒地、滩涂、水面享有经营权。他们合法经营取得的收益,在缴纳了承包金和国家规定的税收以后,归其自己所有,任何单位和个人不得非法侵占。(3)农村承包经营户订立的承包合同,由于某些特殊的原因变更或者解除时,承包经营户还未取得承包收益的,承包户本人或其法定继承人,对承包户投入土地、果园林木的资金和付出的劳动及其增值和孳息等,有要求发包方或新的承包人给予合理折价补偿的权利。

农业承包合同的变更是指经依法成立的农业承包合同在没有履行或者没有全部履行之前,当事人之间就有关内容在协商的基础上进行的修改和补充。农业承包合同的废止是指经双方协商或者因法定事由终止合同效力的情形。行政机关对于农民的农业承包合同不得随意加以变更或者废止,而应当依法加以保护,督促合同双方履行义务,尊重双方的权利,从而促进我国的农业生产全面发展。但是,在实践中,行政机关出于自身利益的需要,非法干涉农业承包合同的订立和履行的案件也时有发生。如为了城镇扩建未经法定程序征用土地,便解除农民的农业承包合同,或者在承包人有较丰厚的收益时,行政机关借口承包费太低而废除承包合同,给农民带来了巨大损害。为此,《农村土地承包法》第61条规定:"国家机关及其工作人员有利用职权干涉农村土地承包,变更、解除承包合同,干涉承包方依法享有的生产经营自主权,或者强迫、阻碍承包方进行土地承包经营权流转等侵害土地承包经营权的行为,给承包方造成损失的,应当承担损害赔偿等责任;情节严重的,由上级机关或者所在单位给予直接责任人员行政处分;构成犯罪的,依法追究刑事责任。"所以,《行政复议法》规定,行政相对人认为行政机关变更或者废止农业承包合同,侵犯其合法权益的,可以提起行政复议,以保护自己的合法权益。

（七）要求行政相对人履行义务的行为

行政相对人必须向国家承担若干法定义务,以保证国家有足够的人力、物力和财力维护公共秩序,并为其提供相关的服务。但是,公民、法人或者组织向国家承担的义务必须通过法律加以明确规定,才能确保公民、法人或者组织的合法权益不受侵犯。行政机关在法律之外要求行政相对人履行义务,则构成了违法要求履行义务的行政违法行为。违法要求履行义务是指行政机关违法集资、征收财物、摊派费用或者违法要求履行其他义务的行政行为。在实务中,行政机关违法要求履行义务的表现形式有以下几种:(1)在法律、法规和规章规定之外,行政机关自行制定规范性文件或口头为相对人设定某种义务,或者无任何依据要求相对人履行义务;(2)行政机关超出法律,法规规定的种类、幅度和方式要求相对人履行义务;(3)重复要求相对人履行义务;(4)违反法定程序要求相对人履行义务。

行政机关违法要求履行义务既可以是作为义务,也可以是不作为的义务;既可以是实体法上的义务,也可以是程序法的义务。违法要求履行义务具有如下构成要件:(1)行政机关要求履行的义务没有法定依据。这里的"法"应当包括哪些内容?不无疑问。有学者认为:"所谓违法要求履行义务,是指行政机关要求公民、法人或者其他组织负担法律、法规没有规定的义务或者要求履行义务虽有法律、法规依据,但实施程序违法。"[①]显然,这种观点将这里的"法"限定在法律、法规。规章及其以下的规范性文件为行政相对人所设定的义务,能否属于这里的"法定依据",这是一个相当具有现实意义的问题。如行政机关依据规章及规定作出要求行政相对人履行义务的具体行政行为,这是否可以认为是行政机关违法要求履行义务?行政相对人是否可以申请行政复议?从保护行政相对人合法权益角度看,我们认为,这里的"法"应当作广义上理解,即包括行政规章和行政规定。(2)行政机关违法要求履行义务的具体行政行为对行政相对人在法律上产生了不利影响。这种不利影响表现在,具体行政行为已经以一定的形式到达行政相对人,如行政相对人不按具体行政行为的要求履行义务,将会导致行政机关的行政强制执行或者其他不利后果。

（八）不依法办理行政许可的行为

行政相对人"认为符合法定条件,申请行政机关颁发许可证、执照、资质证、资格证等证

[①] 参见黄杰主编:《〈中华人民共和国行政诉讼法〉诠释》,人民法院出版社1994年版,第45页;马原主编:《中国行政诉讼法教程》(修订本),红旗出版社1995年版,第94页等。

书,或者申请行政机关审批、登记有关事项,行政机关没有依法办理的",可以提起行政复议。许可证、执照,以及各种资质证、资格证等证书是公民、法人或者组织依法申请并经行政机关批准的,从事某种活动或者赋予从事某种活动资格的法定证明文件,是公民、法人或者其他组织为了经济、政治或者其他方面的利益而进行活动的合法证明文件。上述证明文件可以分为三类:(1)许可证、执照。许可证、执照是行政机关根据行政相对人的申请,经审查依法解除法律对其的某种禁止,使其可以从事某种活动的证明文件。如卫生许可证的持有人可以从事食品生产与经营活动,社会力量办学许可证的持有人可以举办学校开展教学活动。(2)资质证、资格证。资质证和资格证是行政机关根据行政相对人申请,经审查出具的证明申请人具有从事某种活动的能力的文件,但不能成为申请人从事某种活动的合法证明文件。如通过司法职业考试后,公民可以向省级司法行政机关申请,要求获得司法职业资格证书。这份证书仅仅表明他有从事司法职业的能力,但如果他要去从事律师职业,还必须依法申请律师执业证书。因此,行政机关颁发资质证、资格证应当是一种行政确认,它们有时是公民、法人或者组织取得许可证、执照的前提条件。(3)审批、登记。行政审批是行政机关根据行政相对人的申请,批准其从事某种活动的一种行政行为。与行政许可不同的是,它不是法律禁止的解除,而是赋予行政相对人的一种权利。行政审批一般涉及公共资源的分配或者有偿使用,或者是不适合通过行政许可加以解决的事项。为了防止行政机关滥用行政审批权,对行政审批的事项必须依法加以明确的规定。[①] 行政登记是对申请人所主张的事实依法加以确认,使之具有法律效力的一种行政行为,如婚姻登记、税务登记、工商企业登记等。经过行政登记之后,申请人将享有法定的权利,同时必须履行相应的义务。

行政相对人根据自己的情况,认为自己符合法定条件而向行政机关申请许可证、执照、资质证、资格证等证书,或者申请行政机关审批、登记有关事项的,行政机关拒绝办理或者不予答复,则构成了违法的行政行为。这里的"拒绝办理"是指行政机关明确告知行政相对人不给办理其所申请的事项,行政机关可能是口头告知,也可能是作一份书面的拒绝办理的决定书。"不予答复"是行政机关对是否同意行政相对人的申请没有作出任何意思表示。上述两种行为都属于"没有依法办理"的范围。

(九)不履行保护人身权、财产权、受教育权法定职责的行为

行政机关对行政相对人申请行政机关履行保护人身权利、财产权利、受教育权利的法定职责,行政机关不依法履行的,申请人可以申请行政复议。这是行政机关不履行法定职责的行政行为可以申请行政复议的规定。行政相对人的人身权、财产权等受法律保护。行政机关作为执行国家法律的重要组织力量,有保护行政相对人人身权、财产权的法定职责。当行政相对人认为自己的人身权或者财产权受到威胁时,有权向有关行政机关申请保护;行政机关无正当理由拒绝或者不予答复,构成了不履行法定职责的具体行政行为。

不履行法定职责的具体行政行为必须具备如下构成要件:(1)行政机关负有该项法定

---

① 如国家经贸委《行政审批管理办法》(2003年1月1日起施行)第5条规定:"根据经贸行政管理需要,在下列范围内可提出设定行政审批项目的建议:(1)直接关系国家安全、经济安全、公共利益以及人身健康、生命财产安全的;(2)有关有限自然资源的开发利用、有限公共资源配置的;(3)通过事后补救难以有效消除影响或者难以挽回重大损害的;(4)中国政府缔结或者参加的国际条约需要设立审批事项的;(5)法律、行政法规、国务院有普遍约束力的决定要求设立的其他审批事项。"

职责。这是构成不履行法定职责具体行政行为的前提条件。行政相对人所申请保护的内容必须属于被申请的行政机关的职责范围之内。如被拐卖的妇女应当向公安机关请求人身权保护，虽然她也可以向司法行政机关请求保护，但如果司法行政机关不履行保护性请求，她不能以司法行政机关为被申请人申请行政复议。(2) 必须由行政相对人提出请求。依法保护行政相对人的人身权、财产权和受教育权是行政机关的法定职责。在行政相对人没有提出保护其人身权、财产权和受教育权请求的情况下，行政机关不履行法定职责，则构成行政失职行为，不能成为行政相对人申请行政复议之法定理由。同时，行政相对人的请求应当是明确的，且已到达行政机关。(3) 行政机关没有正当理由不履行法定职责。行政机关如为了保护一个较大的权益而不履行职责保护一个较小的权益，则应当视为具有正当理由而免责。如为了保护国家财产安全而拒绝保护某一公民个人的财产。不履行可以明确表示，也可以用沉默的方式表示。(4) 行政相对人认为危及其人身权、财产权、受教育权的不法侵害正在来临或者有征兆来临。行政相对人认为某种不法侵害正在来临或者有征兆来临而提出人身权、财产权保护请求时，必须基于一定的事实依据。这种事实依据必须是客观存在的，而不是主观臆想的。行政机关限于人力、物力，不可能对行政相对人的申请动辄进行保护。(5) 行政相对人受侵害的合法权益只限于人身权、财产权、受教育权。对其他合法权益受侵犯而提出保护性请求，行政机关不履行保护性法定职责，不构成行政复议的客体。需要指出的是，《行政复议法》在行政机关履行保护行政相对人权利的范围上，与原来的《行政复议条例》和现行《行政诉讼法》相比，增加了"受教育权"的内容。这表明国家对公民受教育权保护的进一步重视。

(十) 行政给付的行为

行政机关不依法发放抚恤金、社会保险金或者最低生活保障费等行政给付行为，行政相对人可以申请复议。行政相对人因生活困难有权依法从国家那里获得物质帮助，是一项宪法权利。抚恤金是指国家机关、企事业单位、集体经济组织对死者家属或伤残职工发给的生活费。① 社会保险金是指由被保险人交纳的保险费而形成的一种基金，当被保险人遇到不幸或遭到损失时，即可用此保险基金进行补偿。最低生活保障费是指持有非农业户口的城市居民凡是共同生活的家庭成员人均收入低于当地城市居民最低生活保障标准的，均有从当地人民政府获得基本生活物质帮助的一种金钱给付。它的标准是按照当地维持城市居民基本生活所必需的衣、食、住费用，并适当考虑水电燃煤(燃气)费用以及未成年人的义务教育费用确定。在现代风险社会中，国家对符合上述条件的行政相对人履行行政给付职责，对于个人的生存、发展具有极其重要的意义，并具有稳定社会的功能。

有权享受此种物质帮助权利的行政相对人认为行政机关没有依法发放相关费用的，有权提起行政复议申请。

---

① 根据《劳动保险条例》的规定，工人、职员因工负伤被确定为残废时，完全丧失劳动力不能工作退职后，饮食起居需人扶助者，发给因工残废抚恤费，至死亡时止。完全丧失劳动能力不能工作退职后，饮食起居不需人扶助者，发给因工残废抚恤费，至恢复劳动力或死亡时止。工人、职员因工死亡时，按其供养的直系亲属人数，每月付给供养直系亲属抚恤费，至受供养人失去受供养的条件为止。我国还规定有革命残废军人抚恤费，革命军人牺牲、病故抚恤费，国家工作人员伤亡、病故抚恤费等。

(十一) 其他具体行政行为

除了上述十种具体行政行为外,行政相对人认为行政机关的其他具体行政行为侵犯其合法权益的,也可以申请行政复议。这是一条概括性的规定。这一规定表明行政复议的范围并不限于具体行政行为侵犯人身权、财产权,而应当包括宪法和法律规定的其他一切权利,比如行政奖励。① 可见,行政复议的范围远远大于行政诉讼。

二、可以附带申请复议的事项

所谓附带申请复议,是指行政相对人在对行政行为申请复议的同时,可以要求复议机关对该行政行为的法依据进行合法性审查。这是《行政复议法》创设的一个新的法律制度。

(一) 附带申请复议的范围

《行政复议法》第7条规定,行政相对人认为行政机关的行政行为所依据的规定不合法,在对行政行为申请行政复议时,可以一并向行政复议机关提出对该规定的审查申请。这里的"规定",即行政规定,它是指行政机关制定的除行政法规、行政规章之外的其他规范性文件。这些"规定"包括:(1) 国务院部门的规定;(2) 县级以上地方各级人民政府及其工作部门的规定;(3) 乡、镇人民政府的规定。

(二) 附带申请复议的条件

行政规定因其所针对的是不特定行政相对人等原因,特定的行政相对人认为其违法要求申请复议的,应当符合如下法定条件:

1. 以对行政行为申请复议为前提条件

行政复议机关不受理申请人直接对行政规定提起的行政复议申请。行政相对人只有在对行政行为申请复议时,才能附带对行政行为所依据的行政规定提出审查请求。

2. 以行政规定为申请对象

除了国务院制定的"行政规定"外,其他所有的行政规定都可以被附带申请复议。申请人对行政行为依据的法律、法规、规章不服的,应当按照《立法法》第90条并参照《行政诉讼法》第53、54条的规定处理。

3. 以合法性审查为申请基点

对行政规定的申请内容仅限于该行为是否合法,而不包括适当性的问题。行政复议机关只能对行政规定的合法性进行审查,不审查它的适当性。合法性审查主要从两个方面进行:(1) 行政规定的制定是否超越权限;(2) 行政规定是否与法律、法规和规章相冲突。至于行政规定的"事实审查",尚未有法律明确规定。

三、不得申请行政复议的事项

行政复议作为一种行政救济制度,并非可以把所有的行政争议都纳入其审查范围。所以,《行政复议法》第8条划出了如下一个不得申请行政复议事项的范围。

---

① 青锋主编:《京津沪渝行政复议案例介绍与专家评析》,上海人民出版社2004年版,第196页以下。

(一)行政处分或者其他人事处理决定

行政处分是国家行政机关对违法、违纪的行政机关工作人员所给予的惩戒。根据《公务员法》的规定,行政处分的种类有警告、记过、记大过、降级、撤职、开除。其他人事处理决定是指除行政处分外,行政机关在内部人事管理活动中,对国家行政机关公务员作出的人事处理决定,它包括公务员定级、考核等次、降职、免职、回避、晋级、增资、辞职、辞退以及退休等涉及其个人权益的决定。

行政处分以及其他人事处理决定属于行政机关的内部行为,而《行政复议法》的目的是解决行政机关在行使行政职权的过程中与行政相对人之间产生的行政争议,是为行政相对人提供的一个法律救济途径,是解决行政行为合法性的一项法律制度。行政行为引起的争议与内部行为引起的争议在性质、内容等方面都有所不同,因此,在处理机关、程序和后果等方面都不一样。当然,《行政复议法》将行政处分和其他人事处理决定争议排除在行政复议范围之外,并不是说公务员的合法权益不受法律保护,而是他们可以通过其他法律救济途径实现权利保护。

(二)行政调解或者其他处理

行政调解是指由行政机关主持的,以法律、法规为依据,以自愿为原则,通过说服教育,促使民事争议双方互谅互让,达成解决争议协议的一种活动。它与民间调解和司法调解一起构成具有中国特色的调解制度。行政调解是解决民事争议的一种便捷方式,对解决民事争议、平息社会矛盾和维护安定团结等具有积极作用。但是,调解协议要靠双方当事人自觉自愿地遵守执行,对当事人没有法律约束力,一方当事人不执行调解协议的,另一方不能申请法院强制执行。因此,它并不是严格意义上的行政行为。当事人对行政机关作出的调解协议不服的,可以向法院提起诉讼或者向仲裁机构申请仲裁,不能申请行政复议。

所谓行政机关对民事纠纷作出的其他处理,这是一个"兜底条款",其含义并不确定。一般认为,行政机关参与的对民事纠纷作出的仲裁就属于这一类行为,如劳动仲裁。《劳动法》第79条规定:"劳动争议发生后,当事人可以向本单位劳动争议调解委员会申请调解;调解不成,当事人一方要求仲裁的,可以向劳动争议仲裁委员会申请仲裁。当事人一方也可以直接向劳动争议仲裁委员会申请仲裁。对仲裁裁决不服的,可以向人民法院提起诉讼。"这里的诉讼不是指行政诉讼,而是指民事诉讼。

 案例研究

成都市教育局作出的信访答复是否属于行政复议受理范围

1992年,原成都市第五中学(现成都列五中学)向原成都市教育委员会(现为成都市教育局)报送了《关于对我校职工杨一民作除名处理的报告》,原成都市教育委员会于1992年12月23日作出成教发人(1992)78号批复,同意将原告杨一民作除名处理。2005年,杨一民因上述纠纷到成都市教育局进行信访申诉,该局于2005年5月20日以其办公室的名义向杨一民作出信访回复,认为原成都市教育委员会于1992年作出的《对成都市第五中学〈关于对我校职工杨一民作除名处理的报告〉的批复》是符合法律规定的。收到该信访回复后，杨一民向四川省教育厅上访，四川省教育厅责成成都市教育局重新答复杨一民。成都市教育局于2005年8月18日再次给予杨一民信访答复，其内容与前次信访回复一致。2005年9月9日，杨一民就成都市教育局于2005年8月18日作出的信访答复向被告成都市政府提出行政复议申请，成都市政府于2005年9月9日作出成府复不字(2005)第6号不予受理决定，并已送达杨一民。（资料来源：《最高人民法院公报》2007年第10期）

第三节 行政复议参加人

行政复议参加人是指与所争议的行政行为有法律上的利害关系，以自己的名义参加行政复议，并受行政复议决定约束的当事人及与当事人地位相似的人，在行政复议程序上称为申请人、被申请人和第三人。

一、申请人

（一）申请人的概念与特征

《行政复议法》第2条规定："公民、法人或者其他组织认为具体行政行为侵犯其合法权益，向行政机关提出行政复议申请，行政机关受理行政复议申请、作出行政复议决定，适用本法。"依照这一规定，行政复议申请人是认为行政行为侵害了其合法权益向行政机关提出行政复议申请的公民、法人和其他组织。申请人有三个基本特征：

1. 申请人应当是公民、法人或其他组织

在解释和适用上，这里的公民是具有中华人民共和国国籍的自然人。根据对等原则，外国人也可以在我国提起行政复议。法人可以分为企业法人、事业法人、社团法人和机关法人。[①] 其他组织是指非法人的组织，如某工程项目筹建处。如果行政机关在行政程序中为行政相对人或第三人的，也可以成为行政复议的申请人。但此时行政机关的身份是"机关法人"。

2. 申请人应当是认为行政行为侵犯其合法权益的人

这里需要注意两点：（1）申请人是指主观上"认为"其合法权益受到侵犯，并不要求侵犯事实的客观存在。（2）申请人不仅包括行政程序中的行政对象人，也包括行政程序中的行政相关人，如行政许可程序中的利害关系人。

3. 申请人必须是以自己的名义向行政复议机关提出申请的人。受他人委托向行政复议机关提出复议申请的人，是委托代理人，不属于申请人。

此外，针对实务中几种特殊情形，《行政复议法实施条例》还作出了以下特别规定：

1. 合伙企业申请行政复议的，应以核准登记的企业为申请人，由执行合伙事务的合伙人代表该企业参加行政复议；其他合伙组织申请行政复议的，由合伙人共同申请行政复议。其他不具备法人资格的组织申请行政复议的，由该组织的主要负责人代表该组织参加行

---

① 参见《民法通则》第3章。

复议;没有主要负责人的,由共同推选的其他成员代表该组织参加行政复议。

2. 股份制企业的股东大会、股东代表大会、董事会认为行政机关作出的行政行为侵犯企业合法权益的,可以以企业的名义申请行政复议。

(二)申请人资格的转移

在一般情况下,申请人必须是认为其自己的合法权益受行政行为侵犯的人。但是,在特殊情况下,行政复议申请人的资格会发生转移。根据《行政复议法》第10条的规定,申请人资格转移有两种情况:

1. 有权申请行政复议的公民在申请行政复议期限内死亡的,其近亲属继受其行政复议申请人的地位,可以自己的名义(而不必以死者的名义)直接申请行政复议。可以取代死亡的行政复议申请人申请行政复议的近亲属包括:配偶、父母、子女、兄弟姐妹、祖父母、外祖父母、孙子女、外孙子女和其他具有抚养、赡养关系的亲属。

2. 有权申请行政复议的法人或者其他组织终止的,承受其权利的法人或者其他组织可以作为行政复议申请人提出行政复议申请。

二、被申请人

行政复议被申请人是指作出被申请复议的行政行为的行政机关。认定行政复议被申请人的规则如下:

1. 原则上,被申请人为行政程序中的行政机关的,申请人不服谁作出的行政行为,谁就是被申请人,即所谓"谁行为,谁是被申请人"。

2. 两个或两个以上行政机关以共同名义作出同一行政行为的,共同作出行政行为的行政机关是共同被申请人。如工商行政管理局和烟草专卖局共同查处某一烟草违法行为,并共同作出行政处罚决定的,如果受处罚人不服申请行政复议,工商行政管理局和烟草专卖局应当共同作为被申请人。

3. 下级行政机关依照法律、法规、规章规定,经上级行政机关批准作出行政行为的,作出批准的行政机关为被申请人。

4. 作出行政行为的行政机关被撤销的,行政复议被申请人可以分为以下几种情况认定:(1) 行政机关被撤销后,其与其他行政机关合并从而形成了一个新的行政机关的,应当以该新的行政机关为行政复议被申请人;(2) 行政机关被撤销后,其职权被另一个行政机关接管的,应当以接管其职权的行政机关为行政复议被申请人;(3) 如果行政机关撤销后,没有确定接管其职权的行政机关或者原职权不再存在的,应当以撤销该行政机关的行政机关作为行政复议被申请人。

5. 地方人民政府的派出机关可以为被申请人,但人民政府工作部门依法设立的派出机构不能为被申请人:(1) 县级以上人民政府依法设立的派出机关作出行政行为的,该派出机关是被申请人;(2) 政府工作部门依法设立的派出机构所作出的行政行为,设立该派出机构的政府工作部门为被申请人;(3) 如果法律、法规对派出机构有授权,该派出机构以自己的名义作出行政行为的,该派出机构可以成为被申请人。

6. 行政机关的法定代表人或者其他工作人员不能成为被申请人。虽然行政行为是通过特定的公务员作出的,如一些书面的行政行为还有法定代表人签名,但这些人的行为代表着所在的行政机关的意志,而不是他个人的意志。因此,当行政相对人不服行政机关公务员在履行职责过程中作出的行政行为时,只能以该公务员所在的行政机关作为行政复议被申请人,而不能以该公务员为被申请人。

7. 行政机关的内部机构不能成为被申请人。行政机关为了更好地实施行政任务,往往在其内部设立诸多职能部门,如县公安局中的治安科、户籍科等;在工作上,行政机关往往将行政职权、任务分配给不同的职能部门。这些职能部门在法律上通常不具有独立法律地位,它们都必须以所在行政机关的名义行使职权;即便是以自己的名义行使职权的,也不能成为行政复议的被申请人。

8. 行政机关委托的组织不能成为被申请人。行政机关委托的组织作出的行政行为引起行政复议,委托的行政机关是被申请人,即所谓"谁委托,谁负责"。

三、第三人

行政复议第三人是指因与被申请复议的行政行为有利害关系,从而以自己的名义参加行政复议的人。《行政复议法实施条例》第9条规定:"行政复议期间,行政复议机构认为申请人以外的公民、法人或者其他组织与被审查的具体行政行为有利害关系的,可以通知其作为第三人参加行政复议。行政复议期间,申请人以外的公民、法人或者其他组织与被审查的具体行政行为有利害关系的,可以向行政复议机构申请作为第三人参加行政复议。第三人不参加行政复议,不影响行政复议案件的审理。"第三人在行政复议中具有独立的法律地位。第三人与申请人和被申请人不同,其参加行政复议是为了维护自己的合法权益,在行政复议中不依附于申请人或者被申请人,享有与申请人基本相同的复议权利。

从行政复议实践中看,行政复议中的第三人主要有:(1)治安行政处罚案件中的被处罚人或者权益受被处罚人侵害的人。在行政复议中,如果被处罚人提起行政复议,则受害人可以作为第三人参加行政复议;如果受害人提起行政复议,则受处罚人可以作为第三人参加行政复议。(2)行政处罚案件中的共同被处罚人。在有共同被处罚人的行政处罚案件中,有一部分被处罚人提起行政复议的,另外的被处罚人可以作为第三人参加行政复议。(3)其他与被申请的行政行为有利害关系的行政相对人。①

行政法律关系主体与行政复议法律主体之间的关系可以通过如下图示反映出来:

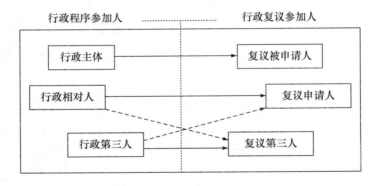

---

① 参阅"张成银诉徐州市人民政府房屋登记行政复议案",载《最高人民法院公报》2005年第3期。

第四节　行政复议机关及其管辖

一、行政复议机关与行政复议机构

行政复议机关是依法履行行政复议职责的行政机关,也就是受理申请人提出的行政复议申请,对被申请的行政行为进行合法性、适当性审查并作出行政复议决定的行政机关。行政复议机关不同于行政复议机构。行政复议机构是行政复议机关内部设置的专门负责处理行政复议事务的机构。也就是说,行政复议机关是行政复议职权的享有主体和责任承担主体,而行政复议机构则是行政复议具体事务的处理者,或者说是行政复议的行为主体。

行政复议机构主要履行下列职责:(1)受理行政复议的申请;(2)向有关组织和人员调查取证,查阅文件和资料;(3)审查被申请的行政行为是否合法与适当,拟订行政复议决定;(4)处理或者转送对有关行政规范的审查申请;(5)对被申请复议的行政机关违反行政复议法规定的行为,依照相关规定的权限和程序提出处理建议;(6)办理因不服行政复议决定提起行政诉讼的应诉事项;(7)法律、法规规定的其他职责。行政复议机构对外作出有关行政复议的行为,不具有法律效力。

二、行政复议管辖

行政复议管辖是指行政复议机关之间受理行政复议案件的权限与分工。《行政复议法》根据作出行政行为的行政机关的特点,对行政复议管辖作出了如下规定:

（一）县级以上人民政府工作部门作出的具体行政行为

对县级以上地方各级人民政府工作部门的具体行政行为不服的,由申请人选择,既可以向该部门的本级人民政府申请行政复议,也可以向其上一级主管部门申请行政复议。但是,对海关、金融、国税、外汇管理等实行垂直领导的行政机关和国家安全机关的行政行为不服的,只能向上一级主管部门申请行政复议。

（二）地方各级人民政府作出的具体行政行为

对地方各级人民政府作出的具体行政行为不服的,向上一级地方人民政府申请行政复议。但是,对省、自治区人民政府依法设立的派出机关（如地区行政公署）所属的县级人民政府作出的具体行政行为不服的,向该派出机关申请行政复议。

（三）国务院部门或者省、自治区、直辖市人民政府的具体行政行为

对国务院部门或者省、自治区、直辖市人民政府作出的具体行政行为不服的,可以向作出该行政行为的国务院部门或者省、自治区、直辖市人民政府申请行政复议。对行政复议决定不服的,可以向法院提起行政诉讼,也可以向国务院申请裁决。向国务院申请裁决的,国务院作出的裁决为最终裁决。

（四）派出机关和派出机构作出的具体行政行为

对县级以上地方人民政府依法设立的派出机关作出的具体行政行为不服的,向设立该派出机关的人民政府申请行政复议;对政府工作部门依法设立的派出机构依照法律、法规或者规章规定,以自己的名义作出的行政行为不服的,向设立该派出机构的部门或者该部门的本级地方人民政府申请行政复议。

（五）法律、法规授权组织作出的具体行政行为

对法律、法规授权的组织作出的具体行政行为不服的,分别向直接管理该组织的地方人民政府、地方人民政府工作部门或者国务院部门申请行政复议。

（六）共同作出的具体行政行为

对两个或者两个以上行政机关以共同的名义作出的具体行政行为不服的,向其共同上一级行政机关申请行政复议。

（七）被撤销行政机关的具体行政行为

对被撤销的行政机关在撤销前所作出的具体行政行为不服的,向继续行使其职权的行政机关的上一级行政机关申请行政复议。

除此之外,行政复议管辖还有指定管辖和移送管辖。所谓指定管辖,是指两个或两个以上的行政机关在某一复议案件的管辖上发生相互推诿或争夺管辖权情形时,由其共同上一级机关指定管辖机关。指定管辖通常发生在两种情形下:(1)对复议管辖权发生争执又协商不成的;(2)法律对复议案件管辖权的规定不明确。所谓移送管辖,是指行政复议机关对已经受理的行政复议案件,经审查后发现对该案件并无管辖权时,依法将案件移送给有管辖权的复议机关管辖。移送管辖主要在两种情形下发生:(1)同级政府两个不同部门之间的移送和两个同级人民政府之间的移送;(2)上、下级复议机关之间的移送。

第五节 行政复议程序

行政复议程序是行政复议机关审理行政复议案件和行政复议参加人参与行政复议的方式、步骤、顺序和时限。它主要包括申请、受理、审理和决定等内容。

一、行政复议申请

行政复议申请是指行政相对人依法向行政复议机关提出要求对被申请复议的行政行为进行审查并作出决定的请求。行政复议是依申请的行政行为,没有行政相对人的申请,行政复议程序就不可能启动。但是,行政复议不是任何人都可以申请的,也不是无条件地可以任何方式启动的,所以,法律规定了行政复议申请期限、申请条件、申请方式等制度。

（一）申请期限

申请期限是申请人申请行政复议的时限。若申请人超过该时限提出申请的,行政复议

机关不予受理。《行政复议法》第9条规定:"公民、法人或者其他组织认为行政行为侵犯其合法权益的,可以自知道该行政行为之日起60日内提出行政复议申请;但是法律规定的申请期限超过60日的除外。"这是行政复议期限的基本规定。在特殊情况下,申请人"因不可抗力或者其他正当理由耽误法定申请期限的,申请期限自障碍消除之日起继续计算"。知道之日是指了解行政行为内容之时,当场交付的按照交付的时间计算,其他方式送达的按照送达的具体方式计算。

在实践中,期限的计算是最容易发生争执的问题之一。为此,《行政复议法实施条例》第15条、第16条规定,行政复议申请期限的计算遵循下列规定:(1)当场作出行政行为的,自行政行为作出之日起计算;(2)载明行政行为的法律文书直接送达的,自受送达人签收之日起计算;(3)载明行政行为的法律文书邮寄送达的,自受送达人在邮件签收单上签收之日起计算;没有邮件签收单的,自受送达人在送达回执上签名之日起计算;(4)行政行为依法通过公告形式告知受送达人的,自公告规定的期限届满之日起计算;(5)行政机关作出行政行为时未告知行政相对人,事后补充告知的,自该行政相对人收到行政机关补充告知的通知之日起计算;(6)被申请人能够证明行政相对人知道行政行为的,自证据材料证明其知道行政行为之日起计算;(7)行政机关作出行政行为,依法应当向有关行政相对人送达法律文书而未送达的,视为该行政相对人不知道该行政行为。

此外,行政相对人申请行政机关履行法定职责,行政机关未履行的,行政复议申请期限依照下列规定计算:(1)有履行期限规定的,自履行期限届满之日起计算;(2)没有履行期限规定的,自行政机关收到申请满60日起计算。但是,行政相对人在紧急情况下请求行政机关履行保护人身权、财产权的法定职责,行政机关不履行的,行政复议申请期限不受前述规定的限制。

案例研究

本案朱某申请行政复议是否超过法定期限

朱某,朝鲜族,系某村村民。2005年,朱某开始以其人工林权属得不到确认为由,逐级多次上访。该市林业局信访办于2008年6月4日,以汉语文字给朱某作出《朱某信访事项处理意见答复》(以下称《书面答复》),并于2008年6月5日,在该市林业局信访办公室将《书面答复》当面送交给朱某,告知其申请的人工林位于原林业部1992年向该市林业局发放的国有林权证范围内。但是,该市林业局信访办在其信访过程中,未对朱某进行来访人员登记;在向朱某当面送交《书面答复》时,未要求其进行签收,也没有其他送达凭证。朱某对原林业部1992年给该市林业局颁发国林证字第217号国有林权证的行政行为不服,于2008年12月20日向国家林业局申请行政复议。国家林业局认为朱某所提行政复议申请超过了法定的申请期限,并于2009年1月5作出了不予受理该行政复议申请的决定。(资料来源:郜风涛主编:《行政复议典型案例选编》(第2辑),中国法制出版社2011年版,第56—57页)

（二）申请条件

1. 申请人合格。申请人必须是认为行政行为侵犯其合法权益的行政相对人。也就是说，只有相对人才能对行政行为申请复议。在特殊情况下，申请人资格也会发生转移，即有权申请复议的公民死亡的，其近亲属可以申请复议；有权申请复议的法人或者其他组织终止的，承受其权利的法人或其他组织可以申请复议。

2. 有明确的被申请人。行政相对人申请行政复议必须指明被申请人，即作出行政行为侵犯其合法权益的行政机关。没有明确的被申请人，复议机关可以拒绝受理。如果复议机关受理后认为被申请人不适格，则可依法要求申请人予以更换。申请人拒绝更换的，复议机关不予受理。

3. 有具体的复议请求和事实根据。复议请求是申请人申请复议所要达到的目的。它主要有四种情况：(1) 请求撤销违法的行政行为；(2) 请求变更不适当的行政行为；(3) 请求责成被申请人限期履行法定职责；(4) 请求确认行政行为违法或责令被申请人赔偿损失。任何一种复议请求都必须以一定的事实根据为基础，否则，不可能得到复议机关的支持。当然，这并不能推论出申请人在行政复议程序中有证明被申请的行政行为违法的责任。

4. 属于受理复议机关管辖。复议管辖范围是法定的，因此，申请人必须向有法定管辖权的复议机关提出复议申请。复议机关对不属于自己管辖的复议案件应当告知申请人向有管辖权的复议机关提起申请。

5. 法律、法规规定的其他条件。除《行政复议法》《行政复议法实施条例》外，其他法律、法规可以对行政复议申请设置其他条件。

（三）申请方式与申请材料

申请人申请行政复议可以书面申请，也可以口头申请。申请人口头申请的，行政复议机关应当当场记录申请人的基本情况、行政复议请求、申请行政复议的主要事实、理由和时间。申请人书面申请行政复议的，可以采取当面递交、邮寄或者传真等方式提出申请。有条件的行政复议机构可以接受以电子邮件形式提出的申请。

申请人采取书面方式向行政复议机关申请行政复议时，所递交的行政复议申请书应当载明下列内容：(1) 申请人的基本情况，包括：公民的姓名、性别、年龄、身份证号码、工作单位、住所、邮政编码；法人或者其他组织的名称、住所、邮政编码和法定代表人或者主要负责人的姓名、职务；(2) 被申请人的名称；(3) 行政复议请求、申请行政复议的主要事实和理由；(4) 申请人的签名或者盖章；(5) 申请行政复议的日期。

虽然行政复议法规定被申请人对被申请的行政行为合法性承担举证责任，申请人申请时不用提供证据材料，但有两种例外情形：(1) 如果认为被申请人不履行法定职责的，申请人应提供曾经要求被申请人履行法定职责而被申请人未履行的证明材料；(2) 如果申请行政复议时一并提出行政赔偿请求的，应当提供受行政行为侵害而造成损害事实的证明材料。

此外，由于行政复议可以对行政行为所依据的行政规定进行附带性合法审查，申请人认为行政行为所依据的行政规定不合法的，可以在对行政行为申请行政复议的同时，一并提出对该行政规定的合法性审查申请；申请人在对行政行为提出行政复议申请时，尚不知道该行政行为所依据的行政规定的，可以在行政复议机关作出行政复议决定前向行政复议机关提出对该行政规定的合法性审查申请。

二、行政复议受理

行政复议受理是指申请人提出复议申请后,行政复议机关经审查认为符合条件而决定立案并审理的活动。行政复议机关受理行政复议申请需要注意如下两点:

(一)及时受理行政复议申请

行政复议机关收到行政复议申请后,应当在5日内进行审查,对不符合行政复议法规定的行政复议申请,可作出不予受理决定,并书面告知申请人;对符合行政复议法规定,但是不属于本机关受理的行政复议申请,应当告知申请人向有关行政复议机关提出。若复议机关既没有决定不予受理,也没有告知申请人向有关复议机关提出复议申请,复议申请自行政复议机关收到之日起即视为受理。行政相对人依法提出行政复议申请后,行政复议机关无正当理由不予受理的,上级行政机关应当责令其受理;必要时,上级行政机关也可以直接受理。

(二)及时移转行政复议申请

申请人对派出机关、派出机构、法律法规授权的组织作出的行政行为以及共同行政行为、被撤销的行政机关作出的行政行为不服的,除了可以向有管辖权的行政复议机关提出复议申请外,申请人也可以向行政行为发生地的县级地方人民政府提出行政复议申请。接受申请的县级地方人民政府应当自接到该申请之日起7日内,转送有关行政复议机关,并告知申请人。

受理标志着行政复议程序开始,同时,也会产生相应的行政程序法效果,因此,以下两点内容需要特别注意:

(一)不予受理与行政诉讼的关系

法律、法规规定应当先向行政复议机关申请行政复议,对行政复议决定不服再向人民法院提起行政诉讼的,行政复议机关决定不予受理或者受理后超过行政复议期限不作答复的,申请人可以自收到不予受理决定书之日起或者行政复议期满之日起15日内,依法向人民法院提起行政诉讼。

(二)行政复议期间行政决定不停止执行

基于行政决定的法效力,若行政复议对象是行政决定的,在行政复议期间该行政决定不停止执行。但在下列情况下,被申请的行政决定可以停止执行:

1. 被申请人认为需要停止执行的。在行政职权范围内作出并执行行政决定,是行政机关的法定职责。如果作为被申请人认为自己作出的行政决定需要停止执行的,即可随时作出停止执行的决定。

2. 行政复议机关认为需要停止执行的。行政复议机关认为停止执行被申请的行政决定不损害社会公共利益的,可以作出停止执行的决定。

3. 经申请人申请,行政复议机关认为其要求合理的,也可以作出停止执行的决定。

4. 法律、法规规定停止执行的。有的法律、法规规定,申请人对行政决定提起复议后,被申请的行政决定应当停止执行。如《治安管理处罚法》第107条规定："被处罚人不服行政拘留处罚决定,申请行政复议、提起行政诉讼的,可以向公安机关提出暂缓执行行政拘留的申请。公安机关认为暂缓执行行政拘留不致发生社会危险的,由被处罚人或者其近亲属提出符合本法第108条规定条件的担保人,或者按每日行政拘留200元的标准交纳保证金,行政拘留的处罚决定暂缓执行。"之所以作出这样的例外规定,主要是因为如人自自由这样的权益,一旦执行错误就不可能通过执行回转加以救济。

三、行政复议审理

行政复议审理是行政复议机关对被申请的行政行为是否合法、适当作出法律上判断的一个程序性过程。相对于法院的行政案件审查,行政复议审查是"非正式"的,但这种"非正式"是由行政复议自身的特点所决定的。

（一）审理前的准备

1. 给被申请人送达行政复议书副本,并限期提出书面答复。行政复议机关应当自行政复议申请受理之日起7日内,将行政复议申请书副本或者行政复议申请笔录复印件发送给被申请人,要求被申请人自收到申请书副本或者行政复议申请笔录复印件之日起10日内,向行政复议机关提出书面答复,并提交当初作出行政行为的证据、依据和其他有关材料。

2. 确定复议人员。行政复议机构审理行政复议案件,应当由2名以上行政复议人员参加。复议人员不得与审查的复议案件有利害关系。复议机关同时又是被申请人的,作出原行政行为的人员不得担任本案的复议人员。

3. 更换或者追加复议参加人。复议人员如果发现复议申请人或被申请人不符合条件的,应当及时予以更换;如果发现必要共同复议申请人和符合第三人条件的行政相对人、行政机关未参加复议的,应当通知其参加复议。

4. 调查、收集证据。在行政复议过程中,被申请人不得自行向申请人和其他有关组织或者个人收集证据。申请人和第三人可以在行政复议过程中收集证据,若收集证据有困难的,可以申请行政复议机构调查。行政复议机构认为必要时,可以实地调查核实证据。

5. 确定复议案件的审理方式。行政复议原则上采取书面审查的办法,但是申请人提出要求或者行政复议机构认为有必要时,可以向有关组织和个人调查情况,听取申请人、被申请人和第三人的意见。对重大、复杂的案件,申请人提出要求或者行政复议机构认为必要时,可以采取听证的方式审理。

（二）审查方式

行政复议采取以书面审理为主,其他方式为辅的审理方式。所谓"书面审理",是指复议机关仅就双方所提供的书面材料进行审查后作出决定的一种审理方式。这种审理方式较为简便、高效,但在说服当事人接受不利的复议决定方面欠缺正当性。所谓"其他方式",是指复议机构认为必要时,向有关组织和人员调查情况,听取申请人、被申请人和第三人的意见,或者采取听证式方式,通过双方对争议的事实、法律依据进行质证、辩论,最后由复议机关作出决定的审查方式。这种审查方式适用于较为复杂、影响较大的行政复议案件。《行政复议法实施条例》第 33 条规定:"行政复议机构认为必要时,可以实地调查核实证据;对重大、复杂的案件,申请人提出要求或者行政复议机构认为必要时,可以采取听证的方式审理。"在实务中,引入行政复议委员会是行政复议审理方式改革的一个方向。[①]

(三) 审查内容

行政复议机构的主要职责是审查被申请的行政行为是否合法、适当,拟订行政复议决定。由此可见,行政行为的合法性、适当性是行政复议审查的主要内容。行政行为合法性取决于行政行为依据的事实是否清楚,认定事实的证据是否充分,适用法律是否正确,作出行政行为的程序是否合法,行政机关是否超越职权、是否滥用职权以及行政行为是否明显不当。这里需要特别注意三个方面的事项:

1. 证据审查

《行政复议法》对行政复议中的举证责任没有作出任何规定。我们认为,根据行政复议的性质和特点,可以参照行政诉讼举证责任的规定,即应当由被申请人承担举证责任,提供作出行政行为决定的事实依据和法律依据,以证明其所作出的行政行为的合法性和适当性。在行政不作为成为行政复议客体时,申请人应当就申请的事实承担举证责任。在一并提出要求行政赔偿的复议申请中,申请人对赔偿的事实等承担举证责任。

除了参照行政诉讼法的证据规则外,还需注意《行政复议法》第 24 条的规定。该条规定:"在行政复议过程中,被申请人不得自行向申请人和其他有关组织或者个人收集证据。"这并不是说,在行政复议过程中,被申请人不能自行向申请人和其他有关组织或者个人收集证据,而是说,在行政复议过程中,被申请人自行向申请人和其他有关组织或者个人收集的证据,不能作为证明原行政行为合法性的根据。

2. 依据审查

行政复议机关审理复议案件,以法律、行政法规、地方性法规、规章以及上级行政机关依法制定和发布的具有普遍约束力的决定、命令为依据。《行政复议法》第 27 条规定:"行政复议机关在对被申请人作出的具体行政行为进行审查时,认为其依据不合法,本机关有权处理的,应当在 30 日内依法处理;无权处理的,应当在 7 日内按照法定程序转送有权处理的国家机关依法处理。处理期间,中止对具体行政行为的审查。"在实际操作中,应当注意如下三个问题:

(1) 如果申请人或复议机关认为行政行为所依据的规章与上位法律、法规相抵触的,应当按照《立法法》第 88 条的规定予以处理,即国务院有权改变或者撤销不适当的部门规章和地方政府规章;地方人民代表大会常务委员会有权撤销本级人民政府制定的不适当的规章;省、自治区的人民政府有权改变或者撤销下一级人民政府制定的不适当的规章。按此规定,申请人或者行政复议机关认为部门规章或地方规章可能与上位法相抵触时,行政复议机关应当按照上述规定提请相应的机关予以审查,而后根据审查结论处理行政复议案件。

(2) 如果申请人或者行政复议机关认为行政法规或者地方法规与宪法或法律相抵触的,应按照《立法法》第 90 条的规定处理,即国务院、中央军事委员会、最高人民法院、最高人民检察院和各省、自治区、直辖市的人民代表大会常务委员会认为行政法规、地方性法规、自

[①] 《行政复议委员会试水缘由》,载《法制日报》2008 年 12 月 12 日。

治条例和单行条例同宪法或者法律相抵触的,可以向全国人民代表大会常务委员会书面提出进行审查的要求,由常务委员会工作机构分送有关的专门委员会进行审查、提出意见。前款规定以外的其他国家机关和社会团体、企业事业组织以及公民认为行政法规、地方性法规、自治条例和单行条例同宪法或者法律相抵触的,可以向全国人民代表大会常务委员会书面提出进行审查的建议,由常务委员会工作机构进行研究,必要时,送有关的专门委员会进行审查、提出意见。

(3) 对于行政行为所依据的规范性文件,包括国务院部门的规定、县级以上地方各级人民政府及其工作部门的规定以及乡、镇人民政府的规定,虽然属于行政复议机关附带审查的范围,但不等于任何行政复议机关对任何规范性文件都有审查权。基于行政机关之间的上下级隶属关系,下级行政复议机关对上级行政机关作出的规范性文件一般没有合法性审查权。故《行政复议法》第 26 条规定,申请人在申请行政复议时,一并提出对行政行为所依据的规范性文件的审查申请的,行政复议机关对该规定有权处理的,应当在 30 日内依法处理;无权处理的,应当在 7 日内按照法定程序转送有权处理的行政机关依法处理,有权处理的行政机关应当在 60 日内依法处理。处理期间,中止对行政行为的审查。

(四) 行政复议和解与调解

1. 行政复议和解

行政复议和解是申请人与被申请人之间达成解决争议协议的一种活动。行政相对人对行政机关行使法律、法规规定的行政裁量权作出的行政行为不服申请行政复议,申请人与被申请人在行政复议决定作出前自愿达成和解的,应当向行政复议机构提交书面和解协议。但是,和解内容不得损害社会公共利益和他人合法权益,否则,行政复议机构应当不予准许。

2. 行政复议调解

行政复议的调解是在复议机关主持下申请人与被申请人之间达成解决争议协议的一种活动。有下列情形之一的,行政复议机关可以按照自愿、合法的原则进行调解:(1) 行政相对人对行政机关行使法律、法规规定的行政裁量权作出的行政行为不服申请行政复议的;(2) 当事人之间的行政赔偿或者行政补偿纠纷。

当事人经调解达成协议的,行政复议机关应当制作行政复议调解书。调解书应当载明行政复议请求、事实、理由和调解结果,并加盖行政复议机关印章。行政复议调解书经双方当事人签字,即具有法律效力。调解未达成协议或者调解书生效前一方反悔的,行政复议机关应当及时作出行政复议决定。

(五) 行政复议撤回、中止与终止

1. 行政复议撤回

行政复议的撤回是指行政复议申请人撤回行政复议申请,以终结行政复议程序的行为。行政复议的撤回由撤回条件、程序和后果等内容组成。

原则上,行政复议申请人是可以通过撤回行政复议申请终结行政复议程序的。不过,申请人需要说明撤回的理由并经行政复议机关同意。之所以需要作这样的规定,是因为行政复议还有监督功能,所以需要对申请人撤回申请的自由作必要的限制。行政复议一经撤回,行政复议程序便告终止;申请人一般不得再以同一事实和理由提出行政复议申请;被申请人也不得随意变更其行政行为。

2. 行政复议中止

行政复议的中止是指行政复议期间发生特定情形,影响行政复议案件的审理,从而暂时停止行政复议程序,待相关情形消除后,恢复行政复议程序。

《行政复议法实施条例》第41条规定,在以下情形下,行政复议程序可以中止:(1) 作为申请人的自然人死亡,其近亲属尚未确定是否参加行政复议的;(2) 作为申请人的自然人丧失参加行政复议的能力,尚未确定法定代理人参加行政复议的;(3) 作为申请人的法人或者其他组织终止,尚未确定权利义务承受人的;(4) 作为申请人的自然人下落不明或者被宣告失踪的;(5) 申请人、被申请人因不可抗力,不能参加行政复议的;(6) 案件涉及法律适用问题,需要有权机关作出解释或者确认的;(7) 案件审理需要以其他案件的审理结果为依据,而其他案件尚未审结的;(8) 其他需要中止行政复议的情形。

行政复议中止的原因消除后,行政机关应当及时恢复行政复议案件的审理。对中止、恢复行政复议案件审理的事项,行政机关应当告知有关当事人。

3. 行政复议终止

行政复议的终止是指在行政复议期间,发生使行政复议程序无法继续进行或继续进行没有实际意义的情形时,永远停止行政复议程序。

《行政复议法实施条例》第42条规定,行政复议期间发生以下情形之一时,行政复议终止:(1) 申请人要求撤回行政复议申请,行政复议机构准予撤回的;(2) 作为申请人的自然人死亡,没有近亲属或者其近亲属放弃行政复议权利的;(3) 作为申请人的自然人死亡,或者作为申请人的自然人丧失参加行政复议的能力,致行政复议程序中止,其近亲属在60日后不能确定是否参加行政复议的;(4) 作为申请人的法人或者其他组织终止,其权利义务的承受人放弃行政复议权利的;(5) 作为申请人的法人或者其他组织终止,致行政复议程序中止,60日后不能确定权利义务承受人的;(6) 申请人与被申请人依照相关规定,经行政复议机构准许达成和解的;(7) 申请人对行政拘留或者限制人身自由的行政强制措施不服申请行政复议后,因申请人同一违法行为涉嫌犯罪,该行政拘留或者限制人身自由的行政强制措施变更为刑事拘留的。

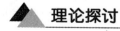

行政复议"司法化"

针对行政复议不能有效解决行政争议等问题,行政复议"司法化"近几年成为一部分学者解决此问题的首选方案。主张行政复议"司法化"的主要观点有:(1)"行政复议程序与制度应当更具有司法的特征,而不是像一般的行政行为那样。"这一观点将行政复议行为区别于一般的行政行为,并由此反过来推出行政复议司法化的正当性。行政复议行为的确不同于行政程序中的行政行为,但以此作为它应当司法化的理由,是有些牵强的。(2)"行政复议更接近于司法性质而不同于一般具体行政行为,把它看作是行政行为显然是不妥的。如同行政立法一样,行政复议是形式上的行政行为,实质上的司法行为。"这一观点所依托的前提是行政行为可以分为行政立法行为、行政执法行为和行政司法行为的"三分法"框架。而行政复议是行政司法行为,实质上是"司法行为"。(3)"立法过程中极端的'反司法化'思潮,甚至反对一切与司法类似的制度,包括审查程度、证据制度、审查方式甚至于规范用语,这就不可避免地使《行政复议法》植入了一些严重的先天缺陷。"这一观点把今天行政复议中产生的问题,归咎于当年行政复议立法过程中的"反司法化"思潮所致。由此可以推出这样的一个结论:要解决现行政复议中的"先天缺陷",行政复议必须"司法化"。

反对行政复议"司法化"的观点也并不少见:(1)"过分强调行政复议程序的司法性,并不一定有利于该制度发挥其应有的作用。"在这样的一个结论之后,该学者十分推崇台湾地区的"诉愿委员会"。这种方案可以缓解行政复议的自我纠错机制与"做自己案件法官"之间的紧张关系,它已纳入国务院法制办关于行政复议的试点工作范围。(2)行政复议制度的"非司法化不是缺陷"。"行政复议体制和机制上的缺陷,与司法化没有必然的联系。""用司法化来解释并设计行政复议制度,不是一个好的办法。"(章剑生:《行政复议程序的正当化修复——基于司法审查的视角》,载《江淮论坛》2010年第6期)

四、行政复议决定

行政复议决定是指行政复议机关对案件进行审理后,就被复议的行政行为的合法性、适当性作出决断后的一种法律上处置。行政复议机关应当自受理申请之日起 60 日内作出行政复议决定;但是法律规定的行政复议期限少于 60 日的除外。情况复杂,不能在规定期限内作出行政复议决定的,经行政复议机关的负责人批准,可以适当延长,并告知申请人和被申请人;但是延长期限最多不超过 30 日。

(一)行政复议决定的种类

行政复议机关审查被复议的行政行为后,要根据不同的情形作出不同的复议决定。这些复议决定主要有以下几种:

1. 维持决定

维持决定,即保持被复议行政行为的既有内容和已有法效力不变的决定。被复议行政行为认定事实清楚、证据确凿、适用法律正确、程序合法、内容适当的,可以采用维持决定方式。《行政复议法》第 28 条第 1 款第 1 项规定:"具体行政行为认定事实清楚,证据确凿,适用依据正确,程序合法,内容适当的,决定维持。"维持决定如同行政诉讼中的维持判决,是肯定具体行政行为合法性的决定。对于申请人来说,意味着他的请求没有得到法律的支持。

2. 履行决定

复议机关经过审查,认定被申请人不履行法定职责或者拖延履行法定职责的,可以作出责令被申请人在一定期限内履行法定职责的决定。这种复议决定主要适用于行政机关应作为而不作为或者拖延作为的案件。它的适用条件是:(1)复议申请人要求被申请人作出某种行政行为有事实根据与法律依据。(2)被申请人有法定职责作出该行政行为。(3)被申请人未作出有关行政行为,并且无正当理由。如果行政机关明确表示拒绝,则是作出了一个行政行为,不属于履行决定适用的情形。如《行政许可法》第 38 条第 2 款规定:"行政机关依法作出不予行政许可的书面决定的,应当说明理由,并告知申请人享有依法申请行政复议或者提起行政诉讼的权利。"这里的"不予许可"即为"拒绝"。并非对所有的不履行、拖延履行法定职责的行政行为都适用履行决定,只有在履行行政职责仍有必要时才能适用这种决定。

3. 变更决定

行政复议机关经过对行政行为的审查,认为该行政行为违法或不当,可以改变原行政行为。变更决定以不撤销原行政行为为前提,只是改变了行政行为的部分内容。《行政复议法实施条例》第 47 条规定:"具体行政行为有下列情形之一,行政复议机关可以决定变更:(1)认定事实清楚,证据确凿,程序合法,但是明显不当或者适用依据错误的;(2)认定事实不清,证据不足,但是经行政复议机关审理查明事实清楚,证据确凿的。"但是,行政复议机关在申请人的行政复议请求范围内,不得作出对申请人更为不利的行政复议决定。

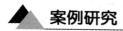

案例研究

对朱某、苏某的行政处罚是否构成"明显不当"

2009 年 10 月,被申请人中国证监会作出行政处罚决定,认定某股份有限公司年报存在虚假陈述并对有关责任人予以行政处罚。其中,对时任董事朱某、苏某给予警告并分别处 3 万元罚款的行政处罚。朱某、苏某对此不服,申请行政复议。申请人认为,被申请人的行政处罚决定过重,请求对其减免处罚。主要理由:一是申请人均为外部董事,对公司违法行为确实不知情;二是会计师事务所未承担任何责任,申请人根据会计师事务所出具的审计报告发表意见,更不应承担责任;三是被申请人根据该公司在独立董事的申诉材料上签署的有关的"独立董事及其他董事对违法内容不知情"的意见,未给予独立董事及部分外部董事任何处罚,而对申请人的处罚却比其他非独立董事更重,没有体现权责对等原则;四是申请人在该公司破产重整工作中发挥了重要作用,希望予以考虑。

行政复议机关认为,申请人在行政复议阶段提出的关于在破产重整工作中发挥了重要作用的申辩意见,有其补充提供的相应材料等证据支持,依法可以从轻或减轻处罚。鉴于上述情节在行政处罚时未予考虑,根据违法行为人过罚相当、归责标准一致的行政处罚基本原则,应当依法减轻处罚。(资料来源:郜风涛主编:《行政复议典型案例选编》第 2 辑,中国法制出版社 2011 年版,第 110—111 页)

4. 撤销决定

复议机关审查行政行为后,认为行政行为违法又不能通过其他方法补救的,可以作出撤销决定。撤销决定旨在废除行政行为的法效力。行政行为一旦撤销,其法效力恢复到生效之前的状态。撤销决定可以全部撤销,也可以部分撤销;可以简单撤销,也可以撤销并责令重新作出行政行为。撤销决定主要适用于四种情形:(1)主要事实不清、证据不足;(2)适用依据错误;(3)违反法定程序;(4)超越或者滥用职权的。除了这几种情形,被申请人不在法定期限内提出书面答复、提交当初作出具体行政行为的证据、依据和其他有关材料的,视为该行政行为没有证据、依据,复议机关可以决定撤销该行政行为。

5. 确认决定

复议机关经过审查，认为行政机关不履行法定职责构成行政不作为，但作出履行决定又没有实际意义，或者虽然行政行为违法，但又不宜作出撤销决定或者变更决定，此时，可以宣布该行政行为违法。这种行政复议决定就是确认决定。确认决定只是确认被诉行政行为的违法性，没有给不履行法定职责的行政机关设置履行的义务，也没有废除被诉违法行政行为的既有效力，原行政行为形成的法律秩序继续维持。

6. 重做决定

复议机关决定撤销或者确认该行政行为违法的，可以责令被申请人在一定期限内重新作出具体行政行为，此即为重做决定。许多行政复议的申请人所追求的目的并不是撤销违法的行政行为，而是追求作出合法的行政行为。这种情形下，单纯撤销违法行政行为并不能真正实现申请人的愿望，但基于职权划分，行政复议机关又不宜作出变更判决，此时就有必要在作出撤销决定的同时作出重做决定，要求原行政机关在一定的期限内重新作出行政行为。但是，行政复议机关责令被申请人重新作出行政行为的，被申请人不得以同一的事实和理由作出与原具体行政行为相同或者基本相同的行政行为。

7. 赔偿决定

行政相对人在申请行政复议时一并提出行政赔偿请求的，行政复议机关认为其请求成立的，可在作出撤销、变更决定的同时，作出赔偿决定。赔偿决定要求被申请人对其违法行政行为给申请人造成的损害予以赔偿。赔偿决定可以单独作出，也可以同其他决定一并作出。申请人在申请行政复议时没有提出行政赔偿请求的，行政复议机关在依法决定撤销或者变更罚款，撤销违法集资、没收财物、征收财物、摊派费用以及对财产的查封、扣押、冻结等行政行为时，应当同时责令被申请人返还财产，解除对财产的查封、扣押、冻结措施，或者赔偿相应的价款。

8. 驳回决定

经审理，行政复议案件中如有下列情形之一的，行政复议机关应当作出驳回行政复议申请的决定：(1) 申请人认为行政机关不履行法定职责申请行政复议，行政复议机关受理后发现该行政机关没有相应法定职责或者在受理前已经履行法定职责的。前者情形下申请人的请求于法无据，后者情形下责令被申请人履行法定职责已经没有现实基础。所以，复议机关应当作出驳回复议申请决定。(2) 受理行政复议申请后，发现该行政复议申请不符合《行政复议法》和《行政复议法实施条例》规定的受理条件的。不符合复议申请条件但已经进入复议程序的，应当从程序上驳回申请人的复议申请。

上级行政机关如认为行政复议机关驳回行政复议申请的理由不成立的，应当责令其恢复审理。行政复议机关拒绝上级行政机关的"责令"，申请人可以要求上级行政机关监督或者向法院提起履行法定职责之诉。

9. 对行政规定的处理决定

行政相对人在申请行政复议时一并提出对行政规定审查申请的，行政复议机关对该行政规定有权处理的，应当在30日内依法作出处理决定；其无权处理的，应当在7日内按照法定程序转送有权处理的行政机关作出处理决定，该有权处理的行政机关应当在60日内依法作出处理决定。处理期间，复议机关中止对行政行为的审查。

（二）行政复议决定书制作

行政复议机关作出行政复议决定，应当制作行政复议决定书。行政复议决定书应载明下列事项：(1) 申请人的姓名、性别、年龄、职业、住址（申请人为法人或者其他组织者，则为法人或者组织的名称、地址、法定代表人姓名）；(2) 被申请人的名称、地址、法定代表人的姓名、职务；(3) 申请行政复议的主要请求和理由；(4) 行政复议机关认定的事实、理由，适用的法律、法规、规章和具有普遍约束力的决定、命令；(5) 行政复议结论；(6) 不服行政复议决定向法院起诉的期限（如为终局行政复议决定，则为当事人履行的期限）；(7) 作出行政复议决定的年、月、日；(8) 行政复议决定书由行政复议机关的法定代表人署名，并加盖行政复议机关的印章。

（三）行政复议决定送达

行政复议决定作出后，行政机关应当根据民事诉讼法的规定送达复议参加人。行政复议决定书一经送达，即发生法律效力。除法律规定的终局行政复议决定外，申请人对行政复议决定不服，可以在收到行政复议决定书之日起15日内，或法律、法规规定的期限内，向人民法院提起行政诉讼。申请人逾期不起诉，又不履行行政复议决定的，对于维持行政行为的行政复议决定，由被申请人依法强制执行或者申请人民法院强制执行；对于变更行政行为的行政复议决定，由行政复议机关依法强制执行或者申请人民法院强制执行。被申请人不履行或者无正当理由拖延履行行政复议决定的，行政复议机关或者有关上级行政机关应当责令其限期履行，对直接负责的主管人员和其他直接责任人员依法给予警告、记过、记大过的行政处分；经责令履行仍拒不履行的，依法给予降级、撤职、开除的行政处分。

思考题：
1. 简述行政复议的概念，行政复议与行政诉讼、行政赔偿之关系。
2. 简述行政复议的事项范围。
3. 简述行政复议的管辖。
4. 简述行政复议申请人、行政复议第三人与行政相对人、行政第三人之间的关系。
5. 简述行政复议决定的种类及其适用条件。
6. 简述行政复议调解的条件。

案例应用：
1. 因关某以刻划方式损坏国家保护的文物，公安分局决定对其作出拘留10日，罚款500元的处罚。关某申请复议，并向该局提出申请、交纳保证金后，该局决定暂缓执行拘留决定。下列哪一说法是正确的？（2013年司法考试题）
   A. 关某的行为属于妨害公共安全的行为
   B. 公安分局应告知关某有权要求举行听证
   C. 复议机关只能是公安分局的上一级公安机关
   D. 如复议机关撤销对关某的处罚，公安分局应当及时将收取的保证金退还关某

扩展阅读：

1. 黄红星:《对我国现行行政复议体制的两点反思》,载《法学研究》2004年第2期。
2. 章剑生:《论信访处理行为的可复议性》,载《法商研究》2011年第6期。
3. 汪庆华:《中国行政诉讼:多中心主义的司法》,载《中外法学》2007年第5期。
4. 柏杨:《权利救济与内部监督的复合——行政复议制度的功能分析》,载《行政法学研究》2007年第1期。
5. 王青斌:《论我国行政复议委员会制度之完善》,载《行政法学研究》2013年第2期。
6. 章剑生:《行政复议立法目的之重述》,载《法学论坛》2011年第5期。
7. 余凌云:《论行政复议法的修改》,载《清华法学》2013年第4期。
8. 周汉华主编:《行政复议司法化:理论、实践与改革》,北京大学出版社2005年版。
9. 部风涛主编:《行政复议典型案例选编》(第1辑)、(第2辑),中国法制出版社2010、2011年版。
10. 王莉:《行政复议功能研究——以走出实效性困局为目标》,社会科学文献出版社2012年版。
11. 蔡小雪:《行政复议与行政诉讼的衔接》,中国法制出版社2003年版。
12. 青峰等:《韩国行政复议制度》,中国法制出版社2005年版。

第十六章

行政诉讼概述

> ✦ **学习目标**
> 通过本章的学习,学生可以掌握以下内容:
> 1. 行政诉讼的概念与特征
> 2. 行政诉讼的目的
> 3. 行政诉讼的基本原则
>
> ✦ **关键概念**
> 行政诉讼　司法审查　行政争议　行政诉讼法　合法性审查

第一节　行政诉讼(法)的概念、特征和法源

一、行政诉讼的概念和特征

(一) 行政诉讼的概念

本质而言,行政诉讼是法院通过司法程序解决行政争议的制度。从比较法角度观察,许多国家同样是法院(尽管有行政法院与普通法院之别)解决行政争议的制度,名称与具体制度安排却各有差异。"行政诉讼"或"行政审判"一词,主要在大陆法系国家盛行,一般是指由专门设立的行政法院在独立的行政法框架下解决行政争议的制度,法国和德国是实行该项制度的典型国家。[①] 英美法系很少使用"行政诉讼",而是常用"司法审查"(judicial review)一语,它指由普通法院对行政机关的行政行为进行审查和裁判的制度。

因受大陆法系国家行政法学影响,行政诉讼是我国的法律用语和常见的学术用语之一。根据《行政诉讼法》的规定,行政诉讼是指法院基于行政相对人的请求,对行政机关作出的行

[①] 有关法国行政诉讼制度,请参见王名扬:《法国行政法》,中国政法大学出版社 1988 年版,第 549 页以下;〔法〕让·里韦罗、让·瓦利纳:《法国行政法》,鲁仁译,商务印书馆 2008 年版,第 779 页以下。有关德国行政诉讼制度,请参见〔德〕弗里德赫尔穆·胡芬:《行政诉讼法》,莫光华译,法律出版社 2003 年版。

政行为进行合法性审查并作出裁判的诉讼制度。

（二）行政诉讼的特征

虽然行政诉讼与民事诉讼、刑事诉讼共同构成了三大诉讼制度，并具有诉讼制度固有的一般特性，但作为独立的诉讼制度，行政诉讼又表现出不少独有的特征，这些特征反映出了行政诉讼的本质属性。

1. 行政诉讼解决的是行政争议

行政争议是行政机关因作出的行政行为而与行政相对人之间发生的争议。该争议不同于平等主体之间发生的民事争议，也不同于刑事诉讼所要处理的犯罪问题。行政争议的特殊性决定了行政诉讼在受案范围、被告资格、举证责任、判决种类等方面与民事诉讼和刑事诉讼之间的不同。当然，并非所有的行政争议都可以通过行政诉讼加以解决，可以进入行政诉讼的行政争议受到行政诉讼受案范围或行政行为可诉性的限制；同时，行政诉讼也并非是解决行政争议的唯一渠道和途径，除行政诉讼外，行政复议、行政申诉也是解决行政争议的两种正式程序。

2. 行政诉讼原、被告地位具有恒定性

行政诉讼原告恒定为行政相对人，被告恒定为行政机关。换言之，行政诉讼原告只能是行政相对人，行政机关只能作为被告。当然，行政机关有时也可以成为行政相对人，如公安机关焚烧办公大楼内的枯枝残叶，被市容卫生环境保护部门罚款。若公安机关不服罚款决定，可以作为行政相对人提起行政诉讼。此时公安机关所有的活动与它的行政职权没有任何关系，它的地位是"机关法人"。行政相对人在行政诉讼中享有起诉权、撤诉权；而行政机关既不享有起诉权，也不享有反诉权，同时还必须对被诉行政行为的合法性承担举证责任。

3. 行政诉讼的功能在于保护权利

在行政过程中，行政机关在法律上具有优势地位，它不仅享有行政职权，而且其行政职权通常具有主动性、支配性、制裁性、强制性和裁量性，行政职权的特性很容易造成对行政相对人合法权益的侵害。为保护行政相对人的合法权益，必须赋予行政相对人提出异议、申诉的途径，使其能获得充分有效的法律救济。行政诉讼的存在为行政相对人权利保护提供了有效的司法救济途径；同时，行政诉讼的运作是通过审查行政行为合法性进行的。在行政诉讼中，法院有权对行政行为作合法性判断，并可以撤销违法行政行为或责令行政机关履行法定义务，但它仍然是为保护权利服务的。

就世界范围而言，20世纪以来行政诉讼受案范围一直处于不断向外拓展的过程中。影响行政诉讼受案范围拓展的因素是：（1）国家干预扩张导致了行政领域的拓展；（2）权利意识强化导致行政诉讼制度作出回应。保护权利在这个过程中一直处于中心位置。反观我国国内，自从1949年以来实行计划经济体制，国家干预力量无处不在，但权利救济机制却相当匮乏；即使有信访等行政救济制度，但它的功能并不主要在保护权利上。直到《行政诉讼法》等法律的颁布实施，保护权利在行政诉讼制度中才获得了正式认可。当然，作为行政机关来说，行政诉讼不能仅仅保护权利，维护行政效能也应当是不可或缺的功能之一。需要指明的是,"维护和监督行政机关依法行使行政职权"①、"促进国家机关依法行使职权"②、"保障和监督行政机关依法行使职权"③等虽然在法律上能与"保护权利"相提并论,但把它当作是行政诉讼功能的反射效果或许更为妥当。

权利意识是人与生俱来的,是人自我保护的一种本能反应。人不愿意行使权利的根本原因不是人的权利意识淡薄、丧失,而是国家围绕权利所建立的行政诉讼制度不能吸引人们去行使保护权利的请求权。在传统的法制观念中,个人权利的保护从来不是国家的首要职责,维持统治秩序才是国家的头等大事,而个人一直处于权力的客体地位;即使到了《宪法》经过修正才写进了"国家尊重和保障人权"的 21 世纪,这一"人权条款"目前主要还是宪法规范层面上的表达与道义上的诉求,"保护权利"与实践的真实距离还是很远的。如在行政诉讼中,原告提起诉讼是否为法院受理,有时具有相当的偶然性,在并不确定的范围中,法院有着很大的解释空间;而对于被告来说,即使作为诉讼客体的行政行为被法院撤销之后,它仍然可以在通过法律程序重新给出"正当理由"之后,安然地通过司法审查的管道;而原告此时只能忍受被告重新作出的"合法"行政行为。对于法院来说,经验使它已经坚信不疑:真正能够解决原告问题的,不是自己而是被告。所以,对于原告来说,有时不得不接受被告提出一些"过分"的要求,以便被告有"脸面"走出法庭,然后再来解决他的问题。所以在这样的现实面前,把所谓"行政救济的全部功能在于保护权利"定位于一个努力实现的目标也是妥当的。

二、行政诉讼法的概念和法源

行政诉讼法是规定法院、当事人和其他诉讼参与人进行行政诉讼活动,并调整由此所产生的各种行政诉讼关系的法规范的总称。行政诉讼法不仅是当事人和其他诉讼参与人进行行政诉讼的准则,而且也是法院审理行政案件的依据。

行政诉讼法有广、狭义之分。狭义的行政诉讼法,也称形式意义上的行政诉讼法,即由最高国家权力机关颁布的有关行政诉讼的专门性的基本法律。在我国,它是指 1989 年 4 月 4 日由第七届全国人大第二次会议通过的《行政诉讼法》。广义的行政诉讼法,也称实质意义的行政诉讼法,除《行政诉讼法》外,还包括一切有关行政诉讼的法规范,在学理上称之为"法源"。这些法源主要有:

1. 宪法中有关行政诉讼的法规范。宪法是国家根本大法,也是行政诉讼立法和司法的最重要法律依据。《宪法》中有关公民对国家机关及其工作人员违法失职行为的申诉、控告权和赔偿请求权的规定,有关公民基本权利和自由的规定,有关法院审判制度和诉讼活动原则的规定等,都对行政诉讼具有指导和规范意义,构成了行政诉讼法最重要的法源。

2. 行政诉讼法典。即狭义的《行政诉讼法》,它较系统、完整地对行政诉讼的原则和各项具体制度、程序作了明确规定,是行政诉讼法的基本法源。

3. 《人民法院组织法》和《人民检察院组织法》中的有关规定。《人民法院组织法》中有关审判组织和审判程序的原则规定以及《人民检察院组织法》中有关法律监督的原则规定,

---

① 参见《行政诉讼法》第 1 条。
② 参见《国家赔偿法》第 1 条。
③ 参见《行政复议法》第 1 条。

是广义行政诉讼法的组成部分。

4. 单行法律、法规、规章。根据《行政诉讼法》的有关规定，《行政诉讼法》允许单行法律、法规就有关行政诉讼事项作出例外规定，这些例外规定具有优先适用力。对于规章，法院在审查行政案件时可以参照适用。

5. 有关国家机关对行政诉讼所作出的法律解释。这主要包括国家权力机关、最高人民法院和最高人民检察院就行政诉讼所作的有关法律解释。这些法律解释同样是行政诉讼应当遵循的准则和规范，也是行政诉讼法的法源之一。最高人民法院对有关行政诉讼的司法解释，对规范和执行《行政诉讼法》发挥着十分重要的作用。其中，重要的司法解释有：最高人民法院《若干解释》《关于行政诉讼证据若干问题的规定》（以下简称《证据规定》）《关于行政案件管辖若干问题的规定》《关于行政诉讼撤诉若干问题的规定》（以下简称《撤诉规定》）《关于审理国际贸易行政案件若干问题的规定》《关于审理反倾销行政案件应用法律若干问题的规定》《关于审理反补贴行政案件应用法律若干问题的规定》《关于审理政府信息公开行政案件若干问题的规定》和《关于审理行政许可案件若干问题的规定》等。

6. 民事诉讼法。最高人民法院《若干解释》第97条规定："人民法院审理行政案件，除依照行政诉讼法和本解释外，可以参照民事诉讼的有关规定。"所以，《民事诉讼法》也是行政诉讼法的法源之一。

7. 国际条约。法院审理涉外行政诉讼案件时，还要适用我国缔结、参加或认可的涉及行政诉讼问题的国际条约和双边、多边协定，但我国声明保留的条款除外。这些国际条约和协定也是行政诉讼法的法源。

三、行政诉讼法与行政程序法

行政程序法是现代行政法不可或缺的组成部分，是规定行政机关行使行政职权的步骤、方式和时空等要素的法规范的总称。因此，与行政诉讼法一样，行政程序法也是现代行政法的组成部分，且都属于程序法范围。然而，二者有着本质区别：

1. 法律性质不同。行政程序法本质是过程法，指向于行政过程，其功能并非在于解决争端，它的目的在于保证行政过程的公正和高效；而行政诉讼法本质是救济法，指向于司法解决行政争议过程，虽也有效率要求，但根本目的在于实现司法公正。

2. 适用主体不同。行政程序法主要是行政机关行使行政职权的程序性依据，所规范的对象是主要是行政机关；而行政诉讼法是法院审理行政案件的程序性依据，所规范的对象是包括法院在内的诉讼参加人和诉讼参与人。

3. 适用时间不同。行政程序法是关于行政行为的程序法，它贯穿于行政行为的全过程；行政诉讼法是审理行政案件时适用的程序法，因而是事后的救济程序。

第二节 行政诉讼的目的

一、行政诉讼目的概述

行政诉讼目的是指以观念形式表达的国家进行行政诉讼所期望达到的目标，是国家基于对行政诉讼固有属性的认识而预先设计的关于行政诉讼结果的理想模式。[1] 行政诉讼目的不同于行政诉讼的功能和作用,后者指作为客观存在的行政诉讼其具体的实践活动对相关事项所产生的实际影响。

《行政诉讼法》第 1 条规定:"为保证人民法院正确、及时审理行政案件,保护公民、法人和其他组织的合法权益,维护和监督行政机关依法行使行政职权,根据宪法制定本法。"虽然该规定主要是对行政诉讼法立法目的的规定,但它一定程度上揭示了行政诉讼所要达到的目的。正确把握行政诉讼目的,有助于正确适用行政诉讼法的相关规定。

二、行政诉讼目的的内容

(一)保护公民、法人和其他组织的合法权益

行政诉讼的最主要目的和根本目的是为遭受行政机关侵害的行政相对人提供救济途径,通过诉讼方式保护行政相对人的合法权益。

随着现代行政管理活动日趋广泛和复杂,行政违法现象时有发生,给行政相对人的合法权益造成损害。如何为行政相对人提供充分有效的法律救济,是现代法治国家面临的一项重要任务。在众多的监督救济途径中,行政诉讼可谓是最有效的途径之一。《行政诉讼法》的不少规定,如当事人地位平等,对行政行为合法性进行审查,被告负举证责任等内容,都充分体现了行政诉讼保护行政相对人合法权益的目的。从一定意义上说,行政诉讼法是一部人权保障法。从现有行政案件的统计数字看,接近 40% 的原告通过行政诉讼推翻或改变了行政机关的具体行政行为,依法维护了自身合法权益。这一事实充分证明,行政诉讼在保护行政相对人合法权益方面的作用是十分显著的。

(二)维护和监督行政机关依法行使行政职权

行政诉讼并不单纯是为了保护行政相对人的合法权益。由于行政诉讼的审理对象以行政机关已经作出的行政行为为核心内容,法院对行政相对人的权利保护是通过对行政行为合法性进行审查判断,并撤销违法行政行为得以实现的。在这一过程中,行政诉讼具有纠正违法行政,保证行政机关适法正确性的功能和作用。因此,行政诉讼可以被设定具有保证行政机关依法行政和监督行政权的目的。撤销违法行政行为不仅意味着对行政行为的否定评价,而且也是防止行政机关再犯同样错误的重要监督方式。维持合法行政行为,其实质是通过司法裁判的形式肯定正确合法的行政行为,并使之具有最终的法效力。就这一点而言,行政诉讼对行政机关合法行使职权起到维护支持的作用。

不过,自《行政诉讼法》实施以来,把维护行政机关依法行使职权作为行政诉讼的目的的做法和观点,遭到学术界的严厉批判,主要观点是认为这一目的完全背离了行政诉讼的本质。[2] 来自中国台湾地区的学者亦指出,行政诉讼法维护行政机关依法行使行政职权的规定,实"为他国行政诉讼法所未见"。[3]

---

[1] 参见宋英辉:《刑事诉讼目的论》,中国人民公安大学出版社 1995 年版,第 3 页。
[2] 杨解君、温晋锋:《行政救济法——基本内容及评析》,南京大学出版社 1997 年版,第 180—181 页。
[3] 参见刘宗德:《大陆地区司法审查制度之研究》,1997 年自刊,第 123—124 页。

理论探讨

行政诉讼立法目的应当如何修改

因对《行政诉讼法》第1条争论而形成的观点，概而括之有：

（1）"保权说"。此说认为，《行政诉讼法》是保护公民合法权益的法律，除此之外都是为了达成这个目的而确定的手段而已。如"行政诉讼的唯一目的是保护公民的合法权益，至于说维护行政机关依法行使行政职权这一目的是不存在的"。"行政诉讼的根本目的不在于通过行政诉讼制度解决纠纷，也不在于通过审查行政行为以维护和监督行政公权力在法定轨道上运行，而在于充分保障行政相对人的合法权益。"面对公民合法权益广受行政权侵害的客观事实，此说具有十分深厚的道义上的正当性。在从未有过"民告官"历史的国情下，它虽然片面，但也不乏深刻。

（2）"维护监督说"。此说认为，对于合法的行政行为，法院给予维护（维持判决）；对于违法的行政行为，法院给予监督（撤销判决），这两者都是"依法行政"原理在行政诉讼中的延续。如（维护）"这是由政府与人民的根本利益的一致性决定的。无论从立法原则上，还是从各种程序的设定上，行政诉讼法都体现了维护行政机关依法行使职权的精神。……这种监督是国家行政管理所不可缺少的，是促进行政机关依法行政，预防和纠正行政机关行使职权中的违法行为，把行政机关的行为切实纳入法制轨道的、极为重要的途径，这也正是制定行政诉讼法的目的所在。"当然，此说也并不否认"保权说"，"从总体上说，保护公民、法人或者其他组织的合法权益和维护、监督行政机关依法行使职权，是行政诉讼一个目的的两个侧面。"但是，对于这种"一个目的的两个侧面"之说在实务中一旦形成"非此即彼"的冲突时如何化解，它并没有继续给出有效方法之意。

（3）"平衡说"。此说意图在"保权说"和"维护监督说"之间寻找出第三条道路。此说认为："保障行政机关依法行使职权与保护个人、组织的合法权益是行政诉讼宗旨的两个基本点，二者不可偏废。既要看到保障和支持行政机关依法行使职权的必要性，又要看到保护个人、组织合法权益的重要性。不能用一个方面去否定另一个方面。"与"维护监督说"不同的是，"平衡说"将"保权"和"维护监督"列为行政诉讼的两个基本点，而不是"维护监督说"所谓的"一个目的的两个侧面"。尽管如此，"平衡说"仍无法摆脱"两个基本点"发生冲突时遇到的"非此即彼"的选择窘境。

（4）"纠纷解决说"。即行政诉讼的目的在于解决行政纠纷。在批评了工具主义的程序观之后，此说认为"解决行政纠纷、维护社会秩序才是行政诉讼程序的真正唯一目的"。此说虽然避免了"维护监督说"和"平衡说"在个案中可能遇到的窘境，也缓和了"保权说"的片面性，但与解决私人之间纠纷的民事诉讼相比，行政诉讼所解决的是国家（行政机关）与私人之间的纠纷。正是这种不同点，将行政诉讼从民事诉讼中分离出来，成为独立于民事诉讼、刑事诉讼之外的一个诉讼制度。（资料来源：章剑生：《行政诉讼法修改的基本方向》，载《苏州大学学报（人文社科版）》2012年第1期）

第三节 行政诉讼的原则

一、与其他诉讼的共有原则

源于《宪法》《人民法院组织法》和《人民检察院组织法》的基本原则，是刑事诉讼、民事诉讼和行政诉讼都需要共同遵循的基本原则。它们包括人民法院依法独立行使审判权原则；以事实为根据、以法律为准绳的原则；当事人的法律地位平等原则；使用民族语言文字原则；辩论原则；合议、回避、公开审判和两审终审原则；人民检察院实行法律监督原则。这些基本原则反映着诉讼的一般规律和我国对诉讼的基本要求，不为行政诉讼所独有。分述如下：

（一）人民法院依法独立行使审判权原则

人民法院依法独立行使审判权是宪法规定的一项重要原则。它包含以下内容：（1）只有人民法院才享有审判权，其他国家机关、社会团体或者个人都无权行使这种国家权力。（2）人民法院独立行使审判权是指人民法院作为一个整体独立行使审判权，而不是指法官个人独立，也不是指合议庭独立。（3）人民法院行使审判权，不受行政机关、社会团体和个人的干涉。（4）人民法院行使审判权只服从法律。

虽然这一原则为三大诉讼法所共有，但由于行政诉讼的一方是行政机关，与人民法院同为国家机关，因此如何从实质上保证人民法院不受行政机关的干涉，对实现行政诉讼目的有着特殊的法律意义。

（二）以事实为根据、以法律为准绳原则

以事实为根据、以法律为准绳原则要求人民法院在审理行政案件时，应当遵循客观事实，根据法院查明的事实，严格按照法律规定审理和裁判案件，既不能主观臆断，也不能任意裁判。

在行政诉讼中，人民法院在贯彻以事实为根据、以法律为维绳原则时，应当充分考虑行政诉讼对这一基本原则的特殊要求。行政诉讼的核心问题是要解决被诉行政行为是否合法，而行政机关在作出被诉行政行为时同样要遵循以事实为根据、以法律为准绳这一基本准则。所以，人民法院审理行政案件是对行政机关适用这一基本原则的审查，即第二次认定事实和适用法律。如何对待和处理行政机关的第一次事实认定和法律适用，就成为行政诉讼的核心问题。

人民法院审理行政案件时，虽然不受行政机关事实认定和法律适用的限制，对事实问题和法律问题均有权进行独立判断，但对事实问题和法律问题的审查有很大不同。在行政诉讼中，人民法院所审查的事实问题，不是原告行为是否合法的事实，而是被诉行政行为认定的事实，该事实应当是行政机关在作出行政行为之前认定的事实，人民法院审查的重点始终围绕着被诉行政行为是否有充分证据证明这些事实展开的。

在法律审查方面，人民法院审理行政案件应当以法律、行政法规、地方性法规和自治条例、单行条例为依据，参照行政规章，参考行政规定。

（三）当事人法律地位平等原则

当事人在诉讼中地位平等是诉讼的基本原则。与民事诉讼相比，在行政诉讼中它有特殊的要求：

1. 行政机关从管理者转变为一方当事人

在行政诉讼中，被告行政机关不再是管理者，而是与原告地位平等的一方当事人。在行政管理过程中，行政机关居于管理者地位，其地位明显优越于作为被管理者的行政相对人。但一旦进入行政诉讼领域，行政机关和行政相对人的地位发生根本性转变，行政机关不再是管理者，而是与行政相对人一样都是行政诉讼当事人，双方地位平等，没有高低之分。

2. 行政机关有不同于行政相对人的诉讼义务

行政机关和行政相对人既依法享有相应的权利，也应依法履行法定的义务。行政机关和行政相对人在行政诉讼中地位平等，并不意味着双方的权利义务完全对等或相同。基于行政诉讼的特殊性和为了充分保障行政相对人的合法权益，《行政诉讼法》事实上赋予原告方更多的权利，对行政机关提出了更多的义务。如起诉权仅由行政相对人享有，行政机关不仅没有起诉权，且也没有反诉权；同时，行政机关应对被诉行政行为的合法性承担举证责任等。

3. 法院对原告的诉讼权利保护

在行政诉讼中，法院应当采取切实措施保证原告的诉讼权利的实现，提供实效性的权利救济，防止行政机关给行政相对人施加压力，形成诉讼当事人之间事实上的不平等。

（四）使用民族语言文字原则

这是为《宪法》所确立的一项基本原则。《行政诉讼法》第8条规定："各民族公民都有用本民族语言、文字进行行政诉讼的权利。在少数民族聚居或者多民族共同居住的地区，人民法院应当用当地民族通用的语言、文字进行审理和发布法律文书。人民法院应当对不通晓当地民族通用语言、文字的诉讼参与人提供翻译。"该基本原则包括下列内容：（1）当事人有权用本民族语言、文字进行行政诉讼；（2）法院应当用当地民族通用的语言、文字进行审理和发布法律文书；（3）法院应当为不通晓当地民族通用语言、文字的诉讼参与人提供翻译。

（五）辩论原则

《行政诉讼法》第9条规定："当事人在行政诉讼中有权进行辩论。"辩论原则指在法院主持下，各方当事人就本案事实、证据以及被诉行政行为的法律依据，通过言词及其他方式进行辩论，阐明自己的观点，论述自己的意见，反驳对方的主张。在行政诉讼中，辩论权是当事人所享有的基本权利，结合当事人法律地位平等原则，法院必须予以平等、充分的程序性保障，即在发言时间、机会、次序上，不得偏向行政机关。

（六）合议、回避、公开审判和两审终审原则

合议制是法院审理行政案件的唯一形式，行政诉讼不得采用独任制审判。法院审理第一审行政案件，应当由审判员组成合议庭，或者由审判员、陪审员组成合议庭。行政诉讼一律采用合议制，源于行政诉讼的当事人一方为行政机关，且行政案件一般都比较复杂，技术

性、专业性较强,采用合议制有利于行政案件的公正解决。不过,由于合议制成本较高,对于一些事实清楚,社会影响不大的行政案件,在最高人民法院的指导下,一些地方法院正在开展独任制的审判试点。

在行政诉讼中,凡承办行政案件的审判员和其他有关人员遇有法律规定应当回避的情形时,应当经过法定程序退出行政诉讼活动,以确保行政案件得到公正审理。行政诉讼中回避人员的范围、回避的决定权限、回避程序等规定,与民事诉讼相同。

公开审判是《宪法》确定的一项基本原则。在行政诉讼中,公开审判原则是指法院审理行政案件,除有法律规定的特殊情况外,一律公开进行。《行政诉讼法》第45条规定:"人民法院公开审理行政案件,但涉及国家秘密、个人隐私和法律另有规定的除外。"公开审判,意味着行政案件的裁判文书也应当公开。

两审终审指行政案件经过两级人民法院的审理后即告终结,这是《宪法》对所有诉讼的要求,行政诉讼也不例外。当然,并非所有行政案件都要经过两审才能终结,若一审之后当事人不提起上诉,在经过了法定期限后,一审裁判产生法律效力,该行政案件在诉讼程序上也告终结。

(七) 人民检察院实行法律监督原则

根据《宪法》第129条规定,人民检察院是国家的法律监督机关。为此,《行政诉讼法》第10条规定:"人民检察院有权对行政诉讼实行法律监督。"检察院对行政诉讼实行法律监督,有利于保障行政诉讼依法进行。在行政诉讼中,检察院实行法律监督的主要方式是抗诉。最高人民检察院对各级人民法院已经发生法律效力的行政判决、裁定,上级人民检察院对下级人民法院已经发生法律效力的行政判决、裁定,发现违反法律、法规规定的,应当按照审判监督程序提出抗诉。地方各级人民检察院对同级人民法院已经发生法律效力的行政判决、裁定,发现违反法律、法规规定的,应当建议上级人民检察院提出抗诉。人民检察院提出抗诉的案件,应当派员出庭,对行政诉讼是否合法进行监督。

二、行政诉讼的特有原则:合法性审查

在诉讼法共有基本原则和行政诉讼法基本原则之下,在行政诉讼某些特定阶段发生规范性、指导性等作用的原则,可以称之为行政诉讼(具体)原则。在行政诉讼中,这类原则有行政复议自由选择、诉讼不停止执行、诉讼不适用调解、行政处罚有限变更和合法性审查等。这类原则在相关章节中都将有论述,这里重点阐述合法性审查原则。

(一) 合法性审查的基本内涵

《行政诉讼法》第5条规定:"人民法院审理行政案件,对具体行政行为是否合法进行审查。"合法性审查是指法院受理行政案件,对被诉行政行为是否合法进行审理并作出裁判。合法性审查原则包括以下内容:

1. 法院有权审判行政机关

在合法性审查原则之下,法院有权审判行政机关作出的行政行为是否合法。根据《行政诉讼法》的规定,法院取得了对行政机关的行政行为进行受理、审理和判决等各项审判权。法院有权接受行政相对人对行政机关的行政行为合法性所提出异议,有权对行政行为进行合法性审查,并依法确认该行为是否合法。

2. 审查限于可诉的行政行为

根据《行政诉讼法》第2条和第5条的规定,行政诉讼是行政相对人认为行政机关作出的行政行为侵犯其合法权益而依法向法院提起诉讼,由法院进行审理的诉讼活动,《行政诉讼法》第11条更进一步具体列举了行政相对人可以要求审查的行政行为。这些规定明确限定了法院对行政机关的审查,只能针对可诉的行政行为。而《行政诉讼法》第12条又明确把国家行为、内部行政行为、行政机关制定的行政法规、行政规章、行政规定排除在可诉范围之外,法院不得对这类行政行为进行合法性审查。

虽然法院在行政诉讼中可以对行政规章进行参照适用,对行政规定参考适用,但这种审查尚不能称之为完整意义的审查权。因为这种审查权集中体现为对行政规章和行政规定进行鉴别和评价,尽管这种鉴别和评价的结果是法院对不合法的行政规章和行政规定不予适用,但法院既无权将其撤销,也无权宣布其违法。

3. 审查原则上限于合法性

法院对行政行为的裁判原则上只限于合法性问题,它决定了法院的一审判决,主要采用维持、撤销或履行判决等。合理性审查仅仅涉及行政处罚决定,所以,对于显失公正的行政处罚,法院是可以判决变更的。

(二) 合法性审查的制度基础

除了基于对行政诉讼基本规律的把握之外,合法性审查原则主要建立在以下制度与法理基础之上:

1. 宪法规定的框架性制度:一府两院

在宪法规定的框架性制度中,立法机关居于行政机关、法院和检察院之上。与行政机关在法律地位上平等的法院,在由国家立法机关通过的《行政诉讼法》等法律之中,取得了对行政机关行使行政职权是否合法的司法权,对行政职权的审查范围必须遵循《行政诉讼法》的规定。

2. 法院与行政机关的职能之分

在宪法规定的框架性制度中,行政权和司法权分别属于行政机关和法院,二者各自拥有自己的法定职责范围。如果司法权介入行政机关法定职责范围过深,将会冲击到行政与司法职能合理的分工。法院与行政机关性质有别,职能相异,不能相互替代,这是影响司法审查界限的重要因素。同时,法院的审判水平和实际承受能力,也是确定法院审查范围的重要因素。"从目前人民法院的现状看,由于我国行政法制建设起步晚,行政法学人才少,各级人民法院中真正具有系统行政法学知识的审判人员奇缺,行政审判经验不足。因此,人民法院不可能用更多的人力、物力来审理行政案件。有些行政决定让行政机关来行使变更权可能更妥善些。"[①]

3. 羁束行政行为与裁量行政行为之分

羁束行政行为与裁量行政行为之分,是依照法律对行政机关的约束程度对行政行为所进行的一种基本分类。当法律没有为行政机关留下选择余地时,行政机关所作出的行政行为是羁束行政行为,这一行为只有合法与违法两种可能性。而裁量行政行为是指法律虽有

---

① 章剑生:《论人民法院在行政诉讼中的司法变更权》,载《法学与实践》1990年第2期。

对行政行为的规定,但留有一定的选择范围。因此,裁量行政行为不仅存在着合法与否问题,而且还存在着适当与否问题。一旦法律赋予了行政机关裁量权,即意味着行政机关在此范围内享有不受司法干预的自我决断权。除法定例外情形外,判断行政行为是否适当,应通过行政程序来解决,司法机关无权介入。由于法规范疏密程度的不同,产生了羁束行政行为与裁量行政行为的差异,导致行政行为的合法性与适当性两个不同层面的、性质有本质区别的问题,由此对它们的监督也应区别对待,设置不同的规则。司法对行政的审查应是一种合法性审查,而适当性问题则应留给行政机关自己解决,如行政复议。

如果说司法与行政功能和性质内在的差异,以及宪法对司法机关与行政机关两者地位平等的规定,构成了《行政诉讼法》上合法性审查原则建立的宏观基础,那么羁束行政行为与裁量行政行为的区分客观上所形成的合法性与适当性的双层性,为行政诉讼合法性审查原则寻找到了正当的、现实的界分点。

(三)合法性审查的法律价值

1. 反映了行政诉讼的本质属性和独特结构

行政诉讼有别于刑事、民事诉讼的关键之处在于,虽然形式上法院所要解决的是官民之间的争端,但本质上却是另一个国家机关——行政机关行使行政职权作出的行政行为的合法性问题。司法权与行政权对峙贯彻于行政诉讼始终,合法性审查也构成了行政诉讼的一条主线,成为行政诉讼的中心原则。它在划定了司法权的基本界限的前提下,构筑了司法审查的基本方向,为行政机关行使职权确定了基本标准,契合了现代法治对行政机关依法行政的要求。

2. 明确了人民法院在行政诉讼中的权限范围

合法性审查原则既确立了法院在行政诉讼中的审查地位,明确规定法院有权对被诉行政行为进行受理、审理和裁判,也限定了法院的审查权限。法院介入行政管理的范围限于审查可诉行政行为的合法性,既不能对行政机关进行全面干预,也不能代替行政机关作出行政行为。

3. 确认了行政相对人的司法救济权利

行政相对人对行政行为不服时,有权向法院提起诉讼,请求法院对行政行为的合法性进行审查;法院通过对行政行为的审查,对违法行政行为予以撤销或者确认违法,保护行政相对人的合法权益。

知识链接

行政诉讼法基本原则的"立法说明"

草案对行政诉讼的基本原则作了如下规定:第一,人民法院依法对行政案件独立行使审判权,不受行政机关、社会团体和个人的干涉。这是宪法规定的人民法院行使审判权的基本原则,对审理行政案件更应当予以强调。第二,人民法院审理行政案件,以事实为根据,以法律为准绳。第三,人民法院审理行政案件,是对具体行政行为是否合法进行审查。至于行政机关在法律、法规规定范围内作出的具体行政行为是否适当,原则上应由行政复议处理,人民法院不能代替行政机关作出决定。第四,人民法院审理行政案件,依法实行合议、回避、公开审判和两审终审制度。由于行政案件审理难度较大,草案规定,人民法院审理行政案件,由审判员组成合议庭,或者由审判员、陪审员组成合议庭,不适用民事诉讼法(试行)关于"简单的民事案件,由审判员一人独任审判"的规定。第五,当事人在行政诉讼中的法律地位平等,有权进行辩论。第六,人民检察院有权对行政诉讼实行法律监督。人民检察院对人民法院已经发生法律效力的判决、裁定,如果发现有违反法律规定的,有权依照审判监督程序提出抗诉。关于人民检察院在行政诉讼中如何进一步实行法律监督问题,现在还有一些不同意见,难以作出具体规定,需要在今后的实践中进一步研究和探索。(资料来源:王汉斌:《关于〈中华人民共和国行政诉讼法〉草案说明》,载《最高人民法院公报》1989年第2期)。

思考题:
1. 行政诉讼的特征是什么?
2. 我国行政诉讼法有哪些渊源?
3. 行政诉讼的目的是什么?
4. 如何理解合法性审查原则?

扩展阅读:
1. 杨寅:《行政诉讼概念重解》,载《中国法学》2002年第4期。
2. 刘飞:《变迁中的德国行政诉讼制度——问题、对策与展望》,载《行政法论丛》2010年卷。
3. 余凌云:《行政诉讼法是行政法发展的一个分水岭吗?》,载《清华法学》2009年第1期。
4. 邓刚宏:《论我国行政诉讼功能模式及其理论价值》,载《中国法学》2009年第5期。
5. 解志勇:《论行政诉讼中的合目的性审查》,载《中国法学》2004年第3期。
6. 胡肖华:《行政诉讼目的论》,载《中国法学》2001年第6期。

第十七章

行政诉讼主体

> ✦ **学习目标**
> 通过本章的学习,学生可以掌握以下内容:
> 1. 行政诉讼级别管辖与地域管辖
> 2. 行政诉讼的原告及确定
> 3. 行政诉讼的被告及确定
> 4. 行政诉讼第三人
>
> ✦ **关键概念**
> 级别管辖　地域管辖　原告　被告　第三人

第一节　法　　院

一、行政诉讼审判组织

行政审判组织是指行政诉讼中享有行政审判权,对行政案件进行审理并作出裁判的国家司法组织。《行政诉讼法》第 3 条第 2 款规定:"人民法院设行政审判庭,审理行政案件。"根据这一规定,人民法院是行政案件的审判者。我国并不存在大陆法系国家中行政法院与普通法院并存的二元法院体系结构,不采用大陆法系国家的行政法院体系模式,不设立专门受理行政诉讼案件的法院①,而是由普通人民法院统一审判民事、刑事和行政案件。

最高人民法院《若干解释》第 6 条第 2 款规定:"专门人民法院、人民法庭不审理行政案件,也不审查和执行行政机关申请执行其具体行政行为的案件。"根据这一司法解释,在人民法院系统中,如海事法院、军事法院等专业性法院不审判行政案件,也不涉及行政行为的司法执行问题。基层法院派出的人民法庭也是如此。

---

① 参见杨伟东:《权力结构中的行政诉讼》,北京大学出版社 2008 年版,第 115 页。不过,在制定《行政诉讼法》之时,按照大陆法系模式构建中国的行政法院的确是当时的设想之一,参见江必新:《行政诉讼问题研究》,中国人民公安大学出版社 1989 年版,第 87 页。

虽然行政案件的审判权由普通人民法院行使,但法院内部审理案件存在着必要的分工,这种分工是通过设置专门的审判组织来分别管辖和审理刑事、民事和行政这三类案件的,更重要的是,这三类案件的适用程序也各不相同。具体而言,普通人民法院内部设立专门的行政审判庭,负责行政案件的受理、审理、裁判和执行等工作,适用有别于刑事诉讼、民事诉讼的行政诉讼程序。

二、行政诉讼管辖概述

(一) 行政诉讼管辖的概念

行政诉讼管辖指人民法院之间在受理第一审行政案件上的权限分工。从纵向看,法院有最高人民法院、高级人民法院、中级人民法院和基层人民法院四个层级的法院;从横向看,除最高人民法院外不同的地域通常设有后三个层级的法院。因此,明确行政案件应由哪一级法院、哪个地域的法院受理,对于法院和当事人而言都至关重要。对于法院而言,需要解决具体由哪个法院承担行政案件的具体审理工作,避免法院之间争夺管辖权或相互推诿案件受理;对原告、被告双方而言,需要解决具体到哪个法院起诉或应诉,以有利于保护各自的权益。正是基于此,行政诉讼管辖成为《行政诉讼法》中不可或缺的内容。行政诉讼管辖具有下列特征:

1. 普通法院受理行政案件的权限分工

行政诉讼管辖解决的问题是法院之间受理行政案件的权限分工,而不是国家机关处理行政争议的权限分工。同时,国家除了设有普通人民法院外,还设有专门人民法院,如海事法院、军事法院等。但是,根据最高人民法院《若干解释》第6条第2款的规定,专门人民法院不审理行政案件。因此,行政诉讼管辖仅涉及普通人民法院之间的权限分工。

2. 一审行政案件受理的权限分工

行政诉讼管辖解决的问题是人民法院受理第一审行政案件的权限分工,不涉及二审和再审行政案件审理的权限分工。因人民法院实行两审终审制,所以,在确定第一审行政案件的管辖后,第二审行政案件的审理法院也就随之确定。

3. 涉及横向、纵向法院受理行政案件的权限分工

行政诉讼管辖既要确定上、下级法院之间受理行政案件的权限分工,还要确定不同地域之间同级法院受理行政案件的权限分工。由此,在行政诉讼管辖的种类上也呈多样化状况。

(二) 管辖种类

由于现实状况的复杂性,行政诉讼管辖也存在着差异,我们可以从不同角度对管辖作出分类。行政诉讼管辖主要有以下种类:

1. 级别管辖与地域管辖

从法院的纵向关系上,行政诉讼管辖可以分为级别管辖和地域管辖。级别管辖解决的是不同审级法院之间的管辖权问题,地域管辖旨在确定不同地域的同级法院之间的管辖权问题。任何一个行政案件都涉及这两种管辖权的确定。

2. 法定管辖与裁定管辖

从确定行政诉讼管辖权的依据上,可以分为法定管辖和裁定管辖。法定管辖是指由法

律直接确定的行政案件管辖法院;裁定管辖是指在特殊情况下,由法院以移送、指定等方式确定的管辖法院,它具体包括指定管辖、管辖权转移和移送管辖等三种情形。

3. 共同管辖与单一管辖

从可以对行政案件行使管辖权的法院数量上,可以分为共同管辖和单一管辖。共同管辖是指两个以上法院同时对一个行政案件都有管辖权。由于两个以上法院都有管辖权,所以就给原告提起行政诉讼留下了选择法院的余地。单一管辖则是行政案件只有一个法院有管辖权。也正因为如此,原告提起行政诉讼时没有选择法院的余地。

(三) 确定行政诉讼管辖的原则

1. 方便当事人诉讼

行政诉讼管辖的确定要便于原告、被告和其他诉讼参加人参加诉讼活动,减少当事人不必要的财力、时间等方面的负担。

2. 法院负担均衡

管辖的确定要考虑到不同地域和不同级别法院之间在行政案件审理上的负担的合理分工,避免某一个地方或者级别的法院的负担过重,影响诉讼效率。

3. 有助于法院排除外界干扰,公正行使审判权

实现司法公正是所有诉讼制度的基本要求,保证案件得到公正审判是确定管辖的重要原则。刑事诉讼、民事诉讼如此[1],行政诉讼也不例外。不过,相比于刑事诉讼与民事诉讼,这一原则在行政诉讼中具有特殊意义。因为行政诉讼有一个十分特殊的问题是,行政诉讼被告为行政机关,它与法院同为国家机关。在行政诉讼管辖确定中,如何减少和排除来自外界尤其是行政机关的压力和干扰,对行政诉讼制度作用的发挥十分重要。

三、级别管辖

级别管辖指按照一定标准,划分上下级人民法院之间受理第一审行政案件的权限分工。人民法院分为四级,即基层人民法院、中级人民法院、高级人民法院和最高人民法院,且每一级法院都可以受理第一审行政案件,因此,行政诉讼管辖的首要问题是确定这四级人民法院在受理行政案件方面的权限分工。

当年在制定《行政诉讼法》过程中,就以何种标准和根据确定行政诉讼级别管辖的问题曾有过争议。有观点认为:"行政诉讼的级别管辖应采取使法院级别与被诉行政机关基本对应的原则来设定,法院级别不应低于当被告的行政机关级别,以有利于司法中排除干扰"。[2] 但是,这一个今天看来比较正确的观点未被采纳,《行政诉讼法》最终还是采用了与刑事、民事诉讼级别管辖大体相同的标准,即主要以案件性质和影响范围作为确定行政诉讼级别管辖的标准。根据这一标准,《行政诉讼法》规定了四级人民法院级别管辖的基本内容。

(一) 基层人民法院的管辖

《行政诉讼法》第13条规定:"基层人民法院管辖第一审行政案件。"结合《行政诉讼法》

---

[1] 参见江伟主编:《民事诉讼法》(第2版),高等教育出版社2004年,第62页。
[2] 柴发邦主编:《行政诉讼法教程》,中国人民公安大学出版社1990年版,第170页。

的其他规定,这一规定应当解释为除法律规定由上级人民法院管辖的第一审行政案件外,其他第一审行政案件都应当由基层人民法院管辖,即原则上第一审行政案件由基层人民法院管辖。

第一审行政案件由基层人民法院管辖,主要考虑到基层人民法院距离当事人居住地比较近,便于当事人到法院参加诉讼;同时,它又常是行政争议发生地,也便于人民法院调查核实情况和执行。

(二) 中级人民法院的管辖

《行政诉讼法》第14条规定:"中级人民法院管辖下列第一审行政案件:(1)确认发明专利权的案件、海关处理的案件;(2)对国务院各部门或者省、自治区、直辖市人民政府所作的具体行政行为提起诉讼的案件;(3)本辖区内重大、复杂的案件。"此项规定中,(1)、(2)为列举条款,(3)为兜底条款,分述如下:

1. 确认发明专利权案件

在制定法中,这类案件主要有:(1)专利申请案件;(2)宣告专利权无效或维持专利权的案件;(3)强制许可专利使用案件;(4)专利纠纷裁决案件。涉及发明专利权的案件由中级人民法院管辖的主要理由是:(1)发明专利权案件的专业性较强,案情本身比较复杂,审理此类案件的法官需要较高的专业知识和法律素质,基层人民法院通常不具备这样的条件;(2)这类案件的被告是国家知识产权局,为国务院直属局,级别较高,由中级人民法院管辖更为适宜。

2. 海关处理的案件

这类案件主要包括海关处理的纳税案件和海关行政处罚案件。海关处理的案件由中级人民法院管辖的主要理由是:(1)海关类案件的业务性和专业性都较高,且多含有涉外因素;(2)海关的设置不同于一般的行政区划,多分布在大中城市,与中级人民法院管辖区域较吻合。

3. 国务院各部门或者省、自治区、直辖市人民政府作被告的案件

这些案件由中级人民法院管辖的主要理由是:这类案件的被告行政级别都比较高,作出的行政行为往往涉及面广,影响大,由基层人民法院对其进行合法性的审查有时可能超过了它的承受能力,所以立法作出了这样的法律规定。

4. 本辖区内重大、复杂的案件

这是对中级人民法院管辖的兜底规定。即除了上述三类行政案件外,凡在中级人民法院辖区内发生的影响重大、案情复杂的案件,都应当由中级人民法院管辖。为了使中级人民法院更加容易确定"重大、复杂"标准,最高人民法院《若干解释》第8条对"本辖区内重大、复杂的案件"作出具体解释。这类案件主要包括:(1)被告为县级以上人民政府,且基层人民法院不适宜审理的案件;(2)社会影响重大的共同诉讼、集团诉讼案件;(3)重大涉外或者涉及香港特别行政区、澳门特别行政区、台湾地区的案件;(4)其他重大、复杂案件。2008年最高人民法院在《关于行政案件管辖若干问题的规定》中再度对"本辖区内重大、复杂的案件"作出解释,即"有下列情形之一的,属于行政诉讼法第14条第(3)项规定的应当由中级人民法院管辖的第一审行政案件:(1)被告为县级以上人民政府的案件,但以县级人民政府名义办理不动产物权登记的案件可以除外;(2)社会影响重大的共同诉讼、集团诉讼案

件;(3)重大涉外或者涉及香港特别行政区、澳门特别行政区、台湾地区的案件;(4)其他重大、复杂的案件。"

对照这两个司法解释,它们最大的差异在于第(1)类的行政案件,《关于行政案件管辖若干问题的规定》删除了《若干解释》附加的"基层人民法院不适宜审理"的条件,从而将被告为县级以上人民政府的行政案件的管辖确定,由之前的裁量性变为强制性,除特定情形外,凡被告为县级以上人民政府的行政案件都属于中级人民法院管辖的第一审案件。这一变化提高了这类行政案件的管辖级别,是近年来为应对行政诉讼中行政干扰而提高级别管辖的重要举措。

人民法院适用第(1)项规定时,需要注意以下两点:(1)被告须是人民政府,不包括人民政府的职能部门,它包括县政府、不设区的市政府、市辖区的区政府,以及县级以上的市政府。(2)虽然以县级人民政府名义办理不动产物权登记的行政案件,可以排除中级人民法院管辖,但不意味着所有以县级人民政府名义办理不动产物权登记的行政案件,都无条件由基层人民法院管辖。如果这类案件属于"重大、复杂",中级人民法院仍然有管辖权。

▲ 知识链接

"异地交叉审理制度"与行政诉讼管辖改革

浙江省台州市中级人民法院从 2002 年 7 月开始试行行政诉讼案件异地交叉审理制度。按照台州中院的规定,被告为县级政府的案件和一些当地影响较大的集团诉讼案件作为重大、复杂行政诉讼案件,由中级法院统一行使立案管辖权;再由中级法院将这些案件指定给案件所在地以外的基层法院审理。据该院的一份统计报告显示,实行行政案件异地交叉审理一年,该市审结生效行政诉讼案件 45 件,其中行政机关败诉 29 起,败诉率 64.4%,而在未实行这一审理方式的上一年度,审理的同类案件中,政府败诉率仅为 13%。异地交叉审理的做法在相当程度上克服了行政干预带来的法院不敢受理、不敢判决的现象,在现行的行政诉讼管辖制度下是一个比较有益的创造。由于效果明显,台州中院的成功经验也被一些地方复制,而最高人民法院显然也注意到了这一制度创新。2006 年 9 月,全国法院系统行政诉讼管辖制度研讨会在抚松召开;2006 年 11 月 28 日至 29 日,最高人民法院在浙江省台州市三门县召开研讨会,就行政诉讼异地管辖问题进行了研讨。正是在总结实践经验和进行充分的理论探讨的基础上,最高人民法院于 2008 年 1 月 14 日颁布了《行政案件管辖规定》。(资料来源:沈福俊:《行政诉讼视角下法院与行政机关关系的法律规制》,载《法学》2010 年第 4 期)

(三)高级人民法院的管辖

《行政诉讼法》第 15 条规定:"高级人民法院管辖本辖区内重大、复杂的第一审行政案

---

① 应松年主编:《行政诉讼法学》(修订第 2 版),中国政法大学出版社 2002 年版,第 81 页。

件。"高级人民法院是地方各级人民法院中最高一级法院,它的主要任务是监督和指导辖区内基层人民法院和中级人民法院的审判工作,审理当事人不服中级人民法院裁判而上诉的案件和申诉案件,因此,高级人民法院通常并不受理第一审行政案件,只有行政案件在本级行政区域内具有重要影响、案情复杂时,它才行使管辖权。

(四)最高人民法院的管辖

《行政诉讼法》第16条规定:"最高人民法院管辖全国范围内重大、复杂的第一审行政案件。"最高人民法院是全国最高的审判机关,主要任务是对全国各级各类的法院的审判工作进行监督与指导,运用司法解释权对审判工作中所涉及的法律具体应用问题进行司法解释,以及审理不服各高级人民法院裁判而提起的上诉案件。因此,它所管辖的必须是全国范围内的确属于重大、复杂的行政案件。

四、地域管辖

地域管辖是按照法院各自辖区与行政案件在地域方面的关联性来划分同级人民法院之间第一审行政案件的权限分工。行政案件地域管辖可以分为一般地域管辖和特殊地域管辖两种情形。

(一)一般地域管辖

一般地域管辖是指以最初作出行政行为的行政机关所在地法院为标准确定的管辖。《行政诉讼法》第17条规定:"行政案件由最初作出具体行政行为的行政机关所在地法院管辖;经复议的案件,复议机关改变原具体行政行为的,也可以由复议机关所在地法院管辖。"根据这一规定,一般地域管辖采用的是"原告就被告"规则,与民事诉讼一般地域管辖相一致。

由于提起行政诉讼因是否经过前置程序,分为直接提起与经过行政复议提起两种情形,一般地域管辖的确定因此也受到影响,特别是在经过行政复议后提起的行政诉讼,一般地域管辖确定较为复杂,分述如下:

1. 未经行政复议直接向法院起诉

当事人未经行政复议直接向法院提起行政诉讼的,由最初作出行政行为的行政机关所在地法院管辖。这里的"最初"可以解释为带有强调的意思,主要是与经过行政复议的行政案件形成对照。

2. 经行政复议后再向法院起诉

经过行政复议的行政案件,若原告提起行政诉讼,至少涉及最初作出行政行为的行政机关和作出复议决定的行政机关。为此,在《行政诉讼法》第17条规定之下,经过行政复议的行政案件,地域管辖可以分为两种情形:

(1)复议机关维持原行政行为。此类案件仍由最初作出行政行为的行政机关所在地法院管辖,复议机关所在地法院无管辖权。这一规定的法理是,在复议机关维持原行政行为的情况下,复议决定是对原行政行为的程序性肯定,并没有作出实体性处理,被告为作出原行政行为的行政机关,法院审查的对象也是原行政行为,可以防止行政案件过分集中于复议机关所在地的法院。

(2) 复议机关改变原行政行为，可以由作出原行政行为的行政机关所在地的法院管辖，也可以由复议机关所在地的法院管辖。在复议机关改变原行政行为的情况下，复议机关为被告，审查的对象为复议决定。之所以规定这类行政案件既可以由作出原行政行为的行政机关所在地法院管辖，也可以由复议机关所在地法院管辖，是因为它可以为原告提供更多的选择余地，方便其参加诉讼。

根据《若干解释》第7条规定，所谓"复议决定改变原具体行政行为"是指下列情形之一：(1) 复议决定改变原行政行为所认定的主要事实和证据的。所谓主要事实是指行政行为的法定构成要件事实，主要证据则是证明构成要件事实的证据。(2) 改变原行政行为所适用的规范依据且对定性产生影响的。所谓"改变"，包括增加、减少、调整原行政行为所适用的法律条款，或者作出了新的解释，或者改变案件的定性。(3) 撤销、部分撤销或者变更原行政行为处理结果。

（二）特殊地域管辖

特殊地域管辖是指以诉讼当事人或诉讼标的与法院管辖区的关系来确定行政案件的管辖法院。《行政诉讼法》规定的特殊地域管辖有两种情形：

1. 涉及限制人身自由行政强制措施的行政案件

对限制人身自由的行政强制措施不服而提起的诉讼，由被告所在地或者原告所在地法院管辖。在公民被限制人身自由的情况下，原告行使起诉权便有多种限制，为了保护原告的合法权益，《行政诉讼法》赋予原告在管辖法院上有更多的选择机会，即既可以向被告所在地法院起诉，也可以在原告所在地法院起诉。依照最高人民法院《若干解释》第9条第1款规定，这里的"原告所在地"包括原告的户籍所在地、经常居住地和被限制人身自由地。所谓经常居住地，是指公民离开住所地连续居住满1年以上的地方。

根据《行政诉讼法》的规定，这种特殊地域管辖仅适用于限制公民人身自由的行政强制措施，不包括行政拘留。但从法理上和《行政诉讼法》规定的内在精神看，对行政拘留亦应适用。① 最高人民法院《若干解释》也间接地肯定了这一点，即第9条第2款规定："行政机关基于同一事实既对人身又对财产实施行政处罚或者采取行政强制措施的，被限制人身自由的公民、被扣押或者没收财产的公民、法人或者其他组织对上述行为均不服的，既可以向被告所在地人民法院提起诉讼，也可以向原告所在地人民法院提起诉讼，受诉人民法院可一并管辖。"

2. 涉及不动产的行政案件

因不动产而提起的诉讼，由不动产所在地的法院管辖。不动产指形体上不可移动或者移动就会损失其经济价值的财产，如土地、建筑物、滩涂、山林、草原等。因不动产引起的案件，由不动产所在地的人民法院管辖，这是诉讼法的既定规则，行政诉讼也不例外。

---

① 此观点认为："以限制人身自由为内容的行政拘留这样的处罚行为，也应当适用该特殊管辖而不是一般管辖"。应松年主编：《行政诉讼法学》（第2版），中国政法大学出版社2002年版，第85页。

> ▲ **知识链接**
>
> **《关于国有资产产权管理行政案件管辖问题的解释》(法释[2001]6号)**
>
> 2001年最高人民法院在一个司法解释中,对因国有资产产权界定引起的行政诉讼,就它的管辖问题作出规定:"当事人因国有资产产权界定行为提起行政诉讼的,应当根据不同情况确定管辖法院。产权界定行为直接针对不动产作出的,由不动产所在地人民法院管辖。产权界定行为针对包括不动产在内的整体产权作出的,由最初作出产权界定的行政机关所在地人民法院管辖;经过复议的案件,复议机关改变原产权界定行为的,也可以由复议机关所在地人民法院管辖。"

五、共同管辖

行政诉讼共同管辖指两个以上的法院对同一行政案件都享有管辖权。如被诉行政行为由两个以上的行政机关共同作出,而这两个行政机关又不在同一行政区域,就会出现两个法院都有管辖权的情形;又如,复议机关改变原行政行为的,可以由作出原行政行为的行政机关所在地的法院管辖,也可以由复议机关所在地的法院管辖,这也会出现共同管辖的状况。

当出现共同管辖的状况时,法律把确定管辖法院的权利赋予了原告,原告可以向其中任何一家法院提起行政诉讼。《行政诉讼法》第20条规定:"两个以上人民法院都有管辖权的案件,原告可以选择其中一个人民法院提起诉讼。原告向两个以上有管辖权的人民法院提起诉讼的,由最先收到起诉状的人民法院管辖。"

六、裁定管辖

裁定管辖是法院以裁定方式确定行政案件的管辖法院,它是法定管辖的补充和变通。裁定管辖主要有:

(一)移送管辖

移送管辖指已经受理行政案件的法院,发现该行政案件不属于自己管辖后,依法将行政案件移送给有管辖权的法院。移送管辖是行政案件从无管辖权法院向有管辖权法院的移送。应用移送管辖时应当注意以下问题:

1. 可以移送的行政案件已经受理

在时间点上,法院已经受理了行政案件,且诉讼程序已经开始但未审结,才可以进入移送程序。法院在审查起诉期间发现不属于自己管辖的,应当告知原告向有管辖权的法院起诉,这不产生移送问题;如果受诉法院已经对行政案件作出裁判,也不会发生移送管辖。

2. 已受理行政案件的法院没有管辖权

移送案件的法院对案件无管辖权,该行政案件必须移送。移送管辖的程序一般为,受诉法院合议庭提出移送意见,报经本院院长批准之后作出裁定,发往受移送的法院。同时,法院应当把移送案件的情况及时通知原告。

3. 受移送法院必须受理移送的行政案件

受移送的法院应当及时受理行政案件。如受移送法院认为对此行政案件也无管辖权时,不能将行政案件退回原移送的法院,也不能再移送给自己认为有管辖权的其他法院,而应当报上级法院指定管辖。这样的制度安排目的在于,防止行政案件在法院之间反复移送,从而影响当事人的合法权益。

(二) 指定管辖

指定管辖是指上级法院依法以裁定方式指定其辖区内的下级法院,对某一行政案件行使管辖权的制度。根据《行政诉讼法》第22条规定,在下列两种情况下由上级法院指定管辖:

1. 有管辖权的法院因特殊原因不能行使管辖权

所谓特殊原因,是指导致有管辖权的法院不能公正、及时审结案件的情况:(1) 事实上的原因。如自然灾害、战争、意外事故等不可抗力事实,致使有管辖权的法院无法行使管辖权。(2) 法律上的原因。如法院与本案有利害关系,导致本院不宜对该行政案件行使管辖权。

2. 法院之间发生管辖权争议

同级法院之间因管辖权发生争议的,应当互相协商;协商不成的,应当报请共同上一级法院决定管辖。在法院的管辖权争议未解决前,任何一方法院都不得对该行政案件作出裁判。

(三) 管辖权转移

管辖权转移是指基于上级法院的裁定,下级法院将自己管辖的行政案件转交上级法院审理,或者上级法院将自己有管辖权的行政案件交由下级法院审理。管辖权转移实质上是对级别管辖的补充和变通。《行政诉讼法》第23条规定:"上级人民法院有权审判下级人民法院管辖的第一审行政案件,也可以把自己管辖的第一审行政案件移交下级人民法院审判。下级人民法院对其管辖的第一审行政案件,认为需要由上级人民法院审判的,可以报请上级人民法院决定。"对这一法条的理解有一种较权威的解释是:"有的行政案件虽然按级别管辖的规定属于上级人民法院管辖,但案情比较简单,情节又不严重,责任非常分明,或者案件当事人离上级人民法院较远,且交通非常不便。在这种情况下,上级人民法院可以把自己管辖的这类第一审行政案件交给下级人民法院审判,这样规定,既能保证案件的正确办理,又方便诉讼当事人参加诉讼活动,并便于及时结案,提高办案效率。"[1]

在管辖权转移中,虽然发生移转管辖的法定理由是由法院作出解释的,但是,法院在解释这一法定理由时必须出于诉讼公正、效率的目的。如案件审理难度大、专业性强,下级法院自己力所不及等。同时,转移的法院与接受的法院之间应当具有审级关系,没有审级关系的法院之间不能移转管辖。

在实务中,一些地方行政机关直接或间接干预法院的行政审判,客观上影响了行政审判

---

[1] 黄杰主编:《中华人民共和国行政诉讼法诠释》,人民法院出版社1995年版,第76页。

的公正性,为此,根据最高人民法院《关于行政案件管辖若干问题的规定》,法院可以通过以下途径启动指定管辖和管辖权转移:

1. 当事人启动

当事人启动发生于如下两种情形:(1)当事人以案件重大复杂为由或者认为有管辖权的基层人民法院不宜行使管辖权,可以直接向中级人民法院起诉;(2)当事人向有管辖权的基层人民法院起诉,受诉人民法院在7日内未立案也未作出裁定,当事人向中级人民法院起诉。

对上述这两种情形,中级人民法院应当根据不同情况在7日内分别作出以下处理:(1)书面告知当事人向有管辖权的基层人民法院起诉,或者要求有管辖权的基层人民法院依法处理;(2)指定本辖区其他基层人民法院管辖;(3)决定自己审理。后两种情形属于指定管辖和管辖权转移。

2. 基层人民法院启动

基层人民法院对其管辖的第一审行政案件,认为需要由中级人民法院审理或者指定管辖的,可以报请中级人民法院决定。中级人民法院应当根据不同情况在7日内分别作出以下处理:决定由报请的人民法院审理,或者指定本辖区其他基层人民法院管辖,或者决定自己审理。同样,后两种情形属于指定管辖和管辖权转移。

3. 中级人民法院启动

中级人民法院对基层人民法院管辖的第一审行政案件,根据案件情况,可以决定自己审理,也可以指定本辖区其他基层人民法院管辖。

需要指出的是,上述情形适用于由基层人民法院管辖的第一审行政案件,如果中级人民法院和高级人民法院管辖的第一审行政案件需要由上一级人民法院审理或者指定管辖的,可以参照上述情形处理。对上述指定管辖裁定有异议的,不适用管辖权异议的规定。

七、管辖权异议及处理

(一)管辖权异议及提出

管辖权异议是指法院受理行政案件后,当事人向受诉法院提出的不服该法院对本案行使管辖权方面的意见或主张。提出管辖权异议是当事人的一项重要诉讼权利,它对于克服法院在行政审判中的地方保护主义有积极意义。同时,它也有助于当事人服从不利于自己的裁判。

最高人民法院《若干解释》第10条规定,当事人提出管辖异议,应当在接到人民法院应诉通知之日起10日内以书面形式提出。因此,(1)提出管辖权异议是当事人的权利。只有原告、被告、第三人可以提出。(2)管辖权异议应当以书面形式向受诉法院提出。(3)管辖权异议应当在接到法院应诉通知之日起10日内提出。

(二)对管辖权异议的处理

根据最高人民法院《若干解释》第10条规定,对当事人提出的管辖异议,人民法院应当进行审查。异议成立的,裁定将案件移送有管辖权的人民法院;异议不成立的,裁定驳回。当事人对裁定不服的,有权在裁定送达后10日内提出上诉。

▲ 前沿引介

管辖权异议程序的价值目的

管辖权异议是一种辅助性的程序制度,本身与实体正义并没有多大的关联。程序虽有其独立存在的价值,但我们亦不能过分夸大它的独立性,否则有可能导致人们对程序的一种心理幻觉,即程序越复杂越好,形成所谓"程序幻觉"。人们会在这种幻觉的影响下片面追求程序的复杂化,使程序体系成为自我循环的封闭体系,形成程序的"自我繁殖"情形,典型如诉讼程序中对程序问题处理的反复裁决纠错,不断循环。一旦变成为程序而程序,人类自身就会被程序异化,造成"程序过度"。我们可以把程序分为三种:一是产生权利的程序,即通过某种程序形成一种权利,典型如通过诉讼程序从某种基本权利生成一种新的权利,如日照权的生成。二是实现权利的程序,这种程序又可按阶段分为审判程序和执行程序。实体上的权利如果不通过判决,就不过是一种权利"假象",或只是停留在"纸面上的权利",只有以纷争为契机,通过诉讼程序才能使权利关系具有实在性。三是裁决异议的程序,例如上诉程序、再审程序、复议程序等。在这三种程序中,裁决异议程序最容易导致程序的循环,因为初始异议发生后,又会形成新的裁决,对新的裁决还可能生成再异议程序,如果没有控制,则将不断循环下去。

管辖权异议制度也是如此。当法院决定管辖某一特定的案件时,意味着该案件将"系属"于受理法院,当事人的异议就是针对这一司法行为而实施的。对于管辖权的异议是必要的,但异议制度应当如何设计,异议主体的范围以及程序的复杂程度,都应当考虑管辖这一"元制度"的目的和价值。在前面的分析中我们已经明确了,管辖制度的目的在于案件的合理分配,主要是一种内部分工制度,其正当性在于分配根据的合理性。依据"审判公正假定",管辖错误的实质是法院内部分工的错误,与实体审理的公正性并没有关系,涉及的仅仅是程序正当性的问题,即是否体现了当事人的平等,表现为原告与被告的衡平问题(其中并涉及当事人的心理感受)。因此,只要异议制度的设计平衡了双方当事人的优势,异议制度的目的就算达到了,完全没有必要将此程序进一步扩展,导致"程序过剩"或"程序过度"。(资料来源:张卫平:《管辖权异议——回归原点与制度修正》,载《法学研究》2006年第4期)

第二节 行政诉讼原告

一、原告资格条件

原告是诉讼的启动者,是诉讼必不可少的一方当事人;没有原告,就没有诉讼。究竟拥有何种权益的主体、与行政行为具备何种关联才能有资格和能力向法院提起行政诉讼,这涉及原告的资格要求。

《行政诉讼法》对原告资格的规定较为概括。学理上讨论这个问题时,通常会指向《行政诉讼法》第 2 条、第 24 条第 1 款和第 41 条第 1 项。《行政诉讼法》第 2 条规定:"公民、法人或者其他组织认为行政机关和行政机关工作人员的具体行政行为侵犯其合法权益,有权依照本法向人民法院提起诉讼。"这条规定被认为是对行政诉讼原告资格的基本概括。该法第 41 条第 1 项的"原告是认为具体行政行为侵犯其合法权益的公民、法人或者其他组织"规定,内容上是第 2 条的重复,并没有提供更多的信息和解释。不过,这一"重复"并非没有法律意义,因为第 2 条属于总则性规定,通常被解释为是原则性和导向性的规定。而第 41 条第 1 项的规定,虽然基本上是对第 2 条相关内容的重复,但它涉及的却是行政诉讼的起诉条件,一般认为它是对行政诉讼原告资格的直接规定。最高人民法院《若干解释》第 12 条规定:"与具体行政行为有法律上利害关系的公民、法人或者其他组织对该行为不服的,可以依法提起行政诉讼。"可见,行政诉讼原告是认为具体行政行为侵犯其合法权益,而依法向人民法院提起诉讼的公民、法人或者其他组织。由此,我们也可以得出原告资格条件是:

(一) 原告是公民、法人或者其他组织

《行政诉讼法》规定公民、法人或者其他组织具有行政诉讼权利能力。公民是具有中华人民共和国国籍的自然人。但是根据《行政诉讼法》第 71 条的规定,外国人、无国籍人在我国进行行政诉讼,按照对等原则,与我国公民享有同等的诉讼权利和诉讼义务。因此,这里的公民还应当包括外国人、无国籍人。法人指依法成立的,能够独立享有民事权利和民事义务的组织。《行政诉讼法》未对"其他组织"作出界定。参照最高人民法院《关于适用〈中华人民共和国民事诉讼法〉若干问题的意见》第 40 条的规定,"其他组织"指合法成立、有一定的组织机构和财产,但又不具备法人资格的组织。这些组织包括:依法登记领取营业执照的私营独资企业、合伙组织;依法登记领取营业执照的合伙型联营企业;依法登记领取我国营业执照的中外合作经营企业、外资企业;经民政部门核准登记领取社会团体登记证的社会团体;法人依法设立并领取营业执照的分支机构;专业银行设在各地的分支机构;中国人民保险公司设在各地的分支机构;经核准登记领取营业执照的乡镇、街道、村办企业等。行使行政职权的行政机关不具有行政诉讼的原告资格。但是,行政机关在不行使行政职权而以机关法人的身份出现时,如果其他行政机关对其作出行政行为的,则其具有原告资格。

这里的"公民、法人或者其他组织"必须是行政相对人,否则,不具有原告资格。在安邦财产保险股份公司吉林中心支公司诉吉林市公安局交通管理支队颁发驾驶证案中,法院认为,起诉人不是具体行政行为的相对人或相关人,其主张的权益与该涉案具体行政行为又无因果关系,则其不具备原告主体资格。[①]

(二) 与行政行为有法律上的利害关系

"法律上的利害关系"是行政诉讼原告资格的核心条件,《行政诉讼法》并没有明确规定这一点,它出现在最高人民法院《若干解释》第 12 条之中。从此条规定中,可以解释出本条件的主要内容是:

---

① 最高人民法院行政审判庭编:《中国行政审判案例》(第 3 卷)第 86 号案例,中国法制出版社 2013 年版,第 22 页。

1. 原告所请求保护的应当是"合法权益"

作为一种法律救济程序,它所保护原告的只能是其合法权益,这与设立行政诉讼制度的要旨一致。关于"合法权益",至少需要从如下三个方面作出解释:(1)"非法利益"不受保护,这是"合法权益"最直接的含义。如原告建造的违法建筑物、制造的假冒伪劣产品等,不可能在行政诉讼中获得法律保护。(2)"合法权益"不仅包括法律明确规定的权利,如人身自由权、财产权等,而且还包括尚未成为权利的利益。如《公益事业捐赠法》第24条规定:"公司和其他企业依照本法的规定捐赠财产用于公益事业,依照法律、行政法规的规定享受企业所得税方面的优惠。"本条规定中的"优惠"即为合法利益。(3)合法权益中的"法"不限于行政法法源范围,应当包括所有成文法、不成文法。

2. 请求保护的合法权益与行政行为之间存在直接的、内在的关联性,即原告所主张的合法权益受到行政行为直接的、内在的影响

在通常情况下,在行政行为所针对的行政相对人提起诉讼时,这种直接、内在关联很容易判断,如行政处罚中的受处罚人、行政许可中的申请人等。但是,在具体个案中有时这种直接的、内在的关联性可能有多种表现形式,或明示,或暗示的。而且,此种关联性必须是客观、现实的,而非主观臆测的。在王念仁等诉福建省福鼎市人民政府土地行政登记案中,法院认为,合法权益受到潜在影响的公民、法人和其他组织,有权依据行政诉讼法的规定提起行政诉讼。①

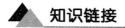

个案中的"法律上利害关系"的判断

在黄陆军等人不服金华市工商行政管理局工商登记行政复议案中,法院认为:"判断构成利害关系的要素有二:一是申请人的权益受到损害或有受到损害的现实可能性;二是权益损害与具体行政行为具有因果关系,即具体行政行为是因,权益损害是果。在本案中,上诉人黄陆军等以"世贸城采取种种软硬兼施手段,譬如停电、对一些商铺进行拆除改装,使业主无法经营"等为由申请行政复议,要求撤销涉诉公司的工商核准登记。对案件进行考量分析:第一,被上诉人东阳市工商行政管理局在对涉诉公司进行工商登记审查时,其按照公司法、企业登记相关法律、法规的规定,审查公司设立(变更)是否符合法定条件;第二,登记机关无法预见公司成立后作为市场主体,在与上诉人发生买卖、租赁民事合同后的侵权行为或侵权可能性;第三,登记机关没有对涉诉公司作为市场主体的民事侵权行为进行审查的法定义务;第四,本案上诉人主张的权益损害原因并不是涉诉公司工商登记行政行为,而是涉诉公司不履行合同或其他民事侵权行为;第五,撤销涉诉公司的工商核准登记,不能使上诉人的权益损害得到恢复。因此,上诉人所主张的权益损害与涉诉公司工商登记的具体行政行为不存在因果关系,上诉人与涉诉公司工商登记具体行政行为没有利害关系,故上诉人不具有申请复议的主体资格。"(资料来源:《最高人民法院公报》2012年第5期)

---

① 最高人民法院行政审判庭编:《中国行政审判指导案例》(第1卷)第2号案例,中国法制出版社2010年版,第7页。

（三）原告认为行政行为侵犯其合法权益

本要件中的"认为"是原告基于自身立场作出的一种主观判断，并非属于一种需要由原告提供证明的法律事实。本要件包括如下两方面内容：

1. 是否在法律上受到侵犯不影响起诉人获得原告资格

被诉行政行为是否法律上违法，"合法权益"是否确实在法律上受到了被诉行政行为侵害，都不是原告起诉的前提条件，也不是法院判断起诉人是否有原告资格的标准。所以，只要起诉人主观上"认为"他的合法权益受到了被诉行政行为的侵犯，就可以依照《行政诉讼法》提起诉讼。

2. "合法权益"是原告自身的合法权益

《行政诉讼法》中原告资格限定于为了保护自己利益，即起诉人只有为保护自身权益而起诉时，他才有可能获得原告资格。为保护他人利益而提起的行政诉讼，即客观诉讼。[①]《行政诉讼法》没有规定客观诉讼。

二、原告资格的具体情形

在实务中，行政诉讼原告资格的情形是十分复杂的。根据实务中出现的各种情形，最高人民法院《若干解释》具体规定了特定情况下如何确定行政诉讼的原告。这些特定情形不仅具体化了《行政诉讼法》对原告资格的抽象规定，而且在某些方面发展了原告资格的理论。这些特殊情形主要有：

（一）相邻权人

被诉行政行为涉及其相邻权的公民、法人或者其他组织，可以依法提起行政诉讼。相邻权是指为调节在行使不动产所有权中的权益冲突而产生的一种权利。在民事法律关系上，相邻关系主要产生于自然资源的使用、宅基地的使用、用水和排水、排污、通风、采光等方面。如果行政机关所作出的行政行为在赋予和确认某一公民、法人或者其他组织权益时，影响到了其相邻权人的权益，虽然该相邻权人并非行政行为的行政对象人，但该相邻权人的权益与行政行为有直接的、内在关联；而且，在多数情况下，相邻权人只有通过对行政行为提起行政诉讼才能获得法律救济。因为，当相邻权人以对方存在民事侵权为由解决纠纷时，对方通常会以自己的权利获得了行政机关的认可作为抗辩理由。在此情况下，必须赋予相邻权人以针对"行政机关的认可"的行政行为提起行政诉讼的资格。

（二）公平竞争权人

在经济活动中，公平竞争是经济活力的源泉。行政机关作为市场经济秩序的监管主体，必须确保市场主体公平竞争权。如行政机关在行使行政许可等权力时，必须符合公平竞争的要求，不得侵犯市场主体的公平竞争权。所以，公民、法人或者其他组织认为被诉行政行为涉及其公平竞争权时，可以依法提起行政诉讼。

---

① 如中国台湾地区"行政诉讼法"第9条规定："人民为维护公益，就无关自己权利及法律上利益之事项，对于行政机关之违法行为，得提起行政诉讼。但以法律有特别规定者为限。"

（三）合伙组织

合伙组织分为个人合伙和合伙企业两种形式。在法律地位上，它属于"其他组织"。在行政诉讼中，合伙企业向人民法院提起行政诉讼的，应当以核准登记的字号为原告，由执行合伙企业事务的合伙人作为诉讼代表人；其他合伙组织提起行政诉讼的，合伙人为共同原告。

（四）投资人

具有独立法人资格的企业可以与他人共同投资成立新的企业法人，若行政机关作出的行政行为侵犯该新的企业法人合法权益时，作为投资人为了维护自己的投资利益，可以依法提起行政诉讼。也就是说，联营企业、中外合资企业、中外合作企业的联营、合营、合作各方，认为联营、合资、合作企业权益或者自己一方的合法权益受到行政行为侵害的，都可以以自己的名义提起行政诉讼。

（五）农村土地使用权人

农村集体所有土地所有权可以与使用权适当分离，而分离的典型形式是采用农村土地承包制，除此之外还有租赁、以土地使用权作价入股等形式。如果行政机关的行政行为在处理农村集体所有土地时，影响到该土地承包人等土地使用权人权益的，其有原告资格。

（六）被行政机关注销等或者改变隶属关系的非国有企业

依法成立的企业，可以依照自己的意志决定自己的法律地位。所以，非国有企业被行政机关注销、撤销、合并、强令兼并、出售、分立或者改变企业隶属关系的，该企业或者其法定代表人可以提起行政诉讼。需要注意的是，国有企业被行政机关决定注销、撤销、合并、强令兼并、出售、分立或者改变企业隶属关系，因为国有企业的性质为"国家所有"，它的职工对企业兼并等决定不得提起行政诉讼。

（七）股份制企业内部机构

股份制企业内部的不同机构往往由不同的投资方组成，这些不同的利益主体可能在企业管理和投资等方面出现分歧的意见，有时，在意见难以统一的情况下，对行政行为是否侵犯其合法权益将会有不同的态度和看法。为了充分保护各投资方的利益，股份制企业的股东大会、股东代表大会、董事会等认为行政机关作出的行政行为侵犯企业经营自主权的，可以以企业名义提起诉讼。

除了上述几种比较常见的特殊情形外，最高人民法院《若干解释》还规定了行政复议中的利害关系人、追加的第三人、与行政机关撤销或者变更行政行为有法律上利害关系的人等原告资格认定的情形。

三、原告资格的转移

原告资格转移是指在法定条件下，准许将原告资格依法转移给有利害关系的特定公民、法人或者其他组织。在行政诉讼中，在具有原告资格的主体丧失原告资格的情况下，通过原告资格转移,可以避免因某一主体资格丧失而致使利害关系人的权益无法得到保障,也可以避免因无人提出行政诉讼而使违法行政行为无法得以追究。原告资格转移有两种情形:

1. 公民原告资格转移。有权提起诉讼的公民死亡时,其原告资格转移给他的近亲属。关于近亲属的范围,根据最高人民法院《若干解释》第11条规定,近亲属包括配偶、父母、子女、兄弟姐妹、祖父母、外祖父母、孙子女、外孙子女。①

2. 法人或其他组织原告资格转移。有权提起诉讼的法人或者其他组织终止,承受其权利的法人或者其他组织可以提起行政诉讼。

法律上利害关系的新表述

"法律上利害关系"包含相对人公法上的权利、一个成熟的具体行政行为及两者之间法律上的因果关系三个要件;同时,这三个要件共同构成"法律上利害关系"的认定标准。透过"法律上利害关系"的每一构成要件,我们发现:无论是公法上的权利、成熟的具体行政行为,还是两者之间法律上的因果关系,它们的内涵与外延都不是——"铁板一块"——固定不变的。公法上的权利会随着法律所保护的利益范围的扩大而不断生长;基于权力制约和权利保护的需要,法院的主管范围也不会止步于典型性的具体行政行为;伴随着责任行政观念的深入和国家承担责任的能力的加强,法律上的因果关系会持续不断地侵入原本属于单纯事实上因果关系的领地。所以,构筑"法律上利害关系"的三个要件本身的外延都有扩张的可能,而且这种可能性往往借助于立法活动或司法的能动作用转化为现实。进而,判断"法律上利害关系"的标准就会降低,具有原告资格的利害关系人范围随之扩大,使得"法律上利害关系"这一法律概念具备足够的统摄力以回应社会的变迁。在这个意义上,"法律上利害关系"的认定标准具有从认识论走向价值论的倾向。(资料来源:张旭勇:《"法律上利害关系"新表述》,载《华东政法大学学报》2001年第6期)

第三节 行政诉讼被告

一、被告资格条件

行政诉讼被告是指由原告指控其作出行政行为侵犯其合法权益的,经法院通知应诉的行政机关。被告是行政诉讼不可缺少的当事人之一,由原告在行政诉状上明确列出。《行政诉讼法》第41条第2项规定:原告提起行政诉讼应当"有明确的被告"。提起行政诉讼不列被告或者所列被告不明确,原告的诉讼请求在形式上就无法成立,诉讼程序也就无法开启。据此,行政诉讼被告的资格条件是:

---

① 参见最高人民法院行政审判庭《关于婚姻登记行政案件原告资格及判决方式有关问题的答复》(法[2005]行他字第13号)。

1. 被告是行政机关

这是行政诉讼被告的本质特征,也是决定某一组织能否成为行政诉讼被告的核心条件。行政机关是国家依法成立的,并独立享有和行使行政职权的国家机关,其担当着国家经常性的行政管理任务。行政诉讼被告主要是行政机关。法律、法规、规章授权的组织虽然不是行政机关,但它依法取得一定的行政职权后,具有了与行政机关相同的法律地位,行政诉讼法也认可其有作为被告的资格。被诉的行政行为通常从外观上看是公务员作出的,但是,公务员不是以自己的名义作出行政行为,所以,公务员不具有行政诉讼被告的资格。

值得的注意的是,《行政诉讼法》只认可法律、法规授权的组织具有行政诉讼被告的资格,但最高人民法院《若干解释》扩大到了规章授权的组织。这一扩大既有实践意义也有理论价值。规章授权在目前行政实务中较为普遍,严格按照《行政诉讼法》的规定不承认规章授权组织的被告资格,在现有行政体制中往往会造成被告资格确定的困难,增加原告诉讼成本。因此,就行政实务来看,这一扩大性司法解释是适应现实需要的。

2. 被告是作出被诉行政行为的行政机关

依照"谁行为,谁被告"的规则,行政机关一旦实施了行政行为,且该行政行为被原告诉诸法院时,它就是行政诉讼被告。在不履行法定职责之诉中,应该履行法定职责的行政机关是被告。由此可见,行政机关要成为行政诉讼被告,必须作出被诉行政行为,或者有应该履行的法定职责。

3. 被告是由法院通知应诉的行政机关

本条件为程序性条件。原告在起诉中指向了一个明确的行政机关,且该行政机关需要由法院通知其应诉时,该行政机关才是被告。所以,被告是要由法院在受理后确认的。

二、被告资格的具体情形

在"谁行为,谁被告"的规则下,行政诉讼被告资格的认定难度相对小于原告资格。因为,无论行政机关设置多么复杂,毕竟它有一个相对规范的行政机关组织体系。对此,《行政诉讼法》和最高人民法院《若干解释》具体规定了行政诉讼被告资格的如下不同情形:

1. 直接被告

公民、法人或者其他组织直接向法院提起诉讼的,作出被诉行政行为的行政机关是被告,这是行政诉讼被告资格的基本情形。法律、法规授权的组织亦同。

2. 复议被告

经过行政复议后的被告资格,需要视行政复议决定的情况而定:(1)复议机关维持原行政行为的,以作出原行政行为的行政机关为被告。在复议机关维持原行政行为的情况下,原行政行为内容没有改变,由对行政行为的事实根据和适用法律更为了解的原行政机关作被告,更为适宜。(2)复议机关撤销或者改变原行政行为,复议机关是被告。复议机关撤销或者改变原行政行为,意味着复议机关否定了原行政行为,对申请人的权利和义务作出了新的行政行为,由复议机关作被告更为适当。(3)复议机关在法定期间内不作复议决定,当事人对原行政行为不服提起诉讼的,应当以作出原行政行为的行政机关为被告;当事人对复议机关不作为不服提起诉讼的,则应当以复议机关为被告。

理论讨论

关于复议机关作被告的争议

对经过复议的案件的地域管辖的确定,是当时制定《行政诉讼法》时慎重考虑的结果。不过,这一安排在行政诉讼实践中暴露出种种问题,如复议机关因担心当被告倾向于维持原行政行为,导致行政复议流于形式。因经过复议后的行政诉讼案件被告确定的制度安排导致了行政复议维持率居高不下,要求改革现有安排已成为理论界与实务部门的共识。但是,就如何调整和改变尚存在分歧。具体而言,是一律将复议机关列为被告还是将原机关列为被告抑或维持现状仍有不同看法。主张一律将复议机关列为被告似乎基于两点理由,或者说这一做法有以下两个主要好处:一是强化行政复议机关的责任心;二是符合谁行为、谁被告的规则。不过,这一主张或做法也可能存在明显的弊端:一是不符合行政复议制度的发展方向。上述主张仍假定行政复议是一种行政行为,将其定位于与其他行政管理无本质区别的行政监督活动。二是有可能挫伤复议机关的积极性和中立身份。在将行政复议定位于裁判者的情况下,仍将行政复议机关作为被告,反而有可能挫伤复议机关办理案件的积极性。同时,也可能损及其中立身份。三是有可能不利于行政诉讼案件的审理。复议机关一律充当被告,无疑提高了被告的行政级别,假定现有的行政诉讼审判体制不变,这一安排可能增加了法院办理案件的难度。因此,在行政复议制度改革到位的情况下,宜由原行政机关充当行政诉讼的被告。

3. 委托被告

行政机关根据法律、法规、规章的规定,可以将自己的行政职权委托给有关组织行使,有关组织以该行政机关的名义在委托权限范围从事活动,由此引起的后果也应当由委托的行政机关承担,即谁委托,谁作被告。在特别情况下,行政机关在没有法律、法规或者规章规定的情况下,授权其内设机构、派出机构或者其他组织行使行政职权的,应当视为委托。当事人不服提起诉讼的,应当以该行政机关为被告。

4. 共同被告

两个以上的行政机关共同作出同一行政行为的,共同作出行政行为的行政机关是共同被告。若原告起诉时仅列其中一个行政机关为被告,法院可以要求原告将其他行政机关增加为被告,原告拒绝的,法院应当追加其为第三人。

5. 经批准被告

经上级行政机关批准的行政行为,以在对外发生法律效力的文书上署名的机关为被告。之所以作这样的认定,是因为在这样的情况下,下级行政机关通常是做一些接受申请材料、收取相关费用和作一些程序性通知等,对被诉行政行为内容没有实质性的意思表示。也就是说,在法律上下级行政机关并没有作出行政行为。

6. 派出机构和内设机构作出行政行为被告

通常情况下,行政机关的派出机构和内设机构不具有行政主体资格,即使它以自己的名义作出具体行政行为,当事人不服提起诉讼的,应当以该行政机关为被告。但如果派出机构和内设机构取得了法律、法规或者规章的授权,它即取得了行政诉讼被告资格,当事人对它以自己的名义作出的具体行政行为不服起诉的,应当以派出机构和内设机构为被告,即使派出机构和内设机构超出法定授权范围实施行政行为,也是如此。

三、被告的变更、追加和资格转移

（一）被告的变更

原告提起诉讼中指向的被告不符合法律规定的,法院应当告知原告变更被告——经法院审查后确定的被告;若原告不同意变更的,法院应当裁定驳回起诉。

（二）被告的追加

当两个以上的行政机关共同作出行政行为,而原告只起诉其中一或几个行政机关时,法院在征得原告同意后,应当追加未被起诉的行政机关为被告。原告不同意追加的,法院应当通知未被起诉的行政机关以第三人身份参加诉讼。

（三）被告的资格转移

被告的资格转移指有被告资格的行政机关因法定事由被撤销后,其被告资格转移给特定行政机关。被告资格转移主要有两种情形:(1)行政机关被撤销的,其被告资格转移给继续行使其职权的行政机关。(2)行政机关被撤销后没有继续行使其职权的行政机关的,其被告资格转移给撤销该机关的行政机关。

第四节　共同诉讼人和第三人

一、共同诉讼人

共同诉讼指当事人一方或者双方为二人以上,因同一行政行为发生的行政案件,或者因同样的行政行为发生的行政案件,由法院合并审理而形成的诉讼。参加共同诉讼的当事人为共同诉讼人。行政诉讼的共同诉讼分必要的共同诉讼和普通的共同诉讼两类,相应地共同诉讼人分为必要的共同诉讼人和普通的共同诉讼人。

必要的共同诉讼指当事人一方或双方为两人以上,因同一行政行为所形成的共同诉讼。必要的共同诉讼的主要特征是,虽然当事人一方或者双方都是两人以上,但诉讼标的是同一的,即只有一个行政行为,由此必要共同诉讼人之间存在着共同的权利义务关系,法院必须合并审理,必要的共同诉讼为不可分之诉。

普通的共同诉讼指当事人一方或双方为两人以上,因同样的行政行为引起的行政案件,由法院合并审理后所形成的共同诉讼。普通的共同诉讼区别于必要的共同诉讼之处在于,普通的共同诉讼中存在着两个以上的行政行为,这些行政行为之间并无必然的关联,只因这些行政行为存在着某种相似性,法院根据具体情况而予以合并审理。

二、第三人

行政诉讼的第三人是指因与被提起行政诉讼的行政行为有法律上的利害关系,通过申请或法院通知而参加到诉讼中来的当事人。其特征是：(1) 第三人与被诉行政行为有利害关系，这是第三人参加诉讼的基础。(2) 第三人是行政诉讼原告、被告之外的公民、法人或者其他组织。第三人只是没有起诉或因某种原因而无法成为原告或被告，才申请参加诉讼或者被法院通知参加诉讼。(3) 第三人有独立的诉讼地位。第三人参加诉讼是为了保护自己的权益，它既不会依附原告也不依附被告，可以提出自己的请求，对第一审判决不服有权提出上诉。

在实践中，行政诉讼第三人主要有以下情形：(1) 行政处罚案件中的受害人或加害人。在行政处罚案件中，加害人不服处罚作为原告起诉的，受害人则可以作为第三人参加诉讼；如果受害人对处罚不服而以原告身份向法院起诉，加害人可以第三人名义参加诉讼。(2) 行政机关的同一行政行为涉及两个以上利害关系人，其中一部分利害关系人对行政行为不服提起诉讼，法院应当通知没有起诉的其他利害关系人作为第三人参加诉讼。(3) 行政裁决案件的当事人。公民、法人或者其他组织之间发生民事权益纠纷，由行政机关确权裁决，一部分当事人不服向法院起诉，另一部分可作为第三人参加诉讼。(4) 两个以上行政机关作出相互矛盾的行政行为，非被告的行政机关可以是第三人。(5) 应当追加被告而原告不同意追加的，法院应通知其作为第三人参加诉讼。

思考题：
1. 确定行政诉讼管辖的原则是什么？
2. 哪些案件由中级人民法院管辖？
3. 如何确定行政诉讼的一般地域管辖？
4. 如何确定行政诉讼的特殊地域管辖？
5. 如何理解我国行政诉讼原告资格的条件？
6. 如何确定行政诉讼被告？

案例应用：
1. 某药厂以本厂过期药品作为主原料，更改生产日期和批号生产出售。甲市乙县药监局以该厂违反《药品管理法》第49条第1款关于违法生产药品规定，决定没收药品并处罚款20万元。药厂不服向县政府申请复议，县政府依《药品管理法》第49条第3款关于生产劣药行为的规定，决定维持处罚决定。药厂起诉。关于本案的被告和管辖，下列说法正确的有：(2012年国家司法考试题)

　　(A) 被告为乙县药监局，由乙县法院管辖
　　(B) 被告为乙县药监局，甲市中级法院对此案有管辖权
　　(C) 被告为乙县政府，乙县法院对此案有管辖权
　　(D) 被告为乙县政府，由甲市中级法院管辖

2. 村民甲带领乙、丙等人，与造纸厂协商污染赔偿问题。因对提出的赔偿方案不满，甲、乙、丙等人阻止生产，将工人李某打伤。公安局接该厂厂长举报，经调查后决定对甲拘留15日、乙拘留5日，对其他人未作处罚。甲向法院提起行政诉讼，法院受理。下列哪些人员不能成为本案的第三人？(2012年国家司法考试题)

　　(A) 丙

(B) 乙
(C) 李某
(D) 造纸厂厂长

拓展阅读：

1. 杨小君：《行政诉讼原告与被告资格制度的完善》，载《行政法学研究》2012年第2期。
2. 江利红：《日本行政诉讼原告资格新论》，载《行政法学研究》2007年第4期。
3. 黄学贤：《行政诉讼原告资格若干问题探讨》，载《法学》2006年第8期。
4. 沈岿：《行政诉讼原告资格：司法裁量的空间与限度》，载《中外法学》2004年第2期。
5. 杨寅：《行政诉讼原告资格新说》，载《法学》2002年第5期。
6. 周汉华：《论行政诉讼原告资格审查》，载《中国法学》1991年第6期。
7. 方洁：《从第三部门组织到行政诉讼被告》，载《行政法学研究》2007年第3期。
8. 杨小君：《我国行政诉讼被告资格认定标准之检讨》，载《法商研究》2007年第1期。
9. 武楠：《村委会作行政诉讼被告的条件》，载《人民司法》2004年第8期。
10. 马怀德、解志勇：《行政诉讼第三人研究》，载《法律科学》2000年第3期。
11. 杨海坤、马生安：《中外行政诉讼第三人制度比较研究》，载《比较法研究》2004年第3期。
12. 李红枫：《行政诉讼管辖制度现状及对策分析》，载《行政法学研究》2003年第1期。
13. 应松年主编：《行政诉讼法学》，中国政法大学出版社2007年版。
14. 姜明安主编：《行政诉讼法》（第2版），法律出版社2007年版。
15. 马怀德主编：《行政诉讼原理》，法律出版社2003年版。
16. 〔德〕弗里德赫尔穆·胡芬：《行政诉讼法》，莫光华译，法律出版社2003年版。
17. 〔英〕彼得·莱兰等：《英国行政法教科书》，杨伟东译，北京大学出版社2007年版。
18. 〔日〕盐野宏：《行政救济法》，杨建顺译，北京大学出版社2008年版。

第十八章

行政诉讼客体

> ✦ 学习目标
>
> 通过本章的学习,学生可以掌握以下内容:
> 1. 行政诉讼受案范围的意义
> 2. 行政诉讼受案范围的判断框架
> 3. 具有争议的可诉或不可诉行为的判断方法
>
> ✦ 关键概念
>
> 受案范围　行政行为　列举式　概括式　内部行政行为外化

第一节　行政诉讼客体概述

一、行政诉讼客体与受案范围

行政诉讼客体是指法院、原告和被告在行政诉讼活动中共同指向的对象。《行政诉讼法》第2条规定:"公民、法人或者其他组织认为行政机关和行政机关工作人员的具体行政行为侵犯其合法权益,有权依照本法向人民法院提起诉讼。"根据这一规定,行政诉讼客体是"具体行政行为"。但是,并非所有的行政行为都适合由法院通过行政诉讼来作合法性审查的,对此,《行政诉讼法》通过设立受案范围来划定行政诉讼客体范围。

行政诉讼是司法权对行政权行使是否合法作出法律上的判断,是司法权对行政权的一种"干预",因此从分权或分工的角度来看,司法权可以审查的行政行为范围是有限的,而这些有限的条件构成了确立行政诉讼的受案范围的法理基础。尽管民事、刑事、行政三大诉讼法都对适合其审理的对象作出划定,但是如行政诉讼那样要求在法院立案阶段,就将受案范围作为起诉条件进行审查也是一种较为特殊的程序性制度。①

---

① 《行政诉讼法》第41条规定:"提起诉讼应当符合下列条件:(1)原告是认为具体行政行为侵犯其合法权益的公民、法人或者其他组织;(2)有明确的被告;(3)有具体的诉讼请求和事实根据;(4)属于人民法院受案范围和受诉人民法院管辖。"

从世界范围来看,许多国家都对法院受理行政案件的范围作了程度不一的限制,或多或少将一部分行政争议排除在行政诉讼之外。如美国行政法上司法审查的范围也是逐步扩展的。19世纪时,美国行政法原则上是从不审查的假定出发,受审查的行为必须有法律明文规定。之后,通过最高法院的判例逐步确立了对行政行为的审查不需要法律规定的原则,即只要法律没有禁止法院就可以审查。在20世纪30年代之后,这一原则被法院逐步接受,并在《联邦行政程序法》中以第704节规定下来:"法律规定可以审查的行政行为,以及没有其他适当的法院救济的最后确定的行政行为,应受司法审查。"①不过,《联邦行政程序法》同样也规定了排除司法审查的情形。结合判例可见,像国防、外交、军队管理、国家安全等属于行政机关裁量领域的行政行为,法院都不介入审查。而对一般的行政争议也要求符合成熟性原则可介入审查。而在日本则是以"处分性"作为判断行政诉讼受案范围的条件。这一要件的功能在于,判定特定行政行为所引发的纠纷是否属于适合由行政诉讼来加以解决的"法律上的纠纷"。进入到行政诉讼的争议必须不是可以通过其他途径解决的民事诉讼、当事人诉讼,必须属于"法律上的纠纷",必须到了由法院解决的成熟时机。② 因此,非公权力行使的民事行为、不具有法律效果的内部行为、抽象行为、事实行为、阶段行为等都不属于行政诉讼的受案范围。

我国《行政诉讼法》采用列举方式划定了行政诉讼客体范围。列举式是指由制定法分别明确规定行政相对人可以提起行政诉讼和不能提起行政诉讼的范围。从理论上说,列举式可以穷尽所有可以被提起行政诉讼的行政行为种类,但由于制定法自身的局限性,这种立法又难以成为现实。列举式首先的优点是行政诉讼受案范围边际界限明确,具有较高的指导司法实践(尤其是对基层人民法院的行政审判)的应用性能。所以,《行政诉讼法》采用列举式来确定行政诉讼的受案范围是应当肯定的,美中不足的是我们缺乏具有能动性的判例法来解决制定法规定所致的滞后性。由最高人民法院采用司法解释来解决这个问题,从某种程度上缓解了制定法所产生的滞后性。但是,这种受案范围的确定方式,对于切实保护行政相对人合法权益来说是不够的。"由于列举权限条款之行政裁判权,只在列举之范围内,人民得以获致权利保护,战后行政任务扩张,行政遂行任务之方法多元化,人民与政府间之法律纷争,已非列举权限条款所可罄书,且其亦不符战后保障人民权利之强烈需求,故虽其具有明确之优点,仍被时潮所淘汰,而纷纷遭扬弃。"③2010年之后最高人民法院创立"指导性案例"制度,虽然不是名副其实的判例法,但它也有判例法的某些功能。

二、行政诉讼受案范围的意义

(一)体现了司法监督的界限和范围

法院通过行政诉讼审查行政行为的合法性,是司法监督行政的体现,而受案范围明确了司法可以监督行政的界限和范围,在受案范围以外的行政行为不受司法的监督。通常,这种监督范围的划定是由宪法上确立的司法与行政的权限划分和分工所决定的。如并非所有

---

① 参见王名扬:《美国行政法》,中国法制出版社1995年版,第604—605页。
② 参见王天华:《行政诉讼的构造:日本行政诉讼法研究》,法律出版社2010年版,第43—44页。
③ 蔡志方:《行政救济与行政法学》(1),台湾三民书局1993年版,第159页。

的行政行为都由司法进行最后的合法性判断,立法政策上会保留一部分行政行为不受司法审查。此外,并非行政行为的任何阶段司法都可以进入审查,考虑到行政本身的效率需要,要求行政行为已经对外具有"决定性"的法效果时,司法才可以介入。

当然,司法权监督的程度不仅与司法机关和行政机关在宪法上的地位和权限分工有关,而且与司法权行使的能力有关,如司法机关的人、财、物配置状况,这些因素都会直接或间接地影响着司法机关审查行政行为合法性的能力。

(二) 体现了公民、法人和其他组织诉权的大小

行政诉讼的受案范围标志着公民、法人或者其他组织可以获得司法救济的权利范围。受案范围事实上给公民、法人和其他组织行使诉权设定了一个法定条件。只有对受案范围内的行政行为不服的,公民、法人和其他组织才有权提起行政诉讼。由此可见,受案范围越宽,公民、法人和其他组织的诉权保障越充分,反之亦然。正因如此,基于对诉权的法律保障,确立受案范围的标准应遵循诉权保护与司法审查能力之间的平衡。

前沿引介

受案范围与公民权利

行政诉讼的受案范围实质上是对公民权利范围的一种界定。公民的合法权益受损害,凡为行政诉讼受案范围所确认的,则公民就有请求司法权保护的权利。凡不为行政诉讼受案范围所确认的,则行政权就可以得到司法审查豁免的特权。因此,行政诉讼受案范围的边界就是公民合法权益受司法保护和行政权得到司法豁免的临界点。然而,这个边界并不是形式上的,它应当是随着社会发展而不断变化的。本质上说,确定行政诉讼受案范围不是一个法律性问题,而是一个政策性问题,但它不能偏离行政诉讼的立法目的。它应当是通过政策性的平衡,使行政诉讼的受案范围更有助于实现行政诉讼的立法目的。(资料来源:章剑生:《有关行政诉讼受案范围的几个理论问题探析》,载《中国法学》1998年第2期)

第二节　行政诉讼受案范围的判断框架

一、制定法上的受案范围

(一)《若干解释》制定之前

涉及行政诉讼受案范围的条款是《行政诉讼法》第2条、第11条和第12条,其中,第2条是受案范围的原则性概括规定,列于总则之中,第11条和第12条是对受案范围的肯定性列举和否定性列举。但是,在第11条肯定性的概括式规定和第12条排除列举之间却存在着大量难以认定的情形。这是受案范围概括式的最大缺陷。

《行政诉讼法》第2条规定:"公民、法人和其他组织认为行政机关和行政机关工作人员

的具体行政行为侵犯其合法权益,有权依照本法向人民法院提起诉讼。"该条以概括式的方式明确了我国行政诉讼的对象是"行政行为"。在第 11 条中,《行政诉讼法》通过肯定性列举的方式,规定了几类人民法院应当受理审查的行政行为,包括行政处罚、行政强制措施、侵犯法律规定的经营自主权的行政行为、颁发许可证和执照、行政不作为、抚恤金发放、违法要求履行义务,以及其他侵犯人身权、财产权的行政行为。其实,立法者在描述这些类型时,本身就不是单纯的列举,除了行政处罚、行政强制措施、颁发许可证和执照、抚恤金发放属于理论上已经无争议的行政行为的类型外,其他如"侵犯法律规定的经营自主权"、"侵犯其他人身权、财产权的具体行政行为"等包含何种类型的行政行为并不清楚,它们具有概括的性质,所以,最终仍将回到如何解释行政行为的概念上。此外,第 11 条第 2 款规定的"除前款规定外,人民法院受理法律、法规规定可以提起诉讼的其他行政案件",它作为一条准用性规范,指引其他法律、法规规定受案范围,也为第 1 款中未列举穷尽的其他行政行为提供了提起行政诉讼的依据。也就是说,即使第 11 条第 1 款未明确列举的,只要是法律、法规明确规定的行政行为,当事人就可以依据法律、法规的规定提起行政诉讼。第 12 条通过否定性的列举方式,明确排除了"(1)国防、外交等国家行为;(2)行政法规、规章或者行政机关制定、发布的具有普遍约束力的决定、命令;(3)行政机关对行政机关工作人员的奖惩、任免等决定;(4)法律规定由行政机关最终裁决的具体行政行为"四类法院不予受理的行为。

法律采取列举的方式加以规定,是因为立法者考虑到行政诉讼制度实行之初,社会公众和法官对行政诉讼尚不够熟悉,把几种常见的可以受理的和不能受理的行政行为明确地列举出来,便于公民、法人和其他组织以及法院具体掌握,减少人们对哪些行政行为可以受理的分歧。但是,这种立法方式也带来了不少的弊病,在司法实践中,《行政诉讼法》第 11 条的立法方式对法院判断受案范围的边界带来了很大的束缚,在很长一段时间里,司法部门和学界忽视了《行政诉讼法》第 2 条对受案范围判断的重要意义,单纯从第 11 条和第 12 条出发理解可纳入法院审理的案件范围,使得许多未在第 11 条中明确肯定列举的行政行为无法进入法院,对当事人的诉权造成了难以救济的困境。

在行政实践中,因实现行政任务的需要,行政行为的方式越来越丰富,法院也意识到第 11 条的立法方式,是《行政诉讼法》制定时立法机关考虑到法院审查的便利性,直接将当时较为常见的行政行为列举在法条中,以供法院引用,但并非是封闭的列举。法院针对不断扩展的行政行为开始灵活解释第 11 条的相关规定,如"许可证和执照"不局限于字面含义,而广义地理解为行政许可和登记。[①] 此外,最高人民法院通过司法解释进一步对受案范围进行了界定。

(二)《若干解释》制定之后

最高人民法院 2000 年 3 月发布了《若干解释》,在第 1 条关于受案范围中,明确重申了《行政诉讼法》第 2 条是法院判断受案范围的法律依据:"公民、法人或者其他组织对具有国家行政职权的机关和组织及其工作人员的行政行为不服,依法提起诉讼的,属于人民法院行政诉讼的受案范围。"该条将《行政诉讼法》第 2 条的"具体行政行为"改为了"行政行为",同时将"行政机关和行政机关工作人员"表述为"具有国家行政职权的机关和组织及其工作人

---

① 参见何海波:《行政诉讼法》,法律出版社 2011 年版,第 115 页。

员";《若干解释》第1条第2款对排除受案范围的规定,在《行政诉讼法》第12条的基础上进行了扩张解释,规定了"(2)公安、国家安全等机关依照刑事诉讼法的明确授权实施的行为;(3)调解行为以及法律规定的仲裁行为;(4)不具有强制力的行政指导行为;(5)驳回当事人对行政行为提起申诉的重复处理行为;(6)对公民、法人或者其他组织权利义务不产生实际影响的行为"也排除在受案范围之外。《若干解释》继承和发掘了《行政诉讼法》对受案范围规定的内在精神,并以更明晰的方式勾勒出行政诉讼受案范围的基本框架和范围。

二、行政判决中的受案范围

在个案判决中,法院除了根据《行政诉讼法》中列举的行政行为类型直接适用加以判断外,对有争议的行政行为以及在列举事项以外的情形,广泛地运用"具体行政行为"以及"对公民、法人和其他组织的权利义务产生实际影响"两项标准来加以判断,试图扩大行政诉讼受案范围。

(一)"具体行政行为"标准

具体行政行为标准来源于《行政诉讼法》第2条,该条明确了行政诉讼的审理对象是"具体行政行为"。在理论上和实务上,一般认为《行政诉讼法》上受案范围中的行为都属于具体行政行为,并且也只有解释了具体行政行为的内涵后,才能为划定受案范围的边界提供依据。《行政诉讼法》颁布实施之后不久,最高人民法院于1991年6月11日发布了《若干意见》。这个《若干意见》的一个重要内容是对《行政诉讼法》中的"具体行政行为"给出了一个明确的法律概念,其意图是想通过对该法律概念的界定,明确判定"具体行政行为"的标准,为法院正确适用《行政诉讼法》尤其是判断行政受案范围提供基本依据。

最高人民法院《若干意见》第1条对具体行政行为作出如下解释:"具体行政行为是指国家行政机关和行政机关工作人员、法律法规授权的组织、行政机关委托的组织或者个人在行政管理活动中行使行政职权,针对特定的公民、法人或者其他组织,就特定的具体事项,作出的有关该公民、法人或者其他组织权利义务的单方行为。"可见,具体行政行为的特点是行政职权的行使、针对特定的事项和外部对象、产生法律效果、单方性。但是,《若干意见》给出的解释性概念并未得到学界的认可,反而受到了更多的质疑。在行政审判实践中,上述解释也未获得很好的贯彻。因此,这一法律概念在《若干解释》中被改为"行政行为"。

但是,我们通过观察法院的行政判决,可以发现即使在说理中,法院也未适用《若干意见》中对什么是"具体行政行为"的解释,来判断是否属于具体行政行为以及是否属于受案范围。在以其他方式来判断时,也往往只提到"该行为是具体行政行为,属于行政诉讼的受案范围"。不过,在《若干解释》施行之后,也不乏法院在判决中使用《若干意见》中具体行政行为的解释要点来判断受案范围边界的个案。如在一个拆迁期限延长许可通知是否可诉的行政案件中,法院认为:"行政许可的延续或延长是行政主体单方行使行政职权的行为,并使相对人的权利、义务关系在时间上发生了变化,是与原始的行政许可决定相并列的、独立的具体行政行为……具有可诉性"。[①] 在这个案件中,法院提出了行政职权的行使、单方性、对相对人权利义务产生了影响这些构成具体行政行为的特征。在另一个关于土地出让拍卖公

---

① 最高人民法院行政审判庭编:《中国行政审判案例》(第2卷)第42号案件,中国法制出版社2011年版,第13页。

告是否可诉的案件中,法院认为:"土地管理部门对国有建设用地出让前的拍卖以及与之相关的拍卖公告等行为属于具体行政行为,具有可诉性。具体行政行为是指行政主体为实现行政管理目标和任务,依法所实施的对公民、法人或者其他组织的权利义务产生实际影响的行为。它有三个构成要件:(1)行政主体享有行政职权,具有行政主体资格;(2)行政主体有行使行政职权的行为;(3)行为产生了法律效果。国有建设用地使用权出让的拍卖公告符合上述特点"。① 这两个案件中,法院的说理都或多或少包含了《若干意见》中具体行政行为的特点,如行政职权的行使、单方性、产生了法律效果。这说明《若干意见》在《若干解释》实施之后,关于对"具体行政行为"的概念仍然影响着法院对确定行政诉讼受案范围标准的理解。

（二）对公民、法人或者其他组织权利义务产生实际影响

在近几年法院审理的行政案件中,"对公民、法人或者其他组织权利义务产生实际影响"这一标准广泛地出现在法院判决之中。这一标准来源于《若干解释》中关于受案范围的排除事项的标准,即第1条第2款第6项规定:"对公民、法人或者其他组织权利义务不产生实际影响的行为"不属于人民法院的受案范围。根据这一规定,法院认为属于行政诉讼受案范围的,应当是对公民、法人或者其他组织权利义务产生实际影响的行政行为。

在具体行政案件中,法院在判断内部行政行为在什么样的情形下可以被诉,事故调查结论、业委会成立备案、土地出让公告是否可诉时,都运用了"是否对公民、法人或者其他组织权利义务产生实际影响"作为标准。在有关事故调查结论是否可诉的案件中,法院还阐述道,"实际影响"标准包含两个方面:(1)行政行为影响相对人的权利义务必须是直接明确的;(2)行政行为影响相对人的权利义务必须是实质性的。② 实质上,这一标准是"具体行政行为"的法效果特征的另一种表述。当然,无论是"对公民、法人或者其他组织权利义务产生实际影响",还是"具体行政行为"的法效果,其所包含的内容都超出了《行政诉讼法》的立法本义,纳入了考虑救济的必要性等因素,广泛地认定权利义务受到影响的情形。

理论探讨

《行政诉讼法》中的具体行政行为与行政法理论上的行政行为是否重合

从日本法上来看,行政诉讼受案范围的行政处分性要件中的"行政处分"概念与学说上的行政行为概念并不完全一致。判例中在许多特殊的情况下认定不具有行政行为特征的行为具有行政处分性,例如抽象行为(行政立法、条例、行政计划等)、事实行为(公共工程、行政指导)、内部行为(通达等)在特殊的情况下也具有行政处分性。同时,直接强制、即时强制等在概念上与行政行为相区别的行政作用在通常情况下也被认为具有行政处分性,可以纳入行政诉讼。我国行政法上的具体行政行为,尽管在理论上有诸多的学者通过对应具体与抽象,或者借助外国法上的行政行为概念进行定义,但在行政诉讼上判断受案范围时,法

---

① 最高人民法院行政审判庭编:《中国行政审判案例》(第2卷)第45号案件,中国法制出版社2011年版,第29页。
② 最高人民法院行政审判庭编:《中国行政审判案例》(第2卷)第43号案件,中国法制出版社2011年版,第17页。

院所认定的具体行政行为显然其外延也远远大于狭义的理论上行政行为的概念,否则像行政强制措施、内部行政行为等就无法作为具体行政行为纳入到行政诉讼的受案范围中来。当然,针对这一点,理论存在争议。(资料来源:王天华:《行政诉讼的构造:日本行政诉讼法研究》法律出版社2010年版,第51页。)

三、行政法理论上的受理范围

在行政法理论上,除了结合《行政诉讼法》和《若干解释》的规定具体阐述每一条款的内涵之外,也有从行为的不同属性划分受案范围的观点。归纳起来典型的划分标准主要有:法律行为和事实行为、具体行政行为和抽象行政行为、具体行政行为和内部行政行为。

(一)法律行为与事实行为

行政法律行为是行政机关为了处理行政事务而依法采取的对外发生法效力的行为。该行为的法效果表现为对外部行政相对人确认或创设了权利义务。相反的,事实行为则是指行政机关实施的没有法效力的行为。行政机关在作出此类行为时,主观上并无对行政相对人权利和义务产生法效力的意图。[①] 事实行为包括行政内部程序中的准备性活动,如案卷管理、清除路障等;执行性行为,如根据行政处罚决定采取的强制执行行为;观念通知,如告诫、通知、初步意见、鉴定等。事实行为原则上不属于行政诉讼的受案范围,因为它对行政相对人权利和义务不产生实际影响,不具有可诉性。但是,在特殊情况下,如行政强制执行行为、行政机关在执行职务过程中的暴力行为等,行政相对人可以提起要求确认违法的行政诉讼。

(二)具体行政行为与抽象行政行为

尽管使用"具体"和"抽象"的两分法简单界定具体行政行为和抽象行政行为并不合理,在实务中也屡受质疑,但是,将行政法规、规章或者行政机关制定、发布的具有普遍约束力的决定、命令(行政规定)这些排除在受案范围之外的行为统一称之为抽象行政行为,至少在目前的行政法理论上还是一种有影响力的观点。抽象行政行为的特点是具有普遍的约束力,针对不特定对象发布,并且能够反复适用。由于抽象行政行为发布时往往还没有形成具体成熟的行政纠纷,而且具有很强的立法政策性,不适合法院介入和审查,因此,它被排除在行政诉讼受案范围之外。

(三)具体行政行为与内部行为

具体行政行为是对外部行政相对人作出意思表示并形成法效力的法律行为。而内部行为仅仅是行政机关对本机关内部的人事、财务等方面进行管理的行为,或者在作出针对外部的具体行政行为之前,内部上下级机关之间形成的批复、通知和会议纪要等准备性行为。内部行为不是行政行为,不属于行政法调整的范围,因为它对外部行政相对人并未产生法效

---

① 参见江必新、梁凤云:《行政诉讼法理论与实务》,北京大学出版社2009年版,第130—131页。

力,所以不属于行政诉讼的受案范围。

第三节　行政诉讼可诉范围

一、《行政诉讼法》上的可诉范围

(一)《行政诉讼法》列举的可诉范围

《行政诉讼法》第11条规定以肯定式列举的方式,列出了七项属于行政诉讼受案范围的情形。分述如下:

1. 行政处罚

行政处罚是指行政机关对违反行政管理秩序的公民、法人和其他组织所实施的法律惩戒。行政处罚种类较多,《行政处罚法》列举了警告、罚款、拘留、吊销许可证和执照、责令停产停业、没收财物等。由于行政处罚直接对被处罚人产生权利和义务的影响,《行政诉讼法》规定所有的行政处罚都可以被司法审查。

2. 行政强制措施

行政强制措施是指行政机关为制止违法行为、防止证据损毁、避免危害发生、控制危险扩大等情形,对公民的人身自由实施暂时性限制,或者对公民、法人或者其他组织的财物实施暂时性控制的行政决定。行政强制措施可以分为限制人身自由的强制措施、限制财产使用和支配的强制措施。前者主要有强制扣留、强制隔离、对闹事者强行带离现场①,以及对醉酒的人强制约束其至酒醒等②,后者主要有查封场所、设施或者财物、扣押财物、冻结存款、汇款等。凡是行政强制措施都可以被提起行政诉讼。

3. 侵犯法定经营自主权的行为

公民、法人或者其他组织认为行政机关作出的行政行为侵犯法律规定的经营自主权的,有权提起行政诉讼。与前两项不同的是,侵犯法定经营自主权的行为并不是按照行政行为类型的分类进行界定,而是从保护企业的权利出发,将结果上侵犯企业自主经营权利的行政行为纳入到行政诉讼的受案范围。③

这一项的规定主要是因为在立法之初,恰逢国家从计划经济向市场经济转型期间,为了保护企业自主经营权不受到行政权的限制。该项规定主要针对包括国有企业、集体企业、私营企业、外资企业、合资企业和各种个体工商户、承包经营户在内的企业和其他经济组织。根据法律的规定,企业的经营自主权包括各种企业和经济组织对自身的机构、人员、财产、原材料供应、生产、销售等各方面事务的自主权。如《全民所有制工业企业法》和《全民所有制工业企业转换经营机制条例》所规定的国有企业的经营自主权包括生产经营决策权、产品、

---

① 《集会游行示威法》第27条第3款规定:"参加集会、游行、示威的人员越过依照本法第22条规定设置的临时警戒线、进入本法第23条所列不得举行集会、游行、示威的特定场所周边一定范围或者有其他违法犯罪行为的,人民警察可以将其强行带离现场或者立即予以拘留。"

② 《治安管理处罚法》第15条第2款规定:"醉酒的人在醉酒状态中,对本人有危险或者对他人的人身、财产或者公共安全有威胁的,应当对其采取保护性措施约束至酒醒。"

③ 刘本元不服蒲江县乡镇企业管理局侵犯财产权、经营自主权处理决定行政纠纷案,载《最高人民法院公报》1994年第2期。

劳务定价权、产品销售权、物资采购权、进出口权、投资决策权、资产处置权、内部人事管理权等。这种在法律中明确规定企业经营的自主权的立法方式,是国家处于经济转型期尚未能很好处理政府与市场关系的特殊表现。20世纪90年代中期以后,随着市场经济改革的深入,企业自主经营的权利已经隐含在政府对市场的监管权限之中。但这种转变并不影响政府对市场监管行为的可诉性。

4. 不颁发许可证和执照的行为

行政相对人认为符合法定条件申请行政机关颁发许可证和执照,行政机关拒绝履行或者不予答复的,可以提起行政诉讼。这里的"许可证和执照"不能仅仅作字面解释,它包括行政机关根据行政相对人申请,赋予相对人实施某种法律行为的权利或确认相对人具备某种资格、关系的各种行政许可和登记行为。通行证①、准运证②等其他形式的证明也属于此类。提起这类行政案件需要具备两个条件:(1)当事人已经向行政机关提出过申请;(2)对当事人的申请,行政机关拒绝或不予答复。拒绝是对行政相对人申请的实质性否定,不予答复则表现为行政机关在法定期间内没有对行政相对人的申请作出回应。

5. 不履行保护人身权、财产权的法定职责

行政相对人认为行政机关不履行保护人身权、财产权的法定职责,可以提起行政诉讼。这类行政案件需要具备三项条件:(1)行政机关负有保护行政相对人的法定职责;(2)行政机关在行政相对人面临人身权、财产权侵害时能够履行法定职责;(3)行政机关没有采取措施或没有及时采取措施履行法定职责。一般情况下,这类行政案件需要以行政相对人向应当履行法定职责的行政机关提出申请为前提,除非行政机关在法定条件下有依职权主动履行保护相对人人身权、财产权的法定职责。

案例分析

本案中服装技校不补发毕业证书是否构成不履行法定职责

被告服装技校系1978年经原天津市劳动局批准成立的技工学校,后变更为现校名。1991年原告杨宝玺报考服装技校并被录取,1994年全部课程学习成绩合格后毕业,但服装技校未向杨宝玺本人颁发毕业证书。2002年2月,原隶属于中孚国际集团有限公司的服装技校划转回归第三人纺织集团管理。2004年6月2日,杨宝玺向服装技校提出补发毕业证书的要求,服装技校仅向杨宝玺出具了学历证明,未按杨宝玺的要求向其补发毕业证书。本案双方的争议焦点是:学校没有直接向其准予毕业的学生发放毕业证书是否构成违法。(资料来源:《最高人民法院公报》2005年第7期)

6. 不依法发放抚恤金的行为

抚恤金有广义和狭义之分。狭义的抚恤金是指法律规定对某些伤残人员或死亡人员遗

---

① 《公路安全保护条例》第38条规定:"公路管理机构批准超限运输申请的,应当为超限运输车辆配发国务院交通运输主管部门规定式样的超限运输车辆通行证。"

② 《食盐专营许可证管理办法》第19条规定:"运输食盐需持有国家发展改革委统一核发的食盐准运证。"

属,为了抚慰和保障其生活而发放的专项费用,包括伤残抚恤金和遗属抚恤金。伤残抚恤金的发放对象是革命残废军人、因公致残的职工及其他人员,遗属抚恤金的发放对象是革命烈士、牺牲人员和其他死亡人员的遗属。广义的抚恤金是指国家对公民给付的社会福利,属于行政给付的类型,包括社会保障金、最低生活保障金、救济金等各种社会福利给付。《行政诉讼法》第11条中的"抚恤金"属于广义的抚恤金。行政机关不发放、违法发放抚恤金的行为,都属于行政诉讼受案范围。

7. 违法要求履行义务的行为

义务一词作为法律术语,通常指法律规定的必须作出一定行为或不得作出一定行为的约束。行政机关在行政过程中有权要求行政相对人依法履行一定义务,如缴纳税费、拆除违章建筑等。但如果行政机关要求行政相对人在法定义务以外作出一定行为或者不作出一定行为,则属于违法要求履行义务行为。在《行政诉讼法》制定之初,这方面表现最为突出的问题是"乱摊派、乱集资、乱收费"行为,故《行政诉讼法》单列一项,以示重视。在解释上,它既包括没有法律根据而要求行政相对人承担义务,也包括法律有规定的情况下要求行政相对人承担超越法律规定标准的义务。它在法效果表现为要求行政相对人作出一定行为或者不作出一定行为。

（二）其他侵犯人身权、财产权的行为

《行政诉讼法》第11条第1款的前7项规定列举了各类可以提起行政诉讼的行政行为,它们基本上属于涉及行政相对人的人身权、财产权的案件,涵盖了行政机关在社会管理中经常影响到行政相对人重大人身权、财产权的情形,但这些列举并未穷尽所有影响行政相对人人身权、财产权的行政争议。因此《行政诉讼法》第11条第1款第8项专门作了一条补充性的概括规定,即除了上述7项规定以外,行政机关其他侵犯行政相对人人身权、财产权的行政行为,也属于行政诉讼的受案范围。如《兵役法》第61条规定:"有服兵役义务的公民有下列行为之一的,由县级人民政府责令限期改正;逾期不改的,由县级人民政府强制其履行兵役义务,并可以处以罚款:（1）拒绝、逃避兵役登记和体格检查的;（2）应征公民拒绝、逃避征集的;（3）预备役人员拒绝、逃避参加军事训练和执行军事勤务的。"若公民对"强制其履行兵役决定"不服的,可以提起行政诉讼。另外,如行政机关作出的取缔行为也属于本项规定的内容。[①]

（三）法律、法规规定可以受理的其他案件

针对《行政诉讼法》第11条第1款列举的可以提起行政诉讼的行政行为,该条第2款试图在这些行政行为之外,再规定法律、法规明确规定可以提起诉讼的其他行政案件,作为扩大行政诉讼受案范围的一个通道。该条第2款规定:"除前款规定外,人民法院受理法律、法规规定可以提起诉讼的其他行政案件。"根据该款规定,因为行政机关作出的行政行为侵犯行政相对人合法权益,即使《行政诉讼法》第11条第1款未作列举,并且行政行为损害的结果超出涉及人身权、财产权内容的,只要单行法律、法规有规定可以提起行政诉讼的,都属于行政诉讼的受案范围,法院应当受理。

[①] 参见"再胜源公司诉上海市卫生局行政强制决定案",载《最高人民法院公报》2005年第1期。

这里的"法律、法规"是指除《行政诉讼法》之外的其他法律、行政法规、地方性法规、自治条例和单行条例;"其他"应指这类行政行为是《行政诉讼法》未予以列举的,即第11条第1款所列八种类型以外的行政行为,并且不限于涉及人身权、财产权的案件;涉及其他合法权益如政治权利、受教育权等,只要法律、法规有依据的,法院也应受理。如《妇女权益保障法》第52条规定:"妇女的合法权益受到侵害的,有权要求有关部门依法处理,或者依法向仲裁机构申请仲裁,或者向人民法院起诉。"

《政府信息公开条例》中所规定的信息公开诉讼的受案范围,就是典型的"法律、法规规定可以提起诉讼的其他行政案件"。政府信息公开中,无论是主动公开还是依申请公开,除了因为公开信息侵害了第三人的商业秘密和个人隐私带来人身权和财产权的损害以外,通常政府信息公开违法对行政相对人仅仅是知情权上的侵害。而知情权在《行政诉讼法》所列举的受到侵害的"合法权益"中并未规定,《行政诉讼法》前述的列举仍以人身权、财产权为主,《政府信息公开条例》将政府信息公开行为纳入行政诉讼的受案范围,旨在保护行政相对人的知情权。《政府信息公开条例》第33条第2款规定:"公民、法人和其他组织认为行政机关在政府信息公开工作中的具体行政行为侵犯其合法权益的,可以依法申请行政复议或者提起行政诉讼。"因此,政府信息公开中的"具体行政行为"就具有了可诉性。

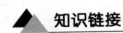

政府信息公开中的可诉行为

最高人民法院《关于审理政府信息公开行政案件若干问题的规定》第1条规定:"公民、法人或者其他组织认为下列政府信息公开工作中的具体行政行为侵犯其合法权益,依法提起行政诉讼的,人民法院应当受理:(1)向行政机关申请获取政府信息,行政机关拒绝提供或者逾期不予答复的;(2)认为行政机关提供的政府信息不符合其在申请中要求的内容或者法律、法规规定的适当形式的;(3)认为行政机关主动公开或者依他人申请公开政府信息侵犯其商业秘密、个人隐私的;(4)认为行政机关提供的与其自身相关的政府信息记录不准确,要求该行政机关予以更正,该行政机关拒绝更正、逾期不予答复或者不予转送有权机关处理的;(5)认为行政机关在政府信息公开工作中的其他具体行政行为侵犯其合法权益的。公民、法人或者其他组织认为政府信息公开行为侵犯其合法权益造成损害的,可以一并或单独提起行政赔偿诉讼。"第2条规定:"公民、法人或者其他组织对下列行为不服提起行政诉讼的,人民法院不予受理:(1)因申请内容不明确,行政机关要求申请人作出更改、补充且对申请人权利义务不产生实际影响的告知行为的;(2)要求行政机关提供政府公报、报纸、杂志、书籍等公开出版物,行政机关予以拒绝的;(3)要求行政机关为其制作、搜集政府信息,或者对若干政府信息进行汇总、分析、加工,行政机关予以拒绝的;(4)行政程序中的当事人、利害关系人以政府信息公开名义申请查阅案卷材料,行政机关告知其应当按照相关法律、法规的规定办理的。"

二、行政诉讼实务中被确认的可诉行为

（一）外化的内部行政行为

在通常情况下，行政机关的内部通知、纪要、批复、指示或内部人事管理活动属于内部行为，根据《若干解释》第1条第6项"对公民、法人或者其他组织权利义务不产生实际影响的行为不属于行政诉讼受案范围"的规定，内部行政行为不属于可诉行为。这是因为，如果一个行为还在行政机关内部，其对行政相对人权利义务是否产生影响是不确定的，因此，内部行为不具有可诉性。但是，当内部行为在特定情形下被"外化"之后，对公民、法人或者其他组织权利义务产生了实际影响，那么，该内部行为就具有了可诉性。

案例研究

"电话指示"可诉吗

2001年4月，经被告泗洪县政府批准，原告建明食品公司成为泗洪县的生猪定点屠宰单位之一。在分别领取了相关部门颁发的企业法人营业执照、动物防疫合格证、税务登记证等证件后，建明食品公司开始经营生猪养殖、收购、屠宰、销售和深加工等业务。2003年5月18日，泗洪县政府下设的临时办事机构县生猪办向本县各宾馆、饭店、学校食堂、集体伙食单位、肉食品经营单位以及个体经营户发出《屠宰管理通知》。该通知第一项称，"县城所有经营肉食品的单位及个体户，从5月20日起到县指定的生猪定点屠宰厂采购生猪产品，个体猪肉经销户一律到定点屠宰厂屠宰生猪（县肉联厂）……"。2003年5月22日，泗洪县政府分管兽医卫生监督检验工作的副县长电话指示县兽检所，停止对县肉联厂以外的单位进行生猪检疫。建明食品公司报请县兽检所对其生猪进行检疫时，该所即以分管副县长有指示为由拒绝。建明食品公司认为，分管副县长的电话指示侵犯其合法权益，遂提起本案行政诉讼。另外，原告建明食品公司因对县生猪办在《屠宰管理通知》中仅标注县肉联厂为生猪定点屠宰厂不服，曾于2004年8月4日以泗洪县政府为被告，另案提起过行政诉讼。宿迁市中级人民法院的（2004）宿中行初字第06号行政判决书确认，泗洪县政府下设的县生猪办在《屠宰管理通知》中仅将县肉联厂标注为生猪定点屠宰厂，侵犯了建明食品公司的公平竞争权，这一行政行为违法。该行政判决已发生法律效力。（资料来源：《最高人民法院公报》2006年第10期）

（二）法律、法规授权组织的行为

《行政诉讼法》第2条规定："公民、法人或者其他组织认为行政机关和行政机关工作人员的具体行政行为侵犯其合法权益，有权依照本法向人民法院提起诉讼。"《若干解释》将《行政诉讼法》中"行政机关和行政机关工作人员"进一步规定为"具有国家行政职权的机关和组织及其工作人员"，这一变化试图在文字上摆脱对"行政机关"的狭义理解，即将"行政机关"仅理解为国家组织法上的行政机关，而是要明确可以提起行政诉讼的，不仅包括由狭

义的行政机关履行行政职权所作出的行政行为,也包括通过授权、委托的方式由其他社会组织履行行政职权所作出的行政行为。之所以将法律、法规授权组织的行为纳入行政诉讼可诉范围,是因为经法律、法规授权的组织,其具有与行政机关相同的法律地位,其作出的行为也是行政行为,行政相对人可以对此提起行政诉讼。

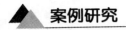
案例研究

"企业"行为可诉吗

根据湖南省卫生厅、省邮电局(1997)15号《关于规范全省"120"医疗急救专用电话管理的通知》(以下简称15号文件)规定,溆浦县中医院向被告县邮电局提交了《关于开通"120"急救专用电话的报告》,并经县长和主管副县长批示同意。同年12月13日,县邮电局为县中医院安装了"120"急救电话,并在《市内电话装拆移换机及改名过户工作单》上写明:12月16日安装完毕,但是该电话一直未开通。1998年7月20日,县邮电局为没有经过卫生行政主管部门指定和审批的溆浦县人民医院开通了"120"急救电话。7月24日,县中医院向怀化市卫生局提出《关于请求设置"120"医疗急救专用电话的报告》。7月25日,该报告得到市卫生局批准。7月27日,县中医院再次书面请求县邮电局开通"120"急救电话,县邮电局仍拒不开通。原告诉称:原告根据上级文件的规定和主管部门批准,向被告申请开通"120"急救电话,被告拒不作为,致使原告购置的急救车辆和其他设施至今不能正常运转,损失惨重。请求判令被告立即履行开通"120"急救电话的职责,并赔偿原告的经济损失8万元。(资料来源:《最高人民法院公报》2000年第1期)

(三)具有民事行为特点的行政行为

由行政机关或者其所属的事业单位作出的、形式上具有民事行为特点的行为是否可以提起行政诉讼,也是理论和实践中遇到的难题。如行政机关或者其所属的事业单位与社会中的公民、法人或者其他组织签订的各类合同争议,究竟应通过民事诉讼来处理还是通过行政诉讼处理,法院之间的做法也不尽一致。这种现象在土地出让、政府采购合同、公共服务委托合同、行政机关认证鉴证活动中广泛存在。

在湖南泰和集团股份有限公司诉湖南省岳阳市人民政府、岳阳市国土资源局国有建设用地使用权拍卖出让公告案中,法院认为,出让前拍卖以及拍卖公告属于行政行为。"拍卖和拍卖公告"作为出让合同签订前的准备过程是为了实现合理开发利用土地,行政机关依法所实施的对公民、法人或者其他组织的权利义务产生实际影响的行为,具有"从属法律性、单方性、强制性、可救济性的特点"。① 因此,它是一个可诉行为。在这个案件中,法院是从行政机关、行政目的、行政职能、行为的单方性及强制性等行政行为的特点,论证了类似于要约邀请的土地出让拍卖公告具有行政行为的属性。在莱芜市泰和房地产开发有限公司诉山东

---

① 最高人民法院行政审判庭编:《中国行政审判案例》(第2卷)第45号案例,中国法制出版社2011年版,第27—33页。

省莱芜市国土资源局行政拍卖案中,对于土地行政主管部门通过拍卖出让国有土地使用权,与竞得人签署成交确认书的行为,法院也提出了其属于行政行为,可以提起行政诉讼的观点。① 在本案中,法院着眼于行为是否是履行行政职权、行为是否具有行政行为的单方性、强制性等特点,来判断具有民事行为外形的行为是否属于行政行为。但是,如果根据法律规定,某种行为即使由行政机关所属的事业单位作出,表面上具有行政行为的特点,然而根据对行政行为属性的分析,缺少其关键性特性的,法院也会否认其属于行政诉讼受案范围。如在蔡俊杰诉天津市河东区价格认证中心价格鉴定案中,法院认为,区价格认证中心是依法成立的事业单位,其所作的价格鉴定行为,与一般的技术鉴定行为、公证行为一样,所作出的结论比其他证明材料具有更高的公信力,但其不具有行政行为所应具有的强制性特征……价格认证应当遵循当事人自愿原则。因此,由于不具有行政职权的法律依据以及强制性的特点,法院认为价格认证只是一般的民事行为而已,不能提起行政诉讼。② 对行政合同的争议,最高人民法院也认为属于行政诉讼受案范围。③

(四) 类似程序性行为的行政行为

在丰富的行政行为实践中,行政机关作出的某些行为并不能清楚地归类到《行政诉讼法》第11条列举的行政处罚、行政许可、行政给付等行政行为之中,这些行为表面上看往往只是一种程序上的、无独立权利义务内容的行为,如根据行政决定作出的一项通知、补正告知、撤案决定、备案,但是仔细分析,这些看似程序性的行为也可能对相对人的权利义务产生了实际影响,并可纳入行政诉讼的受案范围。

如在浙江梅泰克诺新型建筑板材有限公司诉上海市工商行政管理局奉贤分局工商撤案决定案中,行政机关在行政调查程序终结后作出的撤案决定,尽管表面上看上去类似于程序性行为——终结行政程序的决定,并不影响当事人的权利义务,但法院认为,根据《工商行政管理机关行政处罚程序规定》第54条的规定,撤案是工商行政管理机关在案件调查终结后作出的处理决定,在性质上与给予行政处罚、不予行政处罚等行政行为的性质相同。本案撤案决定明确"没有充分证据证明上海快联物流技术有限公司的行为构成侵权,故决定撤案",该内容产生的行政法律效果实质上等同于不予行政处罚。④ 所以,法院认为它是可诉行为。可见,在法院看来是否对行政相对人权利义务产生实质影响,是法院判断某种类似程序性行为是否可以提起诉讼的主要标准。

相似的情况如行政机关对业主委员会的备案行为,往往也被认为只是存档备查的一种程序上的行为。城市住宅小区业主委员会是基于业主的自治意思自行设立的,在备案前由业主民主选举产生,所以,备案行为被认为对业主委员会是否成立没有法律上的影响,仅仅只是一种信息存档而已。然而在杨晓文诉三亚市河西区管理委员会物业管理备案登记案中,法院根据业主委员会取得印章的前提是持有备案证明这一规定,推论出备案实质上行政

---

① 最高人民法院行政审判庭编:《中国行政审判案例》(第3卷)第83号案例,中国法制出版社2013年版,第9—14页。
② 最高人民法院行政审判庭编:《中国行政审判案例》(第2卷)第40号案例,中国法制出版社2011年版,第1—4页。
③ "武汉兴松房地产开发有限公司诉湖北省武汉市国土资源管理局收回国有土地使用权上诉案",最高人民法院《行政判决书》([2002]行终字第7号)。
④ 最高人民法院行政审判庭编:《中国行政审判案例》(第3卷)第82号案例,中国法制出版社2013年版,第4—8页。

确认行为。"因为业主委员会只有依法办理了备案登记,才能凭备案文件到公安部门刻制印章,取得对外活动的主体资格……这种备案行为具有行政确认的效力,足以让相对人或其他利害关系人以及社会公众相信该业主委员会成立的合法性,从而对相对人或其他利害关系人的权利义务产生实际影响,属于行政诉讼的受案范围"。① 可见,"是否对公民、法人或者其他组织的权利义务产生实际影响"是判断某一行为是否可以纳入行政诉讼的重要标准,即使表面上看是程序性、阶段性或者无独立内容的行为,但经过权利义务法效果的仔细分析,法院仍然可以认定其具有实质的行政行为的性质。

案例分析

本案是否属于行政诉讼受案范围

原告福建省福鼎市点头隆胜石材厂不服被告福建省福鼎市人民政府于 2001 年 3 月 13 日以鼎政办(2001)14 号文件下发的《关于 2001 年玄武岩石板材加工企业扶优扶强的意见》,向福建省福鼎市人民法院提起诉讼。

原告诉称:矿山每年开采的玄武岩荒料仅有 9 万立方米,都由第三人福建玄武石材有限公司负责给本市的 920 余家石材加工企业供应,平均每个加工企业只能得到不足 98 方。2000 年,被告曾通过下达鼎政办(2000)59 号和 60 号文件,从全市玄武岩荒料总量中提留 8000 方,指定供应给 22 家所谓的扶优企业。2001 年 3 月 3 日,被告又下达鼎政办(2001)14 号文件,规定对 31 家企业要用倾斜增加供应荒料的办法扶优扶强。照这样计算,今年需要从玄武岩荒料总量中提留 11300 方去供应那些所谓的扶优扶强企业。平均到每家企业头上,就要被提留 12.28 方荒料。而且被告确定的这 31 家所谓的扶优扶强企业,就有 26 家产值低于 500 万元,根本达不到被告自己制定的扶优扶强条件。被告这种逐年提高扶优荒料提留量的做法,迫使原告逐年减产。原告认为,强劲、优势的企业只能通过公平竞争显露出来,不能通过行政手段扶持起来。被告的这种做法制造了不平等,破坏了公平竞争的社会经济秩序,使拉关系、走后门的腐败之风盛行,是违法行政。请求撤销被告的鼎政办(2001)14 号文件。

被告辩称:鼎政办(2001)14 号文件,只是在取得行政相对方、本案第三人福建玄武石材有限公司同意后,对其业务所作的非强制性、不直接产生法律后果的行政指导性文件。对原告来说,该文件既没有给他设定权利,也没有对他科以义务,与他的利益没有直接的关系,不属于《中华人民共和国行政诉讼法》第 2 条规定的具体行政行为,不是行政诉讼可诉的对象。原告无权就该文件向人民法院提起行政诉讼。(资料来源:《最高人民法院公报》2001 年第 6 期)

---

① 最高人民法院行政审判庭编:《中国行政审判案例》(第 3 卷)第 122 号案例,中国法制出版社 2013 年版,第 7—11 页。

第四节 行政诉讼不可诉范围

一、基于分工不适合法院判断的行为

（一）国家行为

国家行为,亦称为"统治行为""政治行为"等,一般指以国家名义行使国家主权,并由国家承担后果的政治性行为。《行政诉讼法》第12条第1项规定,国防、外交等国家行为不属于行政诉讼受案范围。

根据最高人民法院《若干解释》第2条的规定,国家行为是指国务院、中央军事委员会、国防部、外交部等根据宪法和法律的授权,以国家的名义实施的有关国防和外交事务的行为,以及经宪法和法律授权的国家机关宣布紧急状态、实施戒严和总动员等行为。国防行为主要指宣战、发布动员令、戒严令、宣布战争状态、调动军队、设立军事禁区等;依照现行宪法规定,其中只有对省、自治区、直辖市部分地区的戒严由行政机关(国务院)作出决定。外交行为主要指对外国国家和政府的承认、与外国建交和断交、签订条约、公约、协定等。《行政诉讼法》将上述国家行为排除在行政诉讼受案范围之外,其理由主要在于:(1)国家行为有别于一般行政行为,是特定国家机关代表国家行使主权的行为,具有高度的政策性,一旦发生争议适宜通过政治途径解决,而不适宜通过司法途径解决。(2)国家行为往往具有高度保密性、时间性,如果允许对国家行为提起诉讼可能延误、妨碍行为的实施。(3)国家行为关系国家、民族的整体利益,具有全局性,即使某些公民、法人或者其他组织的利益因之受到损害,个别利益也需让位于国家的整体利益。

当然,并非行政机关在国防、外交有关领域实施的所有行政行为都排除法院的司法审查,征集兵役、发放护照等行政行为不是国家行为,应当受到司法审查。

（二）《刑事诉讼法》明确授权的行为

虽然公安、国家安全等国家机关常常被认为是行政机关,但是,在《刑事诉讼法》明确授权的情况下,它们可以对刑事犯罪嫌疑人实施刑事行为,这类行为受《刑事诉讼法》的约束,不属于行政法调整的范围。

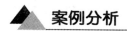

本案是否属于行政诉讼受案范围

1997年12月9日,松滋市国税局将杜明星偷税案移送市公安局立案侦查。松滋市公安局同年12月10日受理此案,同月12日松滋市公安局对杜明星实施刑事拘留。12月19日松滋市公安局工作人员持搜查证对杜明星的住所进行了搜查,搜查出4个存折及部分现金和账本18本,开具了非固定格式的扣押清单。1998年1月12日,松滋市公安局以松公字(98)9号文书提请松滋市人民检察院批准逮捕杜明星,但松滋市人民检察院于同年1月19

日向松滋市公安局制作并送达了松刑不捕(2)号不批准逮捕决定书。同年1月24日,松滋市公安局变更对杜明星的强制措施,经人担保,对杜明星采取取保候审的强制措施,向其送达了(98)05号取保候审决定书并释放了杜明星。1998年1月25日,松滋市公安局向杜出具松滋市财政局收缴物品清单一份,注明收缴现金12万元,并加盖松滋市公安局罚款没收财物专用章。在取保候审12个月期满后,杜明星多次要求松滋市公安局退款和解除取保候审。2000年4月,杜明星收到由保证人转交的松滋市公安局1999年1月23日制作的(99)12号解除取保候审决定。同年4月25日,杜明星又收到松滋市公安局刑事侦查大队开具的湖北省荆州市财政局罚没收入票据一份,将原收缴的现金12万作为非法所得予以没收。杜不服提起行政诉讼。被告认为这是刑事案件中的没收,不属于行政诉讼受案范围。(资料来源:最高人民法院行政审判庭编:《中国行政审判案例》(第4卷)第121号案例,中国法制出版社2013年版,第1—2页)

最高人民法院《若干解释》第1条第2款规定,公安、国家安全等机关按照刑事诉讼法的明确授权实施的行为不属于人民法院行政诉讼的受案范围。实践中,要区分公安、国家安全等机关的此类行为并不容易。通常认为刑事行为应当符合以下要求:(1)行为主体只能是公安、国家安全、海关、军队保卫部门、监狱等具有侦查职能的机关;(2)所实施的行为必须是在刑事立案之后在侦查犯罪的过程中实施的;(3)该类行为必须有《刑事诉讼法》上的明确授权。从《刑事诉讼法》的规定来看,公安、国家安全等机关能实施的刑事行为包括:讯问刑事犯罪嫌疑人、询问证人、检查、搜查、扣押物品(物证、书证)、冻结存款、汇款、通缉、拘传、取保候审、保外就医、监视居住、刑事拘留、执行逮捕等。这类行为不具有行政诉讼的可诉性。在实务中,有些行为表面上有"刑事"成分,但它们是行政行为,对此可以提起行政诉讼,如少年收容教养决定、对犯罪嫌疑人留置措施等。

(三)法律规定的行政最终裁决

《行政诉讼法》第12条第4项规定,法院不受理行政相对人对法律规定由行政机关最终裁决的行政行为提起的诉讼。法律允许部分行政行为免受司法审查,以行政机关的行政行为为终局裁决,主要是考虑到这类行政行为的技术性、政策性等因素,不适合法院作合法性审查。但是,司法作为最终判断是法治的一项基本原则,因此,行政最终裁决的行为范围要受到法律的严格限制。根据《行政诉讼法》的规定,在我国,只有法律才能规定行政最终裁决的行为。最高人民法院《若干解释》规定,"法律"限于全国人民代表大会及其常务委员会制定、通过的规范性文件。目前,由法律规定最终裁决的事项是:

1. 涉及出入境行政处罚的复议决定

上一级公安机关就中国公民、外国人出入境处罚所作出的复议决定,具有终局性。如《公民出境入境管理法》第15条规定:"受公安机关拘留处罚的公民对处罚不服的,在接到通知之日起15日内,可以向上一级公安机关提出申诉,由上一级公安机关作出最后的裁决,也可以直接向当地人民法院提起诉讼。"又如,《外国人入境出境管理法》第29条第2款规定:"受公安机关罚款或者拘留处罚的外国人,对处罚不服的,在接到通知之日起15日内,可以向上一级公安机关提出申诉,由上一级公安机关作出最后的裁决,也可以直接向当地人民法院提起诉讼。"

2. 涉及国务院的复议决定

作为最高国家行政机关，至少到目前为止国务院可以作为行政诉讼被告尚无明确的法律依据，所以，《行政复议法》第14条规定："对国务院部门或者省、自治区、直辖市人民政府的具体行政行为不服的，向作出该具体行政行为的国务院部门或者省、自治区、直辖市人民政府申请行政复议。对行政复议决定不服的，可以向人民法院提起行政诉讼；也可以向国务院申请裁决，国务院依照本法的规定作出最终裁决。"需要指明的是，本条规定保留了申请人申请的选择权。

3. 涉及省级人民政府就自然资源权属所作出的复议决定

《行政复议法》第30条第2款规定："根据国务院或者省、自治区、直辖市人民政府对行政区划的勘定、调整或者征用土地的决定，省、自治区、直辖市人民政府确认土地、矿藏、水流、森林、山岭、草原、荒地、滩涂、海域等自然资源的所有权或者使用权的行政复议决定为最终裁决。"《行政复议法》之所以作出这样的规定，"这主要考虑的是，行政区划的勘定、调整是宪法规定的国务院或省、自治区人民政府的职权，应当由行政机关作出最终裁决"。①

（四）调解行为以及法律规定的仲裁行为

在现代社会中，行政机关往往承担一些民事领域纠纷解决职责，原本由司法机关处理的民事纠纷经过法律授权后，由行政机关依法处理。在我国，法律、法规授权行政机关对民事争议进行处理的主要方式有行政调解、行政仲裁和行政裁决。这三种方式的程序、要式和效果各不相同，能否针对其提起行政诉讼，在法律制度上也有不同的规定。根据最高人民法院《若干解释》第1条第2款第3项的规定，调解行为以及法律规定的仲裁行为不属于行政诉讼的受案范围。

行政调解是指由行政机关主持，促使民事争议双方当事人自愿、友好协商，达成协议，解决争议的行为。在调解中，行政机关并非运用行政权力迫使民事双方接受解决方案，而是引导协调双方达成一致，至于双方是否能够达成一致协议并履行该协议，取决于当事人的自愿。调解协议双方当事人对协议不满或不愿履行协议中的义务，则表明民事争议仍然存在，当事人应通过仲裁或民事诉讼的方式最终解决争议。因此，行政调解被排除在行政诉讼受案范围之外的理由是当事人对行政调解不服可以提起民事诉讼；基于分工，行政庭也不适合对民事纠纷进行判断；并且，调解行为是基于当事人的自愿，它不具有具体行政行为的单方意志性和强制性。

仲裁是指由中立的第三方对平等主体之间的民事纠纷按照一定的程序进行裁决的行为。严格而言，仲裁机构应属非官方性质，但由于历史原因，我国仍保留了行政仲裁制度，但仅限于劳动争议仲裁，其由地方各级人民政府设立的劳动仲裁委员会主持。而民事诉讼法和劳动法都已经明确规定，对劳动仲裁不服提起民事诉讼，因此，根据法律的明确规定，仲裁行为也不属于行政诉讼的受案范围。但是，如果仲裁行为不属于法律规定的排除范围，则属于行政诉讼受案范围，如人事争议仲裁。②

---

① 张春生主编：《中华人民共和国行政复议法释义》，法律出版社1999年版，第153页。
② 最高人民法院行政审判庭《关于人事争议仲裁委员会的仲裁行为是否可诉问题的答复》（[2003]行他字第5号）。

不过,值得一提的是,同样是对民事争议进行处理,行政裁决却是可以提起行政诉讼的。行政裁决是指行政机关对当事人双方发生的民事争议依法作出裁判的行为。现行法律法规中规定由行政裁决处理民事争议的类型主要包括:(1)权属纠纷裁决,指行政机关对平等主体间,因涉及行政管理相关的财物所有权或者使用权的归属而发生的争议作出裁决。(2)侵权纠纷和赔偿裁决,指作为平等主体一方当事人的合法权益受到另一方当事人侵犯时,由该领域的行政机关进行制止,并对该争议和赔偿问题作出裁决。(3)补偿裁决,指行政机关对平等民事主体间的补偿问题所作出的裁决。行政裁决被认为不同于调解和仲裁,具有单方意志性和强制性,是具体行政行为,从而属于行政诉讼的受案范围。

(五)行政机关的鉴定、公证和证明行为

行政机关的鉴定行为是行政机关利用其专业知识、设备和技能,对特定事实问题进行鉴别和判断,如道路交通事故责任认定、火灾事故责任认定和医疗事故鉴定。这类行为的特点是,通过行政机关对事故责任作出认定,其结果可以成为对事故当事人的民事赔偿、行政处罚和刑事追诉的依据,但其本身并不创设权利义务。

2004年《道路交通安全法》制定之前,根据《道路交通事故处理办法》的规定,公安机关在查明交通事故原因后,根据当事人的违章行为与交通事故之间的因果关系,以及违章行为在交通事故中的作用,认定当事人的交通事故责任,当事人对交通事故责任认定不服的,可以向上一级公安机关申请重新认定。但它没有规定当事人是否可以对责任认定提起行政诉讼。在司法实践中,尽管在罗伦富诉四川省泸州市公安局交通警察支队三大队道路交通事故责任认定案中,法院确认了道路交通事故责任认定书属于行政诉讼的受案范围[1],但是,在大多数案件中,法院对道路交通事故责任认定书提起的行政诉讼不予受理。1992年最高人民法院、公安部《关于处理道路交通事故案件有关问题的通知》以及2005年全国人大法工委《关于交通事故责任认定行为是否属于具体行政行为,可否纳入行政诉讼受案范围的意见》中都认为,道路交通事故认定应作为处理交通事故案件的证据使用,在民事赔偿和刑事案件中被质证,该行为不属于具体行政行为,不能向人民法院提起诉讼。2004年《道路交通安全法》再次明确了这一观点。[2]

火灾事故责任认定是公安消防管理部门根据《消防法》依职权作出的行为。该法第51条明确规定,公安机关消防机构根据火灾现场勘验、调查情况和有关的检验、鉴定意见,及时制作火灾事故认定书,作为处理火灾事故的证据。此外,对于行政机关执法检查当中制作的现场检查笔录,尽管有观点认为检查笔录是依据行政职权作出的,是对现场状况的一种肯定,可以提起行政诉讼,但是,法院认为检查笔录是对现场情况客观记录的证据,不是行政行为,不具有可诉性。在民事诉讼中,当事人对该检查笔录有异议,应通过其他举证否定检查笔录,而不是通过行政诉讼解决。

行政机关的证明行为是指行政机关以介绍信、证明书的形式,就其掌握的特定事实向第三人予以确认和说明。行政机关的证明行为一般不直接为当事人创设权利义务,仅仅是一种观念上的意思表示,它是将客观存在的情况向第三方进行权威性的陈述,以增加第三方的

---

[1] 《最高人民法院公报》2002年第5期。
[2] 参见《道路交通安全法》第73条。

确信度。通常,由于证明行为不创设权利义务,而对其证明内容的正确与否以及效力,可以把它作为证据在法律程序中进行质证,因此,它不具有可诉性。但是,在实践中,特定机关的证明有时是取得某项法定权利的资格或前提条件,对相对人的权利义务会产生实际影响,因此,司法审判中也存在肯定其可诉性的案例。

(六) 协助司法执行的行为

实践中,一些民事案件的判决需要行政机关协助执行,如不动产过户登记。行政机关在收到法院协助执行通知书后作出某一行政行为,这一行政行为在行政诉讼中一般被认为不属于行政诉讼的受案范围。① 其理由主要在于,行政机关协助执行的内容是民事判决已经产生既判力并进入执行程序的事项,行政协助执行行为只是一种行政上落实民事判决内容的行为,而是否应予执行、如何执行是民事判决应当解决的事项。

如在周余华、周霞诉江苏省镇江市房产管理局房屋行政登记案中,房地产登记机关根据法院的民事调解书、民事裁定书和协助执行通知书,办理了房屋产权的转移登记,这一登记行为被当事人起诉至法院。法院经审查后认为,"这一登记行为是由民事调解书引起的行为……对协助部门而言属于特定的义务,而该特定义务与一般定义上的行政机关具体行政行为有严格的区别,其本质上是司法行为在房产管理中的某种继续和延伸,从而使其不具有可诉性"。之所以要作这样的处理,是因为:(1) 避免发生同一诉讼标的两诉的情形。被协助执行的标的已经过了诉讼、执行等程序进行了司法审查,如果赋予当事人就行政机关履行协助执行义务而作出的行政行为提起诉讼的权利,法院立案审理后,就必须对行政机关履行协助执行义务而作出的行政行为的合法性进行审查,必然导致对已受生效裁判文书羁束的诉讼标的再次或多次进行司法审查情形的发生。(2) 维护生效裁判的权威性。法院作出的裁判文书一旦生效,除有法定理由、经法定程序予以撤销的以外,必须得到执行。行政机关履行协助执行的法定义务而作出行政行为,是生效裁判文书得到执行的重要途径。②

行政过程中的行政强制执行行为是否可以提起诉讼,在法理和实务中都尚有争议。根据《行政强制法》的规定,行政强制执行是行政机关或者行政机关申请人民法院,对不履行行政决定的公民、法人或者其他组织,依法强制履行义务的行为。在法理上行政强制执行行为是对行政行为进行执行的行为,行政行为设定相对人的权利义务,行政强制执行则是在行政相对人不履行行政行为所设定的义务时,用强制的手段实现其设定的权利义务。行政相对人对行政强制执行不服,应当就执行所依据的行政行为提起诉讼,该行政行为被撤销,行政强制执行行为自然失去根据。因此,通常认为行政强制执行不可诉。但是,也有反对的观点认为,行政强制执行违法或不当可能会给当事人带来权利的侵害,有必要将其纳入行政诉讼的审查;也有观点认为权利侵害可以通过国家赔偿来解决。不可否认,有的单行法上对行政

---

① 参见最高人民法院《关于行政机关根据法院的协助执行通知书实施的行政行为是否属于人民法院行政诉讼受案范围的批复》(法释[2004]6号)。

② 最高人民法院行政审判庭编:《中国行政审判案例》(第2卷)第47号案例,中国法制出版社2011年版,第40—43页。最高人民法院在《关于行政机关根据法院的协助执行通知书实施的行政行为是否属于人民法院行政诉讼受案范围的批复》中也规定:"行政机关根据人民法院的协助执行通知书实施的行为,是行政机关必须履行的法定协助义务,不属于人民法院行政诉讼受案范围。但如果当事人认为行政机关在协助执行时扩大了范围或违法采取措施造成其损害,提起行政诉讼的,人民法院应当受理。"

强制执行是否可以提起行政诉讼已经作出了明确的规定。①

二、阶段性的、尚不适合法院介入的行为

(一)抽象行政行为

《行政诉讼法》第 12 条第 2 项规定,法院不受理行政相对人对行政法规、规章或者行政机关制定、发布的具有普遍约束力的决定、命令提起的诉讼。最高人民法院《若干解释》规定:"具有普遍约束力的决定、命令"是指行政机关针对不特定对象发布的能反复适用的行政规范性文件。在行政法理论上,将这类以抽象规范的形式表现的行政行为称为"抽象行政行为"。抽象行政行为的特点是针对的对象是不特定的,具有普遍的约束力,而且能够反复适用。

在行政法理论上,将抽象行政行为排除在行政诉讼受案范围之外的理由在于:(1)法律已经为这类行为的监督提供了有效途径。根据《宪法》《立法法》和有关组织法的规定,同级国家权力机关和上级行政机关对抽象行政行为享有监督权。全国人大常委会有权撤销同宪法和法律相抵触的行政法规;地方人大常委会有权撤销本级人民政府制定的不适当的规章。国务院有权改变或者撤销各部、各委员会不适当的规章、命令和指示,有权改变或者撤销地方各级国家行政机关不适当的决定和命令;省、自治区的人民政府有权改变或者撤销下一级人民政府制定的不适当的规章;县级以上地方各级人民政府有权改变或者撤销所属各工作部门的不适当的命令、指示和下级人民政府不适当的决定、命令。上述规定已经建构了一个监督抽象行政行为合法性的法律制度。(2)一般情况下,抽象行政行为不会直接侵害公民、法人或者其他组织的合法权益,它需要通过行政行为的转化才会影响行政相对人的合法权益。抽象行政行为作出之时,针对的是未来不特定的对象,如果允许公民、法人或者其他组织提起诉讼,就等同于打开了"洪水之门",法院也是无法承受的。并且,法院在审查行政行为的合法性时,对认为违法的抽象行政行为可以拒绝适用,如规章,或在送请有权机关确认违法后不予适用。(3)抽象行政行为具有很强的政策性。对于政策问题,法院不便于介入和审查。如果法院对抽象行政行为进行审查,就意味着法院介入到行政决策当中,不符合法院的法律定位。而且,法官现有的素质恐难胜任对抽象行政行为的审查。②

不过,上述观点近年来日益受到批评。批评者认为,如果排除法院对抽象行政行为的审查,那么法院的司法审查权限就是不完整的,不利于保障原告的合法权益。

抽象行政行为的可诉性

有学者认为,如果将行政规范纳入行政诉讼的受案范围,必须要对行政规范进行类型化的处理。从国外将行政规范纳入行政诉讼受案范围的国家来看,纳入其中的均为具有对外

---

① 如《税收征收管理法》第 88 条第 2 款规定,当事人对税务机关的处罚决定、强制执行措施或者税收保全措施不服的,可以依法申请行政复议,也可以依法向人民法院起诉。

② 参见江必新、梁凤云:《行政诉讼法理论与实务》,北京大学出版社 2009 年版,第 243 页。

效力的法规命令,而内部的行政规则,因为不具有法的效力,不直接涉及相对人的权利义务,对法院也没有拘束力,原则上并不能直接对其提起行政诉讼。这种处理方式是符合法理的。吊诡的是,在中国行政法上,尽管根据《立法法》的规定,只有行政法规和规章才是行政立法,而其他规范性文件并非行政立法,但目前行政法学界多数学者主张纳入行政诉讼受案范围的却并非行政立法,而是行政立法之外的规范性文件。这与其他国家的做法正好相反。这一比较行政法的观察,促使我们对我国目前的行政立法(行政法规和规章)和行政规定"拦腰截断"方式的二分法进行反思。因此,要将行政规范纳入我国行政诉讼的受案范围,必须对行政立法和行政规定的概念与范围进行细致的梳理,原则上仅能对具有外部法效力的立法性规范(不局限于传统观点所认为的行政法规和规章)提起行政诉讼。当然,对于那些本不应具有限制私人权利自由、科处私人义务的外部效力,但在实际上被(违法地)强制实施的行政规范,也应允许私人提起行政诉讼,以俾救济。(资料来源:李洪雷:《中国行政诉讼制度发展的新路向》,载《行政法学研究》2013年第1期)

(二) 内部行为

《行政诉讼法》第12条第3项规定,行政机关对行政机关工作人员的奖惩、任免等决定不属于行政诉讼受案范围。最高人民法院《若干解释》对之解释说,这类行为是指行政机关作出的涉及该行政机关公务员权利义务的决定,即"行政机关工作人员"限缩到"公务员"。

将有关公务员权利义务的行政决定排除在行政诉讼受案范围之外,理由是行政机关对其公务员所作出的行政处分或者其他人事决定有一定的复杂性,由行政机关自己解决比较适宜。且这种决定属于行政机关的内部管理行为,而行政诉讼解决的是行政机关针对外部行政相对人作出的行政行为合法性问题,因此,内部行为不属于行政诉讼的受案范围。为此,《公务员法》第90条规定,公务员对涉及本人的人事处理不服的,可以自知道该人事处理之日起30日内向原处理机关申请复核;对复核结果不服的,可以自接到复核决定之日起15日内,按照规定向同级公务员主管部门或者作出该人事处理的机关的上一级机关提出申诉;也可以不经复核,自知道该人事处理之日起30日内直接提出申诉。

所以,行政法理论上一般以此项规定为认识起点,认为行政机关对行政机关工作人员的奖惩、任免等决定是内部行为的一种,排除在《行政诉讼法》受案范围之外。对《行政诉讼法》第2条规定对"具体行政行为"可以提起行政诉讼的理解,是对外部产生法效果的行政行为,因此所有行政机关内部的行为都不属于行政诉讼的受案范围。所以,在实务中,行政机关对其公务员的人事管理行为、行政机关内部通知、纪要、指示行为等都不属于行政诉讼的受案范围。

针对《行政诉讼法》第12条的排除事项,有关公务员的管理除了奖惩、任免以外,还包括招录、培训、考核、晋升、调动等各种事务,这类行政行为是否也都排除在行政诉讼受案范围之外,一直也是有争议的。法院不受理行政机关对其内部成员的管理行为,曾经是许多国家的普遍做法。在大陆法系国家,特别权力关系影响着人们对此的判断,即认为属于特别权力关系的政府对公务员的管理行为不适用行政法调整,也不受法院的审查。我国《行政诉法》尽管未必受到特别权力关系理论的影响,但其背后的理由却有类似之处。将对公务员的管理行为排除在司法审查之外,目的是为了保障行政机关有效地行使内部管理权。但是,将所有的公务员管理行为都排除在行政诉讼受案范围之外,却有违现代法治的理念。某些与内部行政管理有关的行为,如拒绝录用、辞退、开除等,已经关系到公民的基本身份权利,影响到了公民的重大利益。因此,在一些行政判决中,我们已经可以看到某些地方法院开始将行政机关作出的影响公务员身份的决定纳入到了司法审查的范围。如在张先著诉芜湖市人事局乙肝歧视案中,安徽省芜湖市两级法院认定,芜湖市人事局的招录行为作为行政行为构成违法。① 在马应堂诉宁夏回族自治区人力资源和社会保障厅、宁夏回族自治区教育厅、宁夏回族自治区同心县人民政府会议纪要案中,法院认为,公务员资格以及参照公务员管理的事业单位人员资格的取得和丧失应当纳入行政诉讼的受案范围。理由是,《行政诉讼法》第12条排除的只是已经取得公务员资格、按照公务员身份进行管理的情形,招录和取消公务员资格未包括在内;公务员身份的得失关涉公民的人身权、财产权,应当纳入行政诉讼的受案范围。②

（三）阶段性、程序性行为

行政是一个过程,在行政行为最终作出之前,往往要在行政程序上经历申请、受理、调查、审核、决定等一系列过程。而在作出最终决定之前,行政机关这些行为本身并不具有独立性,而只是为最终行政决定作出服务的阶段性的程序性行为而已。因此,行政相对人如果对行政决定作出之前的行为不服提起行政诉讼的,法院考虑到减少诉累以及提早介入尚未作出决定的行政过程不适当等理由,通常都会不予受理。如在依申请行政行为中,对于行政机关受理申请人申请的受理决定,利害关系人是否可以对受理行为提起诉讼,无论是理论上还是实务中,人们都认为在受理阶段法院介入是不合适的。如果利害关系人对受理决定有异议,可以在行政机关最终作出具有实质性权利义务内容的行政决定时,再提起对行政决定的行政诉讼,由在该诉讼中审查受理决定的合法性。当然,在依申请的行政行为中,申请人如果对不予受理决定不服的,可以提起行政诉讼。

美国行政诉讼的成熟原则

成熟原则是指行政程序必须发展到适宜由法院处理的阶段,即已达到成熟的程序,才能允许进行司法审查。成熟原则存在的理由在于:(1) 避免法院过早地进行裁判,陷入抽象的行政政策争论。这也是《美国宪法》第3条规定的司法权力的范围限于"案件"与"争端"的宗旨。(2) 保护行政机关在最后决定作出之前,以及行政行为对当事人发生具体影响之前,

---

① 安徽省芜湖市新芜区人民法院《行政判决书》([2003])新行初字11号）。
② 最高人民法院行政审判庭编:《中国行政审判案例》（第4卷）第124号案例,中国法制出版社2013年版,第17—20页。

不受法院干涉。成熟原则的标准是由法院在判例中确立的。这一标准在不同历史时期所包含的内容有所不同,但大致需具备以下的条件:(1)只有出现法律争议时,司法审查的时机才算成熟;(2)应以行政机关的最后决定作为成熟的标准;(3)推迟审查对当事人将造成困难。(资料来源:王名扬:《美国行政法》(下),中国法制出版社1995年版,第642—651页)

三、其他类型以及不产生实际影响的行为

(一)不具有强制力的行政指导行为

最高人民法院《若干解释》第1条第2款第4项规定,不具有强制力的行政指导行为不属于法院行政诉讼的受案范围。在行政法上,行政指导是行政机关为了实现某种行政目的,通过建议、劝告、指导等方式,促使行政相对人自愿地遵从或配合。其结果是任意性的,对行政相对人不产生任何法效果。虽然行政指导属于行政机关的职权行为,但它无强制力,对行政相对人的合法权益没有任何不利影响,故不具有可诉性。

行政实践中,有的行政机关通过利益引诱甚至威胁等方式,强迫行政相对人服从它的"行政指导"。这种行为尽管名义上是行政指导,但实际上具有了强制力,不再是真正意义上的行政指导行为。对此,当事人有权提起行政诉讼。

(二)驳回当事人对行政行为提起申诉的重复处理行为

最高人民法院《若干解释》第1条第2款第5项规定,驳回当事人对行政行为提起申诉的重复处理行为不属于法院行政诉讼的受案范围。重复处理行为是指行政机关根据公民、法人或者其他组织的申请或者申诉,对原有生效行政行为内容没有作出任何改变的第二次决定。重复处理行为实质上是对原来已经生效的行政行为在内容上的简单重复,与行政相对人并没有形成新的事实和权利义务状态。因此,为了维护行政行为的稳定性和效率,最高人民法院《若干解释》明确将其排除在行政诉讼受案范围之外。

案例分析

本案中的"信访答复"是否构成"重复处理行为"

1992年,原成都市第五中学(现成都列五中学)向原成都市教育委员会(现为成都市教育局)报送了《关于对我校职工杨一民作除名处理的报告》,原成都市教育委员会于1992年12月23日作出成教发人(1992)78号批复,同意将原告杨一民作除名处理。2005年,杨一民因上述纠纷到成都市教育局进行信访申诉,该局于2005年5月20日以其办公室的名义向杨一民作出信访回复,认为原成都市教育委员会于1992年作出的《对成都市第五中学〈关于对我校职工杨一民作除名处理的报告〉的批复》是符合法律规定的。收到该信访回复后,杨一民向四川省教育厅上访,四川省教育厅责成成都市教育局重新答复杨一民。成都市教育局于2005年8月18日再次给予杨一民信访答复,其内容与前次信访回复一致。2005年9

月9日,杨一民就成都市教育局于2005年8月18日作出的信访答复向被告成都市政府提出行政复议申请,成都市政府于2005年9月9日作出成府复不字(2005)第6号不予受理决定,并已送达杨一民。(资料来源:《最高人民法院公报》2007年第10期)

(三) 其他对行政相对人的权利义务不产生实际影响的行为

在审判中,对于内部行政行为和鉴定行为排除司法审查,法官都是运用是否产生实际影响的标准来判断的。如在李国飞等六人诉浙江省宁波市镇海区农业局农业行政检查案中,法院认为:"一般来讲,事故调查结论的主要内容是明确事故发生的主要原因,至于当事人应承担的具体责任、赔偿方式、赔偿数额等有待具有相应职权的部门在查证之后综合考虑多方面因素才能确认。从这个角度来讲,事故调查结论不会对相对人的权利义务产生实际影响。……实际影响标准应是一个结果标准,如果行政行为已经对相对人的权利义务产生实质性的或具体的影响,则该行政行为应具有可诉性;如果仅仅是产生了一定影响,并非实际影响,是笼统的,则不具有可诉性。行政机关作出的事故调查结论虽然明确了事故发生的原因,当事人亦有可能因此诉至法院要求诱发事故原因的相关人承担相应民事赔偿责任,但相关人是否应承担民事赔偿责任,应根据案件审理过程而定,而并非是以事故调查结论中明确的事故发生原因为准,可以说无论有无该份事故调查结论均不影响相关人在民事案件中的责任。因此,事故调查结论本身并不会对相对人的权利义务带来实质性的改变。"[①]法院从是否产生实际影响,实际影响必须是明确的、实质性的,来分析事故调查结论是否产生实际影响,是否具有可诉性。从当下的行政审判实践看,对行政相对人权利义务不产生实际影响这一标准一直在被法院广泛地运用,以排除《行政诉讼法》和最高人民法院《若干解释》还未明确列举排除的事项。

思考题:
1. 如何理解《行政诉讼法》上关于受案范围的立法模式?
2. 内部行政行为在何种情形下可诉?
3. 如何理解对公民、法人和其他组织权利义务产生实际影响?

案例应用:
1. 2001年,中国足球协会组织全国足球甲级联赛并实施管理。长春亚泰足球俱乐部依据有关规则参加了全国足球甲级B组联赛。在联赛中,其发扬体育拼搏精神,终于在2001年10月6日的第二十二轮与浙江绿城足球队比赛中,净胜6球,在整个赛季中排名甲B第二。按照中国足球协会发布的《全国足球队甲级联赛规则》第9条的有关规定,长春亚泰足球队应升入甲A足球队之列。但是,10月16日,中国足球协会作出足纪字(2001)14号《关于对四川绵阳、成都五牛、长春亚泰、江苏舜天和浙江绿城俱乐部足球队处理的决定》(简称"14号处理决定")。该决定认为俱乐部"严重违背体育公平竞争精神,严重损害中国足球职

[①] 最高人民法院行政审判庭编:《中国行政审判案例》(第2卷)第43号案例,中国法制出版社2011年版,第17—21页。

业联赛形象,在社会上造成了极其恶劣的影响",因此第一项处罚包括取消原告长春亚泰足球俱乐部升入甲A资格,第四项处罚是取消原告足球队2002年—2003年甲乙级足球联赛引进国内球员的资格。长春亚泰不服"14号处理决定",于2001年10月19日和11月10日两次向中国足球协会提出申诉状,中国足球协会未能在法定的时间内答复。2002年1月7日,长春亚泰足球俱乐部及其教练员、球员向北京市第二中级人民法院提起行政诉讼。状告中国足球协会,请求法院判令中国足球协会撤销其作出的足纪字(2001)14号处理决定;中国足球协会赔偿因上述处罚而给原告造成的直接经济损失300万元;诉讼费由中国足球协会承担。

请问:该案是否属于行政诉讼的受案范围?为什么?

2. 2001年1月17日,深圳市人民医院(深圳市三级甲等公立医院)为吴某出具了编号为A4401234567的《出生医学证明》。该证明载明新生儿吴嘉豪2001年1月12日出生,母亲为吴某,父亲为张某。2008年5月16日,张某(男,香港特别行政区居民)向深圳市罗湖区人民法院提起行政诉讼,请求法院撤销该证中的父亲信息。原告张某诉称其与吴某系普通朋友关系,从未与其生育子女。在吴某提供虚假资料的情况下,被告深圳市人民医院未尽审核义务而出具上述出生医学证明,严重侵犯了原告的合法权益。第三人吴某在诉讼中也承认张某与新生儿无血缘关系,《出生医学证明》"父亲姓名"栏中所记载的"张某"系她在申办出生医学证明时错误填写所致。被告深圳市人民医院辩称自己不是行政机关,其出具出生医学证明的行为源于《中华人民共和国母婴保健法》的授权,原告的起诉不符合行政诉讼的受案条件。

请问:原告的起诉可否被受理?为什么?

拓展阅读:

1. 章剑生:《有关行政诉讼受案范围的几个理论问题探析》,载《中国法学》1998年第2期。
2. 杨伟东:《行政诉讼受案范围分析》,载《行政法学研究》2004年第3期。
3. 方世荣:《论我国行政诉讼受案范围的局限性及其改进》,载《行政法学研究》2012年第2期。
4. 姜明安:《扩大受案范围是行政诉讼法修改的重头戏》,载《广东社会科学》2013年第1期。
5. 李洪雷:《中国行政诉讼制度发展的新路向》,载《行政法学研究》2013年第1期。
6. 何海波:《行政诉讼法》,法律出版社2011年版。
7. 王天华:《行政诉讼的构造:日本行政诉讼法研究》,法律出版社2010年版。

第十九章

行政诉讼行为

✦**学习目标**

通过本章的学习,学生可以掌握以下内容:
1. 行政诉讼程序中的撤诉条件及程序
2. 行政诉讼不停止执行原则的内涵与例外情形
3. 妨碍行政诉讼的强制措施
4. 财产保全和先予执行的条件与程序
5. 诉讼中止与诉讼终结的情形与后果

✦**关键概念**

撤诉 财产保全 先予执行 强制措施

第一节 撤 诉

一、撤诉的概念

撤诉是指在案件宣告判决或裁定之前,原告以法定的方式向法院申请撤回诉讼请求的诉讼行为。原告撤诉是一种终结诉讼的行为。原告在诉讼过程中主动撤诉,或者行政机关改变行政行为之后原告申请撤诉,或者原告的诉讼行为因不符合行政诉讼法而被视为撤诉,实际上都意味着当事人之间的纠纷已经得到了有效的解决。法院在审理行政案件时认为被诉行政行为违法或明显不当,可以根据案件的具体情况,建议被告改变其行政行为,主动赔偿或补偿原告的损失。行政机关接受司法建议改变行政行为并予以赔偿或补偿,原告同意后可以撤诉。以撤诉的方式结案,有利于促进行政机关与行政相对人之间的关系和谐,节约司法资源,也有利于行政纠纷的解决。

撤诉不仅在第一审程序中可以发生,在第二审程序和再审程序中也可以出现。第二审程序的撤诉是指上诉人撤回上诉,再审程序中的撤诉指再审申请人撤回再审申请。最高人民法院《关于行政诉讼撤诉若干问题的规定》(以下简称《撤诉规定》)第8条规定,第二审或者再审期间行政机关改变被诉行政行为,当事人申请撤回上诉或者再审申请的,参照本规

定。根据《行政诉讼法》及相关司法解释的规定,行政诉讼撤诉有以下几个特征:

（一）撤诉主体特定

撤诉申请主体只能是第一审程序的原告、第二审程序中的上诉人或再审程序的再审申请人,他们有撤诉的请求权。行政诉讼撤诉制度就其目的而言,是为了更好地解决诉讼双方的行政争议,并且能达到法院监督行政行为合法性的行政诉讼价值。所以,撤诉只是赋予原告或上诉人有终止诉讼程序的请求权,但是否能产生撤诉的法效果,以法院的裁定为准。故《行政诉讼法》第51条规定:"人民法院对行政案件宣告判决或者裁定前,原告申请撤诉的,或者被告改变其所作的具体行政行为,原告同意并申请撤诉的,是否准许,由人民法院裁定。"

（二）撤诉时间特定

撤诉必须在法院对行政案件"宣告判决或裁定"之前。法院对行政案件宣告判决后,就意味着法院已经终结对该行政争议的审理程序,原告或上诉人再申请撤诉已经没有任何法律意义。但法院对行政案件作出"裁定"之后,并非意味着原告或者上诉人不能再提起撤诉申请。裁定是法院在案件审理过程中或在判决的执行过程中就程序问题所作出的具有法效力的一种意思表示。最高人民法院《若干解释》中明确规定了裁定适用的范围有14项,另有兜底条款,即"其他需要裁定的事项"。① 在诸多的裁定的情形中,有的并不能终结行政诉讼程序,如停止执行具体行政行为的裁定、财产保全和先予执行的裁定等。《行政诉讼法》第51条规定的"宣告判决或裁定前"之目的,是要求原告或者上诉人在终结行政诉讼程序之前提出撤诉申请。如果所有的裁定作出后都不能提出撤诉申请,显然是不符合法律规定的。《民事诉讼法》第145条第1款规定:"宣判前,原告申请撤诉的,是否准许,由人民法院裁定。"相比而言,民事诉讼法的规定更为科学。由此,对《行政诉讼法》第51条规定的"裁定",应当限缩性解释为终结行政诉讼程序的裁定。

（三）撤销效果特定

行政诉讼撤诉后,行政诉讼法律关系即告终结,行政诉讼也随之终结,原告不得以同一事实和理由重新起诉。最高人民法院《若干解释》第36条规定,法院裁定准许原告撤诉后,原告以同一事实和理由重新起诉的,法院不予受理。

二、撤诉的条件

根据《行政诉讼法》及其相关司法解释的规定,撤诉包括自愿申请撤诉和视为申请撤诉两种情形。自愿申请撤诉和视为申请撤诉的条件各不相同,分别论述如下:

---

① 最高人民法院《关于执行〈中华人民共和国行政诉讼法〉若干问题的解释》第63条第1款规定:"裁定适用于下列范围:(1)不予受理;(2)驳回起诉;(3)管辖异议;(4)终结诉讼;(5)中止诉讼;(6)移送或者指定管辖;(7)诉讼期间停止具体行政行为的执行或者驳回停止执行的申请;(8)财产保全;(9)先予执行;(10)准许或者不准许撤诉;(11)补正裁判文书中的笔误;(12)中止或者终结执行;(13)提审、指令再审或者发回重审;(14)准许或者不准许执行行政机关的具体行政行为;(15)其他需要裁定的事项。"

（一）自愿申请撤诉条件

根据《行政诉讼法》第 51 条的规定，自愿申请撤诉包括原告主动申请撤诉和被告改变行政行为后原告申请撤诉。自愿申请撤诉必须具备以下法定条件：

1. 申请主体

提出撤诉申请的必须是原告和上诉人或再审的申请人。被告以及第三人均不得提出撤诉申请。原告没有诉讼能力的，撤诉申请可以由其法定代理人提出。原告是企业或组织的，原告申请撤诉由其法定代表人或者其诉讼代理人提出。

2. 自愿申请

申请撤诉必须是出于原告的真实意思，且必须明确提出。无论是原告主动申请撤诉还是被告改变行政行为后原告申请撤诉，申请撤诉都必须是原告自觉自愿的真实意思表示的行为，行政机关不能采取强迫方式或者其他法外压力强迫原告撤诉。原告申请撤诉必须以明示的方式提出，不存在默示的或推定的申请撤诉行为。

3. 理由合法

申请撤诉的理由不得违反法律、法规规定，不得规避法律、法规，损害国家利益、社会公共利益或者他人的合法权益。在申请撤诉中，原告有违法行为需要依法处理的，可以参照民事诉讼法的相关规定，法院可以不准予撤诉或者不按撤诉处理。

4. 申请时间

申请撤诉的时间必须是在法院对该案宣告判决或者作出终结诉讼的裁定之前，这是申请撤诉的时间要求，在案件终结之后再申请撤诉是没有意义的。在一审程序中，原告可以在被告改变其行政行为后申请撤诉。但在二审程序中，行政机关不能改变其原行政行为，作为一审原告的上诉人如果因行政机关改变其原行政行为而申请撤回上诉的，法院不予准许。

撤诉必须经法院准许并作出裁定。撤诉包括原告的申请行为和法院作出准许裁定两个环节。法院裁定准许后，撤诉才发生法律效力。最高人民法院《撤诉规定》第 2 条规定："被告改变被诉具体行政行为，原告申请撤诉，符合下列条件的，人民法院应当裁定准许：（1）申请撤诉是当事人真实意思表示；（2）被告改变被诉具体行政行为，不违反法律、法规的禁止性规定，不超越或者放弃职权，不损害公共利益和他人合法权益；（3）被告已经改变或者决定改变被诉具体行政行为，并书面告知人民法院；（4）第三人无异议。"这一条规定了法院应当裁定准许撤诉的情况。是否准许撤诉由法院审查并作出裁定。

（二）视为申请撤诉的条件

视为申请撤诉，又称为推定申请撤诉，是指原告消极不履行《行政诉讼法》的相关法定义务而被法院裁定为撤诉情形的行为。广义上视为申请撤诉的情形还包括"按撤诉处理"[①]，而狭义的视为申请撤诉仅仅指原告经法院两次传唤，无正当理由拒不到庭时，法院认为可以视为原告自愿撤诉的，裁定视为撤诉而终结诉讼的制度。视为申请撤诉有以下三种情形，它们的法定条件是：

---

① 江必新、梁凤云：《行政诉讼法理论与实务》，北京大学出版社 2011 年版，第 815 页。

1. 经法院合法传唤两次,原告或上诉人无正当理由拒不到庭

所谓"合法传唤"就是要求依照法定的方式和程序传唤当事人,将传票送达当事人本人,并且由被送达人在送达回证上签名、盖章。采用电话、传真、电子邮件、委托他人转达等简便方式传唤的,没有证据证明或者未经当事人确认已经收到传唤内容的,不得按撤诉处理。关于合法传唤的次数,《行政诉讼法》规定是两次①,而最高人民法院《若干解释》只规定"经合法传唤",似乎一次即可。② 对此,在《行政诉讼法》没有修改之前,法院仍然应当适用《行政诉讼法》"两次"的规定。此处的"正当理由",是指因不可抗力或者其他不能抗拒的事由。原告因有正当理由不能参加诉讼的,法院不能视为其申请撤诉,而应当另行确定开庭日期或者延期审理。

2. 原告或上诉人未经法庭许可而中途退庭

原告或者上诉人未经法庭许可中途退庭,意味着原告或者上诉人以明示的方式拒绝法院的裁判,法院可以按撤诉处理。无论出于何种原因中途退庭,原告或上诉人都应当尊重法院作出的裁判。如果原告认为法院有偏袒被告的可能性,可以以其他方式如申请回避的方式提出异议,但不宜放弃自己的诉讼权利。根据最高人民法院《若干解释》第49条第2款的规定,原告或上诉人中途退庭,法院认为不应当撤诉的,可以缺席判决。

3. 逾期不缴纳案件受理费又没有提出缓缴、减缴或者免缴申请或申请未获批准

最高人民法院《若干解释》第37条规定:"原告或者上诉人未按规定的期限预交案件受理费,又不提出缓交、减交、免交申请,或者提出申请未获批准的,按自动撤诉处理。在按撤诉处理后,原告或者上诉人在法定期限内再次起诉或者上诉,并依法解决诉讼费预交问题的,人民法院应予受理。"受理费具有限制原告或者上诉人滥用诉权的功能。若原告或者上诉人在法院受理案件之后不缴纳受理费,也没有没有提出缓缴、减缴或者免缴申请或申请未获批准的,法律上可以推定为其放弃诉权。所以,对于这种情形法院可以作撤诉处理。

三、法院对撤诉申请的审查

法院对行政案件宣告判决或者裁定前,原告申请撤诉的,或者被告改变其所作的行政行为,原告同意并申请撤诉的,是否准许,由法院裁定。法院对申请撤诉进行审查,主要包括程序性审查、真实性审查和合法性审查。

(一)程序性审查

程序性审查主要是对于是否符合申请撤诉或者视为撤诉的时间、方式、步骤、形式等程序方面进行审查。由法律规定的撤诉申请程序主要在于保障申请人的撤诉申请权利,但申请人提出撤诉申请应当符合相关的程序规定。

(二)真实性审查

真实性审查,又叫自愿性审查,是审查当事人撤诉的意思表示是否真实。意思表示不真

---

① 《行政诉讼法》第48条:"经人民法院两次合法传唤,原告无正当理由拒不到庭的,视为申请撤诉;被告无正当理由拒不到庭的,可以缺席判决。"

② 最高人民法院《关于执行〈中华人民共和国行政诉讼法〉若干问题的解释》第49条第1款:"原告或者上诉人经合法传唤,无正当理由拒不到庭或者未经法庭许可中途退庭的,可以按撤诉处理。"

实的申请撤诉,不能引起特定的法律后果的发生。原告或上诉人必须在明确被诉行政行为的性质以及撤诉给自己带来的法律后果的基础上真实、自愿放弃司法保护,才能获得法律认可。因此,这就需要法院审查申请人对撤诉的法律后果和行政行为的性质是否存在重大误解,是否因威逼、胁迫、恐吓等外在压力提出申请等。法院如果发现有这些意思表示不真实的情况,应当告知申请人撤诉后的法律后果或者裁定不予撤诉。

(三) 合法性审查

合法性审查的重点是申请人的撤诉行为是否有规避法律的情形。申请人申请撤诉不能损害国家利益或社会公共利益,不得损害他人的合法权益。

1. 准予撤诉是否以被诉行政行为合法为前提

司法实践中,有时法院准予撤诉不一定以被诉行政行为合法为前提。但是,如果法院认为被诉行政行为违法时,应当向申请人阐明被诉行政行为存在的问题,审查重点是原告申请撤诉是否出于自愿。因为,在被诉行政行为违法的情况下原告或者上诉人提出撤诉申请,就需要审查被告是否向原告或者上诉人施加压力等,以保障撤诉申请是基于原告或者上诉人自愿。

2. 申请人的违法行为是否影响法院作出撤诉裁定

在诉讼过程中,申请人发现自己的违法事实大于行政机关的认定,继续诉讼可能对自己不利而申请撤诉的,法院是否准许撤诉?对于这个问题,学理上虽然有分歧,但答案还是很明确的,无论从立法政策上考虑还是从行政救济的价值目标方面,法院审查是否准予撤诉不宜以原告是否有更多实体法上的违法事实为标准。[①] 也就是说,即使申请人有更多实体法上的违法事实,也不影响法院作出准予撤诉的裁定。

四、撤诉裁定的法律效果

法院对申请撤诉或按撤诉处理都需要作出裁定。撤诉裁定的结果要么是准予撤诉,要么是不准予撤诉,两者法律效果不同。

(一) 准予撤诉的法律后果

1. 准予或者视为撤诉之后,原告或者上诉人不得以同一事实和理由提起诉讼(上诉)。它包括原告申请撤诉;经人民法院合法传唤两次,原告或上诉人无正当理由拒不到庭;原告或上诉人未经法庭许可而中途退庭三种情况。最高人民法院《若干解释》第36条第2款规定:"准予撤诉的裁定确有错误,原告申请再审的,人民法院应当通过审判监督程序撤销原准予撤诉的裁定,重新对案件进行审理。"在这种情况下,它不是当事人重新起诉,而是法院先撤销准予撤诉的裁定,然后继续审理。

2. 准予撤诉后诉讼费用的承担。《诉讼费用交纳办法》第34条第2款规定:"行政案件的被告改变或者撤销具体行政行为,原告申请撤诉,人民法院裁定准许的,案件受理费由被告负担。"也就是说,在被告改变或撤销行政行为的情况下原告申请撤诉的,由被告负担诉讼费。但对原告主动申请撤诉的情况,案件受理费如何分担,《诉讼费用交纳办法》未作规定。

---

① 参见江必新、梁凤云:《行政诉讼法理论与实务》,北京大学出版社2011年版,第820页。

3. 按自动撤诉处理的,原告或者上诉人在法定期限内又起诉或者上诉,并依法交纳诉讼费的,法院应予受理。

（二）不准予撤诉的法律后果

如果撤诉申请经法院审查后裁定不准予撤诉的,或者原告虽然经法院两次传唤无正当理由拒不到庭,但法院认为不适宜作撤诉处理的,那么本案的审理将继续进行,申请人有义务参加诉讼,不得因法院未满足其申请而拒绝参加诉讼。

被告改变原行政行为,原告不撤诉,法院经审查认为原行政行为违法的,应当作出确认其违法的判决;若认为原行政行为合法的,应当判决驳回原告的诉讼请求。原告起诉被告不作为,但在诉讼中被告作出了行政行为,原告不申请撤诉的,法院可以作出确认被告不作为违法的判决。

因被告改变行政行为原告申请撤诉,法院不准予撤诉的,诉讼客体是原行政行为还是改变后的行政行为,最高人民法院《若干解释》第 50 条第 2 款对此作出规定,原告或者第三人对改变后的行政行为不服提起诉讼的,法院应当就改变后的行政行为进行审理。

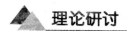

理论研讨

被诉行政行为改变后的诉讼客体

有学者认为,法院对改变后的具体行政行为进行审理,在理论上和实践上均存在一定的弊端。从理论上来讲,行政行为具有确定力,这意味着行政机关非因法定事由和未经法定程序不得随意改变所作行为,否则会影响行政秩序的稳定,同时也有违信赖保护原则。从实践上来看,诉讼过程中的具体行政行为已经系属于诉讼,诉讼中的任何一个行为都会对行为者以外的其他各方人员产生影响,为了保持诉讼秩序的稳定,具体行政行为就更需要有确定力。否则,只会给诉讼带来负面影响。根据现行规定,被告改变具体行政行为原告申请撤诉的,法院必须对改变后的行政行为进行审查。但是,《若干解释》第 50 条第 3 款规定:"被告改变原具体行政行为,原告不撤诉,人民法院经审查认为原具体行政行为违法的,应当作出确认其违法的判决;认为原具体行政行为合法的,应当判决驳回原告的诉讼请求。"这样又产生新的问题,如果被告改变具体行政行为,而原告又不撤诉,法院是否要对改变后的具体行政行为进行审查?根据传统理论答案是显而易见的,即法院不应该对改变后的具体行政行为进行审查。但是,笔者认为,从有效化解行政纠纷,减少诉讼的角度讲,被告改变具体行政行为原告同意而申请撤诉的,法院应当对改变后的具体行政行为进行审查。即使原告不撤诉,法院也应当对改变后的具体行政行为进行审查,并要赋予与审查结论相应的法律效力。而且在原告不撤诉的情况下,法院就改变后的具体行政行为的审查,其意义要大于对原具体行政行为的审查。这无论从将要对当事人产生的实际影响,还是将有可能引起的新的诉讼的角度讲,其理由同样是显而易见的。（资料来源:黄学贤:《行政诉讼撤诉若干问题探讨》,载《法学》2010 年第 10 期）

第二节　诉讼不停止执行

一、诉讼不停止执行的内容

《行政诉讼法》第44条规定："诉讼期间,不停止具体行政行为的执行。但有下列情形之一的,停止具体行政行为的执行：(1)被告认为需要停止执行的；(2)原告申请停止执行,人民法院认为该具体行政行为的执行会造成难以弥补的损失,并且停止执行不损害社会公共利益,裁定停止执行的；(3)法律、法规规定停止执行的。"可见,在绝大多数情况下,被诉行政决定不因为原告提起行政诉讼而停止执行,只有在下列情形下才发生停止执行被诉行政决定的法律效果：

(一)被告认为需要停止执行的

行政决定是行政机关依职权作出的行政行为,在行政诉讼开始之后,行政机关为了实现行政目的,是否继续执行行政决定属于行政机关的裁量范围,所以,原告起诉后行政机关可以决定是否执行该被诉的行政决定。

(二)原告申请停止执行的

原告提起行政诉讼时,可以申请停止执行被诉行政决定,法院经审查后认为被诉行政决定执行会造成难以弥补的损失,并且停止执行不损害社会公共利益的,可以裁定停止执行。行政诉讼法的核心目的即是保护行政相对人的合法权益,所以,针对原告的申请,法院可以在满足下列条件的情况下,作出停止执行被诉行政决定的裁定：(1)行政行为的执行会造成难以弥补的损失；(2)停止执行不损害社会公共利益。

(三)其他法律、法规规定停止执行的

这是一条兜底条款。如《治安管理处罚法》第107条："被处罚人不服行政拘留处罚决定,申请行政复议、提起行政诉讼的,可以向公安机关提出暂缓执行行政拘留的申请。公安机关认为暂缓执行行政拘留不致发生社会危险的,由被处罚人或者其近亲属提出符合本法第108条规定条件的担保人,或者按每日行政拘留200元的标准交纳保证金,行政拘留的处罚决定暂缓执行。"也就是说,原告对行政拘留行为不服提起诉讼的,在有担保人或交纳保证金的情况下,可以提出暂缓执行的申请,行政拘留的处罚决定暂缓执行。

二、诉讼不停止执行所考虑的因素

诉讼不停止执行并不仅仅规定在我国《行政诉讼法》之中,如日本《行政案件诉讼法》、中国台湾地区"行政诉讼法"也有同样的规定。从行政法理论和实践角度看,一个国家或地区确立不停止执行被诉行政决定的制度所考虑的因素主要是：

(一)行政决定效力

行政决定效力在内容上通常包括存续力、执行力、构成要件效力和确认效力。其中执行力是指行政决定作出之后,为了保证行政决定内容得到实现,行政机关可以依法采取一定的手段使行政决定的内容得以实现的效力。基于行政决定的法效力理论,即便行政相对人对行政决定提起诉讼,因行政决定已经具有了法效力,除非它被行政机关依法撤销、撤回,否则,诉讼期间该行政决定不停止执行。

(二)国家行政管理和行政诉讼的特性

行政相对人提起诉讼之后,原则上不停止行政决定的执行是国家行政管理的连续性和不间断性的要求。行政决定是行政机关依行政职权作出的行政行为,代表国家和政府为了维护国家利益、社会利益而行使行政职权,具有国家权威性。如果行政决定因当事人起诉就停止执行,法律秩序就会处于不稳定状态,直接影响到国家行政管理的实效性。就行政诉讼的特性而言,行政诉讼的功能是通过对行政行为的监督和纠错,保障行政相对人的合法权益。但是如果进入诉讼程序之后,所有被诉行政决定都停止执行,极容易导致行政相对人的恶诉或滥诉。

(三)维护公共利益

在行政诉讼中实行诉讼不停止执行的国家或地区,一个重要理由就是如果行政决定在被提起行政诉讼之后不执行的话,将会导致公共利益受到极大影响。所以,在个人利益和公共利益相冲突的情况下,从公共利益优于个人利益的结果中可以推出"诉讼不停止执行"。如日本《行政案件诉讼法》第25条第4款规定:"如果停止执行有可能对社会福祉带来重大影响,或就本案来看理由不成立的,则不能停止执行。"中国台湾地区"行政诉讼法"第116条规定:"原处分或决定之执行,除法律另有规定外,不因提起行政诉讼而停止。行政诉讼系属中,行政法院认为原处分或决定之执行,将发生难于回复之损害,且有急迫情事者,得依职权或依声请裁定停止执行。但于公益有重大影响,或原告之诉在法律上显无理由者,不得为之。"

另外,有些行政决定所规范的行为具有一定的社会危害性,如果行政相对人不服行政决定而起诉到法院,该行政决定因此而停止执行,就可能对社会造成更大的甚至是难以想象的危害。如环保部门对于造成河水污染的化工厂作出责令停产停业的行政处罚决定,如果在受处罚人提起行政诉讼之后停止执行该行政处罚决定,就会造成更大的环境污染。

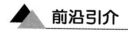

前沿引介

比较法上的"诉讼不停止执行原则"

德国1990年对停止执行原则第80条的修正明确表明,停止执行制度适用于确认性与形成性处分,说明停止之"执行"绝非以行政行为的执行力为限;同时,修正新增"具第三人效力之处分"亦得适用停止执行原则的规定。故行政处分一方面对某特定人或特定多数人有利,而另一方面对其他特定人或特定多数人不利的,在不利方不服而提起诉愿或撤销诉讼时,受益方不能径行利用该利益,只能根据新增第80条之一预定的救济途径,请求行政机关或法院暂时先予许可使用。日本新修订之《行政案件诉讼法》第25条第2款更是明确规定:

"提起撤销处分之诉时,为避免由于处分、处分的执行或程序的进行而产生的重大损害,在有紧急处置必要时,法院根据申请,可以决定全部或部分停止处分的效力、处分的执行及程序的进行。但是,停止处分效力,能够达到停止处分的执行和程序的进行的目的,则不能停止执行。"这说明停止执行所"停止"者,并非单纯行政行为的执行力,而是全部效力。国外也有人认为,该原则及其例外适用的对象只能是具有可执行内容的命令性行政行为,不包括形成性和确认性行为,如法国。日本有行政法学者也认为,行政行为执行力的存在以其具有可执行内容为前提,并且"承认行政行为的执行力,在行政行为的根据规范之外还需要法律根据"。实际上,(不)停止执行原则及其例外虽然与行政行为执行力有关,但并不等于只能适用于有可强制执行内容的行政行为。我国台湾地区就有学者认为,可申请停止执行的对象不限于命令性行政处分,即使是不需要强制执行的形成性或确认性处分亦得申请,否则不足以保护相对人及利害关系人的合法权益。(资料来源:许炎:《行政救济法上不停止执行原则的再思考》,载《行政法学研究》2006年第1期)

三、诉讼不停止执行的相关问题

诉讼不停止执行主要是基于公共利益的考虑。但是,当被诉行政决定停止执行对公共利益并不构成危害时,停止执行或暂缓执行应当优先加以考虑。分析以下两个问题可以更进一步理解诉讼不停止执行的立法要旨。

(一)诉讼不停止执行的例外情形与行政诉讼法目的

根据《行政诉讼法》的规定,诉讼不停止的例外情形除了第三项的兜底条款外,其他两个是:(1)被告认为需要停止执行的;(2)原告申请停止执行,法院认为该具体行政行为的执行会造成难以弥补的损失,并且停止执行不损害社会公共利益,裁定停止执行的。在"被告认为需要停止执行"的情形中,法律其实允许被告在决定被诉行政决定停止执行时并不需要实质性理由,但原告必须在符合若干条件的前提下才能申请停止执行被诉行政决定。在这些若干条件中,"公共利益"是一个不确定的法概念,其内容和对象都处于难以确定的状态,"不损害"也难以把握。所以,以"不损害社会公共利益"作为原告申请被诉行政决定停止执行的条件,不能起到有效保护行政相对人合法权益的作用。而兜底条款"法律、法规规定停止执行的"这一项规定几乎形同虚设。因为,在现有法律体系中,只有《治安管理处罚法》第107条规定了暂缓执行制度,且适用条件相当严格。

(二)对诉讼期间是否停止执行的法院裁定缺乏救济途径

最高人民法院《若干解释》第63条规定,对"诉讼期间停止具体行政行为的执行或者驳回停止执行的申请"适用裁定。又根据该条第2款规定,申请人不服这一裁定也不能提起上诉。这一规定确保了行政诉讼效率,但在保障行政相对人权益方面的考虑明显不足。

鉴于诉讼不停止执行存在上述缺陷或不足,有学者提出了若干完善建议:(1)将停止执行变更为暂缓执行或中止执行。暂缓执行或中止执行意味着在诉讼中可能恢复被诉行政决定的执行力。被诉行政决定在裁定暂缓或中止执行之后,在特定的情况下仍然存在着恢复执行的可能性,通过暂缓执行或中止执行给法院以更多的裁量权,可以减少原来停止执行所产生的消极后果。(2)赋予法院依职权裁定停止执行的权力。原告申请停止执行被诉行政决定,法院一律裁定准予或者不准予停止执行都是不合现实的。而被告认为需要停止执行的决定不需要法院审查,有可能损害原告或者第三人的合法权益。行政诉讼本质上是行政相对人寻求法院救济的一种途径,所以应当赋予法院对原告申请和被告决定被诉行政决定停止执行以裁定是否准许的权力。(3)允许当事人就是否停止执行的裁定提出上诉。诉讼期间是否停止执行的裁定对当事人的实体权利影响极大,因此,当事人对是否停止执行的裁定可以行使救济权十分重要。停止或者不停止执行被诉行政决定的裁定涉及原告实体权利,如果不允许原告对裁定提起上诉,不足以保护原告的合法权益。①

第三节 对妨碍行政诉讼行为的强制措施

一、妨碍行政诉讼行为的概念和种类

妨碍行政诉讼的行为,是指在行政诉讼进行中,当事人、诉讼参与人或案外人员故意扰乱、阻碍、破坏行政诉讼秩序的行为。实施妨碍行政诉讼行为的,可能是诉讼参与人,也可能是没有参与诉讼的其他人,如旁听庭审的公民。《行政诉讼法》第49条规定了如下6种妨碍行政诉讼的行为:

(一)无故推脱、拒绝或者妨碍执行法院的协助执行通知书

有义务协助执行的人,应当协助执行法院的协助执行通知书,不得无故推脱、拒绝或者妨碍执行。理解这种行为时应当注意以下几点:(1)这里的"有义务协助执行的人"并非生效裁判确定的负有履行义务的当事人,而是案外人,如银行实施划拨当事人的存款、协助调查等。当事人如果不履行生效裁判的,只涉及裁判执行的问题。(2)应当有法院发出的协助执行的书面通知书,口头通知不产生法效力。(3)在无故推脱、拒绝或者妨碍执行中,"无故推脱"是对协助执行通知书无正当理由推诿或拖延不办;"拒绝"是指拒不接受协助通知书或对协助通知书上要求的事项拒绝办理;"妨碍执行"是指直接实施阻挠执行工作进行的行为。这三种行为中只要有一种即可构成妨碍行政诉讼的行为。

(二)伪造、隐藏、毁灭证据

伪造、隐藏或毁灭证据是当事人或其他人员故意破坏证据的行为,是严重妨碍行政诉讼活动的行为。证据是法院查明案件事实,准确定性和正确作出裁判的重要依据,因此,伪造、隐藏或毁灭证据行为必须予以禁止。伪造证据是指采取无中生有、以假乱真的方式制作虚假证据;隐藏证据是指将有关证据故意隐藏起来,妨碍法院取证;毁灭证据是指将有关证据予以销毁,使法院难以取得证据。严重的伪造、隐藏或毁灭证据行为可以构成刑事犯罪,行为人要承担刑事责任。

---

① 参见江必新、梁凤云:《行政诉讼法理论与实务》,北京大学出版社2011年版,第898—901页。

(三) 指使、贿买、胁迫他人作伪证或者威胁、阻止证人作证

指使、贿买、胁迫他人作伪证或者威胁、阻止证人作证是妨碍法院正常进行调查和取证的行为。"指使"他人作伪证是指采取授意、教唆的方式让本来没有作伪证意图的人作伪证;"贿买"他人作伪证是以金钱、财物或其他利益作为引诱,收买他人作伪证;"胁迫"他人作伪证是采用恐吓、强迫等威胁手段强迫他人作伪证;"威胁、阻止"证人作证是指采取威胁等手段阻止依法履行出庭作证义务的证人实施作证行为。

(四) 隐藏、转移、变卖、毁损已被查封、扣押、冻结的财产

查封、扣押、冻结是法院根据行政案件审理的需要对涉案财产进行财产保全的一种强制措施,任何人或单位不经法院准许擅自隐藏、转移、变卖、毁损已经被法院采取保全措施的财产,构成妨碍行政诉讼的行为。

(五) 以暴力、威胁或者其他方法阻碍法院工作人员执行职务或者扰乱法院工作秩序

法院工作人员包括审判人员、执行人员、书记员和司法警察等。这种直接针对法院的行政审判人员的行为,其目的在于阻碍法院行政审判人员等执行职务。它在司法实践中多表现为对法院审判人员和司法警察等进行辱骂、毁坏办公用品、贴标语、打横幅等,在行政审判人员和司法警察到当事人住所强制执行时进行围攻、堵截车辆、扣押等。

(六) 侮辱、诽谤、诬陷、殴打或者打击报复法院工作人员等

侮辱、诽谤、诬陷、殴打或者打击报复法院工作人员、诉讼参与人、协助执行人,客观上影响了法院正常的行政诉讼活动。

二、妨碍行政诉讼行为的构成要件

(一) 行为人已经实际实施了妨碍行政诉讼的行为

这是妨碍行政诉讼行为的客观要件。"已经实际实施"是指行为人的行为已经客观存在,而不是主观臆断或猜想的。同时,"已经实际实施"也是指妨碍行政诉讼的行为已经开始、还未完成或已经完成的状态。

(二) 行为人必须是基于主观故意实施妨碍诉讼行为

这是妨碍诉讼行为的主观要件,即行为人实施妨碍诉讼行为具有主观故意。《行政诉讼法》规定的6种行为都是行为人故意实施的。过失行为不是妨碍行政诉讼行为,法院不能对其实施强制措施。

(三) 必须是在行政诉讼过程中实施

这是妨碍行政诉讼行为的时间要件。"行政诉讼过程"是指妨碍行政诉讼行为发生的时间,它包括原告起诉、法院立案、调查取证、开庭审理、作出裁判以及执行等各个诉讼程序阶段。也只有发生在行政诉讼过程中的行为,才能构成妨碍行政诉讼的行为。

（四）造成了一定的危害后果

这是妨碍行政诉讼的后果要件。行为人的行为对诉讼正常进行所产生的危害必须达到一定的程度，才能认定其为妨碍诉讼行为，对其采取相应的强制措施。对于情节显著轻微，能够及时改正并且危害不大的行为，不宜认定为妨碍行政诉讼行为。

三、强制措施的概念和意义

强制措施是指在诉讼进行中，法院为了保证审判活动的正常进行，对有妨碍行政诉讼秩序行为的人采取的一种排除妨害、维护诉讼秩序顺利进行的强制手段。强制措施具有一定的制裁性，尤其是对严重妨碍行政诉讼的行为，其制裁性非常明显。强制措施的目的是保障行政诉讼的顺利进行，故其法律意义主要在于：

（一）保障当事人和诉讼参与人充分行使诉讼权利

行政诉讼设置强制措施的最终目的，是为了切实保障当事人特别是原告的合法权益，监督行政机关依法行政。妨碍行政诉讼行为对行政诉讼参加人或其他参与人的合法权益、诉讼权利以及人身、财产安全造成极为不利的影响，从而影响了行政诉讼的正常进行。因此，法院必须对妨碍行政诉讼行为采取必要的强制措施，才能保证行政诉讼目的的实现。

（二）保障法院正常履行行政审判职能

行政诉讼设置强制措施的直接目的，是维持良好的诉讼秩序，保证行政诉讼的顺利进行。行政诉讼是法院实施国家的司法职能的活动，应当有足够的司法权威。而妨碍诉讼行为是对行政诉讼秩序的破坏，对法院司法权威的藐视，对法院行政审判职能的干扰，对此，法院必须依法排除各种妨碍行政诉讼的行为，保障行政诉讼顺利进行。

四、强制措施的种类和适用

（一）训诫

训诫，即以口头形式批评教育实施妨害行政诉讼行为人并警告其不得再犯的司法措施，它是一种最轻的强制措施。训诫主要针对有轻微妨碍行政诉讼行为的人，使其听从教育及时认错。《人民法院法庭规则》第11条规定："对于违反法律规则的人，审判长或者独任审判员可以口头警告、训诫，……"训诫的对象行为包括诉讼参与人喧哗、吵闹等。

（二）责令具结悔过

责令具结悔过，即法院命令妨碍行政诉讼的人书写悔过书，使其认识错误，保证不再重犯的一种强制措施。责令具结悔过也是一种较轻的强制措施，一般也是当庭进行，悔过书由妨碍行政诉讼的人当庭宣读。

（三）罚款

罚款，即法院强制妨碍行政诉讼的人在一定期限内缴纳一定数量的金钱的强制措施。

罚款适用的对象是实施妨碍行政诉讼行为的情节、后果比较严重的人,法院可以根据具体情节、所造成的危害后果、认错情况及经济状况等因素来决定罚款数额,但最高不得超过1000元。罚款一般由合议庭提出意见,经院长批准,并制作罚款决定书,送达被罚款人。被罚款人对处罚决定不服,可以在接到决定书次日起3日内,向作出决定的法院提出书面申请,要求上一级法院复议,或直接向上一级法院申请复议。对提出书面申请有困难的,可以口头申请。被罚款人的口头申请,应当记入笔录,由其签名或者盖章,与书面提出申请具有同等效力。

（四）拘留

拘留即司法拘留,是指法院暂时限制妨碍行政诉讼的人的人身自由,它是一种最严厉的行政诉讼强制措施。拘留主要针对妨碍诉讼情节严重、认错态度恶劣、不拘留有可能继续作出妨碍诉讼行为的人,拘留的期限不得超过15天。拘留决定先由合议庭提出意见,报法院院长批准,并且制作拘留决定书,由司法警察携带拘留决定书将被拘留人送交当地公安机关看管。对拘留决定不服的,被拘留人可以申请复议,程序与上述罚款复议申请相同。

第四节　财产保全与先予执行

一、财产保全

最高人民法院《若干解释》第48条第1款规定:"人民法院对于因一方当事人的行为或者其他原因,可能使具体行政行为或者人民法院生效裁判不能或者难以执行的案件,可以根据对方当事人的申请作出财产保全的裁定;当事人没有提出申请的,人民法院在必要时也可以依法采取财产保全措施。"这是行政诉讼中财产保全的法律依据。

（一）财产保全的含义和种类

财产保全是指法院为保障将来的行政诉讼裁判顺利执行,在诉讼过程中依当事人申请或者依职权采取的限制有关财产处分或者转移的强制措施。

财产保全是诉讼保全的一种,诉讼保全按不同的诉讼标的可分为财产保全、行为保全和证据保全。财产保全包括诉前财产保全和诉讼中财产保全。诉前财产保全,是指经利害关系人的申请,法院经审查认为不立即采取财产保全措施,利害关系人的合法权益会受到难以弥补的损失,因此对财产或诉讼标的物采取的强制措施。诉讼中财产保全是指在诉讼过程中经当事人申请或法院依其职权对财产进行保全的强制措施。诉前财产保全与诉讼中财产保全的区别是:(1)申请的主体不同。诉前财产保全是在起诉前由利害关系人向法院提出,法院实行不告不理原则;诉讼中财产保全是当事人在诉讼进行中申请财产保全,必要时法院可以依职权采取保全措施。(2)申请财产保全的时间不同。诉前财产保全必须在起诉前向有管辖权的法院提出申请;诉讼中财产保全应当在案件受理后、判决生效前提出申请。(3)对申请人是否提供担保的要求不同。申请诉前财产保全的,申请人必须提供担保,不提供担保的,驳回申请。申请诉讼中财产保全的,法院责令申请人提供担保的,申请人必须提供担保,不提供担保的,驳回申请;没有责令申请人提供担保的,申请人可以不提供担保;法院依职权采取保全措施的,有关的利害关系人也可以不提供担保。

(二)财产保全的管辖

1. 诉前财产保全

对于诉前财产保全,法院受理当事人申请后,应当按照诉前财产保全标的金额并参照《民事诉讼法》关于级别管辖和专属管辖的规定,决定是否采取诉前财产保全措施。采取财产保全措施的法院受理申请人的起诉后,发现所受理的案件不属于本院管辖的,应当将案件和财产保全申请费一并移送有管辖权的法院。案件移送后,诉前财产保全裁定继续有效。①

2. 诉讼中财产保全

对于诉讼中财产保全,由审理案件的法院管辖。但是,出于便利当事人诉讼、保障法院公正审理、均衡法院诉讼案件的负担等方面的考虑,以及借鉴国外的立法例和司法实践,有学者提出可以对财产保全的管辖明确为,一般情况下由受理案件的法院采取财产保全措施,在特殊情况下,也可以由标的物所在地法院管辖。②

(三)财产保全的裁定

1. 作出财产保全裁定的条件

诉前财产保全适用条件是:(1)需要采取诉前财产保全的申请必须具有给付内容,即申请人将来提起的诉讼请求具有财产给付内容;(2)情况紧急,不立即采取相应的保全措施,可能使申请人的合法权益受到难以弥补的损失;(3)由利害关系人提出诉前财产保全申请;(4)诉前财产保全申请人必须提供担保。申请人如不提供担保,法院驳回申请人在起诉前提出的财产保全申请。

诉讼中财产保全的适用条件是:(1)将来的生效判决因为主观或者客观的因素导致不能执行或者难以执行。(2)诉讼中财产保全发生在行政案件受理后、法院尚未作出生效判决前。如果法院的判决已经生效,当事人可以申请强制执行,但是不得申请财产保全。(3)诉讼中财产保全一般由当事人提出书面申请。当事人没有提出申请的,法院在必要时也可以裁定采取财产保全措施。(4)法院可以责令当事人提供担保。

2. 对财产保全裁定的救济

法院裁定财产保全或者驳回申请的,当事人可以申请复议。但复议期间不停止裁定的执行。对财产保全可以采取查封、扣押、冻结或者法律规定的其他方法。法院保全财产后,应当立即通知被保全财产的人。财产已被查封、冻结的,不得重复查封、冻结。

二、先予执行

最高人民法院《若干解释》第48条第2款规定:"人民法院审理起诉行政机关没有依法发给抚恤金、社会保险金、最低生活保障费等案件,可以根据原告的申请,依法书面裁定先予执行。"这是行政诉讼先予执行的法律依据。

---

① 最高人民法院《关于诉前财产保全几个问题的批复》(法释[1998]29号)。
② 参见江必新、梁凤云:《行政诉讼法理论与实务》,北京大学出版社2011年版,第853页。

（一）先予执行的概念

先予执行，又称先行给付，是指法院在作出生效裁判前裁定有给付义务的当事人先行履行义务给付财物或作出一定行为。

法院裁定先予执行一般应当符合以下条件：(1) 当事人之间权利义务关系明确，这种行政法律关系可能是财产类给付关系也可能是行为类给付关系；(2) 申请人有较大的胜诉可能性，因为，先予执行有一定的预决性，所以需要考虑申请人胜诉的可能性；(3) 如果不先予执行将严重影响申请人的生活或生产经营；(4) 被申请人有履行能力，这是法院裁量的参考因素。

理论研讨

先予执行在行政诉讼、民事诉讼上的共性

行政诉讼先予执行与民事诉讼先予执行的统一性主要体现在：第一，先予执行具有预决纠纷性。与财产保全不涉及本案实体法律关系的解决不同，行政诉讼先予执行与民事诉讼先予执行意在防止给申请人带来无法弥补的损失而暂时实现申请人的诉讼请求，而先予执行实现的结果又常常达致与本案判决相同的效果，因此，先予执行程序的行进中暗含着一个预先的解决纠纷过程。但它对纠纷的解决毕竟是暂时的，且缺乏稳定性，纠纷解决的最终状态还要靠本案诉讼的终局判决来型构。第二，无论是民事还是行政先予执行程序都具有公开性。由于先予执行提前实现申请人的诉讼请求，对被申请人的权益影响巨大。为充分保护被申请人的利益，先予执行的裁定必须在其知晓并经开庭审查的基础上才能作出。而财产保全并不提前实现申请人的权利，给被申请人带来的不利相对较小。因而，一旦申请人发现被申请人正在从事危害申请人债权的行为，应当趁被申请人发觉之前，迅速、秘密地对其采取保全措施，而不必通知被申请人，以免影响保全的效果。第三，民事和行政诉讼先予执行的内容具有履行性。先予执行力求预先满足申请人的诉讼请求，所采取的执行措施必定是履行性的，比如将被申请人的金钱直接交付申请人，而不是冻结或提存被申请人的金钱。而财产保全是对被申请人的财物进行强制性保护以保证将来判决内容的实现，因而，其执行措施是保全性的，如财产保全的执行措施只能是扣押、冻结、提存等，不能将该物或金钱直接交予债权人。（资料来源：王彦：《行政诉讼先予执行制度的完善》，载《人民司法》2008 年第 17 期）

（二）先予执行的种类

1. 金钱给付

金钱给付是最主要的先予执行的种类，具体可细化为抚恤金、社会保险金和最低生活保障费。抚恤金是指军人、国家机关工作人员、参战民兵等因公伤残或牺牲，国家由行政机关民政部门依法对伤残者或革命烈士、因公牺牲人的家属发给的费用。最低生活保障金是公

民的物质帮助权的具体体现,是在公民年老、疾病或者丧失劳动能力等情况下政府应当发放的最低生活保障的费用。社会保险金是社会保险制度的体现,包括养老保险金、医疗保险金、失业保险金、工伤保险金、生育保险金等。对于先予执行的金钱给付,最高人民法院《若干解释》除了明示列举的这三项外,还有"等"内容。这里的"等"应当理解为,只要原告的生活或生产有迫切的需要的,都应当适用该条的规定。

2. 行为给付

除了金钱给付外,有的先行给付还包括一定的行为的先行,即行为给付。最高人民法院《若干解释》第94条规定,在诉讼过程中,被告或者行政行为确定的权利人申请法院强制执行被诉行政行为,法院不予执行,但不及时执行可能给国家利益、公共利益或者他人合法权益造成不可弥补的损失的,法院可以先予执行。后者申请强制执行的,应当提供相应的财产担保。行为给付一般出现于紧急状态下,如需要立即停止侵害、排除妨碍、需要立即制止某项行为等情况。

(三) 先予执行的程序

1. 当事人申请

先予执行必须由当事人提出申请,并且应当提供证据证明其申请符合最高人民法院《若干解释》中先予执行的条件,一般要求提出书面申请。在必要的时候,法院可以就是否应当采取先予执行进行调查。

2. 作出裁定

对当事人提出的先予执行的申请,法院应当进行审查,审查的内容主要是两个方面:一是申请是否属于先予执行的范围;二是申请是否符合先予执行的条件。法院对符合先予执行条件的申请,应当及时作出先予执行的裁定,裁定送达后即发生法律效力。被申请执行的行政行为有下列情形之一的,法院应当裁定不准予执行:(1) 明显缺乏事实根据的;(2) 明显缺乏法律依据的;(3) 其他明显违法并损害被执行人合法权益的。①

3. 先予执行裁定的效力

先予执行裁定送达后即发生法律效力,义务人不服可以申请复议一次,但复议期间,不停止先予执行裁定的效力。义务人应当依裁定履行义务,拒不履行义务的,法院可以根据权利人的申请或依职权决定采取执行措施强制执行。义务人申请复议有理的,法院应当裁定撤销原裁定。若原裁定已执行的,法院应当采取执行回转措施。申请人败诉的,应当赔偿被申请人因先予执行遭受的财产损失。

第五节 诉讼中止与诉讼终结

一、诉讼中止

诉讼中止,是指在诉讼进行过程中,由于出现了特殊情况而使得诉讼无法继续进行下去,必须暂时停止诉讼。诉讼程序一经开始就应当连续进行直至裁判作出而结束,但在遇到

---

① 最高人民法院《关于执行〈中华人民共和国行政诉讼法〉若干问题的解释》第95条。

无法克服或者难以避免的特殊情况发生时,如果不中止诉讼会影响诉讼公正,所以,法院应当依法暂时中止诉讼程序。

在行政诉讼过程中,中止诉讼的情形是:(1)原告死亡,须等待其近亲属表明是否参加诉讼的。原告死亡,其权利能力自然消亡,就不再具有当事人资格,但可以由其近亲属继续参加。近亲属还未确定或者没有表明是否参加诉讼的,应当中止诉讼。(2)原告丧失诉讼行为能力,尚未确定法定代理人的。这里的原告只是作为自然人的原告,原告之所以能参加诉讼,是因为有诉讼行为能力。一旦丧失诉讼行为能力,就必须由法定代理人代其行使诉讼权利。(3)作为一方当事人的行政机关、法人或者其他组织终止,尚未确定权利义务承受人的。需要注意的是,此处的"行政机关"是广义的,包括行政机关和法律法规授权的组织。(4)一方当事人因不可抗力的事由不能参加诉讼的。不可抗力是指不能预见、不能避免并不能克服的客观情况,是法律制度上的免责条款,如台风、冰雹、地震、海啸、洪水、火山爆发、山体滑坡等自然灾害,也包括客观上不能控制、不能避免的事件,如罹患疾病、交通事故等。(5)案件涉及法律适用问题,需要送请有权机关作出解释或者确认的。根据《立法法》的有关规定,如果案件涉及法院不能确定的法律适用问题时,由受理法院将拟适用的法律、法规或规章及其相关问题逐级上报最高人民法院,由最高人民法院提请全国人大常委会或国务院进行解释。在此期间,应当中止诉讼。(6)案件的审判须以相关民事、刑事或者其他行政案件的审理结果为依据,而相关案件尚未审结的。(7)其他应当中止诉讼的情形。这是个兜底条款,如果其他法律、法规、规章或司法解释有规定的,可以视为"其他情形"。

中止诉讼的原因消除后,法院应当恢复诉讼。对于诉讼中止的裁定,当事人不得申请复议,也不得提出上诉。从法院通知或准许当事人双方继续进行诉讼时起,中止诉讼裁定即失去效力。

二、诉讼终结

一般情况下,行政诉讼因法院作出裁判而终结。但是,在审理过程中出现了法定事由也应当终结诉讼程序。在诉讼过程中,有下列情形之一的,法院裁定终结诉讼:(1)原告死亡,没有近亲属或者近亲属放弃诉讼权利的。原告死亡,没有近亲属的,意味着无权利义务的承受人;近亲属放弃诉讼权利的,则意味着近亲属放弃了诉讼中获得的利益。这两种情况下,法院都应当裁定诉讼终结。(2)作为原告的法人或者其他组织终止后,其权利义务的承受人放弃诉讼权利的。作为原告的法人或者其他组织终止后,如果其权利义务的承受人继续诉讼的,法院应当继续审理;承受人放弃诉讼权利的,法院应当裁定终结诉讼。(3)原告死亡后须等待其近亲属表明是否参加诉讼的,原告丧失诉讼行为能力尚未确定法定代理人的,或者作为一方当事人的行政机关、法人或者其他组织终止而尚未确定权利义务承受人的,这三种原因中止诉讼满90日,仍无人继续诉讼的,裁定终结诉讼,但有特殊情况的除外。(4)原告申请撤诉法院准许或者视为申请撤诉的。撤诉是一种结案方式,撤诉裁定发生法律效力,就意味着诉讼终结。

诉讼终结裁定一经作出,自裁定送达当事人之日起或宣布之日起发生法律效力。当事人不得上诉,也不得申请复议。诉讼终结的案件,当事人不得以同一事实和理由就同一诉讼标的再行起诉,法院也不得再受理此案。终结诉讼的案件,已经交纳的案件受理费不予退还。

思考题：

1. 行政诉讼程序中的撤诉应当具备哪些条件？
2. 试述行政诉讼不停止执行原则的内涵与例外情形。
3. 试述妨碍行政诉讼的强制措施。
4. 试述财产保全和先予执行的条件与程序。
5. 试述诉讼中止与诉讼终结的情形和后果。

案例应用：

1. 2012年9月，周筱赟、董正伟就12306网站的问题向铁道部申请信息公开，要求公开"新一代客票系统一期工程项目"招标的相关详细信息。此后，铁道部于2012年10月18日作出正式答复，称该网站是由独立法人单位铁道部信息技术中心作为招标人，依据相关法律，依法在"中国采购与招标网"等网站履行了法定告知义务。周筱赟对此答复不服，提起行政诉讼。2013年2月22日，北京市第一中级人民法院受理该案。2013年3月11日，案件还没审理，铁道部被撤销。3月15日，北京市第一中级人民法院作出中止审理的裁定，并通过快递送到周筱赟、董正伟手中。

请问：北京市第一中级人民法院裁定中止是否应当？裁定中止后，由哪个行政机关作为被告？什么情况下恢复诉讼？

2. 近年来，为妥善化解行政争议，促进公民、法人或者其他组织与行政机关相互理解沟通，维护社会和谐稳定，全国各级法院积极探索运用协调、和解方式解决行政争议。2008年，最高人民法院发布《关于行政诉讼撤诉若干问题的规定》，从制度层面对行政诉讼的协调、和解工作机制作出规范，为促进行政争议双方和解，通过原告自愿撤诉实现"案结事了"提供了更大的空间。

最高人民法院《人民法院工作年度报告（2009）》披露，"在2009年审结的行政诉讼案件中，通过加大协调力度，行政相对人与行政机关和解后撤诉的案件达43,280件，占一审行政案件的35.91%"。

总体上看，法院的上述做法取得了较好的社会效果，赢得了公众和社会的认可。但也有人担心，普遍运用协调、和解方式解决行政争议，与行政诉讼法规定的合法性审查原则不完全一致，也与行政诉讼的功能与作用不完全相符。（2010年国家司法考试题）

问题：
请对运用协调、和解方式解决行政争议的做法等问题谈谈你的意见。

拓展阅读：

1. 何忠凯：《论行政诉讼中的暂时法律保护制度》，载《行政法学研究》2009年第3期。
2. 黄学贤：《行政诉讼撤诉若干问题探讨》，载《法学》2010年第10期。
3. 解志勇：《行政诉讼撤诉：问题与对策》，载《行政法学研究》2010年第2期。
4. 何海波：《行政诉讼撤诉考》，载《中外法学》2001年第2期。
5. 许炎：《行政救济法上不停止执行原则的再思考》，载《行政法学研究》2006年第1期。
6. 王彦：《行政诉讼先予执行制度的完善》，载《人民司法（应用）》2008年第17期。

第二十章

行政诉讼证据

> **✦ 学习目标**
> 通过本章的学习,学生可以掌握以下内容:
> 1. 行政诉讼证据的种类及证据的法定形式
> 2. 行政诉讼程序中的举证规则
> 3. 行政诉讼的证据调取和证据保全
> 4. 行政诉讼的质证和认证规则
>
> **✦ 关键概念**
> 行政诉讼证据　举证责任　证明规则　证据保全　质证　认证

第一节　行政诉讼证据概述

一、行政诉讼证据的概念

与民事诉讼、刑事诉讼一样,在行政诉讼中,证据制度也是其重点和难点部分,在行政诉讼理论和实践中占有重要的地位。证据是整个行政诉讼程序的灵魂,没有证据的证明作用就没有法律事实,也就没有法律适用的基础,行政诉讼也就空洞无物。

行政诉讼证据是指行政诉讼当事人用以证明被诉行政行为是否合法的证据材料。作为一个法律制度,行政诉讼证据包括法律规定或确认的证据概念、举证责任分配规则、质证、认证、证明标准以及如何收集、审查判断证据等。

二、行政诉讼证据的种类

(一) 书证

书证是以文字、符号、图案等所记载的内容表达的与案件事实有关的人的思维或者行

---

① 江必新主编:《中国行政诉讼制度的完善——行政诉讼法修改问题实务研究》,法律出版社 2005 年版,第 137—141 页。关于行政诉讼证据的定义,国内教材有很多方法,但这一定义揭示了行政诉讼证据的特殊性,是可取的。

为的书面材料,如行政机关的文书、函件、处理决定等。当事人向法院提供书证的,应当符合下列要求:(1)提供书证的原件,原本、正本和副本均属于书证的原件。提供原件确有困难的,可以提供与原件核对无误的复印件、照片、节录本。(2)提供由有关部门保管的书证原件的复制件、影印件或者抄录件的,应当注明出处,经该部门核对无误后加盖其印章。(3)提供报表、图纸、会计账册、专业技术资料、科技文献等书证的,应当附有说明材料。(4)被告提供的被诉行政行为所依据的询问、陈述、谈话类笔录,应当有行政执法人员、被询问人、陈述人、谈话人签名或者盖章。法律、法规、司法解释和规章对书证的制作形式另有规定的,从其规定。

（二）物证

物证是以物品、痕迹等客观物质实体的外形、性状、质地、规格等证明案件事实的物品。如肇事交通工具、现场留下的物品和痕迹等。当事人向法院提供物证的,应当符合下列要求:(1)提供原物。提供原物确有困难的,可以提供与原物核对无误的复制件或者证明该物证的照片、录像等其他证据。(2)原物为数量较多的种类物的,提供其中的一部分。

（三）视听资料

视听资料以录音、录像、扫描等技术手段,将声音、图像及数据等转化为各种记录载体上的物理信号,证明案件事实的信息,如音像磁带、计算机数据信息等。当事人向法院提供计算机数据或者录音、录像等视听资料的,应当符合下列要求:(1)提供有关资料的原始载体。提供原始载体确有困难的,可以提供复制件。(2)注明制作方法、制作时间、制作人和证明对象等。(3)声音资料应当附有该声音内容的文字记录。

（四）证人证言

证人证言是直接或者间接了解案件情况的证人向法院所作的用以证明案件事实的陈述。一般情况下,证人应当出庭陈述证言,但如确有困难不能出庭,经法院许可,可以提交书面证言。精神病人、未成年人作证应与其心理健康程度、心智成熟程度相适应。当事人向法院提供证人证言的,应当符合下列要求:(1)写明证人的姓名、年龄、性别、职业、住址等基本情况;(2)有证人的签名,不能签名的,应当以盖章等方式证明;(3)注明出具日期;(4)附有居民身份证复印件等证明证人身份的文件。

（五）当事人陈述

当事人陈述是本案当事人在诉讼中就案件事实向法院所作的陈述和承认。当事人的地位可能使他对案件事实的了解最为直接、具体,因此,其陈述最有助于法院了解、认定案件事实。但是,由于当事人与裁判结果之间存在着利害关系,所以当事人陈述往往具有夸大或者缩小案件事实的情况,以达到自身利益最大化,对此,法院在审查认定时不可不辨。当事人对于法律适用问题的认识,不属于"当事人陈述"。

（六）鉴定结论

鉴定结论是具有专业技术特长的鉴定人利用专门的仪器、设备,就与案件有关的专门问题所作的技术性结论。根据鉴定对象的不同,可分为医学鉴定、文书鉴定、技术鉴定、会计鉴定、化学鉴定、物理鉴定等。鉴定结论一般由被告承担举证责任。被告向法院提供的在行政程序中采用的鉴定结论,应当载明委托人和委托鉴定的事项、向鉴定部门提交的相关材料、鉴定的依据和使用的科学技术手段、鉴定部门和鉴定人鉴定资格的说明,并应有鉴定人的签名和鉴定部门的盖章。通过分析获得的鉴定结论,应当说明分析过程。

(七) 勘验笔录、现场笔录

勘验笔录是指行政机关工作人员或者法院审判人员对与行政案件有关的现场或者物品进行勘察、检验、测量、绘图、拍照等所作的记录。现场笔录是指行政机关工作人员在行政管理过程中对与行政案件有关的现场情况及其处理所做的书面记录。

按照行政诉讼举证责任的分配,勘验笔录和现场笔录的举证责任通常由被告承担。被告向法院提供的现场笔录,应当载明时间、地点和事件等内容,并由执法人员和当事人签名。当事人拒绝签名或者不能签名的,应当注明原因。有其他人在现场的,可由其他人签名。法律、法规和规章对现场笔录的制作形式另有规定的,从其规定。

第二节 行政诉讼举证责任

一、行政诉讼举证责任的概念

《行政诉讼法》第32条规定:"被告对作出的具体行政行为负有举证责任,应当提供作出该具体行政行为的证据和所依据的规范性文件。"此为规定行政诉讼被告举证责任的法规范,是行政诉讼举证责任的基础规范。

行政诉讼举证责任是指依照法律规定或法官的指定,在行政案件的事实难以确定的情况下,由一方当事人提供证据予以证明,如提供不出证明相应事实的证据则承担败诉风险。实质上,举证责任不但是行政诉讼的一种义务或负担,而且应当首先看做是一种制度,一种确定胜诉和败诉的制度,一种把提供证据同法院对案件的裁判联系起来并最终决定案件审判结果的制度。行政诉讼的举证责任与当事人提供证据的权利不同。任何当事人都有举证的权利,但特定的待证事实只能由一方当事人承担举证的责任,否则承担不利后果。

从举证责任的构成而言,与民事诉讼或刑事诉讼的举证责任不同,完整的行政诉讼举证责任,由程序方面的提出责任或者推进责任和实体方面的说服责任两部分组成。证据提出责任或推进责任是当事人提供证据,证明其诉讼主张构成法律争端从而值得或者应当由法院予以审判的举证责任,是推进诉讼程序进展的责任。证据说服责任是当事人提出证据使法官确信其实体主张成立的义务,是决定败诉后果由谁承担的实体责任,即在不能确定事实或待定的事实真伪不明时,负有说明责任的当事人应当承担举证不能而败诉的不利后果。行政诉讼中,被告对被诉行政行为的合法性负有的举证责任就是说服责任,原告证明起诉符合法定起诉条件的举证责任属于推进责任。

二、被告举证责任

行政诉讼的举证责任不纯粹等同于民事诉讼的"谁主张谁举证"。由于行政机关作出行政行为是基于社会公共利益,在行政法律关系中出于主动性和主导性,举证责任就涉及分配问题。行政诉讼举证责任分配是指对于有争议且需要加以证明的事实,应当由谁承担举证责任。《行政诉讼法》第32条规定:"被告对作出的具体行政行为负有举证责任,应当提供作出该具体行政行为的证据和所依据的规范性文件。"

 前沿引介

"规范性文件"是证据吗

《行政诉讼法》第32条规定:"被告对作出的具体行政行为负有举证责任,应当提供作出具体行政行为的证据和所依据的规范性文件。"可以认为,该法条在前半句概括性地规定了被告对其作出的具体行政行为负举证责任后,后半句无非是就被告具体应对哪些事项负举证责任或者说被告具体应提供哪些证据作进一步的规定。就此而言,被告应当提供的作出具体行政行为的证据和所依据的规范性文件均属被告的举证事项,或者说均为被告应提供的证据,它们实际上分别是指具体行政行为的事实根据和规范性文件依据。但是,由于人们一般把证据理解为"证明案件真实情况的事实",具体到行政诉讼中就仅指上述具体行政行为的事实根据。行政诉讼法该条的规定正是考虑到人们的一般观念而直接用"作出具体行政行为的证据"来指称具体行政行为的事实根据,但这里的证据应仅具形式的或字面的意义,可称之为形式意义上的行政诉讼证据,实质意义上的行政诉讼证据还应包括"依据";另外,新司法解释第26条第2款规定:"……被告不提供或无正当理由逾期提供的,应当认定该具体行政行为没有证据、依据。"笔者以为这个规定与《行政诉讼法》第32条相结合便是举证责任规则(包括行为责任和结果责任)的典型体现,即被告不仅要提供"证据"和于不提供或无正当理由逾期提供"证据"时承担败诉后果,也应提供"依据"且于不提供或无正当理由逾期提供"依据"时承担败诉后果。可见,被告应提供的"依据"实际上就是证据。(资料来源:赵清林、杨小斌:《规范性文件依据也是行政诉讼证据》,载《行政法学研究》2002年第3期)

(一)被告举证责任的范围

根据《行政诉讼法》及其相关司法解释的规定,被告负举证责任的范围包括:(1)对作出的行政行为的合法性承担举证责任。对于这一点,法院没有裁量权。对行政行为的合法性举证,是被告的法定义务,不能抛弃,不能转让,原告和第三人不承担举证责任。(2)对依职权应当作为但不作为行为的合法性承担举证责任。(3)对原告起诉是否超过法定期限承担举证责任。

(二)被告举证责任的时限

被告负举证责任的时限是"在收到起诉状副本之日起10日内",在此期间,被告应当提供据以作出被诉行政行为的全部证据和所依据的规范性文件。被告不提供或者无正当理由逾期提供证据的,视为被诉行政行为没有相应的证据。

最高人民法院《证据规定》对延期提供作出了规定,即被告因不可抗力或者客观上不能控制的其他正当事由,不能在规定的期限内提供证据的,应当在收到起诉状副本之日起 10 日内向法院提出延期提供证据的书面申请。法院准许延期提供的,被告应当在正当事由消除后 10 日内提供证据;逾期提供的,视为被诉行政行为没有相应的证据。

前沿引介

被告举证时间的合理性

《行政诉讼法》和相关司法解释都明确规定了被告应当在收到起诉状副本之日起 10 日内向法院提供作出具体行政行为时的证据。司法解释还明确规定了被告不提供或无正当理由逾期提供的,视为被诉具体行政行为没有相应的证据,法院应依法判决其败诉。这一规定,固然是依照行政诉讼特点所作出的符合行政诉讼规律的规则,体现了对被告举证期限的严格限制。但是,由于法律和司法解释均没有规定在被告举证时应有原告在场并履行相应的法定手续,所以非常容易使这一问题成为行政诉讼中一个有争议的问题,而且争议的主体不仅是原告和被告之间,很可能扩展到理应作为司法审判中立者的法院。从微观角度讲,虽然法律和司法解释明确规定了被告应在法定期限内举证,但如何确认被告确实是在法定期限内提供了证据,实践中确实有很多原告对此提出过质疑。然而在我国,也同样由于体制、观念等各方面的原因,行政审判中的不尽如人意之处还比较严重地存在,由此人们对法院是否会对行政机关的行政行为依法审判产生了不同程度的怀疑。我们不能说这种质疑没有一点道理,相反我们应当认为这种质疑对于我们进一步完善被告举证的程序规则,从而进一步促进司法公正具有相当程度的积极意义。在司法实践中,一般都是由法官在早已超过举证期限之后的开庭审理过程中宣布被告已经在法定期限内向法院提供了作出行政行为的证据。对此,从法理上说,原告是有权提出质疑的。因为法官是纠纷的裁判者,理应居于中立地位,在法庭审判中,由其单方面地宣布在纠纷的一方当事人并不参与的情形下另一方当事人已经履行了法定的举证义务,且没有任何法定手续加以证明,这种宣布实际上是缺乏依据的,至少有"不透明"之嫌,也在一定程度上违背了司法的公正性。有些原告提出质疑是完全有道理的,因为被告是否在法定期限内举证,关系着诉讼的结果,原告对其关注,表明其对自身合法权益的维护。对此,原告要求法院出示证据证明被告在法定期限内举证的事实,是符合法治原则的。(资料来源:沈福俊:《论行政诉讼被告举证规则的优化》,载《法商研究》2006 年第 5 期)

三、原告与第三人举证责任

行政诉讼举证责任不仅包括被告的举证责任,也包括原告和第三人的举证责任,它们之间在举证责任上只是举证内容不同而已。

(一) 原告举证责任

1. 符合起诉条件

公民、法人或者其他组织向法院起诉时,应当提供其符合起诉条件的相应的证据材料,但被告认为原告起诉超过起诉期限的除外。因为起诉期限起算时点是行政机关作出被诉行政行为之时,而被告负有送达其作出的行政行为的义务,所以,何时送达的争议由被告举证是合理的。

2. 起诉不作为案件

在起诉被告不作为的案件中,原告应当证明其提出过申请的事实。但下列两种情形可以免除原告的举证责任:(1)被告应当依职权主动履行法定职责的;(2)原告因被告受理申请的登记制度不完备等正当事由不能提供相关证据材料并能够作出合理说明的。

3. 行政赔偿案件

在行政赔偿诉讼中,原告应当对被诉行政行为造成损害的事实提供证据。对于损害事实是否是因被告作出的被诉行政行为所致,即因果关系不属于原告的举证范围。

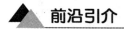 前沿引介

"起诉条件"属于原告的举证范围吗

"证明起诉符合法定条件"是指行政诉讼的哪一个阶段呢?一般认为,由原告方证明其起诉符合法定条件既可以是法院审查起诉阶段的要求,也可以是指在法院受理、立案之后,被告对原告的起诉是否符合法定条件提出质疑的情形。许多学者认为,《若干解释》第27条第1项的规定,只适用于后一种情况,而同审查起诉阶段无关。因为,在法院受理、立案前,诉讼尚未开始,原告方的称谓还只是起诉人,即使起诉人不能证明自己符合法定起诉条件,其后果也只是法院裁定不予受理,而同败诉无关。既然同败诉无关,起诉人的这种责任就不应该视为举证责任。随之而来的问题是,受理、立案之后,如果原告不能针对被告的质疑证明自己符合法定起诉条件的话,其后果是法院的裁定驳回起诉,将这种后果同败诉挂钩的话也显得勉强,因为,裁定不予受理和裁定驳回起诉,法院都只是针对程序性的起诉权问题进行裁定,而并没有对实体性的胜诉权问题作出判决。所以,一般所认为的这两种情况似乎同举证责任都挂不起钩来,至于庭审开始之后,法院一般就不可能再针对原告是否符合法定起诉条件来进行审查和裁判。由此推导,《若干解释》第27条第1项的规定就存在与举证责任理论不一致的现象。笔者认为,第27条第1项实际上是将原告方的证明责任同举证责任相混淆的结果,并同意有的学者用"不妥当"对最高法院此项规定的评价。(资料来源:杨寅:《行政诉讼证据规则梳探》,载《华东政法大学学报》2002年第3期)

(二) 第三人举证责任

《行政诉讼法》以及最高人民法院相关的司法解释都没有对行政诉讼第三人的举证责任

作出规定。但是,作为行政诉讼参加人,其也应当承担一定的举证责任。行政诉讼第三人分为类似原告地位的第三人和类似被告地位的第三人,不同类型的第三人的举证责任也不同。

1. 类似原告地位的第三人

类似原告地位的第三人是指原告之外的与被诉行政行为之间具有利害关系的公民、法人或其他组织。类似原告地位的第三人的举证责任与原告类似,虽然无需证明起诉符合法定起诉条件,但应当证明其与被诉行政行为有法律上的利害关系。

2. 类似被告地位的第三人

类似被告地位的第三人是指被告之外的与被诉行政行为之间有利害关系的行政机关、公民、法人或者其他组织。如"应当追加被告而原告不同意追加的,人民法院应当通知其以第三人的身份参加诉讼。"[①]行政机关作为第三人时,除了承担与被诉行政行为有法律上的利害关系的举证责任外,还应当证明其行政职能范围等。

(三) 原告与第三人的举证时限

原告或者第三人应当在开庭审理前或者法院指定的交换证据之日提供证据。因正当事由申请延期提供证据的,经法院准许,可以在法庭调查中提供。逾期提供证据的,视为放弃举证权利。原告或者第三人在第一审程序中无正当事由未提供而在第二审程序中提供的证据,法院不予接纳。

第三节　证据调取和保全

一、调取证据

调取证据是指法院在诉讼过程中按照法定程序依职权发现、提取、采集并固定与案件事实有关的证据材料的活动。调取即是调查和提取,调取证据又叫调查收集证据;在证据学上,法院调取证据又称为证据调查。《行政诉讼法》第34条第2款规定:"人民法院有权向有关行政机关以及其他组织、公民调取证据。"这是法院调取证据的基本依据。根据《行政诉讼法》规定,法院调取证据分为依职权调取证据和依申请调取证据。

(一) 依职权调取证据

《行政诉讼法》第34条第2款及最高人民法院《证据规定》第22条规定,有下列情形之一的,法院有权向有关行政机关以及其他组织、公民调取证据:

1. 证明实体事项的证据

法院有权调取涉及国家利益、公共利益或者他人合法权益的事实认定的证据。当事人在行政诉讼中通常仅就与自己切身利益相关的证据提交到法庭,以期获得法院支持其诉讼请求。所以,与行政案件有关的涉及国家利益、公共利益的事项,法院应当主动调取证据。

如果涉及他人合法利益的事项,法院可以通过追加第三人解决。追加第三人后,法院认为应当调取证据的,也可以依职权调取证据。

---

① 最高人民法院《关于执行〈中华人民共和国行政诉讼法〉若干问题的解释》第23条第2款。

2. 证明程序事项的证据

法院有权调取涉及依职权追加当事人、中止诉讼、终结诉讼、回避等程序性事项的证据。如在一般情况下，法院通过审查起诉材料等就可以确定本案是否需要追加当事人。但有时在法院审理案件过程中才发现尚有未进入诉讼的第三人。如果证据证明其确实需要依职权追加的，法院必须追加当事人。对于此类证据，已经进入诉讼的当事人可能并不关心或者有意回避，因此需要法院依职权进行调取。

（二）依申请调取证据

法院在诉讼中处于中立地位，与依职权调取证据相比，法院依申请调取证据的做法具有明显的优先性，所以，能够在当事人申请的情况下调取证据的，法院应当首先考虑依申请调取证据。根据最高人民法院《证据规则》第23条规定，原告或者第三人不能自行收集，但能够提供确切线索的，可以申请法院调取下列证据材料：

1. 国家有关部门保存的证据

由国家有关部门保存的证据材料通常都是行政机关的公文材料或者档案材料，这些材料通常涉及需要保护的信息而不对外开放，如涉及公共安全、公共利益、城市规划建设等材料。如果这些材料属于《政府信息公开条例》规定的"可以通过申请获得的证据材料"，则无需通过法院调取证据；如果依法应当可以通过向行政机关申请获得相应证据材料，而行政机关拒绝的，则可以申请法院调取证据。这些材料一般包括行政相对人在申报权利、报请许可登记等事项时由行政机关留存的档案材料或者行政机关的内部规范性文件。

2. 涉及国家秘密、商业秘密、个人隐私的证据材料

《行政诉讼法》第30条规定，代理诉讼的律师，可以依照规定查阅本案有关材料，可以向有关组织和公民调查，收集证据。对涉及国家秘密和个人隐私的材料，应当依照法律规定保密。经法院许可，当事人和其他诉讼代理人可以查阅本案庭审材料，但涉及国家秘密和个人隐私的除外。又《行政诉讼法》第45条规定，法院公开审理行政案件，但涉及国家秘密、个人隐私和法律另有规定的除外。根据这些法律规定，对于涉及国家秘密和个人隐私的材料，原告只能申请法院依法调取。

3. 确因客观原因不能自行收集的其他证据材料

"不能自行收集"是指向法院申请调取证据必须是客观不能，即不能收集证据的原因在于申请人客观不能，如证据处于对方当事人的持有，但其不提供给法院。"不能自行收集"并不排除原告或者第三人能够提供确切的线索，为法院顺利调取证据提供条件。

（三）调取证据的程序

法院调查和收集证据的基本方式有调查询问、调取有关材料、提交鉴定和勘验检查，这些方式必须依照一定的法定程序进行。在调取证据的程序过程中，应当注意取证程序的公平。在调取证据的过程中，如果涉及国家秘密、商业秘密或者个人隐私的，应当注意保密。法院需要调取的证据在异地的，可以书面委托证据所在地法院调取。受托法院应当在收到委托书后，按照委托要求及时完成调取证据工作，送交委托法院。受托法院不能完成委托内容的，应当告知委托的法院并说明原因。法院依职权调取证据的，不受举证期限的影响，只要在开庭审理结束之前，法院发现存在可以依职权调取证据的情形，均可以决定调取。

当事人申请法院调取证据的,应当在举证期限内提交调取证据申请书。调取证据申请书应当写明下列内容:证据持有人的姓名或者名称、住址等基本情况;拟调取证据的内容;申请调取证据的原因及其要证明的案件事实。法院对当事人调取证据的申请,经审查符合调取证据条件的,应当及时决定调取;不符合调取证据条件的,应当向当事人或者其诉讼代理人送达通知书,说明不准许调取的理由。当事人及其诉讼代理人可以在收到通知书之日起3日内向受理申请的法院书面申请复议一次。法院应当在收到复议申请之日起5日内作出答复。法院根据当事人申请,经调取未能取得相应证据的,应当告知申请人并说明原因。

二、证据保全

所谓证据保全,是指在证据可能灭失或今后难以取得的情况下,法院依据申请人、当事人的请求,或依职权予以调查收集和固定保存的行为。《行政诉讼法》第36条规定,在证据可能灭失或者以后难以取得的情况下,诉讼参加人可以向法院申请保全证据,法院也可以主动采取保全措施。

(一) 申请证据保全的条件

1. 申请保全的证据应当与待证事实具有相当的关联性

在本条件中,"关联性"未必要达到证据认证过程中的关联性的要求程度,但它必须与案件待证事实有一定的关联性,这种关联性只要申请人能够有相应的证据或者理由说明,符合"大致说得过去"的标准即可。

2. 有灭失的可能或者难以取得的情况

证据有灭失的可能是指作为案件事实的证据,由于某种原因而可能灭失,导致将来无法收集,故有保全的必要性。如证人因年老、疾病可能死亡,物证因自然原因可能腐坏、变质等,都可能导致相关证据不再存在。证据存在难以取得的情况是指证据虽无灭失的可能性,但如果不采取保全措施将造成以后取证的困难。如证人要出国定居、污染水质的现状、受害人目前的伤势等,虽然不会产生证据灭失的结果,但是它将增加取证的成本。

3. 当事人的申请或者法院依职权采取保全措施

这是启动证据保全程序的两种方式。法院是否接受当事人的申请,或者是否依职权采取保全措施,要看被保全的证据对被诉行政行为是否有证明作用,否则即使有灭失的可能性,法院也不应当采取保全措施。当事人申请保全证据的,法院可以要求其提供相应的担保。

4. 在举证期限内提出

证据保全期限是在当事人起诉以后,法院进入调查阶段以前。在当事人还未起诉之前,不存在诉讼上的证据保全问题,当事人若有诉讼需要的,可以向公证机关申请公证证据材料;在法院开始对案件进行调查之后,则由法院调查取证,无所谓保全证据的问题。

(二) 证据保全的程序和方法

1. 证据保全的程序

当事人向法院申请保全证据的,应当在举证期限届满前以书面形式提出,即提交证据保全申请书。证据保全申请须记载下列内容:(1) 对方当事人的名称、请求保全的事项;

(2)应保全的证据,包括证明申请人具有请求权的证据和证明保全的必要性的证据;(3)申请保全证据的理由;(4)依该证据应证明的事实。

法院应当对申请人的申请、证据进行审查。审查应当围绕证据保全的条件进行,审查申请人是否具有请求权,是否存在影响将来判决的因素,如不保全是否会使损失进一步扩大等。证据保全裁定送达后应当立即执行。对于驳回申请裁定的,申请人可以在收到之日起5日内向法院申请复议。复议期间不停止裁定的执行。利害关系人对证据保全提出异议,法院经审查认为理由成立的,应当解除对相应证据的保全措施。法院实施保全证据时,可以要求当事人或者其诉讼代理人到场。

2. 证据保全的方法

法院可以依职权或者当事人申请对证据进行保全,并根据证据的属性采取相应的保全措施,这些证据保全措施有查封、扣押、拍照、录音、录像、复制、鉴定、勘验、制作询问笔录等。对于不同种类的证据,法院可以采取不同的保全方法。对于书证的保全,一般是采集原件,原件不能保存的,应当进行拍照、复印或者抄录;对于证人证言,可以进行询问、录音、录像等并作出笔录;对案件事实发生的现场和物品,可以由法院进行勘验、拍照或分析,制作勘验笔录;对于视听资料,应当保存视听资料载体的底版、计算机芯片等;对无法移动的物品或不动产一般采取就地封存的措施。保全证据的材料,应当由法院存档保管,以便审理时采用。

第四节 质证和认证

一、质证

行政诉讼的质证是指当事人在法官的主持下,当庭就对方提供的证据的客观性、相关性和合法性进行相互询问和辩论的证明活动,是法院审查核实行政诉讼证据的主要方法。证据的对质辨认和核实是对证据进行审查的重要环节。

(一)质证的特殊性

1. 质证是行政诉讼的必经程序

由于行政诉讼中承担举证责任的被告在行政程序中处于主动地位,享有一定的职权,因而在行政诉讼中被告为证明被诉行政行为的合法性,以期达到胜诉的目的,其提供的证据可能真假并存,甚至事后补证,若不经原告质证难以判明证据的真实性和合法性。因此,质证是行政诉讼的必经程序。

2. 质证的主体主要是原告

在行政诉讼中,被告负有主要的举证责任,被告对作出的行政行为合法性负有举证责任,应当提供作出该行政行为的证据和所依据的规范性文件。在行政案件的开庭审理中,作为行政相对人的原告的主要任务就是对被告提供的事实证据进行质询,对证据的证明力提出意见,以证明被告提供的证据欠缺客观性、相关性和合法性,从而实现自己提起行政诉讼的目的。

3. 质证是各方当事人的权利和义务

在行政案件的庭审过程中,任何一方当事人都有权向提供证据的当事人、鉴定人、勘验人等诉讼参与人提出质疑,若提供证据的一方不能就其证据中存在的疑点作出合理解释,或者另外提供证据加以证明、补强的,则其证据效力就不能认定,进而可能要承担败诉的风险。

(二) 质证的范围

质证的范围是指当事人对于行政案件中哪些证据材料可以进行质证,哪些不需要质证。根据最高人民法院相关的司法解释,确定质证的范围通常应当遵循如下原则:

1. 以质证为原则

以质证为原则是指证据应当在法庭上出示,并经庭审质证,未经庭审质证的证据,不能作为定案的依据,即使法院调取的证据也是如此。但当事人在庭前证据交换过程中没有争议并记录在卷的证据经审判人员在庭审中说明后,可以作为认定案件事实的依据。

最高人民法院《若干解释》第31条第1款规定,未经法庭质证的证据不能作为法院裁判的根据。最高人民法院《证据规定》第35条第1款进一步明确,"证据应当在法庭上出示,并经庭审质证。未经质证的证据,不能作为定案的根据"。可见,质证是法院认定证据效力的前提,即除另有规定的特殊情况外,不经质证的证据不能作为定案根据。

在以下几种情况下,相关证据仍然需要进行质证:(1) 法院调取的证据。当事人申请法院调取的证据,由申请调取证据的当事人在庭审中出示,并由另一方当事人质证;法院依职权调取的证据,由法庭出示,并可就调取该证据的情况进行说明,听取当事人意见。(2) 在质证过程中,法院允许当事人补充的新证据。(3) 第二审程序中,当事人依法提供的新证据。(4) 因原判决或裁定认定事实的证据不足而提起再审所涉及的主要证据。

2. 以不质证为例外

在特殊的情况下或者法定情形出现时,相关证据无需经过质证。根据最高人民法院相关司法解释的规定,下列情形中证据无需质证:

(1) 在庭前交换证据中无争议的证据。最高人民法院《证据规定》第35条第2款规定,当事人在庭前证据交换过程中没有争议并记录在卷的证据,经审判人员在庭审中说明后,可以作为认定案件事实的依据。当事人在庭前证据交换过程中没有争议的证据必须记录在卷,在庭审中法官就当事人认可的事实进行说明并再次询问当事人是否还有异议,赋予当事人再次考虑的机会,而不仅仅是说明情况即可。在这种情况下,当事人并未反悔,就"可以"不质证而作为案件的证据了。值得注意的是,此处是"可以",而非"应当"。

(2) 被告拒不到庭时的证据认定。最高人民法院《证据规定》第36条规定,经合法传唤,因被告无正当理由拒不到庭而需要依法缺席判决的,被告提供的证据不能作为定案的依据,但当事人在庭前交换证据中没有争议的证据除外。经合法传唤,被告无正当理由拒不到庭,庭审可以依法缺席判决,缺席判决中,被告提供的证据没有经过质证不能作为定案的依据。当事人双方在庭前交换证据时没有争议的证据除外。

(3) 涉密证据的质证。涉及国家秘密、商业秘密和个人隐私或者法律规定的其他应当保密的证据,不得在开庭时公开质证。当然,涉密证据只是不得在庭审时公开质证,并不等于法院不能审查。

前沿引介

行政诉讼证据交换的时间

《关于行政诉讼证据若干问题的规定》中只规定人民法院在开庭前可以组织当事人进行证据交换,排除了当事人申请的方式。其中,将证据交换的时间确定在开庭之前进行,是符合举证时限的基本要求的。根据《行政诉讼法》第32条、第43条和《关于执行〈中华人民共和国行政诉讼法〉若干问题的解释》第26条以及《关于行政诉讼证据若干问题的规定》第1条等条款的有关规定,被告应当在收到起诉书副本之日起10日内提交答辩状,并提供作出具体行政行为时的证据和依据;被告不提供或者无正当理由逾期提供的应当认定该具体行政行为没有证据、依据。被告因不可抗力或者客观上不能控制的其他正当事由,不能在规定的期限内提供证据的,应当在收到起诉书副本之日起10日内向人民法院提出延期提供证据的书面申请。人民法院准许延期提供的,被告应当在正当事由消除后10日内提供证据。逾期提供的,视为被诉具体行政行为没有相应的证据。这是针对行政诉讼的特点对被告的特别要求。根据行政诉讼举证的特点,借鉴民事诉讼证据规则的有关规定,行政诉讼证据交换制度应当将"交换证据之日举证期限届满"以及"被告因正当事由申请延期举证,人民法院准许的,证据交换日相应顺延"作出明确规定。同时,也应当允许当事人在法定举证期限内协商证据交换时间,经人民法院认可确定。这样既可以防止当事人尤其是被告利用举证时间差来达到非正常的目的,同时,也可以提高诉讼效率。(资料来源:黄学贤:《略论行政诉讼证据交换制度及其完善》,载《法制与社会发展》2003年第4期)

(三)行政诉讼的质证规则

1. 围绕"三性"质证

只有与行政案件的待定事实有关联性、合法性和真实性的证据,才可以作为定案证据。所以,在庭审过程中当事人应当围绕证据的关联性、合法性和真实性,针对证据有无证明能力以及证明效力大小进行质证。对与行政案件没有关联的证据材料,法院应当予以排除并说明理由。围绕证据的关联性、合法性和真实性进行质证,这是质证的核心内容。

所谓证据的关联性,又称为相关性,即作为证据的事实必须与待证的案件事实有内在的联系,能直接或间接地证明案件事实形成的条件、发生的原因或案件事实的后果。与案件事实无关的事实材料,即使客观真实也不是证据。

所谓证据的合法性,又称为法律性,是指证据在诉讼上可以作为认定案件事实的适格性和可得性。具体而言,证据的合法性要求符合以下三个条件:(1)证据的收集、调查必须符合法律规定的程序,不以法定程序取得的证据不得作为定案依据;(2)某些事实必须具有法律所要求的特定形式,不具有此种特定形式不能作为可定案证据;(3)证据必须经法定程序查证属实才能作为可定案证据。

所谓证据的真实性,是指该证据必须客观真实地反映或记载案件的事实。证据必须是客观存在的事实,而非主观臆断或凭空想象的产物。当法院审查证据的真实性成为判断的争议点时,法院通常需要借助专家鉴定、勘验、现场检查笔录等辅助手段加以识别和确认。

2. 交叉询问

交叉询问是指一方当事人及其代理人就证据问题向对方当事人及其代理人、证人、鉴定人或者勘验人进行的诘问式的询问制度,其目的在于攻击对方证据的可信度,否定或者降低证据的证明力。交叉询问具有对立、对抗的性质,方法上是诘问式的,不是描述性、说明性或支持性的询问。

交叉询问的对象不仅包括当事人及其诉讼代理人,还包括证人、鉴定人或者勘验人。最高人民法院《证据规定》第39条规定,经法庭准许,当事人及其代理人可以就证据问题相互发问,也可以向证人、鉴定人或者勘验人发问。当事人及其代理人相互发问,或者向证人、鉴定人、勘验人发问时,发问的内容应当与案件事实有关联,不得采用引诱、威胁、侮辱等语言或者方式。

3. 证人出庭作证

证人证言是一种法定的证据形式,但证人证言不同于书证,不能完全由其录音、录像或笔录等形式代替。因此,最高人民法院《证据规定》第41条规定,凡是知道案件事实的人,都有出庭作证的义务。证人出庭作证时,要遵循如下法定规则:(1)遵守法庭秩序规则。如证人应当出示证明其身份的证件,对此,法庭应当告知其诚实作证的法律义务和作伪证的法律责任。(2)遵守证人隔断规则。出庭作证的证人不得旁听案件的审理。法庭询问证人时,其他证人不得在场,但组织证人对质的除外。(3)证人应当陈述其亲历的具体事实。若是证人根据其经历所作的判断、推测或者评论,则法院不能作为定案的依据。

4. 专业人士出庭说明

当事人要求鉴定人出庭接受询问的,鉴定人应当出庭。鉴定人因正当事由不能出庭的,经法庭准许,可以不出庭,由当事人对其书面鉴定结论进行质证。对于出庭接受询问的鉴定人,法庭应当核实其身份、与当事人及案件的关系,并告知鉴定人如实说明鉴定情况的法律义务和故意作虚假说明的法律责任。

对被诉行政行为涉及的专门性问题,当事人可以向法庭申请由专业人员出庭进行说明,法庭也可以通知专业人员出庭说明。必要时,法庭可以组织当事人与专业人员对质。当事人对出庭的专业人员是否具备相应专业知识、学历、资历等专业资格等有异议的,可以进行询问,由法庭决定其是否可以作为专业人员出庭。

二、认证

《行政诉讼法》第31条规定:"证据经法庭审查属实,才能作为定案的证据。"这表明,证据必须经过举证、质证等程序,并经法庭审查认定即认证,才能据其认定案件事实。

(一)认证的概念和特点

认证是指法院在庭审中对当事人所举的证据,在双方充分质证的基础上,就所有证据的客观性、关联性及合法性进行综合审查判断,并当庭或庭后决定是否作为定案证据的司法活动。这是法院行使行政案件审判权的直接体现,是法官在举证、取证并质证的基础上进行的一种理性思维活动。该思维活动既是对各个证据的审查判断,也是运用概念、判断和推理对整个案件中所有证据进行综合性的审查判断。

认证的特点有:(1)认证是对案件证据的合法性、真实性、关联性依照法律进行综合审查判断,认证主要是围绕被诉行政行为的合法性展开;(2)认证是在当庭或庭后确认证据效力的司法活动,是法院行使审判权的直接体现。当庭认证是行政审判方式改革的重点,它要求法官在当事人举证、相互质证后,及时对证据加以确认。这既增加了审判的公正性、透明度,又加强了审判的公开性,防止了暗箱操作带来的弊端。当庭认定证据确实有困难的,可以在合议庭合议时认定。

(二)认证规则

认证是法官在行政诉讼中的一种主观活动,因此难免会产生恣意、疏忽或者其他影响法官正确认证的主观因素。为此,认证(采用、采信证据)必须遵守如下规则:

1. 采用证据规则

(1)客观性规则。行政纠纷总是一定时空条件下的客观事实,它必然会留下痕迹,引起客观事物的一些变化。如行政处罚决定的作出,处罚决定书即是书证。存于外界并能据以查明案件真实情况的证据,其本质属性应当是客观性。

(2)关联性规则。客观事实多种多样,但并不是所有的事实都是特定行政案件的证据,只有与案件事实有内在联系的证据才能被法官采用。所以,法官应从客观性的角度,认识、把握诉讼证据的关联性。

(3)合法性规则。证据应当符合法律规定的条件,即该证据应符合法定的形式,并且该证据的取得应符合法定的程序,以非法手段获取的证据不能被采用。下列证据不能作为认定被诉行政行为合法的依据:第一,被告及其诉讼代理人在作出行政行为后或者在诉讼程序中自行收集的证据;第二,被告在行政程序中非法剥夺公民、法人或者其他组织依法享有的陈述、申辩或者听证权利所采用的证据;第三,原告或者第三人在诉讼程序中提供的、被告在行政程序中未作为行政行为依据的证据;第四,复议机关在复议程序中收集和补充的证据,或者作出原行政行为的行政机关在复议程序中未向复议机关提交的证据。

(4)传来证据采用规则。传来证据是从原始证据中派生出来的证据。传来证据在转述、复制的过程中,可能被有意或无意地增删。因此,在行政诉讼中,对传来证据进行认证时,必须查明传来证据的来源,审查其在辗转的过程中有无问题,与案件事实有无联系,如无法确定其来源,则不能采用。传来证据相对原始证据而言不太可靠(信),但其对案件事实仍然具有一定证明作用。如在无法取得原始证据时,在一定条件下依照传来证据也可以确定案件的相关事实。

(5)间接证据采用规则。在行政诉讼中,采用间接证据应注意间接证据的真实性。间接证据必须与案件事实之间存在客观的联系,它们之间不应有矛盾,必须形成一个完整的证据锁链,从而排除其他可能性。

2. 采信证据规则

(1)证明标准规则。证明标准即证明要求。明确证明标准,有助于法官按法定要求完成证明的任务,有助于正确、及时地审理行政案件。对被诉行政行为的合法性,被告应当承担举证责任。如果被告不能以足够的证据证明被诉行政行为的合法性,法院也不能收集到必要的证据证明案件的真实情况,按照"确实、充分"的证据标准,证明任务就无法完成,案件也无法审结。但是,依照举证责任分配的规定,法院可以判决被告败诉。可见,证明标准不是要求法院判案必须达到绝对的客观真实,而只是一种法律真实。当证明主体对案件事实的认定符合实体法和程序法的有关规定,达到了法律上真实的程度,就应当认定满足了证明标准。

 前沿引介

行政诉讼中的证明标准

现行证据制度对证明标准未作具体表述,只是表述为"具体行政行为证据确凿",这是一种近乎完美的举证要求,但还不能成为证明标准。实践中对一项事实的证明是否完成了举证要求,各地标准并不统一,不同的标准判断得出不同的结果。根据行政诉讼独有的特点,对不同的行政行为应适用不同的证明标准。对于行政相对人人身、财产权有重大影响的行政行为,应适用较高的证明标准,可以参照刑事诉讼的证明标准,即排除合理怀疑标准。如行政拘留、劳动教养、较大数额的罚款、吊销证照、责令停产停业等,从而约束行政行为,达到保护行政相对人的目的。对于行政居间裁决案件可以采用占优势的盖然性标准。对于行政机关在行政执法中发现违法嫌疑人,或者可能涉及本案处理的财产,有权依法采取临时性限制措施,如扣留、扣押、查封等等,这种措施具有临时性和保全性,有利于防止证据灭失,制止违法行为继续发生,由于案件情况紧急,最终处理结果难以确定,要求行政机关在采取保全措施时达到基本证明标准,只要证明采取保全措施比不采取保全措施的必要性大即可。对于一些特殊的专业性较强的行为,如考试成绩评定、能力判断、环评等,行政机关更专业、更有发言权,法院主要审查其在作出时是否公平、公开,可以采用更低一些的证明标准。(资料来源:于长芩:《行政诉讼证据制度若干问题研究》,载《法律适用》2012年第2期)

(2)证据排除规则。有些证据因不具有合法性、真实性,所以不能作为定案根据。这部分的证据主要有:严重违反法定程序收集的证据材料;以偷拍、偷录、窃听等手段获取侵害他人合法权益的证据材料;以利诱、欺诈、胁迫、暴力等不正当的手段获取的证据材料;当事人超出法定取证期限提供的证据材料;在中华人民共和国领域外或者在港澳台地区形成的没有办理法定证明手续的材料;当事人无正当理由拒不提供原件、原物,又无其他证据印证,且对方当事人不予认可的证据的复制件或者复制品;被当事人或其他人做过技术处理而无法辨明真伪的;不能正确表达意志的证人提供的证言;违反法律禁止性规定或者侵犯他人合法权益而取得的证据;不具备合法性和真实性的其他证据材料。

(3)具体的采信规则。一方当事人提出的证据,对方当事人认可或不予反驳的,法庭可予采信。双方当事人对同一事实分别举出相反的证据,但均无足够理由否定对方的证据,法庭应分别审查当事人的证据,并结合其他证据决定是采信。法庭就针对某一案件事实的所有证据,应当综合进行审查判断,所采信的证据的证明方向应是一致,共同指向同一事实,反之就不能采信。对经过举证、质证并当庭采用的证据,如果能够当庭采信的,可以当庭采信;当庭不能决定采信的,可以在休庭合议时再决定是否采信。

思考题：
1. 为什么与待证事实具有关联性、合法性和客观性的证据才是可定案证据？
2. 行政诉讼中举证责任如何分担？为何如此分配？
3. 调取证据需要哪些条件和程序？
4. 行政诉讼的质证规则有哪些？
5. 行政诉讼的认证规则有哪些？

案例应用：

2000年3月22日，中原区政府在没有给禄久顺、邢瑞英作安置或提供周转用房的情况下，组织中原区拆迁办、房管局等有关部门将禄久顺、邢瑞英住房强行拆除，其家中部分财物由中原区公证处公证后强行搬移至郑州市中原区旮旯王新村12号。禄久顺、邢瑞英对强拆和强行扣押其财物的强制措施不服，提起行政赔偿诉讼。郑州市中原区政府作为房屋拆迁的具体组织者，是本案行政诉讼的被告。在举证责任方面，依据最高人民法院《若干解释》第27条第3项的规定，禄久顺、邢瑞英本应对本案被诉行为造成损害的事实提供具体证据，但鉴于本案的实际情况，由于被告违法的强制行为导致原告举证不能，在此情况下，仍要求原告承担举证责任不符合公平原则，故应由中原区政府针对原告具体的赔偿请求提供相应证据，承担举证责任。

请问：原告在何种情况下承担举证责任？在原告举证责任承担明显不能的情况下，是否应当由被告承担举证责任？在此情况下，被告应承担哪些举证责任？

拓展阅读：
1. 沈福俊：《论行政诉讼被告举证规则的优化》，载《法商研究》2006年第5期。
2. 于长芩：《行政诉讼证据制度若干问题研究》，载《法律适用》2012年第2期。
3. 姬亚平：《论行政证据与行政诉讼证据关系之重构》，载《行政法学研究》2008年第4期。
4. 刘巍：《行政诉讼证据制度中人民法院权力解析》，载《法律科学》2006年第2期。
5. 李珍平：《我国行政诉讼证据制度的新发展》，载《当代法学》2003年第6期。
6. 黄学贤：《略论行政诉讼证据交换制度及其完善》，载《法制与社会发展》2003年第4期。
7. 杨寅：《行政诉讼证据规则梳探》，载《华东政法大学学报》2002年第3期。
8. 赵清林、杨小斌：《规范性文件依据也是行政诉讼证据》，载《行政法学研究》2002年第3期。
9. 高家伟：《论行政诉讼证据的审查判断》，载《行政法学研究》1997年第4期。
10. 刘善春：《试论行政诉讼证据本质及其属性》，载《政法论坛》1993年第6期。

第二十一章

行政诉讼依据

✦ **学习目标**
通过本章的学习,学生可以掌握以下内容:
1. 不同法律规范在行政诉讼法律适用中的法律地位
2. 法院在行政诉讼法律适用中的审查权限
3. 行政诉讼法律适用中法律规范冲突的解决办法

✦ **关键概念**
法律适用　依据　参照　引用　行政法规　行政规章　司法解释

第一节　法院审判依据

一、何谓"依据"

"依据"的本意是"根据""依凭"。法律依据实际就是指由行政机关或司法机关予以认知的法源。也正是从这个意义上,"参照"规章并不能排斥规章作为"法律依据的性质",合法有效的规章,也是法院审理案件的法律依据。①

在《行政诉讼法》中,有两个法律条文使用了"依据"这一法律概念。《行政诉讼法》第32条规定:"被告对作出的具体行政行为负有举证责任,应当提供作出该具体行政行为的证据和所依据的规范性文件。"这里的"依据",是指行政机关依法作出被诉行政行为时的法律根据;"规范性文件"是指法律、法规、规章以及其他具有法律效力的规范性文件。②《行政诉讼法》第52条规定:"人民法院审理行政案件,以法律和行政法规、地方性法规为依据。地方性法规适用于本行政区域内发生的行政案件。人民法院审理民族自治地方的行政案件,并以该民族自治地方的自治条例和单行条例为依据。"在这里,"依据"是一个中国行政诉讼特定语境的术语,是指法律、法规、民族区域自治条例和单行条例被适用时,法院不能作合法性

---

① 孔祥俊:《法律规范冲突的选择适用与漏洞填补》,人民法院出版社2004年版,第68页。
② 黄杰主编:《中华人民共和国行政诉讼法诠释》,人民法院出版社1994年版,第104页。

审查,不具有否定其效力性的司法判断权,只能直接适用。

从行政诉讼角度看,法院审判中的"依据"不是仅仅指作为裁判的法源,而是指法院对行政行为的合法性进行审查和裁判时,必须以法律、法规和民族区域自治条例、单行条例为根据,但法院对该法规范并无独立的司法审查权。"依据"并非意味着法院必须消极适用上述法规范,法院也有选择适用的权限,因为,"选择适用法律是法院适用权的有机组成部分"。[①] 如全国人大常委会法工委在一个答复中认为,法院在审理行政案件的过程中,如果发现地方性法规与最高国家权力机关制定的法律相抵触,应当执行最高国家权力机关制定的法律。[②] 也就是说,当法院认为地方性法规与法律相抵触时,有权直接适用法律,但不能对地方性法规的合法性在裁判中作出判断。最高人民法院在一个司法答复中说:根据《行政处罚法》第11条第2款,"法律、行政法规对违法行为已经作出行政处罚规定,地方性法规需要作出具体规定,必须在法律、行政法规规定的给予行政处罚的行为、种类和幅度的范围内规定。"《河南省盐业管理条例》第30条第1款关于对承运人罚款基准为"盐产品价值"及对货主及承运人罚款幅度为"1倍以上3倍以下"的规定,与国务院《食盐专营办法》第25条规定不一致。法院在审理有关行政案件时,应根据《立法法》第64条第2款、第79条第2款规定的精神"进行选择适用"。[③] 在另一个答复中,最高人民法院认为《中华人民共和国公证暂行条例》是行政法规,《上海市公证条例》是地方性法规。两者规定不一致时,法院应当选择适用前者。[④]

"依据"本身必须通过司法判断才能实现被适用的法效果,因此法院在司法过程中不可能是消极的。在认知法院的审判"依据"时,不是固执地消极地理解"上位法",恰恰是下位法与上位法的不抵触的立法原则,赋予了下位法一定的立法裁量,同时也就赋予了法院适用法律、法规等"审判依据"时以一定的司法选择权。如最高人民法院在一个答复中说:关于区劳动和社会保障局是否具有劳动保障监察职权的问题,根据《劳动保障监察条例》第13条的规定,设区的市的"区劳动保障行政部门"具有对用人单位实施劳动保障监察职权,但是"地方性法规或者规章明确规定由市劳动保障行政部门实施的除外"。[⑤] 在这里,国务院的行政法规和地方性法规的规定不一样,行政法规虽然效力高于地方性法规,但因为有"除外规定",法院可以地方性法规作为审判依据。所以,从一定意义上说,"对于未被选中的法律、法规,法院事实上就行使了拒绝适用的权力"。[⑥]

二、"依据"的类型

依照《行政诉讼法》第52条规定,法院审理行政案件时,在法律、行政法规、地方性法规、民族区域自治条例或单行条例有具体规定的情况下,法院应以此为根据予以直接适用,法院

---

① 江必新、梁凤云:《行政诉讼法理论与实务》,北京大学出版社2009年版,第1069页。
② 全国人大常委会法制工作委员会《关于地方性法规与国家法律相抵触应如何执行的答复》(最高人民法院1989年9月20日请示,全国人大常委会法制工作委员会1989年11月17日答复)。
③ 最高人民法院《对人民法院在审理盐业行政案件中如何适用国务院〈食盐专营办法〉第二十五条规定与〈河南省盐业管理条例〉第三十条第一款规定问题的答复》(法行[2000]36号)。
④ 最高人民法院行政审判庭《对〈关于审理公证行政案件中适用法规问题的请示〉的答复》(法行[1999]4号)。
⑤ 最高人民法院《关于设区的市的区劳动和社会保障局是否具有劳动保障监察职权的答复》([2010]行他字第128号)。
⑥ 赵清林:《"依据"与"参照"真有区别吗——行政诉讼中是否适用规章之检讨》,载《政治与法律》2008年第5期。

无权拒绝适用。由于宪法规范的原则性特点,宪法通常不是人民法院行政审判活动的直接依据和具体依据①,所以,《行政诉讼法》没有明确加以规定。

(一) 法律

法律是全国人大或者全国人大常委会通过的,并由国家主席签署主席令予以公布的规范性文件。全国人大及其常委会制定的规范性文件称谓并非都称"法",有的称"条例",如《户口登记条例》(1958 年通过)、《学位条例》(2004 年修正)等;也有的称"决定",如《关于外商投资企业和外国企业适用增值税、消费税、营业税等税收暂行条例的决定》(1993 年通过)、《全国人民代表大会常务委员会关于修改〈中华人民共和国农业技术推广法〉的决定》(2012 年通过)、《关于授权国务院在广东省暂时调整部分法律规定的行政审批的决定》(2012 年通过)等。

在国家法律规范层级体系中,法律的效力仅次于宪法,对一切组织、个人都有约束力。法院在审查行政行为合法性时,必须以法律为依据。但是,在行政诉讼中,法院无权审查法律与宪法是否抵触。

(二) 行政法规

行政法规是国务院制定并以国务院令的形式由总理签署发布的一种规范性文件。根据最高人民法院《关于审理行政案件适用法律规范问题的座谈会纪要》(法[2004]96 号)的精神,考虑新中国成立后我国立法程序的沿革情况,被认可的现行有效的行政法规有以下三种类型:(1) 国务院制定并公布的行政法规,如《征信业管理条例》(2012 年,国务院令第 631 号)。(2)《立法法》施行以前,按照当时有效的行政法规制定程序,经国务院批准、由国务院部门公布的行政法规。但是,在《立法法》施行以后,经国务院批准、由国务院部门公布的规范性文件,不再属于行政法规。如《劳动教养试行办法》1982 年 1 月 21 日由国务院转发,公安部发布,仍然是行政法规。(3) 在清理行政法规时由国务院确认的其他行政法规,如国务院、中央军委《关于保护通信线路的规定》(国发[1982]28 号)。

行政法规的效力仅次于法律,但高于地方性法规和民族区域自治地方的自治条例、单行条例。行政法规不得与宪法、法律或国际条约抵触。在行政诉讼中,法院必须将行政法规作为审判依据。但对于行政法规是否与法律相抵触,法院有判断权。

 知识链接

法院对行政法规是否符合法律作出合法性判断

在"上海东兆化工有限公司诉上海市工商行政管理局静安分局行政处罚案"中,法院认为:"静安工商分局对未经批准,擅自从事危险化学品经营的违法行为,具有作出行政处罚决定的执法主体资格。《安全生产法》第九十四条系对哪些行政主体能适用该法作出行政处罚所作的规定,除该条款明确规定的行政主体外,有关法律、行政法规对行政处罚的决定机关

---

① 江必新、梁凤云:《行政诉讼法理论与实务》,北京大学出版社 2009 年版,第 1008 页。

另有规定的,亦可适用。《危险化学品安全管理条例》作为行政法规,已明确工商行政机关对擅自从事危险化学品经营的行为具有作出行政处罚的职权。故上诉人静安工商分局认为其不能适用《安全生产法》作出行政处罚决定的理由,本院不予采信。静安工商分局认定东兆公司在从事危险化学品经营的过程中,没有违法所得,据此《安全生产法》与《危险化学品安全管理条例》规定的处以罚款的幅度不相一致,静安工商分局在作出处罚时,应适用高位阶的法律规范。原审法院据此以适用法律不当为由判决撤销行政处罚决定,并无不当。"(资料来源:上海市第二中级人民法院《行政判决书》[2004]沪二中行终字第169号)

(三) 地方性法规

地方性法规是指由省、直辖市、自治区人民代表大会及其常务委员会、较大的市人民代表大会及其常务委员会制定的规范性文件。地方性法规的效力低于法律和行政法规,不得与宪法、法律、行政法规相抵触。

法院审理行政案件时,若地方性法规与法律和行政法规的规定相抵触的,应当适用法律和行政法规。如《渔业法》第30条规定:"未按本法规定取得捕捞许可证擅自进行捕捞的,没收渔获物和违法所得,可以并处罚款;情节严重的,并可以没收渔具。"这一条未规定可以没收渔船。但《福建省实施〈中华人民共和国渔业法〉办法》第34条规定,未取得捕捞许可证擅自进行捕捞或者伪造捕捞许可证进行捕捞,情节严重的,可以没收渔船。① 若在一个行政案件中出现这样的上下位法相抵触的情形,法院应当依据《渔业法》作出裁判。

法院在审理本行政区域内的行政案件时,必须依据地方性法规的规定。国际贸易行政案件一般不适用地方性法规。虽然地方性法规从属于法律、行政法规,但是,它的地位与作用却是不可轻视的。如由福建省人大常委会制定的《福建省行政执法程序规定》是我国最早的、最具代表性的行政程序立法,依据此地方性法规判决的行政诉讼案件至少有30余个。在较早的"庄淑珍诉郊区公安分局侵犯人身权上诉案"中,法院依据《福建省行政执法程序规定》第8条第1款、第9条、第4条的规定,判决公安分局执法程序违法并侵犯了庄淑珍的人身权,应予以赔偿医疗费和律师代理费。② 在最近的"刘锦雀诉翔安区大嶝街道办事处其他城建纠纷案"中,原告认为被告作出撤销《个人住宅建设许可证》的程序严重违法,违反了《福建省行政执法程序规定》,没有经过立案、调查取证、回避审查、出具调查报告、作出处理决定等法定程序,并且公告内容违反法律规定。经法院审理后认为,被告撤销行政许可决定的程序基本适当。③

(四) 自治条例和单行条例

自治条例和单行条例是民族自治地方的人民代表大会,依照宪法、民族区域自治法和其他法律规定的权限,结合当地的政治、经济和文化特点所制定的规范性文件。自治区的自治

---

① 最高人民法院《关于人民法院审理行政案件对地方性法规的规定与法律和行政法规不一致的应当执行法律和行政法规的规定的复函》(法函[1993]16号)。
② 福建省福州市中级人民法院《行政判决书》([1993]榕行终字第23号)。
③ 福建省厦门市翔安区人民法院《行政判决书》([2012]翔行初字第9号)。

条例和单行条例,报全国人民代表大会常务委员会批准后生效。自治州、自治县的自治条例和单行条例报省、自治区、直辖市的人民代表大会常务委员会批准后生效,并报全国人民代表大会常务委员会和国务院备案。自治条例和单行条例可以依照当地民族的特点,对法律和行政法规的规定作出变通规定,但不得违背法律或者行政法规的基本原则,不得对宪法和民族区域自治法的规定以及其他有关法律、行政法规专门就民族自治地方所作的规定作出变通规定。

自治条例和单行条例与地方性法规是处于同一级别的法律规范,法院在审理民族自治地方的行政案件时,应当以其为依据。自治条例和单行条例不能与法律、行政法规相抵触。在"何家善与富川瑶族自治县工商行政管理局工商行政处罚纠纷再审案"中,原告主张适用单行条例《广西区陆生野生动物保护管理规定》,但是它与《陆生野生动物保护实施条例》相抵触而没有被法院适用。①

(五)法律解释和行政法规解释

全国人大常委会的法律解释,国务院或者国务院授权的部门公布的行政法规解释,法院审理行政案件时应当作为依据。这是最高人民法院在一个司法文件中作出的规定。②

1. 法律解释

在实务中,全国人大常委会只对刑法、特别行政区基本法、国籍法等极少数的法律作过法律解释。在多数情况下是由全国人大常委会法工委作出解释,这些解释是否是"法律解释",应否被予以同等对待,值得研究。③

全国人大法工委对法律的解释于法无据,但是,这些解释在明确法律适用方面的作用甚大。全国人大法工委有一个"法律解释"认为:"行政复议机关在对被申请人作出的行政处罚决定或者其他具体行政行为进行复议时,作出的行政复议决定不得对该行政处罚或者该具体行政行为增加处罚种类或加重对申请人的处罚。"④这一解释贯彻了正当程序原则,它早于《行政复议法实施条例》的相同规定。另一个"法律解释"认为,某自治区《道路运输管理条例》规定不缴纳公路建设、养护费用的,由交通主管部门"暂扣运输车辆",这与《公路法》不一致,不能作为法院审判的依据。⑤ 在给司法部的一个"法律解释"中,解释了如何认定行政处罚追诉时效"二年未被发现"的含义:"《行政处罚法》第29条规定的发现违法违纪行为的主体是处罚机关或有权处罚的机关,公安、检察、法院、纪检监察部门和司法行政机关都是行使社会公权力的机关,对律师违法违纪行为的发现都应该具有《行政处罚法》规定的

---

① 广西壮族自治区高级人民法院《行政判决书》([2002]桂行再字第3号)。
② 最高人民法院《关于审理行政案件适用法律规范问题的座谈会纪要》(法[2004]96号)。
③ 《立法法》第42规定:"法律解释权属于全国人民代表大会常务委员会。法律有以下情况之一的,由全国人民代表大会常务委员会解释:(1)法律的规定需要进一步明确具体含义的;(2)法律制定后出现新的情况,需要明确适用法律依据的。"第44条规定:"常务委员会工作机构研究拟订法律解释草案,由委员长会议决定列入常务委员会会议议程。"第45条规定:"法律解释草案经常务委员会会议审议,由法律委员会根据常务委员会组成人员的审议意见进行审议、修改,提出法律解释草案表决稿。"第46条规定:"法律解释草案表决稿由常务委员会全体组成人员的过半数通过,由常务委员会发布公告予以公布。"第47条规定:"全国人民代表大会常务委员会的法律解释同法律具有同等效力。"
④ 全国人大常委会法制工作委员会《关于行政复议机关能否加重对申请人处罚问题的答复意见》(法工委复字[2001]21号,2001年9月6日)。
⑤ 全国人民代表大会常务委员会法制工作委员会《关于地方性法规中交通部门暂扣运输车辆的规定是否与公路法有关规定不一致的答复》(2000年12月26日)。

法律效力。因此上述任何一个机关对律师违法违纪行为只要启动调查、取证和立案程序,均可视为'发现';群众举报后被认定属实的,发现时效以举报时间为准。"①

2. 行政法规解释

行政法规的解释分为立法性解释和具体应用解释。凡属于行政法规条文本身需要进一步明确界限或者作补充规定的问题,由国务院作出解释。这些立法性的解释,由国务院法制办公室按照行政法规草案审查程序提出意见,报国务院同意后,根据不同情况,由国务院发布或者由国务院授权有关行政主管部门发布。② 如国家税务局《对"关于〈中华人民共和国城镇土地使用税暂行条例〉第六条中'宗教寺庙'适用范围的请示"的复函》(1988年11月18日)、国务院宗教事务局《关于〈宗教活动场所管理条例〉若干条款的解释》(1994年4月21日发布),都被视为行政法规解释。但是,国务院在1955年2月18日作出《对执行"有关生产的发明、技术改造及合理化建议的奖励暂行条例"若干问题的解释》之后,几乎未以自己名义作出行政法规解释。

第二节 行政规章参照

一、行政规章的地位

(一) 参照、引用

《行政诉讼法》第53条第1款规定:"人民法院审理行政案件,参照国务院部、委根据法律和国务院的行政法规、决定、命令制定、发布的规章以及省、自治区、直辖市和省、自治区的人民政府所在地的市和经国务院批准的较大的市的人民政府根据法律和国务院的行政法规制定、发布的规章。"本条使用的是"参照"。最高人民法院《若干解释》第62条第2款规定:"人民法院审理行政案件,可以在裁判文书中引用合法有效的规章及其他规范性文件。"最高人民法院《关于裁判文书引用法律、法规等规范性法律文件的规定》第5条第2款规定:"对于应当适用的地方性法规、自治条例和单行条例、国务院或者国务院授权的部门公布的行政法规解释或者行政规章,可以直接引用。"本条使用的是"引用"。

《行政诉讼法》和最高人民法院司法解释在适用行政规章上,分别使用了"参照""引用"等不同的术语,表达了行政规章在行政诉讼中法律适用时的不同法律地位。两个用语的措辞,本质上并没有实质区别。与法律、法规作为审判依据的表述不同,法院可以审查行政规章是否"合法有效",可以选择是否引用行政规章。在行政审判中引用行政规章,有利于法院在裁判文书中充分说理。③

(二) 立法本意

早在1989年制定《行政诉讼法》过程中,关于在行政诉讼中如何确定行政规章的地位

---

① 全国人民代表大会常务委员会法制工作委员会《如何认定行政处罚追诉时效"二年未被发现"的答复》(2004年12月25日)。
② 国务院办公厅《关于行政法规解释权限和程序问题的通知》(国办发[1999]43号)。
③ 甘文:《行政诉讼法司法解释之评论》,中国法制出版社2000年版,第176页。

时,发生过较大的争议。"现在对规章是否可以作为法院审理行政案件的依据仍有不同意见,有的认为应该作为依据,有的认为不能作为依据,只能以法律、行政法规和地方性法规作为依据。我们考虑,宪法和有关法律规定国务院各部委和省、市人民政府有权依法制定规章,行政机关有权依据规章行使职权。但是,规章与法律、法规的地位和效力不完全相同,有的规章还存在一些问题。因此,草案规定法院在审理行政案件时,参照规章的规定,是考虑了上述两种不同的意见,对符合法律、行政法规规定的规章,法院要参照审理,对不符合或不完全符合法律、行政法规原则精神的规章,法院可以有灵活处理的余地。"①这段《行政诉讼法》立法草案中关于"参照规章"的说明,基本上表达了《行政诉讼法》的原旨。

确立行政诉讼中参照规章的制度,反映了立法者和民众对行政规章负效应的忧虑。在逻辑上,学者们并不都想(也无法)否定行政规章的法属性,但是,面对规章的复杂情况和缺乏有效监督立法体制的现实,承认行政规章的法属性等于"养虎为患、贻害民众"。② 这也是《行政诉讼法》确立参照规章制度的重要原因。

二、"参照"的判断

(一) 有限的司法判断权

行政规章在行政诉讼中的参照地位,实际上是赋予法院在审理行政案件时对规章的选择适用权。关于这一点,最高人民法院的司法政策十分清楚:"在参照规章时,应当对规章的规定是否合法有效进行判断,对于合法有效的规章应当适用。"并且,规章制定机关作出的与规章具有同等效力的规章解释,法院审理行政案件时参照适用。③ 国际贸易行政案件也可以参照规章。④

法院在"参照规章"时,有两个边界需要注意:(1)行政规章总体上对法院不具有绝对的法拘束力;(2)合法的行政规章才能作为法院裁判的依据。⑤ 法院审理行政案件时,对规章进行参酌和鉴定后,对符合法律、行政法规规定的规章予以适用,参照规章进行审理,并将规章作为审查行政行为合法性的依据;对不符合或不完全符合法律、法规原则精神的规章,法院有灵活处理的余地,可以不予以适用。

"参照"与"依据"的区别关键在于"依据"是法院对法律、法规无条件的适用,而"参照"则是有条件的适用,即在某些情况下可以适用,在某些情况下也可以不适用。"参照"表明法院既无权宣布行政规章无效,也无权撤销行政规章,但是,它有权拒绝适用不合法的行政规章。由此可见,法院审理行政案件对规章既非不适用,也非像法律、法规那样作为审理的依据,而是赋予了法院对规章一定的审查判断权,对合法的规章予以适用,对不合法的规章不予适用。参照规章只表明不合法的规章在某个具体行政案件中不适用,而在行政执法中这个规章仍然具有法的效力。⑥

---

① 王汉斌:《关于〈中华人民共和国行政诉讼法(草案)〉的说明》,载《最高人民法院公报》1989年第2期。
② 崔卓兰、于立深:《行政规章研究》,吉林人民出版社2002年版,第39页。
③ 最高人民法院《关于审理行政案件适用法律规范问题的座谈会纪要》(法[2004]96号)。
④ 江必新、梁凤云:《行政诉讼法理论与实务》,北京大学出版社2009年版,第1017页。
⑤ 江必新:《试论人民法院审理行政案件如何参照行政规章》,载《中国法学》1989年第6期。
⑥ 章剑生:《现代行政法基本理论》,法律出版社2008年版,第580页。

在行政审判中,如何参照规章存在诸多争议,各地高级人民法院经常就此问题向最高人民法院进行请示。如最高人民法院在《关于人民法院审理行政案件对缺乏法律和法规依据的规章的规定应如何参照问题的答复》(1994年)中指出:"辽宁省政府发布的《关于加强公路养路费征收稽查工作的通告》第6条'可以采取扣留驾驶证、行车证、车辆等强制措施'的规定,缺乏法律和法规依据,法院在审理具体案件时应适用国务院发布的《公路管理条例》的有关规定。"在《关于对包头市人民政府办公厅转发〈包头市城市公共客运交通线路经营权有偿出让和转让的实施办法〉中设定罚则是否符合法律、法规规定问题的答复》(1997年6月2日[1997]行他字第11号)中,最高人民法院认为:"包头市政府办公厅转发的包头市城乡建设局《包头市城市公共客运交通线路经营权有权出让和转让的实施办法》中设定的行政处罚种类,缺乏法律、法规依据,不宜作为审查被诉具体行政行为是否合法的根据。"在《对湖北省高级人民法院关于对塔式起重机的监督管理权限如何选择适用行政规章的请示的答复》(2004年)中,最高人民法院认为:"国家建设部、工商局、质量技术监督局联合制定的《施工现场安全防护用具及机械设备使用监督管理规定》,对起重机械的监督管理权限作了明确划分。法院审查行政机关在国务院《特种设备安全监察条例》施行前作出的相关具体行政行为,应当参照《施工现场安全防护用具及机械设备使用监督管理规定》。"在《关于审理城市燃气管理行政案件中如何参照行政规章问题的答复》(2001年)中,最高人民法院认为:"关于涉及农村液化气管理问题,目前法律、行政法规尚未明确规定。浙江省人民政府发布的《浙江省液化石油气管理办法》,当属本行政区域液化气管理的依据。法院审理燃气管理行政处罚案件时,可以参照《浙江省液化石油气管理办法》的有关规定。"①

在上述司法答复中,虽然最高人民法院在结论表述上有异,但是,它们的主要内容是一致的,即凡与法律、法规相抵触的规章,法院可以不予适用。这个内容在最高人民法院第5号指导性案例中再次得到强调。

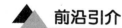

前沿引介

参照规章的内涵

1. 参照规章具有司法审查权的性质,但它不同于对行政行为的司法审查。它表现为不要求所参照的规章制定者为自己制定规章的合法性提供证据,它不负举证责任,同时,法院也不能用判决的形式对被认定为不合法的规章表明法院的态度。

2. 被列为参照的规章必须是具有规章制定权的行政机关所制定的规章,因为主体不合格,其所制定的规范性文件就不是规章,也就丧失了被参照的资格。

3. 经过参照,法院对合法的规章应当在其判决或者裁定中加以引用,对不合法的规章也应当在判决或者裁定中表达出来。如果法院因引用规章不合法而撤销行政行为,却不告知当事人撤销的理由,从裁判依据上说它是一种理由不充分的瑕疵。

4. 规章与上位法之间是否存在着冲突是参照需要解决的核心问题。规章之间的不一致不属于参照的范围,法院应当依照《行政诉讼法》的规定,由最高人民法院送请国务院作出

---

① 参见奚晓明主编:《最高人民法院最新行政诉讼司法解释汇编》,人民法院出版社2006年版,第656页。

解释或者裁定。

5. 参照规章是司法审查权的一种表现形式,但它不包含对不合法规章的撤销权。因此,参照规章只表明不合法的规章在本案中不适用,在行政领域中它仍然存在着法律效力。(资料来源:章剑生:《现代行政法基本理论》,法律出版社2008年版,第580页)

(二)"参照"的司法审查标准

"参照"的前提是合法性审查,在无形之中起到了监督行政规章的作用。参照实际上赋予了法院对行政规章进行初步的司法审查的权力。所谓"初审权"就是由法院通过司法程序对规章是否成立的审查或者说是对规章是否具有瑕疵形态的审查。规章司法审查的对象和标准是规章制定权的合法性、形式和程序的合法性、内容的合法性和合理性。一个合法有效的行政规章最低限度必须符合下列条件,才能有效成立:(1)必须遵守行政规章制定程序;(2)必须具有制定规章的权力;(3)规章的内容不得与宪法、法律、法规的规定相抵触;(4)规章的内容必须合理。①

法院对行政规章的司法审查,要按照下位法不与上位法相抵触的标准,一般审查四个方面的问题:(1)是否超权管辖权限或者管理权限(包括行政管理权的种类和裁量范围的适用),即扩大或者限缩了行政机关的职权范围;(2)是否限缩或者扩大了公民、法人或者其他组织权利的范围;(3)是否增设或者限缩了公民、法人或者其他组织的义务、负担的前置程序、前置条件;(4)是否违反了规章的制定程序。法院不对行政规章的合理性、立法性事实等问题进行审查。

参照规章不包含对不合法规章的撤销权。在已经判决的行政案例中,我们可以读出法院对"参照"的理解。如在"任建国不服劳动教养复查决定案"中,法院认为:"原有劳动教养的三个法规中规定的适用劳动教养的对象很明确,根本没有山西省人民政府《关于保护企业厂长、经理依法执行职务的规定》(山西省人民政府令第1号,1988年)第8条第(2)项'以暴力、威胁方法阻碍厂长、经理依法执行职务,尚不够刑事处罚的,可实行劳动教养'的规定。该地方政府规章把劳动教养的适用范围作了扩大的规定。对于这样的规章,法院只在符合行政法规规定的范围内参照适用,即行政法规规定的劳动教养适用对象有以暴力、威胁方法阻碍厂长、经理依法执行职务的行为时,可对其实行劳动教养。如果不属于劳动教养适用对象,则不能仅参照规章对其适用劳动教养。对于法律和行政法规中的实体与程序规定,都应当全面、准确无误地适用,才是依法办案。"②在本案中,法院其实捍卫了下位法不得与上位法相抵触的原则。有关劳动教养的法规范没有授权地方人民政府另行制定执行措施,对于那些不是根据法律和行政法规制定的规章,或者其内容与法律和行政法规相抵触的规章,不在法院"参照"之列。③

---

① 崔卓兰、于立深:《行政规章研究》,吉林人民出版社2002年版,第233—236页。
② 参见《最高人民法院公报》1993年第3期。
③ 叶必丰:《行政法与行政诉讼法》(第3版),武汉大学出版社2008年版,第69、103页。

第三节 行政规定引用

一、行政规定

行政规定,又称"其他规范性文件",它是指规章以下的具有普遍约束力的行政决定、命令的总称。行政机关制定的行政规定在性质上应定为法的自然延伸。所以,凡是与法律、法规和规章不相抵触的行政规定,应当成为法的组成部分——即具有实质意义的法。

作为一个法律概念,行政规定首次出现在《行政复议法》第7条之中。它是对行政相对人权利义务产生实际影响的"其他规范性文件"。"行政规定"为不属于法规范部分的规范性文件起了"统一名称",为判断规范性文件中的法规范和非法规范确立了一个划界标准。[①]按照制定主体,行政规定包括三种类型:国务院及其部门的规定;县级以上地方各级人民政府及其工作部门的规定和乡、镇人民政府的规定。

二、行政规定的审查

最高人民法院《若干解释》第62条第2款规定:"人民法院审理行政案件,可以在裁判文书中引用合法有效的规章及其他规范性文件。"最高人民法院《关于裁判文书引用法律、法规等规范性法律文件的规定》([2009]14号)第6条规定:"其他规范性文件,根据审理案件的需要,经审查认定为合法有效的,可以作为裁判说理的依据。"上述两个司法解释明确了法院在审理行政案件中,可以对被诉行政行为所适用的行政规定是否合法进行审查,并根据审查的结果决定是否引用。

在行政过程中,行政机关把行政规定作为作出行政行为的依据,这是符合依法行政原理的。但是,在行政诉讼中,行政规定不具有法属性,在《立法法》中也没有它的地位,所以,它对法院没有拘束力。因行政规定的法效力低于行政规章,法院也就不能像行政规章一样予以参照适用。最高人民法院在《关于审理行政案件适用法律规范问题的座谈会纪要》中确立了行政规定在行政诉讼中的适用规则:即行政规定不是正式的法律渊源,对法院不具有法律规范意义上的约束力。但是,法院经审查,认为被诉行政行为依据的行政规定合法、有效并合理、适当的,在认定被诉行政行为合法性时应承认其效力;法院可以在裁判理由中对行政规定是否合法、有效、合理或适当进行评述。可见,相对于"参照规章"而言,对于行政规定的合法性审查,法院的司法审查权更大。

"合法、有效、合理的行政规定"在行政诉讼中已经被普遍适用,司法上的法拘束力也为法院裁判所承认。如在顾俊生诉咸阳市渭城区人民政府不履行用财政拨款给付退休金职责案中,法院认为:"被告渭城区政府为扶持发展区属工业制定的咸渭发(1990)44号《关于扶持发展区属工业的若干规定》第9条'国家干部到集体企业任职,由区财政拨款解决退休金问题,以免除他们的后顾之忧'之规定,属行政机关通过规范性文件为自己设定的行政义务,原告以此为依据,要求渭城区政府履行该义务,渭城区政府不予履行,原告向法院提起诉讼,人民法院应作为行政案件受理。原告顾俊生的人事关系、工资关系均在原市轻工局,轻工局

---

① 朱芒:《论行政规定的性质——从行政规范体系角度的定位》,载《中国法学》2003年第1期。

作为技术人才将顾俊生引进,事实成立,其国家干部身份至今未变,故退休后的待遇应按国家干部工资标准,由被告拨款进入统筹,解决原告顾俊生退休费问题。"[①]本案中,被告在一个行政规定中规定了国家干部到集体企业任职后的退休金,应当由区财政拨款解决。原告顾俊生符合该行政规定的条件,但他却未能享受到此待遇。法院依照此行政规定,判决支持了顾俊生的诉讼请求。

案例研究

行政诉讼中如何参照行政规章和引用行政规定

在福州富成味精食品有限公司与中华人民共和国福州海关行政处罚纠纷上诉案中,法院认为:"出口货物的税则号的确定,依照《进出口税则》《进出口税则商品及品目注释》及参照《海关进出口税则本国子目注释》进行确认,同时参照科学技术部、财政部、国家税务总局、海关总署联合发布的《中国高新技术产品出口目录2006》。海关总署及有关部门内部印发的相关文件不是税则号确定的具有法律效力的依据,且这些文件有的是内部答复意见,有的意见不明确,有的与其后文件意见不一致,而《中国高新技术产品出口目录2003》已被其后的新文件替代,因此,不足以证明其主张,理由亦不能成立。参照《海关进出口货物报关单修改和撤销管理办法》第16条和《海关进出口货物商品归类管理规定》第26条规定,违反报关单和商品归类相关管理规定构成违反海关监管行为的,海关可依照《海关行政处罚实施条例》的有关规定予以处理,因此,是否需经报关单的删改或商品归类的重新确定等程序并不影响海关行政处罚程序的进行。《进出口关税条例》第64条和《海关进出口货物征税管理办法》第80条的规定,是纳税义务人对海关的征税决定有异议进行救济的依据,并非上诉人主张的对海关商品归类有异议的救济依据。"(资料来源:福建省高级人民法院行政判决书[2012]闽行终字第142号)

第四节 司法解释援引

一、司法解释的种类

1955年6月23日全国人大常委会通过的《关于解释法律问题的决议》(现已失效)曾经规定,凡关于审判过程中如何具体应用法律、法令的问题,由最高人民法院审判委员会进行解释。这是国家最早关于法律解释的规定。1981年6月10日全国人大常委会通过的《关于加强法律解释工作的决议》规定:"凡属于法院审判工作中具体应用法律、法令的问题,由最高人民法院进行解释。凡属于检察院检察工作中具体应用法律、法令的问题,由最高人民检察院进行解释。最高人民法院和最高人民检察院的解释如果有原则性的分歧,报请全国人民代表大会常务委员会解释或决定。"此决议确立了司法解释的法律地位。但是,在2000年

---

① 陕西省咸阳市中级人民法院《行政判决书》([2001]咸行初字第10号)。

通过的《立法法》中，司法解释并没有获得认可。

在《立法法》之前，最高人民法院在1997年发布的《关于司法解释工作的若干规定》（已经失效）曾经规定："司法解释的形式分为'解释'、'规定'、'批复'三种。对于如何应用某一法律或者对某一类案件、某一类问题如何适用法律所作的规定，采用'解释'的形式。根据审判工作需要，对于审判工作提出的规范、意见，采用'规定'的形式。对于高级人民法院、解放军军事法院就审判工作中具体应用法律问题的请示所作的答复，采用'批复'的形式。"在《立法法》之后，由于《立法法》没有明确否定司法解释，所以，最高人民法院在2007年发布的《关于司法解释工作的规定》中规定："法院在审判工作中具体应用法律的问题，由最高人民法院作出司法解释。司法解释应当根据法律和有关立法精神，结合审判工作实际需要制定。最高人民法院发布的司法解释，应当经审判委员会讨论通过。"在这个司法规定中，司法解释的种类分为"解释""规定""批复"和"决定"四种。对在审判工作中如何具体应用某一法律或者对某一类案件、某一类问题如何应用法律制定的司法解释，采用"解释"的形式。根据立法精神对审判工作中需要制定的规范、意见等司法解释，采用"规定"的形式。对高级人民法院、解放军军事法院就审判工作中具体应用法律问题的请示制定的司法解释，采用"批复"的形式。修改或者废止司法解释，采用"决定"的形式。

二、司法解释的援引

关于在行政诉讼中司法解释以何种方式表达在裁判文书中，最高人民法院在《关于司法解释工作的若干规定》第14条规定："司法解释与有关法律规定一并作为法院判决或者裁定的依据时，应当在司法文书中援引。"尽管它已失效，但它关于"援引"的表述并没有因此消失在行政诉讼之中。最高人民法院《若干解释》第62条规定："人民法院审理行政案件，适用最高人民法院司法解释的，应当在裁判文书中援引。"2007年最高人民法院发布的《关于司法解释工作的规定》第27条规定："司法解释施行后，人民法院作为裁判依据的，应当在司法文书中援引。人民法院同时引用法律和司法解释作为裁判依据的，应当先援引法律，后援引司法解释。"由此可见，至今为止，司法解释在行政诉讼裁判文书的表述仍然是"援引"。

司法解释是最高人民法院就审判过程中如何具体应用法律问题进行的法律解释，是对法律内容的具体化，它与被解释的法规范具有同等法效力。司法解释对法院正确审理行政案件有直接的影响。如果法院根据司法解释判案但不在裁判文书中加引用，就难以使当事人相信法院在依法判案，也会使司法解释失去应用的作用。因此，法院审理行政案件，适用最高人民法院司法解释的，应当在裁判文书中援引。但是，最高人民法院的上述引用顺序规定似乎有些绝对化了，也被认为不符合行政审判的实践需要。[1] 同时，司法"答复"作为个案的具体解释不宜直接引用，而是要援引其具体的答复精神。[2]

---

[1] 甘文：《行政诉讼法司法解释之评论》，中国法制出版社2000年版，第175—176页。
[2] 江必新、梁凤云：《行政诉讼法理论与实务》，北京大学出版社2009年版，第1020页。

第五节 法规范冲突的适用规则

一、法规范冲突概述

法规范冲突是指不同的立法主体所制定的法规范,对于同一社会关系规定了不同的处理方式,适用后产生不同的法效果,从而引起的适用性困难。① 这种现象可以发生在所有法适用的领域。行政诉讼中法律规范冲突是指法院在行政诉讼过程中,发现对同一法律事实或者法律关系,存在两个或者两个以上的法规范,且对其作出了不同的规定,适用不同的法规范将导致不同的裁判结果的情形。由于法律、法规、行政规章、行政规定具有多层级性、多样性和数量众多的状况,如何减少或消除法规范冲突,如何选择适用合法的法规范,是行政诉讼法律适用的重要问题之一。

《立法法》是解决法规范冲突的基本法律。调整同一事务的两个或者两个以上的法规范,因规定内容不同而产生法规范冲突的,一般情况下应当按照《立法法》规定的上位法优于下位法、特别法优于一般法、新法优于旧法等规则判断和选择适用法规范。如果发生冲突的法规范所涉及的事项比较重大、有关机关对是否存在冲突有不同意见、应当优先适用的法规范的合法有效性尚有疑问或者按照法适用规则不能确定如何适用时,应当依据《立法法》规定的程序逐级送请有权机关作出裁决。即如《立法法》第86条规定,地方性法规、规章之间不一致时,由有关机关依照下列规定的权限作出裁决:(1)同一机关制定的新的一般规定与旧的特别规定不一致时,由制定机关裁决;(2)地方性法规与部门规章之间对同一事项的规定不一致,不能确定如何适用时,由国务院提出意见,国务院认为应当适用地方性法规的,应当决定在该地方适用地方性法规的规定;认为应当适用部门规章的,应当提请全国人民代表大会常务委员会裁决;(3)部门规章之间、部门规章与地方政府规章之间对同一事项的规定不一致时,由国务院裁决;(4)根据授权制定的法规与法律规定不一致,不能确定如何适用时,由全国人民代表大会常务委员会裁决。

二、下位法不符合上位法的判断和适用

原则上,在行政诉讼中被诉行政行为所依据的下位法抵触上位法的,法院应当适用上位法。在实践中,许多行政行为是依据下位法作出的,并未援引上位法,在这种情况下,为维护国家法制统一,法院审查在行政行为的合法性时,应当对下位法是否符合上位法一并进行判断。经判断下位法与上位法相抵触的,应当依据上位法认定被诉行政行为是否合法。

从审判实践看,下位法抵触上位法的常见情形有:下位法缩小上位法规定的权利主体范围,或者违反上位法立法目的扩大上位法规定的权利主体范围;下位法限制或者剥夺上位法规定的权利,或者违反上位法立法目的扩大上位法规定的权利范围;下位法扩大行政主体或其职权范围;下位法延长上位法规定的履行法定职责期限;下位法以参照、准用等方式扩大或者限缩上位法规定的义务或者义务主体的范围、性质或者条件;下位法增设或者限缩违反上位法规定的适用条件;下位法扩大或者限缩上位法规定的给予行政处罚的行为、种类和幅

---

① 陈有西:《论行政诉讼中的法律规范冲突及其冲突规范》,载《行政法学研究》1994年第4期。

度的范围;下位法改变上位法已规定的违法行为的性质;下位法超出上位法规定的强制措施的适用范围、种类和方式,以及增设或者限缩其适用条件;法规、规章或者其他规范文件设定不符合行政许可法规定的行政许可,或者增设违反上位法的行政许可条件;其他相抵触的情形。如最高人民法院在一个司法"答复"中认为,《治安管理处罚条例》对无财产的已满 14 岁不满 18 岁的人违反治安管理,没有规定,不适用罚款处罚。① 在另一个司法"答复"中,最高人民法院认为,根据《行政处罚法》第 11 条第 2 款关于"法律、行政法规对违法行为已经作出行政处罚规定,地方性法规需要作出具体规定的,必须在法律、行政法规规定的给予行政处罚的行为、种类和幅度的范围内规定"的规定,《重庆市林业行政处罚条例》第 22 条第 1 款第(1)项关于没收无规定林产品运输证的林产品的规定,超出了《森林法》规定的没收的范围。人民法院在审理有关行政案件时,应当适用上位法的规定。② 还有一个司法答复认为,《草原防火条例》第 31 条规定的"造成损失的应当负赔偿责任",系民事责任。该条未就民事责任授权行政机关处理。本案被告就民事责任问题作出行政处理决定无法律依据,属越权行为。③ 可见,关于上位法优于下位法的规则一直为最高人民法院所坚持。

案例分析

冯建英的主张成立吗

上诉人冯建英因道路交通管理纠纷一案,不服涧西区人民法院(2009)涧行初字第 1 号行政判决,向洛阳市中级人民法院提起上诉。本案涉及一个法律适用争议问题。根据《河南省道路交通安全条例》第 40 条规定,公安机关交通管理部门根据调查交通事故检验、鉴定的需要,既可以扣留逃逸嫌疑车辆、机动车行驶证,也可以扣留当事人的机动车驾驶证。交警三大队依据该条规定扣留冯建英驾驶的豫 C-51660 面包车、该车的行驶证及冯建英的驾驶证的行为符合以上法律规定。根据《立法法》第 63 条的规定,省人民代表大会及其常务委员会根据本行政区域的具体情况和实际需要,在不同宪法、法律、行政法规相抵触的情况下,可以制定地方性法规。《河南省道路交通安全条例》属于河南省人大常委会制定的地方性法规。其在《道路交通安全法》没有明确规定"可以扣留逃逸嫌疑车辆、机动车行驶证、当事人的机动车驾驶证"的情况下,根据河南省的具体情况和实际需要,制定"可以扣留逃逸嫌疑车辆、机动车行驶证和当事人的机动车驾驶证"的规定,不违背《立法法》的规定。冯建英认为《河南省道路交通安全条例》第 40 条的规定与《道路交通安全法》相抵触、交警三大队扣留其驾驶的豫 C-51660 面包车、该车的行驶证和驾驶证的行为没有法律根据等主张不能成立。(资料来源:河南省洛阳市中级人民法院《行政判决书》[2010]洛行终字第 7 号)

---

① 最高人民法院行政审判庭《关于对无财产的已满 14 岁不满 18 岁的人违反〈治安管理处罚条例〉可否适用罚款处罚问题的电话答复》(1988 年 10 月 21 日)。
② 最高人民法院《对〈关于秦大树不服重庆市涪陵区林业局行政处罚争议再审一案如何适用法律的请示〉的答复》([2001]行他字第 7 号)。
③ 最高人民法院行政审判庭《关于对雇工引起草原火灾的,可否追究雇主的连带经济责任的答复》([1998]法行字第 4 号)。

三、特别规定优先适用的一般规定

上位法优于下位法的规则适用于不同机关制定的法,但同一机关制定的法若发生法规范冲突时,原则上适用特别规定优于一般规定和新的规定优于旧的规定。前者适用于两个事项的不同规定,后者适用于同一事项的不同规定。为此,《立法法》第 83 条规定:"同一机关制定的法律、行政法规、地方性法规、自治条例和单行条例、规章,特别规定与一般规定不一致的,适用特别规定;新的规定与旧的规定不一致的,适用新的规定。"如最高人民法院在一个司法答复中认为,《道路交通安全法》第 107 条的规定与《行政处罚法》第 33 条的规定不一致。前者属于特别规定,后者属于一般规定。根据《立法法》第 83 条的规定,可以适用《道路交通安全法》第 107 条规定的简易程序作出行政处罚决定。①

在特别情况下,法律之间、行政法规之间或者地方性法规之间对同一事项的新的一般规定与旧的特别规定不一致的,法院应按照下列情形适用:(1)新的一般规定允许旧的特别规定继续适用的,适用旧的特别规定;(2)新的一般规定废止旧的特别规定的,适用新的一般规定;(3)不能确定新的一般规定是否允许旧的规定继续适用的,法院应当中止行政案件的审理,属于法律的,逐级上报最高人民法院送请全国人民代表大会常务委员会裁决;属于行政法规的,逐级上报最高人民法院送请国务院裁决;属于地方性法规的,由高级人民法院送请制定机关裁决。

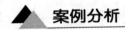

本案中法院裁判理由成立吗

在福建省龙岩市天泉生化药业有限公司诉龙岩市人民政府药品监督管理行政复议案中,法院认为,我国的《产品质量法》与《药品管理法》属于一般法与特别法的关系,按照特别法优于一般法的原则,凡是我国《药品管理法》规定的事项,均应当适用《药品管理法》,而不应当适用《产品质量法》。《药品管理法》第 49 条第 1 款规定,禁止生产、销售劣药;第 2 款规定,药品的含量不符合国家药品标准的,为劣药;第 3 款规定,有下列情形之一的药品,按劣药论处:(一)未标明有效期或者更改有效期的;(二)不注明或者更改生产批号的……上诉人将已在 2003 年 4 月过期失效的生产批号为 0103231 等六批次的 5%18 种氨基酸注射液生产日期更改为 2003 年 9 月 8 日、9 日、10 日、11 日,标示批号为 0309081、0309091、0309101、0309111,已构成更改生产日期、生产批号,上诉人主观上具有故意,客观上又实施了上述行为,被上诉人认为龙岩药监局认定 0309081 等四个批次的 5%18 种氨基酸注射液为劣药,事实清楚,证据充分。上诉人认为这是"产品"而非"药品",受《产品质量法》所拘束,而不受《药品管理法》第 49 条规定所拘束的诉由,有悖法理,不予采纳。针对龙岩药监局作出的[岩]药行罚字[2004]004 号行政处罚决定对违法事实证据与适用法律的表述不全面,存在瑕疵,但已确认上诉人生产规格为 250ml,批号分别为 0309381 第四批次 5%18 种氨基酸注射液,违反了我国《药品管理法》第 49 条第 1 款关于禁止生产、销售劣药的规定,调查取证充

---

① 最高人民法院《关于交通警察支队的下属大队能否作为行政处罚主体等问题的答复》([2009]行他字第 9 号)。

分,且适用该法第75条追究上诉人法律责任正确等情况,被上诉人在没有改变原具体行政行为的定性和处罚的前提下,对原具体行政行为的事实与法律进行补充完善,并维持原具体行政行为,系复议机关权力义务要求,亦符合有错必纠、经济高效的行政原则。上诉人认为被上诉人无权变更或完善龙岩药监局认定的事实证据与适用处罚法律依据,不能成立。由于上诉人不具备《行政处罚法》第27条第2款规定的免除处罚情节,其以5%18种氨基酸未出厂,未造成任何危害后果为由,要求免除行政处罚,缺乏事实根据和法律依据,法院不予支持。(资料来源:福建省龙岩市中级人民法院《行政判决书》[2005]岩行终字第41号)

四、地方性法规与部门规章冲突的选择适用

制定地方性法规、部门规章的国家机关之间不仅没有隶属关系,而且性质也不同。但是,它们中一个是国务院的职能部门,管理着属于自己权限范围内的全国性行政事务;另一个是地方权力机关,管理着属于自己权限范围内的地方性事务,它们的共同点是都有立法权。在这样的情况下,它们各自制定地方性法规、部门规章的适用范围势必会发生"重叠"。如果两者规定是一致的,在适用上相安无事,反之,则构成法规范冲突。

对于这个问题,即地方性法规与部门规章之间对同一事项的规定不一致的,在行政诉讼中法院一般可以按照下列规则适用:(1)法律或者行政法规授权部门规章作出实施性规定的,其规定优先适用。(2)尚未制定法律、行政法规的,部门规章对于国务院决定、命令授权的事项,或者对于中央宏观调控的事项、需要全国统一的市场活动规则及对外贸易和外商投资等需要全国统一规定的事项作出的规定,应当优先适用。(3)地方性法规根据法律或者行政法规的授权,根据本行政区域的实际情况作出的具体规定,应当优先适用。如最高人民法院在一个司法"答复"认为,在国家尚未制定道路运输市场管理的法律或者行政法规之前,法院在审理有关道路运输市场管理的行政案件时,可以优先选择适用本省根据本地具体情况和实际需要制定的有关道路运输市场管理的地方性法规。①(4)地方性法规对属于地方性事务的事项作出的规定,应当优先适用。(5)尚未制定法律、行政法规的,地方性法规根据本行政区域的具体情况,对需要全国统一规定以外的事项作出的规定,应当优先适用。(6)能够直接适用的其他情形。不能确定如何适用的,应当中止行政案件的审理,逐级上报最高法院按照《立法法》第86条第1款第2项的规定送请有权机关处理。

五、行政规章冲突的选择适用

虽然部门规章与地方政府规章制定机关都属于行政机关,但它们制定的规章在调整范围上,如同部门规章与地方性法规一样,也会发生"重叠"情况。因此,一旦部门规章与地方政府规章之间对相同事项的规定不一致的,在行政诉讼中法院一般可以按照下列规则适用:(1)法律或者行政法规授权部门规章作出实施性规定的,其规定优先适用;(2)尚未制定法律、行政法规的,部门规章对于国务院决定、命令授权的事项,或者对属于中央宏观调控的事项、需要全国统一的市场活动规则及对外贸易和外商投资等事项作出的规定,应当优先适

---

① 最高人民法院《关于道路运输市场管理的地方性法规与部门规章规定不一致的法律适用问题的答复》([2003]行他字第4号)。

用;(3)地方政府规章根据法律或者行政法规的授权,根据本行政区域的实际情况作出的具体规定,应当优先适用;(4)地方政府规章对属于本行政区域的具体行政管理事项作出的规定,应当优先适用;(5)能够直接适用的其他情形。不能确定如何适用的,应当中止行政案件的审理,逐级上报最高人民法院送请国务院裁决。

不同的国务院部门制定的规章,由于国务院部门在管理行政事务上存在着交叉,所以,部门规章之间也会发生适用上的法规范冲突。国务院部门之间制定的规章对同一事项的规定不一致的,法院一般可以按照下列规则选择适用:(1)适用与上位法不相抵触的部门规章规定;(2)与上位法均不抵触的,优先适用根据专属职权制定的规章规定;(3)两个以上的国务院部门就涉及其职权范围的事项联合制定的规章规定,优先于其中一个部门单独作出的规定;(4)能够选择适用的其他情形。不能确定如何适用的,应当中止行政案件的审理,逐级上报最高人民法院送请国务院裁决。

知识链接

部门规章之间冲突的适用

黑龙江哈尔滨市中级人民法院在审理五常市气象局不服哈尔滨市五常质量技术监督局行政处罚上诉案中发现,按照国家技术监督局、中国气象局技监局评发[1998]37号通知,雷电防护设施检测站需要经过计量认证,而按照中国气象局《防雷减灾管理办法》第20条的规定则只需资质认证,不需计量认证。两个规章性质的文件不一致。于是,法院依据《行政诉讼法》第53条第2款的规定,报请最高人民法院裁决。最高人民法院答复,根据《计量法》等有关法律的规定,雷电防护设施检测机构需要经过资格认证,但不需要经过计量认证。(资料来源:最高人民法院《关于雷电防护设施检测机构是否应当进行计量认证问题的答复》[2003行他字第13号])

六、新、旧法规范的适用规则

根据行政审判中的普遍认识和做法,行政相对人的行为发生在新法施行以前,行政行为作出在新法施行以后,法院审查行政行为的合法性时,实体问题适用旧法规定,程序问题适用新法规定,但下列情形除外:(1)法律、法规或规章另有规定的;(2)适用新法对保护行政相对人的合法权益更为有利的;(3)按照具体行政行为的性质应当适用新法的实体规定的。

法律、行政法规或者地方性法规修改后,其实施性规定未被明文废止的,法院在适用时应当区分下列情形:(1)实施性规定与修改后的法律、行政法规或者地方性法规相抵触的,不予适用;(2)因法律、行政法规或者地方性法规的修改,相应的实施性规定丧失依据而不能单独施行的,不予适用;(3)实施性规定与修改后的法律、行政法规或者地方性法规不相抵触的,可以适用。如在博坦公司诉厦门海关行政处罚决定纠纷案中,原告诉称《海关行政处罚细则》是依据1987年的《海关法》制定的,在新《海关法》颁布后,不应再被适用。法院认为:"行政机关为实施法律而根据法律制定的实施细则、条例等行政法规,在相关法律修改后,只要没有被法律、行政法规或者制定机关明令废止,并且不与修订后的法律相抵触,就仍然可以适用。"①

七、法规范的具体应用解释

在裁判案件中解释法规范是法院适用法律的重要组成部分。法院对于所适用的法规范,一般按照其通常语义进行解释;有专业上的特殊含义的,该含义优先;语义不清楚或者有歧义的,可以根据上下文和立法宗旨、目的和原则等确定其含义。法规范在列举其适用的典型事项后,又以"等""其他"等词语进行表述的,属于不完全列举的例示性规定。以"等""其他"等概括性用语表示的事项,均为明文列举的事项以外的事项,且其所概括的情形应为与列举事项类似的事项。

最高人民法院要求在解释和适用法规范时,应当妥善处理法效果与社会效果的关系,既要严格适用法规范和维护法规范的严肃性,确保法规范适用的确定性、统一性和连续性,又要注意与时俱进,注意办案的社会效果,避免刻板僵化地理解和适用法规范,在法律适用中维护国家利益和社会公共利益。如在哈尔滨鸿鹏药品经销有限公司不服新疆维吾尔自治区药品监督管理局行政处罚决定申诉案中,争点问题之一是关于没收药品是否应该给予听证。《行政处罚法》第42条规定:"行政机关作出责令停产停业、吊销许可证或者执照、较大数额罚款等行政处罚决定之前,应当告知当事人有要求举行听证的权利;当事人要求听证的,行政机关应当组织听证。"本案主审法院认为法律中的"等"是限制性的规定,在这里所规定的"等"只能是指责令停产、吊销许可证或者执照、较大数额罚款,而不能对此作出超出法律规定范围的理解。而申诉人则认为,这里的"等"还应该包括其他处罚,是对法律的扩大解释。药监局按照法律规定在处罚前告知了当事人有陈述、申辩的权利,而鸿鹏药品公司放弃了该权利,当时也未就是否享有听证权提出异议。药监局已经履行了法律规定的程序,不存在还需听证的违法问题。法院部分审判委员会委员认为,这里的"等"应该包括其他较严重的处罚措施,本案中没收了价值二百多万元的药品,却不给被处罚人听证的权利,显然是不公平的。因此法院将此案上报最高人民法院,请示《行政处罚法》第42条的规定中的"等"如何理解,是否包括本案"没收"药品这种情况。最高人民法院在司法"答复"中说,法院经审理认定,行政机关作出没收较大数额财产的行政处罚决定前,未告知当事人有权要求举行听证或者未按规定举行听证的,应当根据《行政处罚法》的有关规定,确认该行政处罚决定违反法定程序。②

对《行政处罚法》第42条关于超出三种列举以外的同等程度的其他行政处罚是否需要听证,已经形成了"等外说"和"等内说"。"等外说"认为,立法中常用的列举式加省略式的表述方法,表示只要是与所列举的三种行政处罚性质相近、可能对当事人的经济利益造成较大损害的,当事人就可以申请听证。最高人民法院的法官也认为,"等外"的理解更符合行政处罚法的立法目的,就社会效果而言也是最佳的。③ 最高人民法院在上述司法"答复"中,采

---

① 参见《最高人民法院公报》2006年第6期。
② 最高人民法院《关于没收财产是否应进行听证及没收经营药品行为等有关法律问题的答复》([2004]行他字第1号)。
③ 蔡小雪、郭修江、耿宝建:《行政诉讼中的法律适用——最高人民法院行政诉讼批复答复解析》,人民法院出版社2011年版,第192—193页。

取的是"等外说","等"属于"等外",即没收较大数额的财产,应该给予听证。① 最高人民法院第 6 号指导性案例也持"等外说"。"等内说"认为,"等"字是一个无实际意义的虚词,适用听证的行政处罚仅限于《行政处罚法》所列举的三种。

思考题：
1. 如何理解行政诉讼法律适用中法院的规范选择权？
2. 如何理解"参照规章"制度？
3. 法院在适用法律规范时如何运用法律解释方法？

拓展阅读：
1. 崔卓兰:《行政规章可诉性之探讨》,载《法学研究》1996 年第 1 期。
2. 章剑生:《依法审判中的"行政法规"》,载《华东政法大学学报》2012 年第 2 期。
3. 郑永流:《出释入造——法律诠释学及其与法律解释学的关系》,载《法学研究》2002 年第 3 期。
4. 王静:《论行政法上的法不溯及既往原则》,载《宪政与行政法治评论》2007 年第 3 期。
5. 汪全胜:《"上位法优于下位法"适用规则刍议》,载《行政法学研究》2005 年第 4 期。
6. 刘松山:《人民法院的审判依据》,载《政法论坛》2006 年第 4 期。
7. 孔祥俊:《论法官在法律规范冲突中的选择适用权》,载《法律适用》2004 年第 4 期。
8. 江必新:《试论人民法院审理行政案件如何参照行政规章》,载《中国法学》1989 年第 6 期。
9. 赵清林:《"依据"与"参照"真有区别吗》,载《政治与法律》2008 年第 5 期。
10. 孔祥俊:《法律规范冲突的选择适用与漏洞填补》,人民法院出版社 2004 年版。
11. 梁凤云:《行政诉讼批复答复解释与应用》(法律适用卷),中国法制出版社 2011 年版。

---

① 江必新、梁凤云:《行政诉讼法理论与实务》,北京大学出版社 2009 年版,第 1113 页。

第二十二章

行政诉讼裁判

> **✦学习目标**
> 通过本章的学习,学生可以掌握以下内容:
> 1. 行政诉讼判决的概念、分类与效力
> 2. 我国行政诉讼判决法定类型的历史发展演变
> 3. 各类法定行政诉讼判决的适用条件
> 4. 行政诉讼裁定与决定的适用事项及其救济程序
>
> **✦关键概念**
> 行政判决　维持判决　撤销判决　履行判决　重作判决　确认判决　变更判决　驳回诉讼请求判决　赔偿判决

第一节　行政诉讼判决概述

一、行政诉讼判决的概念与意义

（一）行政诉讼判决的概念

行政诉讼判决是指法院代表国家,在查明案件事实和准确适用法律的基础上,对行政行为的合法性、效力以及由此产生的法律关系等实体问题所作出的具有权威性的书面处理决定。对该概念的进一步理解,可从以下几个方面展开:

1. 行政诉讼判决的主体是代表国家行使审判权的法院

虽然负责具体行政案件审理和判决工作的机构是行政审判庭,但是行政诉讼判决是以法院的名义作出的,因此行政判决的主体只能是法院。行政诉讼判决是法院代表国家行使审判权作出的权威判断,所以,行政诉讼判决一经作出,非经法定程序任何公民、法人或者其他组织不得随意否认、改变。

2. 行政诉讼判决的对象是行政争议的实体内容

这里包含着两个层次的内容:(1)行政诉讼判决是对以行政机关为一方当事人的行政

争议的处理,在此意义上其与民事判决不同,后者以平等主体间发生的民事争议为处理对象;(2) 行政诉讼判决处理的是行政争议中的实体问题,在这点上,它又与处理程序性问题为主的行政裁定相异。

3. 行政诉讼判决的作出须以法院查明案件事实和准确适用法律为前提

行政诉讼判决形成于行政诉讼程序终结之时,是法院将庭审活动查明的案件事实涵摄于特定的法规范之下得出的判断结论。需要指出的是,这里所谓的"案件事实"并不是客观世界的事实,而仅指以法庭证据证明的案件事实。① 而这里所谓的"法律",则包括了行政实体法规范、行政程序法规范和行政诉讼法规范。因为行政诉讼判决是对当事人实体权利义务内容的权威判断,并以国家强制力为后盾保障其实现,缺乏当事人之间的合意基础,所以必须以证据所证明了的案件事实和客观的法律予以正当化。我们必须清晰地认识到,行政诉讼判决与案外和解或诉讼调解协议,在正当化机制方面存在明显差异。

4. 行政诉讼判决是法院对行政争议所作出的评判活动

从内容上看,这种评价活动主要涉及对行政行为是否合法、是否有效的评价,同时也可能涉及对行政相对人权利义务的判断。前者体现了行政诉讼作为监督法的特性,而后者则凸显了其同时属于行政救济法的面向。但是,我们必须注意的一点是,尽管行政争议中的实体问题包括行政行为的合法性、效力以及由此产生的权利义务关系,但并非每一个行政诉讼判决都同时对这三个方面的内容作出明确的判断。基于行政权与司法权之间的分工,行政诉讼判决在否定行政行为的合法性与有效性之后,往往不愿也不应进一步深入判断行政相对人公法上的权利义务内容。②

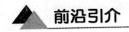

法官判决是一个"化合物"

每一天,法官们都在进行着裁判案件的工作,这在我国数百个法院中无一例外。但是,如果让法官们将自己这种日常性工作具体完整地描述出来,却是很难做到的。这在许多外行人看来或许不可思议,但是事实的确如此。也许有人执意想要法官对此说个明白,但他会发现,法官在这个话题上不会持续太久就将转向其他话题,理由或许冠冕堂皇:"司法过程涉及晦涩难懂的专业术语,即使告诉你,你作为没有受过法律专业训练的人,也是听不明白的。"人们可能会将法官的这种说法理解为:法官为了掩饰自己解释不了的尴尬而找的借口,当然也不排除其故弄玄虚的用意。不过,即使人们认定此二者,也还是很难在"法官如何裁决案件"的问题上就此止步,毕竟,谁都有好奇心,加之司法关乎社会正义,人们很难在判决出台的前前后后上停止追问。因此,一旦法官们用所谓高深莫测的理由打发不掉那些执着于此问题的非专业人士,就必然要面对这一问题。

事实上,上述这些问题,每天都出现在法官裁判案件的过程当中,只不过有时候这个问

---

① 最高人民法院《关于行政诉讼证据若干问题的规定》第53条规定:"人民法院裁判行政案件,应当以证据证明的案件事实为依据。"

② 参见张旭勇:《行政判决的分析与重构》,北京大学出版社2006年版,第97页。

题所占的比重多些,有时候另外一些问题所占的比重多些。正是对于这些不同问题的考虑,最终形成了法官判决。就此意义而言,法官判决无疑是一个包含有各种化学成分的"化合物"。在这里,法官究竟有无权力来制造出这样的化合物,并不是我所关注的重点。因为,无论我们是否认同法官造法的合理性,它都已是当下生活中的一个现实存在。法官正是在制造这一化合物的过程中完成了司法裁判。(资料来源:〔美〕卡多佐:《司法过程的性质及法律的成长》,张维编译,北京出版集团、北京出版社2013年版,第2—3页)

(二) 行政诉讼判决的意义

在行政诉讼中,行政诉讼判决处于核心地位;它是法院对行政机关与行政相对人之间的利益关系所作的权威性判定。行政诉讼判决具有以下两方面的意义:

1. 行政诉讼判决是法院对原告诉讼请求的回应

原告之所以向法院提起行政诉讼,其目的在于希望法院通过庭审活动,对所涉行政争议给出一个具有信服力的"说法"。行政诉讼判决便是法院对这种诉求的回应与处理,它的作出可以及时定分止争、消弭争议,使社会秩序向正常化状态回归。正因为如此,从某种程度上讲,行政诉讼判决就是对原告诉讼请求的肯定或否定,诉讼请求是法院作出行政诉讼判决的前提与基石。

2. 行政诉讼判决体现了行政诉讼的立法目的

行政诉讼判决表达了法院对行政行为的态度,体现了司法权对行政权的监督。行政诉讼判决不仅需要对当事人的诉讼请求作出回应,更重要的是法院通过审理案件对行政行为是否合法作出判断与处理,以切实维护公法秩序,确保行政机关依法行政。这也是行政诉讼判决区别于民事判决的典型特征。

当然,上述两个方面的意义是不可分割的,行政诉讼判决在纠正违法行政行为、监督行政机关依法行政的同时,往往直接满足了行政相对人全部或部分权益诉求,至少阻止了违法行政行为对行政相对人的权益侵害。

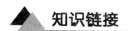

判决的意义

判决是诉讼程序终结的最后结果。判决首先是在诉讼这种纠纷解决机关中出现的。判决在最初的表现形式中,就具有"法"的意义。判决只是纠纷解决的其中一种方式,有判决并非等同于纠纷解决。因此,作为诉讼结果的判决并不是纠纷解决的证明。即便如此,判决作为纠纷解决的方式仍然具有极为重要的作用,它甚至间接影响到纠纷以其他方式获致解决。在研究诉讼这种纠纷解决机制的基础上,判决在诉讼法学上的意义亦极为明显。判决作为国家公权力机关的司法判断,具有展示国家态度的意义。尤其是在行政诉讼制度刚刚展开的国家,保护国家利益的倾向益加明显,行政诉讼的客观性展示较多。在一些行政诉讼主观性强调过多的国家,对于行政诉讼客观性即展示国家态度的建言亦在增多。判决还作为原告诉讼请求的对应物存在。法院在诉讼中审查原告的诉讼请求还是脱离原告诉讼请求单就行政公权力行为的合法性进行审查争论颇多。实际上,对于审查标的的确定端视行政公权力的性质、行政公权力行为中公益私益的对比、对原告诉的利益的影响等因素综合判断。判决作为纠纷解决手段是最为理想的状况。(资料来源:梁凤云:《行政诉讼判决之选择适用》,人民法院出版社2007年版,第14页)

二、行政诉讼判决的分类

分类作为一种研究方法,可以加深对研究对象的认识。依据不同的分类标准,对行政诉讼判决可以作出不同的分类。以下介绍几种常见的行政诉讼判决分类。

(一) 一审判决与二审判决

以作出判决的法院审级为标准,可以将行政诉讼判决分为一审判决与二审判决。一审判决是指法院适用第一审程序作出的行政判决。而二审判决是指法院适用第二审程序作出的行政判决。在此需要指出的是,在适用审判监督程序进行再审的案件中,如果适用第一审程序进行审理作出判决的,仍然称为一审判决;而按照第二审程序进行审理的,相应地称之为二审判决。

(二) 生效判决与未生效判决

以判决是否生效为标准,可以将行政诉讼判决分为生效判决与未生效判决。生效判决是指已经发生法律效力的判决,其包括一审法院作出的、当事人在法定上诉期内未提出上诉或者上诉后又撤回上诉的判决,二审法院作出的判决和最高人民法院作出的判决。未生效判决是指尚未发生法律效力的判决,包括一审法院(最高人民法院除外)作出的、尚处于上诉期或者当事人在法定期限内提出上诉的判决。

(三) 对席判决与缺席判决

以双方当事人是否均参加庭审活动为标准,可以将行政诉讼判决分为对席判决与缺席判决。对席判决是指法院在双方当事人全部参加庭审活动的基础上作出的判决。缺席判决则指的是法院在案件审理中,一方当事人经合法传唤无正当理由拒不到庭或者未经许可中途退庭而作出的行政判决。

(四) 肯定判决、否定判决与部分肯定部分否定判决

以法院是否支持原告的诉讼请求为标准,可以将行政诉讼判决分为肯定判决、否定判决与部分肯定部分否定判决。肯定判决是指法院对原告的诉讼请求予以肯定、原告因此获得胜诉的判决,例如撤销全部违法行政行为的判决。否定判决是指法院对原告的诉讼请求予以否定、判决原告败诉的判决,包括维持判决、驳回诉讼请求判决、确认合法、有效判决。部分肯定部分否定判决是前述两种判决形式的中间形态,其是指法院在判决中对原告的诉讼请求予以部分支持、部分否定的判决形式。如法院判决对系争行政行为进行部分撤销的,便属于部分肯定部分否定判决。

（五）维持判决、撤销判决、确认判决、履行判决、变更判决、重作判决、驳回诉讼请求判决与赔偿判决

前述几种分类均属于对行政诉讼判决所作的学理分类。而根据制定法规定，从法院判决的具体内容出发，可以把行政诉讼判决分为维持判决、撤销判决、确认判决、履行判决、变更判决、重作判决、驳回诉讼请求判决与赔偿判决这八种。这是最重要的一种行政诉讼判决分类方式，也是法院在作出行政判决时所具体适用的判决形式。

三、行政诉讼判决的效力

行政诉讼判决的效力是指已经作出的行政判决，依据其外形或内容所具有的促使法律效果产生的作用力，主要包括确定力、既判力和执行力三种。

（一）确定力

行政诉讼判决的确定力也称不可争力，它是指行政判决一经生效，当事人不得再对判决认定的事实提起诉讼或者提出上诉。确定力的作用对象为当事人，因此仅具有对人效力。它的确立有助于督促当事人服从判决、平息争议，及早实现社会秩序的恢复与稳定。

（二）既判力

行政诉讼判决的既判力又称实质确定力，它是指已经生效的判决在后一诉讼中对法院和当事人所具有的拘束力，即当事人不得提出与已生效判决的标的不同的主张，法院也不得作出与生效判决相矛盾的判决。由此可见，行政判决既判力的作用对象包括法院和当事人。但是与民事判决相比，行政判决的既判力并非绝对。基于保护公共利益的需要，对于先前行政判决所确定的权利义务，法院可以根据行政管理的需要进行相应的调整。

（三）执行力

行政诉讼判决的执行力是指对于可执行的行政判决，其生效后义务人拒不履行的，法院或者行政机关可以进行强制执行的效力。执行力的对象是行政判决所确定的义务人，包括行政机关和行政相对人。根据《行政诉讼法》的相关规定，行政相对人拒绝履行行政判决的，行政机关可以向第一审法院申请强制执行，或者依法强制执行。而对于行政机关拒不履行义务的，可以通过划拨、对行政机关罚款、提出司法建议，以及对主要负责人或者直接责任人员予以罚款处罚等方式督促其履行义务。①

 知识链接

行政诉讼判决既判力的本质及效力范围

（1）行政诉讼判决既判力的本质。关于行政诉讼判决既判力的本质，有各种各样的见

---

① 参见《行政诉讼法》第65条。

解。根据前述概念界定,一般可以对行政诉讼判决既判力的本质作如下理解:行政诉讼判决的既判力,意味着在行政诉讼过程中,法院就原告以起诉的形式所主张的法律关系(诉讼请求、诉讼物)作出的判断一旦确定,便拘束其后的诉讼,适用一事不再理的原则,禁止当事人提起再审,禁止当事人提出与确定判决内容不同的主张,禁止法院进行与确定判决相矛盾的判断。简而言之,所谓行政诉讼判决的既判力,就是禁止纷争反复的效力。(2)行政诉讼判决既判力的效力范围。行政诉讼判决的既判力,原则上只针对当事人请求解决纷争的事项所作出的判断而发生,或者说只针对判决正文中的判断而发生,例外地也承认相抵抗辩理由中的判断具有既判力。具有既判力的前法院的判断拘束其后诉的法院,因而,在其后的诉讼中,不能允许当事人的主张与具有既判力的法院判断相抵触。在确认判决中,通过当事人对具有既判力的判断予以尊重,以期恢复法律和平。(资料来源:杨建顺:《论行政诉讼判决的既判力》,载《中国人民大学学报》2005年第5期)

第二节 行政诉讼判决体系的发展演变

行政诉讼判决的形式经历了一个不断完善的发展过程。1989年制定的《行政诉讼法》仅确立了维持判决、撤销判决、履行判决、变更判决、重作判决与赔偿判决六种形式。2000年最高人民法院《若干解释》补充了确认判决与驳回诉讼请求判决两种判决类型。2011年最高人民法院《关于审理政府信息公开行政案件若干问题的规定》,进一步丰富发展了包含实体性义务的履行判决,提高了行政相对人权益救济的有效性。

一、《行政诉讼法》构筑了基本行政诉讼判决体系

《行政诉讼法》的第54条和第67条明文规定了维持判决、撤销判决、履行判决、变更判决、(附带地撤销判决的)重作判决与赔偿判决这六种判决形式,初步构筑了能够基本满足行政相对人合法权益保护需要的行政判决体系。那么,在行政诉讼案件中,行政相对人到底有哪些基本的权益保护需要?

行政相对人的权利保护需要与权利类型密切相关,不同的权利类型需要不同判决类型作为其救济手段。在法理学上,从权利关系中他人的角色和相应义务的差别出发,把权利分为行为权和接受权。行为权是指有资格去做某事或用某种方式去做某事的权利。当某人阻止你去做有资格去做的事情时,或者用可怕的后果威胁使你不能去做时,行为权就受到了侵犯。如某个人以强力阻止你去投票,或当你有权发言时威逼你保持沉默。接受权是指有资格接受某物或以某种方式受到对待的权利。当某人拒绝提供你有资格得到的东西或某人不给予你有资格得到的待遇时,接受权就受到了侵犯。如果你因要求得到你有资格得到的东西而受到困扰,或对你有资格享有的待遇的否认而受到凌辱或威胁,那么,也构成了对接受权的侵犯。如拒绝给你养老金或使你受到不礼貌的对待。同理,我们也可以把行政相对人受侵害的权利划分为行为权和接受权两大类。

如前所述,由于行为权和接受权本身的特征所决定,侵犯行为权和接受权的违法行政行为分别是行政法上的作为违法和不作为违法。在行政诉讼中,法院对作为违法和不作为违

法最基本的救济手段是撤销判决和履行判决;当违法行政行为本身无法救济或救济无法充分时,就只能适用替代性的赔偿判决;如果行政行为合法,即原告认为行政行为违法的诉称不能成立,法院则判决维持原行政行为;如果被告以明确拒绝作为的方式违法侵犯了行政相对人接受权的,法院只能先判决撤销并同时责令行政机关重新履行法定职责,即重作判决。因此,撤销判决、履行判决、赔偿判决、重作判决和维持判决,构成了满足行政相对人合法权益保护需要的基本判决体系。

至于变更判决,则是为了避免由于单纯的撤销判决可能引发行政机关反复重作的恶果而设置的一种判决形式。因为变更判决实际上是允许司法权替代了行政权,所以其适用范围受到严格限制,依据《行政诉讼法》第54条第4项规定,只能适用于行政处罚显失公正的情形。由此可见,《行政诉讼法》并非是随意规定了上述六种判决类型,而是以行政相对人合法权益的分类及其不同保护需要为内在根据的;而且,这六种判决类型已经基本上能够满足行政相对人的合法权益保护需要。

较之于其他国家和地区初期的行政诉讼法,我国1989年首次制定的《行政诉讼法》所规定的基本判决类型算是比较全面、成熟的。在行政诉讼发展的初期,许多国家或地区行政判决制度一个比较共同的特征是:法院的审判权基本上限于撤销行政行为或者以撤销判决为核心。1960年德国《联邦行政法院法》制定之前的判决制度,日本《行政案件诉讼法》修订之前的判决制度,1998年之前中国台湾地区的行政判决制度以及当下的法国行政判决制度,大抵上都是如此。但是,我国首次制定的《行政诉讼法》就规定了履行判决,而且还是与撤销判决并行共同作为主要的判决种类。究其原因有二:(1)我国《行政诉讼法》出台的时间较晚,借鉴参考了其他国家较为成熟的判决制度,这就是后发优势;(2)在我国行政诉讼法制定之时,给付行政活动已经较为广泛与频繁,需要履行判决的及时保护。

此外,我们必须清醒地认识到,《行政诉讼法》规定的基本行政判决体系仍然具有如下两个缺点:

(一)不合诉讼法理的维持判决

维持判决是我国独有的、且存在明显的理论缺陷和实践适用困境的判决类型。之所以有维持判决,是因为它受了《行政诉讼法》立法目的中"维护行政机关行使职权"的价值立场的影响,偏离了公认的行政诉讼应当承载的"控权"理念。在行政法理论上,维持判决与行政行为效力理论不可调和,且与原告的诉讼请求相冲突;在实践中,其又与后来不得不通过最高人民法院《若干解释》增加的驳回诉讼请求判决、确认合法判决及确认有效判决产生功能上的重叠,造成了制度设计上的叠床架屋与运作上的低效。因此,未来的行政诉讼法修改,应当在进行价值重构的基础上,废除维持判决,以驳回诉讼请求取而代之。[①]

(二)程序性裁判式的履行判决

尽管《行政诉讼法》规定了履行判决,但是这个履行判决只是一种程序性裁判,即法院一般只能责令行政机关程序性地作出某种决定或行为,无法为行政相对人提供直接而有效的实体性救济。《行政诉讼法》第54条第3项规定:"被告不履行或者拖延履行法定职责的,判

---

① 参见张旭勇:《行政诉讼维持判决制度之检讨》,载《法学》2004年第1期。

决其在一定期限内履行。"这里的"不履行"是指行政机关以消极方式不作任何意思表示的状态,而"拖延履行"则是行政机关在法定时间或者合理期限内不作出终结行政程序的行政行为之状态。因此,《行政诉讼法》第 54 条第 3 项规定的履行判决就只能是"程序性裁判",而不是"实体性裁判",无法直接保护或满足行政相对人的实体性权益诉求。[①] 其实,对于法院能否作出包含明确实体性义务的履行判决,行政法学界是向来普遍不予以承认的。[②]

《行政诉讼法》规定的行政判决制度所存在的上述两个方面的缺陷,决定了行政诉讼判决制度发展完善的内容与方向。

二、《若干解释》增加了确认判决和驳回诉讼请求判决

行政诉讼判决是行政相对人合法权益的救济手段,所以,当现有的行政判决制度无法满足行政相对人权益救济需要或者难以有效回应行政相对人的权益保护诉求时,新型行政诉讼判决手段的产生就具有必然性。2000 年最高人民法院《若干解释》增设确认判决和驳回诉讼请求判决,就是一个典型的例证。

(一)增加确认判决,强化行政相对人的权益保护力度

1. 相关法律规定分析

最高人民法院《若干解释》第 50 条、第 57 条、第 58 条确立了行政诉讼的确认判决制度。《若干解释》第 50 条第 3 款、第 4 款规定:"被告改变原具体行政行为,原告不撤诉,人民法院经审查认为原具体行政行为违法的,应当作出确认其违法的判决;认为原具体行政行为合法的,应当判决驳回原告的诉讼请求。原告起诉被告不作为,在诉讼中被告作出具体行政行为,原告不撤诉的,参照上述规定处理。"又第 57 条规定:"人民法院认为被诉具体行政行为合法,但不适宜判决维持或者驳回诉讼请求的,可以作出确认其合法或者有效的判决。有下列情形之一的,人民法院应当作出确认被诉具体行政行为违法或者无效的判决:(1) 被告不履行法定职责,但判决责令其履行法定职责已无实际意义的;(2) 被诉具体行政行为违法,但不具有可撤销内容的;(3) 被诉具体行政行为依法不成立或者无效的。"又第 58 条规定:"被诉具体行政行为违法,但撤销该具体行政行为将会给国家利益或者公共利益造成重大损失的,人民法院应当作出确认被诉具体行政行为违法的判决,并责令被诉行政机关采取相应的补救措施;造成损害的,依法判决承担赔偿责任。"由此可见,我国行政诉讼法上确认判决制度远比其他国家与地区的确认判决制度复杂多样,总共包括了确认无效判决、确认违法判决、确认合法判决以及确认有效判决四个亚种类。然而,在德、日等国和我国的台湾地区,确认判决制度中并没有确认合法判决与确认有效判决这两种亚种类。

2. 增加确认判决的理由

(1) 确认无效判决。最高人民法院《若干解释》之所以增加确认无效判决,主要是因为在行政实体法上,行政行为依其违法程度的不同被划分为无效行政行为和可撤销行政行为;

[①] 参见章剑生:《行政诉讼履行法定职责判决论——基于〈行政诉讼法〉第 54 条第 3 项之展开》,载《中国法学》2011 年第 1 期。

[②] 参见罗豪才、应松年主编:《行政诉讼法学》,中国政法大学出版社 1990 年版,第 252 页以下;姜明安主编:《行政诉讼与行政执法的法律适用》,人民法院出版社 1995 年版,第 465 页。

前者是指明显而重大违法的行政行为,后者只是一般的违法行政行为。但是,我们必须清醒地认识到,从保障依法行政原则实施的角度观察,将无效行政行为视为可撤销行政行为处理也无大碍,因为确认无效判决与撤销判决都是对违法行政行为的全面否定,都力求恢复到行政行为作出之前的状态。无效行政行为理论作为公定力理论的另一面,其存在的价值主要在于前救济程序阶段,进入诉讼程序的审理判决阶段,严格地区分无效行政行为与可撤销行政行为只具有观念上、形式上的意义了。

当然,被动意义上的无救济期限限制的确认无效判决还是值得保留的。也就是说,如果行政行政相对人起诉时已超过诉讼期限,但行政行为确属重大明显违法的无效情形,法院可以也应当受理并作出确认无效的判决。之所以要开拓救济手段,是因为社会集体意识难以容忍如此严重的违法行为,因而要延长人们纠正它的时间期限。法院受理后发现行政行为又不属于无效的,应当裁定驳回起诉,因为行政行为无效是常规期限外受理案件的前提条件。因此,行政诉讼法或司法解释应当明确提起无效确认诉讼的特别时效,切实发挥无效判决制度的开拓救济渠道功能。在针对无效的情形规定特别的诉讼期限之前,新增确认行政行为无效判决没有任何实质意义。

（2）增加确认违法判决。最高人民法院《若干解释》第50条第3款、第4款的规定,在行政机关已经纠正自身违法行为的情况下,甚至还没有给行政相对人造成可获赔偿的损害后果,原告也可以请求法院作出确认违法判决的目的是什么？司法解释为什么要规定此种情形下的确认违法判决？学理上的解释是,"原具体行政行为已撤销或变更",所以无法再撤销或变更。这仅仅是从字面含义和操作的角度作出的技术解释,不能回答此种情形下为什么法院不可以裁定终结诉讼或驳回原告的诉讼请求。此种确认违法判决对行政相对人因行政机关曾经的违法行政行为而造成的精神、名誉、荣誉等创伤具有一定的弥补与恢复作用,对行政相对人因违法行政行为而产生的心理积怨有一定的宣泄作用,这是高级别的理想纠纷解决所要求的。所以,《若干解释》增加确认违法判决,不管是为后续的赔偿提供要件基础,还是为了修复行政相对人因违法行政行为造成的精神创伤,都是强化行政相对人权益保护的具体表现。

（3）增加确认合法判决和确认有效判决。最高人民法院《若干解释》第57条规定："人民法院认为被诉具体行政行为合法,但不适宜判决维持或者驳回诉讼请求的,可以作出确认其合法或者有效的判决。"正如驳回诉讼请求判决与维持判决的功能重叠一样,它与确认合法判决、确认有效判决之间的关系也是如此。更为致命的是,由于驳回诉讼请求判决与确认合法判决、确认有效判决只是解决纠纷的进路不同,而客观效果与适用条件可以完全相同,所以法官们或许永远也发现不了对合法的行政行为不宜适用驳回诉讼请求判决的情况。本来一个驳回诉讼请求判决就可以应付所有针对合法行政行为提出的诉讼请求,但是我们却另外还规定了维持判决、确认合法判决以及确认有效判决,造成诸种判决之间功能上重叠、适用条件上交叉,这无疑大大降低了司法解释的可适用性与实际效果。

（二）增设驳回诉讼请求判决,弥补维持判决之缺陷

最高人民法院《若干解释》增加确认判决是为了进一步强化对行政相对人的合法权益保护,但是,增设驳回诉讼请求判决则完全是为了弥补维持判决制度的适用缺陷。《行政诉讼法》第54条第1项规定："具体行政行为证据确凿,适用法律、法规正确,符合法定程序的,判

决维持。"对于行政机关积极的作为行为来说,法院判决维持合法行政行为、从而间接地驳回原告的诉讼请求是不存在任何问题的。但是,如果原告是起诉被告不作为理由不成立时,则法院根本无法适用维持判决,因为此时不存在行政判决可以维持的对象,被告行政机关实际上没有作出任何决定或行为。为了解决维持判决的这一司法适用困境,最高人民法院《若干解释》增设了驳回诉讼请求判决,主要是用于解决原告起诉被告不作为理由不成立时的判决手段问题。

当然,根据最高人民法院《若干解释》第56条的规定,驳回诉讼请求判决除了适用于起诉被告不作为理由不成立的情形以外,还适用于"被诉具体行政行为合法但存在合理性问题的"和"被诉具体行政行为合法,但因法律、政策变化需要变更或者废止的"两种情形。其实,在这两种情形下,要求或允许法院作出驳回诉讼请求判决是不科学、不合理的。

首先,根据行政诉讼法确立的合法性审查原则,当"被诉具体行政行为合法但存在合理性问题的",除了显失公正的行政处罚以外,法院完全应当判决维持,因为合理性问题原则上不属于法院审理与纠正的权限范围。学者们普遍认为,合法但不合理的行政行为如果被法院判决维持了,被告行政机关就不能再作合理性变更了,所以要用驳回诉讼请求判决,以便于行政机关的自行合理性变更。这里包含了一个严重的误解。其实,法院的维持判决仅仅是维持行政行为的合法性,对合法范围之内的合理性问题则根本没有作出过判断,所以哪怕被判决维持的合法行政行为,行政机关也还有权在裁量范围内再次作出合理变更。一个法院的维持判决都没作出过判断的问题,为什么不能允许行政机关进行事后的合理变更?当然,法院作出维持判决之后,被告行政机关不能超出裁量范围随意改变原来的行政行为,除非基于新的法律、事实和理由。

其次,当"被诉具体行政行为合法,但因法律、政策变化需要变更或者废止的",法院也可以而且应当判决维持,因为事后的法律、政策变化不能影响原先行政行为的合法性,这是由行政行为合法性判断基准时所决定的。所谓行政行为违法判断的基准时问题,就是行政行为作出之时所依据的法规范和事实基础,到了法院作出判决之时往往会发生变化,面对已经变化了的法规范和事实基础,法院应当以何时的法规范与事实作为判定违法与否的基准?其实,行政行为不同于法律、政策的一个重要区别是,行政行为是依据当时的法律对过去已经发生的事实的处理。既然如此,我们不可能要求行政机关对未来的法律修改与事实变迁作出准确的预测,更不能要求行政机关依据未来可能的法律和事实作出行政行为。[①] 所以,违法判断的基准时应当是行政行为作出之时,而不能以后来的法律、政策的变化而否定先前作出的行政行为的合法性。至于因为法律、政策变化确实需要变更或者废止的行政行为,在法院作出维持判决之后,由利害关系人申请行政机关变更或废止,维持判决和行政机关由于事后的法律、政策变化而变更或废止行政行为之间不会存在任何冲突。

综上所述,为了理顺行政判决之间的逻辑关系,未来修改行政诉讼法时应当把驳回诉讼请求判决适用范围扩大至所有"原告起诉被告理由不成立"的情形,全面取代维持判决、确认合法判决和确认有效判决。[②]

[①] 有学者提出,预测性事实是行政诉讼证明对象之特殊性的表现。参见高家伟:《行政诉讼证据的理论与实践》,工商出版社1998年版,第154页。
[②] 参见张旭勇:《行政诉讼维持判决制度之检讨》,载《法学》2004年第1期。

三、行政诉讼判决类型的进一步丰富与发展

最高人民法院《若干解释》增设确认判决和驳回诉讼请求判决,只是行政诉讼判决制度发展演变的一个起点。伴随着对司法权与行政权、合法性与效率性等相互关系认识的不断深化;在未来的行政诉讼法修改和最高院的司法解释中,还可能会产生实体性履行判决、禁止重作判决以及补正判决等判决类型。

(一) 实体性履行判决

《行政诉讼法》第 54 条第 3 项规定:"被告不履行或者拖延履行法定职责的,判决其在一定期限内履行。"至于行政机关该如何履行职责,《行政诉讼法》未作进一步的限定。当初之所以作这样的保留,主要是为了尊重行政机关的判断权,防止法院过度干涉行政权。但是,在当前司法实务中,为了提升行政诉讼对行政相对人权益的实效性救济,实现诉讼经济之目标,已经有法院突破了前述规定,对行政机关履行职责添加了若干指示。未来的行政诉讼法修改,应当在保持履行判决原则上为程序性判决的同时,例外地承认履行判决中作出实体性判决的合法性。[①] 从这个角度讲,实体性履行判决是履行判决的一个亚种类,只是《行政诉讼法》第 54 条第 3 项规定的"判决其在一定期限内履行"之内涵的进一步丰富与发展的结果。

实体性履行判决,是指法院在判决中直接指明或命令行政机关履行何种具体义务及其期限的行政判决。实体性履行判决的功能直接满足了行政相对人积极的接受性权利,在给付行政案件中尤其重要。撤销判决只能阻止行政机关积极侵害的违法行为,而不能满足行政相对人要求行政机关积极合作并提供相应给付的需要。当服务行政的领域逐渐扩大到一定程度,责令行政机关提供相应给付的履行判决应运而生。[②] 增加包含特定实体义务的履行判决,是履行判决制度的进一步发展与完善,主要目的是为了直接、迅速、有效地保护服务行政领域行政相对人的合法权益,是行政诉讼制度权利保护功能强化的结果。当然,包含实体义务的履行判决涉及司法权过度干涉和替代行政权的危险,所以其适用范围与条件应受到严格限制。所以,如果法院要作出实体履行判决,即判令行政机关限期履行特定实体义务,必须满足或具备如下两个条件:(1) 原告在行政法上享有的、需要被告行政机关履行的权利义务内容明确,被告行政机关不拥有或者基本不允许拥有行政裁量的余地;(2) 原则上要求行政机关已经行使了首次判断权,否则法院一般不宜直接作出包含明确实体义务的履行判决。当然,如果原告自己提供了证据充分证明其行政法上的权利诉求确实成立的,为了及时保护行政相对人权益、避免重复循环诉讼和提高诉讼效率,法院也可以直接作出实体性履行判决。

关于实体性履行判决的必要性及其适用条件的上述认识,现在不仅仅停留在纯粹的理论认识层面,也不再是法院在个别行政案件中的偶尔运用,而是已经得到具有普遍适用效力

[①] 参见章剑生:《行政诉讼履行法定职责判决论——基于〈行政诉讼法〉第 54 条第 3 项之展开》,载《中国法学》2011 年第 1 期。

[②] 如果仅仅把履行判决理解为责令行政机关作出一个处理结果的话,那么这样的履行判决是不能满足服务行政领域行政相对人的给付需要的。

的最高人民法院的司法解释的肯定。2011年最高人民法院《关于审理政府信息公开行政案件若干问题的规定》第9条第1款规定,被告对依法应当公开的政府信息拒绝或者部分拒绝公开的,法院应当撤销或者部分撤销被诉不予公开决定,并判决被告在一定期限内公开。[①]尚需被告调查、裁量的,判决其在一定期限内重新答复。该解释第10条规定:"被告对原告要求公开或者更正政府信息的申请无正当理由逾期不予答复的,人民法院应当判决被告在一定期限内答复。原告一并请求判决被告公开或者更正政府信息且理由成立的,参照第9条的规定处理。"

(二) 禁止重作判决

禁止重作判决是指法院在撤销或以其他方式否定违法行政行为时,当行政相对人提供的证据足以说明,或者由于其他原因致使法院足以断定,行政机关在其违法行为被撤销或否定之后不应再度针对同一事件行使公权力的判决。这里所言及的禁止重作判决是一种附带判决,不能单独适用。在这个意义上,禁止判决就与重作判决构成相反方向的两类判决:重作是为了保护公共利益、第三人利益以及当事人的接受性权益[②],重作判决的要义是督促行政权的再次行使;而禁止判决是为了保护当事人的行为权(自由权)益,禁止判决的要义是不准行政机关再度行使行政权。之所以要设置这类禁止判决,是为了防止行政机关在违法行政行为被否定之后,再度毫无必要地行使行政权,干扰行政相对人正常的生活。尽管《行政诉讼法》和司法解释都明确规定,行政机关在撤销判决之后,不能以同一事实和理由作出与原来相同或基本相同的行政行为,但是,这样的条文是"只能防君子不能防小人"的,在实践中行政机关反复重作行政行为、变相折磨行政相对人的执法事件经常发生,设置附带性的禁止重作判决非常必要。

需要指出的是,这里的禁止重作判决是一种附带性判决,而不是像英国禁令和日本阻止判决那样的独立性禁止判决。我国已有学者前瞻地提出设置独立的禁令判决,其理由主要有如下三点:(1)处理事实侵权行为的需要。如果行政机关非法拘禁一公民,又不作出任何行政决定和说明理由,这时可采用禁令判决。(2)阻止侵权行为的发生。如禁止行政机关违法发放许可。如果必须等到许可发放以后再进行司法审查,则会对受害人造成更大的损失,并会引发更复杂的纠纷。(3)有利于法院对原告提供更完全的救济。如果禁令判决和撤销判决、确认判决同时适用,在撤销行政决定的同时,可禁止行政机关进一步采取行动。[③]设置阻止未来行政侵权行为发生的预防性禁令判决,在理论上是完全可以成立的,但是,预防性禁令判决是在正式行政行为作出之前作出的判决,是对行政机关首次判断权的剥夺,在目前的行政诉讼环境下只能是一种理想;即使法律强行规定了这样的判决,结果恐怕也只能是"画饼充饥"。另外,如同英国的禁令一样,预防性的独立禁止判决是一个高度裁量化的判决,对法官的利益衡量判断能力要求极高,就目前法官的整体素质而言,恐怕难以胜任。所以,在当下我国设置独立的预防性的独立禁令判决不合时宜,尽管它代表着未来进一步发展

[①] 依附于撤销判决的重作判决的实质是履行判决,只不过是重新履行而已,所以包含实体性义务的重作判决,也可以归入实体性履行判决的范畴。
[②] 参见最高人民法院《关于执行〈中华人民共和国行政诉讼法〉若干问题的解释》第59条、第60条。
[③] 参见马怀德主编:《行政诉讼原理》,中国政法大学出版社2003年版,第434页。

的可能方向。

（三）补正判决

补正判决是指对行政行为中存在的轻微瑕疵，如笔误、表述错误等技术性错误，或者程序上、形式上的瑕疵且对行政行为的结果不产生影响的，在不否定行政行为的前提下允许行政机关进行事后的治愈、补救，从而提高行政执法和诉讼的效率。在《行政诉讼法》立法之初，补正判决曾被提出过。时任全国人大常委会副委员长的王汉斌在关于《行政诉讼法》草案的立法说明中指出："具体行政行为引用具体法律、法规条文有失误的，予以补正。"①但是在随后正式颁布的《行政诉讼法》中没有作出相应规定。在司法实践中，法院则往往对上述轻微瑕疵采取忽略不计的态度。如在"宜昌市妇幼保健院不服宜昌市工商行政管理局行政处罚决定案"中，对于被告宜昌市工商局将行政相对人"宜昌市妇幼保健院"误写成"宜昌市妇幼保健医院"的行为，法院虽指出这一行为属于笔误，但是仍然维持了被诉行政行为，并未要求被告补正原行政行为。② 这不利于对违法行政行为的纠正，因此应当通过引入补正判决这一新形式，由法院责令行政机关对行政行为中存在的轻微瑕疵进行改正。

总之，行政判决的直接功能是满足行政相对人权利保护的需要，伴随着行政相对人权益保护范围的不断扩大和深度的不断增强，作为满足行政相对人权保护需要手段的判决种类不断增加；从被告行政机关承担责任的方式角度看，行政判决是对行政机关承担违法行政责任的总结与概括，随着行政责任方式的丰富发展而增加。充分性和效率性是行政判决这一救济手段必须考虑的两个维度，随着充分性和效率性之间关系的调整，新的判决种类也会增加。行政相对人权益保护的加强和行政机关违法行政之责任方式多样化，是一个硬币的两面，只是思考的角度不同。禁止判决、履行判决和确认违法，都是由于行政相对人权利保护的加强和行政违法责任的丰富发展所引起的；另外，有些学者提出增加的补正判决，则又是在有限的范围内倾向补救手段效率性的产物。③

第三节　行政诉讼判决适用条件

一、一审判决的适用条件

《行政诉讼法》、最高人民法院《若干解释》以及《关于审理政府信息公开行政案件若干问题的规定》总共规定了八种法定行政判决及其适用条件。明确各种法定行政诉讼判决的不同适用条件，厘清不同判决种类之间的相互关系，是我们学习、探讨行政诉讼判决制度的最终落脚点。有一点需要明确的是，本节关于各类行政诉讼判决适用条件的分析，都以现行实证法相关规定为基础，不探讨理论上可能但尚未明文规定的禁止重作判决、补正判决等判决类型。

---

① 王汉斌：《关于〈中华人民共和国行政诉讼法（草案）〉的说明》，载《最高人民法院公报》1989年第2期。
② 《最高人民法院公报》2001年第1期。
③ 参见叶平：《行政诉讼补正判决研究》，载章剑生主编：《行政诉讼判决研究》，浙江大学出版社2010年版，第1—76页。

(一) 维持判决

维持判决是指法院经审查认为被诉行政行为合法从而维持其效力的一种判决形式。《行政诉讼法》第 54 条第 1 项规定:"具体行政行为证据确凿,适用法律、法规正确,符合法定程序的,判决维持。"结合最高人民法院《若干解释》相关条款的规定,维持判决的适用条件有:

1. 被诉行政行为合法

这是判定是否适用维持判决的实质性条件。具体而言包括:(1) 证据确凿。这里的"证据确凿"是指行政行为的证据确实充分,足以证明被诉行政行为的合法性。从总体上看,行政诉讼的证明标准低于刑事审判中的"排除一切合理怀疑标准",但高于民事审判中的"优势证据标准",宜采取"清楚而有说服力的标准"。但需要指出的是,在特定案件中,根据案件的特性,这种对于"证据确凿"的要求可能提高或者降低。例如,在廖宗荣诉重庆市公安局交通管理局第二支队道路交通管理行政处罚决定案中,法院采取了"优势证据标准",判定交警在一人执法中采集的瞬间交通违法行为符合维持判决中的"证据确凿"标准。① (2) 适用法律、法规正确。这里所谓的"适用法律、法规",须作广义理解,其内涵不同于《行政诉讼法》第 54 条第 2 项规定的"适用法律、法规",后者应当作狭义解释。② 这里"适用法律、法规正确"的内容具体包括:一是行政机关在作出行政行为时符合行政权限的规定,不超越职权;二是行政机关作出的行政行为符合法律的目的、符合相关考虑,不滥用职权、不显失公正;三是行政机关援引的法律文件、法律条文正确,且不援引已经失效的法律规范或者与上位法相抵触的法律规范。(3) 符合法定程序。将"法定程序"写入《行政诉讼法》,并且将其作为判定合法行政行为的要件,是行政法的一个重大突破。它的导入带动了行政程序法理论与实践的不断完善。符合法定程序是指行政行为必须符合法律规定的步骤、顺序、时限和形式,否则便不能适用维持判决。

尽管从字面上理解,所谓的"法定程序"只能解释为法律、法规或规章明文规定的程序内容,这是维护行政执法秩序安定性的需要。但是,自 1999 年田永诉北京科技大学案以来,基于保护行政相对人权利需要,当法律、法规以及规章没有明文规定法定程序时,法院往往以"正当程序"为切入点,对没有满足诸如听取利害关系人意见、送达决定文书等最基本、最底线的程序正当性要求的行政行为,以违反法定程序为由予以撤销。③ 在张成银诉徐州市人民政府房屋登记行政复议案件中,法院把基于一般法理的"违反正当程序"直接等同或者说归入"违反法定程序"的解释策略体现得最为直接。在该案中,法院认为:"行政复议法虽然没有明确规定行政复议机关必须通知第三人参加复议,但根据正当程序的要求,行政机关在可能作出对他人不利的行政决定时,应当专门听取利害关系人的意见……在此情形下,徐州市人民政府未听取利害关系人的意见即作出于其不利的行政复议决定,构成严重违反法定程

---

① 《最高人民法院公报》2007 年第 1 期。
② 参见江必新:《行政诉讼的判决、裁定与决定》,载姜明安主编:《行政法与行政诉讼法》,北京大学出版社、高等教育出版社 2005 年版,第 585 页。有的学者对其作了狭义解释,同时认为需要在现行维持判决的适用条件中增设不超越职权、不滥用职权、不显失公正等内容。参见何海波:《行政诉讼法》,法律出版社 2011 年版,第 409 页。两种观点其实殊途同归,即均认为维持判决的实质性条件应当等同于行政行为的合法要件。
③ 《最高人民法院公报》1999 年第 4 期。

序。"① 2012年公布的最高人民法院指导案例6号,把听证程序的适用范围扩展至"责令停产停业、吊销许可证执照和较大数额罚款"以外的其他具有类似侵害行政相对人合法权益的行政处罚,充分体现了法院对"法定程序"的扩张性解释倾向。

2. 以作为的行政行为为适用对象

被诉行政行为是行政机关积极作出的行政行为,这样才具有可供法院判决维持的对象。根据最高人民法院《若干解释》第56条第1项的规定,如果原告起诉行政机关不作为理由不能成立的,则应当适用驳回原告诉讼请求判决而非维持判决。

3. 被诉行政行为仍然存在

被诉行政行为合法但已经变更、消灭的,由于缺乏可供维持的对象,所以应当适用驳回原告诉讼请求判决。最高人民法院《若干解释》第50条第3款规定:"被告改变原具体行政行为,原告不撤诉,人民法院经审查认为原具体行政行为违法的,应当作出确认其违法的判决;认为原具体行政行为合法的,应当判决驳回原告的诉讼请求。"

4. 被诉行政行为不需要作出变更或者废止

根据最高人民法院《若干解释》第56条第3项的规定,被诉行政行为合法,但因法律、政策变化需要变更或者废止的,应当适用驳回原告诉讼请求判决而非维持判决。尽管在理论上这种情况法院也可以作出维持判决,而且法院作出维持判决之后也不会阻碍被告行政机关变更或废止原具体行政行为,但是最高人民法院《若干解释》第56条第3项的明文规定仍须遵守,况且这种遵守也不会给行政诉讼判决带来严重危害。

5. 被诉行政行为合法且合理

根据最高人民法院《若干解释》第56条第2项的规定,被诉行政行为合法但存在合理性问题的,应当适用驳回原告诉讼请求判决而非维持判决。尽管对"合法但存在合理性问题"的具体行政行为,法院完全可以以合法性审查原则为由判决维持,但最高人民法院《若干解释》第56条第2项的明文规定仍要遵守。

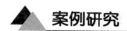

法院对本案的判决合法吗

在余某某不服重庆市长寿区公安局强制隔离戒毒决定案中,法院认为:"被告区公安局在该决定书中适用法律条款未详尽,确定的强制隔离戒毒时间虽明确有起止时间,但无'二年'的字样,应属行政行为的笔误瑕疵,不影响该具体行政行为的效力,也未影响该行政相对人的权利行使。据此,依照《中华人民共和国行政诉讼法》第54条第(1)项之规定,判决如下:维持被告重庆市长寿区公安局2011年4月13日制作并向原告余××送达的长公(凤山)强戒决字[2011]第××号《强制隔离戒毒决定书》。"(资料来源:重庆市高级人民法院《行政裁判书》[2011]长行初字第17号)

---

① 转引自章剑生:《对违反法定程序的司法审查——以最高人民法院公布的典型案件(1985—2008)为例》,载《法学研究》2009年第2期。

(二) 撤销判决

撤销判决是行政诉讼的主要判决方式,旨在阻止已经生效但尚未执行的违法行政行为的实施。在行政诉讼发展史上,很多国家和地区的行政诉讼类型均围绕着撤销之诉展开,甚至是以撤销诉讼为核心的。在我国,撤销判决也同样在行政诉讼判决体系中居于中枢地位。根据《行政诉讼法》和最高人民法院《若干解释》的有关规定,撤销判决的适用条件可以概括如下:

1. 被诉行政行为违法

根据《行政诉讼法》第54条第2项的规定,被诉行政行为具有下述违法情形之一的,判决撤销或者部分撤销行政行为:

(1) 主要证据不足。"主要证据不足"是指被诉行政行为缺乏足够的、具有说服力的证据材料的支撑,不能从中准确认定案件事实。其主要包括下述几种情形:一是被诉行政行为没有证据,包括被告无法提供证据,以及拒绝依法提供证据;二是虽然存在证据材料,但是不符合证据的合法性、客观性和关联性的要求,不能作为定案的根据;三是依据被告所提供的证据,不足以清楚、唯一地认定案件的基本事实,即相关证据证明的案件事实模糊不清、相互矛盾。

(2) 适用法律、法规错误。如前所述,这里的适用法律、法规错误需要作狭义理解,其是指行政行为在援引法律规范上存在错误。其具体情形包括:一是行政行为没有援引任何法律依据;二是行政机关虽然援引了法律文件,但是没有阐明适用的具体法律条款①;三是违反规范性文件的效力规则,适用了在本案中没有法律效力的规范性法律文件或其条款。除此以外,还有一种特殊情况也应当纳入"适用法律、法规错误"的范畴,即没有法律、法规作为依据的行政行为。行政行为没有法律、法规作为依据是"适用法律、法规错误"的极端情形。

在司法实践中,"适用法律、法规错误"逐渐被拓展为兜底性的条款,除了主要证据不足、违反法定程序、超越职权、滥用职权的情形以外,其他违反法律、法规或者规章的情形均被划入到了"适用法律、法规错误"的适用范围之内。②

(3) 违反法定程序。这里的"法定程序",是指一切合法有效的法律文件所规定的程序要求。由于在国家层面尚未制定统一的《行政程序法》,所以关于法定程序的规定散见于《行政处罚法》《行政强制法》和《行政许可法》等单行法律文件之中。另外,在地方层面上,湖南、山东等地先后制定了本区域内的行政程序规定,大大拓展了法定程序的范围。但是,如果仔细考察当前的司法实践,对于行政行为的程序要求其实已经突破了"法定"的形式性要件,而积极地将最低限度的程序义务纳入到对行政行为的要求之中。如最高人民法院第6号指导性案例在其裁判要点中指出:"行政机关作出没收较大数额涉案财产的行政处罚决定时,未告知当事人有要求举行听证的权利或者未依法举行听证的,人民法院应当依法认定该行政处罚违反法定程序。"此外,在《最高人民法院公报》上公布的典型案例中,也已经有诸

---

① 如在任建国不服劳动教养复查决定案中,法院指出,被告在决定对任建国劳动教养时,笼统地表述为依据国务院关于劳动教养的有关规定,没有引用劳动教养法规适用对象的具体规定,属于适用法律不当。见《最高人民法院公报》1993年第3期。

② 参见叶必丰:《行政法与行政诉讼法》,高等教育出版社2007年版,第340页。

多个案提出了"正当程序"的观念。① 因此,这里的"法定程序"的内涵,也应当作相应的拓展。

行政行为违反法定程序的情形主要有:一是违反行政行为子环节的顺序;二是遗漏行政程序步骤;三是违反行政行为的时限要求;四是违反行政行为的形式要求。另外需要说明的是,行政机关违反法定程序的,并非一律予以撤销。如果违反的法定程序要求对行政相对人的实体权益并无影响的,不适用撤销判决,而可代之以适用确认违法判决或者驳回诉讼请求判决。

(4)超越职权。行政机关的职权可以分成权能与权限两个部分,前者是指行政机关处理特定行政事务的资格,后者则指行政机关权力的范围。超越职权既可以是超越了权能,也可以指超越了权限。因此,所谓的超越职权,包括两种情形:一是行政机关没有作出特定行政行为的资格但却作出了行政行为。如工商行政管理部门行使了专属于公安机关的作出行政拘留决定的权力。二是指行政机关虽然具有行为资格,但是超越了法律规定的权限范围。如工商行政管理部门在作出罚款决定时,其罚款数额超越了法律规定的上限。

(5)滥用职权。滥用职权主要存在于行政裁量领域,它是指行政机关行使职权虽然属于其权限范围之内,但是并不符合法律授予其行使该项职权的目的。在参考学理并结合司法实务的基础上,行政机关滥用职权的情形可以概括为下述几个方面②:一是行政行为的目的不适当,表现为行政行为与立法目的的不一致;二是行政机关在作出行政行为时没有考虑相关因素,或者考虑了不相关的因素;三是行政行为处理结果的显失公正;四是行政行为受到了诸如上级指示、行政政策等不适当条件的不良束缚。

在司法实务中,法院以滥用职权为由撤销行政机关行政行为的适用频率很低。造成这种现象的原因,一方面与法院对滥用职权的内涵与外延的把握不准有关,另一方面也与司法不独立之现状有关。行政机关往往望文生义地将其与刑法上的滥用职权罪混为一谈,因为担心被科处刑责而在法官准备认定其滥用职权之时千方百计进行阻挠。很多法官则往往认为滥用职权涉及对行政机关主观意志状态的判定,因为担忧会遭到行政机关的反抗,以及担心会过分侵害行政机关的职权而不敢适用。其实,这些理解是不准确的。首先,滥用职权与刑法上的滥用职权犯罪是不同的,前者仅仅属于行政上的责任,并不必然上升到刑事责任;其次,滥用职权也并非仅限于主观上的违法,而是同时包括了诸如显失公正等客观意义上的违法形态。因此,应当在保障司法独立以及厘清内涵的基础上,强化法院对滥用职权这一撤销事由的适用。

2. 被诉行政行为属于作为违法

对于以不作为形态出现的行政行为,即使存在着前述违法事由,由于客观上不存在具有物理形态的行为,所以无法适用撤销判决。对于不作为违法的行为,如果履行义务的条件仍然存在的,应当适用履行判决;反之,则应当适用确认违法判决。

3. 违法的具体行政行为具有可撤销性

撤销仅仅是法院否定违法行政行为法效力的一种意思表示,在此意义上,任何行政行为

---

① 参见"张成银诉徐州市人民政府房屋登记行政复议决定案",载《最高人民法院公报》2005年第3期;"益民公司诉河南省周口市政府等行政行为违法案",载《最高人民法院公报》2005年第8期;"陆廷佐诉上海市闸北区房屋土地管理局房屋拆迁行政裁决纠纷案",载《最高人民法院公报》2007年第8期。

② 参见余凌云:《行政自由裁量论》(第2版),中国人民公安大学出版社2009年版,第87页以下。

都具有可撤销性。但是,撤销判决的主要功能并不仅仅是否定违法的行政行为,更重要的是否定违法行政行为所产生的一切法律后果,包括违法行政行为的法效力和由于违法行政行为而改变的事实后果。正是在这个意义上,撤销判决的首要功能是恢复原状,即回复到违法行政行为作出之前的权利义务状态。所以,所谓违法行政行为具有可撤销性,是指违法行政行为以及由于违法行政行为造成的后果具有可恢复性,否则就不具有可撤销性。最高人民法院《若干解释》第 57 条第 2 款第 2 项规定:"被诉具体行政行为违法,但不具有可撤销内容的",人民法院应当确认被诉具体行政行为违法或者无效。这里的不具有可撤销内容,与不具有可撤销性同义,也就是指违法行政行为及其后果不具有可恢复性。这是法院适用撤销判决和适用确认违法判决的区分标准。

需要进一步探讨的问题是,一个已执行完毕的行政行为是否具有可撤销性。在法理上,一个已经执行完毕的违法行政行为并不等于不具有可撤销内容,只要由于违法行政行为的执行而造成的后果可以恢复到原状,那么即使执行完毕的违法行政行为也具有可撤销内容。此时,法院应当适用撤销判决,而不应适用确认违法判决。其中蕴含的道理是,恢复原状是对原告权益最充分的救济,恢复原状的撤销判决优先于确认违法判决。[1] 如果是否具有可恢复性决定撤销判决的适用与否,那么我们就可以根据违法行政行为侵害的权益类型大致判断,一个已执行完毕的违法行政行为是否具有可撤销性:已执行完毕的违法行政行为,侵害的是人身权,特别是人身自由权,那么就不具有可恢复性,不具有可撤销内容;如果已执行完毕的违法行政行为,侵害的是财产权,那么一般情况下是可以恢复的,应当适用撤销判决。人身自由权之所以不具有可恢复性,原因在于人身自由权以特定时间段的延续为必备要件,而时间的不可逆性与人体的生理规律决定了已经过去的时间段不可能得到恢复或弥补。因此,人身自由权一旦被侵害,就无法真正地恢复与弥补,即具有不可恢复性、不可弥补性。换句话说,人身自由权是无法给予的,也是无法额外增加的,因为人无法让时间倒流或在人的生命期之外弥补一段时日。

违法行政行为及其后果无法恢复时,就不具有可撤销内容,应适用确认违法判决。如在杭州市住房保障和房产管理局与韩某等房屋行政登记纠纷案中,一审法院指出:"鉴于第 389 号房产证现已注销,不具有可撤销内容,据此,……判决确认市房管局于 2005 年 4 月 1 日作出的杭房权证萧字第 1389389 号房屋行政确认行为违法。"[2] 当曾经存在过的违法行政行为及其后果,由于行政机关或上级行政机关的纠正,在法院作出撤销判决之前已经恢复原状,那么就没有重复的必要,所以也只能适用确认判决以宣示行为的违法性。[3] 所以,最高人民法院《若干解释》第 50 条第 3 款的规定是非常准确到位的。

4. 撤销行政行为不会给国家利益或者公共利益造成重大损失

最高人民法院《若干解释》第 58 条规定:"被诉具体行政行为违法,但撤销该具体行政行为将会给国家利益或者公共利益造成重大损失的,人民法院应当作出确认被诉具体行政行为违法的判决,并责令被诉行政机关采取相应的补救措施;造成损害的,依法判决承担赔偿

---

[1] 德国《行政法院法》第 113 条第 1 款规定:"如果行政行为已执行,法院也可以依法宣告该行政官署应如何撤回执行。"

[2] 浙江省杭州市中级人民法院《行政判决书》([2011]浙杭行终字第 237 号)。

[3] 德国《行政法院法》第 113 条第 1 款规定:"如果该项行政行为早先已通过撤销或其他方式了结,而告诉人对于法院的确认享有合理的利益时,法院依请求通过判决宣告该行政行为过去是违法的。"

责任。"此类判决在招投标、房屋建设许可等案件中较为常见。如在益民公司诉河南省周口市政府等行政行为违法案中,一审法院在判决中认为,如果撤销亿星公司经营周口市天然气城市管网项目的中标资格"会对周口市的公共利益产生不利影响",因此适用了前述最高人民法院《若干解释》第58条的规定,确认该行为违法并责令被告采取补救措施。① 因此,如果存在着保护国家利益或者公共利益的特殊需要,即使存在违法的行政行为,法院也只能确认该行为违法,而不能直接予以撤销。

(三) 重作判决

重作判决是指法院在撤销行政行为的同时,责令行政机关重新作出一个新的行政行为的判决形式。《行政诉讼法》第54条第2项规定,行政行为具有违法情形的,法院在判决撤销或者部分撤销的同时,可以判决被告重新作出行政行为。由此可见,重作判决依附于撤销判决,是撤销判决的一个附带判决。但是,并非所有撤销判决均需要以重作判决为补充。只有在满足了重作条件且具有重作的必要时,法院才能适用重作判决。重作判决的适用条件包括:

1. 行政行为因为违法而被撤销或被否定

到目前为止,在学理上很少有人对于重作判决所依附的主判决是撤销判决这一观点提出疑问,"撤销附带重作"成为唯一的固定搭配。其实,撤销判决并非是重作判决的唯一主判决,是因为在逻辑上重作判决的作出以原来违法行政行为被否定为前提,但是撤销判决并不是否定违法行政行为的唯一手段,尽管是最主要的手段。确认无效判决,同样是否定违法具体行政行为的手段,因而也可能成为重作判决的主判决。

2. 具有重作的必要性

重作必要性主要指被告行政机关重作行政行为是为了保护国家利益、公共利益或者他人合法权益的需要。如在行政处罚案件中,行政机关的行政处罚因为违反法定程序被撤销,但是如果行政相对人的违法事实确凿,则仍具有处罚的必要性,此时法院应当在判决撤销原行政处罚的同时,责令行政机关重新作出新的行政处罚,以回应处罚违法行为的公共利益之需要。又如在行政复议案件中,复议机关作出改变原行政决定有错误的,法院在判决撤销复议决定的同时,应当责令复议机关作出新的复议决定,以便满足复议申请人对于获取公正行政复议决定的需要。

3. 具有重作的可能性

重作可能性是指违法行政行为被撤销之后,行政机关再次作出新的行政行为不存在法律上的或者客观上的条件的障碍。如行政机关作出的行政拘留决定违反法定程序,且行政相对人的违法事实确凿,但如果行政相对人已经死亡,则法院不得判决行政机关重作,而只能判决撤销行政拘留决定。

为了防止行政机关消极敷衍法院重作行政行为的要求,需要对重作判决施加特定的条件限制②:(1)法院判决被告重新作出行政行为的,被告不得以同一事实和理由作出与原行政行为基本相同的行政行为。但是,被告重新作出的行政行为与原行政行为的结果相同,但

---

① 《最高人民法院公报》2005年第8期。
② 参见《行政诉讼法》第55条、最高人民法院《关于执行〈中华人民共和国行政诉讼法〉若干问题的解释》第54条。

主要事实或者主要理由有改变的,以及法院以违反法定程序为由,判决撤销被诉行政行为的,行政机关可以重新作出与原行政行为相同的行政行为。(2)法院判决被告重新作出行政行为,如不及时重新作出行政行为,将会给国家利益、公共利益或者当事人利益造成损失的,可以限定重新作出行政行为的期限。(3)行政机关违反前述规定,以同一事实和理由重新作出与原行政行为基本相同的行政行为的,行政相对人可以向法院提起行政诉讼寻求司法救济,法院应当判决撤销或者部分撤销该行政行为,并按照《行政诉讼法》第65条第3款的规定,向该行政机关的上一级行政机关或者监察、人事机关提出司法建议;拒不履行政判决情节严重构成犯罪的,可以依法追究主管人员和直接责任人员的刑事责任。(4)根据最高人民法院《关于审理政府信息公开行政案件若干问题的规定》第9条的规定,基于直接有效保护行政相对人合法权益的需要,法院还可以作出包含明确实体性义务的重作判决,即实体性重作判决。

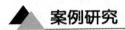 案例研究

本案中被告重新作出行政处罚决定合法吗

2007年6月19日,原告驾驶车主为唐丽蓉的川AJN286机动车,送其父周某某回泸州。当日下午14时许,原告将车开至成都市五桂桥蜀欣加油站内,经梁某介绍搭载熊某二人到泸州,梁某向熊某收取人民币140元车费后,转交部分给原告。被告根据李某的举报,挡获原告驾驶的该车,在对该车进行检查时,原告未提供驾驶的车辆的营运证又无法当场提供其他有效证明,市执法总队遂以原告涉嫌未经许可从事旅客运输为由,作出0373609号暂扣凭证,暂扣其驾驶的川AJN286机动车,并向原告送达了该暂扣凭证。2007年7月6日,市执法总队作出0703287号交通行政处罚决定书并送达原告,认定原告无道路运输经营许可证,擅自从事道路运输经营,决定给予原告罚款3万元的处罚。原告不服该处罚,向本院提起诉讼,本院维持后原告上诉至市中院。2008年5月26日,市中院以被告未给原告3日听证期限,程序违法为由撤销了该处罚决定,并要求被告在判决生效之日起15日内重新作出具体行政行为。被告收到判决后,于2008年5月30日向原告发出《交通违法行为通知书》,告知原告听证的权利,经原告申请,被告于2008年7月1日进行了听证,2008年7月15日,被告做出与原具体行政行为相同的5101922008071501号处罚决定书,原告不服,向上级行政机关申请复议,复议机关维持了处罚决定,原告不服,起诉到本院。(资料来源:四川省成都市武侯区人民法院《行政判决书》[2009]武侯行初字第9号)

(四)变更判决

根据《行政诉讼法》第54条第4项的规定,行政处罚显失公正的,可以判决变更。从理论上看,显失公正属于滥用职权的一个子标准。《行政诉讼法》之所以将其单列于滥用职权之外,主要是考虑到判决方式的不同。其实,在变更判决中实际上也隐含着一个撤销判决,变更判决实际上是法院在撤销判决的基础上代替行政机关所作的处理决定。变更判决的适

用条件包括：

1. 行政处罚显失公正

（1）变更判决仅适用于行政处罚领域。（2）只有在行政处罚达到显失公正的情形下，法院才能判决进行变更。在司法实践中，行政处罚显失公正的情形主要有：一是违反平等原则，对相似案件进行不同处理，或者对不同案件作出相似处理。二是行政处罚结果与违法的程度并不适应，处罚畸重或者畸轻。如在黑龙江省哈尔滨市规划局诉黑龙江汇丰实业发展有限公司行政处罚纠纷案中，一审法院在判决书中指出："规划局确定了中央大街保护建筑'外文书店'作为影响中央大街景观的参照标准，以汇丰公司建筑物遮挡该书店多少，就决定拆除多少是正确的。经过勘验，规划局所作的处罚拆除面积超过遮挡面积，故规划局对汇丰公司的违建行为处罚显失公正"，因此法院直接变更了哈尔滨市规划局作出的拆除处罚决定。①

2. 案件事实清楚，行政相对人的权利义务内容明确

根据《行政诉讼法》第54条第4项的规定，行政处罚显失公正的，法院"可以"判决变更，而非必然能进行变更。这就涉及对法院行使司法变更权条件的判断。只有在法院通过审查行政机关提交的证据和其他当事人提交的证据的基础上，认为行政案件事实清楚之时，法院才能作出变更判决。否则，如果原、被告双方所能提交的证据都无法证明案件基本事实的，法院无法直接判决变更，而是应当撤销行政处罚，责令行政机关重新作出处罚决定。

然而，案件事实清楚不足以让法院作出变更判决，法院还必须根据查明的案件事实，以相关的法律法规为依据，能够准确界定行政相对人行政法上的权利义务内容，否则就无法作出代替原先违法行政行为的司法判决。当然，我们应当允许法院作出变更判决时行使一定的裁量权，否则变更判决的适用范围就极为狭窄，因为我们几乎找不到不存在任何裁量余地的行政行为。德国和中国台湾地区行政诉讼上的变更判决，适用于涉及金钱给付或者其他替代物的行政行为。这一限制的合理性并不在于金钱给付或者其他替代物就不存在行政裁量的余地，而主要是由于涉及金钱给付或其他替代物的处理决定，对裁量的精确性要求低一些。毕竟金钱给付或者其他替代物的多寡，并不直接影响行政秩序。

3. 不抵触原告的诉讼请求

尽管司法权的被动性和不告不理原则，在行政诉讼领域要作出一定程度的让步，但是职权主义主导的行政判决必须有正当的理由。依据前文的阐述，所谓的正当理由包括公共利益的需要和第三人合法权益保护的需要，除此以外，法院的诉外裁判必须受到严格约束。因此，法院的变更判决不能直接违背原告的诉求，当原告诉求法院撤销违法行政行为，明确表示不同意法院变更时，法院应当作出撤销判决，而不应适用变更判决。变更判决主要是基于迅速有效保护行政相对人合法权益和诉讼经济的价值而设置的，因此适用变更判决的必要性主要应由行政相对人自身作出判断选择。

另外，对于变更判决的适用，应该特别强调一个原则，即禁止不利变更原则。除了存在相反立场的利害关系人的情形之外，必须绝对地坚持禁止不利变更原则。禁止不利变更原则是为了更好地服务于保护行政相对人权益的行政诉讼目的，防止依原告申请启动的诉讼程序反而成为惩罚原告的一种手段。

---

① 最高人民法院《行政判决书》（［1999］行终字第20号）。

知识链接

个案中行政处罚"显失公正"

在黑龙江省哈尔滨市规划局与黑龙江汇丰实业发展有限公司行政处罚纠纷上诉案中，法院认为："上诉人作出的哈规罚决字（1996）第 1 号行政处罚决定中，虽然没有明确认定被上诉人违法建设行为属于对城市规划有一定影响尚可采取改正措施的情形，但从其作出部分拆除部分罚款保留的处罚内容看，上诉人已在事实上认定汇丰公司违法建设行为，属于城市规划法第四十条规定的对城市规划有一定影响尚可采取改正措施的情形。诉讼中上诉人称汇丰公司所建商服楼严重影响城市规划，与其处罚决定自相矛盾，且未提供足够的证据证明。'哈尔滨市城市总体规划'中对中央大街规划的要求是：'在建设中，要从整体环境出发，使新旧建筑互相协调，保证完美的风貌'，该规划中没有关于中央大街建筑物规模、体量和高度的规定。规划局提供的 1996 年 10 月修编后的哈尔滨市总体规划，有对中央大街建筑物的体量、高度的具体规定，但该规划尚未经国务院批准，根据《中华人民共和国城市规划法》第 21 条第 3 款的规定，不具有法律效力。诉讼中，上诉人提出汇丰公司建筑物遮挡中央大街保护建筑新华书店（原外文书店）顶部，影响了中央大街的整体景观，按国务院批准的'哈尔滨市城市总体规划'中关于中央大街规划的原则规定和中央大街建筑风貌的实际情况，本案可以是否遮挡新华书店顶部为影响中央大街景观的参照标准。规划局所作的处罚决定应针对影响的程度，责令汇丰公司采取相应的改正措施，既要保证行政管理目标的实现，又要兼顾保护相对人的权益，应以达到行政执法目的和目标为限，尽可能使相对人的权益遭受最小的侵害。而上诉人所作的处罚决定中，拆除的面积明显大于遮挡的面积，不必要地增加了被上诉人的损失，给被上诉人造成了过度的不利影响。原审判决认定该处罚决定显失公正是正确的。原审判决将上诉人所作的处罚决定予以变更，虽然减少了拆除的面积和变更了罚款数额，但同样达到了不遮挡新华书店顶部和制裁汇丰公司违法建设行为的目的，使汇丰公司所建商服楼符合哈尔滨市总体规划中对中央大街的规划要求，达到了执法的目的，原审所作变更处罚并无不当。原审判决认定事实基本清楚，适用法律、法规正确。"（资料来源：最高人民法院《行政判决书》[1999]行终字第 20 号）

（五）履行判决

履行判决是指行政机关不履行或者拖延履行法定职责时，法院判决其履行义务的判决形式。履行判决是针对行政不作为违法所适用的主要判决形式。除了笼统地要求行政机关履行法定职责以外，法院还可以在判决中阐明行政机关履行义务的要求，其内容包括：一是根据最高人民法院《若干解释》第 60 条第 2 款的规定，法院应当在判决中指定履行义务的期限，但因情况特殊难于确定期限的除外；二是阐明行政机关履行义务的指导意见甚至具体内容，即实体性履行判决。例如，在杨宝玺诉天津服装技校不履行法定职责案中，法院在判决中明确要求被告自判决生效之日起 60 日内，履行向原告杨宝玺颁发毕业证书的义务。① 履行判决的适用条件如下：

1. 行政机关负有作出特定行为的义务

对于作为义务的来源，《行政诉讼法》第 54 条第 3 项采取了"法定职责"的表述。其中，"法定职责"中的"法"包括法律、法规、规章以及规章以下的规范性法律文件。当然，作为法定职责依据和来源的法律规定，不仅限于法律条文的明确规定，还应包括法律条文隐含的以及法律原则包容的法定职责。在司法实践中，作为义务的来源也已经突破了前述的"法定"范围，而是将行政合同、行政允诺等内容纳入到了行政作为义务的来源之中。例如，在张炽脉、裘爱玲诉绍兴市人民政府不履行招商引资奖励法定职责案中，一审法院认为行政机关的招商引资奖励允诺构成行政主体应当履行的法定职责，为此判决被告绍兴市人民政府向行政相对人支付招商引资奖励。② 此外，先行行为也有可能引起行政作为义务。

2. 行政机关对于行政相对人要求其履职的申请存在不作为的消极表现

这种消极表现具体是指行政机关在法定期限内不履行或者拖延履行作为义务两种形态。"不履行"是指行政机关对行政相对人的申请未作任何的回应；"拖延履行"是指行政机关没有在法定期间或者合理期间内及时履行义务。行政不作为本质上属于消极不作为的行为形态，而对于行政机关拒绝履行的行为，由于其属于以积极的动作所作出的否定行政相对人请求的行为，因而不属于行政不作为，应当适用重作判决而非履行判决。③ 当然，重作判决在实质上也是属于履行判决，只不过是依附于撤销判决或确认无效判决的重新或再次履行。

有学者认为，"所谓不履行，又可以称之为拒绝履行，即行政机关以默示或明示的方式否定合法申请人的申请，属于无理拒绝"。④ 把"不履行"解释为"拒绝履行"，不符合《行政诉讼法》第 54 条第 3 项规定的本意，因为被告行政机关无理拒绝履行法定职责时，法院应当先撤销"拒绝履行"行为，然后再责令其重新履行。

3. 履行仍有必要

根据《若干解释》第 57 条第 2 款的规定，被告不履行法定职责，但判决责令其履行法定职责已无实际意义的，法院应当作出确认被诉行政行为违法的判决。法院针对拖延履行违法适用履行判决的一个前提条件是，"有履行之必要"。⑤ 从行政机关拖延履行违法的构成到法院作出有效的履行判决之前，有一段相当长的时间，在这段时间之内，现实社会生活环境和行政相对人自身状况完全可能出现重大变化。所以，会出现由于这段时间的经过而使得判决行政机关履行作为义务已毫无意义的情形。正因为如此，最高人民法院《若干解释》第 57 条第 2 款才规定了替代性的确认违法判决。

履行必要性的难题是，由谁来判断"判决责令履行法定职责已无实际意义"，这里的"履行法定职责已无实际意义"完全是一种客观事实，还是以原告的主观倾向为主，这两个问题

---

① 《最高人民法院公报》2005 年第 7 期。
② 浙江省绍兴市中级人民法院《行政判决书》（[2009]浙绍行初字第 5 号）。
③ 参见章剑生：《行政诉讼履行法定职责判决论——基于〈行政诉讼法〉第 54 条第 3 项之展开》，载《中国法学》2011 年第 1 期。另有学者则认为拒绝履行虽然在程序上属于积极的作为形态，但是在实体上仍属于消极的不作为形态，因而应当适用履行判决。参见叶必丰：《行政法与行政诉讼法》，高等教育出版社 2007 年版，第 331 页。
④ 张尚鷟主编：《走出低谷的中国行政法学：中国行政法学综述与评价》，中国政法大学出版社 1991 年版，第 547 页。
⑤ 参见周佑勇：《行政不作为判解》，武汉大学出版社 2000 年版，第 133 页。

是紧密联系在一起的,如果由当事人判断履行的意义和必要性,那么"履行法定职责已无实际意义"并不一定是客观事实,肯定是当事人基于自身需要甚至个人好恶的主观判断。所以,判决行政机关履行法定职责是否有意义,应由原告判断,原告应当被推定为履行判决之实际意义的最佳判断者,因为意义是对原告而言的,而非对法院的意义,更不是对被告行政机关的意义。有时,表面上看判决被告履行法定职责是有意义的,但是行政相对人已不再需要、也不请求被告履行其本应履行的法定职责,而且请求法院确认被告的不作为行为违法,此时法院应该作确认违法判决,而不应该适用履行判决。如行政相对人申请颁发营业执照,行政机关拖延履行,行政相对人起诉到法院,但在法院作出履行判决之前,行政相对人已无意经营,此时判决行政机关作出决定或者颁发营业执照,都没有实际上的意义。此类情形中,谁最能准确判断当事人是否还有经营的要求?当然是当事人自己。所以,应当由当事人自己判断法院应否责令行政机关履行法定职责以及是否有意义。

4. 履行在客观上是可能的

判决行政机关履行法定职责不可能的情形包括两种:一是由于时空条件的变化,行政机关履行原来应当履行的法定职责客观上不可能;二是由于法律、法规和政策的变化,行政机关继续履行相应的法定职责已属于不合法。在这两种情况下,法院都只能作出确认违法判决,造成损害的责令赔偿。如在高忠民诉凤阳县人民政府不履行法定职责案中,原告于1990年向被告申请颁发184.08平方米宅基地使用权证,但被告一直未给原告办理土地登记。随后原告于1992年将除自家使用的31.125平方米和国有存量土地20.625平方米外的全部随房产转让他人。一审法院认为,因客观情况发生了变化,再判决被告履行法定职责已不可能,因此仅判决确认了被告凤阳县人民政府对原告高忠民申请土地登记发证不作为违法,而没有适用履行判决。① 需要注意的是,后一种情况的履行不可能,是由于履行判决的判断基准时与行政行为(不作为)违法判断基准时的差异造成的。行政相对人请求行政机关履行特定职责时,有充分的法律依据,但是在法院作出判决之时,由于法律法规的废止或修改,行政相对人据以请求履行法定职责的依据丧失。此时,法院不能判决行政机关违法地履行法定职责,只能确认曾经存在过的"不履行法定职责"之不作为违法,为进一步的赔偿提供理由。② 在履行法定职责判决中,法院可以提示行政机关按照法院的法律意见作出特定行为。③

需要我们注意的是,最高人民法院《关于审理政府信息公开行政案件若干问题的规定》第10条规定:"被告对原告要求公开或者更正政府信息的申请无正当理由逾期不予答复的,人民法院应当判决被告在一定期限内答复。原告一并请求判决被告公开或者更正政府信息且理由成立的,参照第9条的规定处理。"根据这一规定,在审理政府信息公开行政案件中,法院可以作出实体性履行判决,即判决行政机关履行特定的实体性义务。如前所述,法院作出实体性履行判决的条件有二:一是原告在行政法上享有的、需要被告行政机关履行的权利义务内容明确,被告行政机关不再拥有行政裁量余地;二是行政机关已经行使了首次判断权。

---

① 安徽省凤阳县人民法院《行政判决书》([2004]凤行初字第5号)。
② 刘宗德、彭凤至:《行政诉讼制度》,载翁岳生主编:《行政法》(下册),中国法制出版社2002年版,第1455页。
③ 最高人民法院行政审判庭编:《中国行政审判案例》(第4卷)第155号,中国法制出版社2013年版,第181—187页。

（六）确认判决

确认判决是最高人民法院《若干解释》新增的判决形式。根据该司法解释的规定，确认判决包括确认违法或无效判决，以及确认合法或有效判决。以下分别阐述其适用条件。

1. 确认违法判决

一般而言，对于行政作为违法，法院应当作出撤销判决；而针对不作为违法可以适用履行判决。不管是撤销判决还是履行判决，对行政相对人权利的救济都是较为充分的。但是，当违法的行政行为已消灭、判决履行已无意义或不可能、判决撤销对行政相对人更加不利的情况下，则只能适用救济功能相对弱化的确认违法判决，以宣告行政行为是违法的。

根据最高人民法院《若干解释》第 50 条、第 57 条第 2 款第 1 项和第 2 项、第 58 条的规定，有下列情形之一的，法院应当判决确认行政行为违法：(1) 被告不履行法定职责，但判决责令其履行法定职责已无实际意义的；(2) 被诉行政行为违法，但不具有可撤销内容的；(3) 被诉行政行为违法，但撤销该行政行为将会给国家利益或者公共利益造成重大损失的（这里规定的是"情况判决"，其目的在于切实维护公共利益，但是为了平衡公共利益与私人利益的关系，行政机关在作出确认违法判决的同时，应当责令被诉行政机关采取相应的补救措施；造成损害的，应当依法承担赔偿责任）；(4) 被告改变原行政行为，原告不撤诉，法院经审查认为原行政行为违法的。

此外，还有一种情况也应当考虑适用确认违法判决，即迟到的行政行为，但是，最高人民法院《若干解释》并没有对此作出规定。"迟到之行政处分，可以简单地定义为，中央或地方机关对于人民依法申请的案件，于法定期限后始作成的行政处分。"① 对于迟到的行政行为实体内容不服，行政相对人当然可以通过撤销判决获得救济，程序违法也应是法院撤销判决的一个理由。但是，如果迟到的行政行为实体上是正确的，对行政相对人是有利的，只是直接侵害了行政相对人的程序性权利，法院就不适宜作出撤销判决。因为，法院若作出撤销判决，往往对行政相对人反而更加不利。② 如对符合法定条件的许可申请，行政机关迟延一天发放许可证。针对这种不宜适用撤销判决的情形，有学者提出"通过司法建议给予必要的警告"。③ 这种警告性的司法建议其实就是最高人民法院《若干解释》规定的确认违法判决的雏形。

案例研究

本案是"情况判决"吗

在龙蓉萍诉上海市长宁区城市规划管理局建设工程规划许可案中，法院认为："本院认为，由于在本规划行政许可案件中，被许可建设的工程项目在起诉时已建成并使用多年，是否撤销被诉具体行政行为，涉及到利益衡量问题。《若干解释》第 58 条规定，被诉具体行政

---

① 蔡志方：《行政救济与行政法学》，台湾学林文化事业有限公司 1998 年版，第 271 页。
② 违反法定程序是否适用撤销判决应当考虑两大标准：是否损害了行政相对人的合法权益；是否产生了有利于行政相对人的法律后果。参见章剑生：《现代行政法基本理论》，法律出版社 2008 年版，第 630 页。
③ 参见章剑生：《现代行政法基本理论》，法律出版社 2008 年版，第 630 页。

行为违法,但撤销该具体行政行为将会给国家利益或者公共利益造成重大损失的,人民法院应当作出确认被诉具体行政行为违法的判决,并责令被诉行政机关采取相应的补救措施;造成损害的,依法判决承担赔偿责任。据此,《若干解释》已要求法院根据案件的具体情况对是否撤销被诉具体行政行为进行裁量。原审法院鉴于云都公寓已建成多年并交付使用,而云都公寓居民目前亦只能从中宁大楼借道通行,如撤销被诉具体行政行为,将给公共利益造成重大损失的情况,从社会整体利益及本案实际情况慎做衡量,根据《若干解释》第58条的规定作出确认被诉具体行政行为违法,并责令被上诉人采取相应补救措施的判决并无不当。原审法院既判决确认了被诉具体行政行为的违法性,维护了法律的严肃性,同时又判决责令被上诉人采取相应的补救措施,兼顾了对上诉人合法权益的保护。原审判决认定事实清楚,适用法律正确,裁量亦无明显不合理,本院应予维持。"(资料来源:上海市第一中级人民法院《行政判决书》[2006]沪一中行终字第184号)

2. 确认无效判决

根据最高人民法院《若干解释》第57条第2款第3项的规定,被诉行政行为依法不成立或者无效的,法院应当判决确认行政行为无效。所以,作出确认无效判决的关键是判决行政行为是否为无效行政行为。

关于行政行为的"无效"的判断,学理上一般采取"重大且明显"的标准,即行政行为达到重大且明显的违法程度时,应当判决确认行政行为无效。"重大且明显"标准从以下两个方面来理解较为妥当:所谓"重大",包括被违反的行政行为合法性要件的重要性与对行政相对人权利影响的重大性两个方面。前者是对行为本身而言的重大,后者是指对行政相对人权益影响的重大。"明显"是指行政行为违法是显而易见的,容易被人了解、把握。至于对谁来说是"明显"的,则是有争论的,由此进一步形成了关于"明显"标准的各种学说。有一种学说认为,"明显"是指瑕疵容易被一般的人所了解,即一般普通人标准;另一种学说认为,所谓"明显"是指对具有特殊能力的、对相关问题具有相应的法律知识与专门知识的人而言的,即特殊能力人标准。目前的通说是普通人标准。[①]"这里的明显、重大缺陷并不需要专家才能认定,而只需要具有常人的智识就能很容易判断"。[②] 之所以采取普通人标准,是因为普通人标准相对而言更具客观性、更容易保持法制的统一;无效行政行为之判断直接影响普通行政相对人的权益,而基本上不影响其他具有特殊能力人的权益;普通人标准一定程度上起到了缩小无效行政行为范围的效果,这与无效行政行为只能作为个别例外存在的观念是相吻合的。法国人在区分公务过错与个人过错时采用的也是普通人标准。在行政审判中,法院可以根据法律的明文规定认定行政行为无效,也可以根据"重大且明显违法"的一般标准酌情认定无效行政行为。我国至今尚未制定行政程序法典,所以没有关于无效行政行为的系统性规定。虽然一些单行法律法规的一些条文,明文使用了"无效"一词,但是这些规定与学理上的无效行政行为内涵差异较大。如《行政处罚法》第3条第2款规定:"没有法定依据

---

① 参见应松年主编:《比较行政程序法》,中国法制出版社1999年版,第145页。
② 刘莘:《具体行政行为效力初探》,载《中国法学》1998年第5期。

或者不遵守法定程序的,行政处罚无效。"①如行政处罚决定没有依照法定程序送达,该行政处罚决定可以认定无效。②

这里还需要阐明的问题是:何为行政行为的"依法不成立"？它与行政行为的"无效"之间是什么关系？在制定法上,确实存在着关于行政行为不成立的规定。《行政处罚法》第41条规定:行政机关及其执法人员在作出行政处罚决定之前,不依法向当事人告知给予行政处罚的事实、理由和依据,或者拒绝听取当事人的陈述、申辩,行政处罚决定不能成立；当事人放弃陈述或者申辩权利的除外。但是,该条款规定的行政处罚决定"不能成立",其实等同于"无效",因为拒绝听取当事人的陈述、申辩,或者不告知行政相对人行政处罚的事实、理由和依据,本身属于重大且明显的违法行为。其实,最高人民法院《若干解释》第57条第2款第3项规定的"不成立",与学理上界定的行政行为"不成立"的含义不同,后者是指行政行为在客观上不存在,其判定标准是行政行为所承载的意思表示到达行政相对人。一个不成立的行政行为,由于尚未为行政相对人知晓,因此其不可能对行政相对人产生法律效力,因此不可能判决确认其无效。基于上述分析,在司法解释仍然保留上述规定的情况下,宜将最高人民法院《若干解释》第57条第2款第3项规定的行政行为"不成立"解释为等同于行政行为的"无效",其是指行政行为的重大且明显违法以致我们可以将其拟制为不存在。但是最为彻底的方式,应当通过未来的修法,将该项规定的"不成立"删掉,以还原"不成立"在学理上的原始含义。

知识链接

个案中行政行为的"重大且明显"违法

在林培炎诉北京市宣武区建设委员会颁发拆迁许可证案中,法院认为:"本案中,虽然被告在审查拆迁行政许可申请时,已按《城市房屋拆迁管理条例》第7条、《北京市城市房屋拆迁管理办法》第9条的规定履行了相应审查程序,但由于原告所居住的222号院位于市级文物保护单位正乙祠建设控制地带内,且原告在被告组织听证时所举北京市文物局《关于给林培炎先生的回信》(京文物(2006)337号),予以保护。因此,被告在无证据证明222号院非属《中华人民共和国文物保护法》《北京历史文化名城保护条例》保护性质的前提下,忽略对拆迁范围内是否有不能或不宜拆除的房屋事实的甄别、以及对不能或不宜拆除的房屋采取何种保护措施的审查,即作出准予拆迁的决定,并以拆迁公告的形式列明222号院属拆迁范围,应当认为存在有悖于《城市房屋拆迁管理条例》《北京历史文化名城保护条例》以及《北京市城市房屋拆迁管理办法》的相关规定之处,故其所作拆迁许可的效力不应及于222号院。"据此法院判决确认北京市宣武区建设委员会核发的京建宣拆许字(2006)第59号《房

---

① 如果行政处罚行为没有法定依据或不遵守法定程序就属无效,那么还会存在与无效相对应一般可撤销的违法行政处罚吗？《浙江省行政处罚听证实施办法》第15条规定:"行政机关不依法履行听证告知义务,或者不依法组织听证而作出行政处罚决定的,当事人可以向上级行政机关提出撤销该行政处罚决定的申请,上级行政机关审查属实后应当及时予以撤销。"

② 最高人民法院行政审判庭编:《中国行政审判案例》(第3卷)第113号,中国法制出版社2013年版,第164—170页。

屋拆迁许可证》中涉及宣武区前门西河沿街222号院的拆迁许可内容无效。(资料来源:北京市宣武区人民法院《行政判决书》[2007]宣行初字第161号)

3. 确认合法、有效判决

根据最高人民法院《若干解释》第57条第1款的规定,法院认为被诉行政行为合法,但不适宜判决维持或者驳回诉讼请求的,可以作出确认其合法或者有效的判决。如前所述,由于判决种类设置上的重叠,在司法实践中,我们根本无法找到正确适用确认合法、有效判决的案件。① 在梁德升诉灵山县电信局剪除有线电视传输线行为并请求行政赔偿案中,一审法院在判决中确认被告清除原告违法搭挂的有线电视传输线的管理行为合法。对于该案的司法判决,有学者认为,之所以适用确认判决而非维持判决,是因为行政行为已经实施完毕;而之所以适用确认合法判决而非确认有效判决,是因为剪除有线电视传输线的行为是一个事实行为。对于事实行为,只能确认该行为的合法性而非有效性。② 笔者认为,这种认识的科学性是可疑的,不仅清除原告违法搭挂的有线电视传输线的管理行为不属于无任何意思表示和权益处分的事实行为,而且实施完毕的合法行政行为也可以适用维持判决或驳回诉讼请求判决。

(七) 驳回诉讼请求判决

驳回判决是指驳回原告诉讼请求的判决形式。在理论上,对于原告起诉被告理由不能成立的一切情形都可以由法院判决驳回原告诉讼请求。但是,由于最高人民法院《若干解释》规定的驳回诉讼请求判决是为了弥补维持判决的适用困境而增设的,所以只能在法院不宜判决维持时予以适用。根据最高人民法院《若干解释》第50条第3款和第56条的规定,驳回判决适用于下述几种情形:

1. 被告改变原行政行为,原告不撤诉的

对于这种情况,法院经审查认为原行政行为合法的,应当判决驳回原告的诉讼请求。被告改变原行政行为之后,表明原行政行为已经不存在,虽然原行政行为合法,但是无法通过判决进行维持或者确认合法,因此只能适用驳回判决。此种情形,尽管最高人民法院《若干解释》明文规定一定要适用驳回诉讼请求判决,但适用维持判决或者确认合法判决也是合适的,以驳回诉讼请求判决来模糊或掩盖原来的行政行为合法与被告改变原行政行为之间的紧张关系是没有必要的。我们必须清醒地意识到,法院的审查原则上限于合法性层面,以合法性审查为基础的维持判决、确认合法判决与原行政行为的合理变更并不矛盾。当然,如果原来的行政行为是合法的,而且被告改变原行政行为又超出了裁量权的范围,那么改变后的行政行为就是违法的,应当通过一定的法律程序加以纠正。

2. 原告起诉被告不作为理由不能成立的

行政不作为,即被告在客观上没有任何物理性行为,适用驳回诉讼请求判决最为适宜。如在康墨仙诉上海市南汇区六灶镇人民政府履行法定职责纠纷案中,针对原告康墨仙要求被告六灶镇政府对该土地使用权归属作出处理决定的申请,被告六灶镇政府于2007年12

---

① 参见张玉英:《我国行政诉讼判决类型之完善与重构》,载《人民法院报》2012年10月16日。
② 参见叶必丰:《行政法与行政诉讼法》,高等教育出版社2007年版,第334页。

月 15 日已信访答复康墨仙。在案件审理中,六灶镇政府又作出与信访答复基本一致的处理意见并送达原告。一审法院认为原告起诉被告不作为理由不能成立,因此判决驳回原告的诉讼请求。① 这种情形是法院适用驳回诉讼请求判决的最主要场合,也是最高人民法院《若干解释》因维持判决无法适用而被迫增加驳回诉讼请求判决的主要理由。

3. 被诉行政行为合法但存在合理性问题的

行政行为合法但存在合理性问题是指行政行为存在着轻微的合理性瑕疵。如前所述,这种情形其实也可以由法院判决维持的。当然,如果合理性瑕疵达到严重不合理的程度,则构成行政行为的违法,应当适用撤销或者变更判决。

4. 被诉行政行为合法,但因法律、政策变化需要变更或者废止的

如前所述,学者普遍认为,为了给将来行政行为的变更与废止留有空间,对于这种行政行为不宜通过判决进行维持或者确认合法,只能适用驳回判决。这种观点及其理由明显包含了对具体行政行为违法判断基准时的误解与误用,需要我们反思与修正。

5. 其他应当判决驳回诉讼请求的情形

这是一个兜底条款,以为未来出现新的情形适用驳回判决留下空间。例如,2010 年颁布的最高人民法院《关于审理房屋登记案件若干问题的规定》(法释[2010]15 号)第 5 条规定,同一房屋多次转移登记的,法院应当判决驳回原告就在先转移登记行为提出的诉讼请求。

(八)行政赔偿判决

由于行政赔偿判决是法院对国家和行政相对人之间权利义务的直接确认,因此,行政赔偿判决的适用条件,其实就转化为行政赔偿的构成要件问题。依据法律规定,法院作出行政赔偿判决必须满足以下四个条件:(1)存在一个违法行政行为。行政行为的违法性可以由行政赔偿义务机关自行确认,也可能由复议决定或者人民法院的判决确认。(2)合法权益受损害的后果必须已经发生或必将发生。如果损害后果只是一种可能性,一种猜测和推理,不能获得赔偿。(3)损害后果与违法的行政行为之间存在因果关系。这里的因果关系,不能仅仅理解为直接因果关系,还应该包括部分间接因果关系。刑法犯罪构成要件理论和民事侵权学说中的相当因果关系理论,对于行政赔偿因果关系要件的研究有借鉴意义。其实,任何法律上的因果关系,都只是从无限的因果关联链条中截取的一段,都应当是一种立法者和司法者共同裁量的相当因果关系。(4)属于《国家赔偿法》规定可以获得赔偿的范围。如在 2010 年《国家赔偿法》修改之前,满足上述三个条件的精神损害就无法获取赔偿。

关于行政赔偿判决,我们需要特别强调指出的是,赔偿判决是一种替代性救济,肯定是一种无法恢复原状情况下的不充分救济。所以,法院判决撤销违法行政行为,同时责令行政机关返还罚款、财物的,不属于行政赔偿判决。返还罚款或者财物只是撤销判决效力的落实,是撤销判决的执行,而不应被理解为独立的行政赔偿判决。所以,《国家赔偿法》规定的返还财物、恢复原状等作为赔偿方式,扭曲了行政赔偿判决作为替代性救济手段的本意,尽管这一误解对行政赔偿的效果不会产生太大的影响。

---

① 上海市第一中级人民法院《行政判决书》([2009]沪一中行终字第 70 号)。

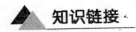

知识链接

违法利益不属于行政赔偿范围

在祁县华誉纤维厂诉祁县人民政府行政赔偿案中,法院认为:"国家机关及其工作人员违法行使职权侵犯公民、法人和其他组织的合法权益造成损害的,受害人有取得国家赔偿的权利。但赔偿的前提必须是合法权益遭到损害。上诉人祁县华誉纤维厂工商核准登记的经营范围是生产和销售化学纤维材料,而其提供的证据证明,要求赔偿的生产设备为生产二硫化碳设备,存货亦为二硫化碳;且其对该厂生产的产品为二硫化碳亦无异议。而根据国家《危险化学品名录》,二硫化碳属于危险化学品。又根据中华人民共和国国务院令第397号《安全生产许可证条例》的规定,国家对矿山企业、建筑施工企业和危险化学品、烟花爆竹、民用爆破器材生产企业实行安全生产许可制度,企业未取得安全生产许可证的,不得从事生产活动。本案中,祁县华誉纤维厂在未取得安全生产许可证的情况下,以生产化学纤维材料为名,实际生产危险化学品二硫化碳,其行为违反国家禁止性法规,因而不存在合法利益;从另一角度看,上诉人要求赔偿的生产二硫化碳的设备、存货等直接损失与其核准登记的生产销售化学纤维产品无关,因而也不能认定为祁县华誉纤维厂的损失。综上,被上诉人祁县人民政府整体淘汰关闭祁县华誉纤维厂的具体行政行为虽已被生效判决撤销,但并不能因此当然地认定上诉人行为和利益的合法性,故其赔偿请求法院依法不能支持。"(资料来源:《最高人民法院公报》2011年第4期)

二、二审判决的适用条件

行政诉讼第二审判决,是指法院对上诉行政案件所作出的判决。由于我国实行两审终审制,第二审判决也是终审判决。从审查对象上看,第二审判决与一审判决的不同之处在于,其需要对一审判决进行评价,或者同时对一审判决和被诉行政行为作出评价。根据评价内容的不同,可以将二审判决分为维持原判和改判两种类型。

(一) 维持原判的适用条件

维持原判是指二审法院通过对上诉案件的审理,认同一审法院对行政案件的处理结果,并因此驳回原告的上诉请求,对一审判决进行维持的判决方式。根据《行政诉讼法》第61条第1项的规定,二审法院维持原判的适用条件是"原判决认定事实清楚,适用法律、法规正确"。

1. 原判决的"认定事实清楚"

所谓原判决的"认定事实清楚",是指一审判决对行政行为的裁判有可靠的事实基础和确凿的证据支持。这里需要注意的一个问题是,一审判决"认定事实清楚"并不等同于原行政行为的"事实清楚、证据确凿"。行政行为事实不清或者证据不确凿的,一审法院实事求是地认定这种情况并据此作出判决,也属于这里所说的一审判决"认定事实清楚"。

2. 原判决"适用法律、法规正确"

所谓原判决"适用法律、法规正确",是指一审法院作出判决时遵循了法律规范的选择适用规则,且符合最高人民法院《关于裁判文书引用法律、法规等规范性法律文件的规定》(法释[2009]14号)的要求。

需要我们注意并给予讨论的问题是,维持判决是否须以一审法院审理行政案件的"程序合法"为条件?虽然《行政诉讼法》没有直接规定,但是从其对一审程序的细致规定来看,应该持肯定态度。从法解释学上,可以通过对该项规定中"适用法律、法规正确"的广义解释,将程序合法纳入到其意义脉络辐射的范围之内。但在司法实践中,法院在二审判决中往往在适用法律法规正确之外,对程序合法进行单独说明。如在松业石料厂诉荥阳市劳保局工伤认定案中,二审法院在判决理由中指出:"一审判决维持荥阳市劳保局作出的该工伤认定决定,认定事实清楚,适用法律正确,程序合法,应予维持。"①另外,二审裁判在维持一审结果的同时可加判被告重新作出行政行为。②

(二)改变判决的适用条件

改变判决,简称"改判",是指二审法院通过对上诉案件的审理,认为一审法院对行政案件的处理结果存在错误,而对一审判决直接予以变更的判决形式。二审改判适用于下述三种情形:

1. 原判决认定事实清楚,但适用法律、法规错误的

二审改判原则上适用于适用法律、法规错误的场合;对于事实问题不清的,应当通过裁定撤销原判,发回重审的方式交由一审法院重新审查。这种制度安排体现了一审法院与二审法院的权限分工,即一审法院主要从事事实认定工作,而二审法院则主要承担法律适用部分的工作,以维护法制统一。如在"溆浦县中医院诉溆浦县邮电局不履行法定职责案"中,二审法院认为:"县中医院请求县邮电局赔偿购置的急救车辆和其他设施不能正常运转的损失问题,鉴于急救车辆和急救设备没有投入急救使用,这项损失不宜按《中华人民共和国国家赔偿法》第28条第7项规定的'直接损失'计算,因此依法不予支持。原审法院认定事实清楚,但适用法律错误,应予改判。"③

2. 原判决认定事实不清,证据不足,二审法院可以在查清事实的基础上进行改判

原则上一审判决事实不清,证据不足的,应该发回重审,但是有时候一审法院由于主客观原因不可能或者难以查清案件事实,或者二审法院查清事实更加具有优势的,则作为原则的例外,二审法院可以在查清事实的基础上直接改判。如在罗伦富不服道路交通事故责任认定案中,二审法院判决理由中指出:"一审法院在审理本案时,虽然主持双方当事人进行了举证、质证、认证,但对通过审理能够确认的法律事实未加认定,就认为被上诉人交警队作出的第2000—279号《道路交通事故责任认定书》认定事实清楚,证据充分,程序合法,适用法律正确,判决维持了这个不具有合法性的行政行为,是错误的,应当纠正",并判决撤销一审行政判决。④

---

① 《最高人民法院公报》2005年第8期。
② 最高人民法院行政审判庭编:《中国行政审判案例》(第4卷)第154号,中国法制出版社2013年版,第176—180页。
③ 《最高人民法院公报》2000年第1期。
④ 《最高人民法院公报》2002年第5期。

3. 原判决违反法定程序可能影响案件正确判决的

对于这种情形,二审法院也可以在查清事实的基础上进行改判,但必须有不宜发回重审的充分理由。

第四节　行政诉讼裁定与决定

一、行政诉讼裁定

(一) 概念及特征

行政诉讼裁定是指法院在行政案件的审理和执行过程中,针对案件的程序问题所作出的具有法律效力的处理。行政裁定与行政判决一样,都是法院针对行政案件作出的具有法律效力的处理意见。但是与行政判决相比,行政裁定表现出以下几方面的特征:

1. 对象不同

从处理对象上看,行政裁定所处理的是行政案件的程序问题;而行政判决的对象是其中的实体问题,主要表现为行政行为的合法性。

2. 适用阶段不同

从所处阶段上看,行政裁定贯穿于行政案件的审理与执行过程;而行政判决发生于行政案件审理结束之际、行政判决的执行之前。

3. 法律依据不同

从适用的法律依据上看,行政裁定所适用的法律依据是行政诉讼法;而行政判决的法律依据则包括行政实体法、行政程序法和行政诉讼法。

4. 形式要求不同

从形式要求上看,行政裁定是非要式的行政决定,既可以采取书面的形式,也可以是口头的形式,但口头的裁定必须由书记员记入笔录;而行政判决必须采取书面形式。

(二) 裁定的适用事项

根据《行政诉讼法》、最高人民法院《若干解释》的相关规定,下述事项应当适用行政裁定:(1) 不予受理;(2) 驳回起诉;(3) 管辖异议;(4) 终结诉讼;(5) 中止诉讼;(6) 移送或者指定管辖;(7) 诉讼期间停止行政行为的执行或者驳回停止执行的申请;(8) 财产保全;(9) 先予执行;(10) 准许或者不准许撤诉;(11) 补正裁判文书中的笔误;(12) 中止或者终结执行;(13) 提审、指令再审或者发回重审;(14) 准许或者不准许执行行政机关的行政行为;(15) 其他需要裁定的事项。

(三) 裁定的救济

1. 可以上诉的裁定

法院作出的不予受理、驳回起诉和管辖异议的裁定,当事人不服的,可以在一审法院作出裁定之日起10日内向上一级法院提出上诉,逾期不提起上诉的,一审法院的裁定即发生法律效力。

2. 不可以上诉的裁定

对除了上述三类以外的其他行政裁定,当事人无权提出上诉,裁定一经宣布或者送达立即发生法效力。

3. 对裁定提起申诉

对已经发生法律效力的裁定,当事人认为确有错误的,可以向原审法院或者上一级法院提出申诉,但裁定不停止执行。法院院长对本院已经发生法律效力的裁定,发现违反法律、法规规定认为需要再审的,应当提交审判委员会决定是否再审。上级法院对下级法院已经发生法律效力的裁定,发现违反法律、法规规定的,有权提审或者指令下级法院再审。检察院对法院已经发生法律效力的裁定,发现违反法律、法规规定的,有权按照审判监督程序提出抗诉。

之所以只允许对不予受理等三种裁定提起上诉,而其他裁定一经送达即发生法律效力,主要有以下两个理由:一是不予受理、驳回起诉和管辖权异议对行政相对人权益影响特别重大,尤其是前两种裁定直接否定了行政相对人获得救济的机会,对行政相对人实体权益的影响不亚于行政判决,应当赋予上诉权利;二是关于财产保全、中止诉讼等裁定对行政相对人实体权益影响不大,而且,如果也都允许提起上诉,会导致行政诉讼程序的频繁中断与拖延。

二、行政诉讼决定

（一）概念及特征

行政诉讼决定是指法院为保证行政诉讼的顺利进行,依法对行政诉讼中的某些特殊事项所作出的处理。与行政判决与行政裁定相比,行政诉讼决定表现出三方面的特征:

1. 处理对象

从处理对象上看,行政诉讼决定所针对的是行政诉讼中出现的某些特殊事项,这些事项往往表现为紧急性的特征。它既不同于行政判决所针对的行政实体性争议,也不同于行政裁定所针对的程序性问题。

2. 行为性质

从行为性质上看,行政诉讼决定更多体现出司法行政活动的色彩,而不像行政判决与行政裁定那样具有司法活动的纯粹性质,后两者受诉讼程序或者类似诉讼程序的保障。

3. 目的

从目的上看,法院作出行政诉讼决定的目的在于克服审判中出现的障碍,确保行政诉讼的顺利进行。

（二）行政诉讼决定的适用事项

根据《行政诉讼法》、最高人民法院《若干解释》的相关规定,下述事项应当适用行政决定:（1）有关回避的事项;（2）排除妨碍诉讼的强制措施,包括训诫、责令具结悔过、罚款、拘留四种;（3）对已生效的裁判所作的再审决定;（4）延长审理期限的;（5）减免诉讼费用的;（6）有关执行事项的决定,包括中止执行的决定和执行强制措施的决定;（7）其他应当采取行政诉讼决定的事项。

(三) 行政诉讼决定的救济

1. 申请复议

对于回避决定、排除妨碍诉讼措施中的罚款决定与拘留决定,当事人不服的,可以申请复议一次,但是复议期间不停止决定的执行。而对于其他决定,当事人不得申请复议。

2. 不得上诉、不得申请再审

除上述三种情形外当事人对其他所有行政诉讼决定均不得上诉,决定一经法院宣布或者送达立即生效,负有义务的当事人必须履行相关义务。对已经发生法律效力的行政诉讼决定,不能通过审判监督程序进行再审。

思考题:

1. 什么是行政判决?它有什么特点?
2. 较之于民事判决,行政诉讼判决有何特殊性?
3. 《行政诉讼法》所规定的法定判决类型是基于何种逻辑确立起来的?
4. 行政诉讼维持判决是否应当废除?为什么?
5. 行政诉讼维持判决、驳回诉讼请求判决、确认合法判决以及确认有效判决之间是何种关系?在行政审判实践中,如此复杂的逻辑关系会产生何种弊端?
6. 实体性履行判决、实体性重作判决、禁止判决以及变更判决之间有何共性?
7. 对补正判决的适用范围应当作何种限制?补正判决对现阶段的行政法治有何不利?
8. 履行判决与撤销重作判决的适用有何区别?
9. 在同一个行政案件中,法院如何把握撤销重作判决与变更判决的选择适用?
10. 如何看待行政诉讼确认无效判决的必要性与可行性?

案例应用:

高某系A省甲县个体工商户,其持有的工商营业执照载明经营范围是林产品加工,经营方式是加工、收购、销售。高某向甲县工商局缴纳了松香运销管理费后,将自己加工的松香运往A省乙县出售。当高某进入乙县时,被乙县林业局执法人员拦截。乙县林业局以高某未办理运输证为由,依据A省地方性法规《林业行政处罚条例》以及授权省林业厅制定的《林产品目录》(该目录规定松香为林产品,应当办理运输证)的规定,将高某无证运输的松香认定为"非法财物",予以没收。高某提起行政诉讼要求撤销没收决定,法院予以受理。(2009年国家司法考试题)

有关规定:

《森林法》及行政法规《森林法实施条例》涉及运输证的规定如下:除国家统一调拨的木材外,从林区运出木材,必须持有运输证,否则由林业部门给予没收、罚款等处罚。

A省地方性法规《林业行政处罚条例》规定"对规定林产品无运输证的,予以没收"。

问题:

1. 如何确定本案的管辖法院?如高某经过行政复议再提起诉讼,如何确定管辖法院?
2. 如高某在起诉时一并提出行政赔偿请求,法院应如何立案?对该请求可否进行单独审理?

3. 省林业厅制定的《林产品目录》的性质是什么？可否适用于本案？理由是什么？
4. 高某运输的松香是否属于"非法财物"？理由是什么？
5. （1）法院审理本案时应如何适用法律、法规？理由是什么？
（2）依《行政处罚法》，法律、行政法规对违法行为已经作出行政处罚规定，地方性法规需要作出具体规定的，应当符合什么要求？本案《林业行政处罚条例》关于没收的规定是否符合该要求？

拓展阅读：

1. 张旭勇：《民事、行政确认判决辨析》，载《行政法学研究》2006年第2期。
2. 章剑生：《判决重作具体行政行为》，载《法学研究》1996年第6期。
3. 陈骏业：《不履行、拖延履行法定职责的一种学理阐释》，载《法商研究》2004年第2期。
4. 刘飞：《行政诉讼类型制度探析——德国法的视角》，载《法学》2004年第3期。
5. 吴晓庄：《行政诉讼维持判决适用中的若干问题》，载《华东政法学院学报》2002年第6期。
6. 张宏、高辰年：《反思行政诉讼之重作判决》，载《行政法学研究》2003年第3期。
7. 刘峰：《论行政诉讼判决形式的重构》，载《行政法学研究》2007年第4期。
8. 章剑生：《论利益衡量方法在行政诉讼确认违法判决中的适用》，载《法学》2004年第6期。
9. 张旭勇、尹伟琴：《行政诉讼确认无效判决三题》，载《行政法学研究》2004年第4期。
10. 章剑生主编：《行政诉讼判决制度研究》，浙江大学出版社2010年版。
11. 张旭勇：《行政判决的分析与重构》，北京大学出版社2006年版。
12. 梁凤云：《行政诉讼判决之选择适用》，人民法院出版社2007年版。
13. 杨伟东：《行政行为司法审查强度》，中国人民大学出版社2003年版。

第二十三章

行政诉讼程序

> ✦ 学习目标
> 通过本章的学习,学生可以掌握以下内容:
> 1. 行政诉讼程序的基本种类及其衔接关系
> 2. 起诉的条件、缺席判决的具体适用
> 3. 二审程序的审理对象和裁判方式
> 4. 启动再审程序的条件、途径及其主体
> 5. 行政诉讼执行和非诉案件执行的主体、管辖、程序与措施
>
> ✦ 关键概念
> 起诉 受理 回避 撤诉 缺席判决 财产保全 先予执行 行政诉讼强制措施 上诉 再审程序 申诉抗诉 诉讼中止 诉讼终结 期间 送达 执行程序

第一节 一审程序

一、起诉与受理

(一) 起诉的概念与条件

起诉是指行政相对人认为行政机关作出的行政行为侵犯其合法权益,向法院提起诉讼,请求法院审查行政行为的合法性并作出相应裁判的诉讼行为。起诉是法院受理、审理与裁判的基础与起点,没有原告的起诉就无法启动行政诉讼一审程序,这是"不告不理"原则的要求与体现。根据《行政诉讼法》第41条的规定,行政相对人向法院提起行政诉讼,必须符合以下几个条件:

1. 原告必须是认为行政行为侵犯其合法权益的公民、法人或者其他组织

这个条件实际上就是要求提起行政诉讼的相对人具有原告资格。在这里需要注意两点:一是必须实际上存在一个由行政机关作出的行政行为,如果还不存在行政行为,行政相

对人就没有起诉寻求救济的必要。所以,最高人民法院《若干解释》第 57 条第 3 项的"被诉具体行政行为依法不成立或者无效"的规定是极不科学的。二是原告是认为行政行为侵犯其合法权益的公民、法人或者其他组织,即提起诉讼的原告与行政行为之间存在法律上的利害关系。这里的"认为"表明,并不是行政相对人的合法权益确实已经受到侵害才有资格提起诉讼,而是只要主观上认为自己的合法权益受到侵害,与行政机关发生了行政争议,就可以提起行政诉讼。

2. 有明确的被告

被告是被原告诉称为作出行政行为并侵犯其合法权益的行政机关。"有明确的被告"是指在提起行政诉讼时,原告应特定指明哪个或哪些行政机关的行政行为侵犯了其合法权益。明确的被告是构成诉的重要内容。没有明确的被告,原告的诉讼请求就无所指向,行政诉讼法律关系就无法形成,诉讼的裁判结果也将无人承担。这里仍需要特别注意的一点是,法律规定的起诉条件只要求"有明确的被告",而不是要求"有正确的被告",被告不正确的可以由法院在诉讼程序进行过程中责令原告更换。

3. 有具体的诉讼请求和事实根据

诉讼请求是指原告对被告提出的并要求法院判决的具体的权利主张。行政诉讼的诉讼请求一般是指向行政行为的,包括请求法院撤销行政行为、确认行政行为违法、履行法定职责、变更行政处罚等。具体的诉讼请求是法院审理活动的核心,也是最终作出裁判的依据,离开了具体的诉讼请求,法院的行政审判活动根本无法进行。需要特别注意的是,这里要求原告提供一定的事实根据,并不是要求原告对被诉行政行为的违法性承担举证责任,而仅仅是要求原告证明与诉讼请求有关的争议可能存在,而不是证明诉讼请求确实成立。至于原告提出的诉讼请求能否成立,是否有充分确凿的证据,要等法院对案件审理完毕之后才能作出判断,而且也不由原告承担举证责任。要求原告在起诉时提供一定的事实根据,仅仅是为了防止滥诉现象的发生。最高人民法院《若干解释》第 40 条规定:"行政机关作出具体行政行为时,没有制作或者没有送达法律文书,公民、法人或者其他组织不服向人民法院起诉的,只要能证明具体行政行为存在,人民法院应当依法受理。"这里的"证明具体行政行为存在",就属于要求原告起诉时提供的事实根据。

4. 属于人民法院受案范围和受诉人民法院管辖

原告提起诉讼的案件,必须属于《行政诉讼法》第 11 条所规定的法院受理范围之内的行政案件,否则法院裁定不予受理。至于《行政诉讼法》第 11 条的理解、判断和具体运用,在受案范围一章中已经作了详细阐述,在此不再赘述。此外,原告提起的诉讼还要符合《行政诉讼法》关于级别管辖、一般地域管辖、特殊地域管辖等有关规定,否则法院也会裁定不予受理。

案例研究

俞国华是否可以提起行政诉讼

1993 年 3 月 24 日莆田县城乡建设局(下称莆田县建设局)将其主管的莆田县建筑工程公司(下称建筑公司)发包给原审上诉人俞国华承包经营,承包期三年。1995 年 5 月 24 日莆田市建设委员会以莆市建综[1995]044号文件发出《关于一九九四年度施工企业资质年检有关问题的通知》,通知规定:三级以上建筑施工企业资质年检材料经县、区建委(建设局)审核后于6月10日前送我委审查签章后统一报省建委年检。企业无故不参加年检的,资质等级证书自行失效。未进行年检的企业,不得承接施工任务。年检前企业应及时上缴上级管理费和定额测定费,对不按规定交纳的企业不予年检。1995年6月,原审上诉人俞国华承包经营的建筑公司向原审被上诉人荔城区建设局的前身莆田县建设局报送申请办理企业资质年检的相关材料,莆田县建设局以建筑公司未交足上级管理费为由,不予签署意见,不向上一级建设行政主管部门报送资质年检的有关申请材料。至2004年下半年,原审上诉人俞国华向莆田市荔城区人民政府申请行政复议,请求依法认定荔城区建设局不予办理其承包的企业资质年检行为违法并承担赔偿责任。2004年12月20日莆田市荔城区人民政府作出荔政行复决[2004]1号行政复议决定书,认为莆田县建设局作为莆田建筑工程公司的基层建设行政主管部门,仅在资质年检期间,对建筑公司交纳上级管理费的情况进行审查把关,其行为并没有违反《建筑业企业资质管理规定》的要求,不构成违法,也不可能给申请人俞国华造成经济损失。2005年2月21日,原审上诉人俞国华向荔城区人民法院提起行政诉讼。2005年6月9日,荔城区人民法院作出(2005)荔行初字第9号行政裁定书,认为原告俞国华不是行政相对人,其作为原告主体不适格,本案不可诉,同时,原告起诉超过起诉期限,据此,裁定驳回原告起诉。(资料来源:福建省高级人民法院《行政裁定书》[2008]闽行再终字第2号)

(二) 法院对起诉的审查

法院对原告起诉的审查,主要是审查原告的起诉是否符合起诉的条件和期限要求,以确定是决定立案受理还是裁定不予受理。行政相对人的起诉并非一定被法院受理,只有符合起诉条件和相关要求的起诉才能真正启动诉讼程序。法院对起诉的审查,除了前述四个方面的条件以外,还涉及如下三个问题的处理:

1. 审查是否遵守了行政复议与行政诉讼关系的法律规定

关于行政复议和行政诉讼的程序关系,依据《行政诉讼法》第37条的规定,主要有两种情况:一是行政复议的当事人选择主义;二是行政复议必经或前置程序。① 当行政复议程序可由当事人选择时,不管是否已经经过复议救济程序,都不影响其向法院提起诉讼。但是,当行政复议程序是提起诉讼之前的必经程序时,未经过行政复议程序就直接提起行政诉讼的,法院不予受理。最高人民法院《若干解释》第33条规定:"法律、法规规定应当先申请复议,公民、法人或者其他组织未申请复议直接提起诉讼的,人民法院不予受理。"当然,如果复议机关不受理复议申请或者在法定期限内不作出复议决定,行政相对人不服,依法向法院提起诉讼的,法院应当依法受理。

还有一种特别情况是,虽然法律法规未规定行政复议为必经前置程序,但行政相对人既提起了诉讼又申请了复议,此时法院是否应当受理?对此,最高人民法院《若干解释》第34

---

① 有学者主张,为了避免行政程序不必要的重复,凡是不服行政机关经过听证程序作出的行政行为,相对人应当直接向人民法院提起行政诉讼。参见章志远:《论行政复议与行政诉讼之程序衔接》,载《行政法学研究》2005年第4期。

条规定:"公民、法人或者其他组织既提起诉讼又申请行政复议的,由先受理的机关管辖;同时受理的,由公民、法人或者其他组织选择。公民、法人或者其他组织已经先申请行政复议,在法定复议期间内又向人民法院提起诉讼的,人民法院不予受理。"

2. 审查起诉是否遵守诉讼期限

起诉期限,指行政相对人对行政行为不服提起诉讼的时间限制。法律之所以明文规定行政诉讼的起诉期限,主要是为了迅速地解决行政争议,及时恢复和稳定行政法律关系与行政管理秩序。

关于原告提起行政诉讼的期限有如下五种情况:(1)行政相对人对行政行为不服直接提起行政诉讼的。根据《行政诉讼法》第39条规定,行政相对人直接向人民法院提起诉讼的,应当在知道作出行政行为之日起3个月内提出。但法律另有规定的除外。(2)经过复议程序,对复议决定不服提起行政诉讼的。根据《行政诉讼法》第38条规定,申请人不服复议决定的,可以在收到复议决定书之日起15日内向法院提起诉讼。复议机关逾期不作决定的,申请人可以在复议期满之日起15日内向法院提起诉讼。但法律另有规定的除外。(3)行政相对人直接提起诉讼,但是行政机关未告知起诉权利和期限的。根据最高人民法院《若干解释》第41条规定,行政机关作出行政行为时未告知行政相对人诉权或者起诉期限的,起诉期限从行政相对人知道或者应当知道诉权或者起诉期限之日起计算,但从知道或者应当知道行政行为内容之日起最长不得超过2年。(4)在行政行为作出时,相对人不知道行政行为内容的。根据最高人民法院《若干解释》第42条规定,行政相对人不知道行政机关作出的行政行为内容的,其起诉期限从知道或者应当知道该行政行为内容之日起计算。但是,对涉及不动产的行政行为从作出之日起超过20年、其他行政行为从作出之日起超过5年提起诉讼的,法院不予受理。(5)对起诉不履行法定职责的期限,《行政诉讼法》没有作出明确规定。最高人民法院《若干解释》第39条规定:"公民、法人或者其他组织申请行政机关履行法定职责,行政机关在接到申请之日起60日内不履行的①,公民、法人或者其他组织向人民法院提起诉讼,人民法院应当依法受理。法律、法规、规章和其他规范性文件对行政机关履行职责的期限另有规定的,从其规定。公民、法人或者其他组织在紧急情况下请求行政机关履行保护其人身权、财产权的法定职责,行政机关不履行的,起诉期间不受前款规定的限制。"

此外,关于起诉期限的计算,根据最高人民法院《若干解释》第43条规定,由于不属于起诉人自身的原因超过起诉期限的,被耽误的时间不计算在起诉期间内。因人身自由受到限制而不能提起诉讼的,被限制人身自由的时间不计算在起诉期间内。还有,《行政诉讼法》第40条规定了诉讼期限的延长制度,即"公民、法人或者其他组织因不可抗力或者其他特殊情况耽误法定期限的,在障碍消除后的10日内,可以申请延长期限,由人民法院决定。"

《行政诉讼法》和最高人民法院《若干解释》分类规定了不同类型行政案件的起诉期限,

---

① 最高人民法院《关于审理行政许可案件若干问题的规定》第6条规定:"行政机关受理行政许可申请后,在法定期限内不予答复,公民、法人或者其他组织向人民法院起诉的,人民法院应当依法受理。前款'法定期限'自行政许可申请受理之日起计算;以数据电文方式受理的,自数据电文进入行政机关指定的特定系统之日起计算;数据电文需要确认收讫的,自申请人收到行政机关的收讫确认之日起计算。"

有利于充分保障行政相对人的诉权和实体权益。但是,我们必须认识到,起诉期限越长并不意味着相对人权益保护就越充分,相反,一味地拖长起诉期限还可能造成行政相对人权益救济的困境。因此,在不影响行政相对人完成必要的起诉准备工作的前提下,应适当控制起诉期限的时间长度。

案例研究

本案原告起诉是否超过起诉期限

在重庆市綦江县文龙乡水月村六社吴昌辉等496人诉重庆市人民政府行政复议决定上诉案中,法院认为:"重庆市政府重府地[1992]68号《重庆市人民政府关于綦江县征用土地办公室统一征用土地的批复》是1992年4月26日作出的,随后綦江县有关部门就水月村的征地安置补偿等事项,实施了一系列行为。1993年9月7日,綦江县征用土地办公室与水月村及六社根据《重庆市人民政府关于綦江县征用土地办公室统一征用土地的批复》签订了《土地移交协议书》,就有关征地、补偿、安置等问题达成协议,协议书由綦江县征用土地办公室、水月村村长及六社负责人签字。之后,水月村六社社员对转为非农业户口亦未提出异议。综上表明,本案当事人早已知道被诉行政行为的内容。根据该行为发生时有效的最高人民法院《关于贯彻执行〈中华人民共和国行政诉讼法〉若干问题的意见》第35条的规定,上诉人于2001年6月12日对该批复提起行政诉讼,已经超过起诉期限。上诉人认为没有超过起诉期限的理由不能成立。"(资料来源:最高人民法院《行政裁定书》[2001]行终字第18号)

3. 审查起诉是否属于重复起诉

所谓重复起诉,是指原告对法院已经作出生效裁判的案件再次起诉。对于重复起诉的案件法院不再受理。已经生效的裁判确定存在违法情形的,也只能按照申诉程序处理,是否启动再审程序由原审或上级法院决定。此外,最高人民法院《若干解释》第36条规定:"人民法院裁定准许原告撤诉后,原告以同一事实和理由重新起诉的,人民法院不予受理。"原告撤诉之后再以同一事实和理由重新起诉的,也可归入重复起诉的范畴。但是,最高人民法院《若干解释》第1条规定的"重复行政行为",尽管法院对此也是裁定不予受理,但是与这里的重复起诉没有直接关联性。

(三)审查之后的处理

根据《行政诉讼法》第42条和最高人民法院《若干解释》第32、44条的规定,法院接到起诉状之后,审查原告的起诉是否符合法律规定的条件与期限,根据审查的不同情况分别作出如下三种处理结果:

1. 决定立案

法院经过审查认为原告的起诉完全符合起诉的条件与期限等规定,应当在7日内决定立案,并及时通知原告。立案的7天时间期限从法院收到起诉状的次日开始计算。

2. 责令原告补正或更正

如果原告的起诉基本上都符合条件,只是某些可以补充或更正的条件有所欠缺,则应当责令原告限期补充或更正。补充或更更正之后符合法律规定的,法院应予以受理。最高人民法院《若干解释》第44条第2款规定:"前款所列情形可以补正或者更正的,人民法院应当指定期间责令补正或者更正;在指定期间已经补正或者更正的,应当依法受理。"

3. 裁定不予受理

法院审查后认为原告的起诉不符合法律规定的条件的,裁定不予受理。最高人民法院《若干解释》第44条第1款规定:"有下列情形之一的,应当裁定不予受理;已经受理的,裁定驳回起诉:(1)请求事项不属于行政审判权限范围的;(2)起诉人无原告诉讼主体资格的;(3)起诉人错列被告且拒绝变更的;(4)法律规定必须由法定或者指定代理人、代表人为诉讼行为,未由法定或者指定代理人、代表人为诉讼行为的;(5)由诉讼代理人代为起诉,其代理不符合法定要求的;(6)起诉超过法定期限且无正当理由的;(7)法律、法规规定行政复议为提起诉讼必经程序而未申请复议的;(8)起诉人重复起诉的;(9)已撤回起诉,无正当理由再行起诉的;(10)诉讼标的为生效判决的效力所羁束的;(11)起诉不具备其他法定要件的。"当然,对法院不予受理的裁定,起诉人可以在10日内向上一级人民法院提起上诉。

如果案情比较复杂或疑难,法院不能及时准确判断是否应当受理的,根据最高人民法院《若干解释》第32条的规定,法院在7日内不能决定是否受理的,应当先予受理;受理后发现确实不符合起诉条件的,再裁定驳回起诉。如果受诉法院在7日内既不立案,又不作出不予受理的裁定,起诉人可以向上一级法院申诉或者起诉。上一级法院认为符合受理条件的,应予受理;受理后可以移交或者指定下级法院审理,也可以自行审理。

(四)受理的法律意义

法院决定受理行政案件,就意味着行政诉讼一审程序的正式启动,由此会产生一系列的法律意义:

1. 排斥其他法院与国家机关对案件的管辖权

法院决定受理行政案件之后,就意味着排除了其他法院和其他类别的国家机关的纠纷管辖权。在共同管辖的行政案件中,一旦当事人选择了其中的一个管辖法院并且已经立案受理,也不能再向其他原本拥有共同管辖权的法院提起诉讼。

2. 原、被告取得相应的诉讼地位

法院决定立案之后,起诉人就正式取得了原告的诉讼地位,享有相应的诉讼权利,同时也应遵守或履行相应的诉讼规则与义务。对于被告行政机关而言同样如此。

3. 第一审程序审限开始计算

法院受理行政案件后,约束法院的3个月的行政诉讼一审期限开始计算。

二、审理前准备程序

为了开庭审理活动的顺利进行,法院须进行必要的准备工作,具体包括送达起诉法律文书、组成合议庭、阅读诉讼材料、确定并通知开庭时间与地点等活动。

(一) 送达起诉状、答辩状

根据《行政诉讼法》第 43 条的规定,法院应当在立案之日起 5 日内,将起诉状副本发送被告。被告应当在收到起诉状副本之日起 10 日内向法院提交作出行政行为的有关材料,并提出答辩状。法院应当在收到答辩状之日起 5 日内,将答辩状副本发送原告。被告不提出答辩的,不影响法院的审理。把原告的起诉状送达被告,然后再把被告的答辩状送达原告,目的是为了使原、被告之间充分了解对方的观点、立场、证据及其理由,保证后续庭审活动的透明度和竞技性,进而提高裁判结果的质量。

(二) 组成合议庭

合议庭是具体负责行政案件审理的基本审判组织,按照少数服从多数的原则进行工作。《行政诉讼法》第 46 条规定,法院审理行政案件,由审判员组成合议庭,或者由审判员、陪审员组成合议庭。合议庭的成员,应当是三人以上的单数。这一规定表明,行政案件的审理都是由合议庭以普通程序审理,似乎并不存在由法官独任审理的简易程序。① 合议庭中由一名审判员担任审判长,审判长的具体人选由法院院长或行政庭庭长指定;院长或庭长亲自参加合议庭时,是当然的审判长人选。合议庭的具体组成人员确定之后,要提前通知当事人,为当事人在庭审时决定是否申请回避提供充分的准备时间。

知识链接

行政诉讼简易程序内容要点

下列第一审行政案件中,基本事实清楚、法律关系简单、权利义务明确的,可以适用简易程序审理:(1) 涉及财产金额较小,或者属于行政机关当场作出决定的行政征收、行政处罚、行政给付、行政许可、行政强制等案件;(2) 行政不作为案件;(3) 当事人各方自愿选择适用简易程序,经人民法院审查同意的案件。发回重审、按照审判监督程序再审的案件不适用简易程序。

适用简易程序审理的案件,被告应当在收到起诉状副本或者口头起诉笔录副本之日起 10 日内提交答辩状,并提供作出行政行为时的证据、依据。被告在期限届满前提交上述材料的,人民法院可以提前安排开庭日期。适用简易程序审理的案件,经当事人同意,人民法院可以实行独任审理。

人民法院可以采取电话、传真、电子邮件、委托他人转达等简便方式传唤当事人。经人民法院合法传唤,原告无正当理由拒不到庭的,视为撤诉;被告无正当理由拒不到庭的,可以缺席审判。前述传唤方式,没有证据证明或者未经当事人确认已经收到传唤内容的,不得按

---

① 2010 年最高人民法院公布了《关于开展行政诉讼简易程序试点工作的通知》(法[2010]446 号),该通知允许适用简易程序审理的行政案件,经当事人同意,可以由法官独任审理,一定程度上突破了《行政诉讼法》第 46 条规定的合议制度。但是,最高人民法院颁布的司法解释和各类规范性文件,屡屡突破《行政诉讼法》的明文规定,其形式合法性是非常可疑的。参见沈福俊:《行政诉讼简易程序构建的法治化路径——〈最高人民法院关于开展行政诉讼简易程序试点工作的通知〉评析》,载《法学》2011 年第 4 期。

撤诉处理或者缺席审判。适用简易程序审理的案件,一般应当一次开庭并当庭宣判。法庭调查和辩论可以围绕主要争议问题进行,庭审环节可以适当简化或者合并。适用简易程序审理的行政案件,应当在立案之日起45日内结案。当事人就适用简易程序提出异议且理由成立的,或者人民法院认为不宜继续适用简易程序的,应当转入普通程序审理。最高人民法院确定的行政审判联系点法院(不包括中级人民法院)可以开展行政诉讼简易程序试点。(资料来源:最高人民法院《关于开展行政诉讼简易程序试点工作的通知》法[2010]446号)

(三)阅读诉讼材料

法官的角色和职责在整体上是被动的,行政诉讼也不例外。但是,为了保证庭审活动的集中性和针对性,发挥法官对举证、质证活动的引导和对法庭辩论节奏的掌控,在庭审活动开始之前,合议庭成员必须仔细阅读诉讼材料,了解案件基本情况,尤其是对双方当事人的诉讼请求、事实证据、证据来源与形式、法律依据的具体条款、争议的焦点等问题。

(四)更换或追加当事人

在开庭审理前,法院要审查确认原告、被告和第三人的资格,若发现不合格的当事人,还要更换或追加新的当事人。在审查中发现还有必要的共同诉讼人或第三人参加诉讼,还应当及时通知其参加。

(五)确定开庭时间并通知当事人和其他诉讼参与人

一审行政案件必须以开庭审理的方式进行。为了保证当事人和其他诉讼参与人及时参加庭审活动的诉讼权利,法院必须提前3日告知其开庭审理的准确时间和地点。不以法定方式提前告知当事人和其他诉讼参与人开庭审理的准确时间和地点,等于侵害或变相剥夺当事人的诉讼权利。

三、开庭审理程序

(一)开庭审理方式与公开审理原则

法院审理一审行政案件必须以开庭审理的方式进行,不能以书面审查的方式审理一审行政案件。一般来说,开庭审理的方式比书面审查的可靠程度更高,但后者的效率更高。法院审理一审行政案件,不仅要开庭审,而且还要公开审理。公开审理是正当程序的必然要求,也是司法活动的本质特征。《行政诉讼法》第45条规定:"人民法院公开审理行政案件,但涉及国家秘密、个人隐私和法律另有规定的除外。"所谓公开审理,是指法庭审理活动向社会公众开放,允许记者采访、报道。公开的目的在于促进公正,提高裁判结果的社会可接受度。

(二)开庭审理的程序步骤

开庭审理,是指当事人和其他诉讼参与人在法院合议庭的组织下,依照法定程序步骤对行政案件的争议问题进行质证、辩论,查明案件事实,寻找正确的法律法规,并由法院最终对行政案件作出裁判的诉讼活动。开庭审理一般经过开庭预备阶段、法庭调查、法庭辩论、合议庭评议和宣判五个阶段。

1. 开庭预备阶段

开庭审理进入正式的法庭调查之前,需要由书记员查询当事人和其他诉讼参与人的到庭情况、宣布法庭纪律,紧接着由审判长宣布开庭,核对当事人信息,宣布合议庭组成情况并告知当事人诉讼权利。

在这一阶段,最可能遇到并需要及时处理的一个重要问题是,当事人对审判人员的回避申请及其处理规则。根据《行政诉讼法》第47条的规定,与案件有利害关系的审判人员可以依当事人申请回避,也可以自己主动回避。这里的审判人员不仅仅指合议庭组成人员,还包括书记员、翻译人员、鉴定人、勘验人。根据被申请回避人员的角色或身份不同,其回避与否的决定要由不同的主体作出:院长担任审判长时的回避,由审判委员会决定;审判人员的回避,由院长决定;其他人员的回避,由审判长决定。除了上述审判人员回避的条件、方式、范围以及决定规则以外,最高人民法院《若干解释》还对当事人申请回避以及法院审查回避申请和对驳回回避申请之复议的时间、期限和被申请回避人员的暂停工作等问题,都作了较为详细的规定。依据最高人民法院《若干解释》第47条的规定,当事人申请回避,应当说明理由,在案件开始审理时提出;回避事由在案件开始审理后知道的,应当在法庭辩论终结前提出。为了保证案件审理的公正性,被申请回避的人员,在法院作出是否回避的决定前,应当暂停参与本案的工作,但案件需要采取紧急措施的除外。同时,为了防止当事人的回避申请及其对驳回回避申请的复议申请给审判工作造成的拖延,对当事人提出的回避申请,法院应当在3日内以口头或者书面形式作出决定。申请人对驳回回避申请决定不服的,可以向作出决定的法院申请复议一次。复议期间,被申请回避的人员不停止参与本案的工作。对申请人的复议申请,法院应当在3日内作出复议决定,并通知复议申请人。

2. 法庭调查

法庭调查的主要任务是由法官引导当事人举证和相互质证,在举证和质证的基础上进行认证,确认证据的证明效力和证明对象,并据此查明、认定作为判案根据的事实真相。法庭调查的起始点是原告宣读起诉状,被告宣读答辩状,然后进入双方当事人陈述。当事人的陈述主要围绕各自的诉讼主张提供相应的证据,尤其是被告要充分举证以证明行政行为的合法性。当事人陈述后,证人到庭作证,或者宣读因事不能到庭的证人证言。不管证人是否到庭作证,证人证言都必须经过双方当事人质证。证人作证后,接着由法庭出示书证、物证、视听资料,宣读鉴定结论、勘验笔录和现场笔录,并同样由当事人及其诉讼代理人进行质证。在引导当事人举证和质证之后,法院就相应证据是否采信以及其证明效力和证明范围作出明确表态,通过认证固定证据的法律意义。这有利于提高证据及其使用的透明度,促进与保障行政审判的公正性。[①]

3. 法庭辩论

法庭辩论是在法庭调查的基础上进行的。在法庭辩论阶段,当事人、第三人及其诉讼代表人,根据法庭调查阶段确定的事实与证据,就案件事实的真伪、法律的正确适用以及诉讼

[①] 参见姜明安主编:《行政法与行政诉讼法》(第5版),北京大学出版社、高等教育出版社2011年版,第494—495页。

请求的成立与否阐明自己的立场与观点,反驳对方的观点。法庭辩论阶段的发言顺序是:原告及其诉讼代理人;被告及其诉讼代理人;第三人及其诉讼代理人。在具体的庭审过程,根据具体案情的需要,这样的辩论可能要进行几个轮次。相互辩论的时间长短和次数由审判人员掌握,原则是不能限制当事人辩论的权利。最后,在审判长的询问与提示下,原告、被告和第三人表明自己最终的立场与意见。

4. 合议庭评议

法庭辩论结束之后,由审判长宣布休庭,由合议庭对案件进行合议。合议阶段首先是合议庭成员依据各自对案件事实与法律适用的理解与判断形成个人意见,然后根据少数服从多数的民主原则形成最终的结论。合议庭给出的结论是多数合议庭成员的意见,但如果少数成员有不同意见,也应当记入合议笔录。在审判实践中,一般很少出现合议庭成员之间的显著分歧。

5. 宣判

宣判是由合议庭代表法院对行政行为是否合法的判断以及行政行为相应处理结果的公开宣告。部分行政案件的庭审活动可能是不公开进行的,但宣告判决一定要公开。宣告判决有当庭宣判和定期宣判两类,定期宣判是由法院确定一个日期宣告判决。为了强化裁判结果与庭审效果之间的关联性,行政审判急需提高当庭宣判的比例。在宣告判决时,必须告知当事人上诉的权利、期限与法院,保障当事人的上诉权。

四、缺席判决

缺席判决是相对于对席判决的一个概念,是指法院开庭审理时,当事人一方或双方经法院合法传唤无正当理由拒绝出庭参加诉讼活动,法院继续审理并经合议庭合议之后作出裁判的制度规定。法院缺席判决的效力等同于对席判决,不因一方或双方当事人的缺席而受丝毫影响。

行政诉讼缺席判决最明显的特殊之处是,法院有可能在原、被告双方无正当理由都不到庭参加庭审活动时适用缺席判决。也许有人对此会有质疑,因为《行政诉讼法》第48条规定:"经人民法院两次合法传唤,原告无正当理由拒不到庭的,视为申请撤诉;被告无正当理由拒不到庭的,可以缺席判决。"仅仅依据《行政诉讼法》第48条的规定,我们确实无法把缺席判决制度对原告加以适用,因为原告无正当理由拒不到庭的,视为申请撤诉,从而终结行政诉讼程序。然而,我们必须同时注意《行政诉讼法》第51条的规定,即"人民法院对行政案件宣告判决或者裁定前,原告申请撤诉的,或者被告改变其所作的具体行政行为,原告同意并申请撤诉的,是否准许,由人民法院裁定。"据此规定,如果原告申请撤诉,而法院经审查之后又不准许撤诉,但原告仍然拒绝参加庭审活动,那么法院就应该适用缺席判决制度。因为,对于无强烈人身性的普通行政案件而言,法院没有必要强制拘传原告到庭参加诉讼活动。为了弥补《行政诉讼法》第48条所规定的缺席判决的制度缺陷,最高人民法院《若干解释》第49条把原告和第三人也纳入了缺席判决的适用对象,即"原告或者上诉人经合法传唤,无正当理由拒不到庭或者未经法庭许可中途退庭的,可以按撤诉处理。原告或者上诉人申请撤诉,人民法院裁定不予准许的,原告或者上诉人经合法传唤无正当理由拒不到庭,或者未经法庭许可而中途退庭的,人民法院可以缺席判决。第三人经合法传唤无正当理由拒不到庭,或者未经法庭许可中途退庭的,不影响案件的审理。"①之所以对原告和第三人也可以适用缺席判决,主要是行政诉讼担负着行政活动合法性审查和国家利益、公共利益维护的客观使命。

尽管行政诉讼缺席判决制度可以适用于原告、被告和第三人,但是由于缺席判决直接影响当事人的诉讼权利,也间接影响诉讼活动的对抗性和审查活动的质量,所以应当严格约束其适用范围与条件。特别需要注意的两点是:(1)"正当理由"是指非因当事人自己过错或者所能控制的不可抗力等客观原因;(2)"合法传唤"是指人民法院依法的有效传唤,被传唤人知悉参加庭审活动的准确时间与地点,而且,根据《行政诉讼法》第48条的规定,经两次合法传唤无正当理由仍拒绝到庭的才适用缺席判决。

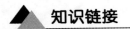

比较法上的缺席判决制度

缺席判决制度由来已久,随着历史的发展,各国的立法例也不断发生演变,以克服业已存在的空白与缺陷。在古代时期,有关缺席判决的立法规定是,双方当事人如果仅有一方出席的,就按出席一方所提供的证据作出缺席一方败诉的判决;但当证据不能够证明其主张时,如果原告缺席就驳回其诉讼请求;如果被告缺席就视同承认原告所主张的事实,并以此为根据作出裁判。到了近代,根据1806年法国《民事诉讼法》的规定,被告缺席时,如果法院认为原告的请求所依据的事实能够被认定,便以宣告被告败诉的结果作出缺席判决。对此,被告事后可以提出不附具条件的异议,从而使缺席判决归于无效。1877年德国《民事诉讼法》在采纳法国法的基础上作出了相应的改进,即当一方当事人缺席时,不论最初言词辩论期日还是此后继续进行的期日,因一方缺席就被视为自认出席一方所主张的事实,并以此为根据宣告缺席方败诉。该法同时还规定,如两周内缺席方对此判决提出异议,就在同一审级法院恢复原来的诉讼状态,对案件重新审理。可见,该种制度所存在的明显缺陷是,无论诉讼程序所处的阶段如何以及不论当事人是否提出与辩论有关的书面材料,都作出缺席判决,未免显得过于追求形式主义,同时因一方缺席导致缺席判决的结果和受缺席判决一方享有申请异议权,这种反复交替进行的状态使得诉讼不断受到拖延。为了解决这一棘手问题,1924年德国在修订《民事诉讼法》时,改采当事人在后续期日缺席之前曾经进行过的言词辩论或已提出的书面材料为基础,也就是由当事人根据现存的庭审记录以代替申请缺席判决。其他的立法例有的基于现有的审理结果为基础作出对席判决,如法国;有的则为了填补未实际发生言词辩论的状况,将缺席人所提出的书面准备材料视为陈述,作出对席判决,如日本。可见,近年来,为了弥补单纯采用缺席判决所暴露的固有缺陷,防止缺席当事人利用审级制度使得业已作出的缺席判决归于无效,一些国家的立法例要么在终审判决当中采用缺席判决,要么根据不同阶段之审理状态在有当事人缺席的情况下作出拟制对席判决。这种

---

① 依据《行政诉讼法》第48条的规定,不能把缺席判决制度对原告适用,最高人民法院《关于执行〈中华人民共和国行政诉讼法〉若干问题的解释》的这一规定是修改、完善了行政诉讼缺席判决制度。其实,在《行政诉讼法》颁布不久,就已经有学者指出了当时行政诉讼缺席判决制度的这一明显缺陷,并从体系解释的角度提出了行政诉讼缺席判决制度对原告的适用。参见杜坤飞:《论行政诉讼中的缺席判决对原告的适用》,载《法律科学》1992年第4期。

对缺席程序并不作出缺席判决的做法似已渐成趋势。(资料来源:毕玉谦:《缺席判决制度的基本法意与焦点问题之探析》,载《法学评论》2006 年第 3 期)

第二节 二审程序

一、上诉

行政诉讼二审程序,也称上诉程序,是指一审法院作出判决、裁定后,当事人仍然不服的,在法定期限内提请上一级法院再次审理并作出最终裁判的诉讼程序。较之于一审程序,二审程序在审理对象、审理方式、裁判类型以及审理期限等方面都存在明显区别。

当事人对一审裁判不服提起上诉,二审法院认为符合条件的就应当决定受理,并在法定期限内作出终审裁判。作为推动二审程序前行的上诉的提起、受理与撤回,在主体、期限等方面都要遵守相应的法律规则。

(一)上诉提起

与起诉行为一样,上诉的提起主要涉及主体与期限两个方面的问题,即由谁、在什么时间提起上诉。对此,《行政诉讼法》第 58 条规定:"当事人不服人民法院第一审判决的,有权在判决书送达之日起 15 日内向上一级人民法院提起上诉。当事人不服人民法院第一审裁定的,有权在裁定书送达之日起 10 日内向上一级人民法院提起上诉。逾期不提起上诉的,人民法院的第一审判决或者裁定发生法律效力。"这是对上诉期限的明文规定。那么,谁可以提起上诉?最高人民法院《若干解释》第 65 条规定:"第一审人民法院作出判决和裁定后,当事人均提起上诉的,上诉各方均为上诉人。诉讼当事人中的一部分人提出上诉,没有提出上诉的对方当事人为被上诉人,其他当事人依原审诉讼地位列明。"这里的当事人包括一审案件的原告、被告与第三人,不包括证人、代理人等与行政案件没有实际利害关系的主体。《行政诉讼法》和最高人民法院《若干解释》对上诉在主体与期限两个方面的限定,实际上就是当事人提起上诉的条件。

除此以外,当事人提起上诉,应当采取书面的上诉状方式提出。上诉状一般应载明上诉人、被上诉人、上诉事实和理由以及具体的上诉请求等内容。之所以要求上诉状以书面的方式载明这些内容,目的是为了被上诉人能够有针对性地为将来参与上诉活动作相应的准备,保证诉讼对抗的充分性、公平性。

(二)上诉受理

二审法院收到上诉状之后,如果经审查后认为,提起上诉的主体合格且没有超过法定的上诉期限的,就应当予以受理,并将上诉状副本送达被上诉人。如同起诉是否符合条件要接受审查一样,法院也同样要审查上诉是否符合条件,并据此决定是否启动二审程序。

尽管上诉的概念表明,上诉是向上级法院提起的,但是上诉人的上诉却应该是通过原审法院提出,实际上是由一审法院代替二审法院进行了一些诉讼活动。由一审法院代替进行的诉讼活动,不仅仅是代为收受上诉状,实际上还包括审查上诉是否符合条件、把上诉状送达被上诉人、把答辩状送达当事人等行为。《民事诉讼法》第166条规定："上诉状应当通过原审人民法院提出,并按照对方当事人或者代表人的人数提出副本。当事人直接向第二审人民法院上诉的,第二审人民法院应当在5日内将上诉状移交原审人民法院。"尽管《行政诉讼法》没有相同的明文规定,但是最高人民法院《若干解释》第66条作出了类似的规定,即"当事人提出上诉,应当按照其他当事人或者诉讼代表人的人数提出上诉状副本。原审人民法院收到上诉状,应当在5日内将上诉状副本送达其他当事人,对方当事人应当在收到上诉状副本之日起10日内提出答辩状。原审人民法院应当在收到答辩状之日起5日内将副本送达当事人。原审人民法院收到上诉状、答辩状,应当在5日内连同全部案卷和证据,报送第二审人民法院。已经预收诉讼费用的,一并报送。"

为什么名义上向上级法院提起的上诉,实际上却通过原审法院提出并由原审法院审查是否符合上诉条件?这可能有以下几个原因:(1)通过原审法院提出上诉较为便利,符合方便人民群众诉讼的原则;(2)上诉条件的审查较为容易,只涉及主体是否合格与是否超过上诉期限两个条件,而且也基本上不存在自由裁量空间,可由原审法院代替上级法院进行;(3)二审是在原审的基础上进行的,原审案件的案卷也需要一并交给上级法院,通过原审法院提出上诉较为便利、快捷,有利于二审法院及时审结案件。

(三)上诉撤回

上诉的撤回,是指在二审法院受理上诉案件之后至作出二审裁判之前,上诉人向二审法院申请撤回上诉请求,经法院审查允许其撤回上诉请求,从而终结该行政案件审理活动的诉讼制度。关于上诉的撤回,《行政诉讼法》没有明文规定,但是最高人民法院《若干解释》第49条第2款规定:"原告或者上诉人申请撤诉,人民法院裁定不予准许的,原告或者上诉人经合法传唤无正当理由拒不到庭,或者未经法庭许可而中途退庭的,人民法院可以缺席判决。"在这里,最高人民法院《若干解释》是把撤回上诉作为撤诉的一个亚种类。后来,最高人民法院《撤诉规定》第8条明文规定:"第二审或者再审期间行政机关改变被诉具体行政行为,当事人申请撤回上诉或者再审申请的,参照本规定。"由此可见,最高人民法院的判断是,二审撤回上诉与一审撤诉是类似的,应遵守相同的规则。因此,上诉人撤回上诉也需要经过二审法院的审查同意。

那么,上诉人撤回上诉的请求要符合哪些条件,二审法院才会准许其撤回上诉?根据最高人民法院《撤诉规定》第2条的规定,上诉人撤回上诉应当满足以下条件:(1)申请撤回上诉是上诉人真实的意思表示,不存在胁迫等违背上诉人意愿的情况;(2)一审裁判不违反法律、法规的规定,没有损害公共利益;(3)第三人无异议;(4)时间必须是在二审法院作出终审裁判之前。另外,上诉与起诉的不同之处是,因不服一审裁判而提起的上诉很可能是双方当事人同时提出的,此时撤回上诉也应当由双方当事人一起提出,只有一方当事人提出撤回上诉的,法院不应允许撤回。

二、审理与裁判

法院受理上诉之后,亦应组成合议庭对行政案件进行再次审理。但是,由于一审法院已经审理过行政行为的合法性并作出了相应的裁判,法院二审的内容、方式和裁判类型都与一审存在明显差别。

（一）审理对象

一审法院只审查行政行为是否合法，而二审法院除了审查行政行为是否合法以外，还要审查一审裁判是否合法。尽管这两个审查对象的合法性存在密切联系，但不是完全重叠的一个问题，因为一审裁判的违法性还可能纯粹是由于诉讼程序违法造成的。最高人民法院《若干解释》第 67 条规定："第二审人民法院审理上诉案件，应当对原审人民法院的裁判和被诉具体行政行为是否合法进行全面审查。"如在二审行政案件中可能会出现这样的情况，即行政行为是合法的，但一审裁判却存在明显的程序违法，二审法院应当裁定撤销原判，发回重审。

（二）审理的方式

上诉案件的审理方式有书面审理和开庭审理两种。书面审理就是二审法院不传唤当事人、证人和其他诉讼参与人到庭调查、辩论，而只是根据一审法院报送的上诉状、答辩状、证据等案卷材料进行书面审查即作出裁判。开庭审理是指法院组织当事人、代理人和其他诉讼参与人当面展开调查核实、质证与辩论，根据这些庭审材料和辩论效果作出裁判。这两种审理方式，在纠纷解决的效率和公正性、可靠性两方面，各有其自身的优势与不足。

那么，法院应当如何选择审理方式？《行政诉讼法》第 59 条规定："人民法院对上诉案件，认为事实清楚的，可以实行书面审理。"这一规定表明，上诉案件是可以书面审理的，不同于一审案件的开庭言词审理要求。上诉案件之所以可以采用书面审理的方式，主要是因为经过一审法院审理的行政案件，可能事实已经非常清楚，双方当事人只对案件的法律解释与适用存在争议，可以由二审法院书面审查解决，没有必要开庭言词审理。如果在事实认定方面尚不清楚或者仍存争议的，二审法院也应开庭言词审理。最高人民法院《若干解释》第 67 条第 2 款规定："当事人对原审人民法院认定的事实有争议的，或者第二审人民法院认为原审人民法院认定事实不清楚的，第二审人民法院应当开庭审理。"

（三）二审案件的裁判

较之于法院的一审裁判，二审法院的裁判类型要简单得多，主要有维持原判、直接改判和发回重审三种。《行政诉讼法》第 61 条规定："人民法院审理上诉案件，按照下列情形，分别处理：（1）原判决认定事实清楚，适用法律、法规正确的，判决驳回上诉，维持原判；（2）原判决认定事实清楚，但是适用法律、法规错误的，依法改判；（3）原判决认定事实不清，证据不足，或者由于违反法定程序可能影响案件正确判决的，裁定撤销原判，发回原审人民法院重审，也可以查清事实后改判。"上述三类二审裁判的具体适用，在行政诉讼裁判一章中已作了详细阐述，在此不再赘述。

除此以外，二审案件的法院裁判还存在以下三个特殊问题的处理：

1. 二审裁定

除了撤销原判发回重审以外，还有撤销不予受理或驳回起诉裁定并指令受理或继续审理。最高人民法院《若干解释》第 68 条规定："第二审人民法院经审理认为原审人民法院不予受理或者驳回起诉的裁定确有错误，且起诉符合法定条件的，应当裁定撤销原审人民法院的裁定,指令原审人民法院依法立案受理或者继续审理。"

2. 一并判决

除了对一审判决作出相应的裁判以外,二审判决往往还需要对行政行为一并作出判决。最高人民法院《若干解释》第70条规定:"第二审人民法院审理上诉案件,需要改变原审判决的,应当同时对被诉具体行政行为作出判决。"这主要是由于二审案件法院审查内容与对象的双重性造成的。

3. 保护当事人上诉权

当一审判决遗漏部分诉讼请求或上诉人提出新的诉讼请求时,需要特别注意审级制度与当事人诉讼权利的维护。最高人民法院《若干解释》第71条规定:"原审判决遗漏了必须参加诉讼的当事人或者诉讼请求的,第二审人民法院应当裁定撤销原审判决,发回重审。原审判决遗漏行政赔偿请求,第二审人民法院经审查认为依法不应当予以赔偿的,应当判决驳回行政赔偿请求。原审判决遗漏行政赔偿请求,第二审人民法院经审理认为依法应当予以赔偿的,在确认被诉具体行政行为违法的同时,可以就行政赔偿问题进行调解;调解不成的,应当就行政赔偿部分发回重审。当事人在第二审期间提出行政赔偿请求的,第二审人民法院可以进行调解;调解不成的,应当告知当事人另行起诉。"

(四)审理期限

关于审理期限,《行政诉讼法》第60条规定:"人民法院审理上诉案件,应当在收到上诉状之日起两个月内作出终审判决。有特殊情况需要延长的,由高级人民法院批准,高级人民法院审理上诉案件需要延长的,由最高人民法院批准。"审理期限的规定,既是为了提高诉讼效率,又是为了保证法院输送正义的及时性,因为"迟到的正义并非正义"。

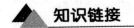 知识链接

给审判者设立审判者

诉讼公正实现的过程中,法官即审判者的品质始终发挥着重要的作用,故此,现代各国对法官都规定了严格的任职条件,以保障审判者具有纯洁公正的人品。但是法官毕竟是人而不是神,法官同样具有个人的利益要求。法官的利益要求并不是单值的经济或权力要求,而是多种要求的综合体,并且,各种要求在经历过若干次盘算或下意识的权衡后才能反映出来。法官的偏私是不可避免的,但又是可以预防和减少的,为此,需要设立一种能够控制法官偏私的程序装置,即给审判者设立审判者,通过法官之间的相克关系,使其偏私受到约束和控制。上诉审程序就是这样一种装置。在上述意义上讲,上诉审是从审判者品质的局限性出发,建立起来的一种防错制度,其防错功能在于对法官偏私的制约方面。对于具体的案件而言,可能只有一级法院的审理便告终结,没有上诉审的过程,但很难说对此案件进行审理的法官没有考虑过上诉审的可能性。在这种情况下,上诉审对法官偏私的抑制作用通过法官的心理机制还是潜在地存在着。西方国家学理上曾经存在这样的争论,即上诉审究竟是攻击原审法官还是攻击原审判决的制度,抑或二者兼而有之,主张攻击原审法官的人看重

的正是作出错误裁决的法官常常是行为不检。上述争论不管其结果如何,建立上诉审制度绝不能忘记其对法官品行的制约功能。(资料来源:陈桂明:《我国民事诉讼上诉审制度之检讨与重构》,载《法学研究》1996年第4期)

第三节 再审程序

一、再审程序的启动

行政诉讼再审程序,是指法院根据当事人的申请、检察机关的抗诉或者法院自己发现已经发生法律效力的判决、裁定确定有错误的,依法对案件进行再次审理的程序。再审程序是法院依法纠正已经发生法律效力的判决、裁定的错误,体现了追求实体公正的有错必纠原则。

行政诉讼再审程序与第一审程序和第二审程序存在明显的区别:前者是非正常程序,以已经发生法律效力的判决、裁定确有错误为前提,当事人的申请也不一定能启动再审程序;后者是正常的诉讼程序,不管当事人的起诉或上诉理由是否能够成立,法院都应当启动一审和二审程序。但是,再审程序并不是一个完全独立的程序类型,法院再审行政案件,在不同情形下分别适用一审或二审程序。根据再审法院与作出原生效判决、裁定法院之间关系的不同,再审程序可以分为上级法院提审和原审人民法院再审;根据启动再审程序的原因不同,由原审人民法院进行的再审还可以分为上级人民法院指令再审和本院审判委员会决定再审。

如前所述,再审程序是一种非正常程序,当事人的再审申请并不必然能够启动再审程序。那么,哪些主体可以决定启动再审程序?另外,再审程序的启动以原审判决、裁定确定存在错误为前提,那么这里的"确有错误"包括哪些情形?由谁认定?

(一)启动再审程序的主体

根据《行政诉讼法》第63条和第64条的规定,能够启动审判监督程序的主体有原审法院、原审法院的上级法院以及最高人民检察院和地方各级人民检察院。当事人不是启动再审程序的主体,当事人的再审申请只能为上述主体发现或认定原审判决、裁定确有错误提供线索或证据材料。

1. 原审法院决定启动再审程序

《行政诉讼法》第63条第1款规定:"人民法院院长对本院已经发生法律效力的判决、裁定,发现违反法律、法规规定认为需要再审的,应当提交审判委员会决定是否再审。"这里需要注意的一个问题是,原审法院是否启动再审程序要由审判委员会讨论决定,法院院长只能提起讨论,而不能单独决定是否启动再审程序。

2. 上级法院提审或指令再审

《行政诉讼法》第63条第2款规定:"上级人民法院对下级人民法院已经发生法律效力的判决、裁定,发现违反法律、法规规定的,有权提审或者指令下级人民法院再审。"这是上级法院对下级法院审判活动监督权的一种体现。提审是指上级法院决定由自己再审,而指令再审是让原生效判决、裁定的作出法院再审。

3. 检察院抗诉启动再审程序

《行政诉讼法》第64条规定:"人民检察院对人民法院已经发生法律效力的判决、裁定,发现违反法律、法规规定的,有权按照审判监督程序提出抗诉。"这里需要注意的两点是:(1)检察院抗诉是向作出生效裁判的法院的上一级法院提出的,所以只能是最高人民检察院对各级法院、上级检察院对下级法院作出的生效判决、裁定提起抗诉;(2)对检察院提出的抗诉,法院应当再审,而且审理抗诉案件时法院还应通知检察院派员出庭监督。

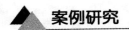

案例研究

本案中检察院抗诉理由是否成立

原审上诉人桐梓县技术监督局(以下简称技术监督局)确认原审被上诉人桐梓县农资公司(以下简称农资公司)1989年10月购进的180吨复混肥为劣质商品,根据国务院《关于严厉打击在商品中掺杂使假的通知》第2条、《工业产品质量责任条例》第24条、《贵州省产品商品质量奖励处罚暂行条例》第15条的规定,于1990年4月28日作出桐标计质(1990)07号行政处罚决定:(1)对农资公司已调拨销售151.5吨劣质复混肥的非法收入49651.97元予以没收,并按非法收入的20%罚款9930.39元,合并执行罚没款59582.36元;(2)对调往花秋供销社的28.35吨劣质复混肥必须重新依质论价,挂牌销售;(3)检测费450元由农资公司承担。农资公司不服该决定,于1990年5月10日向桐梓县人民法院提起诉讼。该院于1990年8月29日作出(1990)桐法行字第4号行政判决:(1)撤销技术监督局所作出的没收农资公司经销的151.5吨复混肥非法所得和罚款的决定;(2)维持技术监督局所作的依质论价,挂牌销售28.35吨劣质复混肥决定;(3)抽样送检的检测费由农资公司负担。技术监督局不服桐梓县人民法院的判决,向遵义地区中级人民法院提出上诉。遵义地区中级人民法院经审理,于1990年12月13日作出(1990)行上字第66号行政判决:维持一审判决中的第(2)项和第(3)项;撤销第(1)项改判为,没收农资公司调拨销售的151.5吨劣质复混肥的非法收入49651.97元、并处以该非法收入的15%的罚款。贵州省人民检察院就第二审判决于1991年7月5日向贵州省高级人民法院提出抗诉。贵州省高级人民法院经再审审理,于1992年6月16日作出(1992)行监字第02号行政判决。该行政判决认定,技术监督局确认已销售的151.5吨复混肥与被抽查检测为劣质的复混肥是同一批次产品,证据是充分的。农资公司作为产品经销单位在进货时,没有对产品质量进行验收,违反了《工业产品质量责任条例》第14条的规定,以致销售了劣质复混肥,应当受到处罚。技术监督局依照《工业产品质量责任条例》第25条的规定,对其进行查处是合法的;遵义地区中级人民法院第二审判决给予支持是正确的,但引用国家关于复混肥料专业标准的内容没有根据,应予纠正;技术监督局在桐梓县工商行政管理局行使职权中未能查出农资公司经销的该批复混肥为劣质商品,并允许其继续销售的情况下,查出农资公司经销的该批复混肥不符合国家标准并作出处罚决定,不属于重复处理;农资公司在被查处过程中态度较好,可以免除罚款。据此,判决:(1)维持二审法院支持技术监督局没收农资公司经销劣质复混肥的非法收入49561.97元,对已调往花秋供销社的28.35吨劣质复混肥依质论价挂牌销售和农资公司应

负担抽样送检费的判决;(2)撤销技术监督局对农资公司的罚款决定。(资料来源:《最高人民法院公报》1995年第4期)

此外,《行政诉讼法》第62条规定,当事人对已经发生法律效力的判决、裁定,认为确有错误的,可以向原审法院或者上一级法院提出申诉,但判决、裁定不停止执行。因为当事人的再审申请无法即时启动再审程序,所以不能影响生效判决、裁定的强制执行。当然,尽管最高人民法院《若干解释》第74条规定"人民法院接到当事人的再审申请后,经审查,符合再审条件的,应当立案并及时通知各方当事人;不符合再审条件的,予以驳回"。但是对于法院驳回再审申请的决定,当事人尚无法获得有效救济。另外,根据最高人民法院《若干解释》第73条规定,不管是行政判决还是行政赔偿调解协议,当事人申请再审,都应当在判决、裁定和赔偿协议发生法律效力后2年内提出。

(二)启动再审程序的条件

如前所述,再审程序是法院对确有错误的生效判决、裁定进行再审审理,那么这里的"确有错误"是指什么?一般认为,"确有错误"主要是指《行政诉讼法》第63条规定的"违反法律、法规规定"。根据最高人民法院《若干解释》第72条规定,"违反法律、法规规定"具体包括:"原判决、裁定认定的事实主要证据不足;原判决、裁定适用法律、法规确有错误;违反法定程序,可能影响案件正确裁判;其他违反法律、法规的情形。"这是法院启动再审程序的实质性前提条件,必须先发现确实存在这些错误之后,才能决定启动再审程序。

另外,除了违反法律、法规规定的判决、裁定以外,根据最高人民法院《若干解释》第73条第2款的规定,对于违反自愿原则或者内容违反法律规定的行政赔偿调解书,也可以启动再审程序。对行政赔偿调解活动来说,当事人自愿是其必须坚持的原则,也是调解协议书正当化的主要途径与手段,违反自愿原则的行政赔偿调解活动及其结果应当被否定。

二、再审程序

关于再审案件的审理程序,《行政诉讼法》并无完整规定,但最高人民法院《若干解释》作了比较全面的补充,主要包括原生效判决、裁定的中止执行、审理程序与审级的确定以及再审案件的裁判种类三个方面的制度。

(一)中止原生效判决、裁定的执行

再审程序是对已经生效裁判之错误与违法的纠正,而已经生效的裁判极有可能正在或即将强制执行,一旦错误或违法的生效裁判执行完毕又可能给当事人造成难以弥补的损失,所以启动行政诉讼再审程序的首要措施就是及时裁定中止原生效裁判的执行。正因为如此,最高人民法院《若干解释》第77条规定:"按照审判监督程序决定再审的案件,应当裁定中止原判决的执行;裁定由院长署名,加盖人民法院印章。上级人民法院决定提审或者指令下级人民法院再审的,应当作出裁定,裁定应当写明中止原判决的执行;情况紧急的,可以将中止执行的裁定口头通知负责执行的人民法院或者作出生效判决、裁定的人民法院,但应当在口头通知后10日内发出裁定书。"

（二）再审案件的审理程序

法院再次重新审理本已经审结的行政案件，是按照一审程序还是二审程序审理？法院再审后作出的裁判效力如何？当事人如果仍然不服的是否可以提起上诉？根据最高人民法院《若干解释》第76条的规定，法院按照审判监督程序再审的案件，如果发生法律效力的判决、裁定是由第一审法院作出的，那么就应当按照第一审程序审理，所作的判决、裁定是一审判决，当事人还可以提起上诉；如果发生法律效力的判决、裁定是由第二审法院作出的，那么就应按照第二审程序审理，所作的判决、裁定是发生法律效力的终审判决、裁定。另外，如果是上级法院按照审判监督程序提审的案件，不管已经发生法律效力的判决、裁定是否由一审法院作出的，都按照第二审程序审理，所作的判决、裁定是发生法律效力的最终判决、裁定。由此可见，决定再审案件审理程序之审级的因素有两个：一是原生效判决、裁定是由一审法院还是二审法院作出；二是是否为上级人民法院提审。

另外，为了保证案件审理的公正性和发挥再审的纠错功能，法院审理再审案件，应当另行组成合议庭。法院另行组成合议庭是指作出原生效判决、裁定的合议庭组成人员不得作为再审案件的合议庭成员，这既是为了避免"先入为主"的发生，也是为了提升再审裁判的可接受性。由于人的自利本性的倾向，"自己纠正自己的错误"是不可靠的。

三、再审案件的裁判

最高人民法院《若干解释》第78条规定："人民法院审理再审案件，认为原生效判决、裁定确有错误，在撤销原生效判决或者裁定的同时，可以对生效判决、裁定的内容作出相应裁判，也可以裁定撤销生效判决或者裁定，发回作出生效判决、裁定的人民法院重新审判。"由此可见，法院再审案件的裁判类型有些类似二审，至于如何在"直接改判"和"发回重审"之间作出选择，《行政诉讼法》和最高人民法院《若干解释》都没有明文规定，但可以参照二审程序的规定处理，即属于纯粹的法律适用错误的就直接改判，而事实不清或者程序违法的就原则上发回重审。不过需要注意的是，如果再审的决定是由作出生效判决、裁定的原审法院作出的，就不存在"发回重审"的可能性。对于这一点，尽管最高人民法院《若干解释》并没有言明，但可从逻辑上推导出来。这也是再审行政案件的裁判与二审裁判的区别，主要由于前者可能包括自我纠正，而后者肯定不是自我纠错。

第四节 行政诉讼期间、送达

一、期间与期日

行政诉讼的期间指法院、当事人以及其他诉讼参与人进行特定诉讼行为或活动的期限，是法律或者法院对各类诉讼参与主体完成某种诉讼行为的时间要求。期间以时、日、月、年为计算单位，依照法律规定，期间开始的时和日要计算在内。然而，如果期间届满的最后一天是法定节假日，影响当事人诉讼权利行使的，则以节假日后的第一个工作日为期间届满之日。另外，期间不包括邮寄时间等在途时间。行政诉讼的期日是指人民法院、诉讼当事人和其他参与人进行特定诉讼活动的具体时日。如开庭审理的期日、宣告判决的期日等。

按照期间确定的根据不同,期间可以划分为法定期间和指定期间。法定期间是指法律明文规定的、完成某类诉讼行为的时间要求。如根据《行政诉讼法》和最高人民法院《若干解释》的相关规定,行政相对人直接向法院提起诉讼的,应当在知道或应当知道行政行为作出之日起3个月内提起;对复议决定不服提起行政诉讼的,复议申请人应当在收到复议决定书之日起15天之内提起;法院应当在收到起诉状之日起7天之内作出受理与否的决定;自受理起诉之日起,法院应当在3个月内作出行政裁判,结束一审行政诉讼程序;对于二审案件,法院应当在2个月内审结等。指定期间是指在法律没有明文规定的前提下,法院根据案件实际情况为当事人或其他诉讼参与人确定完成特定诉讼活动的时间限制。如在行政诉讼中,法院依法允许被告行政机关补充收集证据的,可以确定其补充收集证据的时间期限。

法律或法院确定行政诉讼的期间与期日,并不仅仅是为了保证诉讼的有序性,也不纯粹是为了提高诉讼效率,更为重要的是保证或提高诉讼的公正性。一方面,诉讼期间能够最大程度地防止法院拖而不判的不作为违法,避免法院向社会输送正义的迟到现象;另一方面,诉讼期间和期日又给予或保证当事人从事某些诉讼活动的充足的准备时间,保证当事人诉讼权利的正确行使。

二、送达

送达是指法院依法定方式把各类诉讼法律文书交给当事人和其他诉讼参加人的行为。送达的目的是要让当事人和其他诉讼参加人知道与诉讼活动有关的、可能影响其诉讼权利行使和诉讼活动正常进行相关的必要信息,如通知诉讼日期、指令当事人完成特定诉讼行为等。因此,送达制度不是简单而随意的通知,而是涉及当事人和其他参加人诉讼权利行使和审判公正性的大问题,送达制度的核心问题是如何最大程度保证当事人及时、准确知悉需要送达的诉讼法律文书的内容。为保证当事人和其他诉讼参与人及时、全面而准确地掌握相关信息,必须把送达方式法定化。

关于行政诉讼送达的方式,《行政诉讼法》并没有明文规定。但是,最高人民法院《若干解释》第97条规定:"人民法院审理行政案件,除依照行政诉讼法和本解释外,可以参照民事诉讼的有关规定。"因此,行政诉讼送达的方式主要是根据现行《民事诉讼法》第84条至92条的规定执行。据此规定,行政诉讼送达的方式主要有以下几种:直接送达、留置送达、委托送达、邮寄送达、转交送达、公告送达。需要特别注意的是,在上述几种送达方式中,以直接送达为原则和第一选择,因为就当事人和其他诉讼参与人及时、准确知悉诉讼信息而言,这种送达方式最具优势。为此,《民事诉讼法》第85条规定:"送达诉讼文书,应当直接送交受送达人。"

此外,根据《民事诉讼法》第84条规定:"送达诉讼文书必须有送达回证,由受送达人在送达回证上记明收到日期,签名或者盖章。受送达人在送达回证上的签收日期为送达日期。"为了保证行政诉讼当事人和其他诉讼参与人及时、充分地行使诉讼权利、履行诉讼义务,也为了便于准确计算诉讼期限,《民事诉讼法》所规定的送达回证制度,行政诉讼送达活动也应参照遵守。

第五节　行政诉讼执行程序

一、行政诉讼执行程序的概念和特征

行政诉讼案件的执行是指行政诉讼当事人拒不履行生效裁判文书所确立的义务，法院或行政机关运用强制措施促使当事人履行义务的一种活动。其特征如下：

（一）行政诉讼案件执行的主体是法院和行政机关

行政诉讼案件执行是法院和行政机关代表国家实现行政裁判文书所确立的义务的一项活动。这构成了行政诉讼案件执行与民事诉讼案件执行的显著区别，后者的执行主体仅限于法院。

（二）行政诉讼案件执行的对象是行政诉讼案件的当事人

行政诉讼案件当事人不仅包括行政相对人，也包括行政机关。在这点上，其区别于行政机关的自力执行活动和行政非诉案件的执行活动，后两者均仅作用于行政相对人。当然，在具体的执行措施上，法院针对行政机关与针对行政相对人的执行存在着差别。

（三）行政诉讼案件执行的依据是已经生效的裁判法律文书

这些裁判法律文书包括行政判决书、行政赔偿判决书、行政裁定书和行政赔偿调解书。这与行政非诉案件的执行构成了显著区别，后者执行的标的是行政机关的行政决定。[①]

（四）行政诉讼案件执行的目的

由法院或者行政机关强制执行裁判文书，在于实现生效裁判法律文书所确立的行政法义务，以便终局性地化解行政争议，使公法秩序尽快恢复、相对人权利获得保护、公共行政目标得以实现。

二、行政诉讼执行主体与管辖

（一）执行主体

根据《行政诉讼法》第65条第2款的规定，公民、法人或者其他组织拒绝履行判决、裁定的，行政机关可以向人民法院申请强制执行，或者依法强制执行。可见行政案件的执行主体分成两类：行政机关与法院。至于如何在两者之间进行执行权限的分工，《行政强制法》明确规定，除非有法律依据，否则行政案件执行主体都是法院。[②] 由此可见，行政诉讼案件的执行以法院执行为主，行政机关执行为辅。行政机关只有在法律赋予其强制执行权的情况下才能够执行行政诉讼裁判法律文书。在司法实践中，由行政机关执行法院生效判决的情况

---

① 参见《行政强制法》第34条。
② 参见《行政强制法》第13条。

十分罕见,如法院判决维持公安机关作出的行政拘留决定。①

（二）执行管辖

这里所指的"执行管辖"是指在法院内部执行权在一审法院与二审法院之间的分工。对此,最高人民法院《若干解释》第85条作出了规定:"发生法律效力的行政判决书、行政裁定书、行政赔偿判决书和行政赔偿调解书,由第一审人民法院执行。第一审人民法院认为情况特殊需要由第二审人民法院执行的,可以报请第二审人民法院执行;第二审人民法院可以决定由其执行,也可以决定由第一审人民法院执行。"由该条可见,行政诉讼案件执行管辖遵循第一审法院执行为主,第二审法院执行为辅的原则。

三、行政诉讼执行措施

（一）对行政机关的执行措施

根据《行政诉讼法》第65条第3款和最高人民法院《若干解释》第96条的规定,对行政机关的执行措施包括:(1)对应当归还的罚款或者应当给付的赔偿金,通知银行从该行政机关的账户内划拨;(2)在规定期限内不履行的,从期满之日起,对该行政机关按日处50元至100元的罚款;(3)向该行政机关的上一级行政机关或者监察、人事机关提出司法建议;(4)拒不履行判决、裁定,情节严重构成犯罪的,依法追究主管人员和直接责任人员的刑事责任;(5)对行政机关主要负责人或者直接责任人员予以罚款处罚。

（二）对公民、法人或者其他组织的执行措施

由于《行政诉讼法》和最高人民法院《若干解释》没有作出明确规定,参照《民事诉讼法》及相关法律的规定,对公民、法人或者其他组织的执行措施有:对金钱的冻结、划拨;对非金钱财产的查封、扣押、冻结、变卖;对动产交付物的强制交付,对不动产交付物的强制迁出房屋与退出土地;对可替代行为义务的代履行;对不可替代行为义务人的罚款、拘留等。

四、行政诉讼执行程序

（一）执行申请的提出

首先,申请人必须是行政裁判文书确定的享有权利(力)的一方当事人,可以是行政机关,也可以是公民、法人或者其他组织;其次,必须具有执行依据,包括生效的行政判决书、行政裁定书、行政赔偿判决书和行政赔偿调解书;再次,申请人必须在法定期限内提出申请。根据最高人民法院《若干解释》第84条的规定,申请人是公民的,申请执行的期限为1年;申请人是行政机关、法人或者其他组织的为180日。申请执行的期限从法律文书规定的履行期间最后一日起计算;法律文书中没有规定履行期限的,从该法律文书送达当事人之日起计算。

---

① 参见《治安管理处罚法》第103条。

（二）审查与受理

根据最高人民法院《关于人民法院执行工作若干问题的规定（试行）》（以下简称《执行规定》）第 18 条的规定，法院应当审查申请人的执行申请其是否符合下述条件：（1）申请或移送执行的法律文书已经生效；（2）申请执行人是生效法律文书确定的权利人或其继承人、权利承受人；（3）申请执行人在法定期限内提出申请；（4）申请执行的法律文书有给付内容，且执行标的和被执行人明确；（5）义务人在生效法律文书确定的期限内未履行义务；（6）属于受申请执行的法院管辖。法院对符合上述条件的申请，应当在 7 日内予以立案；不符合上述条件之一的，应当在 7 日内裁定不予受理。

（三）执行的实施

最高人民法院《执行规定》第 24 条规定，法院决定受理执行案件后，应当在 3 日内向被执行人发出执行通知书，责令其在指定的期间内履行生效法律文书确定的义务，并承担迟延履行期间的债务利息或迟延履行金。又《执行规定》第 26 条规定，被执行人未按执行通知书指定的期间履行生效法律文书确定的义务的，应当及时采取执行措施。在执行通知书指定的期限内，被执行人转移、隐匿、变卖、毁损财产的，应当立即采取执行措施。

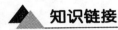

知识链接

诉讼程序的功能

诉讼程序的功能，是指诉讼程序在解决利益冲突过程中所发生的各种有利于争议弥息的影响力。诉讼程序的影响力虽然可能受诉讼程序内容的制约而增减，但它的基本内容主要体现在以下三个方面：

1. 隔离。即当诉讼当事人将其与他人的利益冲突争议诉诸法院而进入诉讼程序后，诉讼程序就将这一利益冲突与社会暂时隔离。由此导致的结果是，其一，诉讼当事人在社会现实生活中事实上的不平等将被诉讼中平等的诉讼地位所代替。任何诉讼当事人应当充分地享受到诉讼法律预先为其所设定的权利，履行由此权利所伴存的义务；其二，社会中各种势力对案件处理结果可能产生的不良影响，都将被阻挡在诉讼程序之外，以保证法院从容、公正地处理争议纠纷。

2. 引导。即诉讼程序作为预设的一种法律程序，具有法规范所特有的可预测性的特点，诉讼当事人可以通过诉讼程序预测到诉讼结果，从而引导其选择诉讼程序解决利益冲突。在现实生活中，解决利益冲突的途径并不仅仅是诉讼程序，其他诸如私下和解、民间调解等也是解决利益冲突的办法，但后两者在结果上的确定性不如诉讼程序。因此，理性的当事人如为有效地解决利益冲突，必然会优先选择诉讼程序。

3. 吸纳。即诉讼程序为当事人提供了一个可以平等陈述理由的机会和场合。在这里，任何诉讼理由都可以获得宣泄、交流，每个当事人的诉讼理由都可以在对方陈述中获得自我验证的机会，双方的对立情绪由此可能得到化解，从而为当事人在诉讼程序中实现合意提供了条件。由法院作出的裁判并不意味着双方当事人之间的法律争议得到了解决。"如果把化解和消除冲突视为冲突的解决,那么,裁判的作出至多只是为冲突主体提供了对冲突事件及法律后果认识和评价的基础,或者说为国家运用暴力手段强制消除冲突提供了一种直接的依据。"从这个意义上说,诉讼程序的"吸纳"功能更为重要,因为正是这一功能的作用,能够将纠纷作实质性化解。(资料来源:章剑生:《现代行政法基本理论》,法律出版社2008年版,第641—642页)

思考题:
1. 较之于民事诉讼程序,行政诉讼程序有哪些明显特点?
2. 相对人提起行政诉讼,必须符合哪些条件?
3. 人民法院为什么要审查原告的撤诉申请?如何审查?
4. 行政诉讼缺席判决能否对原告适用?为什么?
5. "撤销原判,直接改判"与"撤销原判,发回重审"有何区别?二审法院如何选择适用?
6. 当事人申诉能否启动再审程序?哪些主体有权启动再审程序?
7. 可以启动再审程序的违法情形有哪些?
8. 为什么人民法院再审调解结案的行政赔偿案件的条件会有所不同?
9. 送达的方式为什么要以直接送达为原则?
10. 非诉行政案件的执行为什么仍然要经过审查?审查与行政诉讼中的合法性审查是否有区别?
11. 对明显违法的具体行政行为,法院裁定不予执行,会产生什么法律困境?如何破解?

案例应用:
1. 1997年11月,某省政府所在地的市政府决定征收含有某村集体土地在内的地块作为旅游区用地,并划定征用土地的四至界线范围。2007年,市国土局就其中一地块与甲公司签订《国有土地使用权出让合同》。2008年12月16日,甲公司获得市政府发放的第1号《国有土地使用权证》。2009年3月28日,甲公司将此地块转让给乙公司,市政府向乙公司发放第2号《国有土地使用权证》。后,乙公司申请在此地块上动工建设。2010年9月15日,市政府张贴公告,要求在该土地范围内使用土地的单位和个人,限期自行清理农作物和附着物设施,否则强制清理。2010年11月,某村得知市政府给乙公司颁发第2号《国有土地使用权证》后,认为此证涉及的部分土地仍属该村集体所有,向省政府申请复议要求撤销该土地使用权证。省政府维持后,某村向法院起诉。法院通知甲公司与乙公司作为第三人参加诉讼。

在诉讼过程中,市政府组织有关部门强制拆除了征地范围内的附着物设施。某村为收集证据材料,向市国土局申请公开1997年征收时划定的四至界线范围等相关资料,市国土局以涉及商业秘密为由拒绝提供。(2012年司法考试题)

问题:
(1)市政府共实施了多少个具体行政行为?哪些属于行政诉讼受案范围?
(2)如何确定本案的被告、级别管辖、起诉期限?请分别说明理由。

（3）甲公司能否提出诉讼主张？如乙公司经合法传唤无正当理由不到庭，法院如何处理？

（4）如法院经审理发现市政府发放第1号《国有土地使用权证》的行为明显缺乏事实根据，应如何处理？

（5）市政府强制拆除征地范围内的附着物设施应当遵循的主要法定程序和执行原则是什么？

（6）如某村对市国土局拒绝公开相关资料的决定不服，向法院起诉，法院应采用何种方式审理？如法院经审理认为市国土局应当公开相关资料，应如何判决？

2．因某市某区花园小区进行旧城改造，区政府作出《关于做好花园小区旧城改造房屋拆迁补偿安置工作的通知》，王某等205户被拆迁户对该通知不服，向区政府申请行政复议，要求撤销该通知。区政府作出《行政复议告知书》，告知王某等被拆迁户向市政府申请复议。市政府作出《行政复议决定书》，认为《通知》是抽象行政行为，裁定不予受理复议申请。王某等205户被拆迁户不服市政府不予受理复议申请的决定，向法院提起诉讼。一审法院认为，在非复议前置前提下，当事人对复议机关不予受理决定不服而起诉，要求法院立案受理缺乏法律依据，裁定驳回原告起诉。（2008年司法考试题）

问题：

（1）本案是否需要确定诉讼代表人？如何确定？

（2）行政诉讼中以复议机关为被告的情形主要包括哪些？

（3）若本案原告不服一审裁定，提起上诉的主要理由是什么？

（4）如果二审法院认为复议机关不予受理行政复议申请的理由不成立，应当如何判决？

（5）本案一、二审法院审理的对象是什么？为什么？

（6）若本案原告不服一审裁定提起上诉，在二审期间市政府会同区政府调整了补偿标准，上诉人申请撤回上诉，法院是否应予准许？理由是什么？

拓展阅读：

1. 张弘：《行政诉讼起诉期限研究》，载《法学》2004年第2期。
2. 马怀德、解志勇：《行政诉讼案件执行难的现状及对策》，载《法商研究》1999年第6期。
3. 何海波：《行政诉讼撤诉考》，载《中外法学》2001年第2期。
4. 章志远：《行政再审程序之改造》，载《苏州大学学报》2007年第4期。
5. 李季：《行政诉讼起诉条件之我见》，载《政法论坛》1996年第3期。
6. 刘俊：《我国行政诉讼缺席判决制度检讨》，载《南京社会科学》2003年第7期。
7. 熊菁华：《行政诉讼审判方式的改革》，载《行政法学研究》2000年第2期。
8. 张卫平：《民事再审：基础置换与制度重建》，载《中国法学》2003年第1期。
9. 赵正群：《行政之诉与诉权》，载《法学研究》1995年第6期。